劳动和社会保障法规汇编

(第四版)

法律出版社法规中心 编

————北京————

图书在版编目（CIP）数据

最新劳动和社会保障法规汇编／法律出版社法规中心编. --4版. --北京：法律出版社，2025. -- ISBN 978-7-5197-9808-6

I. D922.509

中国国家版本馆CIP数据核字第2024YH7028号

最新劳动和社会保障法规汇编
ZUIXIN LAODONG HE SHEHUI
BAOZHANG FAGUI HUIBIAN

法律出版社法规中心 编

责任编辑 李 群 陈 熙
装帧设计 李 瞻

出版发行 法律出版社	开本 A5
编辑统筹 法规出版分社	印张 17.875　　字数 532千
责任校对 张红蕊	版本 2025年1月第4版
责任印制 耿润瑜	印次 2025年1月第1次印刷
经　　销 新华书店	印刷 保定市中画美凯印刷有限公司

地址：北京市丰台区莲花池西里7号（100073）
网址：www.lawpress.com.cn　　　　销售电话：010-83938349
投稿邮箱：info@lawpress.com.cn　　客服电话：010-83938350
举报盗版邮箱：jbwq@lawpress.com.cn　咨询电话：010-63939796
版权所有·侵权必究

书号：ISBN 978-7-5197-9808-6　　　　定价：58.00元
凡购买本社图书，如有印装错误，我社负责退换。电话：010-83938349

目　　录

上篇　劳动法规政策

一、综　　合

中华人民共和国劳动法(1994.7.5)(2018.12.29修正)……………（1）
中华人民共和国工会法(1992.4.3)(2021.12.24修正)……………（12）
中国工会章程(2023.10.12修改)……………………………………（20）

二、劳动就业

1. 就业促进
中华人民共和国就业促进法(2007.8.30)(2015.4.24修正)………（31）
2. 就业管理
人力资源市场暂行条例(2018.6.29)………………………………（39）
网络招聘服务管理规定(2020.12.18)………………………………（44）
人才市场管理规定(2001.9.11)(2019.12.31修订)………………（49）
就业服务与就业管理规定(2007.11.5)(2022.1.7修订)…………（54）

三、劳动合同

1. 综合
中华人民共和国劳动合同法(2007.6.29)(2012.12.28修正)……（65）
中华人民共和国劳动合同法实施条例(2008.9.18)………………（79）
电子劳动合同订立指引(2021.7.1)…………………………………（84）
2. 劳务派遣
劳务派遣暂行规定(2014.1.24)……………………………………（86）
劳务派遣行政许可实施办法(2013.6.20)…………………………（90）

四、薪酬福利

1. 工资

（1）综合

关于工资总额组成的规定(1990.1.1) ………………………………（96）
工资支付暂行规定(1994.12.6) ………………………………………（98）
最低工资规定(2004.1.20) ……………………………………………（101）
国有企业科技人才薪酬分配指引(2022.11.9) ………………………（103）

（2）农民工工资

保障农民工工资支付条例(2019.12.30) ………………………………（111）
工程建设领域农民工工资保证金规定(2021.8.17) …………………（119）

2. 工时

国务院关于职工工作时间的规定(1994.2.3)(1995.3.25修订) ……（124）

3. 休假

职工带薪年休假条例(2007.12.14) ……………………………………（125）
企业职工带薪年休假实施办法(2008.9.18) …………………………（126）
国务院关于职工探亲待遇的规定(1981.3.14) ………………………（128）

4. 公积金

住房公积金管理条例(1999.4.3)(2019.3.24修订) …………………（129）

五、劳动保护

1. 安全生产

中华人民共和国安全生产法(2002.6.29)(2021.6.10修正) …………（136）
生产安全事故报告和调查处理条例(2007.4.9) ………………………（157）

2. 职业病防治

中华人民共和国职业病防治法(2001.10.27)(2018.12.29修正) ……（164）
工作场所职业卫生管理规定(2020.12.31) ……………………………（179）
职业病诊断与鉴定管理办法(2021.1.4) ………………………………（189）

3. 特定人群保护

女职工劳动保护特别规定(2012.4.28) ………………………………（198）

六、劳动监察

劳动保障监察条例(2004.11.1) ………………………………………（200）

关于实施《劳动保障监察条例》若干规定(2004.12.31)(2022.1.7修订) ……（205）

七、劳动争议处理

1. 调解
中华人民共和国人民调解法(2010.8.28) ……………………………（212）
企业劳动争议协商调解规定(2011.11.30) …………………………（216）
2. 仲裁
中华人民共和国劳动争议调解仲裁法(2007.12.29) ………………（220）
劳动人事争议仲裁办案规则(2017.5.8) ……………………………（227）
劳动人事争议仲裁组织规则(2017.5.8) ……………………………（238）
3. 诉讼
最高人民法院关于审理劳动争议案件适用法律问题的解释(一)(2020.12.29) ……………………………………………………………………（242）

八、事业单位劳动人事

事业单位人事管理条例(2014.4.25) …………………………………（251）
事业单位工作人员考核规定(2023.1.12) ……………………………（255）
事业单位工作人员处分规定(2023.11.6) ……………………………（262）

下篇　社会保障法规政策

一、社会保险(综合)

1. 总类
中华人民共和国社会保险法(2010.10.28)(2018.12.29修正) ……（271）
社会保险经办条例(2023.8.16) ………………………………………（284）
2. 缴费
社会保险费征缴暂行条例(1999.1.22)(2019.3.24修订) …………（291）

二、养老保险

1. 职工基本养老保险
国务院关于建立统一的企业职工基本养老保险制度的决定(1997.7.16) …（295）
国务院关于完善企业职工基本养老保险制度的决定(2005.12.3) ………（297）

企业职工基本养老保险病残津贴暂行办法(2024.9.27) ……………（300）
人力资源社会保障部、财政部、国家税务总局关于大龄领取失业保险金人员
　　参加企业职工基本养老保险有关问题的通知(2024.10.26) ………（302）

2. 企业年金

企业年金办法(2017.12.18) ………………………………………（303）
企业年金基金管理运作流程(2004.12.31) ………………………（307）
企业年金基金管理办法(2011.2.12)(2015.4.30 修订) ……………（310）

3. 居民基本养老保险

城乡养老保险制度衔接暂行办法(2014.2.24) ……………………（323）
城乡居民基本养老保险经办规程(2019.8.13 修订) ………………（325）

4. 事业单位基本养老保险

国务院关于机关事业单位工作人员养老保险制度改革的决定(2015.1.3) ……（333）
机关事业单位工作人员基本养老保险经办规程(2015.3.25) ……（336）
在京中央国家机关事业单位工作人员养老保险制度改革实施办法(2015.12.
　　21) ……………………………………………………………………（351）

5. 职业年金

机关事业单位职业年金办法(2015.3.27) …………………………（356）
职业年金基金管理暂行办法(2016.9.28) …………………………（358）
职业年金基金归集账户管理暂行办法(2017.8.22) ………………（369）

6. 个人养老金

个人养老金实施办法(2022.10.26) …………………………………（372）

三、医疗保险

1. 职工基本医疗保险

国务院关于建立城镇职工基本医疗保险制度的决定(1998.12.14) …………（378）
城镇职工基本医疗保险业务管理规定(2000.1.5) ………………（381）

2. 居民基本医疗保险

国务院关于整合城乡居民基本医疗保险制度的意见(2016.1.3) …………（385）

3. 关系转移接续

流动就业人员基本医疗保障关系转移接续暂行办法(2009.12.31) ………（389）
关于做好进城落户农民参加基本医疗保险和关系转移接续工作的办法
　　(2015.8.27) …………………………………………………………（391）
流动就业人员基本医疗保险关系转移接续业务经办规程(2016.6.22) ……（393）

4. 异地就医与结算

国家医保局、财政部关于进一步加强异地就医直接结算管理服务的通知

（2024.9.5） …………………………………………………………（395）
人力资源社会保障部、财政部、国家卫生健康委关于开展工伤保险跨省异地就医直接结算试点工作的通知(2024.1.12) …………（397）

四、生育保险

企业职工生育保险试行办法（1994.12.14） ……………………（411）
生育保险和职工基本医疗保险合并实施试点方案（2017.1.19）…（412）

五、工伤保险

1. 综合
工伤保险条例（2003.4.27）（2010.12.20 修订） …………………（415）
2. 缴费与参保
部分行业企业工伤保险费缴纳办法（2010.12.31） ………………（426）
人力资源社会保障部、财政部关于调整工伤保险费率政策的通知（2015.7.22） ……………………………………………………（426）
3. 工伤认定
工伤认定办法（2010.12.31） ………………………………………（429）
最高人民法院关于审理工伤保险行政案件若干问题的规定（2014.6.18）……（432）
4. 劳动能力鉴定
工伤职工劳动能力鉴定管理办法（2014.2.20）（2018.12.14 修订）…（434）
5. 工伤待遇
因工死亡职工供养亲属范围规定（2003.9.23） …………………（438）
非法用工单位伤亡人员一次性赔偿办法（2010.12.31） …………（439）
社会保险基金先行支付暂行办法（2011.6.29）（2018.12.14 修订）…（441）
工伤保险辅助器具配置管理办法（2016.2.16）（2018.12.14 修订）…（444）

六、失业保险

失业保险条例（1999.1.22） …………………………………………（448）
失业保险金申领发放办法（2000.10.26）（2024.6.14 修订） ……（452）
优化失业保险经办业务流程指南（2006.9.11） …………………（455）

七、社会救济与社会福利

1. 最低生活保障
城市居民最低生活保障条例(1999.9.28)……………………(469)
最低生活保障审核确认办法(2021.6.11)…………………(471)
2. 农村五保供养
农村五保供养工作条例(2006.1.21)………………………(478)
3. 社会救助
社会救助暂行办法(2014.2.21)(2019.3.2修订)…………(481)
4. 社会福利
民政部关于社会福利基金筹集、管理与使用规定(1999.3.16)……(489)
养老机构管理办法(2020.9.1)………………………………(490)

八、优抚安置

中华人民共和国军人地位和权益保障法(2021.6.10)………(497)
中华人民共和国退役军人保障法(2020.11.11)……………(505)
中华人民共和国军人保险法(2012.4.27)……………………(516)
军人抚恤优待条例(2004.8.1)(2024.8.5修订)……………(522)
伤残抚恤管理办法(2007.7.31)(2019.12.16修订)………(534)
军队转业干部安置暂行办法(2001.1.19)……………………(540)
退役军人安置条例(2024.7.29)………………………………(549)

上篇　劳动法规政策

一、综　合

中华人民共和国劳动法

1. 1994年7月5日第八届全国人民代表大会常务委员会第八次会议通过
2. 根据2009年8月27日第十一届全国人民代表大会常务委员会第十次会议《关于修改部分法律的决定》第一次修正
3. 根据2018年12月29日第十三届全国人民代表大会常务委员会第七次会议《关于修改〈中华人民共和国劳动法〉等七部法律的决定》第二次修正

目　录

第一章　总　则
第二章　促进就业
第三章　劳动合同和集体合同
第四章　工作时间和休息休假
第五章　工　资
第六章　劳动安全卫生
第七章　女职工和未成年工特殊保护
第八章　职业培训
第九章　社会保险和福利
第十章　劳动争议
第十一章　监督检查
第十二章　法律责任
第十三章　附　则

第一章　总　则

第一条　【立法目的】①为了保护劳动者的合法权益，调整劳动关系，建立和维护适应社会主义市场经济的劳动制度，促进经济发展和社会进步，根据宪法，制定

---

① 条文主旨为编者所加，全书同。——编者注

本法。

第二条　【适用范围】在中华人民共和国境内的企业、个体经济组织（以下统称用人单位）和与之形成劳动关系的劳动者，适用本法。

国家机关、事业组织、社会团体和与之建立劳动合同关系的劳动者，依照本法执行。

第三条　【劳动者权利】劳动者享有平等就业和选择职业的权利、取得劳动报酬的权利、休息休假的权利、获得劳动安全卫生保护的权利、接受职业技能培训的权利、享受社会保险和福利的权利、提请劳动争议处理的权利以及法律规定的其他劳动权利。

劳动者应当完成劳动任务，提高职业技能，执行劳动安全卫生规程，遵守劳动纪律和职业道德。

第四条　【用人单位义务】用人单位应当依法建立和完善规章制度，保障劳动者享有劳动权利和履行劳动义务。

第五条　【国家措施】国家采取各种措施，促进劳动就业，发展职业教育，制定劳动标准，调节社会收入，完善社会保险，协调劳动关系，逐步提高劳动者的生活水平。

第六条　【国家倡导和鼓励义务劳动】国家提倡劳动者参加社会义务劳动，开展劳动竞赛和合理化建议活动，鼓励和保护劳动者进行科学研究、技术革新和发明创造，表彰和奖励劳动模范和先进工作者。

第七条　【参加和组织工会】劳动者有权依法参加和组织工会。

工会代表和维护劳动者的合法权益，依法独立自主地开展活动。

第八条　【参与民主管理或协商】劳动者依照法律规定，通过职工大会、职工代表大会或者其他形式，参与民主管理或者就保护劳动者合法权益与用人单位进行平等协商。

第九条　【劳动工作主管部门】国务院劳动行政部门主管全国劳动工作。

县级以上地方人民政府劳动行政部门主管本行政区域内的劳动工作。

第二章　促进就业

第十条　【国家扶持就业】国家通过促进经济和社会发展，创造就业条件，扩大就业机会。

国家鼓励企业、事业组织、社会团体在法律、行政法规规定的范围内兴办产业或者拓展经营，增加就业。

国家支持劳动者自愿组织起来就业和从事个体经营实现就业。

第十一条　【职介机构发展】地方各级人民政府应当采取措施，发展多种类型的职业介绍机构，提供就业服务。

第十二条　【就业平等】劳动者就业，不因民族、种族、性别、宗教信仰不同而受歧视。

第十三条 【就业男女平等】妇女享有与男子平等的就业权利。在录用职工时,除国家规定的不适合妇女的工种或者岗位外,不得以性别为由拒绝录用妇女或者提高对妇女的录用标准。

第十四条 【特殊人员的就业】残疾人、少数民族人员、退出现役的军人的就业,法律、法规有特别规定的,从其规定。

第十五条 【禁招未成年人和特殊行业相关规定】禁止用人单位招用未满十六周岁的未成年人。

文艺、体育和特种工艺单位招用未满十六周岁的未成年人,必须遵守国家有关规定,并保障其接受义务教育的权利。

第三章 劳动合同和集体合同

第十六条 【劳动合同】劳动合同是劳动者与用人单位确立劳动关系、明确双方权利和义务的协议。

建立劳动关系应当订立劳动合同。

第十七条 【合同的订立和变更】订立和变更劳动合同,应当遵循平等自愿、协商一致的原则,不得违反法律、行政法规的规定。

劳动合同依法订立即具有法律约束力,当事人必须履行劳动合同规定的义务。

第十八条 【无效合同】下列劳动合同无效:

(一)违反法律、行政法规的劳动合同;

(二)采取欺诈、威胁等手段订立的劳动合同。

无效的劳动合同,从订立的时候起,就没有法律约束力。确认劳动合同部分无效的,如果不影响其余部分的效力,其余部分仍然有效。

劳动合同的无效,由劳动争议仲裁委员会或者人民法院确认。

第十九条 【合同形式和条款】劳动合同应当以书面形式订立,并具备以下条款:

(一)劳动合同期限;

(二)工作内容;

(三)劳动保护和劳动条件;

(四)劳动报酬;

(五)劳动纪律;

(六)劳动合同终止的条件;

(七)违反劳动合同的责任。

劳动合同除前款规定的必备条款外,当事人可以协商约定其他内容。

第二十条 【合同期限】劳动合同的期限分为有固定期限、无固定期限和以完成一定的工作为期限。

劳动者在同一用人单位连续工作满十年以上,当事人双方同意续延劳动合同的，如果劳动者提出订立无固定期限的劳动合同，应当订立无固定期限的劳动合同。

第二十一条 【试用期约定】劳动合同可以约定试用期。试用期最长不得超过六个月。

第二十二条 【商业秘密事项约定】劳动合同当事人可以在劳动合同中约定保守用人单位商业秘密的有关事项。

第二十三条 【合同终止】劳动合同期满或者当事人约定的劳动合同终止条件出现，劳动合同即行终止。

第二十四条 【合同解除】经劳动合同当事人协商一致，劳动合同可以解除。

第二十五条 【单位解除劳动合同事项】劳动者有下列情形之一的，用人单位可以解除劳动合同：

（一）在试用期间被证明不符合录用条件的；

（二）严重违反劳动纪律或者用人单位规章制度的；

（三）严重失职，营私舞弊，对用人单位利益造成重大损害的；

（四）被依法追究刑事责任的。

第二十六条 【解除合同提前通知】有下列情形之一的，用人单位可以解除劳动合同，但是应当提前三十日以书面形式通知劳动者本人：

（一）劳动者患病或者非因工负伤，医疗期满后，不能从事原工作也不能从事由用人单位另行安排的工作的；

（二）劳动者不能胜任工作，经过培训或者调整工作岗位，仍不能胜任工作的；

（三）劳动合同订立时所依据的客观情况发生重大变化，致使原劳动合同无法履行，经当事人协商不能就变更劳动合同达成协议的。

第二十七条 【用人单位裁员】用人单位濒临破产进行法定整顿期间或者生产经营状况发生严重困难，确需裁减人员的，应当提前三十日向工会或者全体职工说明情况，听取工会或者职工的意见，经向劳动行政部门报告后，可以裁减人员。

用人单位依据本条规定裁减人员，在六个月内录用人员的，应当优先录用被裁减的人员。

第二十八条 【经济补偿】用人单位依据本法第二十四条、第二十六条、第二十七条的规定解除劳动合同的，应当依照国家有关规定给予经济补偿。

第二十九条 【用人单位解除合同的限制情形】劳动者有下列情形之一的，用人单位不得依据本法第二十六条、第二十七条的规定解除劳动合同：

（一）患职业病或者因工负伤并被确认丧失或者部分丧失劳动能力的；

（二）患病或者负伤，在规定的医疗期内的；

（三）女职工在孕期、产期、哺乳期内的；

（四）法律、行政法规规定的其他情形。

第三十条　【工会职权】用人单位解除劳动合同，工会认为不适当的，有权提出意见。如果用人单位违反法律、法规或者劳动合同，工会有权要求重新处理；劳动者申请仲裁或者提起诉讼的，工会应当依法给予支持和帮助。

第三十一条　【劳动者解除合同的提前通知期限】劳动者解除劳动合同，应当提前三十日以书面形式通知用人单位。

第三十二条　【劳动者随时通知解除合同情形】有下列情形之一的，劳动者可以随时通知用人单位解除劳动合同：

（一）在试用期内的；

（二）用人单位以暴力、威胁或者非法限制人身自由的手段强迫劳动的；

（三）用人单位未按照劳动合同约定支付劳动报酬或者提供劳动条件的。

第三十三条　【集体合同】企业职工一方与企业可以就劳动报酬、工作时间、休息休假、劳动安全卫生、保险福利等事项，签订集体合同。集体合同草案应当提交职工代表大会或者全体职工讨论通过。

集体合同由工会代表职工与企业签订；没有建立工会的企业，由职工推举的代表与企业签订。

第三十四条　【集体合同生效】集体合同签订后应当报送劳动行政部门；劳动行政部门自收到集体合同文本之日起十五日内未提出异议的，集体合同即行生效。

第三十五条　【集体合同效力】依法签订的集体合同对企业和企业全体职工具有约束力。职工个人与企业订立的劳动合同中劳动条件和劳动报酬等标准不得低于集体合同的规定。

第四章　工作时间和休息休假

第三十六条　【国家工时制度】国家实行劳动者每日工作时间不超过八小时、平均每周工作时间不超过四十四小时的工时制度。

第三十七条　【计件报酬标准和劳动定额确定】对实行计件工作的劳动者，用人单位应当根据本法第三十六条规定的工时制度合理确定其劳动定额和计件报酬标准。

第三十八条　【休息日最低保障】用人单位应当保证劳动者每周至少休息一日。

第三十九条　【工休办法替代】企业因生产特点不能实行本法第三十六条、第三十八条规定的，经劳动行政部门批准，可以实行其他工作和休息办法。

第四十条　【法定假日】用人单位在下列节日期间应当依法安排劳动者休假：

（一）元旦；

（二）春节；

（三）国际劳动节；

（四）国庆节；

（五）法律、法规规定的其他休假节日。

第四十一条 【工作时间延长限制】用人单位由于生产经营需要,经与工会和劳动者协商后可以延长工作时间,一般每日不得超过一小时;因特殊原因需要延长工作时间的,在保障劳动者身体健康的条件下延长工作时间每日不得超过三小时,但是每月不得超过三十六小时。

第四十二条 【延长工作时间限制的例外】有下列情形之一的,延长工作时间不受本法第四十一条规定的限制:

(一)发生自然灾害、事故或者因其他原因,威胁劳动者生命健康和财产安全,需要紧急处理的;

(二)生产设备、交通运输线路、公共设施发生故障,影响生产和公众利益,必须及时抢修的;

(三)法律、行政法规规定的其他情形。

第四十三条 【禁止违法延长工作时间】用人单位不得违反本法规定延长劳动者的工作时间。

第四十四条 【延长工时的报酬支付】有下列情形之一的,用人单位应当按照下列标准支付高于劳动者正常工作时间工资的工资报酬:

(一)安排劳动者延长工作时间的,支付不低于工资的百分之一百五十的工资报酬;

(二)休息日安排劳动者工作又不能安排补休的,支付不低于工资的百分之二百的工资报酬;

(三)法定休假日安排劳动者工作的,支付不低于工资的百分之三百的工资报酬。

第四十五条 【带薪年休假制度】国家实行带薪年休假制度。

劳动者连续工作一年以上的,享受带薪年休假。具体办法由国务院规定。

第五章 工　　资

第四十六条 【工资分配原则】工资分配应当遵循按劳分配原则,实行同工同酬。

工资水平在经济发展的基础上逐步提高。国家对工资总量实行宏观调控。

第四十七条 【工资分配方式、水平确定】用人单位根据本单位的生产经营特点和经济效益,依法自主确定本单位的工资分配方式和工资水平。

第四十八条 【最低工资保障】国家实行最低工资保障制度。最低工资的具体标准由省、自治区、直辖市人民政府规定,报国务院备案。

用人单位支付劳动者的工资不得低于当地最低工资标准。

第四十九条 【最低工资标准参考因素】确定和调整最低工资标准应当综合参考下列因素:

(一)劳动者本人及平均赡养人口的最低生活费用;

(二)社会平均工资水平;

(三)劳动生产率；
(四)就业状况；
(五)地区之间经济发展水平的差异。

第五十条 【工资支付形式】工资应当以货币形式按月支付给劳动者本人。不得克扣或者无故拖欠劳动者的工资。

第五十一条 【法定休假日和婚丧假期间工资保障】劳动者在法定休假日和婚丧假期间以及依法参加社会活动期间，用人单位应当依法支付工资。

第六章 劳动安全卫生

第五十二条 【用人单位职责】用人单位必须建立、健全劳动安全卫生制度，严格执行国家劳动安全卫生规程和标准，对劳动者进行劳动安全卫生教育，防止劳动过程中的事故，减少职业危害。

第五十三条 【劳动安全卫生设施标准】劳动安全卫生设施必须符合国家规定的标准。

新建、改建、扩建工程的劳动安全卫生设施必须与主体工程同时设计、同时施工、同时投入生产和使用。

第五十四条 【劳动者劳动安全防护及健康保护】用人单位必须为劳动者提供符合国家规定的劳动安全卫生条件和必要的劳动防护用品，对从事有职业危害作业的劳动者应当定期进行健康检查。

第五十五条 【特种作业资格】从事特种作业的劳动者必须经过专门培训并取得特种作业资格。

第五十六条 【劳动过程安全防护】劳动者在劳动过程中必须严格遵守安全操作规程。

劳动者对用人单位管理人员违章指挥、强令冒险作业，有权拒绝执行；对危害生命安全和身体健康的行为，有权提出批评、检举和控告。

第五十七条 【伤亡事故和职业病统计报告、处理制度】国家建立伤亡事故和职业病统计报告和处理制度。县级以上各级人民政府劳动行政部门、有关部门和用人单位应当依法对劳动者在劳动过程中发生的伤亡事故和劳动者的职业病状况，进行统计、报告和处理。

第七章 女职工和未成年工特殊保护

第五十八条 【女职工和未成年工特殊劳动保护】国家对女职工和未成年工实行特殊劳动保护。

未成年工是指年满十六周岁未满十八周岁的劳动者。

第五十九条 【劳动强度限制】禁止安排女职工从事矿山井下、国家规定的第四级体力劳动强度的劳动和其他禁忌从事的劳动。

第六十条 【经期劳动强度限制】不得安排女职工在经期从事高处、低温、冷水作业和国家规定的第三级体力劳动强度的劳动。

第六十一条　【孕期劳动强度限制】不得安排女职工在怀孕期间从事国家规定的第三级体力劳动强度的劳动和孕期禁忌从事的劳动。对怀孕七个月以上的女职工,不得安排其延长工作时间和夜班劳动。

第六十二条　【产假】女职工生育享受不少于九十天的产假。

第六十三条　【哺乳期劳动保护】不得安排女职工在哺乳未满一周岁的婴儿期间从事国家规定的第三级体力劳动强度的劳动和哺乳期禁忌从事的其他劳动,不得安排其延长工作时间和夜班劳动。

第六十四条　【未成年工劳动保护】不得安排未成年工从事矿山井下、有毒有害、国家规定的第四级体力劳动强度的劳动和其他禁忌从事的劳动。

第六十五条　【未成年工健康检查】用人单位应当对未成年工定期进行健康检查。

第八章　职业培训

第六十六条　【发展目标】国家通过各种途径,采取各种措施,发展职业培训事业,开发劳动者的职业技能,提高劳动者素质,增强劳动者的就业能力和工作能力。

第六十七条　【政府支持】各级人民政府应当把发展职业培训纳入社会经济发展的规划,鼓励和支持有条件的企业、事业组织、社会团体和个人进行各种形式的职业培训。

第六十八条　【职业培训】用人单位应当建立职业培训制度,按照国家规定提取和使用职业培训经费,根据本单位实际,有计划地对劳动者进行职业培训。

从事技术工种的劳动者,上岗前必须经过培训。

第六十九条　【职业技能标准和资格证书】国家确定职业分类,对规定的职业制定职业技能标准,实行职业资格证书制度,由经备案的考核鉴定机构负责对劳动者实施职业技能考核鉴定。

第九章　社会保险和福利

第七十条　【发展目标】国家发展社会保险事业,建立社会保险制度,设立社会保险基金,使劳动者在年老、患病、工伤、失业、生育等情况下获得帮助和补偿。

第七十一条　【协调发展】社会保险水平应当与社会经济发展水平和社会承受能力相适应。

第七十二条　【基金来源】社会保险基金按照保险类型确定资金来源,逐步实行社会统筹。用人单位和劳动者必须依法参加社会保险,缴纳社会保险费。

第七十三条　【享受社保情形】劳动者在下列情形下,依法享受社会保险待遇:

(一)退休;

(二)患病、负伤;

(三)因工伤残或者患职业病;

(四)失业;

（五）生育。

劳动者死亡后，其遗属依法享受遗属津贴。

劳动者享受社会保险待遇的条件和标准由法律、法规规定。

劳动者享受的社会保险金必须按时足额支付。

第七十四条 【社保基金管理】社会保险基金经办机构依照法律规定收支、管理和运营社会保险基金，并负有使社会保险基金保值增值的责任。

社会保险基金监督机构依照法律规定，对社会保险基金的收支、管理和运营实施监督。

社会保险基金经办机构和社会保险基金监督机构的设立和职能由法律规定。

任何组织和个人不得挪用社会保险基金。

第七十五条 【补充保险和个人储蓄保险】国家鼓励用人单位根据本单位实际情况为劳动者建立补充保险。

国家提倡劳动者个人进行储蓄性保险。

第七十六条 【国家和用人单位的发展福利事业责任】国家发展社会福利事业，兴建公共福利设施，为劳动者休息、休养和疗养提供条件。

用人单位应当创造条件，改善集体福利，提高劳动者的福利待遇。

第十章 劳动争议

第七十七条 【劳动争议处理】用人单位与劳动者发生劳动争议，当事人可以依法申请调解、仲裁、提起诉讼，也可以协商解决。

调解原则适用于仲裁和诉讼程序。

第七十八条 【解决争议的原则】解决劳动争议，应当根据合法、公正、及时处理的原则，依法维护劳动争议当事人的合法权益。

第七十九条 【调解和仲裁】劳动争议发生后，当事人可以向本单位劳动争议调解委员会申请调解；调解不成，当事人一方要求仲裁的，可以向劳动争议仲裁委员会申请仲裁。当事人一方也可以直接向劳动争议仲裁委员会申请仲裁。对仲裁裁决不服的，可以向人民法院提起诉讼。

第八十条 【劳动争议调解委员会及调解协议】在用人单位内，可以设立劳动争议调解委员会。劳动争议调解委员会由职工代表、用人单位代表和工会代表组成。劳动争议调解委员会主任由工会代表担任。

劳动争议经调解达成协议的，当事人应当履行。

第八十一条 【仲裁委员会组成】劳动争议仲裁委员会由劳动行政部门代表、同级工会代表、用人单位方面的代表组成。劳动争议仲裁委员会主任由劳动行政部门代表担任。

第八十二条 【仲裁期日】提出仲裁要求的一方应当自劳动争议发生之日起六十日内向劳动争议仲裁委员会提出书面申请。仲裁裁决一般应在收到仲裁申请的六十日内作出。对仲裁裁决无异议的,当事人必须履行。

第八十三条 【起诉和强制执行】劳动争议当事人对仲裁裁决不服的,可以自收到仲裁裁决书之日起十五日内向人民法院提起诉讼。一方当事人在法定期限内不起诉又不履行仲裁裁决的,另一方当事人可以申请人民法院强制执行。

第八十四条 【集体合同争议处理】因签订集体合同发生争议,当事人协商解决不成的,当地人民政府劳动行政部门可以组织有关各方协调处理。

因履行集体合同发生争议,当事人协商解决不成的,可以向劳动争议仲裁委员会申请仲裁;对仲裁裁决不服的,可以自收到仲裁裁决书之日起十五日内向人民法院提起诉讼。

第十一章 监督检查

第八十五条 【劳动行政部门监督检查】县级以上各级人民政府劳动行政部门依法对用人单位遵守劳动法律、法规的情况进行监督检查,对违反劳动法律、法规的行为有权制止,并责令改正。

第八十六条 【公务检查】县级以上各级人民政府劳动行政部门监督检查人员执行公务,有权进入用人单位了解执行劳动法律、法规的情况,查阅必要的资料,并对劳动场所进行检查。

县级以上各级人民政府劳动行政部门监督检查人员执行公务,必须出示证件,秉公执法并遵守有关规定。

第八十七条 【政府监督】县级以上各级人民政府有关部门在各自职责范围内,对用人单位遵守劳动法律、法规的情况进行监督。

第八十八条 【工会监督和组织、个人检举控告】各级工会依法维护劳动者的合法权益,对用人单位遵守劳动法律、法规的情况进行监督。

任何组织和个人对于违反劳动法律、法规的行为有权检举和控告。

第十二章 法律责任

第八十九条 【对劳动规章违法的处罚】用人单位制定的劳动规章制度违反法律、法规规定的,由劳动行政部门给予警告,责令改正;对劳动者造成损害的,应当承担赔偿责任。

第九十条 【违法延长工时处罚】用人单位违反本法规定,延长劳动者工作时间的,由劳动行政部门给予警告,责令改正,并可以处以罚款。

第九十一条 【用人单位侵权处理】用人单位有下列侵害劳动者合法权益情形之一的,由劳动行政部门责令支付劳动者的工资报酬、经济补偿,并可以责令支付赔偿金:

(一)克扣或者无故拖欠劳动者工资的;

(二)拒不支付劳动者延长工作时间工资报酬的;

(三)低于当地最低工资标准支付劳动者工资的;

(四)解除劳动合同后,未依照本法规定给予劳动者经济补偿的。

第九十二条 【用人单位违反劳保规定的处罚】用人单位的劳动安全设施和劳动卫生条件不符合国家规定或者未向劳动者提供必要的劳动防护用品和劳动保护设施的,由劳动行政部门或者有关部门责令改正,可以处以罚款;情节严重的,提请县级以上人民政府决定责令停产整顿;对事故隐患不采取措施,致使发生重大事故,造成劳动者生命和财产损失的,对责任人员依照刑法有关规定追究刑事责任。

第九十三条 【违章作业造成事故处罚】用人单位强令劳动者违章冒险作业,发生重大伤亡事故,造成严重后果的,对责任人员依法追究刑事责任。

第九十四条 【非法招用未成年工处罚】用人单位非法招用未满十六周岁的未成年人的,由劳动行政部门责令改正,处以罚款;情节严重的,由市场监督管理部门吊销营业执照。

第九十五条 【侵害女工和未成年工合法权益的处罚】用人单位违反本法对女职工和未成年工的保护规定,侵害其合法权益的,由劳动行政部门责令改正,处以罚款;对女职工或者未成年工造成损害的,应当承担赔偿责任。

第九十六条 【人身侵权处罚】用人单位有下列行为之一,由公安机关对责任人员处以十五日以下拘留、罚款或者警告;构成犯罪的,对责任人员依法追究刑事责任:

(一)以暴力、威胁或者非法限制人身自由的手段强迫劳动的;

(二)侮辱、体罚、殴打、非法搜查和拘禁劳动者的。

第九十七条 【无效合同损害赔偿责任】由于用人单位的原因订立的无效合同,对劳动者造成损害的,应当承担赔偿责任。

第九十八条 【违法解除和拖延订立合同损害赔偿】用人单位违反本法规定的条件解除劳动合同或者故意拖延不订立劳动合同的,由劳动行政部门责令改正;对劳动者造成损害的,应当承担赔偿责任。

第九十九条 【招用未解除合同者损害赔偿】用人单位招用尚未解除劳动合同的劳动者,对原用人单位造成经济损失的,该用人单位应当依法承担连带赔偿责任。

第一百条 【不缴纳保险费处理】用人单位无故不缴纳社会保险费的,由劳动行政部门责令其限期缴纳;逾期不缴的,可以加收滞纳金。

第一百零一条 【妨碍检查公务处罚】用人单位无理阻挠劳动行政部门、有关部门及其工作人员行使监督检查权,打击报复举报人员的,由劳动行政部门或者有关部门处以罚款;构成犯罪的,对责任人员依法追究刑事责任。

第一百零二条 【违法解除合同和违反保密事项损害赔偿】劳动者违反本法规定的条件解除劳动合同或者违反劳动合同中约定的保密事项,对用人单位造成经济损失的,应当依法承担赔偿责任。

第一百零三条 【渎职的法律责任】劳动行政部门或者有关部门的工作人员滥用职权、玩忽职守、徇私舞弊,构成犯罪的,依法追究刑事责任;不构成犯罪的,给予行政处分。

第一百零四条 【挪用社保基金处罚】国家工作人员和社会保险基金经办机构的工作人员挪用社会保险基金,构成犯罪的,依法追究刑事责任。

第一百零五条 【处罚竞合处理】违反本法规定侵害劳动者合法权益,其他法律、行政法规已规定处罚的,依照该法律、行政法规的规定处罚。

第十三章 附 则

第一百零六条 【实施步骤制定】省、自治区、直辖市人民政府根据本法和本地区的实际情况,规定劳动合同制度的实施步骤,报国务院备案。

第一百零七条 【施行日期】本法自1995年1月1日起施行。

中华人民共和国工会法

1. 1992年4月3日第七届全国人民代表大会第五次会议通过
2. 根据2001年10月27日第九届全国人民代表大会常务委员会第二十四次会议《关于修改〈中华人民共和国工会法〉的决定》第一次修正
3. 根据2009年8月27日第十一届全国人民代表大会常务委员会第十次会议《关于修改部分法律的决定》第二次修正
4. 根据2021年12月24日第十三届全国人民代表大会常务委员会第三十二次会议《关于修改〈中华人民共和国工会法〉的决定》第三次修正

目 录

第一章 总　　则
第二章 工会组织
第三章 工会的权利和义务
第四章 基层工会组织
第五章 工会的经费和财产
第六章 法律责任
第七章 附　　则

第一章 总 则

第一条 【立法目的】为保障工会在国家政治、经济和社会生活中的地位,确定工会的权利与义务,发挥工会在社会主义现代化建设事业中的作用,根据宪法,制定本法。

第二条 【工会的性质和职责】工会是中国共产党领导的职工自愿结合的工人阶级

群众组织,是中国共产党联系职工群众的桥梁和纽带。

中华全国总工会及其各工会组织代表职工的利益,依法维护职工的合法权益。

第三条 【劳动者参加和组织工会的权利】在中国境内的企业、事业单位、机关、社会组织(以下统称用人单位)中以工资收入为主要生活来源的劳动者,不分民族、种族、性别、职业、宗教信仰、教育程度,都有依法参加和组织工会的权利。任何组织和个人不得阻挠和限制。

工会适应企业组织形式、职工队伍结构、劳动关系、就业形态等方面的发展变化,依法维护劳动者参加和组织工会的权利。

第四条 【工会活动准则】工会必须遵守和维护宪法,以宪法为根本的活动准则,以经济建设为中心,坚持社会主义道路,坚持人民民主专政,坚持中国共产党的领导,坚持马克思列宁主义、毛泽东思想、邓小平理论、"三个代表"重要思想、科学发展观、习近平新时代中国特色社会主义思想,坚持改革开放,保持和增强政治性、先进性、群众性,依照工会章程独立自主地开展工作。

工会会员全国代表大会制定或者修改《中国工会章程》,章程不得与宪法和法律相抵触。

国家保护工会的合法权益不受侵犯。

第五条 【工会职能】工会组织和教育职工依照宪法和法律的规定行使民主权利,发挥国家主人翁的作用,通过各种途径和形式,参与管理国家事务、管理经济和文化事业、管理社会事务;协助人民政府开展工作,维护工人阶级领导的、以工农联盟为基础的人民民主专政的社会主义国家政权。

第六条 【工会职责】维护职工合法权益、竭诚服务职工群众是工会的基本职责。工会在维护全国人民总体利益的同时,代表和维护职工的合法权益。

工会通过平等协商和集体合同制度等,推动健全劳动关系协调机制,维护职工劳动权益,构建和谐劳动关系。

工会依照法律规定通过职工代表大会或者其他形式,组织职工参与本单位的民主选举、民主协商、民主决策、民主管理和民主监督。

工会建立联系广泛、服务职工的工会工作体系,密切联系职工,听取和反映职工的意见和要求,关心职工的生活,帮助职工解决困难,全心全意为职工服务。

第七条 【工会对建设职工队伍的作用】工会动员和组织职工积极参加经济建设,努力完成生产任务和工作任务。教育职工不断提高思想道德、技术业务和科学文化素质,建设有理想、有道德、有文化、有纪律的职工队伍。

第八条 【推动产业工人队伍建设改革】工会推动产业工人队伍建设改革,提高产业工人队伍整体素质,发挥产业工人骨干作用,维护产业工人合法权益,保障产业工人主人翁地位,造就一支有理想守信念、懂技术会创新、敢担当讲奉献的宏大产业工人队伍。

第九条 【工会对外交往的方针和原则】中华全国总工会根据独立、平等、互相尊重、互不干涉内部事务的原则,加强同各国工会组织的友好合作关系。

第二章 工 会 组 织

第十条 【工会建立原则和委员会产生办法、领导体制】工会各级组织按照民主集中制原则建立。

各级工会委员会由会员大会或者会员代表大会民主选举产生。企业主要负责人的近亲属不得作为本企业基层工会委员会成员的人选。

各级工会委员会向同级会员大会或者会员代表大会负责并报告工作,接受其监督。

工会会员大会或者会员代表大会有权撤换或者罢免其所选举的代表或者工会委员会组成人员。

上级工会组织领导下级工会组织。

第十一条 【各级工会组织的建立】用人单位有会员二十五人以上的,应当建立基层工会委员会;不足二十五人的,可以单独建立基层工会委员会,也可以由两个以上单位的会员联合建立基层工会委员会,也可以选举组织员一人,组织会员开展活动。女职工人数较多的,可以建立工会女职工委员会,在同级工会领导下开展工作;女职工人数较少的,可以在工会委员会中设女职工委员。

企业职工较多的乡镇、城市街道,可以建立基层工会的联合会。

县级以上地方建立地方各级总工会。

同一行业或者性质相近的几个行业,可以根据需要建立全国的或者地方的产业工会。

全国建立统一的中华全国总工会。

第十二条 【工会组织的建立报批及帮助指导】基层工会、地方各级总工会、全国或者地方产业工会组织的建立,必须报上一级工会批准。

上级工会可以派员帮助和指导企业职工组建工会,任何单位和个人不得阻挠。

第十三条 【工会组织的撤销及合并】任何组织和个人不得随意撤销、合并工会组织。

基层工会所在的用人单位终止或者被撤销,该工会组织相应撤销,并报告上一级工会。

依前款规定被撤销的工会,其会员的会籍可以继续保留,具体管理办法由中华全国总工会制定。

第十四条 【工会主席及专职工作人员的确立】职工二百人以上的企业、事业单位、社会组织的工会,可以设专职工会主席。工会专职工作人员的人数由工会与企业、事业单位、社会组织协商确定。

第十五条 【法人资格】中华全国总工会、地方总工会、产业工会具有社会团体法人资格。

基层工会组织具备民法典规定的法人条件的,依法取得社会团体法人资格。

第十六条 【基层工会委员会任期】基层工会委员会每届任期三年或者五年。各级地方总工会委员会和产业工会委员会每届任期五年。

第十七条 【基层工会委员会会议的召开】基层工会委员会定期召开会员大会或者会员代表大会,讨论决定工会工作的重大问题。经基层工会委员会或者三分之一以上的工会会员提议,可以临时召开会员大会或者会员代表大会。

第十八条 【工会主席、副主席工作调动限制】工会主席、副主席任期未满时,不得随意调动其工作。因工作需要调动时,应当征得本级工会委员会和上一级工会的同意。

罢免工会主席、副主席必须召开会员大会或者会员代表大会讨论,非经会员大会全体会员或者会员代表大会全体代表过半数通过,不得罢免。

第十九条 【基层工会主席、副主席及委员劳动合同期限的规定】基层工会专职主席、副主席或者委员自任职之日起,其劳动合同期限自动延长,延长期限相当于其任职期间;非专职主席、副主席或者委员自任职之日起,其尚未履行的劳动合同期限短于任期的,劳动合同期限自动延长至任期期满。但是,任职期间个人严重过失或者达到法定退休年龄的除外。

第三章 工会的权利和义务

第二十条 【工会监督权】企业、事业单位、社会组织违反职工代表大会制度和其他民主管理制度,工会有权要求纠正,保障职工依法行使民主管理的权利。

法律、法规规定应当提交职工大会或者职工代表大会审议、通过、决定的事项,企业、事业单位、社会组织应当依法办理。

第二十一条 【劳动合同指导、集体合同代签与争议处理】工会帮助、指导职工与企业、实行企业化管理的事业单位、社会组织签订劳动合同。

工会代表职工与企业、实行企业化管理的事业单位、社会组织进行平等协商,依法签订集体合同。集体合同草案应当提交职工代表大会或者全体职工讨论通过。

工会签订集体合同,上级工会应当给予支持和帮助。

企业、事业单位、社会组织违反集体合同,侵犯职工劳动权益的,工会可以依法要求企业、事业单位、社会组织予以改正并承担责任;因履行集体合同发生争议,经协商解决不成的,工会可以向劳动争议仲裁机构提请仲裁,仲裁机构不予受理或者对仲裁裁决不服的,可以向人民法院提起诉讼。

第二十二条 【对辞退、处分职工的提出意见权】企业、事业单位、社会组织处分职工,工会认为不适当的,有权提出意见。

用人单位单方面解除职工劳动合同时,应当事先将理由通知工会,工会认为用人单位违反法律、法规和有关合同,要求重新研究处理时,用人单位应当研究工会的意见,并将处理结果书面通知工会。

职工认为用人单位侵犯其劳动权益而申请劳动争议仲裁或者向人民法院提起诉讼的,工会应当给予支持和帮助。

第二十三条　【对职工劳动权益的维护】企业、事业单位、社会组织违反劳动法律法规规定,有下列侵犯职工劳动权益情形,工会应当代表职工与企业、事业单位、社会组织交涉,要求企业、事业单位、社会组织采取措施予以改正;企业、事业单位、社会组织应当予以研究处理,并向工会作出答复;企业、事业单位、社会组织拒不改正的,工会可以提请当地人民政府依法作出处理:

(一)克扣、拖欠职工工资的;

(二)不提供劳动安全卫生条件的;

(三)随意延长劳动时间的;

(四)侵犯女职工和未成年工特殊权益的;

(五)其他严重侵犯职工劳动权益的。

第二十四条　【对劳保和安全卫生提出意见权】工会依照国家规定对新建、扩建企业和技术改造工程中的劳动条件和安全卫生设施与主体工程同时设计、同时施工、同时投产使用进行监督。对工会提出的意见,企业或者主管部门应当认真处理,并将处理结果书面通知工会。

第二十五条　【职工生产安全维护】工会发现企业违章指挥、强令工人冒险作业,或者生产过程中发现明显重大事故隐患和职业危害,有权提出解决的建议,企业应当及时研究答复;发现危及职工生命安全的情况时,工会有权向企业建议组织职工撤离危险现场,企业必须及时作出处理决定。

第二十六条　【工会的调查权】工会有权对企业、事业单位、社会组织侵犯职工合法权益的问题进行调查,有关单位应当予以协助。

第二十七条　【工会对工伤的调查处理权】职工因工伤亡事故和其他严重危害职工健康问题的调查处理,必须有工会参加。工会应当向有关部门提出处理意见,并有权要求追究直接负责的主管人员和有关责任人员的责任。对工会提出的意见,应当及时研究,给予答复。

第二十八条　【对停工、怠工的协调】企业、事业单位、社会组织发生停工、怠工事件,工会应当代表职工同企业、事业单位、社会组织或者有关方面协商,反映职工的意见和要求并提出解决意见。对于职工的合理要求,企业、事业单位、社会组织应当予以解决。工会协助企业、事业单位、社会组织做好工作,尽快恢复生产、工作秩序。

第二十九条　【劳动争议调解】工会参加企业的劳动争议调解工作。

地方劳动争议仲裁组织应当有同级工会代表参加。

第三十条 【法律服务】县级以上各级总工会依法为所属工会和职工提供法律援助等法律服务。

第三十一条 【职工集体福利协助】工会协助用人单位办好职工集体福利事业,做好工资、劳动安全卫生和社会保险工作。

第三十二条 【思想政治引领及文娱竞技活动】工会会同用人单位加强对职工的思想政治引领,教育职工以国家主人翁态度对待劳动,爱护国家和单位的财产;组织职工开展群众性的合理化建议、技术革新、劳动和技能竞赛活动,进行业余文化技术学习和职工培训,参加职业教育和文化体育活动,推进职业安全健康教育和劳动保护工作。

第三十三条 【评优等管理职能】根据政府委托,工会与有关部门共同做好劳动模范和先进生产(工作)者的评选、表彰、培养和管理工作。

第三十四条 【对发展计划的建议权】国家机关在组织起草或者修改直接涉及职工切身利益的法律、法规、规章时,应当听取工会意见。

县级以上各级人民政府制定国民经济和社会发展计划,对涉及职工利益的重大问题,应当听取同级工会的意见。

县级以上各级人民政府及其有关部门研究制定劳动就业、工资、劳动安全卫生、社会保险等涉及职工切身利益的政策、措施时,应当吸收同级工会参加研究,听取工会意见。

第三十五条 【政府协商】县级以上地方各级人民政府可以召开会议或者采取适当方式,向同级工会通报政府的重要的工作部署和与工会工作有关的行政措施,研究解决工会反映的职工群众的意见和要求。

各级人民政府劳动行政部门应当会同同级工会和企业方面代表,建立劳动关系三方协商机制,共同研究解决劳动关系方面的重大问题。

第四章 基层工会组织

第三十六条 【企业权力机构及其工作机构】国有企业职工代表大会是企业实行民主管理的基本形式,是职工行使民主管理权力的机构,依照法律规定行使职权。

国有企业的工会委员会是职工代表大会的工作机构,负责职工代表大会的日常工作,检查、督促职工代表大会决议的执行。

第三十七条 【集体企业工会职责】集体企业的工会委员会,应当支持和组织职工参加民主管理和民主监督,维护职工选举和罢免管理人员、决定经营管理的重大问题的权力。

第三十八条 【工会参与民主管理】本法第三十六条、第三十七条规定以外的其他企业、事业单位的工会委员会,依照法律规定组织职工采取与企业、事业单位相适应的形式,参与企业、事业单位民主管理。

第三十九条 【工会代表对企业决策的参与】企业、事业单位、社会组织研究经营管理和发展的重大问题应当听取工会的意见；召开会议讨论有关工资、福利、劳动安全卫生、工作时间、休息休假、女职工保护和社会保险等涉及职工切身利益的问题，必须有工会代表参加。

企业、事业单位、社会组织应当支持工会依法开展工作，工会应当支持企业、事业单位、社会组织依法行使经营管理权。

第四十条 【职工代表的产生】公司的董事会、监事会中职工代表的产生，依照公司法有关规定执行。

第四十一条 【工会活动的时间安排】基层工会委员会召开会议或者组织职工活动，应当在生产或者工作时间以外进行，需要占用生产或者工作时间的，应当事先征得企业、事业单位、社会组织的同意。

基层工会的非专职委员占用生产或者工作时间参加会议或者从事工会工作，每月不超过三个工作日，其工资照发，其他待遇不受影响。

第四十二条 【工会工作人员待遇】用人单位工会委员会的专职工作人员的工资、奖励、补贴，由所在单位支付。社会保险和其他福利待遇等，享受本单位职工同等待遇。

第五章　工会的经费和财产

第四十三条 【工会经费的来源及使用】工会经费的来源：

（一）工会会员缴纳的会费；

（二）建立工会组织的用人单位按每月全部职工工资总额的百分之二向工会拨缴的经费；

（三）工会所属的企业、事业单位上缴的收入；

（四）人民政府的补助；

（五）其他收入。

前款第二项规定的企业、事业单位、社会组织拨缴的经费在税前列支。

工会经费主要用于为职工服务和工会活动。经费使用的具体办法由中华全国总工会制定。

第四十四条 【工会经费执行】企业、事业单位、社会组织无正当理由拖延或者拒不拨缴工会经费，基层工会或者上级工会可以向当地人民法院申请支付令；拒不执行支付令的，工会可以依法申请人民法院强制执行。

第四十五条 【工会经费管理】工会应当根据经费独立原则，建立预算、决算和经费审查监督制度。

各级工会建立经费审查委员会。

各级工会经费收支情况应当由同级工会经费审查委员会审查，并且定期向会员大会或者会员代表大会报告，接受监督。工会会员大会或者会员代表大会有权对经费使用情况提出意见。

工会经费的使用应当依法接受国家的监督。

第四十六条 【物质条件保障】各级人民政府和用人单位应当为工会办公和开展活动,提供必要的设施和活动场所等物质条件。

第四十七条 【工会财产禁止侵占】工会的财产、经费和国家拨给工会使用的不动产,任何组织和个人不得侵占、挪用和任意调拨。

第四十八条 【工会隶属关系不随意变动原则】工会所属的为职工服务的企业、事业单位,其隶属关系不得随意改变。

第四十九条 【工会离退休人员待遇】县级以上各级工会的离休、退休人员的待遇,与国家机关工作人员同等对待。

第六章 法 律 责 任

第五十条 【工会对侵权的维护】工会对违反本法规定侵犯其合法权益的,有权提请人民政府或者有关部门予以处理,或者向人民法院提起诉讼。

第五十一条 【阻挠工会活动的法律责任】违反本法第三条、第十二条规定,阻挠职工依法参加和组织工会或者阻挠上级工会帮助、指导职工筹建工会的,由劳动行政部门责令其改正;拒不改正的,由劳动行政部门提请县级以上人民政府处理;以暴力、威胁等手段阻挠造成严重后果,构成犯罪的,依法追究刑事责任。

第五十二条 【工会委员工作、人身尊严的维护】违反本法规定,对依法履行职责的工会工作人员无正当理由调动工作岗位,进行打击报复的,由劳动行政部门责令改正、恢复原工作;造成损失的,给予赔偿。

对依法履行职责的工会工作人员进行侮辱、诽谤或者进行人身伤害,构成犯罪的,依法追究刑事责任;尚未构成犯罪的,由公安机关依照治安管理处罚法的规定处罚。

第五十三条 【职工及工会工作人员的赔偿】违反本法规定,有下列情形之一的,由劳动行政部门责令恢复其工作,并补发被解除劳动合同期间应得的报酬,或者责令给予本人年收入二倍的赔偿:

(一)职工因参加工会活动而被解除劳动合同的;

(二)工会工作人员因履行本法规定的职责而被解除劳动合同的。

第五十四条 【对工会的违法情形】违反本法规定,有下列情形之一的,由县级以上人民政府责令改正,依法处理:

(一)妨碍工会组织职工通过职工代表大会和其他形式依法行使民主权利的;

(二)非法撤销、合并工会组织的;

(三)妨碍工会参加职工因工伤亡事故以及其他侵犯职工合法权益问题的调查处理的;

(四)无正当理由拒绝进行平等协商的。

第五十五条 【工会的起诉权】违反本法第四十七条规定,侵占工会经费和财产拒不返还的,工会可以向人民法院提起诉讼,要求返还,并赔偿损失。

第五十六条 【工作人员的违法处理】工会工作人员违反本法规定,损害职工或者工会权益的,由同级工会或者上级工会责令改正,或者予以处分;情节严重的,依照《中国工会章程》予以罢免;造成损失的,应当承担赔偿责任;构成犯罪的,依法追究刑事责任。

第七章 附 则

第五十七条 【实施办法的制定】中华全国总工会会同有关国家机关制定机关工会实施本法的具体办法。

第五十八条 【施行日期】本法自公布之日起施行。1950年6月29日中央人民政府颁布的《中华人民共和国工会法》同时废止。

中国工会章程

中国工会第十八次全国代表大会部分修改,2023年10月12日通过

总 则

中国工会是中国共产党领导的职工自愿结合的工人阶级群众组织,是党联系职工群众的桥梁和纽带,是国家政权的重要社会支柱,是会员和职工利益的代表。

中国工会以宪法为根本活动准则,按照《中华人民共和国工会法》和本章程独立自主地开展工作,依法行使权利和履行义务。

工人阶级是我国的领导阶级,是先进生产力和生产关系的代表,是中国共产党最坚实最可靠的阶级基础,是改革开放和社会主义现代化建设的主力军,是维护社会安定的强大而集中的社会力量。中国工会高举中国特色社会主义伟大旗帜,坚持马克思列宁主义、毛泽东思想、邓小平理论、"三个代表"重要思想、科学发展观,全面贯彻习近平新时代中国特色社会主义思想,贯彻执行党的以经济建设为中心,坚持四项基本原则,坚持改革开放的基本路线,保持和增强政治性、先进性、群众性,坚定不移地走中国特色社会主义工会发展道路,推动党的全心全意依靠工人阶级的根本指导方针的贯彻落实,全面履行工会的社会职能,在维护全国人民总体利益的同时,更好地表达和维护职工的具体利益,团结和动员全国职工自力更生、艰苦创业,坚持和发展中国特色社会主义,为全面建成社会主义现代化强国、实现第二个百年奋斗目标,以中国式现代化全面推进中华民族伟大复兴而奋斗。

中国工会坚持自觉接受中国共产党的领导,承担团结引导职工群众听党话、

跟党走的政治责任,巩固和扩大党执政的阶级基础和群众基础。

中国工会的基本职责是维护职工合法权益、竭诚服务职工群众。

中国工会按照中国特色社会主义事业"五位一体"总体布局和"四个全面"战略布局,贯彻创新、协调、绿色、开放、共享的新发展理念,把握为实现中华民族伟大复兴的中国梦而奋斗的工人运动时代主题,弘扬劳模精神、劳动精神、工匠精神,动员和组织职工积极参加建设和改革,努力促进经济、政治、文化、社会和生态文明建设;发展全过程人民民主,代表和组织职工参与管理国家事务、管理经济和文化事业、管理社会事务,参与企业、事业单位、机关、社会组织的民主管理;教育职工践行社会主义核心价值观,不断提高思想道德素质、科学文化素质和技术技能素质,建设有理想、有道德、有文化、有纪律的职工队伍,不断发展工人阶级先进性。

中国工会以忠诚党的事业、竭诚服务职工为己任,坚持组织起来、切实维权的工作方针,坚持以职工为本、主动依法科学维权的维权观,促进完善社会主义劳动法律,维护职工的经济、政治、文化和社会权利,参与协调劳动关系和社会利益关系,推动构建和谐劳动关系,促进经济高质量发展和社会的长期稳定,维护工人阶级和工会组织的团结统一,为构建社会主义和谐社会作贡献。

中国工会维护工人阶级领导的、以工农联盟为基础的人民民主专政的社会主义国家政权,协助人民政府开展工作,依法发挥民主参与和社会监督作用。

中国工会推动产业工人队伍建设改革,强化产业工人思想政治引领,提高产业工人队伍整体素质,发挥产业工人骨干作用,维护产业工人合法权益,保障产业工人主人翁地位,造就一支有理想守信念、懂技术会创新、敢担当讲奉献的宏大产业工人队伍。

中国工会在企业、事业单位、社会组织中,按照促进事业和社会组织发展、维护职工权益的原则,支持行政依法行使管理权力,组织职工参与本单位民主选举、民主协商、民主决策、民主管理和民主监督,与行政方面建立协商制度,保障职工的合法权益,调动职工的积极性,促进企业、事业单位、社会组织的发展。

中国工会实行产业和地方相结合的组织领导原则,坚持民主集中制。

中国工会坚持以改革创新精神加强自身建设,健全联系广泛、服务职工的工作体系,增强团结教育、维护权益、服务职工的功能,坚持群众化、民主化,保持同会员群众的密切联系,依靠会员群众开展工会工作。各级工会领导机关坚持把工作重点放到基层,着力扩大覆盖面、增强代表性,着力强化服务意识、提高维权能力,着力加强队伍建设、提升保障水平,坚持服务职工群众的工作生命线,全心全意为基层、为职工服务,构建智慧工会,增强基层工会的吸引力凝聚力战斗力,把工会组织建设得更加充满活力、更加坚强有力,成为深受职工群众信赖的学习型、服务型、创新型"职工之家"。

工会兴办的企业、事业单位,坚持公益性、服务性,坚持为改革开放和发展社会生产力服务，为职工群众服务，为推进工运事业服务。

中国工会努力巩固和发展工农联盟，坚持最广泛的爱国统一战线，加强包括香港特别行政区同胞、澳门特别行政区同胞、台湾同胞和海外侨胞在内的全国各族人民的大团结，促进祖国的统一、繁荣和富强。

中国工会在国际事务中坚持独立自主、互相尊重、求同存异、加强合作、增进友谊的方针，在独立、平等、互相尊重、互不干涉内部事务的原则基础上，广泛建立和发展同国际和各国工会组织的友好关系，积极参与"一带一路"建设，增进我国工人阶级同各国工人阶级的友谊，同全世界工人和工会一起，在推动构建人类命运共同体中发挥作用，为世界的和平、发展、合作、工人权益和社会进步而共同努力。

中国工会深入学习贯彻习近平总书记关于党的建设的重要思想，落实新时代党的建设总要求，贯彻全面从严治党战略方针，以党的政治建设为统领，加强党的建设，深刻领悟"两个确立"的决定性意义，增强"四个意识"、坚定"四个自信"、做到"两个维护"，在思想上政治上行动上同以习近平同志为核心的党中央保持高度一致。

第一章　会　　员

第一条　凡在中国境内的企业、事业单位、机关、社会组织中，以工资收入为主要生活来源或者与用人单位建立劳动关系的劳动者，不分民族、种族、性别、职业、宗教信仰、教育程度，承认工会章程，都可以加入工会为会员。

工会适应企业组织形式、职工队伍结构、劳动关系、就业形态等方面的发展变化，依法维护劳动者参加和组织工会的权利。

第二条　职工加入工会，由本人自愿申请，经基层工会委员会批准并发给会员证。

第三条　会员享有以下权利：

（一）选举权、被选举权和表决权。

（二）对工会工作进行监督，提出意见和建议，要求撤换或者罢免不称职的工会工作人员。

（三）对国家和社会生活问题及本单位工作提出批评与建议，要求工会组织向有关方面如实反映。

（四）在合法权益受到侵犯时，要求工会给予保护。

（五）工会提供的文化、教育、体育、旅游、疗休养、互助保障、生活救助、法律服务、就业服务等优惠待遇；工会给予的各种奖励。

（六）在工会会议和工会媒体上，参加关于工会工作和职工关心问题的讨论。

第四条　会员履行下列义务：

（一）认真学习贯彻习近平新时代中国特色社会主义思想，学习政治、经济、文化、法律、科技和工会基本知识等。

（二）积极参加民主管理，努力完成生产和工作任务，立足本职岗位建功立业。

（三）遵守宪法和法律，践行社会主义核心价值观，弘扬中华民族传统美德，恪守社会公德、职业道德、家庭美德、个人品德，遵守劳动纪律。

（四）正确处理国家、集体、个人三者利益关系，向危害国家、社会利益的行为作斗争。

（五）维护中国工人阶级和工会组织的团结统一，发扬阶级友爱，搞好互助互济。

（六）遵守工会章程，执行工会决议，参加工会活动，按月交纳会费。

第五条 会员组织关系随劳动（工作）关系变动，凭会员证明接转。

第六条 会员有退会自由。会员退会由本人向工会小组提出，由基层工会委员会宣布其退会并收回会员证。

会员没有正当理由连续六个月不交纳会费、不参加工会组织生活，经教育拒不改正，应当视为自动退会。

第七条 对不执行工会决议、违反工会章程的会员，给予批评教育。对严重违法犯罪并受到刑事处罚的会员，开除会籍。开除会员会籍，须经工会小组讨论，提出意见，由基层工会委员会决定，报上一级工会备案。

第八条 会员离休、退休和失业，可保留会籍。保留会籍期间免交会费。

工会组织要关心离休、退休和失业会员的生活，积极向有关方面反映他们的愿望和要求。

第二章　组织制度

第九条 中国工会实行民主集中制，主要内容是：

（一）个人服从组织，少数服从多数，下级组织服从上级组织。

（二）工会的各级领导机关，除它们派出的代表机关外，都由民主选举产生。

（三）工会的最高领导机关，是工会的全国代表大会和它所产生的中华全国总工会执行委员会。工会的地方各级领导机关，是工会的地方各级代表大会和它所产生的总工会委员会。

（四）工会各级委员会，向同级会员大会或者会员代表大会负责并报告工作，接受会员监督。会员大会和会员代表大会有权撤换或者罢免其所选举的代表和工会委员会组成人员。

（五）工会各级委员会，实行集体领导和分工负责相结合的制度。凡属重大问题由委员会民主讨论，作出决定，委员会成员根据集体的决定和分工，履行自己的职责。

（六）工会各级领导机关，加强对下级组织的领导和服务，经常向下级组织通报情况，听取下级组织和会员的意见，研究和解决他们提出的问题。下级组织应及时向上级组织请示报告工作。

第十条 工会各级代表大会的代表和委员会的产生,要充分体现选举人的意志。候选人名单,要反复酝酿,充分讨论。选举采用无记名投票方式,可以直接采用候选人数多于应选人数的差额选举办法进行正式选举,也可以先采用差额选举办法进行预选,产生候选人名单,然后进行正式选举。任何组织和个人,不得以任何方式强迫选举人选举或不选举某个人。

第十一条 中国工会实行产业和地方相结合的组织领导原则。同一企业、事业单位、机关、社会组织中的会员,组织在一个基层工会组织中;同一行业或者性质相近的几个行业,根据需要建立全国的或者地方的产业工会组织。除少数行政管理体制实行垂直管理的产业,其产业工会实行产业工会和地方工会双重领导,以产业工会领导为主外,其他产业工会均实行以地方工会领导为主,同时接受上级产业工会领导的体制。各产业工会的领导体制,由中华全国总工会确定。

省、自治区、直辖市,设区的市和自治州,县(旗)、自治县、不设区的市建立地方总工会。地方总工会是当地地方工会组织和产业工会地方组织的领导机关。全国建立统一的中华全国总工会。中华全国总工会是各级地方总工会和各产业工会全国组织的领导机关。

中华全国总工会执行委员会委员和产业工会全国委员会委员实行替补制,各级地方总工会委员会委员和地方产业工会委员会委员,也可以实行替补制。

第十二条 县和县以上各级地方总工会委员会,根据工作需要可以派出代表机关。

县和县以上各级工会委员会,在两次代表大会之间,认为有必要时,可以召集代表会议,讨论和决定需要及时解决的重大问题。代表会议代表的名额和产生办法,由召集代表会议的总工会决定。

全国产业工会、各级地方产业工会、乡镇工会、城市街道工会和区域性、行业性工会联合会的委员会,可以按照联合制、代表制原则,由下一级工会组织民主选举的主要负责人和适当比例的有关方面代表组成。

上级工会可以派员帮助和指导用人单位的职工组建工会。

第十三条 各级工会代表大会选举产生同级经费审查委员会。中华全国总工会经费审查委员会设常务委员会,省、自治区、直辖市总工会经费审查委员会和独立管理经费的全国产业工会经费审查委员会,应当设常务委员会。经费审查委员会负责审查同级工会组织及其直属企业、事业单位的经费收支和资产管理情况,监督财经法纪的贯彻执行和工会经费的使用,并接受上级工会经费审查委员会的指导和监督。工会经费审查委员会向同级会员大会或会员代表大会负责并报告工作;在大会闭会期间,向同级工会委员会负责并报告工作。

上级经费审查委员会应当对下一级工会及其直属企业、事业单位的经费收支和资产管理情况进行审查。

中华全国总工会经费审查委员会委员实行替补制,各级地方总工会经费审查委员会委员和独立管理经费的产业工会经费审查委员会委员，也可以实行替补制。

第十四条　各级工会建立女职工委员会，表达和维护女职工的合法权益。女职工委员会由同级工会委员会提名，在充分协商的基础上组成或者选举产生，女职工委员会与工会委员会同时建立，在同级工会委员会领导下开展工作。企业工会女职工委员会是县或者县以上妇联的团体会员，通过县以上地方工会接受妇联的业务指导。

第十五条　县和县以上各级工会组织应当建立法律服务机构，为保护职工和工会组织的合法权益提供服务。

各级工会组织应当组织和代表职工开展劳动法律监督。

第十六条　成立或者撤销工会组织，必须经会员大会或者会员代表大会通过，并报上一级工会批准。基层工会组织所在的企业终止，或者所在的事业单位、机关、社会组织被撤销，该工会组织相应撤销，并报上级工会备案。其他组织和个人不得随意撤销工会组织，也不得把工会组织的机构撤销、合并或者归属其他工作部门。

第三章　全国组织

第十七条　中国工会全国代表大会，每五年举行一次，由中华全国总工会执行委员会召集。在特殊情况下，由中华全国总工会执行委员会主席团提议，经执行委员会全体会议通过，可以提前或者延期举行。代表名额和代表选举办法由中华全国总工会决定。

第十八条　中国工会全国代表大会的职权是：

（一）审议和批准中华全国总工会执行委员会的工作报告。

（二）审议和批准中华全国总工会执行委员会的经费收支情况报告和经费审查委员会的工作报告。

（三）修改中国工会章程。

（四）选举中华全国总工会执行委员会和经费审查委员会。

第十九条　中华全国总工会执行委员会，在全国代表大会闭会期间，负责贯彻执行全国代表大会的决议，领导全国工会工作。

执行委员会全体会议选举主席一人、副主席若干人、主席团委员若干人，组成主席团。

执行委员会全体会议由主席团召集，每年至少举行一次。

第二十条　中华全国总工会执行委员会全体会议闭会期间，由主席团行使执行委员会的职权。主席团全体会议，由主席召集。

主席团闭会期间，由主席、副主席组成的主席会议行使主席团职权。主席会议由中华全国总工会主席召集并主持。

主席团下设书记处，由主席团在主席团成员中推选第一书记一人，书记若干人组成。书记处在主席团领导下,主持中华全国总工会的日常工作。

第二十一条　产业工会全国组织的设置,由中华全国总工会根据需要确定。

产业工会全国委员会的建立,经中华全国总工会批准,可以按照联合制、代表制原则组成,也可以由产业工会全国代表大会选举产生。全国委员会每届任期五年。任期届满,应当如期召开会议,进行换届选举。在特殊情况下,经中华全国总工会批准,可以提前或者延期举行。

产业工会全国代表大会和按照联合制、代表制原则组成的产业工会全国委员会全体会议的职权是:审议和批准产业工会全国委员会的工作报告;选举产业工会全国委员会或者产业工会全国委员会常务委员会。独立管理经费的产业工会,选举经费审查委员会,并向产业工会全国代表大会或者委员会全体会议报告工作。产业工会全国委员会常务委员会由主席一人、副主席若干人、常务委员若干人组成。

第四章　地　方　组　织

第二十二条　省、自治区、直辖市,设区的市和自治州,县(旗)、自治县、不设区的市的工会代表大会,由同级总工会委员会召集,每五年举行一次。在特殊情况下,由同级总工会委员会提议,经上一级工会批准,可以提前或者延期举行。工会的地方各级代表大会的职权是:

(一)审议和批准同级总工会委员会的工作报告。

(二)审议和批准同级总工会委员会的经费收支情况报告和经费审查委员会的工作报告。

(三)选举同级总工会委员会和经费审查委员会。

各级地方总工会委员会,在代表大会闭会期间,执行上级工会的决定和同级工会代表大会的决议,领导本地区的工会工作,定期向上级总工会委员会报告工作。

根据工作需要,省、自治区总工会可在地区设派出代表机关。直辖市和设区的市总工会在区一级建立总工会。

县和城市的区可在乡镇和街道建立乡镇工会和街道工会组织,具备条件的,建立总工会。

第二十三条　各级地方总工会委员会选举主席一人、副主席若干人、常务委员若干人,组成常务委员会。工会委员会、常务委员会和主席、副主席以及经费审查委员会的选举结果,报上一级总工会批准。

各级地方总工会委员会全体会议,每年至少举行一次,由常务委员会召集。

各级地方总工会常务委员会,在委员会全体会议闭会期间,行使委员会的职权。

第二十四条　各级地方产业工会组织的设置,由同级地方总工会根据本地区的实际情况确定。

第五章 基层组织

第二十五条 企业、事业单位、机关、社会组织等基层单位,应当依法建立工会组织。社区和行政村可以建立工会组织。从实际出发,建立区域性、行业性工会联合会,推进新经济组织、新社会组织工会组织建设。

有会员二十五人以上的,应当成立基层工会委员会;不足二十五人的,可以单独建立基层工会委员会,也可以由两个以上单位的会员联合建立基层工会委员会,也可以选举组织员或者工会主席一人,主持基层工会工作。基层工会委员会有女会员十人以上的建立女职工委员会,不足十人的设女职工委员。

职工二百人以上企业、事业单位、社会组织的工会设专职工会主席。工会专职工作人员的人数由工会与企业、事业单位、社会组织协商确定。

基层工会组织具备民法典规定的法人条件的,依法取得社会团体法人资格,工会主席为法定代表人。

第二十六条 基层工会会员大会或者会员代表大会,每年至少召开一次。经基层工会委员会或者三分之一以上的工会会员提议,可以临时召开会员大会或者会员代表大会。工会会员在一百人以下的基层工会应当召开会员大会。

工会会员大会或者会员代表大会的职权是:

(一)审议和批准基层工会委员会的工作报告。

(二)审议和批准基层工会委员会的经费收支情况报告和经费审查委员会的工作报告。

(三)选举基层工会委员会和经费审查委员会。

(四)撤换或者罢免其所选举的代表或者工会委员会组成人员。

(五)讨论决定工会工作的重大问题。

基层工会委员会和经费审查委员会每届任期三年或者五年,具体任期由会员大会或者会员代表大会决定。任期届满,应当如期召开会议,进行换届选举。在特殊情况下,经上一级工会批准,可以提前或者延期举行。

会员代表大会的代表实行常任制,任期与本单位工会委员会相同。

第二十七条 基层工会委员会的委员,应当在会员或者会员代表充分酝酿协商的基础上选举产生;主席、副主席,可以由会员大会或者会员代表大会直接选举产生,也可以由基层工会委员会选举产生。大型企业、事业单位的工会委员会,根据工作需要,经上级工会委员会批准,可以设立常务委员会。基层工会委员会、常务委员会和主席、副主席以及经费审查委员会的选举结果,报上一级工会批准。

第二十八条 基层工会委员会的基本任务是:

(一)执行会员大会或者会员代表大会的决议和上级工会的决定,主持基层工会的日常工作。

(二)代表和组织职工依照法律规定,通过职工代表大会、厂务公开和其他形式,参与本单位民主选举、民主协商、民主决策、民主管理和民主监督,保障职工知情权、参与权、表达权和监督权,在公司制企业落实职工董事、职工监事制度。企业、事业单位工会委员会是职工代表大会工作机构,负责职工代表大会的日常工作,检查、督促职工代表大会决议的执行。

(三)参与协调劳动关系和调解劳动争议,与企业、事业单位、社会组织行政方面建立协商制度,协商解决涉及职工切身利益问题。帮助和指导职工与企业、事业单位、社会组织行政方面签订和履行劳动合同,代表职工与企业、事业单位、社会组织行政方面签订集体合同或者其他专项协议,并监督执行。

(四)组织职工开展劳动和技能竞赛、合理化建议、技能培训、技术革新和技术协作等活动,培育工匠、高技能人才,总结推广先进经验。做好劳动模范和先进生产(工作)者的评选、表彰、培养和管理服务工作。

(五)加强对职工的政治引领和思想教育,开展法治宣传教育,重视人文关怀和心理疏导,鼓励支持职工学习文化科学技术和管理知识,开展健康的文化体育活动。推进企业文化职工文化建设,办好工会文化、教育、体育事业。

(六)监督有关法律、法规的贯彻执行。协助和督促行政方面做好工资、安全生产、职业病防治和社会保险等方面的工作,推动落实职工福利待遇。办好职工集体福利事业,改善职工生活,对困难职工开展帮扶。依法参与生产安全事故和职业病危害事故的调查处理。

(七)维护女职工的特殊权益,同歧视、虐待、摧残、迫害女职工的现象作斗争。

(八)搞好工会组织建设,健全民主制度和民主生活。建立和发展工会积极分子队伍。做好会员的发展、接收、教育和会籍管理工作。加强职工之家建设。

(九)收好、管好、用好工会经费,管理好工会资产和工会的企业、事业。

第二十九条 教育、科研、文化、卫生、体育等事业单位和机关工会,从脑力劳动者比较集中的特点出发开展工作,积极了解和关心职工的思想、工作和生活,推动党的知识分子政策的贯彻落实。组织职工搞好本单位的民主选举、民主协商、民主决策、民主管理和民主监督,为发挥职工的聪明才智创造良好的条件。

第三十条 基层工会委员会根据工作需要,可以在分厂、车间(科室)建立分厂、车间(科室)工会委员会。分厂、车间(科室)工会委员会由分厂、车间(科室)会员大会或者会员代表大会选举产生,任期和基层工会委员会相同。

基层工会委员会和分厂、车间(科室)工会委员会,可以根据需要设若干专门委员会或者专门小组。

按照生产(行政)班组建立工会小组,民主选举工会小组长,积极开展工会小组活动。

第六章 工 会 干 部

第三十一条 各级工会组织按照革命化、年轻化、知识化、专业化的要求,落实新时代好干部标准,努力建设一支坚持党的基本路线、熟悉本职业务、热爱工会工作、受到职工信赖的干部队伍。

第三十二条 工会干部要努力做到:

(一)认真学习马克思列宁主义、毛泽东思想、邓小平理论、"三个代表"重要思想、科学发展观、习近平新时代中国特色社会主义思想,学习党的基本知识和党的历史,学习政治、经济、历史、文化、法律、科技和工会业务等知识,提高政治能力、思维能力、实践能力,增强推动高质量发展本领、服务群众本领、防范化解风险本领。

(二)执行党的基本路线和各项方针政策,遵守国家法律、法规,在改革开放和社会主义现代化建设中勇于开拓创新。

(三)信念坚定,忠于职守,勤奋工作,敢于担当,廉洁奉公,顾全大局,维护团结。

(四)坚持实事求是,认真调查研究,如实反映职工的意见、愿望和要求。

(五)坚持原则,不谋私利,热心为职工说话办事,依法维护职工的合法权益。

(六)作风民主,联系群众,增强群众意识和群众感情,自觉接受职工群众的批评和监督。

第三十三条 各级工会组织根据有关规定管理工会干部,重视发现培养和选拔优秀年轻干部、女干部、少数民族干部,成为培养干部的重要基地。

基层工会主席、副主席任期未满不得随意调动其工作。因工作需要调动时,应事先征得本级工会委员会和上一级工会同意。

县和县以上工会可以为基层工会选派、聘用社会化工会工作者等工作人员。

第三十四条 各级工会组织建立与健全干部培训制度。办好工会干部院校和各种培训班。

第三十五条 各级工会组织关心工会干部的思想、学习和生活,督促落实相应的待遇,支持他们的工作,坚决同打击报复工会干部的行为作斗争。

县和县以上工会设立工会干部权益保障金,保障工会干部依法履行职责。

第七章 工会经费和资产

第三十六条 工会经费的来源:

(一)会员交纳的会费。

(二)企业、事业单位、机关、社会组织按全部职工工资总额的百分之二向工会拨缴的经费或者建会筹备金。

(三)工会所属的企业、事业单位上缴的收入。

(四)人民政府和企业、事业单位、机关、社会组织的补助。

(五)其他收入。

第三十七条 工会经费主要用于为职工服务和开展工会活动。各级工会组织应坚持正确使用方向,加强预算管理,优化支出结构,开展监督检查。

第三十八条　县和县以上各级工会应当与税务、财政等有关部门合作,依照规定做好工会经费收缴和应当由财政负担的工会经费拨缴工作。

未成立工会的企业、事业单位、机关、社会组织,按工资总额的百分之二向上级工会拨缴工会建会筹备金。

具备社会团体法人资格的工会应当依法设立独立经费账户。

第三十九条　工会资产是社会团体资产,中华全国总工会对各级工会的资产拥有终极所有权。各级工会依法依规加强对工会资产的监督、管理,保护工会资产不受损害,促进工会资产保值增值。根据经费独立原则,建立预算、决算、资产监管和经费审查监督制度。实行"统一领导、分级管理"的财务体制、"统一所有、分级监管、单位使用"的资产监管体制和"统一领导、分级管理、分级负责、下审一级"的经费审查监督体制。工会经费、资产的管理和使用办法以及工会经费审查监督制度,由中华全国总工会制定。

第四十条　各级工会委员会按照规定编制和审批预算、决算,定期向会员大会或者会员代表大会和上一级工会委员会报告经费收支和资产管理情况,接受上级和同级工会经费审查委员会审查监督。

第四十一条　工会经费、资产和国家及企业、事业单位等拨给工会的不动产和拨付资金形成的资产受法律保护,任何单位和个人不得侵占、挪用和任意调拨;不经批准,不得改变工会所属企业、事业单位的隶属关系和产权关系。

工会组织合并,其经费资产归合并后的工会所有;工会组织撤销或者解散,其经费资产由上级工会处置。

第八章　会　　徽

第四十二条　中国工会会徽,选用汉字"中"、"工"两字,经艺术造型呈圆形重叠组成,并在两字外加一圆线,象征中国工会和中国工人阶级的团结统一。会徽的制作标准,由中华全国总工会规定。

第四十三条　中国工会会徽,可在工会办公地点、活动场所、会议会场悬挂,可作为纪念品、办公用品上的工会标志,也可以作为徽章佩戴。

第九章　附　　则

第四十四条　本章程解释权属于中华全国总工会。

二、劳动就业

1. 就业促进

中华人民共和国就业促进法

1. 2007年8月30日第十届全国人民代表大会常务委员会第二十九次会议通过
2. 根据2015年4月24日第十二届全国人民代表大会常务委员会第十四次会议《关于修改〈中华人民共和国电力法〉等六部法律的决定》修正

目　　录

第一章　总　　则
第二章　政策支持
第三章　公平就业
第四章　就业服务和管理
第五章　职业教育和培训
第六章　就业援助
第七章　监督检查
第八章　法律责任
第九章　附　　则

第一章　总　　则

第一条　【立法宗旨】为了促进就业，促进经济发展与扩大就业相协调，促进社会和谐稳定，制定本法。

第二条　【就业方针】国家把扩大就业放在经济社会发展的突出位置，实施积极的就业政策，坚持劳动者自主择业、市场调节就业、政府促进就业的方针，多渠道扩大就业。

第三条　【平等就业】劳动者依法享有平等就业和自主择业的权利。
　　劳动者就业，不因民族、种族、性别、宗教信仰等不同而受歧视。

第四条　【促进就业的规划】县级以上人民政府把扩大就业作为经济和社会发展的

重要目标,纳入国民经济和社会发展规划,并制定促进就业的中长期规划和年度工作计划。

第五条 【促进就业的措施】县级以上人民政府通过发展经济和调整产业结构、规范人力资源市场、完善就业服务、加强职业教育和培训、提供就业援助等措施,创造就业条件,扩大就业。

第六条 【就业工作协调机制】国务院建立全国促进就业工作协调机制,研究就业工作中的重大问题,协调推动全国的促进就业工作。国务院劳动行政部门具体负责全国的促进就业工作。

省、自治区、直辖市人民政府根据促进就业工作的需要,建立促进就业工作协调机制,协调解决本行政区域就业工作中的重大问题。

县级以上人民政府有关部门按照各自的职责分工,共同做好促进就业工作。

第七条 【树立正确的择业观念】国家倡导劳动者树立正确的择业观念,提高就业能力和创业能力;鼓励劳动者自主创业、自谋职业。

各级人民政府和有关部门应当简化程序,提高效率,为劳动者自主创业、自谋职业提供便利。

第八条 【用人单位的权利和义务】用人单位依法享有自主用人的权利。

用人单位应当依照本法以及其他法律、法规的规定,保障劳动者的合法权益。

第九条 【社会组织的责任】工会、共产主义青年团、妇女联合会、残疾人联合会以及其他社会组织,协助人民政府开展促进就业工作,依法维护劳动者的劳动权利。

第十条 【表彰和奖励】各级人民政府和有关部门对在促进就业工作中作出显著成绩的单位和个人,给予表彰和奖励。

第二章 政 策 支 持

第十一条 【统筹协调就业政策】县级以上人民政府应当把扩大就业作为重要职责,统筹协调产业政策与就业政策。

第十二条 【促进就业的产业政策】国家鼓励各类企业在法律、法规规定的范围内,通过兴办产业或者拓展经营,增加就业岗位。

国家鼓励发展劳动密集型产业、服务业,扶持中小企业,多渠道、多方式增加就业岗位。

国家鼓励、支持、引导非公有制经济发展,扩大就业,增加就业岗位。

第十三条 【发展国内外贸易】国家发展国内外贸易和国际经济合作,拓宽就业渠道。

第十四条 【重大建设项目带动就业】县级以上人民政府在安排政府投资和确定重大建设项目时,应当发挥投资和重大建设项目带动就业的作用,增加就业岗位。

第十五条 【促进就业的财政政策】国家实行有利于促进就业的财政政策,加大资金投入,改善就业环境,扩大就业。

县级以上人民政府应当根据就业状况和就业工作目标,在财政预算中安排就业专项资金用于促进就业工作。

就业专项资金用于职业介绍、职业培训、公益性岗位、职业技能鉴定、特定就业政策和社会保险等的补贴,小额贷款担保基金和微利项目的小额担保贷款贴息,以及扶持公共就业服务等。就业专项资金的使用管理办法由国务院财政部门和劳动行政部门规定。

第十六条 【失业保险制度】国家建立健全失业保险制度,依法确保失业人员的基本生活,并促进其实现就业。

第十七条 【促进就业的税收优惠政策】国家鼓励企业增加就业岗位,扶持失业人员和残疾人就业,对下列企业、人员依法给予税收优惠:

(一)吸纳符合国家规定条件的失业人员达到规定要求的企业;

(二)失业人员创办的中小企业;

(三)安置残疾人员达到规定比例或者集中使用残疾人的企业;

(四)从事个体经营的符合国家规定条件的失业人员;

(五)从事个体经营的残疾人;

(六)国务院规定给予税收优惠的其他企业、人员。

第十八条 【对残疾人等的就业照顾】对本法第十七条第四项、第五项规定的人员,有关部门应当在经营场地等方面给予照顾,免除行政事业性收费。

第十九条 【促进就业的金融政策】国家实行有利于促进就业的金融政策,增加中小企业的融资渠道;鼓励金融机构改进金融服务,加大对中小企业的信贷支持,并对自主创业人员在一定期限内给予小额信贷等扶持。

第二十条 【城乡统筹的就业政策】国家实行城乡统筹的就业政策,建立健全城乡劳动者平等就业的制度,引导农业富余劳动力有序转移就业。

县级以上地方人民政府推进小城镇建设和加快县域经济发展,引导农业富余劳动力就地就近转移就业;在制定小城镇规划时,将本地区农业富余劳动力转移就业作为重要内容。

县级以上地方人民政府引导农业富余劳动力有序向城市异地转移就业;劳动力输出地和输入地人民政府应当互相配合,改善农村劳动者进城就业的环境和条件。

第二十一条 【协调区域就业】国家支持区域经济发展,鼓励区域协作,统筹协调不同地区就业的均衡增长。

国家支持民族地区发展经济,扩大就业。

第二十二条 【统筹三类人群的就业工作】各级人民政府统筹做好城镇新增劳动力就业、农业富余劳动力转移就业和失业人员就业工作。

第二十三条 【灵活就业】各级人民政府采取措施,逐步完善和实施与非全日制用工等灵活就业相适应的劳动和社会保险政策,为灵活就业人员提供帮助和服务。

第二十四条 【对失业人员从事个体经营的指导】地方各级人民政府和有关部门应当加强对失业人员从事个体经营的指导，提供政策咨询、就业培训和开业指导等服务。

第三章 公平就业

第二十五条 【创造公平就业的环境】各级人民政府创造公平就业的环境，消除就业歧视，制定政策并采取措施对就业困难人员给予扶持和援助。

第二十六条 【不得实施就业歧视】用人单位招用人员、职业中介机构从事职业中介活动，应当向劳动者提供平等的就业机会和公平的就业条件，不得实施就业歧视。

第二十七条 【妇女的平等就业权】国家保障妇女享有与男子平等的劳动权利。

用人单位招用人员，除国家规定的不适合妇女的工种或者岗位外，不得以性别为由拒绝录用妇女或者提高对妇女的录用标准。

用人单位录用女职工，不得在劳动合同中规定限制女职工结婚、生育的内容。

第二十八条 【国家保障少数民族劳动者的劳动权利】各民族劳动者享有平等的劳动权利。

用人单位招用人员，应当依法对少数民族劳动者给予适当照顾。

第二十九条 【国家保障残疾人的劳动权利】国家保障残疾人的劳动权利。

各级人民政府应当对残疾人就业统筹规划，为残疾人创造就业条件。

用人单位招用人员，不得歧视残疾人。

第三十条 【传染病病原携带者的就业权】用人单位招用人员，不得以是传染病病原携带者为由拒绝录用。但是，经医学鉴定传染病病原携带者在治愈前或者排除传染嫌疑前，不得从事法律、行政法规和国务院卫生行政部门规定禁止从事的易使传染病扩散的工作。

第三十一条 【农村劳动者的平等就业权】农村劳动者进城就业享有与城镇劳动者平等的劳动权利，不得对农村劳动者进城就业设置歧视性限制。

第四章 就业服务和管理

第三十二条 【培育和完善人力资源市场】县级以上人民政府培育和完善统一开放、竞争有序的人力资源市场，为劳动者就业提供服务。

第三十三条 【发展就业服务机构】县级以上人民政府鼓励社会各方面依法开展就业服务活动，加强对公共就业服务和职业中介服务的指导和监督，逐步完善覆盖城乡的就业服务体系。

第三十四条 【建立人力资源市场信息服务体系】县级以上人民政府加强人力资源市场信息网络及相关设施建设，建立健全人力资源市场信息服务体系，完善市场信息发布制度。

第三十五条 【公共就业服务机构】县级以上人民政府建立健全公共就业服务体

系,设立公共就业服务机构,为劳动者免费提供下列服务:

(一)就业政策法规咨询;

(二)职业供求信息、市场工资指导价位信息和职业培训信息发布;

(三)职业指导和职业介绍;

(四)对就业困难人员实施就业援助;

(五)办理就业登记、失业登记等事务;

(六)其他公共就业服务。

公共就业服务机构应当不断提高服务的质量和效率,不得从事经营性活动。

公共就业服务经费纳入同级财政预算。

第三十六条 【公益性就业服务】县级以上地方人民政府对职业中介机构提供公益性就业服务的,按照规定给予补贴。

国家鼓励社会各界为公益性就业服务提供捐赠、资助。

第三十七条 【政府部门不得举办经营性的职业中介机构】地方各级人民政府和有关部门不得举办或者与他人联合举办经营性的职业中介机构。

地方各级人民政府和有关部门、公共就业服务机构举办的招聘会,不得向劳动者收取费用。

第三十八条 【加强对职业中介的管理】县级以上人民政府和有关部门加强对职业中介机构的管理,鼓励其提高服务质量,发挥其在促进就业中的作用。

第三十九条 【从事职业中介活动的基本原则】从事职业中介活动,应当遵循合法、诚实信用、公平、公开的原则。

用人单位通过职业中介机构招用人员,应当如实向职业中介机构提供岗位需求信息。

禁止任何组织或者个人利用职业中介活动侵害劳动者的合法权益。

第四十条 【设立职业中介机构的条件和程序】设立职业中介机构应当具备下列条件:

(一)有明确的章程和管理制度;

(二)有开展业务必备的固定场所、办公设施和一定数额的开办资金;

(三)有一定数量具备相应职业资格的专职工作人员;

(四)法律、法规规定的其他条件。

设立职业中介机构应当在工商行政管理部门办理登记后,向劳动行政部门申请行政许可。

未经依法许可和登记的机构,不得从事职业中介活动。

国家对外商投资职业中介机构和向劳动者提供境外就业服务的职业中介机构另有规定的,依照其规定。

第四十一条 【职业中介机构的禁止行为】职业中介机构不得有下列行为:

(一)提供虚假就业信息;

(二)为无合法证照的用人单位提供职业中介服务;
(三)伪造、涂改、转让职业中介许可证;
(四)扣押劳动者的居民身份证和其他证件,或者向劳动者收取押金;
(五)其他违反法律、法规规定的行为。

第四十二条 【失业预警制度】县级以上人民政府建立失业预警制度,对可能出现的较大规模的失业,实施预防、调节和控制。

第四十三条 【就业和失业登记】国家建立劳动力调查统计制度和就业登记、失业登记制度,开展劳动力资源和就业、失业状况调查统计,并公布调查统计结果。

统计部门和劳动行政部门进行劳动力调查统计和就业、失业登记时,用人单位和个人应当如实提供调查统计和登记所需要的情况。

第五章 职业教育和培训

第四十四条 【发展职业教育】国家依法发展职业教育,鼓励开展职业培训,促进劳动者提高职业技能,增强就业能力和创业能力。

第四十五条 【制定职业能力开发计划】县级以上人民政府根据经济社会发展和市场需求,制定并实施职业能力开发计划。

第四十六条 【鼓励职业院校等开展就业培训】县级以上人民政府加强统筹协调,鼓励和支持各类职业院校、职业技能培训机构和用人单位依法开展就业前培训、在职培训、再就业培训和创业培训,鼓励劳动者参加各种形式的培训。

第四十七条 【企业提取职工教育经费】县级以上地方人民政府和有关部门根据市场需求和产业发展方向,鼓励、指导企业加强职业教育和培训。

职业院校、职业技能培训机构与企业应当密切联系,实行产教结合,为经济建设服务,培养实用人才和熟练劳动者。

企业应当按照国家有关规定提取职工教育经费,对劳动者进行职业技能培训和继续教育培训。

第四十八条 【劳动预备制度】国家采取措施建立健全劳动预备制度,县级以上地方人民政府对有就业要求的初高中毕业生实行一定期限的职业教育和培训,使其取得相应的职业资格或者掌握一定的职业技能。

第四十九条 【失业人员参加就业培训】地方各级人民政府鼓励和支持开展就业培训,帮助失业人员提高职业技能,增强其就业能力和创业能力。失业人员参加就业培训的,按照有关规定享受政府培训补贴。

第五十条 【为农村劳动者提供就业培训】地方各级人民政府采取有效措施,组织和引导进城就业的农村劳动者参加技能培训,鼓励各类培训机构为进城就业的农村劳动者提供技能培训,增强其就业能力和创业能力。

第五十一条 【职业资格证书制度】国家对从事涉及公共安全、人身健康、生命财产安全等特殊工种的劳动者,实行职业资格证书制度,具体办法由国务院规定。

第六章　就　业　援　助

第五十二条　【建立就业援助制度】各级人民政府建立健全就业援助制度，采取税费减免、贷款贴息、社会保险补贴、岗位补贴等办法，通过公益性岗位安置等途径，对就业困难人员实行优先扶持和重点帮助。

就业困难人员是指因身体状况、技能水平、家庭因素、失去土地等原因难以实现就业，以及连续失业一定时间仍未能实现就业的人员。就业困难人员的具体范围，由省、自治区、直辖市人民政府根据本行政区域的实际情况规定。

第五十三条　【公益性就业岗位】政府投资开发的公益性岗位，应当优先安排符合岗位要求的就业困难人员。被安排在公益性岗位工作的，按照国家规定给予岗位补贴。

第五十四条　【加强基层就业援助】地方各级人民政府加强基层就业援助服务工作，对就业困难人员实施重点帮助，提供有针对性的就业服务和公益性岗位援助。

地方各级人民政府鼓励和支持社会各方面为就业困难人员提供技能培训、岗位信息等服务。

第五十五条　【促进残疾人就业】各级人民政府采取特别扶助措施，促进残疾人就业。

用人单位应当按照国家规定安排残疾人就业，具体办法由国务院规定。

第五十六条　【对零就业家庭的就业援助】县级以上地方人民政府采取多种就业形式，拓宽公益性岗位范围，开发就业岗位，确保城市有就业需求的家庭至少有一人实现就业。

法定劳动年龄内的家庭人员均处于失业状况的城市居民家庭，可以向住所地街道、社区公共就业服务机构申请就业援助。街道、社区公共就业服务机构经确认属实的，应当为该家庭中至少一人提供适当的就业岗位。

第五十七条　【引导特殊地区的劳动者转移就业】国家鼓励资源开采型城市和独立工矿区发展与市场需求相适应的产业，引导劳动者转移就业。

对因资源枯竭或者经济结构调整等原因造成就业困难人员集中的地区，上级人民政府应当给予必要的扶持和帮助。

第七章　监　督　检　查

第五十八条　【促进就业的目标责任制】各级人民政府和有关部门应当建立促进就业的目标责任制度。县级以上人民政府按照促进就业目标责任制的要求，对所属的有关部门和下一级人民政府进行考核和监督。

第五十九条　【依法对就业专项资金进行监管】审计机关、财政部门应当依法对就业专项资金的管理和使用情况进行监督检查。

第六十条　【劳动部门的监督检查职责】劳动行政部门应当对本法实施情况进行监

督检查,建立举报制度,受理对违反本法行为的举报,并及时予以核实、处理。

第八章　法　律　责　任

第六十一条　【劳动部门工作人员的法律责任】违反本法规定,劳动行政等有关部门及其工作人员滥用职权、玩忽职守、徇私舞弊的,对直接负责的主管人员和其他直接责任人员依法给予处分。

第六十二条　【实施就业歧视的权利救济】违反本法规定,实施就业歧视的,劳动者可以向人民法院提起诉讼。

第六十三条　【公共就业服务机构的法律责任】违反本法规定,地方各级人民政府和有关部门、公共就业服务机构举办经营性的职业中介机构,从事经营性职业中介活动,向劳动者收取费用的,由上级主管机关责令限期改正,将违法收取的费用退还劳动者,并对直接负责的主管人员和其他直接责任人员依法给予处分。

第六十四条　【黑职业中介的法律责任】违反本法规定,未经许可和登记,擅自从事职业中介活动的,由劳动行政部门或者其他主管部门依法予以关闭;有违法所得的,没收违法所得,并处一万元以上五万元以下的罚款。

第六十五条　【职业中介机构的法律责任】违反本法规定,职业中介机构提供虚假就业信息,为无合法证照的用人单位提供职业中介服务,伪造、涂改、转让职业中介许可证的,由劳动行政部门或者其他主管部门责令改正;有违法所得的,没收违法所得,并处一万元以上五万元以下的罚款;情节严重的,吊销职业中介许可证。

第六十六条　【职业中介机构扣押劳动者身份证等的法律责任】违反本法规定,职业中介机构扣押劳动者居民身份证等证件的,由劳动行政部门责令限期退还劳动者,并依照有关法律规定给予处罚。

违反本法规定,职业中介机构向劳动者收取押金的,由劳动行政部门责令限期退还劳动者,并以每人五百元以上二千元以下的标准处以罚款。

第六十七条　【不提取职工教育经费的法律责任】违反本法规定,企业未按照国家规定提取职工教育经费,或者挪用职工教育经费的,由劳动行政部门责令改正,并依法给予处罚。

第六十八条　【违反本法的民事责任和刑事责任】违反本法规定,侵害劳动者合法权益,造成财产损失或者其他损害的,依法承担民事责任;构成犯罪的,依法追究刑事责任。

第九章　附　　　则

第六十九条　【施行日期】本法自 2008 年 1 月 1 日起施行。

2. 就业管理

人力资源市场暂行条例

1. 2018年6月29日国务院令第700号公布
2. 自2018年10月1日起施行

第一章 总 则

第一条 为了规范人力资源市场活动，促进人力资源合理流动和优化配置，促进就业创业，根据《中华人民共和国就业促进法》和有关法律，制定本条例。

第二条 在中华人民共和国境内通过人力资源市场求职、招聘和开展人力资源服务，适用本条例。

法律、行政法规和国务院规定对求职、招聘和开展人力资源服务另有规定的，从其规定。

第三条 通过人力资源市场求职、招聘和开展人力资源服务，应当遵循合法、公平、诚实信用的原则。

第四条 国务院人力资源社会保障行政部门负责全国人力资源市场的统筹规划和综合管理工作。

县级以上地方人民政府人力资源社会保障行政部门负责本行政区域人力资源市场的管理工作。

县级以上人民政府发展改革、教育、公安、财政、商务、税务、市场监督管理等有关部门在各自职责范围内做好人力资源市场的管理工作。

第五条 国家加强人力资源服务标准化建设，发挥人力资源服务标准在行业引导、服务规范、市场监管等方面的作用。

第六条 人力资源服务行业协会应当依照法律、法规、规章及其章程的规定，制定行业自律规范，推进行业诚信建设，提高服务质量，对会员的人力资源服务活动进行指导、监督，依法维护会员合法权益，反映会员诉求，促进行业公平竞争。

第二章 人力资源市场培育

第七条 国家建立统一开放、竞争有序的人力资源市场体系，发挥市场在人力资源配置中的决定性作用，健全人力资源开发机制，激发人力资源创新创造创业活力，促进人力资源市场繁荣发展。

第八条 国家建立政府宏观调控、市场公平竞争、单位自主用人、个人自主择业、人力资源服务机构诚信服务的人力资源流动配置机制,促进人力资源自由有序流动。

第九条 县级以上人民政府应当将人力资源市场建设纳入国民经济和社会发展规划,运用区域、产业、土地等政策,推进人力资源市场建设,发展专业性、行业性人力资源市场,鼓励并规范高端人力资源服务等业态发展,提高人力资源服务业发展水平。

国家鼓励社会力量参与人力资源市场建设。

第十条 县级以上人民政府建立覆盖城乡和各行业的人力资源市场供求信息系统,完善市场信息发布制度,为求职、招聘提供服务。

第十一条 国家引导和促进人力资源在机关、企业、事业单位、社会组织之间以及不同地区之间合理流动。任何地方和单位不得违反国家规定在户籍、地域、身份等方面设置限制人力资源流动的条件。

第十二条 人力资源社会保障行政部门应当加强人力资源市场监管,维护市场秩序,保障公平竞争。

第十三条 国家鼓励开展平等、互利的人力资源国际合作与交流,充分开发利用国际国内人力资源。

第三章 人力资源服务机构

第十四条 本条例所称人力资源服务机构,包括公共人力资源服务机构和经营性人力资源服务机构。

公共人力资源服务机构,是指县级以上人民政府设立的公共就业和人才服务机构。

经营性人力资源服务机构,是指依法设立的从事人力资源服务经营活动的机构。

第十五条 公共人力资源服务机构提供下列服务,不得收费:
(一)人力资源供求、市场工资指导价位、职业培训等信息发布;
(二)职业介绍、职业指导和创业开业指导;
(三)就业创业和人才政策法规咨询;
(四)对就业困难人员实施就业援助;
(五)办理就业登记、失业登记等事务;
(六)办理高等学校、中等职业学校、技工学校毕业生接收手续;
(七)流动人员人事档案管理;
(八)县级以上人民政府确定的其他服务。

第十六条 公共人力资源服务机构应当加强信息化建设,不断提高服务质量和效率。

公共人力资源服务经费纳入政府预算。人力资源社会保障行政部门应当依法加强公共人力资源服务经费管理。

第十七条 国家通过政府购买服务等方式支持经营性人力资源服务机构提供公益性人力资源服务。

第十八条 经营性人力资源服务机构从事职业中介活动的,应当依法向人力资源社会保障行政部门申请行政许可,取得人力资源服务许可证。

经营性人力资源服务机构开展人力资源供求信息的收集和发布、就业和创业指导、人力资源管理咨询、人力资源测评、人力资源培训、承接人力资源服务外包等人力资源服务业务的,应当自开展业务之日起15日内向人力资源社会保障行政部门备案。

经营性人力资源服务机构从事劳务派遣业务的,执行国家有关劳务派遣的规定。

第十九条 人力资源社会保障行政部门应当自收到经营性人力资源服务机构从事职业中介活动的申请之日起20日内依法作出行政许可决定。符合条件的,颁发人力资源服务许可证;不符合条件的,作出不予批准的书面决定并说明理由。

第二十条 经营性人力资源服务机构设立分支机构的,应当自工商登记办理完毕之日起15日内,书面报告分支机构所在地人力资源社会保障行政部门。

第二十一条 经营性人力资源服务机构变更名称、住所、法定代表人或者终止经营活动的,应当自工商变更登记或者注销登记办理完毕之日起15日内,书面报告人力资源社会保障行政部门。

第二十二条 人力资源社会保障行政部门应当及时向社会公布取得行政许可或者经过备案的经营性人力资源服务机构名单及其变更、延续等情况。

第四章 人力资源市场活动规范

第二十三条 个人求职,应当如实提供本人基本信息以及与应聘岗位相关的知识、技能、工作经历等情况。

第二十四条 用人单位发布或者向人力资源服务机构提供的单位基本情况、招聘人数、招聘条件、工作内容、工作地点、基本劳动报酬等招聘信息,应当真实、合法,不得含有民族、种族、性别、宗教信仰等方面的歧视性内容。

用人单位自主招用人员,需要建立劳动关系的,应当依法与劳动者订立劳动合同,并按照国家有关规定办理社会保险等相关手续。

第二十五条 人力资源流动,应当遵守法律、法规对服务期、从业限制、保密等方面的规定。

第二十六条 人力资源服务机构接受用人单位委托招聘人员,应当要求用人单位提供招聘简章、营业执照或者有关部门批准设立的文件、经办人的身份证件、用人单位的委托证明,并对所提供材料的真实性、合法性进行审查。

第二十七条 人力资源服务机构接受用人单位委托招聘人员或者开展其他人力资

源服务,不得采取欺诈、暴力、胁迫或者其他不正当手段,不得以招聘为名牟取不正当利益,不得介绍单位或者个人从事违法活动。

第二十八条 人力资源服务机构举办现场招聘会,应当制定组织实施办法、应急预案和安全保卫工作方案,核实参加招聘会的招聘单位及其招聘简章的真实性、合法性,提前将招聘会信息向社会公布,并对招聘中的各项活动进行管理。

举办大型现场招聘会,应当符合《大型群众性活动安全管理条例》等法律法规的规定。

第二十九条 人力资源服务机构发布人力资源供求信息,应当建立健全信息发布审查和投诉处理机制,确保发布的信息真实、合法、有效。

人力资源服务机构在业务活动中收集用人单位和个人信息的,不得泄露或者违法使用所知悉的商业秘密和个人信息。

第三十条 经营性人力资源服务机构接受用人单位委托提供人力资源服务外包的,不得改变用人单位与个人的劳动关系,不得与用人单位串通侵害个人的合法权益。

第三十一条 人力资源服务机构通过互联网提供人力资源服务的,应当遵守本条例和国家有关网络安全、互联网信息服务管理的规定。

第三十二条 经营性人力资源服务机构应当在服务场所明示下列事项,并接受人力资源社会保障行政部门和市场监督管理、价格等主管部门的监督检查:

(一)营业执照;

(二)服务项目;

(三)收费标准;

(四)监督机关和监督电话。

从事职业中介活动的,还应当在服务场所明示人力资源服务许可证。

第三十三条 人力资源服务机构应当加强内部制度建设,健全财务管理制度,建立服务台账,如实记录服务对象、服务过程、服务结果等信息。服务台账应当保存2年以上。

第五章 监督管理

第三十四条 人力资源社会保障行政部门对经营性人力资源服务机构实施监督检查,可以采取下列措施:

(一)进入被检查单位进行检查;

(二)询问有关人员,查阅服务台账等服务信息档案;

(三)要求被检查单位提供与检查事项相关的文件资料,并作出解释和说明;

(四)采取记录、录音、录像、照相或者复制等方式收集有关情况和资料;

(五)法律、法规规定的其他措施。

人力资源社会保障行政部门实施监督检查时,监督检查人员不得少于2人,应当出示执法证件,并对被检查单位的商业秘密予以保密。

对人力资源社会保障行政部门依法进行的监督检查,被检查单位应当配合,如实提供相关资料和信息,不得隐瞒、拒绝、阻碍。

第三十五条　人力资源社会保障行政部门采取随机抽取检查对象、随机选派执法人员的方式实施监督检查。

监督检查的情况应当及时向社会公布。其中,行政处罚、监督检查结果可以通过国家企业信用信息公示系统或者其他系统向社会公示。

第三十六条　经营性人力资源服务机构应当在规定期限内,向人力资源社会保障行政部门提交经营情况年度报告。人力资源社会保障行政部门可以依法公示或者引导经营性人力资源服务机构依法公示年度报告的有关内容。

人力资源社会保障行政部门应当加强与市场监督管理等部门的信息共享。通过信息共享可以获取的信息,不得要求经营性人力资源服务机构重复提供。

第三十七条　人力资源社会保障行政部门应当加强人力资源市场诚信建设,把用人单位、个人和经营性人力资源服务机构的信用数据和失信情况等纳入市场诚信建设体系,建立守信激励和失信惩戒机制,实施信用分类监管。

第三十八条　人力资源社会保障行政部门应当按照国家有关规定,对公共人力资源服务机构进行监督管理。

第三十九条　在人力资源服务机构中,根据中国共产党章程及有关规定,建立党的组织并开展活动,加强对流动党员的教育监督和管理服务。人力资源服务机构应当为中国共产党组织的活动提供必要条件。

第四十条　人力资源社会保障行政部门应当畅通对用人单位和人力资源服务机构的举报投诉渠道,依法及时处理有关举报投诉。

第四十一条　公安机关应当依法查处人力资源市场的违法犯罪行为,人力资源社会保障行政部门予以配合。

第六章　法律责任

第四十二条　违反本条例第十八条第一款规定,未经许可擅自从事职业中介活动的,由人力资源社会保障行政部门予以关闭或者责令停止从事职业中介活动;有违法所得的,没收违法所得,并处1万元以上5万元以下的罚款。

违反本条例第十八条第二款规定,开展人力资源服务业务未备案,违反本条例第二十条、第二十一条规定,设立分支机构、办理变更或者注销登记未书面报告的,由人力资源社会保障行政部门责令改正;拒不改正的,处5000元以上1万元以下的罚款。

第四十三条　违反本条例第二十四条、第二十七条、第二十八条、第二十九条、第三十条、第三十一条规定,发布的招聘信息不真实、不合法,未依法开展人力资源服务业务的,由人力资源社会保障行政部门责令改正;有违法所得的,没收违法所得;拒不改正的,处 1 万元以上 5 万元以下的罚款;情节严重的,吊销人力资源服务许可证;给个人造成损害的,依法承担民事责任。违反其他法律、行政法规的,由有关主管部门依法给予处罚。

第四十四条 未按照本条例第三十二条规定明示有关事项,未按照本条例第三十三条规定建立健全内部制度或者保存服务台账,未按照本条例第三十六条规定提交经营情况年度报告的,由人力资源社会保障行政部门责令改正;拒不改正的,处 5000 元以上 1 万元以下的罚款。违反其他法律、行政法规的,由有关主管部门依法给予处罚。

第四十五条 公共人力资源服务机构违反本条例规定的,由上级主管机关责令改正;拒不改正的,对直接负责的主管人员和其他直接责任人员依法给予处分。

第四十六条 人力资源社会保障行政部门和有关主管部门及其工作人员有下列情形之一的,对直接负责的领导人员和其他直接责任人员依法给予处分:

(一)不依法作出行政许可决定;

(二)在办理行政许可或者备案、实施监督检查中,索取或者收受他人财物,或者谋取其他利益;

(三)不依法履行监督职责或者监督不力,造成严重后果;

(四)其他滥用职权、玩忽职守、徇私舞弊的情形。

第四十七条 违反本条例规定,构成违反治安管理行为的,依法给予治安管理处罚;构成犯罪的,依法追究刑事责任。

第七章 附 则

第四十八条 本条例自 2018 年 10 月 1 日起施行。

网络招聘服务管理规定

1. 2020 年 12 月 18 日人力资源和社会保障部令第 44 号公布
2. 自 2021 年 3 月 1 日起施行

第一章 总 则

第一条 为了规范网络招聘服务,促进网络招聘服务业态健康有序发展,促进就业和人力资源流动配置,根据《中华人民共和国就业促进法》《中华人民共和国网络安全法》《中华人民共和国电子商务法》《人力资源市场暂行条例》《互联网信息服务管理办法》等法律、行政法规,制定本规定。

第二条 本规定所称网络招聘服务,是指人力资源服务机构在中华人民共和国境内通过互联网等信息网络,以网络招聘服务平台、平台内经营、自建网站或者其他网络服务方式,为劳动者求职和用人单位招用人员提供的求职、招聘服务。

人力资源服务机构包括公共人力资源服务机构和经营性人力资源服务机构。

第三条 国务院人力资源社会保障行政部门负责全国网络招聘服务的综合管理。

县级以上地方人民政府人力资源社会保障行政部门负责本行政区域网络招聘服务的管理工作。

县级以上人民政府有关部门在各自职责范围内依法对网络招聘服务实施管理。

第四条 从事网络招聘服务,应当遵循合法、公平、诚实信用的原则,履行网络安全和信息保护等义务,承担服务质量责任,接受政府和社会的监督。

第五条 对从事网络招聘服务的经营性人力资源服务机构提供公益性人力资源服务的,按照规定给予补贴或者通过政府购买服务等方式给予支持。

第六条 人力资源社会保障行政部门加强网络招聘服务标准化建设,支持企业、研究机构、高等学校、行业协会参与网络招聘服务国家标准、行业标准的制定。

第七条 人力资源服务行业协会应当依照法律、行政法规、规章及其章程的规定,加强网络招聘服务行业自律,推进行业诚信建设,促进行业公平竞争。

第二章 网络招聘服务活动准入

第八条 从事网络招聘服务,应当符合就业促进、人力资源市场管理、电信和互联网管理等法律、行政法规规定的条件。

第九条 经营性人力资源服务机构从事网络招聘服务,应当依法取得人力资源服务许可证。涉及经营电信业务的,还应当依法取得电信业务经营许可证。

第十条 对从事网络招聘服务的经营性人力资源服务机构,人力资源社会保障行政部门应当在其服务范围中注明"开展网络招聘服务"。

第十一条 网络招聘服务包括下列业务:

(一)为劳动者介绍用人单位;

(二)为用人单位推荐劳动者;

(三)举办网络招聘会;

(四)开展高级人才寻访服务;

(五)其他网络求职、招聘服务。

第十二条 从事网络招聘服务的经营性人力资源服务机构变更名称、住所、法定代表人或者终止网络招聘服务的,应当自市场主体变更登记或者注销登记办理完毕之日起15日内,书面报告人力资源社会保障行政部门,办理人力资源服务许可变更、注销。

第十三条 从事网络招聘服务的经营性人力资源服务机构应当依法在其网站、移动互联网应用程序等首页显著位置,持续公示营业执照、人力资源服务许可证等信息,或者上述信息的链接标识。

前款规定的信息发生变更的,从事网络招聘服务的经营性人力资源服务机构应当及时更新公示信息。

从事网络招聘服务的经营性人力资源服务机构自行终止从事网络招聘服务的,应当提前30日在首页显著位置持续公示有关信息。

第十四条 人力资源社会保障行政部门应当及时向社会公布从事网络招聘服务的经营性人力资源服务机构名单及其变更、注销等情况。

第三章 网络招聘服务规范

第十五条 用人单位向人力资源服务机构提供的单位基本情况、招聘人数、招聘条件、用工类型、工作内容、工作条件、工作地点、基本劳动报酬等网络招聘信息,应当合法、真实,不得含有民族、种族、性别、宗教信仰等方面的歧视性内容。

前款网络招聘信息不得违反国家规定在户籍、地域、身份等方面设置限制人力资源流动的条件。

第十六条 劳动者通过人力资源服务机构进行网络求职,应当如实提供本人基本信息以及与应聘岗位相关的知识、技能、工作经历等情况。

第十七条 从事网络招聘服务的人力资源服务机构应当建立完备的网络招聘信息管理制度,依法对用人单位所提供材料的真实性、合法性进行审查。审查内容应当包括以下方面:

(一)用人单位招聘简章;

(二)用人单位营业执照或者有关部门批准设立的文件;

(三)招聘信息发布经办人员的身份证明、用人单位的委托证明。

用人单位拟招聘外国人的,应当符合《外国人在中国就业管理规定》的有关要求。

第十八条 人力资源服务机构对其发布的网络求职招聘信息、用人单位对所提供的网络招聘信息应当及时更新。

第十九条 从事网络招聘服务的人力资源服务机构,不得以欺诈、暴力、胁迫或者其他不正当手段,牟取不正当利益。

从事网络招聘服务的经营性人力资源服务机构,不得向劳动者收取押金,应当明示其服务项目、收费标准等事项。

第二十条 从事网络招聘服务的人力资源服务机构应当按照国家网络安全法律、行政法规和网络安全等级保护制度要求,加强网络安全管理,履行网络安全保护义务,采取技术措施或者其他必要措施,确保招聘服务网络、信息系统和用户信息安全。

第二十一条 人力资源服务机构从事网络招聘服务时收集、使用其用户个人信息,应当遵守法律、行政法规有关个人信息保护的规定。

人力资源服务机构应当建立健全网络招聘服务用户信息保护制度,不得泄露、篡改、毁损或者非法出售、非法向他人提供其收集的个人公民身份号码、年龄、性别、住址、联系方式和用人单位经营状况等信息。

人力资源服务机构应当对网络招聘服务用户信息保护情况每年至少进行一次自查，记录自查情况，及时消除自查中发现的安全隐患。

第二十二条 从事网络招聘服务的人力资源服务机构因业务需要，确需向境外提供在中华人民共和国境内运营中收集和产生的个人信息和重要数据的，应当遵守国家有关法律、行政法规规定。

第二十三条 从事网络招聘服务的人力资源服务机构应当建立网络招聘服务有关投诉、举报制度，健全便捷有效的投诉、举报机制，公开有效的联系方式，及时受理并处理有关投诉、举报。

第二十四条 以网络招聘服务平台方式从事网络招聘服务的人力资源服务机构应当遵循公开、公平、公正的原则，制定平台服务协议和服务规则，明确进入和退出平台、服务质量保障、求职者权益保护、个人信息保护等方面的权利和义务。

鼓励从事网络招聘服务的人力资源服务机构运用大数据、区块链等技术措施，保证其网络招聘服务平台的网络安全、稳定运行，防范网络违法犯罪活动，保障网络招聘服务安全，促进人力资源合理流动和优化配置。

第二十五条 以网络招聘服务平台方式从事网络招聘服务的人力资源服务机构应当要求申请进入平台的人力资源服务机构提交其营业执照、地址、联系方式、人力资源服务许可证等真实信息，进行核验、登记，建立登记档案，并定期核验更新。

第二十六条 以网络招聘服务平台方式从事网络招聘服务的人力资源服务机构应当记录、保存平台上发布的招聘信息、服务信息，并确保信息的完整性、保密性、可用性。招聘信息、服务信息保存时间自服务完成之日起不少于3年。

第四章　监　督　管　理

第二十七条 人力资源社会保障行政部门采取随机抽取检查对象、随机选派执法人员的方式，对经营性人力资源服务机构从事网络招聘服务情况进行监督检查，并及时向社会公布监督检查的情况。

人力资源社会保障行政部门运用大数据等技术，推行远程监管、移动监管、预警防控等非现场监管，提升网络招聘服务监管精准化、智能化水平。

第二十八条 人力资源社会保障行政部门应当加强网络招聘服务诚信体系建设，健全信用分级分类管理制度，完善守信激励和失信惩戒机制。对性质恶劣、情节严重、社会危害较大的网络招聘服务违法失信行为，按照国家有关规定实施联合惩戒。

第二十九条 从事网络招聘服务的经营性人力资源服务机构应当在规定期限内，向人力资源社会保障行政部门提交经营情况年度报告。人力资源社会保障行政部门可以依法公示或者引导从事网络招聘服务的经营性人力资源服务机构依法通过互联网等方式公示年度报告的有关内容。

第三十条 人力资源社会保障行政部门应当加强与其他部门的信息共享,提高对网络招聘服务的监管时效和能力。

第三十一条 人力资源社会保障行政部门应当畅通对从事网络招聘服务的人力资源服务机构的举报投诉渠道,依法及时处理有关举报投诉。

第五章 法 律 责 任

第三十二条 违反本规定第九条规定,未取得人力资源服务许可证擅自从事网络招聘服务的,由人力资源社会保障行政部门依照《人力资源市场暂行条例》第四十二条第一款的规定予以处罚。

违反本规定第十二条规定,办理变更或者注销登记未书面报告的,由人力资源社会保障行政部门依照《人力资源市场暂行条例》第四十二条第二款的规定予以处罚。

第三十三条 未按照本规定第十三条规定公示人力资源服务许可证等信息,未按照本规定第十九条第二款规定明示有关事项,未按照本规定第二十九条规定提交经营情况年度报告的,由人力资源社会保障行政部门依照《人力资源市场暂行条例》第四十四条的规定予以处罚。

第三十四条 违反本规定第十五条第一款规定,发布的招聘信息不真实、不合法的,由人力资源社会保障行政部门依照《人力资源市场暂行条例》第四十三条的规定予以处罚。

违反本规定第十五条第二款规定,违法设置限制人力资源流动的条件,违反本规定第十七条规定,未依法履行信息审查义务的,由人力资源社会保障行政部门责令改正;拒不改正,无违法所得的,处1万元以下的罚款;有违法所得的,没收违法所得,并处1万元以上3万元以下的罚款。

第三十五条 违反本规定第十九条第一款规定,牟取不正当利益的,由人力资源社会保障行政部门依照《人力资源市场暂行条例》第四十三条的规定予以处罚。

违反本规定第十九条第二款规定,向劳动者收取押金的,由人力资源社会保障行政部门依照《中华人民共和国就业促进法》第六十六条的规定予以处罚。

第三十六条 违反本规定第二十一条、第二十二条规定,未依法进行信息收集、使用、存储、发布的,由有关主管部门依照《中华人民共和国网络安全法》等法律、行政法规的规定予以处罚。

第三十七条 违反本规定第二十五条规定,不履行核验、登记义务,违反本规定第二十六条规定,不履行招聘信息、服务信息保存义务的,由人力资源社会保障行政部门依照《中华人民共和国电子商务法》第八十条的规定予以处罚。法律、行政法规对违法行为的处罚另有规定的,依照其规定执行。

第三十八条 公共人力资源服务机构违反本规定从事网络招聘服务的,由上级主管机关责令改正;拒不改正的,对直接负责的主管人员和其他直接责任人员依法给予处分。

第三十九条 人力资源社会保障行政部门及其工作人员玩忽职守、滥用职权、徇私舞弊的,对直接负责的领导人员和其他直接责任人员依法给予处分。

第四十条 违反本规定,给他人造成损害的,依法承担民事责任。违反其他法律、行政法规的,由有关主管部门依法给予处罚。

违反本规定,构成违反治安管理行为的,依法给予治安管理处罚;构成犯罪的,依法追究刑事责任。

第六章 附 则

第四十一条 本规定自2021年3月1日起施行。

人才市场管理规定

1. 2001年9月11日人事部、国家工商行政管理总局令第1号公布
2. 根据2005年3月22日人事部、国家工商行政管理总局令第4号《关于修改〈人才市场管理规定〉的决定》第一次修订
3. 根据2015年4月30日人力资源社会保障部令第24号《关于修改部分规章的决定》第二次修订
4. 根据2019年12月9日人力资源社会保障部令第42号《关于修改部分规章的决定》第三次修订
5. 根据2019年12月31日人力资源社会保障部令第43号《关于修改部分规章的决定》第四次修订

第一章 总 则

第一条 为了建立和完善机制健全、运行规范、服务周到、指导监督有力的人才市场体系,优化人才资源配置,规范人才市场活动,维护人才、用人单位和人才中介服务机构的合法权益,根据有关法律、法规,制定本规定。

第二条 本规定所称的人才市场管理,是指对人才中介服务机构从事人才中介服务、用人单位招聘和个人应聘以及与之相关活动的管理。

人才市场服务的对象是指各类用人单位和具有中专以上学历或取得专业技术资格的人员,以及其他从事专业技术或管理工作的人员。

第三条 人才市场活动应当遵守国家的法律、法规及政策规定,坚持公开、平等、竞争、择优的原则,实行单位自主用人,个人自主择业。

第四条 县级以上政府人事行政部门是人才市场的综合管理部门,县级以上工商行

政管理部门在职责范围内依法监督管理人才市场。

第二章　人才中介服务机构

第五条　本规定所称人才中介服务机构是指为用人单位和人才提供中介服务及其他相关服务的专营或兼营的组织。

人才中介服务机构的设置应当符合经济和社会发展的需要,根据人才市场发展的要求,统筹规划,合理布局。

第六条　设立人才中介服务机构应具备下列条件:

（一）有与开展人才中介业务相适应的场所、设施；

（二）有5名以上大专以上学历、取得人才中介服务资格证书的专职工作人员；

（三）有健全可行的工作章程和制度；

（四）有独立承担民事责任的能力；

（五）具备相关法律、法规规定的其他条件。

第七条　设立人才中介服务机构,可以通过信函、电报、电传、传真、电子数据交换和电子邮件等方式向政府人事行政部门提出申请,并按本规定第六条的要求提交有关证明材料,但学历证明除外。其中设立固定人才交流场所的,须做专门的说明。

未经政府人事行政部门批准,不得设立人才中介服务机构。

第八条　设立人才中介服务机构应当依据管理权限由县级以上政府人事行政部门（以下简称审批机关）审批。

国务院各部委、直属机构及其直属在京事业单位和在京中央直管企业、全国性社团申请设立人才中介服务机构,由人事部审批。中央在地方所属单位申请设立人才中介服务机构,由所在地的省级政府人事行政部门审批。

人才中介服务机构设立分支机构的,应当在征得原审批机关的书面同意后,由分支机构所在地政府人事行政部门审批。

政府人事行政部门应当建立完善人才中介服务机构许可制度,并在行政机关网站公布审批程序、期限和需要提交的全部材料的目录,以及批准设立的人才中介服务机构的名录等信息。

第九条　审批机关应当在接到设立人才中介服务机构申请报告之日起二十日内审核完毕,二十日内不能作出决定的,经本行政机关负责人批准,可以延长十日,并应当将延长期限的理由告知申请人。

批准同意的,发给《人才中介服务许可证》（以下简称许可证）,并应当在作出决定之日起十日内向申请人颁发、送达许可证,不同意的应当书面通知申请人,并说明理由。

第十条　互联网信息服务提供者专营或兼营人才信息网络中介服务的,必须申领许可证。

第十一条 人才中介服务机构可以从事下列业务：

（一）人才供求信息的收集、整理、储存、发布和咨询服务；

（二）人才信息网络服务；

（三）人才推荐；

（四）人才招聘；

（五）人才培训；

（六）人才测评；

（七）法规、规章规定的其他有关业务。

审批机关可以根据人才中介服务机构所在地区或行业的经济、社会发展需要以及人才中介服务机构自身的设备条件、人员和管理情况等，批准其开展一项或多项业务。

第十二条 人才中介服务机构应当依法开展经营业务活动，不得超越许可证核准的业务范围经营；不得采取不正当竞争手段从事中介活动；不得提供虚假信息或作虚假承诺。

第十三条 人才中介服务机构应当公开服务内容和工作程序，公布收费项目和标准。收费项目和标准，应当符合国家和省、自治区、直辖市的有关规定。

第十四条 审批机关负责对其批准成立的人才中介服务机构依法进行检查或抽查，并可以查阅或者要求其报送有关材料。人才中介服务机构应接受检查，并如实提供有关情况和材料。审批机关应公布检查结果。

第十五条 人才中介服务机构有改变名称、住所、经营范围、法定代表人以及停业、终止等情形的，应当按原审批程序办理变更或者注销登记手续。

第十六条 人才中介服务机构可以建立行业组织，协调行业内部活动，促进公平竞争，提高服务质量，规范职业道德，维护行业成员的合法权益。

第三章 人事代理

第十七条 人才中介服务机构可在规定业务范围内接受用人单位和个人委托，从事各类人事代理服务。

第十八条 开展以下人事代理业务必须经过政府人事行政部门的授权：

（一）流动人员人事档案管理；

（二）因私出国政审；

（三）在规定的范围内申报或组织评审专业技术职务任职资格；

（四）转正定级和工龄核定；

（五）大中专毕业生接收手续；

（六）其他需经授权的人事代理事项。

第十九条 人事代理方式可由单位集体委托代理，也可由个人委托代理；可多项委托代理，也可单项委托代理；可单位全员委托代理，也可部分人员委托代理。

第二十条 单位办理委托人事代理,须向代理机构提交有效证件以及委托书,确定委托代理项目。经代理机构审定后,由代理机构与委托单位签定人事代理合同书,明确双方的权利和义务,确立人事代理关系。

个人委托办理人事代理,根据委托者的不同情况,须向代理机构提交有关证件复印件以及与代理有关的证明材料。经代理机构审定后,由代理机构与个人签订人事代理合同书,确立人事代理关系。

第四章 招聘与应聘

第二十一条 人才中介服务机构举办人才交流会的,应当制定相应的组织实施办法、应急预案和安全保卫工作方案,并对参加人才交流会的招聘单位的主体资格真实性和招用人员简章真实性进行核实,对招聘中的各项活动进行管理。

第二十二条 用人单位可以通过委托人才中介服务机构、参加人才交流会、在公共媒体和互联网发布信息以及其他合法方式招聘人才。

第二十三条 用人单位公开招聘人才,应当出具有关部门批准其设立的文件或营业执照(副本),并如实公布拟聘用人员的数量、岗位和条件。

用人单位在招聘人才时,不得以民族、宗教信仰为由拒绝聘用或者提高聘用标准;除国家规定的不适合妇女工作的岗位外,不得以性别为由拒绝招聘妇女或提高对妇女的招聘条件。

第二十四条 用人单位招聘人才,不得以任何名义向应聘者收取费用,不得有欺诈行为或采取其他方式谋取非法利益。

第二十五条 人才中介服务机构通过各种形式、在各种媒体(含互联网)为用人单位发布人才招聘广告,不得超出许可业务范围。广告发布者不得为超出许可业务范围或无许可证的中介服务机构发布人才招聘广告。

第二十六条 用人单位不得招聘下列人员:

(一)正在承担国家、省重点工程、科研项目的技术和管理的主要人员,未经单位或主管部门同意的;

(二)由国家统一派出而又未满轮换年限的赴新疆、西藏工作的人员;

(三)正在从事涉及国家安全或重要机密工作的人员;

(四)有违法违纪嫌疑正在依法接受审查尚未结案的人员;

(五)法律、法规规定暂时不能流动的其他特殊岗位的人员。

第二十七条 人才应聘可以通过人才中介服务机构、人才信息网络、人才交流会或直接与用人单位联系等形式进行。应聘时出具的证件以及履历等相关材料,必须真实、有效。

第二十八条 应聘人才离开原单位,应当按照国家的有关政策规定,遵守与原单位签定的合同或协议,不得擅自离职。

通过辞职或调动方式离开原单位的,应当按照国家的有关辞职、调动的规定办理手续。

第二十九条 对于符合国家人才流动政策规定的应聘人才,所在单位应当及时办理有关手续,按照国家有关规定为应聘人才提供证明文件以及相关材料,不得在国家规定之外另行设置限制条件。

应聘人才凡经单位出资培训的,如个人与单位订有合同,培训费问题按合同规定办理;没有合同的,单位可以适当收取培训费,收取标准按培训后回单位服务的年限,按每年递减 20% 的比例计算。

第三十条 应聘人才在应聘时和离开原单位后,不得带走原单位的技术资料和设备器材等,不得侵犯原单位的知识产权、商业秘密及其他合法权益。

第三十一条 用人单位与应聘人才确定聘用关系后,应当在平等自愿、协商一致的基础上,依法签定聘用合同或劳动合同。

第五章 罚 则

第三十二条 违反本规定,未经政府人事行政部门批准擅自设立人才中介服务机构或从事人才中介服务活动的,由县级以上政府人事行政部门责令停办,并处 10000 元以下罚款;有违法所得的,可处以不超过违法所得 3 倍的罚款,但最高不得超过 30000 元。

第三十三条 人才中介服务机构违反本规定,擅自扩大许可业务范围、不依法接受检查或提供虚假材料,不按规定办理许可证变更等手续的,由县级以上政府人事行政部门予以警告,可并处 10000 元以下罚款;情节严重的,责令停业整顿,有违法所得的,没收违法所得,并可处以不超过违法所得 3 倍的罚款,但最高不得超过 30000 元。

第三十四条 违反本规定,未经政府人事行政部门授权从事人事代理业务的,由县级以上政府人事行政部门责令立即停办,并处 10000 元以下罚款;有违法所得的,可处以不超过违法所得 3 倍的罚款,但最高不得超过 30000 元;情节严重的,并责令停业整顿。

第三十五条 人才中介服务机构违反本规定,超出许可业务范围接受代理业务的,由县级以上政府人事行政部门予以警告,限期改正,并处 10000 元以下罚款。

第三十六条 用人单位违反本规定,以民族、性别、宗教信仰为由拒绝聘用或者提高聘用标准的,招聘不得招聘人员的,以及向应聘者收取费用或采取欺诈等手段谋取非法利益的,由县级以上政府人事行政部门责令改正;情节严重的,并处 10000 元以下罚款。

第三十七条 个人违反本规定给原单位造成损失的,应当承担赔偿责任。

第三十八条 用人单位、人才中介服务机构、广告发布者发布虚假人才招聘广告的,由工商行政管理部门依照《广告法》第三十七条处罚。

人才中介服务机构超出许可业务范围发布广告、广告发布者为超出许可业务范围或无许可证的中介服务机构发布广告的，由工商行政管理部门处以10000元以下罚款；有违法所得的，可处以不超过违法所得3倍的罚款，但最高不得超过30000元。

第三十九条 人才中介活动违反工商行政管理规定的，由工商行政管理部门依照有关规定予以查处。

第六章 附　则

第四十条 本规定由人事部、国家工商行政管理总局负责解释。

第四十一条 本规定自2001年10月1日起施行。1996年1月29日人事部发布的《人才市场管理暂行规定》（人发〔1996〕11号）同时废止。

就业服务与就业管理规定

1. 2007年11月5日劳动和社会保障部令第28号公布
2. 根据2014年12月23日人力资源和社会保障部令第23号《关于修改〈就业服务与就业管理规定〉的决定》第一次修订
3. 根据2015年4月30日人力资源和社会保障部令第24号《关于修改部分规章的决定》第二次修订
4. 根据2018年12月14日人力资源和社会保障部令第38号《关于修改部分规章的决定》第三次修订
5. 根据2022年1月7日人力资源社会保障部令第47号《关于修改部分规章的决定》第四次修订

第一章 总　则

第一条 为了加强就业服务和就业管理，培育和完善统一开放、竞争有序的人力资源市场，为劳动者就业和用人单位招用人员提供服务，根据就业促进法等法律、行政法规，制定本规定。

第二条 劳动者求职与就业，用人单位招用人员，劳动保障行政部门举办的公共就业服务机构和经劳动保障行政部门审批的职业中介机构从事就业服务活动，适用本规定。

本规定所称用人单位，是指在中华人民共和国境内的企业、个体经济组织、民办非企业单位等组织，以及招用与之建立劳动关系的劳动者的国家机关、事业单位、社会团体。

第三条 县级以上劳动保障行政部门依法开展本行政区域内的就业服务和就业管理工作。

第二章　求职与就业

第四条　劳动者依法享有平等就业的权利。劳动者就业，不因民族、种族、性别、宗教信仰等不同而受歧视。

第五条　农村劳动者进城就业享有与城镇劳动者平等的就业权利，不得对农村劳动者进城就业设置歧视性限制。

第六条　劳动者依法享有自主择业的权利。劳动者年满16周岁，有劳动能力且有就业愿望的，可凭本人身份证件，通过公共就业服务机构、职业中介机构介绍或直接联系用人单位等渠道求职。

第七条　劳动者求职时，应当如实向公共就业服务机构或职业中介机构、用人单位提供个人基本情况以及与应聘岗位直接相关的知识技能、工作经历、就业现状等情况，并出示相关证明。

第八条　劳动者应当树立正确的择业观念，提高就业能力和创业能力。

国家鼓励劳动者在就业前接受必要的职业教育或职业培训，鼓励城镇初高中毕业生在就业前参加劳动预备制培训。

国家鼓励劳动者自主创业、自谋职业。各级劳动保障行政部门应当会同有关部门，简化程序，提高效率，为劳动者自主创业、自谋职业提供便利和相应服务。

第三章　招用人员

第九条　用人单位依法享有自主用人的权利。用人单位招用人员，应当向劳动者提供平等的就业机会和公平的就业条件。

第十条　用人单位可以通过下列途径自主招用人员：

（一）委托公共就业服务机构或职业中介机构；

（二）参加职业招聘洽谈会；

（三）委托报纸、广播、电视、互联网站等大众传播媒介发布招聘信息；

（四）利用本企业场所、企业网站等自有途径发布招聘信息；

（五）其他合法途径。

第十一条　用人单位委托公共就业服务机构或职业中介机构招用人员，或者参加招聘洽谈会时，应当提供招用人员简章，并出示营业执照（副本）或者有关部门批准其设立的文件、经办人的身份证件和受用人单位委托的证明。

招用人员简章应当包括用人单位基本情况、招用人数、工作内容、招录条件、劳动报酬、福利待遇、社会保险等内容，以及法律、法规规定的其他内容。

第十二条　用人单位招用人员时，应当依法如实告知劳动者有关工作内容、工作条件、工作地点、职业危害、安全生产状况、劳动报酬以及劳动者要求了解的其他情况。

用人单位应当根据劳动者的要求，及时向其反馈是否录用的情况。

第十三条　用人单位应当对劳动者的个人资料予以保密。公开劳动者的个人资料信息和使用劳动者的技术、智力成果,须经劳动者本人书面同意。

第十四条 用人单位招用人员不得有下列行为:

(一)提供虚假招聘信息,发布虚假招聘广告;

(二)扣押被录用人员的居民身份证和其他证件;

(三)以担保或者其他名义向劳动者收取财物;

(四)招用未满16周岁的未成年人以及国家法律、行政法规规定不得招用的其他人员;

(五)招用无合法身份证件的人员;

(六)以招用人员为名牟取不正当利益或进行其他违法活动。

第十五条 用人单位不得以诋毁其他用人单位信誉、商业贿赂等不正当手段招聘人员。

第十六条 用人单位在招用人员时,除国家规定的不适合妇女从事的工种或者岗位外,不得以性别为由拒绝录用妇女或者提高对妇女的录用标准。

用人单位录用女职工,不得在劳动合同中规定限制女职工结婚、生育的内容。

第十七条 用人单位招用人员,应当依法对少数民族劳动者给予适当照顾。

第十八条 用人单位招用人员,不得歧视残疾人。

第十九条 用人单位招用人员,不得以是传染病病原携带者为由拒绝录用。但是,经医学鉴定传染病病原携带者在治愈前或者排除传染嫌疑前,不得从事法律、行政法规和国务院卫生行政部门规定禁止从事的易使传染病扩散的工作。

用人单位招用人员,除国家法律、行政法规和国务院卫生行政部门规定禁止乙肝病原携带者从事的工作外,不得强行将乙肝病毒血清学指标作为体检标准。

第二十条 用人单位发布的招用人员简章或招聘广告,不得包含歧视性内容。

第二十一条 用人单位招用从事涉及公共安全、人身健康、生命财产安全等特殊工种的劳动者,应当依法招用持相应工种职业资格证书的人员;招用未持相应工种职业资格证书人员的,须组织其在上岗前参加专门培训,使其取得职业资格证书后方可上岗。

第二十二条 用人单位招用台港澳人员后,应当按有关规定到当地劳动保障行政部门备案,并为其办理《台港澳人员就业证》。

第二十三条 用人单位招用外国人,应当在外国人入境前,按有关规定到当地劳动保障行政部门为其申请就业许可,经批准并获得《中华人民共和国外国人就业许可证书》后方可招用。

用人单位招用外国人的岗位必须是有特殊技能要求、国内暂无适当人选的岗位,并且不违反国家有关规定。

第四章 公共就业服务

第二十四条 县级以上劳动保障行政部门统筹管理本行政区域内的公共就业服务

工作,根据政府制定的发展计划,建立健全覆盖城乡的公共就业服务体系。

公共就业服务机构根据政府确定的就业工作目标任务,制定就业服务计划,推动落实就业扶持政策,组织实施就业服务项目,为劳动者和用人单位提供就业服务,开展人力资源市场调查分析,并受劳动保障行政部门委托经办促进就业的相关事务。

第二十五条 公共就业服务机构应当免费为劳动者提供以下服务:

(一)就业政策法规咨询;

(二)职业供求信息、市场工资指导价位信息和职业培训信息发布;

(三)职业指导和职业介绍;

(四)对就业困难人员实施就业援助;

(五)办理就业登记、失业登记等事务;

(六)其他公共就业服务。

第二十六条 公共就业服务机构应当积极拓展服务功能,根据用人单位需求提供以下服务:

(一)招聘用人指导服务;

(二)代理招聘服务;

(三)跨地区人员招聘服务;

(四)企业人力资源管理咨询等专业性服务;

(五)劳动保障事务代理服务;

(六)为满足用人单位需求开发的其他就业服务项目。

第二十七条 公共就业服务机构应当加强职业指导工作,配备专(兼)职职业指导工作人员,向劳动者和用人单位提供职业指导服务。

公共就业服务机构应当为职业指导工作提供相应的设施和条件,推动职业指导工作的开展,加强对职业指导工作的宣传。

第二十八条 职业指导工作包括以下内容:

(一)向劳动者和用人单位提供国家有关劳动保障的法律法规和政策、人力资源市场状况咨询;

(二)帮助劳动者了解职业状况,掌握求职方法,确定择业方向,增强择业能力;

(三)向劳动者提出培训建议,为其提供职业培训相关信息;

(四)开展对劳动者个人职业素质和特点的测试,并对其职业能力进行评价;

(五)对妇女、残疾人、少数民族人员及退出现役的军人等就业群体提供专门的职业指导服务;

(六)对大中专学校、职业院校、技工学校学生的职业指导工作提供咨询和服务;

(七)对准备从事个体劳动或开办私营企业的劳动者提供创业咨询服务;

（八）为用人单位提供选择招聘方法、确定用人条件和标准等方面的招聘用人指导；

（九）为职业培训机构确立培训方向和专业设置等提供咨询参考。

第二十九条　公共就业服务机构在劳动保障行政部门的指导下，组织实施劳动力资源调查和就业、失业状况统计工作。

第三十条　公共就业服务机构应当针对特定就业群体的不同需求，制定并组织实施专项计划。

公共就业服务机构应当根据服务对象的特点，在一定时期内为不同类型的劳动者、就业困难对象或用人单位集中组织活动，开展专项服务。

公共就业服务机构受劳动保障行政部门委托，可以组织开展促进就业的专项工作。

第三十一条　县级以上公共就业服务机构建立综合性服务场所，集中为劳动者和用人单位提供一站式就业服务，并承担劳动保障行政部门安排的其他工作。

街道、乡镇、社区公共就业服务机构建立基层服务窗口，开展以就业援助为重点的公共就业服务，实施劳动力资源调查统计，并承担上级劳动保障行政部门安排的其他就业服务工作。

公共就业服务机构使用全国统一标识。

第三十二条　公共就业服务机构应当不断提高服务的质量和效率。

公共就业服务机构应当加强内部管理，完善服务功能，统一服务流程，按照国家制定的服务规范和标准，为劳动者和用人单位提供优质高效的就业服务。

公共就业服务机构应当加强工作人员的政策、业务和服务技能培训，组织职业指导人员、职业信息分析人员、劳动保障协理员等专业人员参加相应职业资格培训。

公共就业服务机构应当公开服务制度，主动接受社会监督。

第三十三条　县级以上劳动保障行政部门和公共就业服务机构应当按照劳动保障信息化建设的统一规划、标准和规范，建立完善人力资源市场信息网络及相关设施。

公共就业服务机构应当逐步实行信息化管理与服务，在城市内实现就业服务、失业保险、就业培训信息共享和公共就业服务全程信息化管理，并逐步实现与劳动工资信息、社会保险信息的互联互通和信息共享。

第三十四条　公共就业服务机构应当建立健全人力资源市场信息服务体系，完善职业供求信息、市场工资指导价位信息、职业培训信息、人力资源市场分析信息的发布制度，为劳动者求职择业、用人单位招用人员以及培训机构开展培训提供支持。

第三十五条　县级以上劳动保障行政部门应当按照信息化建设统一要求，逐步实现全国人力资源市场信息联网。其中，城市应当按照劳动保障数据中心建设的要求，实现网络和数据资源的集中和共享；省、自治区应当建立人力资源市场信息网省级监测中心,对辖区内人力资源市场信息进行监测;劳动保障部设立人力资源市场信息网全国监测中心,对全国人力资源市场信息进行监测和分析。

第三十六条 县级以上劳动保障行政部门应当对公共就业服务机构加强管理,定期对其完成各项任务情况进行绩效考核。

第三十七条 公共就业服务经费纳入同级财政预算。各级劳动保障行政部门和公共就业服务机构应当根据财政预算编制的规定,依法编制公共就业服务年度预算,报经同级财政部门审批后执行。

公共就业服务机构可以按照就业专项资金管理相关规定,依法申请公共就业服务专项扶持经费。

公共就业服务机构接受社会各界提供的捐赠和资助,按照国家有关法律法规管理和使用。

公共就业服务机构为用人单位提供的服务,应当规范管理,严格控制服务收费。确需收费的,具体项目由省级劳动保障行政部门会同相关部门规定。

第三十八条 公共就业服务机构不得从事经营性活动。

公共就业服务机构举办的招聘会,不得向劳动者收取费用。

第三十九条 各级残疾人联合会所属的残疾人就业服务机构是公共就业服务机构的组成部分,负责为残疾劳动者提供相关就业服务,并经劳动保障行政部门委托,承担残疾劳动者的就业登记、失业登记工作。

第五章 就业援助

第四十条 公共就业服务机构应当制定专门的就业援助计划,对就业援助对象实施优先扶持和重点帮助。

本规定所称就业援助对象包括就业困难人员和零就业家庭。就业困难对象是指因身体状况、技能水平、家庭因素、失去土地等原因难以实现就业,以及连续失业一定时间仍未能实现就业的人员。零就业家庭是指法定劳动年龄内的家庭人员均处于失业状况的城市居民家庭。

对援助对象的认定办法,由省级劳动保障行政部门依据当地人民政府规定的就业援助对象范围制定。

第四十一条 就业困难人员和零就业家庭可以向所在地街道、社区公共就业服务机构申请就业援助。经街道、社区公共就业服务机构确认属实的,纳入就业援助范围。

第四十二条 公共就业服务机构应当建立就业困难人员帮扶制度,通过落实各项就业扶持政策、提供就业岗位信息、组织技能培训等有针对性的就业服务和公益性岗位援助,对就业困难人员实施优先扶持和重点帮助。

在公益性岗位上安置的就业困难人员,按照国家规定给予岗位补贴。

第四十三条 公共就业服务机构应当建立零就业家庭即时岗位援助制度,通过拓宽公益性岗位范围,开发各类就业岗位等措施,及时向零就业家庭中的失业人员提供适当的就业岗位,确保零就业家庭至少有一人实现就业。

第四十四条 街道、社区公共就业服务机构应当对辖区内就业援助对象进行登记,建立专门台账,实行就业援助对象动态管理和援助责任制度,提供及时、有效的就业援助。

第六章 职业中介服务

第四十五条 县级以上劳动保障行政部门应当加强对职业中介机构的管理,鼓励其提高服务质量,发挥其在促进就业中的作用。

本规定所称职业中介机构,是指由法人、其他组织和公民个人举办,为用人单位招用人员和劳动者求职提供中介服务以及其他相关服务的经营性组织。

政府部门不得举办或者与他人联合举办经营性的职业中介机构。

第四十六条 从事职业中介活动,应当遵循合法、诚实信用、公平、公开的原则。

禁止任何组织或者个人利用职业中介活动侵害劳动者和用人单位的合法权益。

第四十七条 职业中介实行行政许可制度。设立职业中介机构或其他机构开展职业中介活动,须经劳动保障行政部门批准,并获得职业中介许可证。

未经依法许可和登记的机构,不得从事职业中介活动。

职业中介许可证由劳动保障部统一印制并免费发放。

第四十八条 设立职业中介机构应当具备下列条件:

(一)有明确的机构章程和管理制度;

(二)有开展业务必备的固定场所、办公设施和一定数额的开办资金;

(三)有一定数量具备相应职业资格的专职工作人员;

(四)法律、法规规定的其他条件。

第四十九条 设立职业中介机构,应当向当地县级以上劳动保障行政部门提出申请,提交下列文件:

(一)设立申请书;

(二)机构章程和管理制度草案;

(三)场所使用权证明;

(四)拟任负责人的基本情况、身份证明;

(五)具备相应职业资格的专职工作人员的相关证明;

(六)工商营业执照(副本);

(七)法律、法规规定的其他文件。

第五十条 劳动保障行政部门接到设立职业中介机构的申请后,应当自受理申请之日起20日内审理完毕。对符合条件的,应当予以批准;不予批准的,应当说明理由。

劳动保障行政部门对经批准设立的职业中介机构实行年度审验。

职业中介机构的具体设立条件、审批和年度审验程序，由省级劳动保障行政部门统一规定。

第五十一条　职业中介机构变更名称、住所、法定代表人等或者终止的，应当按照设立许可程序办理变更或者注销登记手续。

设立分支机构的，应当在征得原审批机关的书面同意后，由拟设立分支机构所在地县级以上劳动保障行政部门审批。

第五十二条　职业中介机构可以从事下列业务：

（一）为劳动者介绍用人单位；

（二）为用人单位和居民家庭推荐劳动者；

（三）开展职业指导、人力资源管理咨询服务；

（四）收集和发布职业供求信息；

（五）根据国家有关规定从事互联网职业信息服务；

（六）组织职业招聘洽谈会；

（七）经劳动保障行政部门核准的其他服务项目。

第五十三条　职业中介机构应当在服务场所明示营业执照、职业中介许可证、服务项目、收费标准、监督机关名称和监督电话等，并接受劳动保障行政部门及其他有关部门的监督检查。

第五十四条　职业中介机构应当建立服务台账，记录服务对象、服务过程、服务结果和收费情况等，并接受劳动保障行政部门的监督检查。

第五十五条　职业中介机构提供职业中介服务不成功的，应当退还向劳动者收取的中介服务费。

第五十六条　职业中介机构租用场地举办大规模职业招聘洽谈会，应当制定相应的组织实施办法和安全保卫工作方案，并向批准其设立的机关报告。

职业中介机构应当对入场招聘用人单位的主体资格真实性和招用人员简章真实性进行核实。

第五十七条　职业中介机构为特定对象提供公益性就业服务的，可以按照规定给予补贴。可以给予补贴的公益性就业服务的范围、对象、服务效果和补贴办法，由省级劳动保障行政部门会同有关部门制定。

第五十八条　禁止职业中介机构有下列行为：

（一）提供虚假就业信息；

（二）发布的就业信息中包含歧视性内容；

（三）伪造、涂改、转让职业中介许可证；

（四）为无合法证照的用人单位提供职业中介服务；

（五）介绍未满16周岁的未成年人就业；

（六）为无合法身份证件的劳动者提供职业中介服务；

（七）介绍劳动者从事法律、法规禁止从事的职业；

（八）扣押劳动者的居民身份证和其他证件，或者向劳动者收取押金；

（九）以暴力、胁迫、欺诈等方式进行职业中介活动；

（十）超出核准的业务范围经营；

（十一）其他违反法律、法规规定的行为。

第五十九条 县级以上劳动保障行政部门应当依法对经审批设立的职业中介机构开展职业中介活动进行监督指导，定期组织对其服务信用和服务质量进行评估，并将评估结果向社会公布。

县级以上劳动保障行政部门应当指导职业中介机构开展工作人员培训，提高服务质量。

县级以上劳动保障行政部门对在诚信服务、优质服务和公益性服务等方面表现突出的职业中介机构和个人，报经同级人民政府批准后，给予表彰和奖励。

第六十条 设立外商投资职业中介机构以及职业中介机构从事境外就业中介服务的，按照有关规定执行。

第七章 就业与失业管理

第六十一条 劳动保障行政部门应当建立健全就业登记制度和失业登记制度，完善就业管理和失业管理。

公共就业服务机构负责就业登记与失业登记工作，建立专门台账，及时、准确地记录劳动者就业与失业变动情况，并做好相应统计工作。

就业登记和失业登记在各省、自治区、直辖市范围内实行统一的就业失业登记证（以下简称登记证），向劳动者免费发放，并注明可享受的相应扶持政策。

就业登记、失业登记的具体程序和登记证的样式，由省级劳动保障行政部门规定。

第六十二条 劳动者被用人单位招用的，由用人单位为劳动者办理就业登记。用人单位招用劳动者和与劳动者终止或者解除劳动关系，应当到当地公共就业服务机构备案，为劳动者办理就业登记手续。用人单位招用人员后，应当于录用之日起30日内办理登记手续；用人单位与职工终止或者解除劳动关系后，应当于15日内办理登记手续。

劳动者从事个体经营或灵活就业的，由本人在街道、乡镇公共就业服务机构办理就业登记。

就业登记的内容主要包括劳动者个人信息、就业类型、就业时间、就业单位以及订立、终止或者解除劳动合同情况等。就业登记的具体内容和所需材料由省级劳动保障行政部门规定。

公共就业服务机构应当对用人单位办理就业登记及相关手续设立专门服务窗口，简化程序，方便用人单位办理。

第六十三条 在法定劳动年龄内,有劳动能力,有就业要求,处于无业状态的城镇常住人员,可以到常住地的公共就业服务机构进行失业登记。

第六十四条 劳动者进行失业登记时,须持本人身份证件;有单位就业经历的,还须持与原单位终止、解除劳动关系或者解聘的证明。

登记失业人员凭登记证享受公共就业服务和就业扶持政策;其中符合条件的,按规定申领失业保险金。

登记失业人员应当定期向公共就业服务机构报告就业失业状况,积极求职,参加公共就业服务机构安排的就业培训。

第六十五条 失业登记的范围包括下列失业人员:

(一)年满16周岁,从各类学校毕业、肄业的;

(二)从企业、机关、事业单位等各类用人单位失业的;

(三)个体工商户业主或私营企业业主停业、破产停止经营的;

(四)承包土地被征用,符合当地规定条件的;

(五)军人退出现役且未纳入国家统一安置的;

(六)刑满释放、假释、监外执行的;

(七)各地确定的其他失业人员。

第六十六条 登记失业人员出现下列情形之一的,由公共就业服务机构注销其失业登记:

(一)被用人单位录用的;

(二)从事个体经营或创办企业,并领取工商营业执照的;

(三)已从事有稳定收入的劳动,并且月收入不低于当地最低工资标准的;

(四)已享受基本养老保险待遇的;

(五)完全丧失劳动能力的;

(六)入学、服兵役、移居境外的;

(七)被判刑收监执行的;

(八)终止就业要求或拒绝接受公共就业服务的;

(九)连续6个月未与公共就业服务机构联系的;

(十)已进行就业登记的其他人员或各地规定的其他情形。

第八章 罚 则

第六十七条 用人单位违反本规定第十四条第(二)、(三)项规定的,按照劳动合同法第八十四条的规定予以处罚;用人单位违反第十四条第(四)项规定的,按照国家禁止使用童工和其他有关法律、法规的规定予以处罚。用人单位违反第十四条第(一)、(五)、(六)项规定的,由劳动保障行政部门责令改正,并可处以一千元以下的罚款;对当事人造成损害的,应当承担赔偿责任。

第六十八条 用人单位违反本规定第十九条第二款规定,在国家法律、行政法规和国务院卫生行政部门规定禁止乙肝病原携带者从事的工作岗位以外招用人员时,将乙肝病毒血清学指标作为体检标准的,由劳动保障行政部门责令改正,并可处以一千元以下的罚款;对当事人造成损害的,应当承担赔偿责任。

第六十九条 违反本规定第三十八条规定,公共就业服务机构从事经营性职业中介活动向劳动者收取费用的,由劳动保障行政部门责令限期改正,将违法收取的费用退还劳动者,并对直接负责的主管人员和其他直接责任人员依法给予处分。

第七十条 违反本规定第四十七条规定,未经许可和登记,擅自从事职业中介活动的,由劳动保障行政部门或者其他主管部门按照就业促进法第六十四条规定予以处罚。

第七十一条 职业中介机构违反本规定第五十三条规定,未明示职业中介许可证、监督电话的,由劳动保障行政部门责令改正,并可处以一千元以下的罚款;未明示收费标准的,提请价格主管部门依据国家有关规定处罚;未明示营业执照的,提请工商行政管理部门依据国家有关规定处罚。

第七十二条 职业中介机构违反本规定第五十四条规定,未建立服务台账,或虽建立服务台账但未记录服务对象、服务过程、服务结果和收费情况的,由劳动保障行政部门责令改正,并可处以一千元以下的罚款。

第七十三条 职业中介机构违反本规定第五十五条规定,在职业中介服务不成功后未向劳动者退还所收取的中介服务费的,由劳动保障行政部门责令改正,并可处以一千元以下的罚款。

第七十四条 职业中介机构违反本规定第五十八条第(一)、(三)、(四)、(八)项规定的,按照就业促进法第六十五条、第六十六条规定予以处罚。违反本规定第五十八条第(五)项规定的,按照国家禁止使用童工的规定予以处罚。违反本规定第五十八条其他各项规定的,由劳动保障行政部门责令改正,没有违法所得的,处以一万元以下的罚款;有违法所得的,可处以不超过违法所得三倍的罚款,但最高不得超过三万元;情节严重的,提请工商部门依法吊销营业执照;对当事人造成损害的,应当承担赔偿责任。

第七十五条 用人单位违反本规定第六十二条规定,未及时为劳动者办理就业登记手续的,由劳动保障行政部门责令改正。

第九章 附　　则

第七十六条 本规定自 2008 年 1 月 1 日起施行。劳动部 1994 年 10 月 27 日颁布的《职业指导办法》、劳动保障部 2000 年 12 月 8 日颁布的《劳动力市场管理规定》同时废止。

三、劳动合同

1. 综　　合

中华人民共和国劳动合同法

1. 2007年6月29日第十届全国人民代表大会常务委员会第二十八次会议通过
2. 根据2012年12月28日第十一届全国人民代表大会常务委员会第三十次会议《关于修改〈中华人民共和国劳动合同法〉的决定》修正

目　　录

第一章　总　　则
第二章　劳动合同的订立
第三章　劳动合同的履行和变更
第四章　劳动合同的解除和终止
第五章　特别规定
　第一节　集体合同
　第二节　劳务派遣
　第三节　非全日制用工
第六章　监督检查
第七章　法律责任
第八章　附　　则

第一章　总　　则

第一条　【立法宗旨】为了完善劳动合同制度，明确劳动合同双方当事人的权利和义务，保护劳动者的合法权益，构建和发展和谐稳定的劳动关系，制定本法。

第二条　【适用范围】中华人民共和国境内的企业、个体经济组织、民办非企业单位等组织（以下称用人单位）与劳动者建立劳动关系，订立、履行、变更、解除或者终止劳动合同，适用本法。

国家机关、事业单位、社会团体和与其建立劳动关系的劳动者，订立、履行、变更、解除或者终止劳动合同,依照本法执行。

第三条 【基本原则】订立劳动合同,应当遵循合法、公平、平等自愿、协商一致、诚实信用的原则。

依法订立的劳动合同具有约束力,用人单位与劳动者应当履行劳动合同约定的义务。

第四条 【规章制度保障】用人单位应当依法建立和完善劳动规章制度,保障劳动者享有劳动权利、履行劳动义务。

用人单位在制定、修改或者决定有关劳动报酬、工作时间、休息休假、劳动安全卫生、保险福利、职工培训、劳动纪律以及劳动定额管理等直接涉及劳动者切身利益的规章制度或者重大事项时,应当经职工代表大会或者全体职工讨论,提出方案和意见,与工会或者职工代表平等协商确定。

在规章制度和重大事项决定实施过程中,工会或者职工认为不适当的,有权向用人单位提出,通过协商予以修改完善。

用人单位应当将直接涉及劳动者切身利益的规章制度和重大事项决定公示,或者告知劳动者。

第五条 【协调劳动关系三方机制】县级以上人民政府劳动行政部门会同工会和企业方面代表,建立健全协调劳动关系三方机制,共同研究解决有关劳动关系的重大问题。

第六条 【集体协商机制】工会应当帮助、指导劳动者与用人单位依法订立和履行劳动合同,并与用人单位建立集体协商机制,维护劳动者的合法权益。

第二章 劳动合同的订立

第七条 【劳动关系的建立】用人单位自用工之日起即与劳动者建立劳动关系。用人单位应当建立职工名册备查。

第八条 【用人单位的告知义务和劳动者的说明义务】用人单位招用劳动者时,应当如实告知劳动者工作内容、工作条件、工作地点、职业危害、安全生产状况、劳动报酬,以及劳动者要求了解的其他情况;用人单位有权了解劳动者与劳动合同直接相关的基本情况,劳动者应当如实说明。

第九条 【用人单位不得扣押劳动者证件和要求提供担保】用人单位招用劳动者,不得扣押劳动者的居民身份证和其他证件,不得要求劳动者提供担保或者以其他名义向劳动者收取财物。

第十条 【订立书面劳动合同】建立劳动关系,应当订立书面劳动合同。

已建立劳动关系,未同时订立书面劳动合同的,应当自用工之日起一个月内订立书面劳动合同。

用人单位与劳动者在用工前订立劳动合同的,劳动关系自用工之日起建立。

第十一条 【未订立书面劳动合同时劳动报酬不明确的解决】用人单位未在用工的

同时订立书面劳动合同,与劳动者约定的劳动报酬不明确的,新招用的劳动者的劳动报酬按照集体合同规定的标准执行;没有集体合同或者集体合同未规定的,实行同工同酬。

第十二条 【劳动合同的种类】劳动合同分为固定期限劳动合同、无固定期限劳动合同和以完成一定工作任务为期限的劳动合同。

第十三条 【固定期限劳动合同】固定期限劳动合同,是指用人单位与劳动者约定合同终止时间的劳动合同。

用人单位与劳动者协商一致,可以订立固定期限劳动合同。

第十四条 【无固定期限劳动合同】无固定期限劳动合同,是指用人单位与劳动者约定无确定终止时间的劳动合同。

用人单位与劳动者协商一致,可以订立无固定期限劳动合同。有下列情形之一,劳动者提出或者同意续订、订立劳动合同的,除劳动者提出订立固定期限劳动合同外,应当订立无固定期限劳动合同:

(一)劳动者在该用人单位连续工作满十年的;

(二)用人单位初次实行劳动合同制度或者国有企业改制重新订立劳动合同时,劳动者在该用人单位连续工作满十年且距法定退休年龄不足十年的;

(三)连续订立二次固定期限劳动合同,且劳动者没有本法第三十九条和第四十条第一项、第二项规定的情形,续订劳动合同的。

用人单位自用工之日起满一年不与劳动者订立书面劳动合同的,视为用人单位与劳动者已订立无固定期限劳动合同。

第十五条 【以完成一定工作任务为期限的劳动合同】以完成一定工作任务为期限的劳动合同,是指用人单位与劳动者约定以某项工作的完成为合同期限的劳动合同。

用人单位与劳动者协商一致,可以订立以完成一定工作任务为期限的劳动合同。

第十六条 【劳动合同的生效】劳动合同由用人单位与劳动者协商一致,并经用人单位与劳动者在劳动合同文本上签字或者盖章生效。

劳动合同文本由用人单位和劳动者各执一份。

第十七条 【劳动合同的内容】劳动合同应当具备以下条款:

(一)用人单位的名称、住所和法定代表人或者主要负责人;

(二)劳动者的姓名、住址和居民身份证或者其他有效身份证件号码;

(三)劳动合同期限;

(四)工作内容和工作地点;

(五)工作时间和休息休假;

(六)劳动报酬;

(七)社会保险;

（八）劳动保护、劳动条件和职业危害防护；

（九）法律、法规规定应当纳入劳动合同的其他事项。

劳动合同除前款规定的必备条款外，用人单位与劳动者可以约定试用期、培训、保守秘密、补充保险和福利待遇等其他事项。

第十八条 【劳动合同对劳动报酬和劳动条件约定不明确的解决】劳动合同对劳动报酬和劳动条件等标准约定不明确，引发争议的，用人单位与劳动者可以重新协商；协商不成的，适用集体合同规定；没有集体合同或者集体合同未规定劳动报酬的，实行同工同酬；没有集体合同或者集体合同未规定劳动条件等标准的，适用国家有关规定。

第十九条 【试用期】劳动合同期限三个月以上不满一年的，试用期不得超过一个月；劳动合同期限一年以上不满三年的，试用期不得超过二个月；三年以上固定期限和无固定期限的劳动合同，试用期不得超过六个月。

同一用人单位与同一劳动者只能约定一次试用期。

以完成一定工作任务为期限的劳动合同或者劳动合同期限不满三个月的，不得约定试用期。

试用期包含在劳动合同期限内。劳动合同仅约定试用期的，试用期不成立，该期限为劳动合同期限。

第二十条 【试用期工资】劳动者在试用期的工资不得低于本单位相同岗位最低档工资或者劳动合同约定工资的百分之八十，并不得低于用人单位所在地的最低工资标准。

第二十一条 【试用期内解除劳动合同】在试用期中，除劳动者有本法第三十九条和第四十条第一项、第二项规定的情形外，用人单位不得解除劳动合同。用人单位在试用期解除劳动合同的，应当向劳动者说明理由。

第二十二条 【服务期】用人单位为劳动者提供专项培训费用，对其进行专业技术培训的，可以与该劳动者订立协议，约定服务期。

劳动者违反服务期约定的，应当按照约定向用人单位支付违约金。违约金的数额不得超过用人单位提供的培训费用。用人单位要求劳动者支付的违约金不得超过服务期尚未履行部分所应分摊的培训费用。

用人单位与劳动者约定服务期的，不影响按照正常的工资调整机制提高劳动者在服务期期间的劳动报酬。

第二十三条 【保密义务和竞业限制】用人单位与劳动者可以在劳动合同中约定保守用人单位的商业秘密和与知识产权相关的保密事项。

对负有保密义务的劳动者，用人单位可以在劳动合同或者保密协议中与劳动者约定竞业限制条款，并约定在解除或者终止劳动合同后，在竞业限制期限内按月给予劳动者经济补偿。劳动者违反竞业限制约定的，应当按照约定向用人单位支付违约金。

第二十四条　【竞业限制的范围和期限】竞业限制的人员限于用人单位的高级管理人员、高级技术人员和其他负有保密义务的人员。竞业限制的范围、地域、期限由用人单位与劳动者约定，竞业限制的约定不得违反法律、法规的规定。

在解除或者终止劳动合同后，前款规定的人员到与本单位生产或者经营同类产品、从事同类业务的有竞争关系的其他用人单位，或者自己开业生产或者经营同类产品、从事同类业务的竞业限制期限，不得超过二年。

第二十五条　【违约金】除本法第二十二条和第二十三条规定的情形外，用人单位不得与劳动者约定由劳动者承担违约金。

第二十六条　【劳动合同的无效】下列劳动合同无效或者部分无效：

（一）以欺诈、胁迫的手段或者乘人之危，使对方在违背真实意思的情况下订立或者变更劳动合同的；

（二）用人单位免除自己的法定责任、排除劳动者权利的；

（三）违反法律、行政法规强制性规定的。

对劳动合同的无效或者部分无效有争议的，由劳动争议仲裁机构或者人民法院确认。

第二十七条　【劳动合同部分无效】劳动合同部分无效，不影响其他部分效力的，其他部分仍然有效。

第二十八条　【劳动合同无效后劳动报酬的支付】劳动合同被确认无效，劳动者已付出劳动的，用人单位应当向劳动者支付劳动报酬。劳动报酬的数额，参照本单位相同或者相近岗位劳动者的劳动报酬确定。

第三章　劳动合同的履行和变更

第二十九条　【劳动合同的履行】用人单位与劳动者应当按照劳动合同的约定，全面履行各自的义务。

第三十条　【劳动报酬】用人单位应当按照劳动合同约定和国家规定，向劳动者及时足额支付劳动报酬。

用人单位拖欠或者未足额支付劳动报酬的，劳动者可以依法向当地人民法院申请支付令，人民法院应当依法发出支付令。

第三十一条　【加班】用人单位应当严格执行劳动定额标准，不得强迫或者变相强迫劳动者加班。用人单位安排加班的，应当按照国家有关规定向劳动者支付加班费。

第三十二条　【劳动者拒绝违章指挥、强令冒险作业】劳动者拒绝用人单位管理人员违章指挥、强令冒险作业的，不视为违反劳动合同。

劳动者对危害生命安全和身体健康的劳动条件，有权对用人单位提出批评、检举和控告。

第三十三条　【用人单位名称、法定代表人等的变更】用人单位变更名称、法定代表人、主要负责人或者投资人等事项,不影响劳动合同的履行。

第三十四条 【用人单位合并或者分立】用人单位发生合并或者分立等情况,原劳动合同继续有效,劳动合同由承继其权利和义务的用人单位继续履行。

第三十五条 【劳动合同的变更】用人单位与劳动者协商一致,可以变更劳动合同约定的内容。变更劳动合同,应当采用书面形式。

变更后的劳动合同文本由用人单位和劳动者各执一份。

第四章 劳动合同的解除和终止

第三十六条 【协商解除劳动合同】用人单位与劳动者协商一致,可以解除劳动合同。

第三十七条 【劳动者提前通知解除劳动合同】劳动者提前三十日以书面形式通知用人单位,可以解除劳动合同。劳动者在试用期内提前三日通知用人单位,可以解除劳动合同。

第三十八条 【劳动者单方解除劳动合同】用人单位有下列情形之一的,劳动者可以解除劳动合同:

(一)未按照劳动合同约定提供劳动保护或者劳动条件的;
(二)未及时足额支付劳动报酬的;
(三)未依法为劳动者缴纳社会保险费的;
(四)用人单位的规章制度违反法律、法规的规定,损害劳动者权益的;
(五)因本法第二十六条第一款规定的情形致使劳动合同无效的;
(六)法律、行政法规规定劳动者可以解除劳动合同的其他情形。

用人单位以暴力、威胁或者非法限制人身自由的手段强迫劳动者劳动的,或者用人单位违章指挥、强令冒险作业危及劳动者人身安全的,劳动者可以立即解除劳动合同,不需事先告知用人单位。

第三十九条 【用人单位单方解除劳动合同】劳动者有下列情形之一的,用人单位可以解除劳动合同:

(一)在试用期间被证明不符合录用条件的;
(二)严重违反用人单位的规章制度的;
(三)严重失职,营私舞弊,给用人单位造成重大损害的;
(四)劳动者同时与其他用人单位建立劳动关系,对完成本单位的工作任务造成严重影响,或者经用人单位提出,拒不改正的;
(五)因本法第二十六条第一款第一项规定的情形致使劳动合同无效的;
(六)被依法追究刑事责任的。

第四十条 【无过失性辞退】有下列情形之一的,用人单位提前三十日以书面形式通知劳动者本人或者额外支付劳动者一个月工资后,可以解除劳动合同:

(一)劳动者患病或者非因工负伤,在规定的医疗期满后不能从事原工作,也不能从事由用人单位另行安排的工作的；

(二)劳动者不能胜任工作,经过培训或者调整工作岗位,仍不能胜任工作的；

(三)劳动合同订立时所依据的客观情况发生重大变化,致使劳动合同无法履行,经用人单位与劳动者协商,未能就变更劳动合同内容达成协议的。

第四十一条 【经济性裁员】有下列情形之一,需要裁减人员二十人以上或者裁减不足二十人但占企业职工总数百分之十以上的,用人单位提前三十日向工会或者全体职工说明情况,听取工会或者职工的意见后,裁减人员方案经向劳动行政部门报告,可以裁减人员：

(一)依照企业破产法规定进行重整的；

(二)生产经营发生严重困难的；

(三)企业转产、重大技术革新或者经营方式调整,经变更劳动合同后,仍需裁减人员的；

(四)其他因劳动合同订立时所依据的客观经济情况发生重大变化,致使劳动合同无法履行的。

裁减人员时,应当优先留用下列人员：

(一)与本单位订立较长期限的固定期限劳动合同的；

(二)与本单位订立无固定期限劳动合同的；

(三)家庭无其他就业人员,有需要扶养的老人或者未成年人的。

用人单位依照本条第一款规定裁减人员,在六个月内重新招用人员的,应当通知被裁减的人员,并在同等条件下优先招用被裁减的人员。

第四十二条 【用人单位不得解除劳动合同的情形】劳动者有下列情形之一的,用人单位不得依照本法第四十条、第四十一条的规定解除劳动合同：

(一)从事接触职业病危害作业的劳动者未进行离岗前职业健康检查,或者疑似职业病病人在诊断或者医学观察期间的；

(二)在本单位患职业病或者因工负伤并被确认丧失或者部分丧失劳动能力的；

(三)患病或者非因工负伤,在规定的医疗期内的；

(四)女职工在孕期、产期、哺乳期的；

(五)在本单位连续工作满十五年,且距法定退休年龄不足五年的；

(六)法律、行政法规规定的其他情形。

第四十三条 【工会在劳动合同解除中的监督作用】用人单位单方解除劳动合同,应当事先将理由通知工会。用人单位违反法律、行政法规规定或者劳动合同约定的,工会有权要求用人单位纠正。用人单位应当研究工会的意见,并将处理结果书面通知工会。

第四十四条 【劳动合同的终止】有下列情形之一的,劳动合同终止：

（一）劳动合同期满的；
（二）劳动者开始依法享受基本养老保险待遇的；
（三）劳动者死亡，或者被人民法院宣告死亡或者宣告失踪的；
（四）用人单位被依法宣告破产的；
（五）用人单位被吊销营业执照、责令关闭、撤销或者用人单位决定提前解散的；
（六）法律、行政法规规定的其他情形。

第四十五条 【劳动合同的逾期终止】劳动合同期满，有本法第四十二条规定情形之一的，劳动合同应当续延至相应的情形消失时终止。但是，本法第四十二条第二项规定丧失或者部分丧失劳动能力劳动者的劳动合同的终止，按照国家有关工伤保险的规定执行。

第四十六条 【经济补偿的情形】有下列情形之一的，用人单位应当向劳动者支付经济补偿：
（一）劳动者依照本法第三十八条规定解除劳动合同的；
（二）用人单位依照本法第三十六条规定向劳动者提出解除劳动合同并与劳动者协商一致解除劳动合同的；
（三）用人单位依照本法第四十条规定解除劳动合同的；
（四）用人单位依照本法第四十一条第一款规定解除劳动合同的；
（五）除用人单位维持或者提高劳动合同约定条件续订劳动合同，劳动者不同意续订的情形外，依照本法第四十四条第一项规定终止固定期限劳动合同的；
（六）依照本法第四十四条第四项、第五项规定终止劳动合同的；
（七）法律、行政法规规定的其他情形。

第四十七条 【经济补偿的计算】经济补偿按劳动者在本单位工作的年限，每满一年支付一个月工资的标准向劳动者支付。六个月以上不满一年的，按一年计算；不满六个月的，向劳动者支付半个月工资的经济补偿。

劳动者月工资高于用人单位所在直辖市、设区的市级人民政府公布的本地区上年度职工月平均工资三倍的，向其支付经济补偿的标准按职工月平均工资三倍的数额支付，向其支付经济补偿的年限最高不超过十二年。

本条所称月工资是指劳动者在劳动合同解除或者终止前十二个月的平均工资。

第四十八条 【违法解除或者终止劳动合同的法律后果】用人单位违反本法规定解除或者终止劳动合同，劳动者要求继续履行劳动合同的，用人单位应当继续履行；劳动者不要求继续履行劳动合同或者劳动合同已经不能继续履行的，用人单位应当依照本法第八十七条规定支付赔偿金。

第四十九条 【社会保险关系跨地区转移接续】国家采取措施，建立健全劳动者社会保险关系跨地区转移接续制度。

第五十条 【劳动合同解除或者终止后双方的义务】用人单位应当在解除或者终止劳动合同时出具解除或者终止劳动合同的证明,并在十五日内为劳动者办理档案和社会保险关系转移手续。

劳动者应当按照双方约定,办理工作交接。用人单位依照本法有关规定应当向劳动者支付经济补偿的,在办结工作交接时支付。

用人单位对已经解除或者终止的劳动合同的文本,至少保存二年备查。

第五章 特别规定
第一节 集体合同

第五十一条 【集体合同的订立和内容】企业职工一方与用人单位通过平等协商,可以就劳动报酬、工作时间、休息休假、劳动安全卫生、保险福利等事项订立集体合同。集体合同草案应当提交职工代表大会或者全体职工讨论通过。

集体合同由工会代表企业职工一方与用人单位订立;尚未建立工会的用人单位,由上级工会指导劳动者推举的代表与用人单位订立。

第五十二条 【专项集体合同】企业职工一方与用人单位可以订立劳动安全卫生、女职工权益保护、工资调整机制等专项集体合同。

第五十三条 【行业性集体合同、区域性集体合同】在县级以下区域内,建筑业、采矿业、餐饮服务业等行业可以由工会与企业方面代表订立行业性集体合同,或者订立区域性集体合同。

第五十四条 【集体合同的报送和生效】集体合同订立后,应当报送劳动行政部门;劳动行政部门自收到集体合同文本之日起十五日内未提出异议的,集体合同即行生效。

依法订立的集体合同对用人单位和劳动者具有约束力。行业性、区域性集体合同对当地本行业、本区域的用人单位和劳动者具有约束力。

第五十五条 【集体合同中劳动报酬、劳动条件等标准】集体合同中劳动报酬和劳动条件等标准不得低于当地人民政府规定的最低标准;用人单位与劳动者订立的劳动合同中劳动报酬和劳动条件等标准不得低于集体合同规定的标准。

第五十六条 【集体合同纠纷和法律救济】用人单位违反集体合同,侵犯职工劳动权益的,工会可以依法要求用人单位承担责任;因履行集体合同发生争议,经协商解决不成的,工会可以依法申请仲裁、提起诉讼。

第二节 劳务派遣

第五十七条 【劳务派遣单位的设立条件】经营劳务派遣业务应当具备下列条件:

(一)注册资本不得少于人民币二百万元;

(二)有与开展业务相适应的固定的经营场所和设施;

(三)有符合法律、行政法规规定的劳务派遣管理制度;

(四)法律、行政法规规定的其他条件。

经营劳务派遣业务,应当向劳动行政部门依法申请行政许可;经许可的,依法办理相应的公司登记。未经许可,任何单位和个人不得经营劳务派遣业务。

第五十八条　【劳务派遣单位、用工单位及劳动者的权利义务】劳务派遣单位是本法所称用人单位,应当履行用人单位对劳动者的义务。劳务派遣单位与被派遣劳动者订立的劳动合同,除应当载明本法第十七条规定的事项外,还应当载明被派遣劳动者的用工单位以及派遣期限、工作岗位等情况。

劳务派遣单位应当与被派遣劳动者订立二年以上的固定期限劳动合同,按月支付劳动报酬;被派遣劳动者在无工作期间,劳务派遣单位应当按照所在地人民政府规定的最低工资标准,向其按月支付报酬。

第五十九条　【劳务派遣协议】劳务派遣单位派遣劳动者应当与接受以劳务派遣形式用工的单位(以下称用工单位)订立劳务派遣协议。劳务派遣协议应当约定派遣岗位和人员数量、派遣期限、劳动报酬和社会保险费的数额与支付方式以及违反协议的责任。

用工单位应当根据工作岗位的实际需要与劳务派遣单位确定派遣期限,不得将连续用工期限分割订立数个短期劳务派遣协议。

第六十条　【劳务派遣单位的告知义务】劳务派遣单位应当将劳务派遣协议的内容告知被派遣劳动者。

劳务派遣单位不得克扣用工单位按照劳务派遣协议支付给被派遣劳动者的劳动报酬。

劳务派遣单位和用工单位不得向被派遣劳动者收取费用。

第六十一条　【跨地区派遣劳动者的劳动报酬、劳动条件】劳务派遣单位跨地区派遣劳动者的,被派遣劳动者享有的劳动报酬和劳动条件,按照用工单位所在地的标准执行。

第六十二条　【用工单位的义务】用工单位应当履行下列义务:

(一)执行国家劳动标准,提供相应的劳动条件和劳动保护;

(二)告知被派遣劳动者的工作要求和劳动报酬;

(三)支付加班费、绩效奖金,提供与工作岗位相关的福利待遇;

(四)对在岗被派遣劳动者进行工作岗位所必需的培训;

(五)连续用工的,实行正常的工资调整机制。

用工单位不得将被派遣劳动者再派遣到其他用人单位。

第六十三条　【被派遣劳动者同工同酬】被派遣劳动者享有与用工单位的劳动者同工同酬的权利。用工单位应当按照同工同酬原则,对被派遣劳动者与本单位同类岗位的劳动者实行相同的劳动报酬分配办法。用工单位无同类岗位劳动者的,参照用工单位所在地相同或者相近岗位劳动者的劳动报酬确定。

劳务派遣单位与被派遣劳动者订立的劳动合同和与用工单位订立的劳务派遣协议,载明或者约定的向被派遣劳动者支付的劳动报酬应当符合前款规定。

第六十四条 【被派遣劳动者参加或者组织工会】被派遣劳动者有权在劳务派遣单位或者用工单位依法参加或者组织工会,维护自身的合法权益。

第六十五条 【劳务派遣中解除劳动合同】被派遣劳动者可以依照本法第三十六条、第三十八条的规定与劳务派遣单位解除劳动合同。

被派遣劳动者有本法第三十九条和第四十条第一项、第二项规定情形的,用工单位可以将劳动者退回劳务派遣单位,劳务派遣单位依照本法有关规定,可以与劳动者解除劳动合同。

第六十六条 【劳务派遣的适用条件】劳动合同用工是我国的企业基本用工形式。劳务派遣用工是补充形式,只能在临时性、辅助性或者替代性的工作岗位上实施。

前款规定的临时性工作岗位是指存续时间不超过六个月的岗位;辅助性工作岗位是指为主营业务岗位提供服务的非主营业务岗位;替代性工作岗位是指用工单位的劳动者因脱产学习、休假等原因无法工作的一定期间内,可以由其他劳动者替代工作的岗位。

用工单位应当严格控制劳务派遣用工数量,不得超过其用工总量的一定比例,具体比例由国务院劳动行政部门规定。

第六十七条 【用人单位不得自设劳务派遣单位】用人单位不得设立劳务派遣单位向本单位或者所属单位派遣劳动者。

第三节 非全日制用工

第六十八条 【非全日制用工的概念】非全日制用工,是指以小时计酬为主,劳动者在同一用人单位一般平均每日工作时间不超过四小时,每周工作时间累计不超过二十四小时的用工形式。

第六十九条 【非全日制用工的劳动合同】非全日制用工双方当事人可以订立口头协议。

从事非全日制用工的劳动者可以与一个或者一个以上用人单位订立劳动合同;但是,后订立的劳动合同不得影响先订立的劳动合同的履行。

第七十条 【非全日制用工不得约定试用期】非全日制用工双方当事人不得约定试用期。

第七十一条 【非全日制用工的终止用工】非全日制用工双方当事人任何一方都可以随时通知对方终止用工。终止用工,用人单位不向劳动者支付经济补偿。

第七十二条 【非全日制用工的劳动报酬】非全日制用工小时计酬标准不得低于用人单位所在地人民政府规定的最低小时工资标准。

非全日制用工劳动报酬结算支付周期最长不得超过十五日。

第六章 监督检查

第七十三条 【劳动合同制度的监督管理体制】国务院劳动行政部门负责全国劳动合同制度实施的监督管理。

县级以上地方人民政府劳动行政部门负责本行政区域内劳动合同制度实施的监督管理。

县级以上各级人民政府劳动行政部门在劳动合同制度实施的监督管理工作中,应当听取工会、企业方面代表以及有关行业主管部门的意见。

第七十四条 【劳动行政部门监督检查事项】县级以上地方人民政府劳动行政部门依法对下列实施劳动合同制度的情况进行监督检查:

(一)用人单位制定直接涉及劳动者切身利益的规章制度及其执行的情况;

(二)用人单位与劳动者订立和解除劳动合同的情况;

(三)劳务派遣单位和用工单位遵守劳务派遣有关规定的情况;

(四)用人单位遵守国家关于劳动者工作时间和休息休假规定的情况;

(五)用人单位支付劳动合同约定的劳动报酬和执行最低工资标准的情况;

(六)用人单位参加各项社会保险和缴纳社会保险费的情况;

(七)法律、法规规定的其他劳动监察事项。

第七十五条 【监督检查措施和依法行政、文明执法】县级以上地方人民政府劳动行政部门实施监督检查时,有权查阅与劳动合同、集体合同有关的材料,有权对劳动场所进行实地检查,用人单位和劳动者都应当如实提供有关情况和材料。

劳动行政部门的工作人员进行监督检查,应当出示证件,依法行使职权,文明执法。

第七十六条 【其他有关主管部门的监督管理】县级以上人民政府建设、卫生、安全生产监督管理等有关主管部门在各自职责范围内,对用人单位执行劳动合同制度的情况进行监督管理。

第七十七条 【劳动者权利救济途径】劳动者合法权益受到侵害的,有权要求有关部门依法处理,或者依法申请仲裁、提起诉讼。

第七十八条 【工会监督检查的权利】工会依法维护劳动者的合法权益,对用人单位履行劳动合同、集体合同的情况进行监督。用人单位违反劳动法律、法规和劳动合同、集体合同的,工会有权提出意见或者要求纠正;劳动者申请仲裁、提起诉讼的,工会依法给予支持和帮助。

第七十九条 【对违法行为的举报】任何组织或者个人对违反本法的行为都有权举报,县级以上人民政府劳动行政部门应当及时核实、处理,并对举报有功人员给予奖励。

第七章 法律责任

第八十条 【规章制度违法的法律责任】用人单位直接涉及劳动者切身利益的规章制度违反法律、法规规定的,由劳动行政部门责令改正,给予警告;给劳动者造成损害的,应当承担赔偿责任。

第八十一条 【缺乏必备条款、不提供劳动合同文本的法律责任】用人单位提供的劳动合同文本未载明本法规定的劳动合同必备条款或者用人单位未将劳动合同文本交付劳动者的,由劳动行政部门责令改正;给劳动者造成损害的,应当承担赔偿责任。

第八十二条 【不订立书面劳动合同的法律责任】用人单位自用工之日起超过一个月不满一年未与劳动者订立书面劳动合同的,应当向劳动者每月支付二倍的工资。

用人单位违反本法规定不与劳动者订立无固定期限劳动合同的,自应当订立无固定期限劳动合同之日起向劳动者每月支付二倍的工资。

第八十三条 【违法约定试用期的法律责任】用人单位违反本法规定与劳动者约定试用期的,由劳动行政部门责令改正;违法约定的试用期已经履行的,由用人单位以劳动者试用期满月工资为标准,按已经履行的超过法定试用期的期间向劳动者支付赔偿金。

第八十四条 【扣押劳动者身份等证件的法律责任】用人单位违反本法规定,扣押劳动者居民身份证等证件的,由劳动行政部门责令限期退还劳动者本人,并依照有关法律规定给予处罚。

用人单位违反本法规定,以担保或者其他名义向劳动者收取财物的,由劳动行政部门责令限期退还劳动者本人,并以每人五百元以上二千元以下的标准处以罚款;给劳动者造成损害的,应当承担赔偿责任。

劳动者依法解除或者终止劳动合同,用人单位扣押劳动者档案或者其他物品的,依照前款规定处罚。

第八十五条 【未依法支付劳动报酬、经济补偿等的法律责任】用人单位有下列情形之一的,由劳动行政部门责令限期支付劳动报酬、加班费或者经济补偿;劳动报酬低于当地最低工资标准的,应当支付其差额部分;逾期不支付的,责令用人单位按应付金额百分之五十以上百分之一百以下的标准向劳动者加付赔偿金:

(一)未按照劳动合同的约定或者国家规定及时足额支付劳动者劳动报酬的;

(二)低于当地最低工资标准支付劳动者工资的;

(三)安排加班不支付加班费的;

(四)解除或者终止劳动合同,未依照本法规定向劳动者支付经济补偿的。

第八十六条 【订立无效劳动合同的法律责任】劳动合同依照本法第二十六条规定被确认无效,给对方造成损害的,有过错的一方应当承担赔偿责任。

第八十七条 【违反解除或者终止劳动合同的法律责任】用人单位违反本法规定解除或者终止劳动合同的,应当依照本法第四十七条规定的经济补偿标准的二倍向劳动者支付赔偿金。

第八十八条 【侵害劳动者人身权益的法律责任】用人单位有下列情形之一的,依法给予行政处罚;构成犯罪的,依法追究刑事责任;给劳动者造成损害的,应当承

担赔偿责任:

(一)以暴力、威胁或者非法限制人身自由的手段强迫劳动的;

(二)违章指挥或者强令冒险作业危及劳动者人身安全的;

(三)侮辱、体罚、殴打、非法搜查或者拘禁劳动者的;

(四)劳动条件恶劣、环境污染严重,给劳动者身心健康造成严重损害的。

第八十九条 【不出具解除、终止书面证明的法律责任】用人单位违反本法规定未向劳动者出具解除或者终止劳动合同的书面证明,由劳动行政部门责令改正;给劳动者造成损害的,应当承担赔偿责任。

第九十条 【劳动者的赔偿责任】劳动者违反本法规定解除劳动合同,或者违反劳动合同中约定的保密义务或者竞业限制,给用人单位造成损失的,应当承担赔偿责任。

第九十一条 【用人单位的连带赔偿责任】用人单位招用与其他用人单位尚未解除或者终止劳动合同的劳动者,给其他用人单位造成损失的,应当承担连带赔偿责任。

第九十二条 【劳务派遣单位、用工单位的法律责任】违反本法规定,未经许可,擅自经营劳务派遣业务的,由劳动行政部门责令停止违法行为,没收违法所得,并处违法所得一倍以上五倍以下的罚款;没有违法所得的,可以处五万元以下的罚款。

劳务派遣单位、用工单位违反本法有关劳务派遣规定的,由劳动行政部门责令限期改正;逾期不改正的,以每人五千元以上一万元以下的标准处以罚款,对劳务派遣单位,吊销其劳务派遣业务经营许可证。用工单位给被派遣劳动者造成损害的,劳务派遣单位与用工单位承担连带赔偿责任。

第九十三条 【无营业执照经营单位的法律责任】对不具备合法经营资格的用人单位的违法犯罪行为,依法追究法律责任;劳动者已经付出劳动的,该单位或者其出资人应当依照本法有关规定向劳动者支付劳动报酬、经济补偿、赔偿金;给劳动者造成损害的,应当承担赔偿责任。

第九十四条 【个人承包经营者的连带赔偿责任】个人承包经营违反本法规定招用劳动者,给劳动者造成损害的,发包的组织与个人承包经营者承担连带赔偿责任。

第九十五条 【不履行法定职责、违法行使职权的法律责任】劳动行政部门和其他有关主管部门及其工作人员玩忽职守、不履行法定职责,或者违法行使职权,给劳动者或者用人单位造成损害的,应当承担赔偿责任;对直接负责的主管人员和其他直接责任人员,依法给予行政处分;构成犯罪的,依法追究刑事责任。

第八章 附 则

第九十六条 【事业单位聘用制劳动合同的法律适用】事业单位与实行聘用制的工作人员订立、履行、变更、解除或者终止劳动合同,法律、行政法规或者国务院另有规定的,依照其规定;未作规定的,依照本法有关规定执行。

第九十七条 【过渡性条款】本法施行前已依法订立且在本法施行之日存续的劳动合同,继续履行;本法第十四条第二款第三项规定连续订立固定期限劳动合同的次数,自本法施行后续订固定期限劳动合同时开始计算。

本法施行前已建立劳动关系,尚未订立书面劳动合同的,应当自本法施行之日起一个月内订立。

本法施行之日存续的劳动合同在本法施行后解除或者终止,依照本法第四十六条规定应当支付经济补偿的,经济补偿年限自本法施行之日起计算;本法施行前按照当时有关规定,用人单位应当向劳动者支付经济补偿的,按照当时有关规定执行。

第九十八条 【施行日期】本法自 2008 年 1 月 1 日起施行。

中华人民共和国劳动合同法实施条例

2008 年 9 月 18 日国务院令第 535 号公布施行

第一章 总 则

第一条 【立法宗旨】为了贯彻实施《中华人民共和国劳动合同法》(以下简称劳动合同法),制定本条例。

第二条 【政府义务】各级人民政府和县级以上人民政府劳动行政等有关部门以及工会等组织,应当采取措施,推动劳动合同法的贯彻实施,促进劳动关系的和谐。

第三条 【用人单位范围界定】依法成立的会计师事务所、律师事务所等合伙组织和基金会,属于劳动合同法规定的用人单位。

第二章 劳动合同的订立

第四条 【分支机构订立劳动合同】劳动合同法规定的用人单位设立的分支机构,依法取得营业执照或者登记证书的,可以作为用人单位与劳动者订立劳动合同;未依法取得营业执照或者登记证书的,受用人单位委托可以与劳动者订立劳动合同。

第五条 【劳动者一个月内不订合同的处理】自用工之日起一个月内,经用人单位书面通知后,劳动者不与用人单位订立书面劳动合同的,用人单位应当书面通知劳动者终止劳动关系,无需向劳动者支付经济补偿,但是应当依法向劳动者支付其实际工作时间的劳动报酬。

第六条 【用人单位一年内不订合同的处理】用人单位自用工之日起超过一个月不满一年未与劳动者订立书面劳动合同的,应当依照劳动合同法第八十二条的规定向劳动者每月支付两倍的工资,并与劳动者补订书面劳动合同;劳动者不与用人单位订立书面劳动合同的,用人单位应当书面通知劳动者终止劳动关系,并依照劳动合同法第四十七条的规定支付经济补偿。

前款规定的用人单位向劳动者每月支付两倍工资的起算时间为用工之日起满一个月的次日,截止时间为补订书面劳动合同的前一日。

第七条 【用人单位满一年不订合同的处理】用人单位自用工之日起满一年未与劳动者订立书面劳动合同的,自用工之日起满一个月的次日至满一年的前一日应当依照劳动合同法第八十二条的规定向劳动者每月支付两倍的工资,并视为自用工之日起满一年的当日已经与劳动者订立无固定期限劳动合同,应当立即与劳动者补订书面劳动合同。

第八条 【职工名册内容】劳动合同法第七条规定的职工名册,应当包括劳动者姓名、性别、公民身份号码、户籍地址及现住址、联系方式、用工形式、用工起始时间、劳动合同期限等内容。

第九条 【连续工作时间计算】劳动合同法第十四条第二款规定的连续工作满10年的起始时间,应当自用人单位用工之日起计算,包括劳动合同法施行前的工作年限。

第十条 【到新单位工作的年限计算】劳动者非因本人原因从原用人单位被安排到新用人单位工作的,劳动者在原用人单位的工作年限合并计算为新用人单位的工作年限。原用人单位已经向劳动者支付经济补偿的,新用人单位在依法解除、终止劳动合同计算支付经济补偿的工作年限时,不再计算劳动者在原用人单位的工作年限。

第十一条 【订立无固定期限劳动合同】除劳动者与用人单位协商一致的情形外,劳动者依照劳动合同法第十四条第二款的规定,提出订立无固定期限劳动合同的,用人单位应当与其订立无固定期限劳动合同。对劳动合同的内容,双方应当按照合法、公平、平等自愿、协商一致、诚实信用的原则协商确定;对协商不一致的内容,依照劳动合同法第十八条的规定执行。

第十二条 【公益性岗位的特殊规定】地方各级人民政府及县级以上地方人民政府有关部门为安置就业困难人员提供的给予岗位补贴和社会保险补贴的公益性岗位,其劳动合同不适用劳动合同法有关无固定期限劳动合同的规定以及支付经济补偿的规定。

第十三条 【用人单位不得约定法外终止条件】用人单位与劳动者不得在劳动合同法第四十四条规定的劳动合同终止情形之外约定其他的劳动合同终止条件。

第十四条 【劳动合同履行地与用人单位注册地不一致时的执行标准】劳动合同履行地与用人单位注册地不一致的,有关劳动者的最低工资标准、劳动保护、劳动条件、职业危害防护和本地区上年度职工月平均工资标准等事项,按照劳动合同履行地的有关规定执行;用人单位注册地的有关标准高于劳动合同履行地的有关标准,且用人单位与劳动者约定按照用人单位注册地的有关规定执行的,从其约定。

第十五条　【试用期工资】劳动者在试用期的工资不得低于本单位相同岗位最低档工资的80%或者不得低于劳动合同约定工资的80%,并不得低于用人单位所在地的最低工资标准。

第十六条　【培训费用范围】劳动合同法第二十二条第二款规定的培训费用,包括用人单位为了对劳动者进行专业技术培训而支付的有凭证的培训费用、培训期间的差旅费用以及因培训产生的用于该劳动者的其他直接费用。

第十七条　【合同期满服务期未满的处理】劳动合同期满,但是用人单位与劳动者依照劳动合同法第二十二条的规定约定的服务期尚未到期的,劳动合同应当续延至服务期满;双方另有约定的,从其约定。

第三章　劳动合同的解除和终止

第十八条　【劳动者解除合同情形】有下列情形之一的,依照劳动合同法规定的条件、程序,劳动者可以与用人单位解除固定期限劳动合同、无固定期限劳动合同或者以完成一定工作任务为期限的劳动合同:

　　(一)劳动者与用人单位协商一致的;

　　(二)劳动者提前30日以书面形式通知用人单位的;

　　(三)劳动者在试用期内提前3日通知用人单位的;

　　(四)用人单位未按照劳动合同约定提供劳动保护或者劳动条件的;

　　(五)用人单位未及时足额支付劳动报酬的;

　　(六)用人单位未依法为劳动者缴纳社会保险费的;

　　(七)用人单位的规章制度违反法律、法规的规定,损害劳动者权益的;

　　(八)用人单位以欺诈、胁迫的手段或者乘人之危,使劳动者在违背真实意思的情况下订立或者变更劳动合同的;

　　(九)用人单位在劳动合同中免除自己的法定责任、排除劳动者权利的;

　　(十)用人单位违反法律、行政法规强制性规定的;

　　(十一)用人单位以暴力、威胁或者非法限制人身自由的手段强迫劳动者劳动的;

　　(十二)用人单位违章指挥、强令冒险作业危及劳动者人身安全的;

　　(十三)法律、行政法规规定劳动者可以解除劳动合同的其他情形。

第十九条　【用人单位解除合同情形】有下列情形之一的,依照劳动合同法规定的条件、程序,用人单位可以与劳动者解除固定期限劳动合同、无固定期限劳动合同或者以完成一定工作任务为期限的劳动合同:

　　(一)用人单位与劳动者协商一致的;

　　(二)劳动者在试用期间被证明不符合录用条件的;

　　(三)劳动者严重违反用人单位的规章制度的;

　　(四)劳动者严重失职,营私舞弊,给用人单位造成重大损害的;

（五）劳动者同时与其他用人单位建立劳动关系，对完成本单位的工作任务造成严重影响，或者经用人单位提出，拒不改正的；

（六）劳动者以欺诈、胁迫的手段或者乘人之危，使用人单位在违背真实意思的情况下订立或者变更劳动合同的；

（七）劳动者被依法追究刑事责任的；

（八）劳动者患病或者非因工负伤，在规定的医疗期满后不能从事原工作，也不能从事由用人单位另行安排的工作的；

（九）劳动者不能胜任工作，经过培训或者调整工作岗位，仍不能胜任工作的；

（十）劳动合同订立时所依据的客观情况发生重大变化，致使劳动合同无法履行，经用人单位与劳动者协商，未能就变更劳动合同内容达成协议的；

（十一）用人单位依照企业破产法规定进行重整的；

（十二）用人单位生产经营发生严重困难的；

（十三）企业转产、重大技术革新或者经营方式调整，经变更劳动合同后，仍需裁减人员的；

（十四）其他因劳动合同订立时所依据的客观经济情况发生重大变化，致使劳动合同无法履行的。

第二十条　【额外支付的工资标准】用人单位依照劳动合同法第四十条的规定，选择额外支付劳动者一个月工资解除劳动合同的，其额外支付的工资应当按照该劳动者上一个月的工资标准确定。

第二十一条　【退休时合同终止】劳动者达到法定退休年龄的，劳动合同终止。

第二十二条　【终止以完成一定工作任务为期限的劳动合同】以完成一定工作任务为期限的劳动合同因任务完成而终止的，用人单位应当依照劳动合同法第四十七条的规定向劳动者支付经济补偿。

第二十三条　【终止工伤职工劳动合同】用人单位依法终止工伤职工的劳动合同的，除依照劳动合同法第四十七条的规定支付经济补偿外，还应当依照国家有关工伤保险的规定支付一次性工伤医疗补助金和伤残就业补助金。

第二十四条　【解除、终止劳动合同证明的内容】用人单位出具的解除、终止劳动合同的证明，应当写明劳动合同期限、解除或者终止劳动合同的日期、工作岗位、在本单位的工作年限。

第二十五条　【赔偿金与经济补偿不并罚】用人单位违反劳动合同法的规定解除或者终止劳动合同，依照劳动合同法第八十七条的规定支付了赔偿金的，不再支付经济补偿。赔偿金的计算年限自用工之日起计算。

第二十六条　【解除约定服务期的劳动合同】用人单位与劳动者约定了服务期，劳动者依照劳动合同法第三十八条的规定解除劳动合同的，不属于违反服务期的约定，用人单位不得要求劳动者支付违约金。

有下列情形之一，用人单位与劳动者解除约定服务期的劳动合同的，劳动者应当按照劳动合同的约定向用人单位支付违约金：

（一）劳动者严重违反用人单位的规章制度的；

（二）劳动者严重失职，营私舞弊，给用人单位造成重大损害的；

（三）劳动者同时与其他用人单位建立劳动关系，对完成本单位的工作任务造成严重影响，或者经用人单位提出，拒不改正的；

（四）劳动者以欺诈、胁迫的手段或者乘人之危，使用人单位在违背真实意思的情况下订立或者变更劳动合同的；

（五）劳动者被依法追究刑事责任的。

第二十七条 【月工资的计算】劳动合同法第四十七条规定的经济补偿的月工资按照劳动者应得工资计算，包括计时工资或者计件工资以及奖金、津贴和补贴等货币性收入。劳动者在劳动合同解除或者终止前12个月的平均工资低于当地最低工资标准的，按照当地最低工资标准计算。劳动者工作不满12个月的，按照实际工作的月数计算平均工资。

第四章 劳务派遣特别规定

第二十八条 【不得设立的劳务派遣单位】用人单位或者其所属单位出资或者合伙设立的劳务派遣单位，向本单位或者所属单位派遣劳动者的，属于劳动合同法第六十七条规定的不得设立的劳务派遣单位。

第二十九条 【用工单位义务】用工单位应当履行劳动合同法第六十二条规定的义务，维护被派遣劳动者的合法权益。

第三十条 【不得以非全日制用工形式派遣】劳务派遣单位不得以非全日制用工形式招用被派遣劳动者。

第三十一条 【经济补偿的参照执行】劳务派遣单位或者被派遣劳动者依法解除、终止劳动合同的经济补偿，依照劳动合同法第四十六条、第四十七条的规定执行。

第三十二条 【解除、终止劳动合同的参照执行】劳务派遣单位违法解除或者终止被派遣劳动者的劳动合同的，依照劳动合同法第四十八条的规定执行。

第五章 法律责任

第三十三条 【违反建立职工名册规定的处罚】用人单位违反劳动合同法有关建立职工名册规定的，由劳动行政部门责令限期改正；逾期不改正的，由劳动行政部门处2000元以上2万元以下的罚款。

第三十四条 【未支付两倍工资或赔偿金的处理】用人单位依照劳动合同法的规定应当向劳动者每月支付两倍的工资或者应当向劳动者支付赔偿金而未支付的，劳动行政部门应当责令用人单位支付。

第三十五条 【违反劳务派遣规定的处罚】用工单位违反劳动合同法和本条例有关劳务派遣规定的，由劳动行政部门和其他有关主管部门责令改正；情节严重的，以每位被派遣劳动者1000元以上5000元以下的标准处以罚款；给被派遣劳动者造成损害的，劳务派遣单位和用工单位承担连带赔偿责任。

第六章 附　则

第三十六条　【对投诉、举报的处理】对违反劳动合同法和本条例的行为的投诉、举报，县级以上地方人民政府劳动行政部门依照《劳动保障监察条例》的规定处理。

第三十七条　【发生争议的处理】劳动者与用人单位因订立、履行、变更、解除或者终止劳动合同发生争议的，依照《中华人民共和国劳动争议调解仲裁法》的规定处理。

第三十八条　【施行日期】本条例自公布之日起施行。

电子劳动合同订立指引

1. 2021年7月1日人力资源社会保障部办公厅发布
2. 人社厅发〔2021〕54号

第一章 总　则

第一条　本指引所指电子劳动合同，是指用人单位与劳动者按照《中华人民共和国劳动合同法》《中华人民共和国民法典》《中华人民共和国电子签名法》等法律法规规定，经协商一致，以可视为书面形式的数据电文为载体，使用可靠的电子签名订立的劳动合同。

第二条　依法订立的电子劳动合同具有法律效力，用人单位与劳动者应当按照电子劳动合同的约定，全面履行各自的义务。

第二章　电子劳动合同的订立

第三条　用人单位与劳动者订立电子劳动合同的，要通过电子劳动合同订立平台订立。

第四条　电子劳动合同订立平台要通过有效的现代信息技术手段提供劳动合同订立、调取、储存、应用等服务，具备身份认证、电子签名、意愿确认、数据安全防护等能力，确保电子劳动合同信息的订立、生成、传递、储存等符合法律法规规定，满足真实、完整、准确、不可篡改和可追溯等要求。

第五条　鼓励用人单位和劳动者使用政府发布的劳动合同示范文本订立电子劳动合同。劳动合同未载明《中华人民共和国劳动合同法》规定的劳动合同必备条款或内容违反法律法规规定的，用人单位依法承担相应的法律责任。

第六条　双方同意订立电子劳动合同的，用人单位要在订立电子劳动合同前，明确告知劳动者订立电子劳动合同的流程、操作方法、注意事项和查看、下载完整的劳动合同文本的途径,并不得向劳动者收取费用。

第七条 用人单位和劳动者要确保向电子劳动合同订立平台提交的身份信息真实、完整、准确。电子劳动合同订立平台要通过数字证书、联网信息核验、生物特征识别验证、手机短信息验证码等技术手段,真实反映订立人身份和签署意愿,并记录和保存验证确认过程。具备条件的,可使用电子社保卡开展实人实名认证。

第八条 用人单位和劳动者要使用符合《中华人民共和国电子签名法》要求、依法设立的电子认证服务机构颁发的数字证书和密钥,进行电子签名。

第九条 电子劳动合同经用人单位和劳动者签署可靠的电子签名后生效,并应附带可信时间戳。

第十条 电子劳动合同订立后,用人单位要以手机短信、微信、电子邮件或者 App 信息提示等方式通知劳动者电子劳动合同已订立完成。

第三章 电子劳动合同的调取、储存、应用

第十一条 用人单位要提示劳动者及时下载和保存电子劳动合同文本,告知劳动者查看、下载电子劳动合同的方法,并提供必要的指导和帮助。

第十二条 用人单位要确保劳动者可以使用常用设备随时查看、下载、打印电子劳动合同的完整内容,不得向劳动者收取费用。

第十三条 劳动者需要电子劳动合同纸质文本的,用人单位要至少免费提供一份,并通过盖章等方式证明与数据电文原件一致。

第十四条 电子劳动合同的储存期限要符合《中华人民共和国劳动合同法》关于劳动合同保存期限的规定。

第十五条 鼓励用人单位和劳动者优先选用人力资源社会保障部门等政府部门建设的电子劳动合同订立平台(以下简称政府平台)。用人单位和劳动者未通过政府平台订立电子劳动合同的,要按照当地人力资源社会保障部门公布的数据格式和标准,提交满足电子政务要求的电子劳动合同数据,便捷办理就业创业、劳动用工备案、社会保险、人事人才、职业培训等业务。非政府平台的电子劳动合同订立平台要支持用人单位和劳动者及时提交相关数据。

第十六条 电子劳动合同订立平台要留存订立和管理电子劳动合同全过程证据,包括身份认证、签署意愿、电子签名等,保证电子证据链的完整性,确保相关信息可查询、可调用,为用人单位、劳动者以及法律法规授权机构查询和提取电子数据提供便利。

第四章 信息保护和安全

第十七条 电子劳动合同信息的管理、调取和应用要符合《中华人民共和国网络安全法》《互联网信息服务管理办法》等法律法规,不得侵害信息主体合法权益。

第十八条 电子劳动合同订立平台及其所依赖的服务环境,要按照《信息安全等级保护管理办法》第三级的相关要求实施网络安全等级保护,确保平台稳定运行,

提供连续服务,防止所收集或使用的身份信息、合同内容信息、日志信息泄漏、篡改、丢失。

第十九条 电子劳动合同订立平台要建立健全电子劳动合同信息保护制度,不得非法收集、使用、加工、传输、提供、公开电子劳动合同信息。未经信息主体同意或者法律法规授权,电子劳动合同订立平台不得向他人非法提供电子劳动合同查阅、调取等服务。

第五章 附 则

第二十条 本指引中主要用语的含义:

(一)数据电文,是指以电子、光学、磁或者类似手段生成、发送、接收或者储存的信息。

(二)可视为书面形式的数据电文,是指能够有形地表现所载内容,并可以随时调取查用的数据电文。

(三)电子签名,是指数据电文中以电子形式所含、所附用于识别签名人身份并表明签名人认可其中内容的数据。

(四)可靠的电子签名,是指同时符合下列条件的电子签名:

1. 电子签名制作数据用于电子签名时,属于电子签名人专有;
2. 签署时电子签名制作数据仅由电子签名人控制;
3. 签署后对电子签名的任何改动能够被发现;
4. 签署后对数据电文内容和形式的任何改动能够被发现。

(五)可信时间戳,是指权威机构使用数字签名技术产生的能够证明所签名的原始文件在签名时间之前已经存在的数据。

第二十一条 本指引未尽事宜,按照有关法律法规和政策规定执行。

2. 劳务派遣

劳务派遣暂行规定

1. 2014年1月24日人力资源和社会保障部令第22号公布
2. 自2014年3月1日起施行

第一章 总 则

第一条 为规范劳务派遣,维护劳动者的合法权益,促进劳动关系和谐稳定,依据《中华人民共和国劳动合同法》(以下简称劳动合同法)和《中华人民共和国劳动合同法实施条例》(以下简称劳动合同法实施条例)等法律、行政法规,制定本规定。

第二条 劳务派遣单位经营劳务派遣业务,企业(以下称用工单位)使用被派遣劳动者,适用本规定。

依法成立的会计师事务所、律师事务所等合伙组织和基金会以及民办非企业单位等组织使用被派遣劳动者,依照本规定执行。

第二章 用工范围和用工比例

第三条 用工单位只能在临时性、辅助性或者替代性的工作岗位上使用被派遣劳动者。

前款规定的临时性工作岗位是指存续时间不超过6个月的岗位;辅助性工作岗位是指为主营业务岗位提供服务的非主营业务岗位;替代性工作岗位是指用工单位的劳动者因脱产学习、休假等原因无法工作的一定期间内,可以由其他劳动者替代工作的岗位。

用工单位决定使用被派遣劳动者的辅助性岗位,应当经职工代表大会或者全体职工讨论,提出方案和意见,与工会或者职工代表平等协商确定,并在用工单位内公示。

第四条 用工单位应当严格控制劳务派遣用工数量,使用的被派遣劳动者数量不得超过其用工总量的10%。

前款所称用工总量是指用工单位订立劳动合同人数与使用的被派遣劳动者人数之和。

计算劳务派遣用工比例的用工单位是指依照劳动合同法和劳动合同法实施条例可以与劳动者订立劳动合同的用人单位。

第三章 劳动合同、劳务派遣协议的订立和履行

第五条 劳务派遣单位应当依法与被派遣劳动者订立2年以上的固定期限书面劳动合同。

第六条 劳务派遣单位可以依法与被派遣劳动者约定试用期。劳务派遣单位与同一被派遣劳动者只能约定一次试用期。

第七条 劳务派遣协议应当载明下列内容:

(一)派遣的工作岗位名称和岗位性质;

(二)工作地点;

(三)派遣人员数量和派遣期限;

(四)按照同工同酬原则确定的劳动报酬数额和支付方式;

(五)社会保险费的数额和支付方式;

(六)工作时间和休息休假事项;

(七)被派遣劳动者工伤、生育或者患病期间的相关待遇;

（八）劳动安全卫生以及培训事项；

（九）经济补偿等费用；

（十）劳务派遣协议期限；

（十一）劳务派遣服务费的支付方式和标准；

（十二）违反劳务派遣协议的责任；

（十三）法律、法规、规章规定应当纳入劳务派遣协议的其他事项。

第八条 劳务派遣单位应当对被派遣劳动者履行下列义务：

（一）如实告知被派遣劳动者劳动合同法第八条规定的事项、应遵守的规章制度以及劳务派遣协议的内容；

（二）建立培训制度，对被派遣劳动者进行上岗知识、安全教育培训；

（三）按照国家规定和劳务派遣协议约定，依法支付被派遣劳动者的劳动报酬和相关待遇；

（四）按照国家规定和劳务派遣协议约定，依法为被派遣劳动者缴纳社会保险费，并办理社会保险相关手续；

（五）督促用工单位依法为被派遣劳动者提供劳动保护和劳动安全卫生条件；

（六）依法出具解除或者终止劳动合同的证明；

（七）协助处理被派遣劳动者与用工单位的纠纷；

（八）法律、法规和规章规定的其他事项。

第九条 用工单位应当按照劳动合同法第六十二条规定，向被派遣劳动者提供与工作岗位相关的福利待遇，不得歧视被派遣劳动者。

第十条 被派遣劳动者在用工单位因工作遭受事故伤害的，劳务派遣单位应当依法申请工伤认定，用工单位应当协助工伤认定的调查核实工作。劳务派遣单位承担工伤保险责任，但可以与用工单位约定补偿办法。

被派遣劳动者在申请进行职业病诊断、鉴定时，用工单位应当负责处理职业病诊断、鉴定事宜，并如实提供职业病诊断、鉴定所需的劳动者职业史和职业危害接触史、工作场所职业病危害因素检测结果等资料，劳务派遣单位应当提供被派遣劳动者职业病诊断、鉴定所需的其他材料。

第十一条 劳务派遣单位行政许可有效期未延续或者《劳务派遣经营许可证》被撤销、吊销的，已经与被派遣劳动者依法订立的劳动合同应当履行至期限届满。双方经协商一致，可以解除劳动合同。

第十二条 有下列情形之一的，用工单位可以将被派遣劳动者退回劳务派遣单位：

（一）用工单位有劳动合同法第四十条第三项、第四十一条规定情形的；

（二）用工单位被依法宣告破产、吊销营业执照、责令关闭、撤销、决定提前解散或者经营期限届满不再继续经营的；

（三）劳务派遣协议期满终止的。

被派遣劳动者退回后在无工作期间,劳务派遣单位应当按照不低于所在地人民政府规定的最低工资标准,向其按月支付报酬。

第十三条 被派遣劳动者有劳动合同法第四十二条规定情形的,在派遣期限届满前,用工单位不得依据本规定第十二条第一款第一项规定将被派遣劳动者退回劳务派遣单位;派遣期限届满的,应当延续至相应情形消失时方可退回。

第四章 劳动合同的解除和终止

第十四条 被派遣劳动者提前30日以书面形式通知劳务派遣单位,可以解除劳动合同。被派遣劳动者在试用期内提前3日通知劳务派遣单位,可以解除劳动合同。劳务派遣单位应当将被派遣劳动者通知解除劳动合同的情况及时告知用工单位。

第十五条 被派遣劳动者因本规定第十二条规定被用工单位退回,劳务派遣单位重新派遣时维持或者提高劳动合同约定条件,被派遣劳动者不同意的,劳务派遣单位可以解除劳动合同。

被派遣劳动者因本规定第十二条规定被用工单位退回,劳务派遣单位重新派遣时降低劳动合同约定条件,被派遣劳动者不同意的,劳务派遣单位不得解除劳动合同。但被派遣劳动者提出解除劳动合同的除外。

第十六条 劳务派遣单位被依法宣告破产、吊销营业执照、责令关闭、撤销、决定提前解散或者经营期限届满不再继续经营的,劳动合同终止。用工单位应当与劳务派遣单位协商妥善安置被派遣劳动者。

第十七条 劳务派遣单位因劳动合同法第四十六条或者本规定第十五条、第十六条规定的情形,与被派遣劳动者解除或者终止劳动合同的,应当依法向被派遣劳动者支付经济补偿。

第五章 跨地区劳务派遣的社会保险

第十八条 劳务派遣单位跨地区派遣劳动者的,应当在用工单位所在地为被派遣劳动者参加社会保险,按照用工单位所在地的规定缴纳社会保险费,被派遣劳动者按照国家规定享受社会保险待遇。

第十九条 劳务派遣单位在用工单位所在地设立分支机构的,由分支机构为被派遣劳动者办理参保手续,缴纳社会保险费。

劳务派遣单位未在用工单位所在地设立分支机构的,由用工单位代劳务派遣单位为被派遣劳动者办理参保手续,缴纳社会保险费。

第六章 法 律 责 任

第二十条 劳务派遣单位、用工单位违反劳动合同法和劳动合同法实施条例有关劳务派遣规定的,按照劳动合同法第九十二条规定执行。

第二十一条 劳务派遣单位违反本规定解除或者终止被派遣劳动者劳动合同的,按照劳动合同法第四十八条、第八十七条规定执行。

第二十二条 用工单位违反本规定第三条第三款规定的,由人力资源社会保障行政部门责令改正,给予警告;给被派遣劳动者造成损害的,依法承担赔偿责任。

第二十三条 劳务派遣单位违反本规定第六条规定的,按照劳动合同法第八十三条规定执行。

第二十四条 用工单位违反本规定退回被派遣劳动者的,按照劳动合同法第九十二条第二款规定执行。

第七章 附　则

第二十五条 外国企业常驻代表机构和外国金融机构驻华代表机构等使用被派遣劳动者的,以及船员用人单位以劳务派遣形式使用国际远洋海员的,不受临时性、辅助性、替代性岗位和劳务派遣用工比例的限制。

第二十六条 用人单位将本单位劳动者派往境外工作或者派往家庭、自然人处提供劳动的,不属于本规定所称劳务派遣。

第二十七条 用人单位以承揽、外包等名义,按劳务派遣用工形式使用劳动者的,按照本规定处理。

第二十八条 用工单位在本规定施行前使用被派遣劳动者数量超过其用工总量10%的,应当制定调整用工方案,于本规定施行之日起2年内降至规定比例。但是,《全国人民代表大会常务委员会关于修改〈中华人民共和国劳动合同法〉的决定》公布前已依法订立的劳动合同和劳务派遣协议期限届满日期在本规定施行之日起2年后的,可以依法继续履行至期限届满。

用工单位应当将制定的调整用工方案报当地人力资源社会保障行政部门备案。

用工单位未将本规定施行前使用的被派遣劳动者数量降至符合规定比例之前,不得新用被派遣劳动者。

第二十九条 本规定自2014年3月1日起施行。

劳务派遣行政许可实施办法

1. 2013年6月20日人力资源和社会保障部令第19号公布
2. 自2013年7月1日起施行

第一章 总　则

第一条 为了规范劳务派遣,根据《中华人民共和国劳动合同法》《中华人民共和国行政许可法》等法律,制定本办法。

第二条 劳务派遣行政许可的申请受理、审查批准以及相关的监督检查等,适用本办法。

第三条 人力资源社会保障部负责对全国的劳务派遣行政许可工作进行监督指导。

县级以上地方人力资源社会保障行政部门按照省、自治区、直辖市人力资源社会保障行政部门确定的许可管辖分工,负责实施本行政区域内劳务派遣行政许可工作以及相关的监督检查。

第四条 人力资源社会保障行政部门实施劳务派遣行政许可,应当遵循权责统一、公开公正、优质高效的原则。

第五条 人力资源社会保障行政部门应当在本行政机关办公场所、网站上公布劳务派遣行政许可的依据、程序、期限、条件和需要提交的全部材料目录以及监督电话,并在本行政机关网站和至少一种全地区性报纸上向社会公布获得许可的劳务派遣单位名单及其许可变更、延续、撤销、吊销、注销等情况。

第二章 劳务派遣行政许可

第六条 经营劳务派遣业务,应当向所在地有许可管辖权的人力资源社会保障行政部门(以下称许可机关)依法申请行政许可。

未经许可,任何单位和个人不得经营劳务派遣业务。

第七条 申请经营劳务派遣业务应当具备下列条件:

(一)注册资本不得少于人民币200万元;

(二)有与开展业务相适应的固定的经营场所和设施;

(三)有符合法律、行政法规规定的劳务派遣管理制度;

(四)法律、行政法规规定的其他条件。

第八条 申请经营劳务派遣业务的,申请人应当向许可机关提交下列材料:

(一)劳务派遣经营许可申请书;

(二)营业执照或者《企业名称预先核准通知书》;

(三)公司章程以及验资机构出具的验资报告或者财务审计报告;

(四)经营场所的使用证明以及与开展业务相适应的办公设施设备、信息管理系统等清单;

(五)法定代表人的身份证明;

(六)劳务派遣管理制度,包括劳动合同、劳动报酬、社会保险、工作时间、休息休假、劳动纪律等与劳动者切身利益相关的规章制度文本;拟与用工单位签订的劳务派遣协议样本。

第九条 许可机关收到申请材料后,应当根据下列情况分别作出处理:

(一)申请材料存在可以当场更正的错误的,应当允许申请人当场更正;

(二)申请材料不齐全或者不符合法定形式的,应当当场或者在5个工作日内一次告知申请人需要补正的全部内容,逾期不告知的,自收到申请材料之日起即为受理；

（三）申请材料齐全、符合法定形式，或者申请人按照要求提交了全部补正申请材料的，应当受理行政许可申请。

第十条 许可机关对申请人提出的申请决定受理的，应当出具《受理决定书》；决定不予受理的，应当出具《不予受理决定书》，说明不予受理的理由，并告知申请人享有依法申请行政复议或者提起行政诉讼的权利。

第十一条 许可机关决定受理申请的，应当对申请人提交的申请材料进行审查。根据法定条件和程序，需要对申请材料的实质内容进行核实的，许可机关应当指派2名以上工作人员进行核查。

第十二条 许可机关应当自受理之日起20个工作日内作出是否准予行政许可的决定。20个工作日内不能作出决定的，经本行政机关负责人批准，可以延长10个工作日，并应当将延长期限的理由告知申请人。

第十三条 申请人的申请符合法定条件的，许可机关应当依法作出准予行政许可的书面决定，并自作出决定之日起5个工作日内通知申请人领取《劳务派遣经营许可证》。

申请人的申请不符合法定条件的，许可机关应当依法作出不予行政许可的书面决定，说明不予行政许可的理由，并告知申请人享有依法申请行政复议或者提起行政诉讼的权利。

第十四条 《劳务派遣经营许可证》应当载明单位名称、住所、法定代表人、注册资本、许可经营事项、有效期限、编号、发证机关以及发证日期等事项。《劳务派遣经营许可证》分为正本、副本。正本、副本具有同等法律效力。

《劳务派遣经营许可证》有效期为3年。

《劳务派遣经营许可证》由人力资源社会保障部统一制定样式，由各省、自治区、直辖市人力资源社会保障行政部门负责印制、免费发放和管理。

第十五条 劳务派遣单位取得《劳务派遣经营许可证》后，应当妥善保管，不得涂改、倒卖、出租、出借或者以其他形式非法转让。

第十六条 劳务派遣单位名称、住所、法定代表人或者注册资本等改变的，应当向许可机关提出变更申请。符合法定条件的，许可机关应当自收到变更申请之日起10个工作日内依法办理变更手续，并换发新的《劳务派遣经营许可证》或者在原《劳务派遣经营许可证》上予以注明；不符合法定条件的，许可机关应当自收到变更申请之日起10个工作日内作出不予变更的书面决定，并说明理由。

第十七条 劳务派遣单位分立、合并后继续存续，其名称、住所、法定代表人或者注册资本等改变的，应当按照本办法第十六条规定执行。

劳务派遣单位分立、合并后设立新公司的，应当按照本办法重新申请劳务派遣行政许可。

第十八条 劳务派遣单位需要延续行政许可有效期的，应当在有效期届满60日前向许可机关提出延续行政许可的书面申请,并提交3年以来的基本经营情况;劳务派遣单位逾期提出延续行政许可的书面申请的,按照新申请经营劳务派遣行政许可办理。

第十九条　许可机关应当根据劳务派遣单位的延续申请,在该行政许可有效期届满前作出是否准予延续的决定;逾期未作决定的,视为准予延续。

准予延续行政许可的,应当换发新的《劳务派遣经营许可证》。

第二十条　劳务派遣单位有下列情形之一的,许可机关应当自收到延续申请之日起10个工作日内作出不予延续书面决定,并说明理由:

(一)逾期不提交劳务派遣经营情况报告或者提交虚假劳务派遣经营情况报告,经责令改正,拒不改正的;

(二)违反劳动保障法律法规,在一个行政许可期限内受到2次以上行政处罚的。

第二十一条　劳务派遣单位设立子公司经营劳务派遣业务的,应当由子公司向所在地许可机关申请行政许可;劳务派遣单位设立分公司经营劳务派遣业务的,应当书面报告许可机关,并由分公司向所在地人力资源社会保障行政部门备案。

第三章　监　督　检　查

第二十二条　劳务派遣单位应当于每年3月31日前向许可机关提交上一年度劳务派遣经营情况报告,如实报告下列事项:

(一)经营情况以及上年度财务审计报告;

(二)被派遣劳动者人数以及订立劳动合同、参加工会的情况;

(三)向被派遣劳动者支付劳动报酬的情况;

(四)被派遣劳动者参加社会保险、缴纳社会保险费的情况;

(五)被派遣劳动者派往的用工单位、派遣数量、派遣期限、用工岗位的情况;

(六)与用工单位订立的劳务派遣协议情况以及用工单位履行法定义务的情况;

(七)设立子公司、分公司等情况。

劳务派遣单位设立的子公司或者分公司,应当向办理许可或者备案手续的人力资源社会保障行政部门提交上一年度劳务派遣经营情况报告。

第二十三条　许可机关应当对劳务派遣单位提交的年度经营情况报告进行核验,依法对劳务派遣单位进行监督,并将核验结果和监督情况载入企业信用记录。

第二十四条　有下列情形之一的,许可机关或者其上级行政机关,可以撤销劳务派遣行政许可:

(一)许可机关工作人员滥用职权、玩忽职守,给不符合条件的申请人发放《劳务派遣经营许可证》的;

(二)超越法定职权发放《劳务派遣经营许可证》的;

（三）违反法定程序发放《劳务派遣经营许可证》的；

（四）依法可以撤销行政许可的其他情形。

第二十五条　申请人隐瞒真实情况或者提交虚假材料申请行政许可的，许可机关不予受理、不予行政许可。

劳务派遣单位以欺骗、贿赂等不正当手段和隐瞒真实情况或者提交虚假材料取得行政许可的，许可机关应当予以撤销。被撤销行政许可的劳务派遣单位在1年内不得再次申请劳务派遣行政许可。

第二十六条　有下列情形之一的，许可机关应当依法办理劳务派遣行政许可注销手续：

（一）《劳务派遣经营许可证》有效期届满，劳务派遣单位未申请延续的，或者延续申请未被批准的；

（二）劳务派遣单位依法终止的；

（三）劳务派遣行政许可依法被撤销，或者《劳务派遣经营许可证》依法被吊销的；

（四）法律、法规规定的应当注销行政许可的其他情形。

第二十七条　劳务派遣单位向许可机关申请注销劳务派遣行政许可的，应当提交已经依法处理与被派遣劳动者的劳动关系及其社会保险权益等材料，许可机关应当在核实有关情况后办理注销手续。

第二十八条　当事人对许可机关作出的有关劳务派遣行政许可的行政决定不服的，可以依法申请行政复议或者提起行政诉讼。

第二十九条　任何组织和个人有权对实施劳务派遣行政许可中的违法违规行为进行举报，人力资源社会保障行政部门应当及时核实、处理。

第四章　法　律　责　任

第三十条　人力资源社会保障行政部门有下列情形之一的，由其上级行政机关或者监察机关责令改正，对直接负责的主管人员和其他直接责任人员依法给予处分；构成犯罪的，依法追究刑事责任：

（一）向不符合法定条件的申请人发放《劳务派遣经营许可证》，或者超越法定职权发放《劳务派遣经营许可证》的；

（二）对符合法定条件的申请人不予行政许可或者不在法定期限内作出准予行政许可决定的；

（三）在办理行政许可、实施监督检查工作中，玩忽职守、徇私舞弊，索取或者收受他人财物或者谋取其他利益的；

（四）不依法履行监督职责或者监督不力，造成严重后果的。

许可机关违法实施行政许可，给当事人的合法权益造成损害的，应当依照国家赔偿法的规定给予赔偿。

第三十一条 任何单位和个人违反《中华人民共和国劳动合同法》的规定,未经许可,擅自经营劳务派遣业务的,由人力资源社会保障行政部门责令停止违法行为,没收违法所得,并处违法所得1倍以上5倍以下的罚款;没有违法所得的,可以处5万元以下的罚款。

第三十二条 劳务派遣单位违反《中华人民共和国劳动合同法》有关劳务派遣规定的,由人力资源社会保障行政部门责令限期改正;逾期不改正的,以每人5000元以上1万元以下的标准处以罚款,并吊销其《劳务派遣经营许可证》。

第三十三条 劳务派遣单位有下列情形之一的,由人力资源社会保障行政部门处1万元以下的罚款;情节严重的,处1万元以上3万元以下的罚款:

(一)涂改、倒卖、出租、出借《劳务派遣经营许可证》,或者以其他形式非法转让《劳务派遣经营许可证》的;

(二)隐瞒真实情况或者提交虚假材料取得劳务派遣行政许可的;

(三)以欺骗、贿赂等不正当手段取得劳务派遣行政许可的。

第五章 附 则

第三十四条 劳务派遣单位在2012年12月28日至2013年6月30日之间订立的劳动合同和劳务派遣协议,2013年7月1日后应当按照《全国人大常委会关于修改〈中华人民共和国劳动合同法〉的决定》执行。

本办法施行前经营劳务派遣业务的单位,应当按照本办法取得劳务派遣行政许可后,方可经营新的劳务派遣业务;本办法施行后未取得劳务派遣行政许可的,不得经营新的劳务派遣业务。

第三十五条 本办法自2013年7月1日起施行。

四、薪酬福利

1. 工　　资

(1) 综　　合

关于工资总额组成的规定

1. 1989年9月30日国务院批准
2. 1990年1月1日国家统计局令第1号发布施行

第一章　总　　则

第一条　为了统一工资总额的计算范围,保证国家对工资进行统一的统计核算和会计核算,有利于编制、检查计划和进行工资管理以及正确地反映职工的工资收入,制定本规定。

第二条　全民所有制和集体所有制企业、事业单位,各种合营单位,各级国家机关、政党机关和社会团体,在计划、统计、会计上有关工资总额范围的计算,均应遵守本规定。

第三条　工资总额是指各单位在一定时期内直接支付给本单位全部职工的劳动报酬总额。

工资总额的计算应以直接支付给职工的全部劳动报酬为根据。

第二章　工资总额的组成

第四条　工资总额由下列六个部分组成:

(一) 计时工资;

(二) 计件工资;

(三) 奖金;

(四) 津贴和补贴;

(五) 加班加点工资;

(六) 特殊情况下支付的工资。

第五条 计时工资是指按计时工资标准(包括地区生活费补贴)和工作时间支付给个人的劳动报酬。包括:

(一)对已做工作按计时工资标准支付的工资;

(二)实行结构工资制的单位支付给职工的基础工资和职务(岗位)工资;

(三)新参加工作职工的见习工资(学徒的生活费);

(四)运动员体育津贴。

第六条 计件工资是指对已做工作按计件单价支付的劳动报酬。包括:

(一)实行超额累进计件、直接无限计件、限额计件、超定额计件等工资制,按劳动部门或主管部门批准的定额和计件单价支付给个人的工资;

(二)按工作任务包干方法支付给个人的工资;

(三)按营业额提成或利润提成办法支付给个人的工资。

第七条 奖金是指支付给职工的超额劳动报酬和增收节支的劳动报酬。包括:

(一)生产奖;

(二)节约奖;

(三)劳动竞赛奖;

(四)机关、事业单位的奖励工资;

(五)其他奖金。

第八条 津贴和补贴是指为了补偿职工特殊或额外的劳动消耗和因其他特殊原因支付给职工的津贴,以及为了保证职工工资水平不受物价影响支付给职工的物价补贴。

(一)津贴。包括:补偿职工特殊或额外劳动消耗的津贴,保健性津贴,技术性津贴,年功性津贴及其他津贴。

(二)物价补贴。包括:为保证职工工资水平不受物价上涨或变动影响而支付的各种补贴。

第九条 加班加点工资是指按规定支付的加班工资和加点工资。

第十条 特殊情况下支付的工资。包括:

(一)根据国家法律、法规和政策规定,因病、工伤、产假、计划生育假、婚丧假、事假、探亲假、定期休假、停工学习、执行国家或社会义务等原因按计时工资标准或计时工资标准的一定比例支付的工资;

(二)附加工资、保留工资。

第三章 工资总额不包括的项目

第十一条 下列各项不列入工资总额的范围:

(一)根据国务院发布的有关规定颁发的发明创造奖、自然科学奖、科学技术进步奖和支付的合理化建议和技术改进奖以及支付给运动员、教练员的奖金;

(二)有关劳动保险和职工福利方面的各项费用;

(三)有关离休、退休、退职人员待遇的各项支出;

(四)劳动保护的各项支出;

(五)稿费、讲课费及其他专门工作报酬;

(六)出差伙食补助费、误餐补助、调动工作的旅费和安家费;

(七)对自带工具、牲畜来企业工作职工所支付的工具、牲畜等的补偿费用;

(八)实行租赁经营单位的承租人的风险性补偿收入;

(九)对购买本企业股票和债券的职工所支付的股息(包括股金分红)和利息;

(十)劳动合同制职工解除劳动合同时由企业支付的医疗补助费、生活补助费等;

(十一)因录用临时工而在工资以外向提供劳动力单位支付的手续费或管理费;

(十二)支付给家庭工人的加工费和按加工订货办法支付给承包单位的发包费用;

(十三)支付给参加企业劳动的在校学生的补贴;

(十四)计划生育独生子女补贴。

第十二条 前条所列各项按照国家规定另行统计。

第四章 附 则

第十三条 中华人民共和国境内的私营单位、华侨及港、澳、台工商业者经营单位和外商经营单位有关工资总额范围的计算,参照本规定执行。

第十四条 本规定由国家统计局负责解释。

第十五条 各地区、各部门可依据本规定制定有关工资总额组成的具体范围的规定。

第十六条 本规定自发布之日起施行。国务院一九五五年五月二十一日批准颁发的《关于工资总额组成的暂行规定》同时废止。

工资支付暂行规定

1. 1994年12月6日劳动部发布
2. 劳部发〔1994〕489号
3. 自1995年1月1日起施行

第一条 为维护劳动者通过劳动获得劳动报酬的权利,规范用人单位的工资支付行为,根据《中华人民共和国劳动法》有关规定,制定本规定。

第二条　本规定适用于在中华人民共和国境内的企业、个体经济组织(以下统称用人单位)和与之形成劳动关系的劳动者。

国家机关、事业组织、社会团体和与之建立劳动合同关系的劳动者,依照本规定执行。

第三条　本规定所称工资是指用人单位依据劳动合同的规定,以各种形式支付给劳动者的工资报酬。

第四条　工资支付主要包括:工资支付项目、工资支付水平、工资支付形式、工资支付对象、工资支付时间以及特殊情况下的工资支付。

第五条　工资应当以法定货币支付。不得以实物及有价证券替代货币支付。

第六条　用人单位应将工资支付给劳动者本人。劳动者本人因故不能领取工资时,可由其亲属或委托他人代领。

用人单位可委托银行代发工资。

用人单位必须书面记录支付劳动者工资的数额、时间、领取者的姓名以及签字,并保存两年以上备查。用人单位在支付工资时应向劳动者提供一份其个人的工资清单。

第七条　工资必须在用人单位与劳动者约定的日期支付。如遇节假日或休息日,则应提前在最近的工作日支付。工资至少每月支付一次,实行周、日、小时工资制的可按周、日、小时支付工资。

第八条　对完成一次性临时劳动或某项具体工作的劳动者,用人单位应按有关协议或合同规定在其完成劳动任务后即支付工资。

第九条　劳动关系双方依法解除或终止劳动合同时,用人单位应在解除或终止劳动合同时一次付清劳动者工资。

第十条　劳动者在法定工作时间内依法参加社会活动期间,用人单位应视同其提供了正常劳动而支付工资。社会活动包括:依法行使选举权或被选举权;当选代表出席乡(镇)、区以上政府、党派、工会、青年团、妇女联合会等组织召开的会议;出任人民法庭证明人;出席劳动模范、先进工作者大会;《工会法》规定的不脱产工会基层委员会委员因工会活动占用的生产或工作时间;其他依法参加的社会活动。

第十一条　劳动者依法享受年休假、探亲假、婚假、丧假期间,用人单位应按劳动合同规定的标准支付劳动者工资。

第十二条　非因劳动者原因造成单位停工、停产在一个工资支付周期内的,用人单位应按劳动合同规定的标准支付劳动者工资。超过一个工资支付周期的,若劳动者提供了正常劳动,则支付给劳动者的劳动报酬不得低于当地的最低工资标准;若劳动者没有提供正常劳动,应按国家有关规定办理。

第十三条　用人单位在劳动者完成劳动定额或规定的工作任务后,根据实际需要安排劳动者在法定标准工作时间以外工作的,应按以下标准支付工资:

（一）用人单位依法安排劳动者在日法定标准工作时间以外延长工作时间的，按照不低于劳动合同规定的劳动者本人小时工资标准的150%支付劳动者工资；

（二）用人单位依法安排劳动者在休息日工作，而又不能安排补休的，按照不低于劳动合同规定的劳动者本人日或小时工资标准的200%支付劳动者工资；

（三）用人单位依法安排劳动者在法定休假节日工作的，按照不低于劳动合同规定的劳动者本人日或小时工资标准的300%支付劳动者工资。

实行计件工资的劳动者，在完成计件定额任务后，由用人单位安排延长工作时间的，应根据上述规定的原则，分别按照不低于其本人法定工作时间计件单价的150%、200%、300%支付其工资。

经劳动行政部门批准实行综合计算工时工作制的，其综合计算工作时间超过法定标准工作时间的部分，应视为延长工作时间，并应按本规定支付劳动者延长工作时间的工资。

实行不定时工时制度的劳动者，不执行上述规定。

第十四条　用人单位依法破产时，劳动者有权获得其工资。在破产清偿中用人单位应按《中华人民共和国企业破产法》规定的清偿顺序，首先支付欠付本单位劳动者的工资。

第十五条　用人单位不得克扣劳动者工资。有下列情况之一的，用人单位可以代扣劳动者工资：

（一）用人单位代扣代缴的个人所得税；

（二）用人单位代扣代缴的应由劳动者个人负担的各项社会保险费用；

（三）法院判决、裁定中要求代扣的抚养费、赡养费；

（四）法律、法规规定可以从劳动者工资中扣除的其他费用。

第十六条　因劳动者本人原因给用人单位造成经济损失的，用人单位可按照劳动合同的约定要求其赔偿经济损失。经济损失的赔偿，可从劳动者本人的工资中扣除。但每月扣除的部分不得超过劳动者当月工资的20%。若扣除后的剩余工资部分低于当地月最低工资标准，则按最低工资标准支付。

第十七条　用人单位应根据本规定，通过与职工大会、职工代表大会或者其他形式协商制定内部的工资支付制度，并告知本单位全体劳动者，同时抄报当地劳动行政部门备案。

第十八条　各级劳动行政部门有权监察用人单位工资支付的情况。用人单位有下列侵害劳动者合法权益行为的，由劳动行政部门责令其支付劳动者工资和经济补偿，并可责令其支付赔偿金：

（一）克扣或者无故拖欠劳动者工资的；

（二）拒不支付劳动者延长工作时间工资的；

（三）低于当地最低工资标准支付劳动者工资的。

经济补偿和赔偿金的标准,按国家有关规定执行。

第十九条 劳动者与用人单位因工资支付发生劳动争议的,当事人可依法向劳动争议仲裁机关申请仲裁。对仲裁裁决不服的,可以向人民法院提起诉讼。

第二十条 本规定自一九九五年一月一日起执行。

最低工资规定

1. 2004年1月20日劳动和社会保障部令第21号公布
2. 自2004年3月1日起施行

第一条 为了维护劳动者取得劳动报酬的合法权益,保障劳动者个人及其家庭成员的基本生活,根据劳动法和国务院有关规定,制定本规定。

第二条 本规定适用于在中华人民共和国境内的企业、民办非企业单位、有雇工的个体工商户(以下统称用人单位)和与之形成劳动关系的劳动者。

国家机关、事业单位、社会团体和与之建立劳动合同关系的劳动者,依照本规定执行。

第三条 本规定所称最低工资标准,是指劳动者在法定工作时间或依法签订的劳动合同约定的工作时间内提供了正常劳动的前提下,用人单位依法应支付的最低劳动报酬。

本规定所称正常劳动,是指劳动者按依法签订的劳动合同约定,在法定工作时间或劳动合同约定的工作时间内从事的劳动。劳动者依法享受带薪年休假、探亲假、婚丧假、生育(产)假、节育手术假等国家规定的假期间,以及法定工作时间内依法参加社会活动期间,视为提供了正常劳动。

第四条 县级以上地方人民政府劳动保障行政部门负责对本行政区域内用人单位执行本规定情况进行监督检查。

各级工会组织依法对本规定执行情况进行监督,发现用人单位支付劳动者工资违反本规定的,有权要求当地劳动保障行政部门处理。

第五条 最低工资标准一般采取月最低工资标准和小时最低工资标准的形式。月最低工资标准适用于全日制就业劳动者,小时最低工资标准适用于非全日制就业劳动者。

第六条 确定和调整月最低工资标准,应参考当地就业者及其赡养人口的最低生活费用、城镇居民消费价格指数、职工个人缴纳的社会保险费和住房公积金、职工平均工资、经济发展水平、就业状况等因素。

确定和调整小时最低工资标准,应在颁布的月最低工资标准的基础上,考虑单位应缴纳的基本养老保险费和基本医疗保险费因素,同时还应适当考虑非全日制劳动者在工作稳定性、劳动条件和劳动强度、福利等方面与全日制就业人员之间的差异。

月最低工资标准和小时最低工资标准具体测算方法见附件。

第七条 省、自治区、直辖市范围内的不同行政区域可以有不同的最低工资标准。

第八条 最低工资标准的确定和调整方案，由省、自治区、直辖市人民政府劳动保障行政部门会同同级工会、企业联合会/企业家协会研究拟订，并将拟订的方案报送劳动保障部。方案内容包括最低工资确定和调整的依据、适用范围、拟订标准和说明。劳动保障部在收到拟订方案后，应征求全国总工会、中国企业联合会/企业家协会的意见。

劳动保障部对方案可以提出修订意见，若在方案收到后14日内未提出修订意见的，视为同意。

第九条 省、自治区、直辖市劳动保障行政部门应将本地区最低工资标准方案报省、自治区、直辖市人民政府批准，并在批准后7日内在当地政府公报上和至少一种全地区性报纸上发布。省、自治区、直辖市劳动保障行政部门应在发布后10日内将最低工资标准报劳动保障部。

第十条 最低工资标准发布实施后，如本规定第六条所规定的相关因素发生变化，应当适时调整。最低工资标准每两年至少调整一次。

第十一条 用人单位应在最低工资标准发布后10日内将该标准向本单位全体劳动者公示。

第十二条 在劳动者提供正常劳动的情况下，用人单位应支付给劳动者的工资在剔除下列各项以后，不得低于当地最低工资标准：

（一）延长工作时间工资；

（二）中班、夜班、高温、低温、井下、有毒有害等特殊工作环境、条件下的津贴；

（三）法律、法规和国家规定的劳动者福利待遇等。

实行计件工资或提成工资等工资形式的用人单位，在科学合理的劳动定额基础上，其支付劳动者的工资不得低于相应的最低工资标准。

劳动者由于本人原因造成在法定工作时间内或依法签订的劳动合同约定的工作时间内未提供正常劳动的，不适用于本条规定。

第十三条 用人单位违反本规定第十一条规定的，由劳动保障行政部门责令其限期改正；违反本规定第十二条规定的，由劳动保障行政部门责令其限期补发所欠劳动者工资，并可责令其按所欠工资的1至5倍支付劳动者赔偿金。

第十四条 劳动者与用人单位之间就执行最低工资标准发生争议，按劳动争议处理有关规定处理。

第十五条 本规定自2004年3月1日起实施。1993年11月24日原劳动部发布的《企业最低工资规定》同时废止。

附件：最低工资标准测算方法（略）

国有企业科技人才薪酬分配指引

1. 2022年11月9日人力资源社会保障部办公厅发布
2. 人社厅发〔2022〕54号

第一章 总 则

第一条 为贯彻落实党中央、国务院关于加强科技创新、完善科技人才激励机制的决策部署，引导国有企业建立完善科学的科技人才薪酬分配制度，加大科技人才薪酬分配激励力度，充分调动科技人才创新活力，促进企业科技创新，根据国家有关法律法规和政策，制定本指引。

第二条 本指引所称科技人才是指企业中具备较强的科学思维和创新能力，掌握某个领域专业知识、技能，从事科研、生产等工作的人员。主要包括从事科学研究、工程设计、技术开发、科技服务、科技管理、技能操作等科技活动的人员。

第三条 科技人才薪酬分配应遵循以下原则：

（一）坚持服务国家创新驱动发展战略。围绕国家科技创新需求，重点加大对承担前瞻性、战略性、基础性等重点研发任务的科技人才激励力度，为科技人才创新创造提供有力支持和保障。

（二）坚持生产要素按贡献参与分配。建立健全劳动、知识、技术、管理和数据等生产要素按贡献参与分配的机制，实行以增加知识价值为导向的分配办法，薪酬分配向科技人才倾斜。

（三）坚持市场化薪酬分配改革方向。充分发挥市场在薪酬分配中的决定性作用，完善市场化薪酬分配机制，科学评价科技人才贡献，按贡献决定科技人才报酬，更加科学地运用市场化手段做好科技人才薪酬分配。

（四）坚持当期激励与长期激励相结合。实行科技人才分类管理、分类激励，结合不同科技人才特点，建立完善当期薪酬激励与股权等中长期激励相结合的分配机制，充分激发科技人才创新活力。

第四条 加强企业科技人才薪酬分配与工资总额管理的有机结合，确保薪酬分配符合国家关于工资总额管理政策规定。

第二章 科技人才薪酬制度体系

第五条 科技人才薪酬制度体系包括岗位评价和职级评定、绩效管理、薪酬结构、薪酬水平确定和调整、中长期激励等制度。

第六条 岗位评价和职级评定为科技人才薪酬体系的基础，具体包括基于岗位分析的岗位价值评估体系和基于能力评测的职级评定体系。

岗位价值评估是在工作分析的基础上,根据岗位所要求的技术水平高低、创新要求难易、劳动强度大小以及市场稀缺程度等因素,对岗位价值进行系统衡量和评价。

职级评定是在岗位序列划分基础上,对同一岗位序列的不同职位按照能力素质等级划分的职级体系。其中,能力素质既包括专业知识与技能等显性素质,又涵盖个性品质、特质、动机等隐性素质。

第七条 科技人才绩效管理是通过设置绩效目标,引导督促科技人才按照既定目标实施并完成任务,最后评价其任务产出结果的过程。绩效管理一般包括绩效目标设定、绩效实施、绩效考核、绩效反馈、结果运用、绩效改进等六个环节。

第八条 科技人才薪酬结构一般分为当期薪酬和中长期激励。当期薪酬一般由岗位基本薪酬和绩效薪酬组成。岗位基本薪酬主要根据岗位相对价值和科技人才能力等级确定,相对固定。绩效薪酬按照科技人才实际贡献确定,相对浮动。当期薪酬中还可设置科技人才岗位津贴、补贴等作为岗位基本薪酬的补充。根据企业实际和岗位特点,还可采取其他特殊薪酬形式。

第九条 综合考虑企业发展战略、发展阶段、经济效益、市场薪酬水平、外部环境和国家工资分配政策等因素,科学制定企业科技人才薪酬策略,合理确定科技人才薪酬水平。

第十条 根据企业经营战略调整、人才队伍变化和外部市场环境变化,定期对本企业薪酬制度和薪酬水平进行评估,根据评估情况适时完善薪酬制度和调整科技人才薪酬水平。

第十一条 按照国家规定并结合企业实际对科技人才实行中长期激励,中长期激励一般可分为股权型激励、现金型激励和创新型激励三类。

股权型激励主要包括股票增值权、限制性股票、股票期权等。现金型激励主要包括任期激励收入、岗位分红、项目分红、科技成果转化收益激励、利润分享等。创新型激励主要包括项目跟投、合伙人机制等。

第十二条 围绕薪酬、福利、环境、认可度、荣誉、发展和幸福等激励因素,实行全面薪酬策略。建立完善企业福利制度,健全科技人才培训制度,畅通科技人才职业发展通道,完善科技创新荣誉奖励制度等。加强对科技人才的人文关怀,创建"报国为民""自强不息""开拓创新"等优良企业文化,弘扬科学家精神、主人翁精神,营造宽松的科研创新环境,增强科技人才获得感、归属感和幸福感。

第三章 岗位、职级评定和绩效管理

第一节 岗位评价

第十三条 根据工作岗位性质和职责不同,岗位序列可分为管理、技术、技能、营销等类别。其中,科技人才主要分布在技术和技能序列岗位,从事科技管理工作的科技人才可列入管理序列,也可根据承担的工作职责情况按技术序列管理。

第十四条 根据企业实际可将技术序列岗位进一步细化为研究、设计、工程、工艺、质量等岗位中类。技能序列岗位可细化为加工、维修、检测、调度等岗位中类。规模较大或管理精细化程度较高的企业可将岗位中类再细分为岗位小类。

第十五条 岗位价值评估方法包括要素计分法、排序法和配对对比法等。技术技能岗位价值评估一般采取要素计分法,工作性质单一、岗位较少的企业可采取排序法、配对对比法。

第十六条 要素计分法是根据预先规定的衡量要素,由企业组成专业岗位评价委员会或评价小组对岗位的主要影响因素逐一进行评比、估量和打分,加总得出各个岗位分数,再按照分数从高到低绘制岗位价值散点图,将得分相近的岗位作为同一等级,依次划分岗位等级。

评价要素主要包括知识技能、创新、劳动强度、市场稀缺等。评价时对各要素赋予权重,明确各要素不同要求条件下的分值,再根据各岗位不同要求进行打分。同一岗位序列的不同岗位一般应在统一要素计分体系内评分。

第二节 职级评定

第十七条 岗位等级确定后,根据企业科技发展战略、人才发展需求等开展基于能力的职位等级评定,形成职级体系。

第十八条 职位等级设置主要考虑企业发展阶段、规模、科技人才素质结构等因素。初创期、规模较小的企业每个岗位序列一般可划分3－5个职级,发展成熟、规模较大的企业可以划分5－7个职级或更多。

第十九条 技术类岗位序列可参考国家关于职称层级有关规定进行设置,也可结合企业实际按照首席工程(研发、设计、工艺等)师、资深师、主任师、高级师、主管师、助理师、技术员等进行设置。

技能类岗位可按照首席技师、特级技师、高级技师、技师、高级工、中级工、初级工、学徒工等进行设置。

高等级的职位要适当控制数量和比例,首席类职位一般不得超过企业科技人才总数的5%。

第二十条 职位等级确定后,科学界定各层级职位的能力素质(任职资格)要求,包括学习能力、专业知识水平、技术水平、创新能力、执行力、承压力、项目跟踪和控制力、风险识别及成本分析控制力、团队影响力等,每个等级应明确需要达到的最低能力素质要求。

第二十一条 岗位和职位等级确定后,相应确定每个岗位序列各职位薪酬等级。企业组织架构和岗位相对简单的,一个职位等级可对应一个薪酬等级,复杂的可一个职位等级再细分多个薪酬等级。

对特殊人才难以明确岗位设置的,可直接基于能力评测确定其薪酬等级。

第三节 绩效管理

第二十二条 坚持共通性与特殊性、水平业绩与发展潜力、定性与定量评价相结合，以职业属性和岗位要求为基础，健全科学的人才分类评价体系，对科技人才应结合岗位特点分类实行绩效考核，为科技人才营造相对宽松、宽容的创新环境，鼓励科技人才自由探索。

第二十三条 科技人才绩效管理应克服唯论文、唯职称、唯学历、唯奖项等倾向，依据能力、实绩、贡献评价人才，注重考察各类科技人才的专业性、创新性和实际贡献。

基础研究人才主要采取同行评价的方式，加强学术团体等第三方评价、国际同行评价。应用研究和技术开发人才、技能人才主要突出市场评价，由市场、用户和专家等第三方深度参与评价。

第二十四条 绩效管理可根据科技人才的工作性质和岗位特征，分类侧重考核不同的内容和指标：

（一）对于从事基础研究类的科技人才，结合基础性研究技术路线不确定性、研发失败风险高等特点，着重评价其提出和解决重大科学问题的原创能力、重大原创性贡献、成果的科学价值、学术影响和研究能力等，一般以科技人才取得的阶段性成果、证实证伪的结论、下一步研究路径等作为考核指标。

（二）对于从事应用研究和技术开发类的科技人才，结合应用研究技术工作一般具有较为明确市场导向和技术路线的特点，着重评价其技术创新与集成能力、取得的自主知识产权和重大技术突破、成果转化、对产业发展的实际贡献等，一般以研发工作的技术指标先进性、研发效率、成果的市场价值和应用实效等作为考核指标。

（三）对于从事技能操作类的科技人才，着重评价其实际操作能力和水平，一般以工作效率、工作质量和解决技能操作难题等作为考核指标。

第二十五条 遵循不同类型科技人才成长发展规律，统筹考虑科技人才行业特点、岗位特征、技术周期等因素，科学合理设置评价考核周期，突出中长期目标导向，注重过程评价和结果评价、短期评价和长期评价相结合。

适当延长基础研究人才、青年科技人才等评价考核周期，原则上以 1 年作为考核周期，特殊的可以 3 至 5 年作为一个周期，鼓励持续研究和长期积累。

第二十六条 结合行业属性、经营特点、科技人才类型、企业文化等因素，创新绩效考核方式方法，可单独选择或综合运用目标与关键成果法（OKR）、360 度绩效考核、关键绩效指标法（KPI）、平衡积分卡法（BSC）等方式开展绩效考核。

第二十七条 研发创新型企业可探索使用目标与关键成果法（OKR）对科技人才进行绩效管理。企业根据发展实际明确具有挑战性的战略目标，通过自下而上由科技人才结合企业战略目标提出需要完成的关键成果，经过内部充分磋商讨论达成共识。目标与关键成果确定并实施后，一般采取每周调度会、季度质询会等形式，对实施情况进行反馈和评估，回顾目标、评估结果、分析原因、总结经验，为下一周期绩效管理持续提升做好准备。

目标与关键成果法（OKR）实施应重反馈、轻考核，其完成情况不与薪酬、晋升、奖惩等直接挂钩。企业可配套采取360度绩效考核加强对科技人才的日常绩效管理，通过外部评价、同事互评、上下级互评、自我评价等形式重点考核工作态度、工作过程、工作进度等，考核结果与薪酬挂钩。

第四章　当期薪酬

第一节　岗位基本薪酬

第二十八条　岗位基本薪酬以岗位、能力作为主要依据且更加侧重能力，结合岗位职级体系，采取宽带薪酬或等级薪酬形式。对实行扁平化管理的企业，可简化和淡化职位等级，采取宽带薪酬形式，以更好地体现同职级科技人才不同能力、贡献的差别。对职位等级划分较细的企业，可采取突出纵深的等级薪酬形式，更多体现不同职级薪酬标准。

第二十九条　岗位基本薪酬根据本地区经济社会发展水平、企业经营状况、岗位评价结果、市场薪酬对标等确定，具体可按照以下步骤确定：

（一）根据岗位评价和职级评定结果，将价值度相近的岗位归为一个薪酬等级，将薪酬等级自下而上排序。

（二）根据市场薪酬价位、本企业历史薪酬水平等确定最高、最低和关键岗位的薪酬等级的薪酬标准。

（三）采取等差数列（薪酬标准差别相对较小）或等比数列（薪酬标准差别相对较大）等方式，确定每个薪酬等级的薪酬标准。

（四）结合企业科技人才能力、年龄结构、人员资历分布等因素，同一薪酬等级再横向划分具体的薪酬档次或薪酬区间。

第三十条　根据企业岗位基本薪酬表，综合考虑个人岗位、能力、职务职级、职称或技能等级、学历、工作年限等相关因素，确定科技人才个人岗位基本薪酬。岗位基本薪酬一般按月发放。

第三十一条　企业可根据实际建立科技人才津贴、补贴制度，设立科技类的津贴、补贴项目作为岗位基本薪酬的补充，也可将一般普惠性津贴、补贴调整优化为科技创新、技能提升等津贴、补贴项目。

对战略性、关键性领域核心岗位和承担重大科技项目、专项攻关任务，以及作出重大突出贡献的科技人才，可设置特定岗位津贴、专项任务津贴等。

第二节　绩效薪酬

第三十二条　绩效薪酬是体现科技人才业绩贡献差别的浮动薪酬单元，根据个人绩效考核结果确定发放，具体形式有绩效工资、项目奖金、年终奖金等。

规模较小、组织架构简单的企业绩效薪酬一般采取直接确定至个人的方式。

规模较大、组织架构复杂的企业一般采取分层次确定。

第三十三条 绩效薪酬分配一般以绩效考核结果为依据,按照以下程序确定发放:

（一）根据履行出资人职责机构或母公司核定的年度工资总额预算,统筹考虑岗位基本薪酬以及津贴补贴等固定部分的发放情况,确定可发放的绩效薪酬总额。

（二）根据企业内部各部门或项目组目标任务完成情况及考核结果、技术或项目难度以及战略贡献度、科技人才数量等,由企业确定各部门或项目组的绩效薪酬总额。采取直接确定的,根据个人绩效考核结果一次性直接分配至个人。绩效薪酬总额应统筹考虑其他非科技人才绩效薪酬分配。

（三）企业内部各部门或项目组根据个人绩效考核情况,包括承担的技术角色、技术难度、工作量和贡献度、工作投入度等,确定各科技人才的绩效薪酬。

绩效薪酬按照绩效考核周期,根据绩效考核结果可按年度、半年度、季度或者项目进度发放。

第三十四条 根据不同类型科技人才特点,科学合理确定岗位基本薪酬和绩效薪酬的比例关系。

从事基础研究类的科技人才岗位基本薪酬占总薪酬的比例原则上应达到60%以上。

从事应用研究类的科技人才绩效薪酬占总薪酬的比例原则上应达到50%以上,其中从事直接面向市场的应用研究、技术销售等工作的科技人才可不设岗位基本薪酬单元,实行单一的绩效薪酬结构,但薪酬支付应符合国家关于最低工资标准等要求。

第三十五条 企业符合以下情形的,可按照国家关于国有企业重大科技创新薪酬分配激励有关政策设立激励项目,据实计入工资总额,不作为工资总额基数:

（一）对承担财政资金投入科研项目的企业,提取的间接费用可按规定全部用于绩效支出。现有工资总额难以满足的,可在科研项目间接费用范围内,按照国家规定向参与项目的科技人才发放奖金。

（二）对承担国家重大科技项目任务、引进高层次技术技能人才且符合国有企业重大科技创新薪酬分配政策适用条件的企业,可按照国家规定设立科技项目专项奖金、高层次人才"薪酬包"等。

第三节 特殊薪酬制度

第三十六条 企业对核心关键科技人才、高层次科技管理人才、短期难以衡量产出效果的研究开发人员等,可实行年薪制,根据职责、责任、难度以及业绩和实际贡献等,参考市场价位薪酬水平确定。

第三十七条 企业可探索建立科技人才回溯薪酬制度,科学评价从事原创技术探索、基础研究科技人才的贡献,对其历史贡献在薪酬分配激励中未体现或未充分体现部分予以薪酬补偿。

第三十八条 企业对短期或阶段性聘用的科技人才、项目科技顾问、在线网络办公等工作相对灵活的科技人才,可实行即时薪酬制,通过数字化手段实时计量科技人才工作量和工作成果,按照项目或日、小时及时支付科技人才相应薪酬。

第五章　中长期激励

第三十九条 企业可按照国家有关规定对符合条件的科技人才实行股权激励。综合考虑科技人才岗位价值、实际贡献、承担风险和服务年限等因素,重点激励在自主创新和科技成果转化中发挥主要作用的关键核心技术人才。

第四十条 企业实施科技成果转化的,可按照国家规定实行项目收益分红、岗位分红以及发放奖励和报酬。其中,按照国家规定分红激励每次激励人数一般不超过本企业在岗职工总数的30%,参与分红的技术技能人才占总分红人数比重一般不低于60%。

第四十一条 初创型或发展遇到瓶颈的企业可探索实施科技人才超额利润分享计划,更好激发科技人才对促进企业成长、脱困、转型和发展的重要作用。发展成熟型企业、经济效益良好的企业可在按照工资效益联动机制确定的工资总额内,薪酬分配向科技人才倾斜,一般不再实施超额利润分享。

第四十二条 企业拓展新产业、新业态、新商业模式,或者投资周期较长、业务发展前景不明朗、具有较高风险和不确定性的创新业务,可实施科技人才项目跟投,实行企业与科技人才利益共享、风险共担。

第四十三条 企业可探索实施事业合伙人机制,将关键核心技术人才作为事业合伙人,对其实行有充分市场竞争力的薪酬,并可按照国家规定实行股票增值权等股权激励。企业可结合实际设立合伙人董事席位,吸收合伙人参与公司决策和日常经营管理。

第四十四条 企业按照国家规定实行的项目收益分红、岗位分红等中长期激励和科技成果转化收益激励,发放的激励收入可据实计入工资总额,不作为工资总额预算基数。其他现金型激励按照工资效益联动机制纳入工资总额统一管理。

第六章　薪酬水平确定及调整

第四十五条 企业通过开展行业市场对标、标杆企业岗位对标,结合企业薪酬策略,科学确定科技人才薪酬水平,加大科技人才特别是关键核心技术人才的激励,增强企业人才市场竞争力。

第四十六条 企业可根据人力资源社会保障部、国家统计局以及上市公司、协会商会、权威咨询机构等发布的薪酬数据进行薪酬市场对标分析。根据企业实际和岗位特点,可委托专业机构定向细分行业领域中某个或多个同类企业,进行更加精准的薪酬对标。

第四十七条 企业根据发展战略和阶段,选择合适的企业作为市场对标对象,合理确定薪酬对标分位值。企业薪酬策略结合企业不同发展阶段或企业经营特点等，一般可选择领先型（总体薪酬水平处于市场75分位以上）、匹配型（总体薪酬水平围绕市场50分位波动）、滞后型（总体薪酬水平围绕市场25分位波动）、混合型（按不同部门、岗位和人才分层分类确定薪酬水平），科技型企业实践中一般采取混合型策略。

第四十八条 企业基于可获得的市场薪酬数据，可采取居中趋势分析法、离散分析法、回归分析法等方式开展岗位市场对标。

第四十九条 企业在确定内部不同群体薪酬水平时，原则上科技人才薪酬水平和增长速度不低于同职级管理人员，领军科技人才的薪酬水平最高可高于本企业高级管理人员。

对于企业发展至关重要的战略科学家、顶尖领军人才等特殊关键核心技术人才，可不限于岗位薪酬框架，实行"一人一议"的协议开放薪酬，对标市场90分位值以上，可上不封顶。

第五十条 企业内部工资总额分配应向科技人才集中的子企业或机构倾斜，工资总额增量优先用于科技人才激励，合理提高科技人员薪酬水平。

第五十一条 定期评估企业科技人才薪酬策略和水平，结合地区和行业薪酬水平、物价指数等变动情况以及科技人才诉求，评估科技人才现有薪酬水平是否与其岗位职责、绩效表现相匹配，不相匹配的应予以调整。

薪酬水平调整一般以1至3年为周期进行调整，也可每半年调整一次。企业薪酬水平调整分为普遍调整和个别调整、岗位基本薪酬调整和薪酬总水平调整。

第五十二条 薪酬水平普遍调整一般根据企业未来发展目标、年度经营、人工成本情况，参考地区和行业平均薪酬水平、标杆企业薪酬水平、人力资源社会保障部门发布的工资指导线和地区物价水平变化等进行调整。

第五十三条 薪酬水平个别调整一般根据科技人才的职位、业绩、能力等变化进行调整，对于一些特殊科技人才或重大贡献科技人才可根据实际即时调整。

第七章 附 则

第五十四条 本指引主要为国有企业科技人才薪酬分配提供参考。

国有企业可参照本指引，结合企业实际，深化内部薪酬分配制度改革，完善科技人才薪酬分配制度体系，进一步分层分类细化有关内容，提升薪酬分配激励的精准性、公平性和有效性，充分激发科技人才的创新活力。

第五十五条 其他企业科技人才薪酬分配可参照本指引实施。

（2）农民工工资

保障农民工工资支付条例

1. 2019年12月30日国务院令第724号公布
2. 自2020年5月1日起施行

第一章 总　则

第一条　为了规范农民工工资支付行为，保障农民工按时足额获得工资，根据《中华人民共和国劳动法》及有关法律规定，制定本条例。

第二条　保障农民工工资支付，适用本条例。

本条例所称农民工，是指为用人单位提供劳动的农村居民。

本条例所称工资，是指农民工为用人单位提供劳动后应当获得的劳动报酬。

第三条　农民工有按时足额获得工资的权利。任何单位和个人不得拖欠农民工工资。

农民工应当遵守劳动纪律和职业道德，执行劳动安全卫生规程，完成劳动任务。

第四条　县级以上地方人民政府对本行政区域内保障农民工工资支付工作负责，建立保障农民工工资支付工作协调机制，加强监管能力建设，健全保障农民工工资支付工作目标责任制，并纳入对本级人民政府有关部门和下级人民政府进行考核和监督的内容。

乡镇人民政府、街道办事处应当加强对拖欠农民工工资矛盾的排查和调处工作，防范和化解矛盾，及时调解纠纷。

第五条　保障农民工工资支付，应当坚持市场主体负责、政府依法监管、社会协同监督，按照源头治理、预防为主、防治结合、标本兼治的要求，依法根治拖欠农民工工资问题。

第六条　用人单位实行农民工劳动用工实名制管理，与招用的农民工书面约定或者通过依法制定的规章制度规定工资支付标准、支付时间、支付方式等内容。

第七条　人力资源社会保障行政部门负责保障农民工工资支付工作的组织协调、管理指导和农民工工资支付情况的监督检查，查处有关拖欠农民工工资案件。

住房城乡建设、交通运输、水利等相关行业工程建设主管部门按照职责履行行业监管责任，督办因违法发包、转包、违法分包、挂靠、拖欠工程款等导致的拖欠农民工工资案件。

发展改革等部门按照职责负责政府投资项目的审批管理,依法审查政府投资项目的资金来源和筹措方式,按规定及时安排政府投资,加强社会信用体系建设,组织对拖欠农民工工资失信联合惩戒对象依法依规予以限制和惩戒。

财政部门负责政府投资资金的预算管理,根据经批准的预算按规定及时足额拨付政府投资资金。

公安机关负责及时受理、侦办涉嫌拒不支付劳动报酬刑事案件,依法处置因农民工工资拖欠引发的社会治安案件。

司法行政、自然资源、人民银行、审计、国有资产管理、税务、市场监管、金融监管等部门,按照职责做好与保障农民工工资支付相关的工作。

第八条 工会、共产主义青年团、妇女联合会、残疾人联合会等组织按照职责依法维护农民工获得工资的权利。

第九条 新闻媒体应当开展保障农民工工资支付法律法规政策的公益宣传和先进典型的报道,依法加强对拖欠农民工工资违法行为的舆论监督,引导用人单位增强依法用工、按时足额支付工资的法律意识,引导农民工依法维权。

第十条 被拖欠工资的农民工有权依法投诉,或者申请劳动争议调解仲裁和提起诉讼。

任何单位和个人对拖欠农民工工资的行为,有权向人力资源社会保障行政部门或者其他有关部门举报。

人力资源社会保障行政部门和其他有关部门应当公开举报投诉电话、网站等渠道,依法接受对拖欠农民工工资行为的举报、投诉。对于举报、投诉的处理实行首问负责制,属于本部门受理的,应当依法及时处理;不属于本部门受理的,应当及时转送相关部门,相关部门应当依法及时处理,并将处理结果告知举报、投诉人。

第二章 工资支付形式与周期

第十一条 农民工工资应当以货币形式,通过银行转账或者现金支付给农民工本人,不得以实物或者有价证券等其他形式替代。

第十二条 用人单位应当按照与农民工书面约定或者依法制定的规章制度规定的工资支付周期和具体支付日期足额支付工资。

第十三条 实行月、周、日、小时工资制的,按照月、周、日、小时为周期支付工资;实行计件工资制的,工资支付周期由双方依法约定。

第十四条 用人单位与农民工书面约定或者依法制定的规章制度规定的具体支付日期,可以在农民工提供劳动的当期或者次期。具体支付日期遇法定节假日或者休息日的,应当在法定节假日或者休息日前支付。

用人单位因不可抗力未能在支付日期支付工资的,应当在不可抗力消除后及时支付。

第十五条 用人单位应当按照工资支付周期编制书面工资支付台账,并至少保存3年。

书面工资支付台账应当包括用人单位名称、支付周期、支付日期、支付对象姓名、身份证号码、联系方式,工作时间,应发工资项目及数额,代扣、代缴、扣除项目和数额,实发工资数额,银行代发工资凭证或者农民工签字等内容。

用人单位向农民工支付工资时,应当提供农民工本人的工资清单。

第三章 工资清偿

第十六条 用人单位拖欠农民工工资的,应当依法予以清偿。

第十七条 不具备合法经营资格的单位招用农民工,农民工已经付出劳动而未获得工资的,依照有关法律规定执行。

第十八条 用工单位使用个人、不具备合法经营资格的单位或者未依法取得劳务派遣许可证的单位派遣的农民工,拖欠农民工工资的,由用工单位清偿,并可以依法进行追偿。

第十九条 用人单位将工作任务发包给个人或者不具备合法经营资格的单位,导致拖欠所招用农民工工资的,依照有关法律规定执行。

用人单位允许个人、不具备合法经营资格或者未取得相应资质的单位以用人单位的名义对外经营,导致拖欠所招用农民工工资的,由用人单位清偿,并可以依法进行追偿。

第二十条 合伙企业、个人独资企业、个体经济组织等用人单位拖欠农民工工资的,应当依法予以清偿;不清偿的,由出资人依法清偿。

第二十一条 用人单位合并或者分立时,应当在实施合并或者分立前依法清偿拖欠的农民工工资;经与农民工书面协商一致的,可以由合并或者分立后承继其权利和义务的用人单位清偿。

第二十二条 用人单位被依法吊销营业执照或者登记证书、被责令关闭、被撤销或者依法解散的,应当在申请注销登记前依法清偿拖欠的农民工工资。

未依据前款规定清偿农民工工资的用人单位主要出资人,应当在注册新用人单位前清偿拖欠的农民工工资。

第四章 工程建设领域特别规定

第二十三条 建设单位应当有满足施工所需要的资金安排。没有满足施工所需要的资金安排的,工程建设项目不得开工建设;依法需要办理施工许可证的,相关行业工程建设主管部门不予颁发施工许可证。

政府投资项目所需资金,应当按照国家有关规定落实到位,不得由施工单位垫资建设。

第二十四条 建设单位应当向施工单位提供工程款支付担保。

建设单位与施工总承包单位依法订立书面工程施工合同,应当约定工程款计量周期、工程款进度结算办法以及人工费用拨付周期,并按照保障农民工工资按时足额支付的要求约定人工费用。人工费用拨付周期不得超过1个月。

建设单位与施工总承包单位应当将工程施工合同保存备查。

第二十五条　施工总承包单位与分包单位依法订立书面分包合同,应当约定工程款计量周期、工程款进度结算办法。

第二十六条　施工总承包单位应当按照有关规定开设农民工工资专用账户,专项用于支付该工程建设项目农民工工资。

开设、使用农民工工资专用账户有关资料应当由施工总承包单位妥善保存备查。

第二十七条　金融机构应当优化农民工工资专用账户开设服务流程,做好农民工工资专用账户的日常管理工作;发现资金未按约定拨付等情况的,及时通知施工总承包单位,由施工总承包单位报告人力资源社会保障行政部门和相关行业工程建设主管部门,并纳入欠薪预警系统。

工程完工且未拖欠农民工工资的,施工总承包单位公示30日后,可以申请注销农民工工资专用账户,账户内余额归施工总承包单位所有。

第二十八条　施工总承包单位或者分包单位应当依法与所招用的农民工订立劳动合同并进行用工实名登记,具备条件的行业应当通过相应的管理服务信息平台进行用工实名登记、管理。未与施工总承包单位或者分包单位订立劳动合同并进行用工实名登记的人员,不得进入项目现场施工。

施工总承包单位应当在工程项目部配备劳资专管员,对分包单位劳动用工实施监督管理,掌握施工现场用工、考勤、工资支付等情况,审核分包单位编制的农民工工资支付表,分包单位应当予以配合。

施工总承包单位、分包单位应当建立用工管理台账,并保存至工程完工且工资全部结清后至少3年。

第二十九条　建设单位应当按照合同约定及时拨付工程款,并将人工费用及时足额拨付至农民工工资专用账户,加强对施工总承包单位按时足额支付农民工工资的监督。

因建设单位未按照合同约定及时拨付工程款导致农民工工资拖欠的,建设单位应当以未结清的工程款为限先行垫付被拖欠的农民工工资。

建设单位应当以项目为单位建立保障农民工工资支付协调机制和工资拖欠预防机制,督促施工总承包单位加强劳动用工管理,妥善处理与农民工工资支付相关的矛盾纠纷。发生农民工集体讨薪事件的,建设单位应当会同施工总承包单位及时处理,并向项目所在地人力资源社会保障行政部门和相关行业工程建设主管部门报告有关情况。

第三十条　分包单位对所招用农民工的实名制管理和工资支付负直接责任。

施工总承包单位对分包单位劳动用工和工资发放等情况进行监督。

分包单位拖欠农民工工资的,由施工总承包单位先行清偿,再依法进行追偿。

工程建设项目转包,拖欠农民工工资的,由施工总承包单位先行清偿,再依法进行追偿。

第三十一条 工程建设领域推行分包单位农民工工资委托施工总承包单位代发制度。

分包单位应当按月考核农民工工作量并编制工资支付表,经农民工本人签字确认后,与当月工程进度等情况一并交施工总承包单位。

施工总承包单位根据分包单位编制的工资支付表,通过农民工工资专用账户直接将工资支付到农民工本人的银行账户,并向分包单位提供代发工资凭证。

用于支付农民工工资的银行账户所绑定的农民工本人社会保障卡或者银行卡,用人单位或者其他人员不得以任何理由扣押或者变相扣押。

第三十二条 施工总承包单位应当按照有关规定存储工资保证金,专项用于支付为所承包工程提供劳动的农民工被拖欠的工资。

工资保证金实行差异化存储办法,对一定时期内未发生工资拖欠的单位实行减免措施,对发生工资拖欠的单位适当提高存储比例。工资保证金可以用金融机构保函替代。

工资保证金的存储比例、存储形式、减免措施等具体办法,由国务院人力资源社会保障行政部门会同有关部门制定。

第三十三条 除法律另有规定外,农民工工资专用账户资金和工资保证金不得因支付为本项目提供劳动的农民工工资之外的原因被查封、冻结或者划拨。

第三十四条 施工总承包单位应当在施工现场醒目位置设立维权信息告示牌,明示下列事项:

(一)建设单位、施工总承包单位及所在项目部、分包单位、相关行业工程建设主管部门、劳资专管员等基本信息;

(二)当地最低工资标准、工资支付日期等基本信息;

(三)相关行业工程建设主管部门和劳动保障监察投诉举报电话、劳动争议调解仲裁申请渠道、法律援助申请渠道、公共法律服务热线等信息。

第三十五条 建设单位与施工总承包单位或者承包单位与分包单位因工程数量、质量、造价等产生争议的,建设单位不得因争议不按照本条例第二十四条的规定拨付工程款中的人工费用,施工总承包单位也不得因争议不按照规定代发工资。

第三十六条 建设单位或者施工总承包单位将建设工程发包或者分包给个人或者不具备合法经营资格的单位,导致拖欠农民工工资的,由建设单位或者施工总承包单位清偿。

施工单位允许其他单位和个人以施工单位的名义对外承揽建设工程,导致拖欠农民工工资的,由施工单位清偿。

第三十七条 工程建设项目违反国土空间规划、工程建设等法律法规,导致拖欠农民工工资的,由建设单位清偿。

第五章 监督检查

第三十八条 县级以上地方人民政府应当建立农民工工资支付监控预警平台,实现人力资源社会保障、发展改革、司法行政、财政、住房城乡建设、交通运输、水利等部门的工程项目审批、资金落实、施工许可、劳动用工、工资支付等信息及时共享。

人力资源社会保障行政部门根据水电燃气供应、物业管理、信贷、税收等反映企业生产经营相关指标的变化情况,及时监控和预警工资支付隐患并做好防范工作,市场监管、金融监管、税务等部门应当予以配合。

第三十九条 人力资源社会保障行政部门、相关行业工程建设主管部门和其他有关部门应当按照职责,加强对用人单位与农民工签订劳动合同、工资支付以及工程建设项目实行农民工实名制管理、农民工工资专用账户管理、施工总承包单位代发工资、工资保证金存储、维权信息公示等情况的监督检查,预防和减少拖欠农民工工资行为的发生。

第四十条 人力资源社会保障行政部门在查处拖欠农民工工资案件时,需要依法查询相关单位金融账户和相关当事人拥有房产、车辆等情况的,应当经设区的市级以上地方人民政府人力资源社会保障行政部门负责人批准,有关金融机构和登记部门应当予以配合。

第四十一条 人力资源社会保障行政部门在查处拖欠农民工工资案件时,发生用人单位拒不配合调查、清偿责任主体及相关当事人无法联系等情形的,可以请求公安机关和其他有关部门协助处理。

人力资源社会保障行政部门发现拖欠农民工工资的违法行为涉嫌构成拒不支付劳动报酬罪的,应当按照有关规定及时移送公安机关审查并作出决定。

第四十二条 人力资源社会保障行政部门作出责令支付被拖欠的农民工工资的决定,相关单位不支付的,可以依法申请人民法院强制执行。

第四十三条 相关行业工程建设主管部门应当依法规范本领域建设市场秩序,对违法发包、转包、违法分包、挂靠等行为进行查处,并对导致拖欠农民工工资的违法行为及时予以制止、纠正。

第四十四条 财政部门、审计机关和相关行业工程建设主管部门按照职责,依法对政府投资项目建设单位按照工程施工合同约定向农民工工资专用账户拨付资金情况进行监督。

第四十五条 司法行政部门和法律援助机构应当将农民工列为法律援助的重点对象,并依法为请求支付工资的农民工提供便捷的法律援助。

公共法律服务相关机构应当积极参与相关诉讼、咨询、调解等活动,帮助解决拖欠农民工工资问题。

第四十六条 人力资源社会保障行政部门、相关行业工程建设主管部门和其他有关部门应当按照"谁执法谁普法"普法责任制的要求,通过以案释法等多种形式,加大对保障农民工工资支付相关法律法规的普及宣传。

第四十七条 人力资源社会保障行政部门应当建立用人单位及相关责任人劳动保障守法诚信档案,对用人单位开展守法诚信等级评价。

用人单位有严重拖欠农民工工资违法行为的,由人力资源社会保障行政部门向社会公布,必要时可以通过召开新闻发布会等形式向媒体公开曝光。

第四十八条 用人单位拖欠农民工工资,情节严重或者造成严重不良社会影响的,有关部门应当将该用人单位及其法定代表人或者主要负责人、直接负责的主管人员和其他直接责任人员列入拖欠农民工工资失信联合惩戒对象名单,在政府资金支持、政府采购、招投标、融资贷款、市场准入、税收优惠、评优评先、交通出行等方面依法依规予以限制。

拖欠农民工工资需要列入失信联合惩戒名单的具体情形,由国务院人力资源社会保障行政部门规定。

第四十九条 建设单位未依法提供工程款支付担保或者政府投资项目拖欠工程款,导致拖欠农民工工资的,县级以上地方人民政府应当限制其新建项目,并记入信用记录,纳入国家信用信息系统进行公示。

第五十条 农民工与用人单位就拖欠工资存在争议,用人单位应当提供依法由其保存的劳动合同、职工名册、工资支付台账和清单等材料;不提供的,依法承担不利后果。

第五十一条 工会依法维护农民工工资权益,对用人单位工资支付情况进行监督;发现拖欠农民工工资的,可以要求用人单位改正,拒不改正的,可以请求人力资源社会保障行政部门和其他有关部门依法处理。

第五十二条 单位或者个人编造虚假事实或者采取非法手段讨要农民工工资,或者以拖欠农民工工资为名讨要工程款的,依法予以处理。

第六章 法 律 责 任

第五十三条 违反本条例规定拖欠农民工工资的,依照有关法律规定执行。

第五十四条 有下列情形之一的,由人力资源社会保障行政部门责令限期改正;逾期不改正的,对单位处2万元以上5万元以下的罚款,对法定代表人或者主要负责人、直接负责的主管人员和其他直接责任人员处1万元以上3万元以下的罚款:

(一)以实物、有价证券等形式代替货币支付农民工工资;

(二)未编制工资支付台账并依法保存,或者未向农民工提供工资清单;

(三)扣押或者变相扣押用于支付农民工工资的银行账户所绑定的农民工本人社会保障卡或者银行卡。

第五十五条　有下列情形之一的,由人力资源社会保障行政部门、相关行业工程建设主管部门按照职责责令限期改正;逾期不改正的,责令项目停工,并处5万元以上10万元以下的罚款;情节严重的,给予施工单位限制承接新工程、降低资质等级、吊销资质证书等处罚:

(一)施工总承包单位未按规定开设或者使用农民工工资专用账户;

(二)施工总承包单位未按规定存储工资保证金或者未提供金融机构保函;

(三)施工总承包单位、分包单位未实行劳动用工实名制管理。

第五十六条　有下列情形之一的,由人力资源社会保障行政部门、相关行业工程建设主管部门按照职责责令限期改正;逾期不改正的,处5万元以上10万元以下的罚款:

(一)分包单位未按月考核农民工工作量、编制工资支付表并经农民工本人签字确认;

(二)施工总承包单位未对分包单位劳动用工实施监督管理;

(三)分包单位未配合施工总承包单位对其劳动用工进行监督管理;

(四)施工总承包单位未实行施工现场维权信息公示制度。

第五十七条　有下列情形之一的,由人力资源社会保障行政部门、相关行业工程建设主管部门按照职责责令限期改正;逾期不改正的,责令项目停工,并处5万元以上10万元以下的罚款:

(一)建设单位未依法提供工程款支付担保;

(二)建设单位未按约定及时足额向农民工工资专用账户拨付工程款中的人工费用;

(三)建设单位或者施工总承包单位拒不提供或者无法提供工程施工合同、农民工工资专用账户有关资料。

第五十八条　不依法配合人力资源社会保障行政部门查询相关单位金融账户的,由金融监管部门责令改正;拒不改正的,处2万元以上5万元以下的罚款。

第五十九条　政府投资项目政府投资资金不到位拖欠农民工工资的,由人力资源社会保障行政部门报本级人民政府批准,责令限期足额拨付所拖欠的资金;逾期不拨付的,由上一级人民政府人力资源社会保障行政部门约谈直接责任部门和相关监管部门负责人,必要时进行通报,约谈地方人民政府负责人。情节严重的,对地方人民政府及其有关部门负责人、直接负责的主管人员和其他直接责任人员依法依规给予处分。

第六十条　政府投资项目建设单位未经批准立项建设、擅自扩大建设规模、擅自增加投资概算、未及时拨付工程款等导致拖欠农民工工资的,除依法承担责任外,由人力资源社会保障行政部门、其他有关部门按照职责约谈建设单位负责人,并作为其业绩考核、薪酬分配、评优评先、职务晋升等的重要依据。

第六十一条　对于建设资金不到位、违法违规开工建设的社会投资工程建设项目拖欠农民工工资的,由人力资源社会保障行政部门、其他有关部门按照职责依法对建设单位进行处罚;对建设单位负责人依法依规给予处分。相关部门工作人员未依法履行职责的,由有关机关依法依规给予处分。

第六十二条 县级以上地方人民政府人力资源社会保障、发展改革、财政、公安等部门和相关行业工程建设主管部门工作人员,在履行农民工工资支付监督管理职责过程中滥用职权、玩忽职守、徇私舞弊的,依法依规给予处分;构成犯罪的,依法追究刑事责任。

第七章 附 则

第六十三条 用人单位一时难以支付拖欠的农民工工资或者拖欠农民工工资逃匿的,县级以上地方人民政府可以动用应急周转金,先行垫付用人单位拖欠的农民工部分工资或者基本生活费。对已经垫付的应急周转金,应当依法向拖欠农民工工资的用人单位进行追偿。

第六十四条 本条例自2020年5月1日起施行。

工程建设领域农民工工资保证金规定

1. 2021年8月17日人力资源社会保障部、住房和城乡建设部、交通运输部、水利部、银保监会、铁路局、民航局发布
2. 人社部发〔2021〕65号
3. 自2021年11月1日起施行

第一章 总 则

第一条 为依法保护农民工工资权益,发挥工资保证金在解决拖欠农民工工资问题中的重要作用,根据《保障农民工工资支付条例》,制定本规定。

第二条 本规定所指工资保证金,是指工程建设领域施工总承包单位(包括直接承包建设单位发包工程的专业承包企业)在银行设立账户并按照工程施工合同额的一定比例存储,专项用于支付为所承包工程提供劳动的农民工被拖欠工资的专项资金。

工资保证金可以用银行类金融机构出具的银行保函替代,有条件的地区还可探索引入工程担保公司保函或工程保证保险。

第三条 工程建设领域工资保证金的存储比例、存储形式、减免措施以及使用返还等事项适用本规定。

第四条 各省级人力资源社会保障行政部门负责组织实施本行政区工资保证金制度。

地方人力资源社会保障行政部门应建立健全与本地区行业工程建设主管部门和金融监管部门的会商机制,加强信息通报和执法协作,确保工资保证金制度规范平稳运行。

第五条 工资保证金制度原则上由地市级人力资源社会保障行政部门具体管理,有条件的地区可逐步将管理层级上升为省级人力资源社会保障行政部门。

实施具体管理的地市级或省级人力资源社会保障行政部门,以下简称"属地人力资源社会保障行政部门";对应的行政区,以下统称"工资保证金管理地区"。

同一工程地理位置涉及两个或两个以上工资保证金管理地区,发生管辖争议的,由共同的上一级人力资源社会保障行政部门商同级行业工程建设主管部门指定管辖。

第二章 工资保证金存储

第六条 施工总承包单位应当在工程所在地的银行存储工资保证金或申请开立银行保函。

第七条 经办工资保证金的银行(以下简称经办银行)依法办理工资保证金账户开户、存储、查询、支取、销户及开立保函等业务,应具备以下条件:

(一)在工程所在的工资保证金管理地区设有分支机构;

(二)信用等级良好、服务水平优良,并承诺按照监管要求提供工资保证金业务服务。

第八条 施工总承包单位应当自工程取得施工许可证(开工报告批复)之日起20个工作日内(依法不需要办理施工许可证或批准开工报告的工程自签订施工合同之日起20个工作日之内),持营业执照副本、与建设单位签订的施工合同在经办银行开立工资保证金专门账户存储工资保证金。

行业工程建设主管部门应当在颁发施工许可证或批准开工报告时告知相关单位及时存储工资保证金。

第九条 存储工资保证金的施工总承包单位应与经办银行签订《农民工工资保证金存款协议书》(附件1),并将协议书副本送属地人力资源社会保障行政部门备案。

第十条 经办银行应当规范工资保证金账户开户工作,为存储工资保证金提供必要的便利,与开户单位核实账户性质,在业务系统中对工资保证金账户进行特殊标识,并在相关网络查控平台、电子化专线信息传输系统等作出整体限制查封、冻结或划拨设置,防止被不当查封、冻结或划拨,保障资金安全。

第十一条 工资保证金按工程施工合同额(或年度合同额)的一定比例存储,原则上不低于1%,不超过3%,单个工程合同额较高的,可设定存储上限。

施工总承包单位在同一工资保证金管理地区有多个在建工程,存储比例可适当下浮但不得低于施工合同额(或年度合同额)的0.5%。

施工合同额低于300万元的工程,且该工程的施工总承包单位在签订施工合同前一年内承建的工程未发生工资拖欠的,各地区可结合行业保障农民工工资支付实际,免除该工程存储工资保证金。

前款规定的施工合同额可适当调整,调整范围由省级人力资源社会保障行政部门会同行业工程建设主管部门确定,并报人力资源社会保障部、住房和城乡建设部、交通运输部、水利部、铁路局、民航局备案。

第十二条 施工总承包单位存储工资保证金或提交银行保函后,在工资保证金管理地区承建工程连续2年未发生工资拖欠的,其新增工程应降低存储比例,降幅不低于50%;连续3年未发生工资拖欠且按要求落实用工实名制管理和农民工工资专用账户制度的,其新增工程可免于存储工资保证金。

施工总承包单位存储工资保证金或提交银行保函前2年内在工资保证金管理地区承建工程发生工资拖欠的,工资保证金存储比例应适当提高,增幅不低于50%;因拖欠农民工工资被纳入"严重失信主体名单"的,增幅不低于100%。

第十三条 工资保证金具体存储比例及浮动办法由省级人力资源社会保障行政部门商同级行业工程建设主管部门研究确定,报人力资源社会保障部备案。工资保证金存储比例应根据本行政区保障农民工工资支付实际情况实行定期动态调整,主动向社会公布。

第十四条 工资保证金账户内本金和利息归开立账户的施工总承包单位所有。在工资保证金账户被监管期间,企业可自由提取和使用工资保证金的利息及其他合法收益。

除符合本规定第十九条规定的情形,其他任何单位和个人不得动用工资保证金账户内本金。

第十五条 施工总承包单位可选择以银行保函替代现金存储工资保证金,保函担保金额不得低于按规定比例计算应存储的工资保证金数额。

保函正本由属地人力资源社会保障行政部门保存。

第十六条 银行保函应以属地人力资源社会保障行政部门为受益人,保函性质为不可撤销见索即付保函(附件2)。

施工总承包单位所承包工程发生拖欠农民工工资,经人力资源社会保障行政部门依法作出责令限期清偿或先行清偿的行政处理决定,到期拒不清偿时,由经办银行依照保函承担担保责任。

第十七条 施工总承包单位应在其工程施工期内提供有效的保函,保函有效期至少为1年并不得短于合同期。工程未完工保函到期的,属地人力资源社会保障行政部门应在保函到期前一个月提醒施工总承包单位更换新的保函或延长保函有效期。

第十八条 属地人力资源社会保障行政部门应当将存储工资保证金或开立银行保函的施工总承包单位名单及对应的工程名称向社会公布,施工总承包单位应当将本工程落实工资保证金制度情况纳入维权信息告示牌内容。

第三章 工资保证金使用

第十九条 施工总承包单位所承包工程发生拖欠农民工工资的,经人力资源社会保障行政部门依法作出责令限期清偿或先行清偿的行政处理决定,施工总承包单位到期拒不履行的,属地人力资源社会保障行政部门可以向经办银行出具《农民工工资保证金支付通知书》(附件3,以下简称《支付通知书》),书面通知有关施工总承包单位和经办银行。经办银行应在收到《支付通知书》5个工作日内,从工资保证金账户中将相应数额的款项以银行转账方式支付给属地人力资源社会保障行政部门指定的被拖欠工资农民工本人。

施工总承包单位采用银行保函替代工资保证金,发生前款情形的,提供银行保函的经办银行应在收到《支付通知书》5个工作日内,依照银行保函约定支付农民工工资。

第二十条 工资保证金使用后,施工总承包单位应当自使用之日起10个工作日内将工资保证金补足。

采用银行保函替代工资保证金发生前款情形的,施工总承包单位应在10个工作日内提供与原保函相同担保范围和担保金额的新保函。施工总承包单位开立新保函后,原保函即行失效。

第二十一条 经办银行应每季度分别向施工总承包单位和属地人力资源社会保障行政部门提供工资保证金存款对账单。

第二十二条 工资保证金对应的工程完工,施工总承包单位作出书面承诺该工程不存在未解决的拖欠农民工工资问题,并在施工现场维权信息告示牌及属地人力资源社会保障行政部门门户网站公示30日后,可以申请返还工资保证金或银行保函正本。

属地人力资源社会保障行政部门自施工总承包单位提交书面申请5个工作日内审核完毕,并在审核完毕3个工作日内向经办银行和施工总承包单位出具工资保证金返还(销户)确认书。经办银行收到确认书后,工资保证金账户解除监管,相应款项不再属于工资保证金,施工总承包单位可自由支配账户资金或办理账户销户。

选择使用银行保函替代现金存储工资保证金并符合本条第一款规定的,属地人力资源社会保障行政部门自施工总承包单位提交书面申请5个工作日内审核完毕,并在审核完毕3个工作日内返还银行保函正本。

属地人力资源社会保障行政部门在审核过程中发现工资保证金对应工程存在未解决的拖欠农民工工资问题,应在审核完毕3个工作日内书面告知施工总承包单位,施工总承包单位依法履行清偿(先行清偿)责任后,可再次提交返还工资保证金或退还银行保函正本的书面申请。

属地人力资源社会保障行政部门应建立工资保证金定期(至少每半年一次)清查机制,对经核实工程完工且不存在拖欠农民工工资问题,施工总承包单位在一定期限内未提交返还申请的,应主动启动返还程序。

第二十三条 施工总承包单位认为行政部门的行政行为损害其合法权益的,可以依法申请行政复议或者向人民法院提起行政诉讼。

第四章 工资保证金监管

第二十四条 工资保证金实行专款专用,除用于清偿或先行清偿施工总承包单位所承包工程拖欠农民工工资外,不得用于其他用途。

除法律另有规定外,工资保证金不得因支付为本工程提供劳动的农民工工资之外的原因被查封、冻结或者划拨。

第二十五条 人力资源社会保障行政部门应加强监管,对施工总承包单位未依据《保障农民工工资支付条例》和本规定存储、补足工资保证金(或提供、更新保函)的,应按照《保障农民工工资支付条例》第五十五条规定追究其法律责任。

第二十六条 属地人力资源社会保障行政部门要建立工资保证金管理台账,严格规范财务、审计制度,加强账户监管,确保专款专用。

行业工程建设主管部门对在日常监督检查中发现的未按规定存储工资保证金问题,应及时通报同级人力资源社会保障行政部门。对未按规定执行工资保证金制度的施工单位,除依法给予行政处罚(处理)外,应按照有关规定计入其信用记录,依法实施信用惩戒。

对行政部门擅自减免、超限额收缴、违规挪用、无故拖延返还工资保证金的,要严肃追究责任,依法依规对有关责任人员实行问责;涉嫌犯罪的,移送司法机关处理。

第五章 附　　则

第二十七条 房屋市政、铁路、公路、水路、民航、水利领域之外的其他工程,参照本规定执行。

采用工程担保公司保函或工程保证保险方式代替工资保证金的,参照银行保函的相关规定执行。

第二十八条 本规定由人力资源社会保障部会同住房和城乡建设部、交通运输部、水利部、银保监会、铁路局、民航局负责解释。各地区可根据本规定并结合工作实际,制定具体实施办法,并向人力资源社会保障部、住房和城乡建设部、交通运输部、水利部、银保监会、铁路局、民航局备案。在贯彻实施中遇到的重大问题,请及时向人力资源社会保障部报告。

第二十九条 本规定自 2021 年 11 月 1 日起施行。

本规定施行前已按属地原有工资保证金政策存储的工资保证金或保函继续有效,其日常管理、动用和返还等按照原有规定执行;本规定施行后新开工工程和尚未存储工资保证金的在建工程工资保证金按照本规定及各地区具体实施办法执行。

  附件：1. 农民工工资保证金存款协议书（样本）（略）
    2. 农民工工资保证金银行保函（样本）（略）
    3. 农民工工资保证金支付通知书（样本）（略）

2. 工　　时

国务院关于职工工作时间的规定

1. 1994 年 2 月 3 日国务院令第 146 号发布
2. 根据 1995 年 3 月 25 日国务院令第 174 号《关于修改〈国务院关于职工工作时间的规定〉的决定》修订

第一条　为了合理安排职工的工作和休息时间，维护职工的休息权利，调动职工的积极性，促进社会主义现代化建设事业的发展，根据宪法有关规定，制定本规定。

第二条　本规定适用于在中华人民共和国境内的国家机关、社会团体、企业事业单位以及其他组织的职工。

第三条　职工每日工作 8 小时、每周工作 40 小时。

第四条　在特殊条件下从事劳动和有特殊情况，需要适当缩短工作时间的，按照国家有关规定执行。

第五条　因工作性质或者生产特点的限制，不能实行每日工作 8 小时、每周工作 40 小时标准工时制度的，按照国家有关规定，可以实行其他工作和休息办法。

第六条　任何单位和个人不得擅自延长职工工作时间。因特殊情况和紧急任务确需延长工作时间的，按照国家有关规定执行。

第七条　国家机关、事业单位实行统一的工作时间，星期六和星期日为周休息日。企业和不能实行前款规定的统一工作时间的事业单位，可以根据实际情况灵活安排周休息日。

第八条　本规定由劳动部、人事部负责解释，实施办法由劳动部、人事部制定。

第九条　本规定自 1995 年 5 月 1 日起施行，1995 年 5 月 1 日施行有困难的企业、事业单位，可以适当延期，但是，事业单位最迟应当自 1996 年 1 月 1 日起施行，企业最迟应当自 1997 年 5 月 1 日起施行。

3. 休　　假

职工带薪年休假条例

1. 2007年12月14日国务院令第514号公布
2. 自2008年1月1日起施行

第一条　为了维护职工休息休假权利，调动职工工作积极性，根据劳动法和公务员法，制定本条例。

第二条　机关、团体、企业、事业单位、民办非企业单位、有雇工的个体工商户等单位的职工连续工作1年以上的，享受带薪年休假（以下简称年休假）。单位应当保证职工享受年休假。

职工在年休假期间享受与正常工作期间相同的工资收入。

第三条　职工累计工作已满1年不满10年的，年休假5天；已满10年不满20年的，年休假10天；已满20年的，年休假15天。

国家法定休假日、休息日不计入年休假的假期。

第四条　职工有下列情形之一的，不享受当年的年休假：

（一）职工依法享受寒暑假，其休假天数多于年休假天数的；

（二）职工请事假累计20天以上且单位按照规定不扣工资的；

（三）累计工作满1年不满10年的职工，请病假累计2个月以上的；

（四）累计工作满10年不满20年的职工，请病假累计3个月以上的；

（五）累计工作满20年以上的职工，请病假累计4个月以上的。

第五条　单位根据生产、工作的具体情况，并考虑职工本人意愿，统筹安排职工年休假。

年休假在1个年度内可以集中安排，也可以分段安排，一般不跨年度安排。单位因生产、工作特点确有必要跨年度安排职工年休假的，可以跨1个年度安排。

单位确因工作需要不能安排职工休年休假的，经职工本人同意，可以不安排职工休年休假。对职工应休未休的年休假天数，单位应当按照该职工日工资收入的300%支付年休假工资报酬。

第六条　县级以上地方人民政府人事部门、劳动保障部门应当依据职权对单位执行本条例的情况主动进行监督检查。

工会组织依法维护职工的年休假权利。

第七条　单位不安排职工休年休假又不依照本条例规定给予年休假工资报酬的,由县级以上地方人民政府人事部门或者劳动保障部门依据职权责令限期改正;对逾期不改正的,除责令该单位支付年休假工资报酬外,单位还应当按照年休假工资报酬的数额向职工加付赔偿金;对拒不支付年休假工资报酬、赔偿金的,属于公务员和参照公务员法管理的人员所在单位的,对直接负责的主管人员以及其他直接责任人员依法给予处分;属于其他单位的,由劳动保障部门、人事部门或者职工申请人民法院强制执行。

第八条　职工与单位因年休假发生的争议,依照国家有关法律、行政法规的规定处理。

第九条　国务院人事部门、国务院劳动保障部门依据职权,分别制定本条例的实施办法。

第十条　本条例自2008年1月1日起施行。

企业职工带薪年休假实施办法

2008年9月18日人力资源和社会保障部令第1号发布施行

第一条　为了实施《职工带薪年休假条例》(以下简称条例),制定本实施办法。

第二条　中华人民共和国境内的企业、民办非企业单位、有雇工的个体工商户等单位(以下称用人单位)和与其建立劳动关系的职工,适用本办法。

第三条　职工连续工作满12个月以上的,享受带薪年休假(以下简称年休假)。

第四条　年休假天数根据职工累计工作时间确定。职工在同一或者不同用人单位工作期间,以及依照法律、行政法规或者国务院规定视同工作期间,应当计为累计工作时间。

第五条　职工新进用人单位且符合本办法第三条规定的,当年度年休假天数,按照在本单位剩余日历天数折算确定,折算后不足1整天的部分不享受年休假。

　　前款规定的折算方法为:(当年度在本单位剩余日历天数÷365天)×职工本人全年应当享受的年休假天数。

第六条　职工依法享受的探亲假、婚丧假、产假等国家规定的假期以及因工伤停工留薪期间不计入年休假假期。

第七条　职工享受寒暑假天数多于其年休假天数的,不享受当年的年休假。确因工作需要,职工享受的寒暑假天数少于其年休假天数的,用人单位应当安排补足年休假天数。

第八条　职工已享受当年的年休假,年度内又出现条例第四条第(二)、(三)、

(四)、(五)项规定情形之一的,不享受下一年度的年休假。

第九条 用人单位根据生产、工作的具体情况,并考虑职工本人意愿,统筹安排年休假。用人单位确因工作需要不能安排职工年休假或者跨1个年度安排年休假的,应征得职工本人同意。

第十条 用人单位经职工同意不安排年休假或者安排职工年休假天数少于应休年休假天数,应当在本年度内对职工应休未休年休假天数,按照其日工资收入的300%支付未休年休假工资报酬,其中包含用人单位支付职工正常工作期间的工资收入。

用人单位安排职工休年休假,但是职工因本人原因且书面提出不休年休假的,用人单位可以只支付其正常工作期间的工资收入。

第十一条 计算未休年休假工资报酬的日工资收入按照职工本人的月工资除以月计薪天数(21.75天)进行折算。

前款所称月工资是指职工在用人单位支付其未休年休假工资报酬前12个月剔除加班工资后的月平均工资。在本用人单位工作时间不满12个月的,按实际月份计算月平均工资。

职工在年休假期间享受与正常工作期间相同的工资收入。实行计件工资、提成工资或者其他绩效工资制的职工,日工资收入的计发办法按照本条第一款、第二款的规定执行。

第十二条 用人单位与职工解除或者终止劳动合同时,当年度未安排职工休满应休年休假的,应当按照职工当年已工作时间折算应休未休年休假天数并支付未休年休假工资报酬,但折算后不足1整天的部分不支付未休年休假工资报酬。

前款规定的折算方法为:(当年度在本单位已过日历天数÷365天)×职工本人全年应当享受的年休假天数-当年度已安排年休假天数。

用人单位当年已安排职工年休假的,多于折算应休年休假的天数不再扣回。

第十三条 劳动合同、集体合同约定的或者用人单位规章制度规定的年休假天数、未休年休假工资报酬高于法定标准的,用人单位应当按照有关约定或者规定执行。

第十四条 劳务派遣单位的职工符合本办法第三条规定条件的,享受年休假。

被派遣职工在劳动合同期限内无工作期间由劳务派遣单位依法支付劳动报酬的天数多于其全年应当享受的年休假天数的,不享受当年的年休假;少于其全年应当享受的年休假天数的,劳务派遣单位、用工单位应当协商安排补足被派遣职工年休假天数。

第十五条 县级以上地方人民政府劳动行政部门应当依法监督检查用人单位执行条例及本办法的情况。

用人单位不安排职工休年休假又不依照条例及本办法规定支付未休年休假工资报酬的,由县级以上地方人民政府劳动行政部门依据职权责令限期改正;对逾期不改正的,除责令该用人单位支付未休年休假工资报酬外,用人单位还应当按照未休年休假工资报酬的数额向职工加付赔偿金;对拒不执行支付未休年休假工资报酬、赔偿金行政处理决定的,由劳动行政部门申请人民法院强制执行。

第十六条　职工与用人单位因年休假发生劳动争议的,依照劳动争议处理的规定处理。

第十七条　除法律、行政法规或者国务院另有规定外,机关、事业单位、社会团体和与其建立劳动关系的职工,依照本办法执行。

船员的年休假按《中华人民共和国船员条例》执行。

第十八条　本办法中的"年度"是指公历年度。

第十九条　本办法自发布之日起施行。

国务院关于职工探亲待遇的规定

1. 1981年3月14日
2. 国发〔1981〕36号

第一条　为了适当地解决职工同亲属长期远居两地的探亲问题,特制定本规定。

第二条　凡在国家机关、人民团体和全民所有制企业、事业单位工作满一年的固定职工,与配偶不住在一起,又不能在公休假日团聚的,可以享受本规定探望配偶的待遇;与父亲、母亲都不住在一起,又不能在公休假日团聚的,可以享受本规定探望父母的待遇。但是,职工与父亲或与母亲一方能够在公休假日团聚的,不能享受本规定探望父母的待遇。

第三条　职工探亲假期:

(一)职工探望配偶的,每年给予一方探亲假一次,假期为三十天。

(二)未婚职工探望父母,原则上每年给假一次,假期为二十天。如果因为工作需要,本单位当年不能给予假期,或者职工自愿两年探亲一次的,可以两年给假一次,假期为四十五天。

(三)已婚职工探望父母的,每四年给假一次,假期为二十天。

探亲假期是指职工与配偶、父、母团聚的时间,另外,根据实际需要给予路程假。上述假期均包括公休假日和法定节日在内。

第四条　凡实行休假制度的职工(例如学校的教职工),应该在休假期间探亲;如果休假期较短,可由本单位适当安排,补足其探亲假的天数。

第五条　职工在规定的探亲假期和路程假期内,按照本人的标准工资发给工资。

第六条　职工探望配偶和未婚职工探望父母的往返路费,由所在单位负担。已婚职工探望父母的往返路费,在本人月标准工资百分之三十以内的,由本人自理,超过部分由所在单位负担。

第七条　各省、直辖市人民政府可以根据本规定制定实施细则,并抄送国家劳动总局备案。

自治区可以根据本规定的精神制定探亲规定,报国务院批准执行。

第八条　集体所有制企业、事业单位职工的探亲待遇,由各省、自治区、直辖市人民政府根据本地区的实际情况自行规定。

第九条　本规定自发布之日起施行。一九五八年二月九日《国务院关于工人、职员回家探亲的假期和工资待遇的暂行规定》同时废止。

4. 公　积　金

住房公积金管理条例

1. 1999年4月3日国务院令第262号发布
2. 根据2002年3月24日国务院令第350号《关于修改〈住房公积金管理条例〉的决定》第一次修订
3. 根据2019年3月24日国务院令第710号《关于修改部分行政法规的决定》第二次修订

第一章　总　　则

第一条　【立法宗旨】为了加强对住房公积金的管理,维护住房公积金所有者的合法权益,促进城镇住房建设,提高城镇居民的居住水平,制定本条例。

第二条　【住房公积金的概念】本条例适用于中华人民共和国境内住房公积金的缴存、提取、使用、管理和监督。

本条例所称住房公积金,是指国家机关、国有企业、城镇集体企业、外商投资企业、城镇私营企业及其他城镇企业、事业单位、民办非企业单位、社会团体(以下统称单位)及其在职职工缴存的长期住房储金。

第三条　【住房公积金归属】职工个人缴存的住房公积金和职工所在单位为职工缴存的住房公积金,属于职工个人所有。

第四条　【基本原则】住房公积金的管理实行住房公积金管理委员会决策、住房公积金管理中心运作、银行专户存储、财政监督的原则。

第五条　【住房公积金用途】住房公积金应当用于职工购买、建造、翻建、大修自住住房,任何单位和个人不得挪作他用。

第六条 【住房公积金利率】住房公积金的存、贷利率由中国人民银行提出,经征求国务院建设行政主管部门的意见后,报国务院批准。

第七条 【住房公积金监督】国务院建设行政主管部门会同国务院财政部门、中国人民银行拟定住房公积金政策,并监督执行。

省、自治区人民政府建设行政主管部门会同同级财政部门以及中国人民银行分支机构,负责本行政区域内住房公积金管理法规、政策执行情况的监督。

第二章 机构及其职责

第八条 【住房公积金管理委员会】直辖市和省、自治区人民政府所在地的市以及其他设区的市(地、州、盟),应当设立住房公积金管理委员会,作为住房公积金管理的决策机构。住房公积金管理委员会的成员中,人民政府负责人和建设、财政、人民银行等有关部门负责人以及有关专家占1/3,工会代表和职工代表占1/3,单位代表占1/3。

住房公积金管理委员会主任应当由具有社会公信力的人士担任。

第九条 【管理委员会职责】住房公积金管理委员会在住房公积金管理方面履行下列职责:

(一)依据有关法律、法规和政策,制定和调整住房公积金的具体管理措施,并监督实施;

(二)根据本条例第十八条的规定,拟订住房公积金的具体缴存比例;

(三)确定住房公积金的最高贷款额度;

(四)审批住房公积金归集、使用计划;

(五)审议住房公积金增值收益分配方案;

(六)审批住房公积金归集、使用计划执行情况的报告。

第十条 【住房公积金管理中心】直辖市和省、自治区人民政府所在地的市以及其他设区的市(地、州、盟)应当按照精简、效能的原则,设立一个住房公积金管理中心,负责住房公积金的管理运作。县(市)不设立住房公积金管理中心。

前款规定的住房公积金管理中心可以在有条件的县(市)设立分支机构。住房公积金管理中心与其分支机构应当实行统一的规章制度,进行统一核算。

住房公积金管理中心是直属城市人民政府的不以营利为目的的独立的事业单位。

第十一条 【管理中心职责】住房公积金管理中心履行下列职责:

(一)编制、执行住房公积金的归集、使用计划;

(二)负责记载职工住房公积金的缴存、提取、使用等情况;

(三)负责住房公积金的核算;

(四)审批住房公积金的提取、使用;

(五)负责住房公积金的保值和归还;

（六）编制住房公积金归集、使用计划执行情况的报告；

（七）承办住房公积金管理委员会决定的其他事项。

第十二条【委托银行】住房公积金管理委员会应当按照中国人民银行的有关规定，指定受委托办理住房公积金金融业务的商业银行（以下简称受委托银行）；住房公积金管理中心应当委托受委托银行办理住房公积金贷款、结算等金融业务和住房公积金账户的设立、缴存、归还等手续。

住房公积金管理中心应当与受委托银行签订委托合同。

第三章 缴 存

第十三条【住房公积金账户】住房公积金管理中心应当在受委托银行设立住房公积金专户。

单位应当向住房公积金管理中心办理住房公积金缴存登记，并为本单位职工办理住房公积金账户设立手续。每个职工只能有一个住房公积金账户。

住房公积金管理中心应当建立职工住房公积金明细账，记载职工个人住房公积金的缴存、提取等情况。

第十四条【单位变更与公积金缴存】新设立的单位应当自设立之日起30日内向住房公积金管理中心办理住房公积金缴存登记，并自登记之日起20日内，为本单位职工办理住房公积金账户设立手续。

单位合并、分立、撤销、解散或者破产的，应当自发生上述情况之日起30日内由原单位或者清算组织向住房公积金管理中心办理变更登记或者注销登记，并自办妥变更登记或者注销登记之日起20日内，为本单位职工办理住房公积金账户转移或者封存手续。

第十五条【员工变动与公积金缴存】单位录用职工的，应当自录用之日起30日内向住房公积金管理中心办理缴存登记，并办理职工住房公积金账户的设立或者转移手续。

单位与职工终止劳动关系的，单位应当自劳动关系终止之日起30日内向住房公积金管理中心办理变更登记，并办理职工住房公积金账户转移或者封存手续。

第十六条【一般员工的月缴存额】职工住房公积金的月缴存额为职工本人上一年度月平均工资乘以职工住房公积金缴存比例。

单位为职工缴存的住房公积金的月缴存额为职工本人上一年度月平均工资乘以单位住房公积金缴存比例。

第十七条【新员工的月缴存额】新参加工作的职工从参加工作的第二个月开始缴存住房公积金，月缴存额为职工本人当月工资乘以职工住房公积金缴存比例。

单位新调入的职工从调入单位发放工资之日起缴存住房公积金，月缴存额为职工本人当月工资乘以职工住房公积金缴存比例。

第十八条【缴存比例】职工和单位住房公积金的缴存比例均不得低于职工上一年

度月平均工资的5%;有条件的城市,可以适当提高缴存比例。具体缴存比例由住房公积金管理委员会拟订,经本级人民政府审核后,报省、自治区、直辖市人民政府批准。

第十九条 【代扣代缴】职工个人缴存的住房公积金,由所在单位每月从其工资中代扣代缴。

单位应当于每月发放职工工资之日起5日内将单位缴存的和为职工代缴的住房公积金汇缴到住房公积金专户内,由受委托银行计入职工住房公积金账户。

第二十条 【缓缴或降低比例】单位应当按时、足额缴存住房公积金,不得逾期缴存或者少缴。

对缴存住房公积金确有困难的单位,经本单位职工代表大会或者工会讨论通过,并经住房公积金管理中心审核,报住房公积金管理委员会批准后,可以降低缴存比例或者缓缴;待单位经济效益好转后,再提高缴存比例或者补缴缓缴。

第二十一条 【计息时间】住房公积金自存入职工住房公积金账户之日起按照国家规定的利率计息。

第二十二条 【缴存凭证】住房公积金管理中心应当为缴存住房公积金的职工发放缴存住房公积金的有效凭证。

第二十三条 【缴存列支】单位为职工缴存的住房公积金,按照下列规定列支:

(一)机关在预算中列支;

(二)事业单位由财政部门核定收支后,在预算或者费用中列支;

(三)企业在成本中列支。

第四章 提取和使用

第二十四条 【住房公积金提取】职工有下列情形之一的,可以提取职工住房公积金账户内的存储余额:

(一)购买、建造、翻建、大修自住住房的;

(二)离休、退休的;

(三)完全丧失劳动能力,并与单位终止劳动关系的;

(四)出境定居的;

(五)偿还购房贷款本息的;

(六)房租超出家庭工资收入的规定比例的。

依照前款第(二)、(三)、(四)项规定,提取职工住房公积金的,应当同时注销职工住房公积金账户。

职工死亡或者被宣告死亡的,职工的继承人、受遗赠人可以提取职工住房公积金账户内的存储余额;无继承人也无受遗赠人的,职工住房公积金账户内的存储余额纳入住房公积金的增值收益。

第二十五条 【提取手续】职工提取住房公积金账户内的存储余额,所在单位应当予以核实,并出具提取证明。

职工应当持提取证明向住房公积金管理中心申请提取住房公积金。住房公积金管理中心应当自受理申请之日起3日内作出准予提取或者不准提取的决定,并通知申请人;准予提取的,由受委托银行办理支付手续。

第二十六条 【住房公积金贷款】缴存住房公积金的职工,在购买、建造、翻建、大修自住住房时,可以向住房公积金管理中心申请住房公积金贷款。

住房公积金管理中心应当自受理申请之日起15日内作出准予贷款或者不准贷款的决定,并通知申请人;准予贷款的,由受委托银行办理贷款手续。

住房公积金贷款的风险,由住房公积金管理中心承担。

第二十七条 【贷款担保】申请人申请住房公积金贷款的,应当提供担保。

第二十八条 【住房公积金管理与使用的限制】住房公积金管理中心在保证住房公积金提取和贷款的前提下,经住房公积金管理委员会批准,可以将住房公积金用于购买国债。

住房公积金管理中心不得向他人提供担保。

第二十九条 【住房公积金增值收益的用途】住房公积金的增值收益应当存入住房公积金管理中心在受委托银行开立的住房公积金增值收益专户,用于建立住房公积金贷款风险准备金、住房公积金管理中心的管理费用和建设城市廉租住房的补充资金。

第三十条 【管理费用】住房公积金管理中心的管理费用,由住房公积金管理中心按照规定的标准编制全年预算支出总额,报本级人民政府财政部门批准后,从住房公积金增值收益中上交本级财政,由本级财政拨付。

住房公积金管理中心的管理费用标准,由省、自治区、直辖市人民政府建设行政主管部门会同同级财政部门按照略高于国家规定的事业单位费用标准制定。

第五章 监　督

第三十一条 【财政部门监督】地方有关人民政府财政部门应当加强对本行政区域内住房公积金归集、提取和使用情况的监督,并向本级人民政府的住房公积金管理委员会通报。

住房公积金管理中心在编制住房公积金归集、使用计划时,应当征求财政部门的意见。

住房公积金管理委员会在审批住房公积金归集、使用计划和计划执行情况的报告时,必须有财政部门参加。

第三十二条 【预决算审核与财务报告】住房公积金管理中心编制的住房公积金年度预算、决算,应当经财政部门审核后,提交住房公积金管理委员会审议。

住房公积金管理中心应当每年定期向财政部门和住房公积金管理委员会报送财务报告,并将财务报告向社会公布。

第三十三条 【审计监督】 住房公积金管理中心应当依法接受审计部门的审计监督。

第三十四条 【督促单位履行义务】 住房公积金管理中心和职工有权督促单位按时履行下列义务：

（一）住房公积金的缴存登记或者变更、注销登记；

（二）住房公积金账户的设立、转移或者封存；

（三）足额缴存住房公积金。

第三十五条 【督促受委托银行履行义务】 住房公积金管理中心应当督促受委托银行及时办理委托合同约定的业务。

受委托银行应当按照委托合同的约定，定期向住房公积金管理中心提供有关的业务资料。

第三十六条 【职工与单位的查询权与复核权】 职工、单位有权查询本人、本单位住房公积金的缴存、提取情况，住房公积金管理中心、受委托银行不得拒绝。

职工、单位对住房公积金账户内的存储余额有异议的，可以申请受委托银行复核；对复核结果有异议的，可以申请住房公积金管理中心重新复核。受委托银行、住房公积金管理中心应当自收到申请之日起5日内给予书面答复。

职工有权揭发、检举、控告挪用住房公积金的行为。

第六章　罚　　则

第三十七条 【单位未办理登记或账户设立手续的法律责任】 违反本条例的规定，单位不办理住房公积金缴存登记或者不为本单位职工办理住房公积金账户设立手续的，由住房公积金管理中心责令限期办理；逾期不办理的，处1万元以上5万元以下的罚款。

第三十八条 【单位不缴或少缴公积金的法律责任】 违反本条例的规定，单位逾期不缴或者少缴住房公积金的，由住房公积金管理中心责令限期缴存；逾期仍不缴存的，可以申请人民法院强制执行。

第三十九条 【管理委员会失职的法律责任】 住房公积金管理委员会违反本条例规定审批住房公积金使用计划的，由国务院建设行政主管部门会同国务院财政部门或者由省、自治区人民政府建设行政主管部门会同同级财政部门，依据管理职权责令限期改正。

第四十条 【管理中心失职的法律责任】 住房公积金管理中心违反本条例规定，有下列行为之一的，由国务院建设行政主管部门或者省、自治区人民政府建设行政主管部门依据管理职权，责令限期改正；对负有责任的主管人员和其他直接责任人员，依法给予行政处分：

（一）未按照规定设立住房公积金专户的；

（二）未按照规定审批职工提取、使用住房公积金的；

（三）未按照规定使用住房公积金增值收益的；

（四）委托住房公积金管理委员会指定的银行以外的机构办理住房公积金金融业务的；

（五）未建立职工住房公积金明细账的；

（六）未为缴存住房公积金的职工发放缴存住房公积金的有效凭证的；

（七）未按照规定用住房公积金购买国债的。

第四十一条 【挪用公积金的法律责任】违反本条例规定，挪用住房公积金的，由国务院建设行政主管部门或者省、自治区人民政府建设行政主管部门依据管理职权，追回挪用的住房公积金，没收违法所得；对挪用或者批准挪用住房公积金的人民政府负责人和政府有关部门负责人以及住房公积金管理中心负有责任的主管人员和其他直接责任人员，依照刑法关于挪用公款罪或者其他罪的规定，依法追究刑事责任；尚不够刑事处罚的，给予降级或者撤职的行政处分。

第四十二条 【管理中心违反财政法规的法律责任】住房公积金管理中心违反财政法规的，由财政部门依法给予行政处罚。

第四十三条 【管理中心违规担保的法律责任】违反本条例规定，住房公积金管理中心向他人提供担保的，对直接负责的主管人员和其他直接责任人员依法给予行政处分。

第四十四条 【监督失职的法律责任】国家机关工作人员在住房公积金监督管理工作中滥用职权、玩忽职守、徇私舞弊，构成犯罪的，依法追究刑事责任；尚不构成犯罪的，依法给予行政处分。

第七章　附　　则

第四十五条 【财务管理和会计核算办法】住房公积金财务管理和会计核算的办法，由国务院财政部门商国务院建设行政主管部门制定。

第四十六条 【缴存登记与账户设立的时限】本条例施行前尚未办理住房公积金缴存登记和职工住房公积金账户设立手续的单位，应当自本条例施行之日起 60 日内到住房公积金管理中心办理缴存登记，并到受委托银行办理职工住房公积金账户设立手续。

第四十七条 【施行日期】本条例自发布之日起施行。

五、劳动保护

1. 安全生产

中华人民共和国安全生产法

1. 2002 年 6 月 29 日第九届全国人民代表大会常务委员会第二十八次会议通过
2. 根据 2009 年 8 月 27 日第十一届全国人民代表大会常务委员会第十次会议《关于修改部分法律的决定》第一次修正
3. 根据 2014 年 8 月 31 日第十二届全国人民代表大会常务委员会第十次会议《关于修改〈中华人民共和国安全生产法〉的决定》第二次修正
4. 根据 2021 年 6 月 10 日第十三届全国人民代表大会常务委员会第二十九次会议《关于修改〈中华人民共和国安全生产法〉的决定》第三次修正

目 录

第一章 总 则
第二章 生产经营单位的安全生产保障
第三章 从业人员的安全生产权利义务
第四章 安全生产的监督管理
第五章 生产安全事故的应急救援与调查处理
第六章 法律责任
第七章 附 则

第一章 总 则

第一条 【立法目的】为了加强安全生产工作,防止和减少生产安全事故,保障人民群众生命和财产安全,促进经济社会持续健康发展,制定本法。

第二条 【效力范围】在中华人民共和国领域内从事生产经营活动的单位(以下统称生产经营单位)的安全生产,适用本法;有关法律、行政法规对消防安全和道路交通安全、铁路交通安全、水上交通安全、民用航空安全以及核与辐射安全、特种设备安全另有规定的,适用其规定。

第三条 【工作方针、理念、机制】安全生产工作坚持中国共产党的领导。

安全生产工作应当以人为本,坚持人民至上、生命至上,把保护人民生命安全摆在首位,树牢安全发展理念,坚持安全第一、预防为主、综合治理的方针,从源头上防范化解重大安全风险。

安全生产工作实行管行业必须管安全、管业务必须管安全、管生产经营必须管安全,强化和落实生产经营单位主体责任与政府监管责任,建立生产经营单位负责、职工参与、政府监管、行业自律和社会监督的机制。

第四条　【生产经营单位的基本义务】生产经营单位必须遵守本法和其他有关安全生产的法律、法规,加强安全生产管理,建立健全全员安全生产责任制和安全生产规章制度,加大对安全生产资金、物资、技术、人员的投入保障力度,改善安全生产条件,加强安全生产标准化、信息化建设,构建安全风险分级管控和隐患排查治理双重预防机制,健全风险防范化解机制,提高安全生产水平,确保安全生产。

平台经济等新兴行业、领域的生产经营单位应当根据本行业、领域的特点,建立健全并落实全员安全生产责任制,加强从业人员安全生产教育和培训,履行本法和其他法律、法规规定的有关安全生产义务。

第五条　【生产经营单位主要负责人及其他负责人的职责】生产经营单位的主要负责人是本单位安全生产第一责任人,对本单位的安全生产工作全面负责。其他负责人对职责范围内的安全生产工作负责。

第六条　【从业人员安全生产权利义务】生产经营单位的从业人员有依法获得安全生产保障的权利,并应当依法履行安全生产方面的义务。

第七条　【工会职责】工会依法对安全生产工作进行监督。

生产经营单位的工会依法组织职工参加本单位安全生产工作的民主管理和民主监督,维护职工在安全生产方面的合法权益。生产经营单位制定或者修改有关安全生产的规章制度,应当听取工会的意见。

第八条　【安全生产规划】国务院和县级以上地方各级人民政府应当根据国民经济和社会发展规划制定安全生产规划,并组织实施。安全生产规划应当与国土空间规划等相关规划相衔接。

各级人民政府应当加强安全生产基础设施建设和安全生产监管能力建设,所需经费列入本级预算。

县级以上地方各级人民政府应当组织有关部门建立完善安全风险评估与论证机制,按照安全风险管控要求,进行产业规划和空间布局,并对位置相邻、行业相近、业态相似的生产经营单位实施重大安全风险联防联控。

第九条　【各级人民政府安全生产工作职责】国务院和县级以上地方各级人民政府应当加强对安全生产工作的领导,建立健全安全生产工作协调机制,支持、督促各有关部门依法履行安全生产监督管理职责,及时协调、解决安全生产监督管理中存在的重大问题。

乡镇人民政府和街道办事处,以及开发区、工业园区、港区、风景区等应当明确负责安全生产监督管理的有关工作机构及其职责,加强安全生产监管力量建设,按照职责对本行政区域或者管理区域内生产经营单位安全生产状况进行监督检查,协助人民政府有关部门或者按照授权依法履行安全生产监督管理职责。

第十条　【安全生产监督管理体制】 国务院应急管理部门依照本法,对全国安全生产工作实施综合监督管理;县级以上地方各级人民政府应急管理部门依照本法,对本行政区域内安全生产工作实施综合监督管理。

国务院交通运输、住房和城乡建设、水利、民航等有关部门依照本法和其他有关法律、行政法规的规定,在各自的职责范围内对有关行业、领域的安全生产工作实施监督管理;县级以上地方各级人民政府有关部门依照本法和其他有关法律、法规的规定,在各自的职责范围内对有关行业、领域的安全生产工作实施监督管理。对新兴行业、领域的安全生产监督管理职责不明确的,由县级以上地方各级人民政府按照业务相近的原则确定监督管理部门。

应急管理部门和对有关行业、领域的安全生产工作实施监督管理的部门,统称负有安全生产监督管理职责的部门。负有安全生产监督管理职责的部门应当相互配合、齐抓共管、信息共享、资源共用,依法加强安全生产监督管理工作。

第十一条　【安全生产相关标准】 国务院有关部门应当按照保障安全生产的要求,依法及时制定有关的国家标准或者行业标准,并根据科技进步和经济发展适时修订。

生产经营单位必须执行依法制定的保障安全生产的国家标准或者行业标准。

第十二条　【安全生产国家标准的制定】 国务院有关部门按照职责分工负责安全生产强制性国家标准的项目提出、组织起草、征求意见、技术审查。国务院应急管理部门统筹提出安全生产强制性国家标准的立项计划。国务院标准化行政主管部门负责安全生产强制性国家标准的立项、编号、对外通报和授权批准发布工作。国务院标准化行政主管部门、有关部门依据法定职责对安全生产强制性国家标准的实施进行监督检查。

第十三条　【安全生产教育】 各级人民政府及其有关部门应当采取多种形式,加强对有关安全生产的法律、法规和安全生产知识的宣传,增强全社会的安全生产意识。

第十四条　【协会组织职责】 有关协会组织依照法律、行政法规和章程,为生产经营单位提供安全生产方面的信息、培训等服务,发挥自律作用,促进生产经营单位加强安全生产管理。

第十五条　【为安全生产提供技术、管理服务机构的职责】 依法设立的为安全生产提供技术、管理服务的机构,依照法律、行政法规和执业准则,接受生产经营单位的委托为其安全生产工作提供技术、管理服务。

生产经营单位委托前款规定的机构提供安全生产技术、管理服务的,保证安全生产的责任仍由本单位负责。

第十六条 【生产安全事故责任追究制度】国家实行生产安全事故责任追究制度，依照本法和有关法律、法规的规定，追究生产安全事故责任单位和责任人员的法律责任。

第十七条 【安全生产权力和责任清单】县级以上各级人民政府应当组织负有安全生产监督管理职责的部门依法编制安全生产权力和责任清单，公开并接受社会监督。

第十八条 【国家鼓励安全生产科研及技术推广】国家鼓励和支持安全生产科学技术研究和安全生产先进技术的推广应用，提高安全生产水平。

第十九条 【国家奖励】国家对在改善安全生产条件、防止生产安全事故、参加抢险救护等方面取得显著成绩的单位和个人，给予奖励。

第二章 生产经营单位的安全生产保障

第二十条 【生产经营单位应当具备安全生产条件】生产经营单位应当具备本法和有关法律、行政法规和国家标准或者行业标准规定的安全生产条件；不具备安全生产条件的，不得从事生产经营活动。

第二十一条 【生产经营单位的主要负责人的职责】生产经营单位的主要负责人对本单位安全生产工作负有下列职责：

（一）建立健全并落实本单位全员安全生产责任制，加强安全生产标准化建设；

（二）组织制定并实施本单位安全生产规章制度和操作规程；

（三）组织制定并实施本单位安全生产教育和培训计划；

（四）保证本单位安全生产投入的有效实施；

（五）组织建立并落实安全风险分级管控和隐患排查治理双重预防工作机制，督促、检查本单位的安全生产工作，及时消除生产安全事故隐患；

（六）组织制定并实施本单位的生产安全事故应急救援预案；

（七）及时、如实报告生产安全事故。

第二十二条 【全员安全生产责任制】生产经营单位的全员安全生产责任制应当明确各岗位的责任人员、责任范围和考核标准等内容。

生产经营单位应当建立相应的机制，加强对全员安全生产责任制落实情况的监督考核，保证全员安全生产责任制的落实。

第二十三条 【安全投入保障义务】生产经营单位应当具备的安全生产条件所必需的资金投入，由生产经营单位的决策机构、主要负责人或者个人经营的投资人予以保证，并对由于安全生产所必需的资金投入不足导致的后果承担责任。

有关生产经营单位应当按照规定提取和使用安全生产费用，专门用于改善安全生产条件。安全生产费用在成本中据实列支。安全生产费用提取、使用和监督管理的具体办法由国务院财政部门会同国务院应急管理部门征求国务院有关部门意见后制定。

第二十四条 【安全生产管理机构及人员的设置、配备】矿山、金属冶炼、建筑施工、运输单位和危险物品的生产、经营、储存、装卸单位,应当设置安全生产管理机构或者配备专职安全生产管理人员。

前款规定以外的其他生产经营单位,从业人员超过一百人的,应当设置安全生产管理机构或者配备专职安全生产管理人员;从业人员在一百人以下的,应当配备专职或者兼职的安全生产管理人员。

第二十五条 【安全生产管理机构及管理人员的职责】生产经营单位的安全生产管理机构以及安全生产管理人员履行下列职责:

(一)组织或者参与拟订本单位安全生产规章制度、操作规程和生产安全事故应急救援预案;

(二)组织或者参与本单位安全生产教育和培训,如实记录安全生产教育和培训情况;

(三)组织开展危险源辨识和评估,督促落实本单位重大危险源的安全管理措施;

(四)组织或者参与本单位应急救援演练;

(五)检查本单位的安全生产状况,及时排查生产安全事故隐患,提出改进安全生产管理的建议;

(六)制止和纠正违章指挥、强令冒险作业、违反操作规程的行为;

(七)督促落实本单位安全生产整改措施。

生产经营单位可以设置专职安全生产分管负责人,协助本单位主要负责人履行安全生产管理职责。

第二十六条 【履职要求与履职保障】生产经营单位的安全生产管理机构以及安全生产管理人员应当恪尽职守,依法履行职责。

生产经营单位作出涉及安全生产的经营决策,应当听取安全生产管理机构以及安全生产管理人员的意见。

生产经营单位不得因安全生产管理人员依法履行职责而降低其工资、福利等待遇或者解除与其订立的劳动合同。

危险物品的生产、储存单位以及矿山、金属冶炼单位的安全生产管理人员的任免,应当告知主管的负有安全生产监督管理职责的部门。

第二十七条 【知识和管理能力】生产经营单位的主要负责人和安全生产管理人员必须具备与本单位所从事的生产经营活动相应的安全生产知识和管理能力。

危险物品的生产、经营、储存、装卸单位以及矿山、金属冶炼、建筑施工、运输单位的主要负责人和安全生产管理人员,应当由主管的负有安全生产监督管理职责的部门对其安全生产知识和管理能力考核合格。考核不得收费。

危险物品的生产、储存、装卸单位以及矿山、金属冶炼单位应当有注册安全工程师从事安全生产管理工作。鼓励其他生产经营单位聘用注册安全工程师从事安全生产管理工作。注册安全工程师按专业分类管理,具体办法由国务院人力资源和社会保障部门、国务院应急管理部门会同国务院有关部门制定。

第二十八条 【安全生产教育和培训】生产经营单位应当对从业人员进行安全生产教育和培训,保证从业人员具备必要的安全生产知识,熟悉有关的安全生产规章制度和安全操作规程,掌握本岗位的安全操作技能,了解事故应急处理措施,知悉自身在安全生产方面的权利和义务。未经安全生产教育和培训合格的从业人员,不得上岗作业。

生产经营单位使用被派遣劳动者的,应当将被派遣劳动者纳入本单位从业人员统一管理,对被派遣劳动者进行岗位安全操作规程和安全操作技能的教育和培训。劳务派遣单位应当对被派遣劳动者进行必要的安全生产教育和培训。

生产经营单位接收中等职业学校、高等学校学生实习的,应当对实习学生进行相应的安全生产教育和培训,提供必要的劳动防护用品。学校应当协助生产经营单位对实习学生进行安全生产教育和培训。

生产经营单位应当建立安全生产教育和培训档案,如实记录安全生产教育和培训的时间、内容、参加人员以及考核结果等情况。

第二十九条 【技术更新的安全教育培训】生产经营单位采用新工艺、新技术、新材料或者使用新设备,必须了解、掌握其安全技术特性,采取有效的安全防护措施,并对从业人员进行专门的安全生产教育和培训。

第三十条 【特种作业人员安全管理规定】生产经营单位的特种作业人员必须按照国家有关规定经专门的安全作业培训,取得相应资格,方可上岗作业。

特种作业人员的范围由国务院应急管理部门会同国务院有关部门确定。

第三十一条 【建设项目安全设施"三同时"制度】生产经营单位新建、改建、扩建工程项目(以下统称建设项目)的安全设施,必须与主体工程同时设计、同时施工、同时投入生产和使用。安全设施投资应当纳入建设项目概算。

第三十二条 【特殊建设项目安全评价】矿山、金属冶炼建设项目和用于生产、储存、装卸危险物品的建设项目,应当按照国家有关规定进行安全评价。

第三十三条 【建设项目安全设计审查】建设项目安全设施的设计人、设计单位应当对安全设施设计负责。

矿山、金属冶炼建设项目和用于生产、储存、装卸危险物品的建设项目的安全设施设计应当按照国家有关规定报经有关部门审查,审查部门及其负责审查的人员对审查结果负责。

第三十四条 【建设项目安全设施施工与验收】矿山、金属冶炼建设项目和用于生产、储存、装卸危险物品的建设项目的施工单位必须按照批准的安全设施设计施工,并对安全设施的工程质量负责。

矿山、金属冶炼建设项目和用于生产、储存、装卸危险物品的建设项目竣工投入生产或者使用前，应当由建设单位负责组织对安全设施进行验收；验收合格后，方可投入生产和使用。负有安全生产监督管理职责的部门应当加强对建设单位验收活动和验收结果的监督核查。

第三十五条　【安全警示标志】生产经营单位应当在有较大危险因素的生产经营场所和有关设施、设备上，设置明显的安全警示标志。

第三十六条　【安全设备管理】安全设备的设计、制造、安装、使用、检测、维修、改造和报废，应当符合国家标准或者行业标准。

　　生产经营单位必须对安全设备进行经常性维护、保养，并定期检测，保证正常运转。维护、保养、检测应当作好记录，并由有关人员签字。

　　生产经营单位不得关闭、破坏直接关系生产安全的监控、报警、防护、救生设备、设施，或者篡改、隐瞒、销毁其相关数据、信息。

　　餐饮等行业的生产经营单位使用燃气的，应当安装可燃气体报警装置，并保障其正常使用。

第三十七条　【特种设备安全管理】生产经营单位使用的危险物品的容器、运输工具，以及涉及人身安全、危险性较大的海洋石油开采特种设备和矿山井下特种设备，必须按照国家有关规定，由专业生产单位生产，并经具有专业资质的检测、检验机构检测、检验合格，取得安全使用证或者安全标志，方可投入使用。检测、检验机构对检测、检验结果负责。

第三十八条　【工艺、设备淘汰制度】国家对严重危及生产安全的工艺、设备实行淘汰制度，具体目录由国务院应急管理部门会同国务院有关部门制定并公布。法律、行政法规对目录的制定另有规定的，适用其规定。

　　省、自治区、直辖市人民政府可以根据本地区实际情况制定并公布具体目录，对前款规定以外的危及生产安全的工艺、设备予以淘汰。

　　生产经营单位不得使用应当淘汰的危及生产安全的工艺、设备。

第三十九条　【危险物品的监管】生产、经营、运输、储存、使用危险物品或者处置废弃危险物品的，由有关主管部门依照有关法律、法规的规定和国家标准或者行业标准审批并实施监督管理。

　　生产经营单位生产、经营、运输、储存、使用危险物品或者处置废弃危险物品，必须执行有关法律、法规和国家标准或者行业标准，建立专门的安全管理制度，采取可靠的安全措施，接受有关主管部门依法实施的监督管理。

第四十条　【重大危险源安全管理】生产经营单位对重大危险源应当登记建档，进行定期检测、评估、监控，并制定应急预案，告知从业人员和相关人员在紧急情况下应当采取的应急措施。

　　生产经营单位应当按照国家有关规定将本单位重大危险源及有关安全措施、应急措施报有关地方人民政府应急管理部门和有关部门备案。有关地方人民政府应急管理部门和有关部门应当通过相关信息系统实现信息共享。

第四十一条 【风险管控和隐患排查治理】生产经营单位应当建立安全风险分级管控制度,按照安全风险分级采取相应的管控措施。

生产经营单位应当建立健全并落实生产安全事故隐患排查治理制度,采取技术、管理措施,及时发现并消除事故隐患。事故隐患排查治理情况应当如实记录,并通过职工大会或者职工代表大会、信息公示栏等方式向从业人员通报。其中,重大事故隐患排查治理情况应当及时向负有安全生产监督管理职责的部门和职工大会或者职工代表大会报告。

县级以上地方各级人民政府负有安全生产监督管理职责的部门应当将重大事故隐患纳入相关信息系统,建立健全重大事故隐患治理督办制度,督促生产经营单位消除重大事故隐患。

第四十二条 【生产经营场所和员工宿舍安全管理】生产、经营、储存、使用危险物品的车间、商店、仓库不得与员工宿舍在同一座建筑物内,并应当与员工宿舍保持安全距离。

生产经营场所和员工宿舍应当设有符合紧急疏散要求、标志明显、保持畅通的出口、疏散通道。禁止占用、锁闭、封堵生产经营场所或者员工宿舍的出口、疏散通道。

第四十三条 【危险作业现场安全管理】生产经营单位进行爆破、吊装、动火、临时用电以及国务院应急管理部门会同国务院有关部门规定的其他危险作业,应当安排专门人员进行现场安全管理,确保操作规程的遵守和安全措施的落实。

第四十四条 【从业人员安全管理】生产经营单位应当教育和督促从业人员严格执行本单位的安全生产规章制度和安全操作规程;并向从业人员如实告知作业场所和工作岗位存在的危险因素、防范措施以及事故应急措施。

生产经营单位应当关注从业人员的身体、心理状况和行为习惯,加强对从业人员的心理疏导、精神慰藉,严格落实岗位安全生产责任,防范从业人员行为异常导致事故发生。

第四十五条 【生产经营单位提供劳动防护用品】生产经营单位必须为从业人员提供符合国家标准或者行业标准的劳动防护用品,并监督、教育从业人员按照使用规则佩戴、使用。

第四十六条 【检查职责及重大事故隐患报告】生产经营单位的安全生产管理人员应当根据本单位的生产经营特点,对安全生产状况进行经常性检查;对检查中发现的安全问题,应当立即处理;不能处理的,应当及时报告本单位有关负责人,有关负责人应当及时处理。检查及处理情况应当如实记录在案。

生产经营单位的安全生产管理人员在检查中发现重大事故隐患,依照前款规定向本单位有关负责人报告,有关负责人不及时处理的,安全生产管理人员可以向主管的负有安全生产监督管理职责的部门报告,接到报告的部门应当依法及时处理。

第四十七条 【经费保障】生产经营单位应当安排用于配备劳动防护用品、进行安全生产培训的经费。

第四十八条 【交叉作业的安全管理】两个以上生产经营单位在同一作业区域内进行生产经营活动，可能危及对方生产安全的，应当签订安全生产管理协议，明确各自的安全生产管理职责和应当采取的安全措施，并指定专职安全生产管理人员进行安全检查与协调。

第四十九条 【发包与出租的安全生产责任】生产经营单位不得将生产经营项目、场所、设备发包或者出租给不具备安全生产条件或者相应资质的单位或者个人。

生产经营项目、场所发包或者出租给其他单位的，生产经营单位应当与承包单位、承租单位签订专门的安全生产管理协议，或者在承包合同、租赁合同中约定各自的安全生产管理职责；生产经营单位对承包单位、承租单位的安全生产工作统一协调、管理，定期进行安全检查，发现安全问题的，应当及时督促整改。

矿山、金属冶炼建设项目和用于生产、储存、装卸危险物品的建设项目的施工单位应当加强对施工项目的安全管理，不得倒卖、出租、出借、挂靠或者以其他形式非法转让施工资质，不得将其承包的全部建设工程转包给第三人或者将其承包的全部建设工程支解以后以分包的名义分别转包给第三人，不得将工程分包给不具备相应资质条件的单位。

第五十条 【事故发生时主要负责人职责】生产经营单位发生生产安全事故时，单位的主要负责人应当立即组织抢救，并不得在事故调查处理期间擅离职守。

第五十一条 【工伤保险和安全生产责任保险】生产经营单位必须依法参加工伤保险，为从业人员缴纳保险费。

国家鼓励生产经营单位投保安全生产责任保险；属于国家规定的高危行业、领域的生产经营单位，应当投保安全生产责任保险。具体范围和实施办法由国务院应急管理部门会同国务院财政部门、国务院保险监督管理机构和相关行业主管部门制定。

第三章 从业人员的安全生产权利义务

第五十二条 【劳动合同应载明的安全事项】生产经营单位与从业人员订立的劳动合同，应当载明有关保障从业人员劳动安全、防止职业危害的事项，以及依法为从业人员办理工伤保险的事项。

生产经营单位不得以任何形式与从业人员订立协议，免除或者减轻其对从业人员因生产安全事故伤亡依法应承担的责任。

第五十三条 【知情权和建议权】生产经营单位的从业人员有权了解其作业场所和工作岗位存在的危险因素、防范措施及事故应急措施，有权对本单位的安全生产工作提出建议。

第五十四条 【批评、检举、控告、拒绝权】从业人员有权对本单位安全生产工作中存在的问题提出批评、检举、控告;有权拒绝违章指挥和强令冒险作业。

生产经营单位不得因从业人员对本单位安全生产工作提出批评、检举、控告或者拒绝违章指挥、强令冒险作业而降低其工资、福利等待遇或者解除与其订立的劳动合同。

第五十五条 【紧急撤离权】从业人员发现直接危及人身安全的紧急情况时,有权停止作业或者在采取可能的应急措施后撤离作业场所。

生产经营单位不得因从业人员在前款紧急情况下停止作业或者采取紧急撤离措施而降低其工资、福利等待遇或者解除与其订立的劳动合同。

第五十六条 【及时救治义务及损害赔偿请求权】生产经营单位发生生产安全事故后,应当及时采取措施救治有关人员。

因生产安全事故受到损害的从业人员,除依法享有工伤保险外,依照有关民事法律尚有获得赔偿的权利的,有权提出赔偿要求。

第五十七条 【从业人员安全生产义务】从业人员在作业过程中,应当严格落实岗位安全责任,遵守本单位的安全生产规章制度和操作规程,服从管理,正确佩戴和使用劳动防护用品。

第五十八条 【从业人员接受安全生产教育培训】从业人员应当接受安全生产教育和培训,掌握本职工作所需的安全生产知识,提高安全生产技能,增强事故预防和应急处理能力。

第五十九条 【对事故隐患及不安全因素的报告义务】从业人员发现事故隐患或者其他不安全因素,应当立即向现场安全生产管理人员或者本单位负责人报告;接到报告的人员应当及时予以处理。

第六十条 【工会监督】工会有权对建设项目的安全设施与主体工程同时设计、同时施工、同时投入生产和使用进行监督,提出意见。

工会对生产经营单位违反安全生产法律、法规,侵犯从业人员合法权益的行为,有权要求纠正;发现生产经营单位违章指挥、强令冒险作业或者发现事故隐患时,有权提出解决的建议,生产经营单位应当及时研究答复;发现危及从业人员生命安全的情况时,有权向生产经营单位建议组织从业人员撤离危险场所,生产经营单位必须立即作出处理。

工会有权依法参加事故调查,向有关部门提出处理意见,并要求追究有关人员的责任。

第六十一条 【被派遣劳动者的权利义务】生产经营单位使用被派遣劳动者的,被派遣劳动者享有本法规定的从业人员的权利,并应当履行本法规定的从业人员的义务。

第四章 安全生产的监督管理

第六十二条 【政府和应急管理部门职责】县级以上地方各级人民政府应当根据本

行政区域内的安全生产状况,组织有关部门按照职责分工,对本行政区域内容易发生重大生产安全事故的生产经营单位进行严格检查。

应急管理部门应当按照分类分级监督管理的要求,制定安全生产年度监督检查计划,并按照年度监督检查计划进行监督检查,发现事故隐患,应当及时处理。

第六十三条 【安全生产事项的审批、验收】负有安全生产监督管理职责的部门依照有关法律、法规的规定,对涉及安全生产的事项需要审查批准(包括批准、核准、许可、注册、认证、颁发证照等,下同)或者验收的,必须严格依照有关法律、法规和国家标准或者行业标准规定的安全生产条件和程序进行审查;不符合有关法律、法规和国家标准或者行业标准规定的安全生产条件的,不得批准或者验收通过。对未依法取得批准或者验收合格的单位擅自从事有关活动的,负责行政审批的部门发现或者接到举报后应当立即予以取缔,并依法予以处理。对已经依法取得批准的单位,负责行政审批的部门发现其不再具备安全生产条件的,应当撤销原批准。

第六十四条 【审批、验收的禁止性规定】负有安全生产监督管理职责的部门对涉及安全生产的事项进行审查、验收,不得收取费用;不得要求接受审查、验收的单位购买其指定品牌或者指定生产、销售单位的安全设备、器材或者其他产品。

第六十五条 【现场检查权】应急管理部门和其他负有安全生产监督管理职责的部门依法开展安全生产行政执法工作,对生产经营单位执行有关安全生产的法律、法规和国家标准或者行业标准的情况进行监督检查,行使以下职权:

(一)进入生产经营单位进行检查,调阅有关资料,向有关单位和人员了解情况;

(二)对检查中发现的安全生产违法行为,当场予以纠正或者要求限期改正;对依法应当给予行政处罚的行为,依照本法和其他有关法律、行政法规的规定作出行政处罚决定;

(三)对检查中发现的事故隐患,应当责令立即排除;重大事故隐患排除前或者排除过程中无法保证安全的,应当责令从危险区域内撤出作业人员,责令暂时停产停业或者停止使用相关设施、设备;重大事故隐患排除后,经审查同意,方可恢复生产经营和使用;

(四)对有根据认为不符合保障安全生产的国家标准或者行业标准的设施、设备、器材以及违法生产、储存、使用、经营、运输的危险物品予以查封或者扣押,对违法生产、储存、使用、经营危险物品的作业场所予以查封,并依法作出处理决定。

监督检查不得影响被检查单位的正常生产经营活动。

第六十六条 【配合监督检查】生产经营单位对负有安全生产监督管理职责的部门的监督检查人员(以下统称安全生产监督检查人员)依法履行监督检查职责,应当予以配合,不得拒绝、阻挠。

第六十七条 【安全生产监督检查人员的工作原则】安全生产监督检查人员应当忠于职守,坚持原则,秉公执法。

安全生产监督检查人员执行监督检查任务时,必须出示有效的行政执法证件;对涉及被检查单位的技术秘密和业务秘密,应当为其保密。

第六十八条 【书面记录】安全生产监督检查人员应当将检查的时间、地点、内容、发现的问题及其处理情况,作出书面记录,并由检查人员和被检查单位的负责人签字;被检查单位的负责人拒绝签字的,检查人员应当将情况记录在案,并向负有安全生产监督管理职责的部门报告。

第六十九条 【各部门联合检查】负有安全生产监督管理职责的部门在监督检查中,应当互相配合,实行联合检查;确需分别进行检查的,应当互通情况,发现存在的安全问题应当由其他有关部门进行处理的,应当及时移送其他有关部门并形成记录备查,接受移送的部门应当及时进行处理。

第七十条 【强制停止生产经营活动】负有安全生产监督管理职责的部门依法对存在重大事故隐患的生产经营单位作出停产停业、停止施工、停止使用相关设施或者设备的决定,生产经营单位应当依法执行,及时消除事故隐患。生产经营单位拒不执行,有发生生产安全事故的现实危险的,在保证安全的前提下,经本部门主要负责人批准,负有安全生产监督管理职责的部门可以采取通知有关单位停止供电、停止供应民用爆炸物品等措施,强制生产经营单位履行决定。通知应当采用书面形式,有关单位应当予以配合。

负有安全生产监督管理职责的部门依照前款规定采取停止供电措施,除有危及生产安全的紧急情形外,应当提前二十四小时通知生产经营单位。生产经营单位依法履行行政决定、采取相应措施消除事故隐患的,负有安全生产监督管理职责的部门应当及时解除前款规定的措施。

第七十一条 【监察】监察机关依照监察法的规定,对负有安全生产监督管理职责的部门及其工作人员履行安全生产监督管理职责实施监察。

第七十二条 【安全生产服务机构资质与义务】承担安全评价、认证、检测、检验职责的机构应当具备国家规定的资质条件,并对其作出的安全评价、认证、检测、检验结果的合法性、真实性负责。资质条件由国务院应急管理部门会同国务院有关部门制定。

承担安全评价、认证、检测、检验职责的机构应当建立并实施服务公开和报告公开制度,不得租借资质、挂靠、出具虚假报告。

第七十三条 【举报核查】负有安全生产监督管理职责的部门应当建立举报制度,公开举报电话、信箱或者电子邮件地址等网络举报平台,受理有关安全生产的举报;受理的举报事项经调查核实后,应当形成书面材料;需要落实整改措施的,报经有关负责人签字并督促落实。对不属于本部门职责,需要由其他有关部门进行调查处理的,转交其他有关部门处理。

涉及人员死亡的举报事项，应当由县级以上人民政府组织核查处理。

第七十四条　【举报权利和公益诉讼】任何单位或者个人对事故隐患或者安全生产违法行为，均有权向负有安全生产监督管理职责的部门报告或者举报。

因安全生产违法行为造成重大事故隐患或者导致重大事故，致使国家利益或者社会公共利益受到侵害的，人民检察院可以根据民事诉讼法、行政诉讼法的相关规定提起公益诉讼。

第七十五条　【居民委员会、村民委员会对安全隐患的报告义务】居民委员会、村民委员会发现其所在区域内的生产经营单位存在事故隐患或者安全生产违法行为时，应当向当地人民政府或者有关部门报告。

第七十六条　【举报奖励】县级以上各级人民政府及其有关部门对报告重大事故隐患或者举报安全生产违法行为的有功人员，给予奖励。具体奖励办法由国务院应急管理部门会同国务院财政部门制定。

第七十七条　【舆论监督】新闻、出版、广播、电影、电视等单位有进行安全生产公益宣传教育的义务，有对违反安全生产法律、法规的行为进行舆论监督的权利。

第七十八条　【违法行为信息库】负有安全生产监督管理职责的部门应当建立安全生产违法行为信息库，如实记录生产经营单位及其有关从业人员的安全生产违法行为信息；对违法行为情节严重的生产经营单位及其有关从业人员，应当及时向社会公告，并通报行业主管部门、投资主管部门、自然资源主管部门、生态环境主管部门、证券监督管理机构以及有关金融机构。有关部门和机构应当对存在失信行为的生产经营单位及其有关从业人员采取加大执法检查频次、暂停项目审批、上调有关保险费率、行业或者职业禁入等联合惩戒措施，并向社会公示。

负有安全生产监督管理职责的部门应当加强对生产经营单位行政处罚信息的及时归集、共享、应用和公开，对生产经营单位作出处罚决定后七个工作日内在监督管理部门公示系统予以公开曝光，强化对违法失信生产经营单位及其有关从业人员的社会监督，提高全社会安全生产诚信水平。

第五章　生产安全事故的应急救援与调查处理

第七十九条　【加强生产安全事故应急能力建设】国家加强生产安全事故应急能力建设，在重点行业、领域建立应急救援基地和应急救援队伍，并由国家安全生产应急救援机构统一协调指挥；鼓励生产经营单位和其他社会力量建立应急救援队伍，配备相应的应急救援装备和物资，提高应急救援的专业化水平。

国务院应急管理部门牵头建立全国统一的生产安全事故应急救援信息系统，国务院交通运输、住房和城乡建设、水利、民航等有关部门和县级以上地方人民政府建立健全相关行业、领域、地区的生产安全事故应急救援信息系统，实现互联互通、信息共享，通过推行网上安全信息采集、安全监管和监测预警，提升监管的精准化、智能化水平。

第八十条 【各级人民政府建立应急救援体系】 县级以上地方各级人民政府应当组织有关部门制定本行政区域内生产安全事故应急救援预案，建立应急救援体系。

乡镇人民政府和街道办事处，以及开发区、工业园区、港区、风景区等应当制定相应的生产安全事故应急救援预案，协助人民政府有关部门或者按照授权依法履行生产安全事故应急救援工作职责。

第八十一条 【生产经营单位制定应急救援预案】 生产经营单位应当制定本单位生产安全事故应急救援预案，与所在地县级以上地方人民政府组织制定的生产安全事故应急救援预案相衔接，并定期组织演练。

第八十二条 【高危行业生产经营单位的应急救援义务】 危险物品的生产、经营、储存单位以及矿山、金属冶炼、城市轨道交通运营、建筑施工单位应当建立应急救援组织；生产经营规模较小的，可以不建立应急救援组织，但应当指定兼职的应急救援人员。

危险物品的生产、经营、储存、运输单位以及矿山、金属冶炼、城市轨道交通运营、建筑施工单位应当配备必要的应急救援器材、设备和物资，并进行经常性维护、保养，保证正常运转。

第八十三条 【安全事故报告和抢救义务】 生产经营单位发生生产安全事故后，事故现场有关人员应当立即报告本单位负责人。

单位负责人接到事故报告后，应当迅速采取有效措施，组织抢救，防止事故扩大，减少人员伤亡和财产损失，并按照国家有关规定立即如实报告当地负有安全生产监督管理职责的部门，不得隐瞒不报、谎报或者迟报，不得故意破坏事故现场、毁灭有关证据。

第八十四条 【行政机关事故报告义务】 负有安全生产监督管理职责的部门接到事故报告后，应当立即按照国家有关规定上报事故情况。负有安全生产监督管理职责的部门和有关地方人民政府对事故情况不得隐瞒不报、谎报或者迟报。

第八十五条 【事故抢救】 有关地方人民政府和负有安全生产监督管理职责的部门的负责人接到生产安全事故报告后，应当按照生产安全事故应急救援预案的要求立即赶到事故现场，组织事故抢救。

参与事故抢救的部门和单位应当服从统一指挥，加强协同联动，采取有效的应急救援措施，并根据事故救援的需要采取警戒、疏散等措施，防止事故扩大和次生灾害的发生，减少人员伤亡和财产损失。

事故抢救过程中应当采取必要措施，避免或者减少对环境造成的危害。

任何单位和个人都应当支持、配合事故抢救，并提供一切便利条件。

第八十六条 【事故调查处理的原则】 事故调查处理应当按照科学严谨、依法依规、实事求是、注重实效的原则，及时、准确地查清事故原因，查明事故性质和责任，评估应急处置工作，总结事故教训，提出整改措施，并对事故责任单位和人员提出处理建议。事故调查报告应当依法及时向社会公布。事故调查和处理的具体办法由国务院制定。

事故发生单位应当及时全面落实整改措施,负有安全生产监督管理职责的部门应当加强监督检查。

负责事故调查处理的国务院有关部门和地方人民政府应当在批复事故调查报告后一年内,组织有关部门对事故整改和防范措施落实情况进行评估,并及时向社会公开评估结果;对不履行职责导致事故整改和防范措施没有落实的有关单位和人员,应当按照有关规定追究责任。

第八十七条 【责任事故的法律后果】生产经营单位发生生产安全事故,经调查确定为责任事故的,除了应当查明事故单位的责任并依法予以追究外,还应当查明对安全生产的有关事项负有审查批准和监督职责的行政部门的责任,对有失职、渎职行为的,依照本法第九十条的规定追究法律责任。

第八十八条 【不得阻挠和干涉对事故的依法调查处理】任何单位和个人不得阻挠和干涉对事故的依法调查处理。

第八十九条 【定期统计分析生产安全事故情况】县级以上地方各级人民政府应急管理部门应当定期统计分析本行政区域内发生生产安全事故的情况,并定期向社会公布。

第六章 法 律 责 任

第九十条 【监管部门工作人员的违法行为及责任】负有安全生产监督管理职责的部门的工作人员,有下列行为之一的,给予降级或者撤职的处分;构成犯罪的,依照刑法有关规定追究刑事责任:

(一)对不符合法定安全生产条件的涉及安全生产的事项予以批准或者验收通过的;

(二)发现未依法取得批准、验收的单位擅自从事有关活动或者接到举报后不予取缔或者不依法予以处理的;

(三)对已经依法取得批准的单位不履行监督管理职责,发现其不再具备安全生产条件而不撤销原批准或者发现安全生产违法行为不予查处的;

(四)在监督检查中发现重大事故隐患,不依法及时处理的。

负有安全生产监督管理职责的部门的工作人员有前款规定以外的滥用职权、玩忽职守、徇私舞弊行为的,依法给予处分;构成犯罪的,依照刑法有关规定追究刑事责任。

第九十一条 【监管部门违法责任】负有安全生产监督管理职责的部门,要求被审查、验收的单位购买其指定的安全设备、器材或者其他产品的,在对安全生产事项的审查、验收中收取费用的,由其上级机关或者监察机关责令改正,责令退还收取的费用;情节严重的,对直接负责的主管人员和其他直接责任人员依法给予处分。

第九十二条 【承担安全评价、认证、检测、检验职责的机构及责任人员的法律责

任】承担安全评价、认证、检测、检验职责的机构出具失实报告的,责令停业整顿,并处三万元以上十万元以下的罚款;给他人造成损害的,依法承担赔偿责任。

承担安全评价、认证、检测、检验职责的机构租借资质、挂靠、出具虚假报告的,没收违法所得;违法所得在十万元以上的,并处违法所得二倍以上五倍以下的罚款,没有违法所得或者违法所得不足十万元的,单处或者并处十万元以上二十万元以下的罚款;对其直接负责的主管人员和其他直接责任人员处五万元以上十万元以下的罚款;给他人造成损害的,与生产经营单位承担连带赔偿责任;构成犯罪的,依照刑法有关规定追究刑事责任。

对有前款违法行为的机构及其直接责任人员,吊销其相应资质和资格,五年内不得从事安全评价、认证、检测、检验等工作;情节严重的,实行终身行业和职业禁入。

第九十三条 【未投入保证安全生产所必需的资金的法律责任】生产经营单位的决策机构、主要负责人或者个人经营的投资人不依照本法规定保证安全生产所必需的资金投入,致使生产经营单位不具备安全生产条件的,责令限期改正,提供必需的资金;逾期未改正的,责令生产经营单位停产停业整顿。

有前款违法行为,导致发生生产安全事故的,对生产经营单位的主要负责人给予撤职处分,对个人经营的投资人处二万元以上二十万元以下的罚款;构成犯罪的,依照刑法有关规定追究刑事责任。

第九十四条 【主要负责人未履行安全生产职责的法律责任】生产经营单位的主要负责人未履行本法规定的安全生产管理职责的,责令限期改正,处二万元以上五万元以下的罚款;逾期未改正的,处五万元以上十万元以下的罚款,责令生产经营单位停产停业整顿。

生产经营单位的主要负责人有前款违法行为,导致发生生产安全事故的,给予撤职处分;构成犯罪的,依照刑法有关规定追究刑事责任。

生产经营单位的主要负责人依照前款规定受刑事处罚或者撤职处分的,自刑罚执行完毕或者受处分之日起,五年内不得担任任何生产经营单位的主要负责人;对重大、特别重大生产安全事故负有责任的,终身不得担任本行业生产经营单位的主要负责人。

第九十五条 【发生生产安全事故后主要负责人的法律责任】生产经营单位的主要负责人未履行本法规定的安全生产管理职责,导致发生生产安全事故的,由应急管理部门依照下列规定处以罚款:

(一)发生一般事故的,处上一年年收入百分之四十的罚款;

(二)发生较大事故的,处上一年年收入百分之六十的罚款;

(三)发生重大事故的,处上一年年收入百分之八十的罚款;

(四)发生特别重大事故的,处上一年年收入百分之一百的罚款。

第九十六条 【其他负责人和安全生产管理人员未履行安全生产职责的法律责任】

生产经营单位的其他负责人和安全生产管理人员未履行本法规定的安全生产管理职责的,责令限期改正,处一万元以上三万元以下的罚款;导致发生生产安全事故的,暂停或者吊销其与安全生产有关的资格,并处上一年年收入百分之二十以上百分之五十以下的罚款;构成犯罪的,依照刑法有关规定追究刑事责任。

第九十七条 【与从业人员、教育培训相关的违法行为及法律责任】生产经营单位有下列行为之一的,责令限期改正,处十万元以下的罚款;逾期未改正的,责令停产停业整顿,并处十万元以上二十万元以下的罚款,对其直接负责的主管人员和其他直接责任人员处二万元以上五万元以下的罚款:

（一）未按照规定设置安全生产管理机构或者配备安全生产管理人员、注册安全工程师的;

（二）危险物品的生产、经营、储存、装卸单位以及矿山、金属冶炼、建筑施工、运输单位的主要负责人和安全生产管理人员未按照规定经考核合格的;

（三）未按照规定对从业人员、被派遣劳动者、实习学生进行安全生产教育和培训,或者未按照规定如实告知有关的安全生产事项的;

（四）未如实记录安全生产教育和培训情况的;

（五）未将事故隐患排查治理情况如实记录或者未向从业人员通报的;

（六）未按照规定制定生产安全事故应急救援预案或者未定期组织演练的;

（七）特种作业人员未按照规定经专门的安全作业培训并取得相应资格,上岗作业的。

第九十八条 【与矿山、金属冶炼建设项目相关违法行为及法律后果】生产经营单位有下列行为之一的,责令停止建设或者停产停业整顿,限期改正,并处十万元以上五十万元以下的罚款,对其直接负责的主管人员和其他直接责任人员处二万元以上五万元以下的罚款;逾期未改正的,处五十万元以上一百万元以下的罚款,对其直接负责的主管人员和其他直接责任人员处五万元以上十万元以下的罚款;构成犯罪的,依照刑法有关规定追究刑事责任:

（一）未按照规定对矿山、金属冶炼建设项目或者用于生产、储存、装卸危险物品的建设项目进行安全评价的;

（二）矿山、金属冶炼建设项目或者用于生产、储存、装卸危险物品的建设项目没有安全设施设计或者安全设施设计未按照规定报经有关部门审查同意的;

（三）矿山、金属冶炼建设项目或者用于生产、储存、装卸危险物品的建设项目的施工单位未按照批准的安全设施设计施工的;

（四）矿山、金属冶炼建设项目或者用于生产、储存、装卸危险物品的建设项目竣工投入生产或者使用前,安全设施未经验收合格的。

第九十九条 【与安全设备相关的违法行为及法律后果】生产经营单位有下列行为之一的,责令限期改正,处五万元以下的罚款;逾期未改正的,处五万元以上二十万元以下的罚款,对其直接负责的主管人员和其他直接责任人员处一万元以上二

万元以下的罚款;情节严重的,责令停产停业整顿;构成犯罪的,依照刑法有关规定追究刑事责任:

（一）未在有较大危险因素的生产经营场所和有关设施、设备上设置明显的安全警示标志的;

（二）安全设备的安装、使用、检测、改造和报废不符合国家标准或者行业标准的;

（三）未对安全设备进行经常性维护、保养和定期检测的;

（四）关闭、破坏直接关系生产安全的监控、报警、防护、救生设备、设施,或者篡改、隐瞒、销毁其相关数据、信息的;

（五）未为从业人员提供符合国家标准或者行业标准的劳动防护用品的;

（六）危险物品的容器、运输工具,以及涉及人身安全、危险性较大的海洋石油开采特种设备和矿山井下特种设备未经具有专业资质的机构检测、检验合格,取得安全使用证或者安全标志,投入使用的;

（七）使用应当淘汰的危及生产安全的工艺、设备的;

（八）餐饮等行业的生产经营单位使用燃气未安装可燃气体报警装置的。

第一百条 【**违反危险物品安全管理的法律责任**】未经依法批准,擅自生产、经营、运输、储存、使用危险物品或者处置废弃危险物品的,依照有关危险物品安全管理的法律、行政法规的规定予以处罚;构成犯罪的,依照刑法有关规定追究刑事责任。

第一百零一条 【**与安全管理制度相关的违法行为及法律责任**】生产经营单位有下列行为之一的,责令限期改正,处十万元以下的罚款;逾期未改正的,责令停产停业整顿,并处十万元以上二十万元以下的罚款,对其直接负责的主管人员和其他直接责任人员处二万元以上五万元以下的罚款;构成犯罪的,依照刑法有关规定追究刑事责任:

（一）生产、经营、运输、储存、使用危险物品或者处置废弃危险物品,未建立专门安全管理制度、未采取可靠的安全措施的;

（二）对重大危险源未登记建档,未进行定期检测、评估、监控,未制定应急预案,或者未告知应急措施的;

（三）进行爆破、吊装、动火、临时用电以及国务院应急管理部门会同国务院有关部门规定的其他危险作业,未安排专门人员进行现场安全管理的;

（四）未建立安全风险分级管控制度或者未按照安全风险分级采取相应管控措施的;

（五）未建立事故隐患排查治理制度,或者重大事故隐患排查治理情况未按照规定报告的。

第一百零二条 【**未采取措施消除事故隐患的法律责任**】生产经营单位未采取措施消除事故隐患,责令立即消除或者限期消除,处五万元以下的罚款;生产经营单位拒不执行的,责令停产停业整顿,对其直接负责的主管人员和其他直接责任人员处五万元以上十万元以下的罚款;构成犯罪的,依照刑法有关规定追究刑事责任。

第一百零三条 【违反承包、出租中安全管理职责的法律责任】生产经营单位将生产经营项目、场所、设备发包或者出租给不具备安全生产条件或者相应资质的单位或者个人的,责令限期改正,没收违法所得;违法所得十万元以上的,并处违法所得二倍以上五倍以下的罚款;没有违法所得或者违法所得不足十万元的,单处或者并处十万元以上二十万元以下的罚款;对其直接负责的主管人员和其他直接责任人员处一万元以上二万元以下的罚款;导致发生生产安全事故给他人造成损害的,与承包方、承租方承担连带赔偿责任。

生产经营单位未与承包单位、承租单位签订专门的安全生产管理协议或者未在承包合同、租赁合同中明确各自的安全生产管理职责,或者未对承包单位、承租单位的安全生产统一协调、管理的,责令限期改正,处五万元以下的罚款,对其直接负责的主管人员和其他直接责任人员处一万元以下的罚款;逾期未改正的,责令停产停业整顿。

矿山、金属冶炼建设项目和用于生产、储存、装卸危险物品的建设项目的施工单位未按照规定对施工项目进行安全管理的,责令限期改正,处十万元以下的罚款,对其直接负责的主管人员和其他直接责任人员处二万元以下的罚款;逾期未改正的,责令停产停业整顿。以上施工单位倒卖、出租、出借、挂靠或者以其他形式非法转让施工资质的,责令停产停业整顿,吊销资质证书,没收违法所得;违法所得十万元以上的,并处违法所得二倍以上五倍以下的罚款,没有违法所得或者违法所得不足十万元的,单处或者并处十万元以上二十万元以下的罚款;对其直接负责的主管人员和其他直接责任人员处五万元以上十万元以下的罚款;构成犯罪的,依照刑法有关规定追究刑事责任。

第一百零四条 【违反交叉作业安全管理的法律责任】两个以上生产经营单位在同一作业区域内进行可能危及对方安全生产的生产经营活动,未签订安全生产管理协议或者未指定专职安全生产管理人员进行安全检查与协调的,责令限期改正,处五万元以下的罚款,对其直接负责的主管人员和其他直接责任人员处一万元以下的罚款;逾期未改正的,责令停产停业。

第一百零五条 【员工宿舍不符合安全要求的法律责任】生产经营单位有下列行为之一的,责令限期改正,处五万元以下的罚款,对其直接负责的主管人员和其他直接责任人员处一万元以下的罚款;逾期未改正的,责令停产停业整顿;构成犯罪的,依照刑法有关规定追究刑事责任:

(一)生产、经营、储存、使用危险物品的车间、商店、仓库与员工宿舍在同一座建筑内,或者与员工宿舍的距离不符合安全要求的;

(二)生产经营场所和员工宿舍未设有符合紧急疏散需要、标志明显、保持畅通的出口、疏散通道,或者占用、锁闭、封堵生产经营场所或者员工宿舍出口、疏散通道的。

第一百零六条 【免责协议无效】生产经营单位与从业人员订立协议,免除或者减轻其对从业人员因生产安全事故伤亡依法应承担的责任的,该协议无效;对生产经营单位的主要负责人、个人经营的投资人处二万元以上十万元以下的罚款。

第一百零七条 【从业人员不服从安全管理的法律责任】生产经营单位的从业人员不落实岗位安全责任,不服从管理,违反安全生产规章制度或者操作规程的,由生产经营单位给予批评教育,依照有关规章制度给予处分;构成犯罪的,依照刑法有关规定追究刑事责任。

第一百零八条 【拒绝、阻碍安全检查的法律责任】违反本法规定,生产经营单位拒绝、阻碍负有安全生产监督管理职责的部门依法实施监督检查的,责令改正;拒不改正的,处二万元以上二十万元以下的罚款;对其直接负责的主管人员和其他直接责任人员处一万元以上二万元以下的罚款;构成犯罪的,依照刑法有关规定追究刑事责任。

第一百零九条 【未按规定投保的法律责任】高危行业、领域的生产经营单位未按照国家规定投保安全生产责任保险的,责令限期改正,处五万元以上十万元以下的罚款;逾期未改正的,处十万元以上二十万元以下的罚款。

第一百一十条 【主要负责人不立即组织抢救的法律责任】生产经营单位的主要负责人在本单位发生生产安全事故时,不立即组织抢救或者在事故调查处理期间擅离职守或者逃匿的,给予降级、撤职的处分,并由应急管理部门处上一年年收入百分之六十至百分之一百的罚款;对逃匿的处十五日以下拘留;构成犯罪的,依照刑法有关规定追究刑事责任。

生产经营单位的主要负责人对生产安全事故隐瞒不报、谎报或者迟报的,依照前款规定处罚。

第一百一十一条 【对生产安全事故隐瞒不报、谎报或者迟报的法律责任】有关地方人民政府、负有安全生产监督管理职责的部门,对生产安全事故隐瞒不报、谎报或者迟报的,对直接负责的主管人员和其他直接责任人员依法给予处分;构成犯罪的,依照刑法有关规定追究刑事责任。

第一百一十二条 【拒不改正的法律后果】生产经营单位违反本法规定,被责令改正且受到罚款处罚,拒不改正的,负有安全生产监督管理职责的部门可以自作出责令改正之日的次日起,按照原处罚数额按日连续处罚。

第一百一十三条 【"关闭"行政处罚的具体适用】生产经营单位存在下列情形之一的,负有安全生产监督管理职责的部门应当提请地方人民政府予以关闭,有关部门应当依法吊销其有关证照。生产经营单位主要负责人五年内不得担任任何生产经营单位的主要负责人;情节严重的,终身不得担任本行业生产经营单位的主要负责人:

（一）存在重大事故隐患，一百八十日内三次或者一年内四次受到本法规定的行政处罚的；

（二）经停产停业整顿，仍不具备法律、行政法规和国家标准或者行业标准规定的安全生产条件的；

（三）不具备法律、行政法规和国家标准或者行业标准规定的安全生产条件，导致发生重大、特别重大生产安全事故的；

（四）拒不执行负有安全生产监督管理职责的部门作出的停产停业整顿决定的。

第一百一十四条 【应急管理部门处以罚款的情形】发生生产安全事故，对负有责任的生产经营单位除要求其依法承担相应的赔偿等责任外，由应急管理部门依照下列规定处以罚款：

（一）发生一般事故的，处三十万元以上一百万元以下的罚款；

（二）发生较大事故的，处一百万元以上二百万元以下的罚款；

（三）发生重大事故的，处二百万元以上一千万元以下的罚款；

（四）发生特别重大事故的，处一千万元以上二千万元以下的罚款。

发生生产安全事故，情节特别严重、影响特别恶劣的，应急管理部门可以按照前款罚款数额的二倍以上五倍以下对负有责任的生产经营单位处以罚款。

第一百一十五条 【行政处罚决定机关】本法规定的行政处罚，由应急管理部门和其他负有安全生产监督管理职责的部门按照职责分工决定；其中，根据本法第九十五条、第一百一十条、第一百一十四条的规定应当给予民航、铁路、电力行业的生产经营单位及其主要负责人行政处罚的，也可以由主管的负有安全生产监督管理职责的部门进行处罚。予以关闭的行政处罚，由负有安全生产监督管理职责的部门报请县级以上人民政府按照国务院规定的权限决定；给予拘留的行政处罚，由公安机关依照治安管理处罚的规定决定。

第一百一十六条 【赔偿】生产经营单位发生生产安全事故造成人员伤亡、他人财产损失的，应当依法承担赔偿责任；拒不承担或者其负责人逃匿的，由人民法院依法强制执行。

生产安全事故的责任人未依法承担赔偿责任，经人民法院依法采取执行措施后，仍不能对受害人给予足额赔偿的，应当继续履行赔偿义务；受害人发现责任人有其他财产的，可以随时请求人民法院执行。

第七章 附 则

第一百一十七条 【用语含义】本法下列用语的含义：

危险物品，是指易燃易爆物品、危险化学品、放射性物品等能够危及人身安全和财产安全的物品。

重大危险源，是指长期地或者临时地生产、搬运、使用或者储存危险物品，且危险物品的数量等于或者超过临界量的单元(包括场所和设施)。

第一百一十八条 【安全事故的划分标准】本法规定的生产安全一般事故、较大事故、重大事故、特别重大事故的划分标准由国务院规定。

国务院应急管理部门和其他负有安全生产监督管理职责的部门应当根据各自的职责分工,制定相关行业、领域重大危险源的辨识标准和重大事故隐患的判定标准。

第一百一十九条 【施行日期】本法自2002年11月1日起施行。

生产安全事故报告和调查处理条例

1. 2007年4月9日国务院令第493号公布
2. 自2007年6月1日起施行

第一章 总 则

第一条 为了规范生产安全事故的报告和调查处理,落实生产安全事故责任追究制度,防止和减少生产安全事故,根据《中华人民共和国安全生产法》和有关法律,制定本条例。

第二条 生产经营活动中发生的造成人身伤亡或者直接经济损失的生产安全事故的报告和调查处理,适用本条例;环境污染事故、核设施事故、国防科研生产事故的报告和调查处理不适用本条例。

第三条 根据生产安全事故(以下简称事故)造成的人员伤亡或者直接经济损失,事故一般分为以下等级:

(一)特别重大事故,是指造成30人以上死亡,或者100人以上重伤(包括急性工业中毒,下同),或者1亿元以上直接经济损失的事故;

(二)重大事故,是指造成10人以上30人以下死亡,或者50人以上100人以下重伤,或者5000万元以上1亿元以下直接经济损失的事故;

(三)较大事故,是指造成3人以上10人以下死亡,或者10人以上50人以下重伤,或者1000万元以上5000万元以下直接经济损失的事故;

(四)一般事故,是指造成3人以下死亡,或者10人以下重伤,或者1000万元以下直接经济损失的事故。

国务院安全生产监督管理部门可以会同国务院有关部门,制定事故等级划分的补充性规定。

本条第一款所称的"以上"包括本数,所称的"以下"不包括本数。

第四条 事故报告应当及时、准确、完整,任何单位和个人对事故不得迟报、漏报、谎报或者瞒报。

事故调查处理应当坚持实事求是、尊重科学的原则,及时、准确地查清事故经过、事故原因和事故损失,查明事故性质,认定事故责任,总结事故教训,提出整改措施,并对事故责任者依法追究责任。

第五条 县级以上人民政府应当依照本条例的规定,严格履行职责,及时、准确地完成事故调查处理工作。

事故发生地有关地方人民政府应当支持、配合上级人民政府或者有关部门的事故调查处理工作,并提供必要的便利条件。

参加事故调查处理的部门和单位应当互相配合,提高事故调查处理工作的效率。

第六条 工会依法参加事故调查处理,有权向有关部门提出处理意见。

第七条 任何单位和个人不得阻挠和干涉对事故的报告和依法调查处理。

第八条 对事故报告和调查处理中的违法行为,任何单位和个人有权向安全生产监督管理部门、监察机关或者其他有关部门举报,接到举报的部门应当依法及时处理。

第二章 事 故 报 告

第九条 事故发生后,事故现场有关人员应当立即向本单位负责人报告;单位负责人接到报告后,应当于 1 小时内向事故发生地县级以上人民政府安全生产监督管理部门和负有安全生产监督管理职责的有关部门报告。

情况紧急时,事故现场有关人员可以直接向事故发生地县级以上人民政府安全生产监督管理部门和负有安全生产监督管理职责的有关部门报告。

第十条 安全生产监督管理部门和负有安全生产监督管理职责的有关部门接到事故报告后,应当依照下列规定上报事故情况,并通知公安机关、劳动保障行政部门、工会和人民检察院:

(一)特别重大事故、重大事故逐级上报至国务院安全生产监督管理部门和负有安全生产监督管理职责的有关部门;

(二)较大事故逐级上报至省、自治区、直辖市人民政府安全生产监督管理部门和负有安全生产监督管理职责的有关部门;

(三)一般事故上报至设区的市级人民政府安全生产监督管理部门和负有安全生产监督管理职责的有关部门。

安全生产监督管理部门和负有安全生产监督管理职责的有关部门依照前款规定上报事故情况,应当同时报告本级人民政府。国务院安全生产监督管理部门和负有安全生产监督管理职责的有关部门以及省级人民政府接到发生特别重大事故、重大事故的报告后,应当立即报告国务院。

必要时,安全生产监督管理部门和负有安全生产监督管理职责的有关部门可以越级上报事故情况。

第十一条　安全生产监督管理部门和负有安全生产监督管理职责的有关部门逐级上报事故情况，每级上报的时间不得超过2小时。

第十二条　报告事故应当包括下列内容：

（一）事故发生单位概况；

（二）事故发生的时间、地点以及事故现场情况；

（三）事故的简要经过；

（四）事故已经造成或者可能造成的伤亡人数（包括下落不明的人数）和初步估计的直接经济损失；

（五）已经采取的措施；

（六）其他应当报告的情况。

第十三条　事故报告后出现新情况的，应当及时补报。

自事故发生之日起30日内，事故造成的伤亡人数发生变化的，应当及时补报。道路交通事故、火灾事故自发生之日起7日内，事故造成的伤亡人数发生变化的，应当及时补报。

第十四条　事故发生单位负责人接到事故报告后，应当立即启动事故相应应急预案，或者采取有效措施，组织抢救，防止事故扩大，减少人员伤亡和财产损失。

第十五条　事故发生地有关地方人民政府、安全生产监督管理部门和负有安全生产监督管理职责的有关部门接到事故报告后，其负责人应当立即赶赴事故现场，组织事故救援。

第十六条　事故发生后，有关单位和人员应当妥善保护事故现场以及相关证据，任何单位和个人不得破坏事故现场、毁灭相关证据。

因抢救人员、防止事故扩大以及疏通交通等原因，需要移动事故现场物件的，应当做出标志，绘制现场简图并做出书面记录，妥善保存现场重要痕迹、物证。

第十七条　事故发生地公安机关根据事故的情况，对涉嫌犯罪的，应当依法立案侦查，采取强制措施和侦查措施。犯罪嫌疑人逃匿的，公安机关应当迅速追捕归案。

第十八条　安全生产监督管理部门和负有安全生产监督管理职责的有关部门应当建立值班制度，并向社会公布值班电话，受理事故报告和举报。

第三章　事　故　调　查

第十九条　特别重大事故由国务院或者国务院授权有关部门组织事故调查组进行调查。

重大事故、较大事故、一般事故分别由事故发生地省级人民政府、设区的市级人民政府、县级人民政府负责调查。省级人民政府、设区的市级人民政府、县级人民政府可以直接组织事故调查组进行调查，也可以授权或者委托有关部门组织事故调查组进行调查。

未造成人员伤亡的一般事故,县级人民政府也可以委托事故发生单位组织事故调查组进行调查。

第二十条 上级人民政府认为必要时,可以调查由下级人民政府负责调查的事故。

自事故发生之日起 30 日内(道路交通事故、火灾事故自发生之日起 7 日内),因事故伤亡人数变化导致事故等级发生变化,依照本条例规定应当由上级人民政府负责调查的,上级人民政府可以另行组织事故调查组进行调查。

第二十一条 特别重大事故以下等级事故,事故发生地与事故发生单位不在同一个县级以上行政区域的,由事故发生地人民政府负责调查,事故发生单位所在地人民政府应当派人参加。

第二十二条 事故调查组的组成应当遵循精简、效能的原则。

根据事故的具体情况,事故调查组由有关人民政府、安全生产监督管理部门、负有安全生产监督管理职责的有关部门、监察机关、公安机关以及工会派人组成,并应当邀请人民检察院派人参加。

事故调查组可以聘请有关专家参与调查。

第二十三条 事故调查组成员应当具有事故调查所需要的知识和专长,并与所调查的事故没有直接利害关系。

第二十四条 事故调查组组长由负责事故调查的人民政府指定。事故调查组组长主持事故调查组的工作。

第二十五条 事故调查组履行下列职责:

(一)查明事故发生的经过、原因、人员伤亡情况及直接经济损失;

(二)认定事故的性质和事故责任;

(三)提出对事故责任者的处理建议;

(四)总结事故教训,提出防范和整改措施;

(五)提交事故调查报告。

第二十六条 事故调查组有权向有关单位和个人了解与事故有关的情况,并要求其提供相关文件、资料,有关单位和个人不得拒绝。

事故发生单位的负责人和有关人员在事故调查期间不得擅离职守,并应当随时接受事故调查组的询问,如实提供有关情况。

事故调查中发现涉嫌犯罪的,事故调查组应当及时将有关材料或者其复印件移交司法机关处理。

第二十七条 事故调查中需要进行技术鉴定的,事故调查组应当委托具有国家规定资质的单位进行技术鉴定。必要时,事故调查组可以直接组织专家进行技术鉴定。技术鉴定所需时间不计入事故调查期限。

第二十八条 事故调查组成员在事故调查工作中应当诚信公正、恪尽职守,遵守事故调查组的纪律,保守事故调查的秘密。

未经事故调查组组长允许,事故调查组成员不得擅自发布有关事故的信息。

第二十九条 事故调查组应当自事故发生之日起 60 日内提交事故调查报告;特殊情况下,经负责事故调查的人民政府批准,提交事故调查报告的期限可以适当延长,但延长的期限最长不超过 60 日。

第三十条 事故调查报告应当包括下列内容:

(一)事故发生单位概况;

(二)事故发生经过和事故救援情况;

(三)事故造成的人员伤亡和直接经济损失;

(四)事故发生的原因和事故性质;

(五)事故责任的认定以及对事故责任者的处理建议;

(六)事故防范和整改措施。

事故调查报告应当附具有关证据材料。事故调查组成员应当在事故调查报告上签名。

第三十一条 事故调查报告报送负责事故调查的人民政府后,事故调查工作即告结束。事故调查的有关资料应当归档保存。

第四章 事故处理

第三十二条 重大事故、较大事故、一般事故,负责事故调查的人民政府应当自收到事故调查报告之日起 15 日内做出批复;特别重大事故,30 日内做出批复,特殊情况下,批复时间可以适当延长,但延长的时间最长不超过 30 日。

有关机关应当按照人民政府的批复,依照法律、行政法规规定的权限和程序,对事故发生单位和有关人员进行行政处罚,对负有事故责任的国家工作人员进行处分。

事故发生单位应当按照负责事故调查的人民政府的批复,对本单位负有事故责任的人员进行处理。

负有事故责任的人员涉嫌犯罪的,依法追究刑事责任。

第三十三条 事故发生单位应当认真吸取事故教训,落实防范和整改措施,防止事故再次发生。防范和整改措施的落实情况应当接受工会和职工的监督。

安全生产监督管理部门和负有安全生产监督管理职责的有关部门应当对事故发生单位落实防范和整改措施的情况进行监督检查。

第三十四条 事故处理的情况由负责事故调查的人民政府或者其授权的有关部门、机构向社会公布,依法应当保密的除外。

第五章 法律责任

第三十五条 事故发生单位主要负责人有下列行为之一的,处上一年年收入 40%至 80%的罚款;属于国家工作人员的,并依法给予处分;构成犯罪的,依法追究刑事责任:

(一)不立即组织事故抢救的;

(二)迟报或者漏报事故的;
(三)在事故调查处理期间擅离职守的。

第三十六条 事故发生单位及其有关人员有下列行为之一的,对事故发生单位处 100 万元以上 500 万元以下的罚款;对主要负责人、直接负责的主管人员和其他直接责任人员处上一年年收入 60% 至 100% 的罚款;属于国家工作人员的,并依法给予处分;构成违反治安管理行为的,由公安机关依法给予治安管理处罚;构成犯罪的,依法追究刑事责任:
(一)谎报或者瞒报事故的;
(二)伪造或者故意破坏事故现场的;
(三)转移、隐匿资金、财产,或者销毁有关证据、资料的;
(四)拒绝接受调查或者拒绝提供有关情况和资料的;
(五)在事故调查中作伪证或者指使他人作伪证的;
(六)事故发生后逃匿的。

第三十七条 事故发生单位对事故发生负有责任的,依照下列规定处以罚款:
(一)发生一般事故的,处 10 万元以上 20 万元以下的罚款;
(二)发生较大事故的,处 20 万元以上 50 万元以下的罚款;
(三)发生重大事故的,处 50 万元以上 200 万元以下的罚款;
(四)发生特别重大事故的,处 200 万元以上 500 万元以下的罚款。

第三十八条 事故发生单位主要负责人未依法履行安全生产管理职责,导致事故发生的,依照下列规定处以罚款;属于国家工作人员的,并依法给予处分;构成犯罪的,依法追究刑事责任:
(一)发生一般事故的,处上一年年收入 30% 的罚款;
(二)发生较大事故的,处上一年年收入 40% 的罚款;
(三)发生重大事故的,处上一年年收入 60% 的罚款;
(四)发生特别重大事故的,处上一年年收入 80% 的罚款。

第三十九条 有关地方人民政府、安全生产监督管理部门和负有安全生产监督管理职责的有关部门有下列行为之一的,对直接负责的主管人员和其他直接责任人员依法给予处分;构成犯罪的,依法追究刑事责任:
(一)不立即组织事故抢救的;
(二)迟报、漏报、谎报或者瞒报事故的;
(三)阻碍、干涉事故调查工作的;
(四)在事故调查中作伪证或者指使他人作伪证的。

第四十条 事故发生单位对事故发生负有责任的,由有关部门依法暂扣或者吊销其有关证照;对事故发生单位负有事故责任的有关人员,依法暂停或者撤销其与安全生产有关的执业资格、岗位证书;事故发生单位主要负责人受到刑事处罚或者撤职处分的,自刑罚执行完毕或者受处分之日起,5 年内不得担任任何生产经营单位的主要负责人。

为发生事故的单位提供虚假证明的中介机构,由有关部门依法暂扣或者吊销其有关证照及其相关人员的执业资格;构成犯罪,依法追究刑事责任。

第四十一条 参与事故调查的人员在事故调查中有下列行为之一的,依法给予处分;构成犯罪,依法追究刑事责任:

(一)对事故调查工作不负责任,致使事故调查工作有重大疏漏的;

(二)包庇、袒护负有事故责任的人员或者借机打击报复的。

第四十二条 违反本条例规定,有关地方人民政府或者有关部门故意拖延或者拒绝落实经批复的对事故责任人的处理意见的,由监察机关对有关责任人员依法给予处分。

第四十三条 本条例规定的罚款的行政处罚,由安全生产监督管理部门决定。

法律、行政法规对行政处罚的种类、幅度和决定机关另有规定的,依照其规定。

第六章 附 则

第四十四条 没有造成人员伤亡,但是社会影响恶劣的事故,国务院或者有关地方人民政府认为需要调查处理的,依照本条例的有关规定执行。

国家机关、事业单位、人民团体发生的事故的报告和调查处理,参照本条例的规定执行。

第四十五条 特别重大事故以下等级事故的报告和调查处理,有关法律、行政法规或者国务院另有规定的,依照其规定。

第四十六条 本条例自2007年6月1日起施行。国务院1989年3月29日公布的《特别重大事故调查程序暂行规定》和1991年2月22日公布的《企业职工伤亡事故报告和处理规定》同时废止。

2. 职业病防治

中华人民共和国职业病防治法

1. 2001年10月27日第九届全国人民代表大会常务委员会第二十四次会议通过
2. 根据2011年12月31日第十一届全国人民代表大会常务委员会第二十四次会议《关于修改〈中华人民共和国职业病防治法〉的决定》第一次修正
3. 根据2016年7月2日第十二届全国人民代表大会常务委员会第二十一次会议《关于修改〈中华人民共和国节约能源法〉等六部法律的决定》第二次修正
4. 根据2017年11月4日第十二届全国人民代表大会常务委员会第三十次会议《关于修改〈中华人民共和国会计法〉等十一部法律的决定》第三次修正
5. 根据2018年12月29日第十三届全国人民代表大会常务委员会第七次会议《关于修改〈中华人民共和国劳动法〉等七部法律的决定》第四次修正

目　录

第一章　总　　则
第二章　前期预防
第三章　劳动过程中的防护与管理
第四章　职业病诊断与职业病病人保障
第五章　监督检查
第六章　法律责任
第七章　附　则

第一章　总　　则

第一条　【立法目的】为了预防、控制和消除职业病危害，防治职业病，保护劳动者健康及其相关权益，促进经济社会发展，根据宪法，制定本法。

第二条　【职业病概念】本法适用于中华人民共和国领域内的职业病防治活动。

本法所称职业病，是指企业、事业单位和个体经济组织等用人单位的劳动者在职业活动中，因接触粉尘、放射性物质和其他有毒、有害因素而引起的疾病。

职业病的分类和目录由国务院卫生行政部门会同国务院劳动保障行政部门制定、调整并公布。

第三条　【工作方针】职业病防治工作坚持预防为主、防治结合的方针，建立用人单位负责、行政机关监管、行业自律、职工参与和社会监督的机制,实行分类管理、综合治理。

第四条 【职业卫生保护权】劳动者依法享有职业卫生保护的权利。

用人单位应当为劳动者创造符合国家职业卫生标准和卫生要求的工作环境和条件,并采取措施保障劳动者获得职业卫生保护。

工会组织依法对职业病防治工作进行监督,维护劳动者的合法权益。用人单位制定或者修改有关职业病防治的规章制度,应当听取工会组织的意见。

第五条 【用人单位防治责任】用人单位应当建立、健全职业病防治责任制,加强对职业病防治的管理,提高职业病防治水平,对本单位产生的职业病危害承担责任。

第六条 【主要责任人】用人单位的主要负责人对本单位的职业病防治工作全面负责。

第七条 【工伤保险】用人单位必须依法参加工伤保险。

国务院和县级以上地方人民政府劳动保障行政部门应当加强对工伤保险的监督管理,确保劳动者依法享受工伤保险待遇。

第八条 【在技术、工艺、设备、材料上控制职业病】国家鼓励和支持研制、开发、推广、应用有利于职业病防治和保护劳动者健康的新技术、新工艺、新设备、新材料,加强对职业病的机理和发生规律的基础研究,提高职业病防治科学技术水平;积极采用有效的职业病防治技术、工艺、设备、材料;限制使用或者淘汰职业病危害严重的技术、工艺、设备、材料。

国家鼓励和支持职业病医疗康复机构的建设。

第九条 【职业卫生监督制度】国家实行职业卫生监督制度。

国务院卫生行政部门、劳动保障行政部门依照本法和国务院确定的职责,负责全国职业病防治的监督管理工作。国务院有关部门在各自的职责范围内负责职业病防治的有关监督管理工作。

县级以上地方人民政府卫生行政部门、劳动保障行政部门依据各自职责,负责本行政区域内职业病防治的监督管理工作。县级以上地方人民政府有关部门在各自的职责范围内负责职业病防治的有关监督管理工作。

县级以上人民政府卫生行政部门、劳动保障行政部门(以下统称职业卫生监督管理部门)应当加强沟通,密切配合,按照各自职责分工,依法行使职权,承担责任。

第十条 【防治规划】国务院和县级以上地方人民政府应当制定职业病防治规划,将其纳入国民经济和社会发展计划,并组织实施。

县级以上地方人民政府统一负责、领导、组织、协调本行政区域的职业病防治工作,建立健全职业病防治工作体制、机制,统一领导、指挥职业卫生突发事件应对工作;加强职业病防治能力建设和服务体系建设,完善、落实职业病防治工作责任制。

乡、民族乡、镇的人民政府应当认真执行本法,支持职业卫生监督管理部门依法履行职责。

第十一条 【宣传教育】县级以上人民政府职业卫生监督管理部门应当加强对职业病防治的宣传教育,普及职业病防治的知识,增强用人单位的职业病防治观念,提高劳动者的职业健康意识、自我保护意识和行使职业卫生保护权利的能力。

第十二条 【国家职业卫生标准的制定与公布】有关防治职业病的国家职业卫生标准,由国务院卫生行政部门组织制定并公布。

国务院卫生行政部门应当组织开展重点职业病监测和专项调查,对职业健康风险进行评估,为制定职业卫生标准和职业病防治政策提供科学依据。

县级以上地方人民政府卫生行政部门应当定期对本行政区域的职业病防治情况进行统计和调查分析。

第十三条 【检举、控告和奖励】任何单位和个人有权对违反本法的行为进行检举和控告。有关部门收到相关的检举和控告后,应当及时处理。

对防治职业病成绩显著的单位和个人,给予奖励。

第二章 前期预防

第十四条 【从源头上控制和消除】用人单位应当依照法律、法规要求,严格遵守国家职业卫生标准,落实职业病预防措施,从源头上控制和消除职业病危害。

第十五条 【职业卫生要求】产生职业病危害的用人单位的设立除应当符合法律、行政法规规定的设立条件外,其工作场所还应当符合下列职业卫生要求:

(一)职业病危害因素的强度或者浓度符合国家职业卫生标准;

(二)有与职业病危害防护相适应的设施;

(三)生产布局合理,符合有害与无害作业分开的原则;

(四)有配套的更衣间、洗浴间、孕妇休息间等卫生设施;

(五)设备、工具、用具等设施符合保护劳动者生理、心理健康的要求;

(六)法律、行政法规和国务院卫生行政部门关于保护劳动者健康的其他要求。

第十六条 【危害项目申报制度】国家建立职业病危害项目申报制度。

用人单位工作场所存在职业病目录所列职业病的危害因素的,应当及时、如实向所在地卫生行政部门申报危害项目,接受监督。

职业病危害因素分类目录由国务院卫生行政部门制定、调整并公布。职业病危害项目申报的具体办法由国务院卫生行政部门制定。

第十七条 【职业病危害预评价报告】新建、扩建、改建建设项目和技术改造、技术引进项目(以下统称建设项目)可能产生职业病危害的,建设单位在可行性论证阶段应当进行职业病危害预评价。

医疗机构建设项目可能产生放射性职业病危害的,建设单位应当向卫生行政部门提交放射性职业病危害预评价报告。卫生行政部门应当自收到预评价报告之日起三十日内,作出审核决定并书面通知建设单位。未提交预评价报告或者预评价报告未经卫生行政部门审核同意的,不得开工建设。

职业病危害预评价报告应当对建设项目可能产生的职业病危害因素及其对工作场所和劳动者健康的影响作出评价,确定危害类别和职业病防护措施。

建设项目职业病危害分类管理办法由国务院卫生行政部门制定。

第十八条 【职业病防护设施实施】建设项目的职业病防护设施所需费用应当纳入建设项目工程预算,并与主体工程同时设计,同时施工,同时投入生产和使用。

建设项目的职业病防护设施设计应当符合国家职业卫生标准和卫生要求;其中,医疗机构放射性职业病危害严重的建设项目的防护设施设计,应当经卫生行政部门审查同意后,方可施工。

建设项目在竣工验收前,建设单位应当进行职业病危害控制效果评价。

医疗机构可能产生放射性职业病危害的建设项目竣工验收时,其放射性职业病防护设施经卫生行政部门验收合格后,方可投入使用;其他建设项目的职业病防护设施应当由建设单位负责依法组织验收,验收合格后,方可投入生产和使用。卫生行政部门应当加强对建设单位组织的验收活动和验收结果的监督核查。

第十九条 【特殊管理】国家对从事放射性、高毒、高危粉尘等作业实行特殊管理。具体管理办法由国务院制定。

第三章 劳动过程中的防护与管理

第二十条 【职业病防治管理措施】用人单位应当采取下列职业病防治管理措施:

(一)设置或者指定职业卫生管理机构或者组织,配备专职或者兼职的职业卫生管理人员,负责本单位的职业病防治工作;

(二)制定职业病防治计划和实施方案;

(三)建立、健全职业卫生管理制度和操作规程;

(四)建立、健全职业卫生档案和劳动者健康监护档案;

(五)建立、健全工作场所职业病危害因素监测及评价制度;

(六)建立、健全职业病危害事故应急救援预案。

第二十一条 【保障资金投入】用人单位应当保障职业病防治所需的资金投入,不得挤占、挪用,并对因资金投入不足导致的后果承担责任。

第二十二条 【提供职业病防护用品】用人单位必须采用有效的职业病防护设施,并为劳动者提供个人使用的职业病防护用品。

用人单位为劳动者个人提供的职业病防护用品必须符合防治职业病的要求;不符合要求的,不得使用。

第二十三条 【技术、工艺、设备、材料替代】用人单位应当优先采用有利于防治职业病和保护劳动者健康的新技术、新工艺、新设备、新材料,逐步替代职业病危害严重的技术、工艺、设备、材料。

第二十四条　【职业病公告和警示】产生职业病危害的用人单位,应当在醒目位置设置公告栏,公布有关职业病防治的规章制度、操作规程、职业病危害事故应急救援措施和工作场所职业病危害因素检测结果。

对产生严重职业病危害的作业岗位,应当在其醒目位置,设置警示标识和中文警示说明。警示说明应当载明产生职业病危害的种类、后果、预防以及应急救治措施等内容。

第二十五条　【职业病防护设备、应急、救援设施和个人使用的职业病防护用品】对可能发生急性职业损伤的有毒、有害工作场所,用人单位应当设置报警装置,配置现场急救用品、冲洗设备、应急撤离通道和必要的泄险区。

对放射工作场所和放射性同位素的运输、贮存,用人单位必须配置防护设备和报警装置,保证接触放射线的工作人员佩戴个人剂量计。

对职业病防护设备、应急救援设施和个人使用的职业病防护用品,用人单位应当进行经常性的维护、检修,定期检测其性能和效果,确保其处于正常状态,不得擅自拆除或者停止使用。

第二十六条　【符合国家职业卫生标准和卫生要求】用人单位应当实施由专人负责的职业病危害因素日常监测,并确保监测系统处于正常运行状态。

用人单位应当按照国务院卫生行政部门的规定,定期对工作场所进行职业病危害因素检测、评价。检测、评价结果存入用人单位职业卫生档案,定期向所在地卫生行政部门报告并向劳动者公布。

职业病危害因素检测、评价由依法设立的取得国务院卫生行政部门或者设区的市级以上地方人民政府卫生行政部门按照职责分工给予资质认可的职业卫生技术服务机构进行。职业卫生技术服务机构所作检测、评价应当客观、真实。

发现工作场所职业病危害因素不符合国家职业卫生标准和卫生要求时,用人单位应当立即采取相应治理措施,仍然达不到国家职业卫生标准和卫生要求的,必须停止存在职业病危害因素的作业;职业病危害因素经治理后,符合国家职业卫生标准和卫生要求的,方可重新作业。

第二十七条　【卫生行政部门的监督职责】职业卫生技术服务机构依法从事职业病危害因素检测、评价工作,接受卫生行政部门的监督检查。卫生行政部门应当依法履行监督职责。

第二十八条　【设备警示说明】向用人单位提供可能产生职业病危害的设备的,应当提供中文说明书,并在设备的醒目位置设置警示标识和中文警示说明。警示说明应当载明设备性能、可能产生的职业病危害、安全操作和维护注意事项、职业病防护以及应急救治措施等内容。

第二十九条　【材料危险说明】向用人单位提供可能产生职业病危害的化学品、放射性同位素和含有放射性物质的材料的,应当提供中文说明书。说明书应当载明产品特性、主要成份、存在的有害因素、可能产生的危害后果、安全使用注意事项、职业病防护以及应急救治措施等内容。产品包装应当有醒目的警示标识和中文警示说明。贮存上述材料的场所应当在规定的部位设置危险物品标识或者放射性警示标识。

国内首次使用或者首次进口与职业病危害有关的化学材料,使用单位或者进口单位按照国家规定经国务院有关部门批准后,应当向国务院卫生行政部门报送该化学材料的毒性鉴定以及经有关部门登记注册或者批准进口的文件等资料。

进口放射性同位素、射线装置和含有放射性物质的物品,按照国家有关规定办理。

第三十条 【明令禁止使用】任何单位和个人不得生产、经营、进口和使用国家明令禁止使用的可能产生职业病危害的设备或者材料。

第三十一条 【具备职业病防护条件】任何单位和个人不得将产生职业病危害的作业转移给不具备职业病防护条件的单位和个人。不具备职业病防护条件的单位和个人不得接受产生职业病危害的作业。

第三十二条 【知悉职业病危害】用人单位对采用的技术、工艺、设备、材料,应当知悉其产生的职业病危害,对有职业病危害的技术、工艺、设备、材料隐瞒其危害而采用的,对所造成的职业病危害后果承担责任。

第三十三条 【告知职业病危害】用人单位与劳动者订立劳动合同(含聘用合同,下同)时,应当将工作过程中可能产生的职业病危害及其后果、职业病防护措施和待遇等如实告知劳动者,并在劳动合同中写明,不得隐瞒或者欺骗。

劳动者在已订立劳动合同期间因工作岗位或者工作内容变更,从事与所订立劳动合同中未告知的存在职业病危害的作业时,用人单位应当依照前款规定,向劳动者履行如实告知的义务,并协商变更原劳动合同相关条款。

用人单位违反前两款规定的,劳动者有权拒绝从事存在职业病危害的作业,用人单位不得因此解除与劳动者所订立的劳动合同。

第三十四条 【职业卫生培训】用人单位的主要负责人和职业卫生管理人员应当接受职业卫生培训,遵守职业病防治法律、法规,依法组织本单位的职业病防治工作。

用人单位应当对劳动者进行上岗前的职业卫生培训和在岗期间的定期职业卫生培训,普及职业卫生知识,督促劳动者遵守职业病防治法律、法规、规章和操作规程,指导劳动者正确使用职业病防护设备和个人使用的职业病防护用品。

劳动者应当学习和掌握相关的职业卫生知识,增强职业病防范意识,遵守职业病防治法律、法规、规章和操作规程,正确使用、维护职业病防护设备和个人使用的职业病防护用品,发现职业病危害事故隐患应当及时报告。

劳动者不履行前款规定义务的,用人单位应当对其进行教育。

第三十五条 【职业健康检查】对从事接触职业病危害的作业的劳动者,用人单位应当按照国务院卫生行政部门的规定组织上岗前、在岗期间和离岗时的职业健康检查,并将检查结果书面告知劳动者。职业健康检查费用由用人单位承担。

用人单位不得安排未经上岗前职业健康检查的劳动者从事接触职业病危害的作业;不得安排有职业禁忌的劳动者从事其所禁忌的作业;对在职业健康检查中发现有与所从事的职业相关的健康损害的劳动者,应当调离原工作岗位,并妥善安置;对未进行离岗前职业健康检查的劳动者不得解除或者终止与其订立的劳动合同。

职业健康检查应当由取得《医疗机构执业许可证》的医疗卫生机构承担。卫生行政部门应当加强对职业健康检查工作的规范管理,具体管理办法由国务院卫生行政部门制定。

第三十六条 【职业健康监护档案】用人单位应当为劳动者建立职业健康监护档案,并按照规定的期限妥善保存。

职业健康监护档案应当包括劳动者的职业史、职业病危害接触史、职业健康检查结果和职业病诊疗等有关个人健康资料。

劳动者离开用人单位时,有权索取本人职业健康监护档案复印件,用人单位应当如实、无偿提供,并在所提供的复印件上签章。

第三十七条 【急性职业病危害事故的应急救援和控制措施】发生或者可能发生急性职业病危害事故时,用人单位应当立即采取应急救援和控制措施,并及时报告所在地卫生行政部门和有关部门。卫生行政部门接到报告后,应当及时会同有关部门组织调查处理;必要时,可以采取临时控制措施。卫生行政部门应当组织做好医疗救治工作。

对遭受或者可能遭受急性职业病危害的劳动者,用人单位应当及时组织救治、进行健康检查和医学观察,所需费用由用人单位承担。

第三十八条 【对未成年工和女职工的保护】用人单位不得安排未成年工从事接触职业病危害的作业;不得安排孕期、哺乳期的女职工从事对本人和胎儿、婴儿有危害的作业。

第三十九条 【劳动者职业卫生保护权利】劳动者享有下列职业卫生保护权利:

(一)获得职业卫生教育、培训;

(二)获得职业健康检查、职业病诊疗、康复等职业病防治服务;

(三)了解工作场所产生或者可能产生的职业病危害因素、危害后果和应当采取的职业病防护措施;

(四)要求用人单位提供符合防治职业病要求的职业病防护设施和个人使用的职业病防护用品,改善工作条件;

(五)对违反职业病防治法律、法规以及危及生命健康的行为提出批评、检举和控告;

(六)拒绝违章指挥和强令进行没有职业病防护措施的作业;

（七）参与用人单位职业卫生工作的民主管理，对职业病防治工作提出意见和建议。

用人单位应当保障劳动者行使前款所列权利。因劳动者依法行使正当权利而降低其工资、福利等待遇或者解除、终止与其订立的劳动合同的，其行为无效。

第四十条 【工会职责】工会组织应当督促并协助用人单位开展职业卫生宣传教育和培训，有权对用人单位的职业病防治工作提出意见和建议，依法代表劳动者与用人单位签订劳动安全卫生专项集体合同，与用人单位就劳动者反映的有关职业病防治的问题进行协调并督促解决。

工会组织对用人单位违反职业病防治法律、法规，侵犯劳动者合法权益的行为，有权要求纠正；产生严重职业病危害时，有权要求采取防护措施，或者向政府有关部门建议采取强制性措施；发生职业危害事故时，有权参与事故调查处理；发现危及劳动者生命健康的情形时，有权向用人单位建议组织劳动者撤离危险现场，用人单位应当立即作出处理。

第四十一条 【费用列支】用人单位按照职业病防治要求，用于预防和治理职业病危害、工作场所卫生检测、健康监护和职业卫生培训等费用，按照国家有关规定，在生产成本中据实列支。

第四十二条 【职责分工】职业卫生监督管理部门应当按照职责分工，加强对用人单位落实职业病防护管理措施情况的监督检查，依法行使职权，承担责任。

第四章　职业病诊断与职业病病人保障

第四十三条 【职业病诊断的医疗卫生机构资格】职业病诊断应当由取得《医疗机构执业许可证》的医疗卫生机构承担。卫生行政部门应当加强对职业病诊断工作的规范管理，具体管理办法由国务院卫生行政部门制定。

承担职业病诊断的医疗卫生机构还应当具备下列条件：

（一）具有与开展职业病诊断相适应的医疗卫生技术人员；

（二）具有与开展职业病诊断相适应的仪器、设备；

（三）具有健全的职业病诊断质量管理制度。

承担职业病诊断的医疗卫生机构不得拒绝劳动者进行职业病诊断的要求。

第四十四条 【职业病诊断地】劳动者可以在用人单位所在地、本人户籍所在地或者经常居住地依法承担职业病诊断的医疗卫生机构进行职业病诊断。

第四十五条 【相关法规制定】职业病诊断标准和职业病诊断、鉴定办法由国务院卫生行政部门制定。职业病伤残等级的鉴定办法由国务院劳动保障行政部门会同国务院卫生行政部门制定。

第四十六条 【职业病诊断因素】职业病诊断，应当综合分析下列因素：

（一）病人的职业史；

（二）职业病危害接触史和工作场所职业病危害因素情况；

(三)临床表现以及辅助检查结果等。

没有证据否定职业病危害因素与病人临床表现之间的必然联系的,应当诊断为职业病。

职业病诊断证明书应当由参与诊断的取得职业病诊断资格的执业医师签署,并经承担职业病诊断的医疗卫生机构审核盖章。

第四十七条 【用人单位提供资料及协助调查义务】用人单位应当如实提供职业病诊断、鉴定所需的劳动者职业史和职业病危害接触史、工作场所职业病危害因素检测结果等资料;卫生行政部门应当监督检查和督促用人单位提供上述资料;劳动者和有关机构也应当提供与职业病诊断、鉴定有关的资料。

职业病诊断、鉴定机构需要了解工作场所职业病危害因素情况时,可以对工作场所进行现场调查,也可以向卫生行政部门提出,卫生行政部门应当在十日内组织现场调查。用人单位不得拒绝、阻挠。

第四十八条 【对存在异议的资料或职业病危害因素情况的制定】职业病诊断、鉴定过程中,用人单位不提供工作场所职业病危害因素检测结果等资料的,诊断、鉴定机构应当结合劳动者的临床表现、辅助检查结果和劳动者的职业史、职业病危害接触史,并参考劳动者的自述、卫生行政部门提供的日常监督检查信息等,作出职业病诊断、鉴定结论。

劳动者对用人单位提供的工作场所职业病危害因素检测结果等资料有异议,或者因劳动者的用人单位解散、破产,无用人单位提供上述资料的,诊断、鉴定机构应当提请卫生行政部门进行调查,卫生行政部门应当自接到申请之日起三十日内对存在异议的资料或者工作场所职业病危害因素情况作出判定;有关部门应当配合。

第四十九条 【申请仲裁或依法起诉】职业病诊断、鉴定过程中,在确认劳动者职业史、职业病危害接触史时,当事人对劳动关系、工种、工作岗位或者在岗时间有争议的,可以向当地的劳动人事争议仲裁委员会申请仲裁;接到申请的劳动人事争议仲裁委员会应当受理,并在三十日内作出裁决。

当事人在仲裁过程中对自己提出的主张,有责任提供证据。劳动者无法提供由用人单位掌握管理的与仲裁主张有关的证据的,仲裁庭应当要求用人单位在指定期限内提供;用人单位在指定期限内不提供的,应当承担不利后果。

劳动者对仲裁裁决不服的,可以依法向人民法院提起诉讼。

用人单位对仲裁裁决不服的,可以在职业病诊断、鉴定程序结束之日起十五日内依法向人民法院提起诉讼;诉讼期间,劳动者的治疗费用按照职业病待遇规定的途径支付。

第五十条 【发现职业病病人报告】用人单位和医疗卫生机构发现职业病病人或者疑似职业病病人时,应当及时向所在地卫生行政部门报告。确诊为职业病的,用人单位还应当向所在地劳动保障行政部门报告。接到报告的部门应当依法作出处理。

第五十一条　【职业病统计报告管理】县级以上地方人民政府卫生行政部门负责本行政区域内的职业病统计报告的管理工作,并按照规定上报。

第五十二条　【职业病诊断争议处理】当事人对职业病诊断有异议的,可以向作出诊断的医疗卫生机构所在地地方人民政府卫生行政部门申请鉴定。

职业病诊断争议由设区的市级以上地方人民政府卫生行政部门根据当事人的申请,组织职业病诊断鉴定委员会进行鉴定。

当事人对设区的市级职业病诊断鉴定委员会的鉴定结论不服的,可以向省、自治区、直辖市人民政府卫生行政部门申请再鉴定。

第五十三条　【职业病诊断鉴定委员会组成和诊断费用承担】职业病诊断鉴定委员会由相关专业的专家组成。

省、自治区、直辖市人民政府卫生行政部门应当设立相关的专家库,需要对职业病争议作出诊断鉴定时,由当事人或者当事人委托有关卫生行政部门从专家库中以随机抽取的方式确定参加诊断鉴定委员会的专家。

职业病诊断鉴定委员会应当按照国务院卫生行政部门颁布的职业病诊断标准和职业病诊断、鉴定办法进行职业病诊断鉴定,向当事人出具职业病诊断鉴定书。职业病诊断、鉴定费用由用人单位承担。

第五十四条　【委员会成员道德和纪律】职业病诊断鉴定委员会组成人员应当遵守职业道德,客观、公正地进行诊断鉴定,并承担相应的责任。职业病诊断鉴定委员会组成人员不得私下接触当事人,不得收受当事人的财物或者其他好处,与当事人有利害关系的,应当回避。

人民法院受理有关案件需要进行职业病鉴定时,应当从省、自治区、直辖市人民政府卫生行政部门依法设立的相关的专家库中选取参加鉴定的专家。

第五十五条　【疑似职业病病人的发现及诊断】医疗卫生机构发现疑似职业病病人时,应当告知劳动者本人并及时通知用人单位。

用人单位应当及时安排对疑似职业病病人进行诊断;在疑似职业病病人诊断或者医学观察期间,不得解除或者终止与其订立的劳动合同。

疑似职业病病人在诊断、医学观察期间的费用,由用人单位承担。

第五十六条　【职业病待遇】用人单位应当保障职业病病人依法享受国家规定的职业病待遇。

用人单位应当按照国家有关规定,安排职业病病人进行治疗、康复和定期检查。

用人单位对不适宜继续从事原工作的职业病病人,应当调离原岗位,并妥善安置。

用人单位对从事接触职业病危害的作业的劳动者,应当给予适当岗位津贴。

第五十七条　【社会保障】职业病病人的诊疗、康复费用,伤残以及丧失劳动能力的职业病病人的社会保障,按照国家有关工伤保险的规定执行。

第五十八条 【赔偿】职业病病人除依法享有工伤保险外,依照有关民事法律,尚有获得赔偿的权利的,有权向用人单位提出赔偿要求。

第五十九条 【用人单位责任承担】劳动者被诊断患有职业病,但用人单位没有依法参加工伤保险的,其医疗和生活保障由该用人单位承担。

第六十条 【职业病病人变动工作和用人单位变动】职业病病人变动工作单位,其依法享有的待遇不变。

用人单位在发生分立、合并、解散、破产等情形时,应当对从事接触职业病危害的作业的劳动者进行健康检查,并按照国家有关规定妥善安置职业病病人。

第六十一条 【申请医疗生活救助】用人单位已经不存在或者无法确认劳动关系的职业病病人,可以向地方人民政府医疗保障、民政部门申请医疗救助和生活等方面的救助。

地方各级人民政府应当根据本地区的实际情况,采取其他措施,使前款规定的职业病病人获得医疗救治。

第五章 监督检查

第六十二条 【监督检查部门】县级以上人民政府职业卫生监督管理部门依照职业病防治法律、法规、国家职业卫生标准和卫生要求,依据职责划分,对职业病防治工作进行监督检查。

第六十三条 【监督措施】卫生行政部门履行监督检查职责时,有权采取下列措施:

(一)进入被检查单位和职业病危害现场,了解情况,调查取证;

(二)查阅或者复制与违反职业病防治法律、法规的行为有关的资料和采集样品;

(三)责令违反职业病防治法律、法规的单位和个人停止违法行为。

第六十四条 【临时控制措施】发生职业病危害事故或者有证据证明危害状态可能导致职业病危害事故发生时,卫生行政部门可以采取下列临时控制措施:

(一)责令暂停导致职业病危害事故的作业;

(二)封存造成职业病危害事故或者可能导致职业病危害事故发生的材料和设备;

(三)组织控制职业病危害事故现场。

在职业病危害事故或者危害状态得到有效控制后,卫生行政部门应当及时解除控制措施。

第六十五条 【职业卫生监督执法人员职责】职业卫生监督执法人员依法执行职务时,应当出示监督执法证件。

职业卫生监督执法人员应当忠于职守,秉公执法,严格遵守执法规范;涉及用人单位的秘密的,应当为其保密。

第六十六条 【支持配合检查】职业卫生监督执法人员依法执行职务时,被检查单位应当接受检查并予以支持配合,不得拒绝和阻碍。

第六十七条 【卫生行政部门、安全生产监管部门及其职业卫生监督执法人员禁止行为】卫生行政部门及其职业卫生监督执法人员履行职责时,不得有下列行为:

(一)对不符合法定条件的,发给建设项目有关证明文件、资质证明文件或者予以批准;

(二)对已经取得有关证明文件的,不履行监督检查职责;

(三)发现用人单位存在职业病危害的,可能造成职业病危害事故,不及时依法采取控制措施;

(四)其他违反本法的行为。

第六十八条 【职业卫生监督执法人员资格认证】职业卫生监督执法人员应当依法经过资格认定。

职业卫生监督管理部门应当加强队伍建设,提高职业卫生监督执法人员的政治、业务素质,依照本法和其他有关法律、法规的规定,建立、健全内部监督制度,对其工作人员执行法律、法规和遵守纪律的情况,进行监督检查。

第六章 法 律 责 任

第六十九条 【建设单位法律责任】建设单位违反本法规定,有下列行为之一的,由卫生行政部门给予警告,责令限期改正;逾期不改正的,处十万元以上五十万元以下的罚款;情节严重的,责令停止产生职业病危害的作业,或者提请有关人民政府按照国务院规定的权限责令停建、关闭:

(一)未按照规定进行职业病危害预评价的;

(二)医疗机构可能产生放射性职业病危害的建设项目未按照规定提交放射性职业病危害预评价报告,或者放射性职业病危害预评价报告未经卫生行政部门审核同意,开工建设的;

(三)建设项目的职业病防护设施未按照规定与主体工程同时设计、同时施工、同时投入生产和使用的;

(四)建设项目的职业病防护设施设计不符合国家职业卫生标准和卫生要求,或者医疗机构放射性职业病危害严重的建设项目的防护设施设计未经卫生行政部门审查同意擅自施工的;

(五)未按照规定对职业病防护设施进行职业病危害控制效果评价的;

(六)建设项目竣工投入生产和使用前,职业病防护设施未按照规定验收合格的。

第七十条 【警告和罚款】违反本法规定,有下列行为之一的,由卫生行政部门给予警告,责令限期改正;逾期不改正的,处十万元以下的罚款:

(一)工作场所职业病危害因素检测、评价结果没有存档、上报、公布的;

(二)未采取本法第二十条规定的职业病防治管理措施的;

(三)未按照规定公布有关职业病防治的规章制度、操作规程、职业病危害事故应急救援措施的;

(四)未按照规定组织劳动者进行职业卫生培训,或者未对劳动者个人职业病防护采取指导、督促措施的;

(五)国内首次使用或者首次进口与职业病危害有关的化学材料,未按照规定报送毒性鉴定资料以及经有关部门登记注册或者批准进口的文件的。

第七十一条 【用人单位法律责任】用人单位违反本法规定,有下列行为之一的,由卫生行政部门责令限期改正,给予警告,可以并处五万元以上十万元以下的罚款:

(一)未按照规定及时、如实向卫生行政部门申报产生职业病危害的项目的;

(二)未实施由专人负责的职业病危害因素日常监测,或者监测系统不能正常监测的;

(三)订立或者变更劳动合同时,未告知劳动者职业病危害真实情况的;

(四)未按照规定组织职业健康检查、建立职业健康监护档案或者未将检查结果书面告知劳动者的;

(五)未依照本法规定在劳动者离开用人单位时提供职业健康监护档案复印件的。

第七十二条 【用人单位法律责任】用人单位违反本法规定,有下列行为之一的,由卫生行政部门给予警告,责令限期改正,逾期不改正的,处五万元以上二十万元以下的罚款;情节严重的,责令停止产生职业病危害的作业,或者提请有关人民政府按照国务院规定的权限责令关闭:

(一)工作场所职业病危害因素的强度或者浓度超过国家职业卫生标准的;

(二)未提供职业病防护设施和个人使用的职业病防护用品,或者提供的职业病防护设施和个人使用的职业病防护用品不符合国家职业卫生标准和卫生要求的;

(三)对职业病防护设备、应急救援设施和个人使用的职业病防护用品未按照规定进行维护、检修、检测,或者不能保持正常运行、使用状态的;

(四)未按照规定对工作场所职业病危害因素进行检测、评价的;

(五)工作场所职业病危害因素经治理仍然达不到国家职业卫生标准和卫生要求时,未停止存在职业病危害因素的作业的;

(六)未按照规定安排职业病病人、疑似职业病病人进行诊治的;

(七)发生或者可能发生急性职业病危害事故时,未立即采取应急救援和控制措施或者未按照规定及时报告的;

(八)未按照规定在产生严重职业病危害的作业岗位醒目位置设置警示标识和中文警示说明的;

(九)拒绝职业卫生监督管理部门监督检查的;

（十）隐瞒、伪造、篡改、毁损职业健康监护档案、工作场所职业病危害因素检测评价结果等相关资料，或者拒不提供职业病诊断、鉴定所需资料的；

（十一）未按照规定承担职业病诊断、鉴定费用和职业病病人的医疗、生活保障费用的。

第七十三条　【未提供说明的处罚】向用人单位提供可能产生职业病危害的设备、材料，未按照规定提供中文说明书或者设置警示标识和中文警示说明的，由卫生行政部门责令限期改正，给予警告，并处五万元以上二十万元以下的罚款。

第七十四条　【未按规定报告的处罚】用人单位和医疗卫生机构未按照规定报告职业病、疑似职业病的，由有关主管部门依据职责分工责令限期改正，给予警告，可以并处一万元以下的罚款；弄虚作假的，并处二万元以上五万元以下的罚款；对直接负责的主管人员和其他直接责任人员，可以依法给予降级或者撤职的处分。

第七十五条　【责令限期治理、停业、关闭】违反本法规定，有下列情形之一的，由卫生行政部门责令限期治理，并处五万元以上三十万元以下的罚款；情节严重的，责令停止产生职业病危害的作业，或者提请有关人民政府按照国务院规定的权限责令关闭：

（一）隐瞒技术、工艺、设备、材料所产生的职业病危害而采用的；

（二）隐瞒本单位职业卫生真实情况的；

（三）可能发生急性职业损伤的有毒、有害工作场所、放射工作场所或者放射性同位素的运输、贮存不符合本法第二十五条规定的；

（四）使用国家明令禁止使用的可能产生职业病危害的设备或者材料的；

（五）将产生职业病危害的作业转移给没有职业病防护条件的单位和个人，或者没有职业病防护条件的单位和个人接受产生职业病危害的作业的；

（六）擅自拆除、停止使用职业病防护设备或者应急救援设施的；

（七）安排未经职业健康检查的劳动者、有职业禁忌的劳动者、未成年工或者孕期、哺乳期女职工从事接触职业病危害的作业或者禁忌作业的；

（八）违章指挥和强令劳动者进行没有职业病防护措施的作业的。

第七十六条　【生产、经营、进口国家明令禁用的设备材料的处罚】生产、经营或者进口国家明令禁止使用的可能产生职业病危害的设备或者材料的，依照有关法律、行政法规的规定给予处罚。

第七十七条　【对劳动者生命健康严重损害的处罚】用人单位违反本法规定，已经对劳动者生命健康造成严重损害的，由卫生行政部门责令停止产生职业病危害的作业，或者提请有关人民政府按照国务院规定的权限责令关闭，并处十万元以上五十万元以下的罚款。

第七十八条　【直接责任人员的刑事责任】用人单位违反本法规定，造成重大职业病危害事故或者其他严重后果，构成犯罪的，对直接负责的主管人员和其他直接责任人员，依法追究刑事责任。

第七十九条 【擅自从事职业卫生技术服务的处罚】未取得职业卫生技术服务资质认可擅自从事职业卫生技术服务的,由卫生行政部门责令立即停止违法行为,没收违法所得;违法所得五千元以上的,并处违法所得二倍以上十倍以下的罚款;没有违法所得或者违法所得不足五千元的,并处五千元以上五万元以下的罚款;情节严重的,对直接负责的主管人员和其他直接责任人员,依法给予降级、撤职或者开除的处分。

第八十条 【越权从事职业卫生技术服务等行为的处罚】从事职业卫生技术服务的机构和承担职业病诊断的医疗卫生机构违反本法规定,有下列行为之一的,由卫生行政部门责令立即停止违法行为,给予警告,没收违法所得;违法所得五千元以上的,并处违法所得二倍以上五倍以下的罚款;没有违法所得或者违法所得不足五千元的,并处五千元以上二万元以下的罚款;情节严重的,由原认可或者登记机关取消其相应的资格;对直接负责的主管人员和其他直接责任人员,依法给予降级、撤职或者开除的处分;构成犯罪的,依法追究刑事责任:

(一)超出资质认可或者诊疗项目登记范围从事职业卫生技术服务或者职业病诊断的;

(二)不按照本法规定履行法定职责的;

(三)出具虚假证明文件的。

第八十一条 【对鉴定委员会组成人员的处罚】职业病诊断鉴定委员会组成人员收受职业病诊断争议当事人的财物或者其他好处的,给予警告,没收收受的财物,可以并处三千元以上五万元以下的罚款,取消其担任职业病诊断鉴定委员会组成人员的资格,并从省、自治区、直辖市人民政府卫生行政部门设立的专家库中予以除名。

第八十二条 【对不按照规定报告的处罚】卫生行政部门不按照规定报告职业病和职业病危害事故的,由上一级行政部门责令改正,通报批评,给予警告;虚报、瞒报的,对单位负责人、直接负责的主管人员和其他直接责任人员依法给予降级、撤职或者开除的处分。

第八十三条 【县级以上地方人民政府及职业卫生监管部门渎职责任】县级以上地方人民政府在职业病防治工作中未依照本法履行职责,本行政区域出现重大职业病危害事故、造成严重社会影响的,依法对直接负责的主管人员和其他直接责任人员给予记大过直至开除的处分。

县级以上人民政府职业卫生监督管理部门不履行本法规定的职责,滥用职权、玩忽职守、徇私舞弊,依法对直接负责的主管人员和其他直接责任人员给予记大过或者降级的处分;造成职业病危害事故或者其他严重后果的,依法给予撤职或者开除的处分。

第八十四条 【刑事责任】违反本法规定,构成犯罪的,依法追究刑事责任。

第七章 附 则

第八十五条 【用语含义】本法下列用语的含义：

职业病危害，是指对从事职业活动的劳动者可能导致职业病的各种危害。职业病危害因素包括：职业活动中存在的各种有害的化学、物理、生物因素以及在作业过程中产生的其他职业有害因素。

职业禁忌，是指劳动者从事特定职业或者接触特定职业病危害因素时，比一般职业人群更易于遭受职业病危害和罹患职业病或者可能导致原有自身疾病病情加重，或者在从事作业过程中诱发可能导致对他人生命健康构成危险的疾病的个人特殊生理或者病理状态。

第八十六条 【参照】本法第二条规定的用人单位以外的单位，产生职业病危害的，其职业病防治活动可以参照本法执行。

劳务派遣用工单位应当履行本法规定的用人单位的义务。

中国人民解放军参照执行本法的办法，由国务院、中央军事委员会制定。

第八十七条 【放射性职业病危害控制的监管】对医疗机构放射性职业病危害控制的监督管理，由卫生行政部门依照本法的规定实施。

第八十八条 【施行日期】本法自2002年5月1日起施行。

工作场所职业卫生管理规定

1. 2020年12月31日国家卫生健康委员会令第5号公布
2. 自2021年2月1日起施行

第一章 总 则

第一条 为了加强职业卫生管理工作，强化用人单位职业病防治的主体责任，预防、控制职业病危害，保障劳动者健康和相关权益，根据《中华人民共和国职业病防治法》等法律、行政法规，制定本规定。

第二条 用人单位的职业病防治和卫生健康主管部门对其实施监督管理，适用本规定。

第三条 用人单位应当加强职业病防治工作，为劳动者提供符合法律、法规、规章、国家职业卫生标准和卫生要求的工作环境和条件，并采取有效措施保障劳动者的职业健康。

第四条 用人单位是职业病防治的责任主体，并对本单位产生的职业病危害承担责任。

用人单位的主要负责人对本单位的职业病防治工作全面负责。

第五条　国家卫生健康委依照《中华人民共和国职业病防治法》和国务院规定的职责，负责全国用人单位职业卫生的监督管理工作。

县级以上地方卫生健康主管部门依照《中华人民共和国职业病防治法》和本级人民政府规定的职责，负责本行政区域内用人单位职业卫生的监督管理工作。

第六条　为职业病防治提供技术服务的职业卫生技术服务机构，应当依照国家有关职业卫生技术服务机构管理的相关法律法规及标准、规范的要求，为用人单位提供技术服务。

第七条　任何单位和个人均有权向卫生健康主管部门举报用人单位违反本规定的行为和职业病危害事故。

第二章　用人单位的职责

第八条　职业病危害严重的用人单位，应当设置或者指定职业卫生管理机构或者组织，配备专职职业卫生管理人员。

其他存在职业病危害的用人单位，劳动者超过一百人的，应当设置或者指定职业卫生管理机构或者组织，配备专职职业卫生管理人员；劳动者在一百人以下的，应当配备专职或者兼职的职业卫生管理人员，负责本单位的职业病防治工作。

第九条　用人单位的主要负责人和职业卫生管理人员应当具备与本单位所从事的生产经营活动相适应的职业卫生知识和管理能力，并接受职业卫生培训。

对用人单位主要负责人、职业卫生管理人员的职业卫生培训，应当包括下列主要内容：

（一）职业卫生相关法律、法规、规章和国家职业卫生标准；

（二）职业病危害预防和控制的基本知识；

（三）职业卫生管理相关知识；

（四）国家卫生健康委规定的其他内容。

第十条　用人单位应当对劳动者进行上岗前的职业卫生培训和在岗期间的定期职业卫生培训，普及职业卫生知识，督促劳动者遵守职业病防治的法律、法规、规章、国家职业卫生标准和操作规程。

用人单位应当对职业病危害严重的岗位的劳动者，进行专门的职业卫生培训，经培训合格后方可上岗作业。

因变更工艺、技术、设备、材料，或者岗位调整导致劳动者接触的职业病危害因素发生变化的，用人单位应当重新对劳动者进行上岗前的职业卫生培训。

第十一条　存在职业病危害的用人单位应当制定职业病危害防治计划和实施方案，建立、健全下列职业卫生管理制度和操作规程：

（一）职业病危害防治责任制度；

（二）职业病危害警示与告知制度；

（三）职业病危害项目申报制度；

（四）职业病防治宣传教育培训制度；

（五）职业病防护设施维护检修制度；

（六）职业病防护用品管理制度；

（七）职业病危害监测及评价管理制度；

（八）建设项目职业病防护设施"三同时"管理制度；

（九）劳动者职业健康监护及其档案管理制度；

（十）职业病危害事故处置与报告制度；

（十一）职业病危害应急救援与管理制度；

（十二）岗位职业卫生操作规程；

（十三）法律、法规、规章规定的其他职业病防治制度。

第十二条　产生职业病危害的用人单位的工作场所应当符合下列基本要求：

（一）生产布局合理，有害作业与无害作业分开；

（二）工作场所与生活场所分开，工作场所不得住人；

（三）有与职业病防治工作相适应的有效防护设施；

（四）职业病危害因素的强度或者浓度符合国家职业卫生标准；

（五）有配套的更衣间、洗浴间、孕妇休息间等卫生设施；

（六）设备、工具、用具等设施符合保护劳动者生理、心理健康的要求；

（七）法律、法规、规章和国家职业卫生标准的其他规定。

第十三条　用人单位工作场所存在职业病目录所列职业病的危害因素的，应当按照《职业病危害项目申报办法》的规定，及时、如实向所在地卫生健康主管部门申报职业病危害项目，并接受卫生健康主管部门的监督检查。

第十四条　新建、改建、扩建的工程建设项目和技术改造、技术引进项目（以下统称建设项目）可能产生职业病危害的，建设单位应当按照国家有关建设项目职业病防护设施"三同时"监督管理的规定，进行职业病危害预评价、职业病防护设施设计、职业病危害控制效果评价及相应的评审，组织职业病防护设施验收。

第十五条　产生职业病危害的用人单位，应当在醒目位置设置公告栏，公布有关职业病防治的规章制度、操作规程、职业病危害事故应急救援措施和工作场所职业病危害因素检测结果。

存在或者产生职业病危害的工作场所、作业岗位、设备、设施，应当按照《工作场所职业病危害警示标识》（GBZ 158）的规定，在醒目位置设置图形、警示线、警示语句等警示标识和中文警示说明。警示说明应当载明产生职业病危害的种类、后果、预防和应急处置措施等内容。

存在或者产生高毒物品的作业岗位，应当按照《高毒物品作业岗位职业病危害告知规范》（GBZ/T 203）的规定，在醒目位置设置高毒物品告知卡，告知卡应当载明高毒物品的名称、理化特性、健康危害、防护措施及应急处理等告知内容与警示标识。

第十六条　用人单位应当为劳动者提供符合国家职业卫生标准的职业病防护用品,并督促、指导劳动者按照使用规则正确佩戴、使用,不得发放钱物替代发放职业病防护用品。

用人单位应当对职业病防护用品进行经常性的维护、保养,确保防护用品有效,不得使用不符合国家职业卫生标准或者已经失效的职业病防护用品。

第十七条　在可能发生急性职业损伤的有毒、有害工作场所,用人单位应当设置报警装置,配置现场急救用品、冲洗设备、应急撤离通道和必要的泄险区。

现场急救用品、冲洗设备等应当设在可能发生急性职业损伤的工作场所或者临近地点,并在醒目位置设置清晰的标识。

在可能突然泄漏或者逸出大量有害物质的密闭或者半密闭工作场所,除遵守本条第一款、第二款规定外,用人单位还应当安装事故通风装置以及与事故排风系统相连锁的泄漏报警装置。

生产、销售、使用、贮存放射性同位素和射线装置的场所,应当按照国家有关规定设置明显的放射性标志,其入口处应当按照国家有关安全和防护标准的要求,设置安全和防护设施以及必要的防护安全联锁、报警装置或者工作信号。放射性装置的生产调试和使用场所,应当具有防止误操作、防止工作人员受到意外照射的安全措施。用人单位必须配备与辐射类型和辐射水平相适应的防护用品和监测仪器,包括个人剂量测量报警、固定式和便携式辐射监测、表面污染监测、流出物监测等设备,并保证可能接触放射线的工作人员佩戴个人剂量计。

第十八条　用人单位应当对职业病防护设备、应急救援设施进行经常性的维护、检修和保养,定期检测其性能和效果,确保其处于正常状态,不得擅自拆除或者停止使用。

第十九条　存在职业病危害的用人单位,应当实施由专人负责的工作场所职业病危害因素日常监测,确保监测系统处于正常工作状态。

第二十条　职业病危害严重的用人单位,应当委托具有相应资质的职业卫生技术服务机构,每年至少进行一次职业病危害因素检测,每三年至少进行一次职业病危害现状评价。

职业病危害一般的用人单位,应当委托具有相应资质的职业卫生技术服务机构,每三年至少进行一次职业病危害因素检测。

检测、评价结果应当存入本单位职业卫生档案,并向卫生健康主管部门报告和劳动者公布。

第二十一条　存在职业病危害的用人单位发生职业病危害事故或者国家卫生健康委规定的其他情形的,应当及时委托具有相应资质的职业卫生技术服务机构进行职业病危害现状评价。

用人单位应当落实职业病危害现状评价报告中提出的建议和措施,并将职业病危害现状评价结果及整改情况存入本单位职业卫生档案。

第二十二条 用人单位在日常的职业病危害监测或者定期检测、现状评价过程中,发现工作场所职业病危害因素不符合国家职业卫生标准和卫生要求时,应当立即采取相应治理措施,确保其符合职业卫生环境和条件的要求;仍然达不到国家职业卫生标准和卫生要求的,必须停止存在职业病危害因素的作业;职业病危害因素经治理后,符合国家职业卫生标准和卫生要求的,方可重新作业。

第二十三条 向用人单位提供可能产生职业病危害的设备的,应当提供中文说明书,并在设备的醒目位置设置警示标识和中文警示说明。警示说明应当载明设备性能、可能产生的职业病危害、安全操作和维护注意事项、职业病防护措施等内容。

用人单位应当检查前款规定的事项,不得使用不符合要求的设备。

第二十四条 向用人单位提供可能产生职业病危害的化学品、放射性同位素和含有放射性物质的材料的,应当提供中文说明书。说明书应当载明产品特性、主要成份、存在的有害因素、可能产生的危害后果、安全使用注意事项、职业病防护和应急救治措施等内容。产品包装应当有醒目的警示标识和中文警示说明。贮存上述材料的场所应当在规定的部位设置危险物品标识或者放射性警示标识。

用人单位应当检查前款规定的事项,不得使用不符合要求的材料。

第二十五条 任何用人单位不得使用国家明令禁止使用的可能产生职业病危害的设备或者材料。

第二十六条 任何单位和个人不得将产生职业病危害的作业转移给不具备职业病防护条件的单位和个人。不具备职业病防护条件的单位和个人不得接受产生职业病危害的作业。

第二十七条 用人单位应当优先采用有利于防治职业病危害和保护劳动者健康的新技术、新工艺、新材料、新设备,逐步替代产生职业病危害的技术、工艺、材料、设备。

第二十八条 用人单位对采用的技术、工艺、材料、设备,应当知悉其可能产生的职业病危害,并采取相应的防护措施。对有职业病危害的技术、工艺、设备、材料,故意隐瞒其危害而采用的,用人单位对其所造成的职业病危害后果承担责任。

第二十九条 用人单位与劳动者订立劳动合同时,应当将工作过程中可能产生的职业病危害及其后果、职业病防护措施和待遇等如实告知劳动者,并在劳动合同中写明,不得隐瞒或者欺骗。

劳动者在履行劳动合同期间因工作岗位或者工作内容变更,从事与所订立劳动合同中未告知的存在职业病危害的作业时,用人单位应当依照前款规定,向劳动者履行如实告知的义务,并协商变更原劳动合同相关条款。

用人单位违反本条规定的,劳动者有权拒绝从事存在职业病危害的作业,用人单位不得因此解除与劳动者所订立的劳动合同。

第三十条 对从事接触职业病危害因素作业的劳动者,用人单位应当按照《用人单位职业健康监护监督管理办法》、《放射工作人员职业健康管理办法》、《职业健康监护技术规范》(GBZ 188)、《放射工作人员职业健康监护技术规范》(GBZ 235)等有关规定组织上岗前、在岗期间、离岗时的职业健康检查,并将检查结果书面如实告知劳动者。

职业健康检查费用由用人单位承担。

第三十一条　用人单位应当按照《用人单位职业健康监护监督管理办法》的规定,为劳动者建立职业健康监护档案,并按照规定的期限妥善保存。

职业健康监护档案应当包括劳动者的职业史、职业病危害接触史、职业健康检查结果、处理结果和职业病诊疗等有关个人健康资料。

劳动者离开用人单位时,有权索取本人职业健康监护档案复印件,用人单位应当如实、无偿提供,并在所提供的复印件上签章。

第三十二条　劳动者健康出现损害需要进行职业病诊断、鉴定的,用人单位应当如实提供职业病诊断、鉴定所需的劳动者职业史和职业病危害接触史、工作场所职业病危害因素检测结果和放射工作人员个人剂量监测结果等资料。

第三十三条　用人单位不得安排未成年工从事接触职业病危害的作业,不得安排有职业禁忌的劳动者从事其所禁忌的作业,不得安排孕期、哺乳期女职工从事对本人和胎儿、婴儿有危害的作业。

第三十四条　用人单位应当建立健全下列职业卫生档案资料:

(一)职业病防治责任制文件;

(二)职业卫生管理规章制度、操作规程;

(三)工作场所职业病危害因素种类清单、岗位分布以及作业人员接触情况等资料;

(四)职业病防护设施、应急救援设施基本信息,以及其配置、使用、维护、检修与更换等记录;

(五)工作场所职业病危害因素检测、评价报告与记录;

(六)职业病防护用品配备、发放、维护与更换等记录;

(七)主要负责人、职业卫生管理人员和职业病危害严重工作岗位的劳动者等相关人员职业卫生培训资料;

(八)职业病危害事故报告与应急处置记录;

(九)劳动者职业健康检查结果汇总资料,存在职业禁忌证、职业健康损害或者职业病的劳动者处理和安置情况记录;

(十)建设项目职业病防护设施"三同时"有关资料;

(十一)职业病危害项目申报等有关回执或者批复文件;

(十二)其他有关职业卫生管理的资料或者文件。

第三十五条　用人单位发生职业病危害事故,应当及时向所在地卫生健康主管部门和有关部门报告,并采取有效措施,减少或者消除职业病危害因素,防止事故扩大。对遭受或者可能遭受急性职业病危害的劳动者,用人单位应当及时组织救治、进行健康检查和医学观察,并承担所需费用。

用人单位不得故意破坏事故现场、毁灭有关证据,不得迟报、漏报、谎报或者瞒报职业病危害事故。

第三十六条 用人单位发现职业病病人或者疑似职业病病人时,应当按照国家规定及时向所在地卫生健康主管部门和有关部门报告。

第三十七条 用人单位在卫生健康主管部门行政执法人员依法履行监督检查职责时,应当予以配合,不得拒绝、阻挠。

第三章 监督管理

第三十八条 卫生健康主管部门应当依法对用人单位执行有关职业病防治的法律、法规、规章和国家职业卫生标准的情况进行监督检查,重点监督检查下列内容:

(一)设置或者指定职业卫生管理机构或者组织,配备专职或者兼职的职业卫生管理人员情况;

(二)职业卫生管理制度和操作规程的建立、落实及公布情况;

(三)主要负责人、职业卫生管理人员和职业病危害严重的工作岗位的劳动者职业卫生培训情况;

(四)建设项目职业病防护设施"三同时"制度落实情况;

(五)工作场所职业病危害项目申报情况;

(六)工作场所职业病危害因素监测、检测、评价及结果报告和公布情况;

(七)职业病防护设施、应急救援设施的配置、维护、保养情况,以及职业病防护用品的发放、管理及劳动者佩戴使用情况;

(八)职业病危害因素及危害后果警示、告知情况;

(九)劳动者职业健康监护、放射工作人员个人剂量监测情况;

(十)职业病危害事故报告情况;

(十一)提供劳动者健康损害与职业史、职业病危害接触关系等相关资料的情况;

(十二)依法应当监督检查的其他情况。

第三十九条 卫生健康主管部门应当建立健全职业卫生监督检查制度,加强行政执法人员职业卫生知识的培训,提高行政执法人员的业务素质。

第四十条 卫生健康主管部门应当加强建设项目职业病防护设施"三同时"的监督管理,建立健全相关资料的档案管理制度。

第四十一条 卫生健康主管部门应当加强职业卫生技术服务机构的资质认可管理和技术服务工作的监督检查,督促职业卫生技术服务机构公平、公正、客观、科学地开展职业卫生技术服务。

第四十二条 卫生健康主管部门应当建立健全职业病危害防治信息统计分析制度,

加强对用人单位职业病危害因素检测、评价结果、劳动者职业健康监护信息以及职业卫生监督检查信息等资料的统计、汇总和分析。

第四十三条 卫生健康主管部门应当按照有关规定，支持、配合有关部门和机构开展职业病的诊断、鉴定工作。

第四十四条 卫生健康主管部门行政执法人员依法履行监督检查职责时，应当出示有效的执法证件。

行政执法人员应当忠于职守，秉公执法，严格遵守执法规范；涉及被检查单位的技术秘密、业务秘密以及个人隐私，应当为其保密。

第四十五条 卫生健康主管部门履行监督检查职责时，有权采取下列措施：

（一）进入被检查单位及工作场所，进行职业病危害检测，了解情况，调查取证；

（二）查阅、复制被检查单位有关职业病危害防治的文件、资料，采集有关样品；

（三）责令违反职业病防治法律、法规的单位和个人停止违法行为；

（四）责令暂停导致职业病危害事故的作业，封存造成职业病危害事故或者可能导致职业病危害事故发生的材料和设备；

（五）组织控制职业病危害事故现场。

在职业病危害事故或者危害状态得到有效控制后，卫生健康主管部门应当及时解除前款第四项、第五项规定的控制措施。

第四十六条 发生职业病危害事故，卫生健康主管部门应当依照国家有关规定报告事故和组织事故的调查处理。

第四章　法　律　责　任

第四十七条 用人单位有下列情形之一的，责令限期改正，给予警告，可以并处五千元以上二万元以下的罚款：

（一）未按照规定实行有害作业与无害作业分开、工作场所与生活场所分开的；

（二）用人单位的主要负责人、职业卫生管理人员未接受职业卫生培训的；

（三）其他违反本规定的行为。

第四十八条 用人单位有下列情形之一的，责令限期改正，给予警告；逾期未改正的，处十万元以下的罚款：

（一）未按照规定制定职业病防治计划和实施方案的；

（二）未按照规定设置或者指定职业卫生管理机构或者组织，或者未配备专职或者兼职的职业卫生管理人员的；

（三）未按照规定建立、健全职业卫生管理制度和操作规程的；

（四）未按照规定建立、健全职业卫生档案和劳动者健康监护档案的；

（五）未建立、健全工作场所职业病危害因素监测及评价制度的；

（六）未按照规定公布有关职业病防治的规章制度、操作规程、职业病危害事故应急救援措施的；

（七）未按照规定组织劳动者进行职业卫生培训，或者未对劳动者个体防护采取有效的指导、督促措施的；

（八）工作场所职业病危害因素检测、评价结果未按照规定存档、上报和公布的。

第四十九条 用人单位有下列情形之一的，责令限期改正，给予警告，可以并处五万元以上十万元以下的罚款：

（一）未按照规定及时、如实申报产生职业病危害的项目的；

（二）未实施由专人负责职业病危害因素日常监测，或者监测系统不能正常监测的；

（三）订立或者变更劳动合同时，未告知劳动者职业病危害真实情况的；

（四）未按照规定组织劳动者进行职业健康检查、建立职业健康监护档案或者未将检查结果书面告知劳动者的；

（五）未按照规定在劳动者离开用人单位时提供职业健康监护档案复印件的。

第五十条 用人单位有下列情形之一的，责令限期改正，给予警告；逾期未改正的，处五万元以上二十万元以下的罚款；情节严重的，责令停止产生职业病危害的作业，或者提请有关人民政府按照国务院规定的权限责令关闭：

（一）工作场所职业病危害因素的强度或者浓度超过国家职业卫生标准的；

（二）未提供职业病防护设施和劳动者使用的职业病防护用品，或者提供的职业病防护设施和劳动者使用的职业病防护用品不符合国家职业卫生标准和卫生要求的；

（三）未按照规定对职业病防护设备、应急救援设施和劳动者职业病防护用品进行维护、检修、检测，或者不能保持正常运行、使用状态的；

（四）未按照规定对工作场所职业病危害因素进行检测、现状评价的；

（五）工作场所职业病危害因素经治理仍然达不到国家职业卫生标准和卫生要求时，未停止存在职业病危害因素的作业的；

（六）发生或者可能发生急性职业病危害事故，未立即采取应急救援和控制措施或者未按照规定及时报告的；

（七）未按照规定在产生严重职业病危害的作业岗位醒目位置设置警示标识和中文警示说明的；

（八）拒绝卫生健康主管部门监督检查的；

（九）隐瞒、伪造、篡改、毁损职业健康监护档案、工作场所职业病危害因素检测评价结果等相关资料，或者不提供职业病诊断、鉴定所需要资料的；

（十）未按照规定承担职业病诊断、鉴定费用和职业病病人的医疗、生活保障费用的。

第五十一条 用人单位有下列情形之一的，依法责令限期改正，并处五万元以上三十万元以下的罚款；情节严重的，责令停止产生职业病危害的作业，或者提请有关人民政府按照国务院规定的权限责令关闭：

（一）隐瞒技术、工艺、设备、材料所产生的职业病危害而采用的；

（二）隐瞒本单位职业卫生真实情况的；

（三）可能发生急性职业损伤的有毒、有害工作场所或者放射工作场所不符合法律有关规定的；

（四）使用国家明令禁止使用的可能产生职业病危害的设备或者材料的；

（五）将产生职业病危害的作业转移给没有职业病防护条件的单位和个人，或者没有职业病防护条件的单位和个人接受产生职业病危害的作业的；

（六）擅自拆除、停止使用职业病防护设备或者应急救援设施的；

（七）安排未经职业健康检查的劳动者、有职业禁忌的劳动者、未成年工或者孕期、哺乳期女职工从事接触产生职业病危害的作业或者禁忌作业的；

（八）违章指挥和强令劳动者进行没有职业病防护措施的作业的。

第五十二条 用人单位违反《中华人民共和国职业病防治法》的规定，已经对劳动者生命健康造成严重损害的，责令停止产生职业病危害的作业，或者提请有关人民政府按照国务院规定的权限责令关闭，并处十万元以上五十万元以下的罚款。

造成重大职业病危害事故或者其他严重后果，构成犯罪的，对直接负责的主管人员和其他直接责任人员，依法追究刑事责任。

第五十三条 向用人单位提供可能产生职业病危害的设备或者材料，未按照规定提供中文说明书或者设置警示标识和中文警示说明的，责令限期改正，给予警告，并处五万元以上二十万元以下的罚款。

第五十四条 用人单位未按照规定报告职业病、疑似职业病的，责令限期改正，给予警告，可以并处一万元以下的罚款；弄虚作假的，并处二万元以上五万元以下的罚款。

第五十五条 卫生健康主管部门及其行政执法人员未按照规定报告职业病危害事故的，依照有关规定给予处理；构成犯罪的，依法追究刑事责任。

第五十六条 本规定所规定的行政处罚，由县级以上地方卫生健康主管部门决定。

法律、行政法规和国务院有关规定对行政处罚决定机关另有规定的，依照其规定。

第五章 附 则

第五十七条 本规定下列用语的含义：

工作场所，是指劳动者进行职业活动的所有地点，包括建设单位施工场所。

职业病危害严重的用人单位，是指建设项目职业病危害风险分类管理目录中所列职业病危害严重行业的用人单位。建设项目职业病危害风险分类管理目录由国家卫生健康委公布。各省级卫生健康主管部门可以根据本地区实际情况,对分类管理目录作出补充规定。

建设项目职业病防护设施"三同时",是指建设项目的职业病防护设施与主体工程同时设计、同时施工、同时投入生产和使用。

第五十八条 本规定未规定的其他有关职业病防治事项,依照《中华人民共和国职业病防治法》和其他有关法律、法规、规章的规定执行。

第五十九条 医疗机构放射卫生管理按照放射诊疗管理相关规定执行。

第六十条 本规定自 2021 年 2 月 1 日起施行。原国家安全生产监督管理总局 2012 年 4 月 27 日公布的《工作场所职业卫生监督管理规定》同时废止。

职业病诊断与鉴定管理办法

2021 年 1 月 4 日国家卫生健康委员会令第 6 号公布施行

第一章 总 则

第一条 为了规范职业病诊断与鉴定工作,加强职业病诊断与鉴定管理,根据《中华人民共和国职业病防治法》(以下简称《职业病防治法》),制定本办法。

第二条 职业病诊断与鉴定工作应当按照《职业病防治法》、本办法的有关规定及《职业病分类和目录》、国家职业病诊断标准进行,遵循科学、公正、及时、便捷的原则。

第三条 国家卫生健康委负责全国范围内职业病诊断与鉴定的监督管理工作,县级以上地方卫生健康主管部门依据职责负责本行政区域内职业病诊断与鉴定的监督管理工作。

省、自治区、直辖市卫生健康主管部门(以下简称省级卫生健康主管部门)应当结合本行政区域职业病防治工作实际和医疗卫生服务体系规划,充分利用现有医疗卫生资源,实现职业病诊断机构区域覆盖。

第四条 各地要加强职业病诊断机构能力建设,提供必要的保障条件,配备相关的人员、设备和工作经费,以满足职业病诊断工作的需要。

第五条 各地要加强职业病诊断与鉴定信息化建设,建立健全劳动者接触职业病危害、开展职业健康检查、进行职业病诊断与鉴定等全过程的信息化系统,不断提高职业病诊断与鉴定信息报告的准确性、及时性和有效性。

第六条 用人单位应当依法履行职业病诊断、鉴定的相关义务:

(一)及时安排职业病病人、疑似职业病病人进行诊治;

（二）如实提供职业病诊断、鉴定所需的资料；

（三）承担职业病诊断、鉴定的费用和疑似职业病病人在诊断、医学观察期间的费用；

（四）报告职业病和疑似职业病；

（五）《职业病防治法》规定的其他相关义务。

第二章 诊 断 机 构

第七条 医疗卫生机构开展职业病诊断工作，应当在开展之日起十五个工作日内向省级卫生健康主管部门备案。

省级卫生健康主管部门应当自收到完整备案材料之日起十五个工作日内向社会公布备案的医疗卫生机构名单、地址、诊断项目（即《职业病分类和目录》中的职业病类别和病种）等相关信息。

第八条 医疗卫生机构开展职业病诊断工作应当具备下列条件：

（一）持有《医疗机构执业许可证》；

（二）具有相应的诊疗科目及与备案开展的诊断项目相适应的职业病诊断医师及相关医疗卫生技术人员；

（三）具有与备案开展的诊断项目相适应的场所和仪器、设备；

（四）具有健全的职业病诊断质量管理制度。

第九条 医疗卫生机构进行职业病诊断备案时，应当提交以下证明其符合本办法第八条规定条件的有关资料：

（一）《医疗机构执业许可证》原件、副本及复印件；

（二）职业病诊断医师资格等相关资料；

（三）相关的仪器设备清单；

（四）负责职业病信息报告人员名单；

（五）职业病诊断质量管理制度等相关资料。

第十条 职业病诊断机构对备案信息的真实性、准确性、合法性负责。

当备案信息发生变化时，应当自信息发生变化之日起十个工作日内向省级卫生健康主管部门提交变更信息。

第十一条 设区的市没有医疗卫生机构备案开展职业病诊断的，省级卫生健康主管部门应当根据职业病诊断工作的需要，指定符合本办法第八条规定条件的医疗卫生机构承担职业病诊断工作。

第十二条 职业病诊断机构的职责是：

（一）在备案的诊断项目范围内开展职业病诊断；

（二）及时向所在地卫生健康主管部门报告职业病；

（三）按照卫生健康主管部门要求报告职业病诊断工作情况；

（四）承担《职业病防治法》中规定的其他职责。

第十三条 职业病诊断机构依法独立行使诊断权,并对其作出的职业病诊断结论负责。

第十四条 职业病诊断机构应当建立和健全职业病诊断管理制度,加强职业病诊断医师等有关医疗卫生人员技术培训和政策、法律培训,并采取措施改善职业病诊断工作条件,提高职业病诊断服务质量和水平。

第十五条 职业病诊断机构应当公开职业病诊断程序和诊断项目范围,方便劳动者进行职业病诊断。

职业病诊断机构及其相关工作人员应当尊重、关心、爱护劳动者,保护劳动者的隐私。

第十六条 从事职业病诊断的医师应当具备下列条件,并取得省级卫生健康主管部门颁发的职业病诊断资格证书:

(一)具有医师执业证书;

(二)具有中级以上卫生专业技术职务任职资格;

(三)熟悉职业病防治法律法规和职业病诊断标准;

(四)从事职业病诊断、鉴定相关工作三年以上;

(五)按规定参加职业病诊断医师相应专业的培训,并考核合格。

省级卫生健康主管部门应当依据本办法的规定和国家卫生健康委制定的职业病诊断医师培训大纲,制定本行政区域职业病诊断医师培训考核办法并组织实施。

第十七条 职业病诊断医师应当依法在职业病诊断机构备案的诊断项目范围内从事职业病诊断工作,不得从事超出其职业病诊断资格范围的职业病诊断工作;职业病诊断医师应当按照有关规定参加职业卫生、放射卫生、职业医学等领域的继续医学教育。

第十八条 省级卫生健康主管部门应当加强本行政区域内职业病诊断机构的质量控制管理工作,组织开展职业病诊断机构质量控制评估。

职业病诊断质量控制规范和医疗卫生机构职业病报告规范另行制定。

第三章 诊 断

第十九条 劳动者可以在用人单位所在地、本人户籍所在地或者经常居住地的职业病诊断机构进行职业病诊断。

第二十条 职业病诊断应当按照《职业病防治法》、本办法的有关规定及《职业病分类和目录》、国家职业病诊断标准,依据劳动者的职业史、职业病危害接触史和工作场所职业病危害因素情况、临床表现以及辅助检查结果等,进行综合分析。材料齐全的情况下,职业病诊断机构应当在收齐材料之日起三十日内作出诊断结论。

没有证据否定职业病危害因素与病人临床表现之间的必然联系的,应当诊断为职业病。

第二十一条　职业病诊断需要以下资料：

（一）劳动者职业史和职业病危害接触史（包括在岗时间、工种、岗位、接触的职业病危害因素名称等）；

（二）劳动者职业健康检查结果；

（三）工作场所职业病危害因素检测结果；

（四）职业性放射性疾病诊断还需要个人剂量监测档案等资料。

第二十二条　劳动者依法要求进行职业病诊断的，职业病诊断机构不得拒绝劳动者进行职业病诊断的要求，并告知劳动者职业病诊断的程序和所需材料。劳动者应当填写《职业病诊断就诊登记表》，并提供本人掌握的职业病诊断有关资料。

第二十三条　职业病诊断机构进行职业病诊断时，应当书面通知劳动者所在的用人单位提供本办法第二十一条规定的职业病诊断资料，用人单位应当在接到通知后的十日内如实提供。

第二十四条　用人单位未在规定时间内提供职业病诊断所需要资料的，职业病诊断机构可以依法提请卫生健康主管部门督促用人单位提供。

第二十五条　劳动者对用人单位提供的工作场所职业病危害因素检测结果等资料有异议，或者因劳动者的用人单位解散、破产，无用人单位提供上述资料的，职业病诊断机构应当依法提请用人单位所在地卫生健康主管部门进行调查。

卫生健康主管部门应当自接到申请之日起三十日内对存在异议的资料或者工作场所职业病危害因素情况作出判定。

职业病诊断机构在卫生健康主管部门作出调查结论或者判定前应当中止职业病诊断。

第二十六条　职业病诊断机构需要了解工作场所职业病危害因素情况时，可以对工作场所进行现场调查，也可以依法提请卫生健康主管部门组织现场调查。卫生健康主管部门应当在接到申请之日起三十日内完成现场调查。

第二十七条　在确认劳动者职业史、职业病危害接触史时，当事人对劳动关系、工种、工作岗位或者在岗时间有争议的，职业病诊断机构应当告知当事人依法向用人单位所在地的劳动人事争议仲裁委员会申请仲裁。

第二十八条　经卫生健康主管部门督促，用人单位仍不提供工作场所职业病危害因素检测结果、职业健康监护档案等资料或者提供资料不全的，职业病诊断机构应当结合劳动者的临床表现、辅助检查结果和劳动者的职业史、职业病危害接触史，并参考劳动者自述或工友旁证资料、卫生健康等有关部门提供的日常监督检查信息等，作出职业病诊断结论。对于作出无职业病诊断结论的病人，可依据病人的临床表现以及辅助检查结果，作出疾病的诊断，提出相关医学意见或者建议。

第二十九条　职业病诊断机构可以根据诊断需要，聘请其他单位职业病诊断医师参加诊断。必要时，可以邀请相关专业专家提供咨询意见。

第三十条 职业病诊断机构作出职业病诊断结论后,应当出具职业病诊断证明书。职业病诊断证明书应当由参与诊断的取得职业病诊断资格的执业医师签署。

职业病诊断机构应当对职业病诊断医师签署的职业病诊断证明书进行审核,确认诊断的依据与结论符合有关法律法规、标准的要求,并在职业病诊断证明书上盖章。

职业病诊断证明书的书写应当符合相关标准的要求。

职业病诊断证明书一式五份,劳动者一份,用人单位所在地县级卫生健康主管部门一份,用人单位两份,诊断机构存档一份。

职业病诊断证明书应当于出具之日起十五日内由职业病诊断机构送达劳动者、用人单位及用人单位所在地县级卫生健康主管部门。

第三十一条 职业病诊断机构应当建立职业病诊断档案并永久保存,档案应当包括:

(一)职业病诊断证明书;

(二)职业病诊断记录;

(三)用人单位、劳动者和相关部门、机构提交的有关资料;

(四)临床检查与实验室检验等资料。

职业病诊断机构拟不再开展职业病诊断工作的,应当在拟停止开展职业病诊断工作的十五个工作日之前告知省级卫生健康主管部门和所在地县级卫生健康主管部门,妥善处理职业病诊断档案。

第三十二条 职业病诊断机构发现职业病病人或者疑似职业病病人时,应当及时向所在地县级卫生健康主管部门报告。职业病诊断机构应当在作出职业病诊断之日起十五日内通过职业病及健康危害因素监测信息系统进行信息报告,并确保报告信息的完整、真实和准确。

确诊为职业病的,职业病诊断机构可以根据需要,向卫生健康主管部门、用人单位提出专业建议;告知职业病病人依法享有的职业健康权益。

第三十三条 未承担职业病诊断工作的医疗卫生机构,在诊疗活动中发现劳动者的健康损害可能与其所从事的职业有关时,应及时告知劳动者到职业病诊断机构进行职业病诊断。

第四章 鉴 定

第三十四条 当事人对职业病诊断机构作出的职业病诊断有异议的,可以在接到职业病诊断证明书之日起三十日内,向作出诊断的职业病诊断机构所在地设区的市级卫生健康主管部门申请鉴定。

职业病诊断争议由设区的市级以上地方卫生健康主管部门根据当事人的申请组织职业病诊断鉴定委员会进行鉴定。

第三十五条 职业病鉴定实行两级鉴定制,设区的市级职业病诊断鉴定委员会负责职业病诊断争议的首次鉴定。

当事人对设区的市级职业病鉴定结论不服的,可以在接到诊断鉴定书之日起十五日内,向原鉴定组织所在地省级卫生健康主管部门申请再鉴定,省级鉴定为最终鉴定。

第三十六条 设区的市级以上地方卫生健康主管部门可以指定办事机构,具体承担职业病诊断鉴定的组织和日常性工作。职业病鉴定办事机构的职责是:

(一)接受当事人申请;

(二)组织当事人或者接受当事人委托抽取职业病诊断鉴定专家;

(三)组织职业病诊断鉴定会议,负责会议记录、职业病诊断鉴定相关文书的收发及其他事务性工作;

(四)建立并管理职业病诊断鉴定档案;

(五)报告职业病诊断鉴定相关信息;

(六)承担卫生健康主管部门委托的有关职业病诊断鉴定的工作。

职业病诊断机构不能作为职业病鉴定办事机构。

第三十七条 设区的市级以上地方卫生健康主管部门应当向社会公布本行政区域内依法承担职业病诊断鉴定工作的办事机构的名称、工作时间、地点、联系人、联系电话和鉴定工作程序。

第三十八条 省级卫生健康主管部门应当设立职业病诊断鉴定专家库(以下简称专家库),并根据实际工作需要及时调整其成员。专家库可以按照专业类别进行分组。

第三十九条 专家库应当以取得职业病诊断资格的不同专业类别的医师为主要成员,吸收临床相关学科、职业卫生、放射卫生、法律等相关专业的专家组成。专家应当具备下列条件:

(一)具有良好的业务素质和职业道德;

(二)具有相关专业的高级专业技术职务任职资格;

(三)熟悉职业病防治法律法规和职业病诊断标准;

(四)身体健康,能够胜任职业病诊断鉴定工作。

第四十条 参加职业病诊断鉴定的专家,应当由当事人或者由其委托的职业病鉴定办事机构从专家库中按照专业类别以随机抽取的方式确定。抽取的专家组成职业病诊断鉴定委员会(以下简称鉴定委员会)。

经当事人同意,职业病鉴定办事机构可以根据鉴定需要聘请本省、自治区、直辖市以外的相关专业专家作为鉴定委员会成员,并有表决权。

第四十一条 鉴定委员会人数为五人以上单数,其中相关专业职业病诊断医师应当为本次鉴定专家人数的半数以上。疑难病例应当增加鉴定委员会人数,充分听取意见。鉴定委员会设主任委员一名,由鉴定委员会成员推举产生。

职业病诊断鉴定会议由鉴定委员会主任委员主持。

第四十二条 参加职业病诊断鉴定的专家有下列情形之一的,应当回避:
（一）是职业病诊断鉴定当事人或者当事人近亲属的;
（二）已参加当事人职业病诊断或者首次鉴定的;
（三）与职业病诊断鉴定当事人有利害关系的;
（四）与职业病诊断鉴定当事人有其他关系,可能影响鉴定公正的。

第四十三条 当事人申请职业病诊断鉴定时,应当提供以下资料:
（一）职业病诊断鉴定申请书;
（二）职业病诊断证明书;
（三）申请省级鉴定的还应当提交市级职业病诊断鉴定书。

第四十四条 职业病鉴定办事机构应当自收到申请资料之日起五个工作日内完成资料审核,对资料齐全的发给受理通知书;资料不全的,应当当场或者在五个工作日内一次性告知当事人补充。资料补充齐全的,应当受理申请并组织鉴定。

职业病鉴定办事机构收到当事人鉴定申请之后,根据需要可以向原职业病诊断机构或者组织首次鉴定的办事机构调阅有关的诊断、鉴定资料。原职业病诊断机构或者组织首次鉴定的办事机构应当在接到通知之日起十日内提交。

职业病鉴定办事机构应当在受理鉴定申请之日起四十日内组织鉴定、形成鉴定结论,并出具职业病诊断鉴定书。

第四十五条 根据职业病诊断鉴定工作需要,职业病鉴定办事机构可以向有关单位调取与职业病诊断、鉴定有关的资料,有关单位应当如实、及时提供。

鉴定委员会应当听取当事人的陈述和申辩,必要时可以组织进行医学检查,医学检查应当在三十日内完成。

需要了解被鉴定人的工作场所职业病危害因素情况时,职业病鉴定办事机构根据鉴定委员会的意见可以组织对工作场所进行现场调查,或者依法提请卫生健康主管部门组织现场调查。现场调查应当在三十日内完成。

医学检查和现场调查时间不计算在职业病鉴定规定的期限内。

职业病诊断鉴定应当遵循客观、公正的原则,鉴定委员会进行职业病诊断鉴定时,可以邀请有关单位人员旁听职业病诊断鉴定会议。所有参与职业病诊断鉴定的人员应当依法保护当事人的个人隐私、商业秘密。

第四十六条 鉴定委员会应当认真审阅鉴定资料,依照有关规定和职业病诊断标准,经充分合议后,根据专业知识独立进行鉴定。在事实清楚的基础上,进行综合分析,作出鉴定结论,并制作职业病诊断鉴定书。

鉴定结论应当经鉴定委员会半数以上成员通过。

第四十七条 职业病诊断鉴定书应当包括以下内容:
（一）劳动者、用人单位的基本信息及鉴定事由;
（二）鉴定结论及其依据,鉴定为职业病的,应当注明职业病名称、程度（期别）;

（三）鉴定时间。

诊断鉴定书加盖职业病鉴定委员会印章。

首次鉴定的职业病诊断鉴定书一式五份，劳动者、用人单位、用人单位所在地市级卫生健康主管部门、原诊断机构各一份，职业病鉴定办事机构存档一份；省级鉴定的职业病诊断鉴定书一式六份，劳动者、用人单位、用人单位所在地省级卫生健康主管部门、原诊断机构、首次职业病鉴定办事机构各一份，省级职业病鉴定办事机构存档一份。

职业病诊断鉴定书的格式由国家卫生健康委员会统一规定。

第四十八条 职业病鉴定办事机构出具职业病诊断鉴定书后，应当于出具之日起十日内送达当事人，并在出具职业病诊断鉴定书后的十日内将职业病诊断鉴定书等有关信息告知原职业病诊断机构或者首次职业病鉴定办事机构，并通过职业病及健康危害因素监测信息系统报告职业病鉴定相关信息。

第四十九条 职业病鉴定结论与职业病诊断结论或者首次职业病鉴定结论不一致的，职业病鉴定办事机构应当在出具职业病诊断鉴定书后十日内向相关卫生健康主管部门报告。

第五十条 职业病鉴定办事机构应当如实记录职业病诊断鉴定过程，内容应当包括：

（一）鉴定委员会的专家组成；

（二）鉴定时间；

（三）鉴定所用资料；

（四）鉴定专家的发言及其鉴定意见；

（五）表决情况；

（六）经鉴定专家签字的鉴定结论。

有当事人陈述和申辩的，应当如实记录。

鉴定结束后，鉴定记录应当随同职业病诊断鉴定书一并由职业病鉴定办事机构存档，永久保存。

第五章 监督管理

第五十一条 县级以上地方卫生健康主管部门应当定期对职业病诊断机构进行监督检查，检查内容包括：

（一）法律法规、标准的执行情况；

（二）规章制度建立情况；

（三）备案的职业病诊断信息真实性情况；

（四）按照备案的诊断项目开展职业病诊断工作情况；

（五）开展职业病诊断质量控制、参加质量控制评估及整改情况；

（六）人员、岗位职责落实和培训情况；

(七)职业病报告情况。

第五十二条 设区的市级以上地方卫生健康主管部门应当加强对职业病鉴定办事机构的监督管理,对职业病鉴定工作程序、制度落实情况及职业病报告等相关工作情况进行监督检查。

第五十三条 县级以上地方卫生健康主管部门监督检查时,有权查阅或者复制有关资料,职业病诊断机构应当予以配合。

第六章 法律责任

第五十四条 医疗卫生机构未按照规定备案开展职业病诊断的,由县级以上地方卫生健康主管部门责令改正,给予警告,可以并处三万元以下罚款。

第五十五条 职业病诊断机构有下列行为之一的,其作出的职业病诊断无效,由县级以上地方卫生健康主管部门按照《职业病防治法》的第八十条的规定进行处理:

(一)超出诊疗项目登记范围从事职业病诊断的;

(二)不按照《职业病防治法》规定履行法定职责的;

(三)出具虚假证明文件的。

第五十六条 职业病诊断机构未按照规定报告职业病、疑似职业病的,由县级以上地方卫生健康主管部门按照《职业病防治法》第七十四条的规定进行处理。

第五十七条 职业病诊断机构违反本办法规定,有下列情形之一的,由县级以上地方卫生健康主管部门责令限期改正;逾期不改的,给予警告,并可以根据情节轻重处以三万元以下罚款:

(一)未建立职业病诊断管理制度的;

(二)未按照规定向劳动者公开职业病诊断程序的;

(三)泄露劳动者涉及个人隐私的有关信息、资料的;

(四)未按照规定参加质量控制评估,或者质量控制评估不合格且未按要求整改的;

(五)拒不配合卫生健康主管部门监督检查的。

第五十八条 职业病诊断鉴定委员会组成人员收受职业病诊断争议当事人的财物或者其他好处的,由省级卫生健康主管部门按照《职业病防治法》第八十一条的规定进行处理。

第五十九条 县级以上地方卫生健康主管部门及其工作人员未依法履行职责,按照《职业病防治法》第八十三条第二款规定进行处理。

第六十条 用人单位有下列行为之一的,由县级以上地方卫生健康主管部门按照《职业病防治法》第七十二条规定进行处理:

(一)未按照规定安排职业病病人、疑似职业病病人进行诊治的;

(二)拒不提供职业病诊断、鉴定所需资料的;

(三)未按照规定承担职业病诊断、鉴定费用。

第六十一条　用人单位未按照规定报告职业病、疑似职业病的，由县级以上地方卫生健康主管部门按照《职业病防治法》第七十四条规定进行处理。

第七章　附　　则

第六十二条　本办法所称"证据"，包括疾病的证据、接触职业病危害因素的证据，以及用于判定疾病与接触职业病危害因素之间因果关系的证据。

第六十三条　本办法自公布之日起施行。原卫生部2013年2月19日公布的《职业病诊断与鉴定管理办法》同时废止。

3. 特定人群保护

女职工劳动保护特别规定

2012年4月28日国务院令第619号公布施行

第一条　为了减少和解决女职工在劳动中因生理特点造成的特殊困难，保护女职工健康，制定本规定。

第二条　中华人民共和国境内的国家机关、企业、事业单位、社会团体、个体经济组织以及其他社会组织等用人单位及其女职工，适用本规定。

第三条　用人单位应当加强女职工劳动保护，采取措施改善女职工劳动安全卫生条件，对女职工进行劳动安全卫生知识培训。

第四条　用人单位应当遵守女职工禁忌从事的劳动范围的规定。用人单位应当将本单位属于女职工禁忌从事的劳动范围的岗位书面告知女职工。

女职工禁忌从事的劳动范围由本规定附录列示。国务院安全生产监督管理部门会同国务院人力资源社会保障行政部门、国务院卫生行政部门根据经济社会发展情况，对女职工禁忌从事的劳动范围进行调整。

第五条　用人单位不得因女职工怀孕、生育、哺乳降低其工资、予以辞退、与其解除劳动或者聘用合同。

第六条　女职工在孕期不能适应原劳动的，用人单位应当根据医疗机构的证明，予以减轻劳动量或者安排其他能够适应的劳动。

对怀孕7个月以上的女职工，用人单位不得延长劳动时间或者安排夜班劳动，并应当在劳动时间内安排一定的休息时间。

怀孕女职工在劳动时间内进行产前检查，所需时间计入劳动时间。

第七条　女职工生育享受98天产假，其中产前可以休假15天；难产的，增加产假15

天;生育多胞胎的,每多生育1个婴儿,增加产假15天。

女职工怀孕未满4个月流产的,享受15天产假;怀孕满4个月流产的,享受42天产假。

第八条　女职工产假期间的生育津贴,对已经参加生育保险的,按照用人单位上年度职工月平均工资的标准由生育保险基金支付;对未参加生育保险的,按照女职工产假前工资的标准由用人单位支付。

女职工生育或者流产的医疗费用,按照生育保险规定的项目和标准,对已经参加生育保险的,由生育保险基金支付;对未参加生育保险的,由用人单位支付。

第九条　对哺乳未满1周岁婴儿的女职工,用人单位不得延长劳动时间或者安排夜班劳动。

用人单位应当在每天的劳动时间内为哺乳期女职工安排1小时哺乳时间;女职工生育多胞胎的,每多哺乳1个婴儿每天增加1小时哺乳时间。

第十条　女职工比较多的用人单位应当根据女职工的需要,建立女职工卫生室、孕妇休息室、哺乳室等设施,妥善解决女职工在生理卫生、哺乳方面的困难。

第十一条　在劳动场所,用人单位应当预防和制止对女职工的性骚扰。

第十二条　县级以上人民政府人力资源社会保障行政部门、安全生产监督管理部门按照各自职责负责对用人单位遵守本规定的情况进行监督检查。

工会、妇女组织依法对用人单位遵守本规定的情况进行监督。

第十三条　用人单位违反本规定第六条第二款、第七条、第九条第一款规定的,由县级以上人民政府人力资源社会保障行政部门责令限期改正,按照受侵害女职工每人1000元以上5000元以下的标准计算,处以罚款。

用人单位违反本规定附录第一条、第二条规定的,由县级以上人民政府安全生产监督管理部门责令限期改正,按照受侵害女职工每人1000元以上5000元以下的标准计算,处以罚款。用人单位违反本规定附录第三条、第四条规定的,由县级以上人民政府安全生产监督管理部门责令限期治理,处5万元以上30万元以下的罚款;情节严重的,责令停止有关作业,或者提请有关人民政府按照国务院规定的权限责令关闭。

第十四条　用人单位违反本规定,侵害女职工合法权益的,女职工可以依法投诉、举报、申诉,依法向劳动人事争议调解仲裁机构申请调解仲裁,对仲裁裁决不服的,依法向人民法院提起诉讼。

第十五条　用人单位违反本规定,侵害女职工合法权益,造成女职工损害的,依法给予赔偿;用人单位及其直接负责的主管人员和其他直接责任人员构成犯罪的,依法追究刑事责任。

第十六条　本规定自公布之日起施行。1988年7月21日国务院发布的《女职工劳动保护规定》同时废止。

附录:女职工禁忌从事的劳动范围(略)

六、劳动监察

劳动保障监察条例

1. 2004年11月1日国务院令第423号公布
2. 自2004年12月1日起施行

第一章 总 则

第一条 为了贯彻实施劳动和社会保障(以下称劳动保障)法律、法规和规章,规范劳动保障监察工作,维护劳动者的合法权益,根据劳动法和有关法律,制定本条例。

第二条 对企业和个体工商户(以下称用人单位)进行劳动保障监察,适用本条例。

对职业介绍机构、职业技能培训机构和职业技能考核鉴定机构进行劳动保障监察,依照本条例执行。

第三条 国务院劳动保障行政部门主管全国的劳动保障监察工作。县级以上地方各级人民政府劳动保障行政部门主管本行政区域内的劳动保障监察工作。

县级以上各级人民政府有关部门根据各自职责,支持、协助劳动保障行政部门的劳动保障监察工作。

第四条 县级、设区的市级人民政府劳动保障行政部门可以委托符合监察执法条件的组织实施劳动保障监察。

劳动保障行政部门和受委托实施劳动保障监察的组织中的劳动保障监察员应当经过相应的考核或者考试录用。

劳动保障监察证件由国务院劳动保障行政部门监制。

第五条 县级以上地方各级人民政府应当加强劳动保障监察工作。劳动保障监察所需经费列入本级财政预算。

第六条 用人单位应当遵守劳动保障法律、法规和规章,接受并配合劳动保障监察。

第七条 各级工会依法维护劳动者的合法权益,对用人单位遵守劳动保障法律、法规和规章的情况进行监督。

劳动保障行政部门在劳动保障监察工作中应当注意听取工会组织的意见和建议。

第八条 劳动保障监察遵循公正、公开、高效、便民的原则。

实施劳动保障监察,坚持教育与处罚相结合,接受社会监督。

第九条 任何组织或者个人对违反劳动保障法律、法规或者规章的行为,有权向劳动保障行政部门举报。

劳动者认为用人单位侵犯其劳动保障合法权益的,有权向劳动保障行政部门投诉。

劳动保障行政部门应当为举报人保密;对举报属实,为查处重大违反劳动保障法律、法规或者规章的行为提供主要线索和证据的举报人,给予奖励。

第二章 劳动保障监察职责

第十条 劳动保障行政部门实施劳动保障监察,履行下列职责:
(一)宣传劳动保障法律、法规和规章,督促用人单位贯彻执行;
(二)检查用人单位遵守劳动保障法律、法规和规章的情况;
(三)受理对违反劳动保障法律、法规或者规章的行为的举报、投诉;
(四)依法纠正和查处违反劳动保障法律、法规或者规章的行为。

第十一条 劳动保障行政部门对下列事项实施劳动保障监察:
(一)用人单位制定内部劳动保障规章制度的情况;
(二)用人单位与劳动者订立劳动合同的情况;
(三)用人单位遵守禁止使用童工规定的情况;
(四)用人单位遵守女职工和未成年工特殊劳动保护规定的情况;
(五)用人单位遵守工作时间和休息休假规定的情况;
(六)用人单位支付劳动者工资和执行最低工资标准的情况;
(七)用人单位参加各项社会保险和缴纳社会保险费的情况;
(八)职业介绍机构、职业技能培训机构和职业技能考核鉴定机构遵守国家有关职业介绍、职业技能培训和职业技能考核鉴定的规定的情况;
(九)法律、法规规定的其他劳动保障监察事项。

第十二条 劳动保障监察员依法履行劳动保障监察职责,受法律保护。

劳动保障监察员应当忠于职守,秉公执法,勤政廉洁,保守秘密。

任何组织或者个人对劳动保障监察员的违法违纪行为,有权向劳动保障行政部门或者有关机关检举、控告。

第三章 劳动保障监察的实施

第十三条 对用人单位的劳动保障监察,由用人单位用工所在地的县级或者设区的市级劳动保障行政部门管辖。

上级劳动保障行政部门根据工作需要,可以调查处理下级劳动保障行政部门管辖的案件。劳动保障行政部门对劳动保障监察管辖发生争议的,报请共同的上一级劳动保障行政部门指定管辖。

省、自治区、直辖市人民政府可以对劳动保障监察的管辖制定具体办法。

第十四条 劳动保障监察以日常巡视检查、审查用人单位按照要求报送的书面材料以及接受举报投诉等形式进行。

劳动保障行政部门认为用人单位有违反劳动保障法律、法规或者规章的行为,需要进行调查处理的,应当及时立案。

劳动保障行政部门或者受委托实施劳动保障监察的组织应当设立举报、投诉信箱和电话。

对因违反劳动保障法律、法规或者规章的行为引起的群体性事件,劳动保障行政部门应当根据应急预案,迅速会同有关部门处理。

第十五条 劳动保障行政部门实施劳动保障监察,有权采取下列调查、检查措施:

(一)进入用人单位的劳动场所进行检查;

(二)就调查、检查事项询问有关人员;

(三)要求用人单位提供与调查、检查事项相关的文件资料,并作出解释和说明,必要时可以发出调查询问书;

(四)采取记录、录音、录像、照像或者复制等方式收集有关情况和资料;

(五)委托会计师事务所对用人单位工资支付、缴纳社会保险费的情况进行审计;

(六)法律、法规规定可以由劳动保障行政部门采取的其他调查、检查措施。

劳动保障行政部门对事实清楚、证据确凿,可以当场处理的违反劳动保障法律、法规或者规章的行为有权当场予以纠正。

第十六条 劳动保障监察员进行调查、检查,不得少于2人,并应当佩戴劳动保障监察标志、出示劳动保障监察证件。

劳动保障监察员办理的劳动保障监察事项与本人或者其近亲属有直接利害关系的,应当回避。

第十七条 劳动保障行政部门对违反劳动保障法律、法规或者规章的行为的调查,应当自立案之日起60个工作日内完成;对情况复杂的,经劳动保障行政部门负责人批准,可以延长30个工作日。

第十八条 劳动保障行政部门对违反劳动保障法律、法规或者规章的行为,根据调查、检查的结果,作出以下处理:

(一)对依法应当受到行政处罚的,依法作出行政处罚决定;

(二)对应当改正未改正的,依法责令改正或者作出相应的行政处理决定;

(三)对情节轻微且已改正的,撤销立案。

发现违法案件不属于劳动保障监察事项的,应当及时移送有关部门处理;涉嫌犯罪的,应当依法移送司法机关。

第十九条 劳动保障行政部门对违反劳动保障法律、法规或者规章的行为作出行政处罚或者行政处理决定前,应当听取用人单位的陈述、申辩;作出行政处罚或者行政处理决定,应当告知用人单位依法享有申请行政复议或者提起行政诉讼的权利。

第二十条 违反劳动保障法律、法规或者规章的行为在2年内未被劳动保障行政部门发现,也未被举报、投诉的,劳动保障行政部门不再查处。

前款规定的期限,自违反劳动保障法律、法规或者规章的行为发生之日起计算;违反劳动保障法律、法规或者规章的行为有连续或者继续状态的,自行为终了之日起计算。

第二十一条 用人单位违反劳动保障法律、法规或者规章,对劳动者造成损害的,依法承担赔偿责任。劳动者与用人单位就赔偿发生争议的,依照国家有关劳动争议处理的规定处理。

对应当通过劳动争议处理程序解决的事项或者已经按照劳动争议处理程序申请调解、仲裁或者已经提起诉讼的事项,劳动保障行政部门应当告知投诉人依照劳动争议处理或者诉讼的程序办理。

第二十二条 劳动保障行政部门应当建立用人单位劳动保障守法诚信档案。用人单位有重大违反劳动保障法律、法规或者规章的行为的,由有关的劳动保障行政部门向社会公布。

第四章 法 律 责 任

第二十三条 用人单位有下列行为之一的,由劳动保障行政部门责令改正,按照受侵害的劳动者每人1000元以上5000元以下的标准计算,处以罚款:

(一)安排女职工从事矿山井下劳动、国家规定的第四级体力劳动强度的劳动或者其他禁忌从事的劳动的;

(二)安排女职工在经期从事高处、低温、冷水作业或者国家规定的第三级体力劳动强度的劳动的;

(三)安排女职工在怀孕期间从事国家规定的第三级体力劳动强度的劳动或者孕期禁忌从事的劳动的;

(四)安排怀孕7个月以上的女职工夜班劳动或者延长其工作时间的;

(五)女职工生育享受产假少于90天的;

(六)安排女职工在哺乳未满1周岁的婴儿期间从事国家规定的第三级体力劳动强度的劳动或者哺乳期禁忌从事的其他劳动,以及延长其工作时间或者安排其夜班劳动的;

(七)安排未成年工从事矿山井下、有毒有害、国家规定的第四级体力劳动强度的劳动或者其他禁忌从事的劳动的;

(八)未对未成年工定期进行健康检查的。

第二十四条 用人单位与劳动者建立劳动关系不依法订立劳动合同的,由劳动保障行政部门责令改正。

第二十五条 用人单位违反劳动保障法律、法规或者规章延长劳动者工作时间的,由劳动保障行政部门给予警告,责令限期改正,并可以按照受侵害的劳动者每人

100元以上500元以下的标准计算,处以罚款。

第二十六条 用人单位有下列行为之一的,由劳动保障行政部门分别责令限期支付劳动者的工资报酬、劳动者工资低于当地最低工资标准的差额或者解除劳动合同的经济补偿;逾期不支付的,责令用人单位按照应付金额50%以上1倍以下的标准计算,向劳动者加付赔偿金:

（一）克扣或者无故拖欠劳动者工资报酬的;

（二）支付劳动者的工资低于当地最低工资标准的;

（三）解除劳动合同未依法给予劳动者经济补偿的。

第二十七条 用人单位向社会保险经办机构申报应缴纳的社会保险费数额时,瞒报工资总额或者职工人数的,由劳动保障行政部门责令改正,并处瞒报工资数额1倍以上3倍以下的罚款。

骗取社会保险待遇或者骗取社会保险基金支出的,由劳动保障行政部门责令退还,并处骗取金额1倍以上3倍以下的罚款;构成犯罪的,依法追究刑事责任。

第二十八条 职业介绍机构、职业技能培训机构或者职业技能考核鉴定机构违反国家有关职业介绍、职业技能培训或者职业技能考核鉴定的规定,由劳动保障行政部门责令改正,没收违法所得,并处1万元以上5万元以下的罚款;情节严重的,吊销许可证。

未经劳动保障行政部门许可,从事职业介绍、职业技能培训或者职业技能考核鉴定的组织或者个人,由劳动保障行政部门、工商行政管理部门依照国家有关无照经营查处取缔的规定查处取缔。

第二十九条 用人单位违反《中华人民共和国工会法》,有下列行为之一的,由劳动保障行政部门责令改正:

（一）阻挠劳动者依法参加和组织工会,或者阻挠上级工会帮助、指导劳动者筹建工会的;

（二）无正当理由调动依法履行职责的工会工作人员的工作岗位,进行打击报复的;

（三）劳动者因参加工会活动而被解除劳动合同的;

（四）工会工作人员因依法履行职责被解除劳动合同的。

第三十条 有下列行为之一的,由劳动保障行政部门责令改正;对有第(一)项、第(二)项或者第(三)项规定的行为的,处2000元以上2万元以下的罚款:

（一）无理抗拒、阻挠劳动保障行政部门依照本条例的规定实施劳动保障监察的;

（二）不按照劳动保障行政部门的要求报送书面材料,隐瞒事实真相,出具伪证或者隐匿、毁灭证据的;

（三）经劳动保障行政部门责令改正拒不改正,或者拒不履行劳动保障行政部门的行政处理决定的;

(四)打击报复举报人、投诉人的。

违反前款规定,构成违反治安管理行为的,由公安机关依法给予治安管理处罚;构成犯罪的,依法追究刑事责任。

第三十一条 劳动保障监察员滥用职权、玩忽职守、徇私舞弊或者泄露在履行职责过程中知悉的商业秘密,依法给予行政处分;构成犯罪的,依法追究刑事责任。

劳动保障行政部门和劳动保障监察员违法行使职权,侵犯用人单位或者劳动者的合法权益的,依法承担赔偿责任。

第三十二条 属于本条例规定的劳动保障监察事项,法律、其他行政法规对处罚另有规定的,从其规定。

第五章 附 则

第三十三条 对无营业执照或者已被依法吊销营业执照,有劳动用工行为的,由劳动保障行政部门依照本条例实施劳动保障监察,并及时通报工商行政管理部门予以查处取缔。

第三十四条 国家机关、事业单位、社会团体执行劳动保障法律、法规和规章的情况,由劳动保障行政部门根据其职责,依照本条例实施劳动保障监察。

第三十五条 劳动安全卫生的监督检查,由卫生部门、安全生产监督管理部门、特种设备安全监督管理部门等有关部门依照有关法律、行政法规的规定执行。

第三十六条 本条例自 2004 年 12 月 1 日起施行。

关于实施《劳动保障监察条例》若干规定

1. 2004 年 12 月 31 日劳动和社会保障部令第 25 号公布
2. 根据 2022 年 1 月 7 日人力资源社会保障部令第 47 号《关于修改部分规章的决定》修订

第一章 总 则

第一条 为了实施《劳动保障监察条例》,规范劳动保障监察行为,制定本规定。

第二条 劳动保障行政部门及所属劳动保障监察机构对企业和个体工商户(以下称用人单位)遵守劳动保障法律、法规和规章(以下简称劳动保障法律)的情况进行监察,适用本规定;对职业介绍机构、职业技能培训机构和职业技能考核鉴定机构进行劳动保障监察,依照本规定执行;对国家机关、事业单位、社会团体执行劳动保障法律情况进行劳动保障监察,根据劳动保障行政部门的职责,依照本规定执行。

第三条 劳动保障监察遵循公正、公开、高效、便民的原则。

实施劳动保障行政处罚坚持以事实为依据,以法律为准绳,坚持教育与处罚相结合,接受社会监督。

第四条 劳动保障监察实行回避制度。

第五条 县级以上劳动保障行政部门设立的劳动保障监察行政机构和劳动保障行政部门依法委托实施劳动保障监察的组织(以下统称劳动保障监察机构)具体负责劳动保障监察管理工作。

第二章 一般规定

第六条 劳动保障行政部门对用人单位及其劳动场所的日常巡视检查,应当制定年度计划和中长期规划,确定重点检查范围,并按照现场检查的规定进行。

第七条 劳动保障行政部门对用人单位按照要求报送的有关遵守劳动保障法律情况的书面材料应进行审查,并对审查中发现的问题及时予以纠正和查处。

第八条 劳动保障行政部门可以针对劳动保障法律实施中存在的重点问题集中组织专项检查活动,必要时,可以联合有关部门或组织共同进行。

第九条 劳动保障行政部门应当设立举报、投诉信箱,公开举报、投诉电话,依法查处举报和投诉反映的违反劳动保障法律的行为。

第三章 受理与立案

第十条 任何组织或个人对违反劳动保障法律的行为,有权向劳动保障行政部门举报。

第十一条 劳动保障行政部门对举报人反映的违反劳动保障法律的行为应当依法予以查处,并为举报人保密;对举报属实,为查处重大违反劳动保障法律的行为提供主要线索和证据的举报人,给予奖励。

第十二条 劳动者对用人单位违反劳动保障法律、侵犯其合法权益的行为,有权向劳动保障行政部门投诉。对因同一事由引起的集体投诉,投诉人可推荐代表投诉。

第十三条 投诉应当由投诉人向劳动保障行政部门递交投诉文书。书写投诉文书确有困难的,可以口头投诉,由劳动保障监察机构进行笔录,并由投诉人签字。

第十四条 投诉文书应当载明下列事项:

(一)投诉人的姓名、性别、年龄、职业、工作单位、住所和联系方式,被投诉用人单位的名称、住所、法定代表人或者主要负责人的姓名、职务;

(二)劳动保障合法权益受到侵害的事实和投诉请求事项。

第十五条 有下列情形之一的投诉,劳动保障行政部门应当告知投诉人依照劳动争议处理或者诉讼程序办理:

(一)应当通过劳动争议处理程序解决的;

(二)已经按照劳动争议处理程序申请调解、仲裁的;

(三)已经提起劳动争议诉讼的。

第十六条　下列因用人单位违反劳动保障法律行为对劳动者造成损害，劳动者与用人单位就赔偿发生争议的，依照国家有关劳动争议处理的规定处理：

（一）因用人单位制定的劳动规章制度违反法律、法规规定，对劳动者造成损害的；

（二）因用人单位违反对女职工和未成年工的保护规定，对女职工和未成年工造成损害的；

（三）因用人单位原因订立无效合同，对劳动者造成损害的；

（四）因用人单位违法解除劳动合同或者故意拖延不订立劳动合同，对劳动者造成损害的；

（五）法律、法规和规章规定的其他因用人单位违反劳动保障法律的行为，对劳动者造成损害的。

第十七条　劳动者或者用人单位与社会保险经办机构发生的社会保险行政争议，按照《社会保险行政争议处理办法》处理。

第十八条　对符合下列条件的投诉，劳动保障行政部门应当在接到投诉之日起5个工作日内依法受理，并于受理之日立案查处：

（一）违反劳动保障法律的行为发生在两年内的；

（二）有明确的被投诉用人单位，且投诉人的合法权益受到侵害是被投诉用人单位违反劳动保障法律的行为所造成的；

（三）属于劳动保障监察职权范围并由受理投诉的劳动保障行政部门管辖。

对不符合第一款第（一）项规定的投诉，劳动保障行政部门应当在接到投诉之日起5个工作日内决定不予受理，并书面通知投诉人。

对不符合第一款第（二）项规定的投诉，劳动保障监察机构应当告知投诉人补正投诉材料。

对不符合第一款第（三）项规定的投诉，即对不属于劳动保障监察职权范围的投诉，劳动保障监察机构应当告诉投诉人；对属于劳动保障监察职权范围但不属于受理投诉的劳动保障行政部门管辖的投诉，应当告知投诉人向有关劳动保障行政部门提出。

第十九条　劳动保障行政部门通过日常巡视检查、书面审查、举报等发现用人单位有违反劳动保障法律的行为，需要进行调查处理的，应当及时立案查处。

立案应当填写立案审批表，报劳动保障监察机构负责人审查批准。劳动保障监察机构负责人批准之日即为立案之日。

第四章　调查与检查

第二十条　劳动保障监察员进行调查、检查不得少于两人。

劳动保障监察机构应指定其中1名为主办劳动保障监察员。

第二十一条　劳动保障监察员对用人单位遵守劳动保障法律情况进行监察时，应当遵循以下规定：

（一）进入用人单位时，应佩戴劳动保障监察执法标志，出示劳动保障监察证件，并说明身份；

（二）就调查事项制作笔录，应由劳动保障监察员和被调查人（或其委托代理人）签名或盖章。被调查人拒不签名、盖章的，应注明拒签情况。

第二十二条 劳动保障监察员进行调查、检查时，承担下列义务：

（一）依法履行职责，秉公执法；

（二）保守在履行职责过程中获知的商业秘密；

（三）为举报人保密。

第二十三条 劳动保障监察员在实施劳动保障监察时，有下列情形之一的，应当回避：

（一）本人是用人单位法定代表人或主要负责人的近亲属的；

（二）本人或其近亲属与承办查处的案件事项有直接利害关系的；

（三）因其他原因可能影响案件公正处理的。

第二十四条 当事人认为劳动保障监察员符合本规定第二十三条规定应当回避的，有权向劳动保障行政部门申请，要求其回避。当事人申请劳动保障监察员回避，应当采用书面形式。

第二十五条 劳动保障行政部门应当在收到回避申请之日起3个工作日内依法审查，并由劳动保障行政部门负责人作出回避决定。决定作出前，不停止实施劳动保障监察。回避决定应当告知申请人。

第二十六条 劳动保障行政部门实施劳动保障监察，有权采取下列措施：

（一）进入用人单位的劳动场所进行检查；

（二）就调查、检查事项询问有关人员；

（三）要求用人单位提供与调查、检查事项相关的文件资料，必要时可以发出调查询问书；

（四）采取记录、录音、录像、照像和复制等方式收集有关的情况和资料；

（五）对事实确凿、可以当场处理的违反劳动保障法律、法规或规章的行为当场予以纠正；

（六）可以委托注册会计师事务所对用人单位工资支付、缴纳社会保险费的情况进行审计；

（七）法律、法规规定可以由劳动保障行政部门采取的其他调查、检查措施。

第二十七条 劳动保障行政部门调查、检查时，有下列情形之一的可以采取证据登记保存措施：

（一）当事人可能对证据采取伪造、变造、毁灭行为的；

（二）当事人采取措施不当可能导致证据灭失的；

（三）不采取证据登记保存措施以后难以取得的；

（四）其他可能导致证据灭失的情形的。

第二十八条 采取证据登记保存措施应当按照下列程序进行：

（一）劳动保障监察机构根据本规定第二十七条的规定，提出证据登记保存申请，报劳动保障行政部门负责人批准；

（二）劳动保障监察员将证据登记保存通知书及证据登记清单交付当事人，由当事人签收。当事人拒不签名或者盖章的，由劳动保障监察员注明情况；

（三）采取证据登记保存措施后，劳动保障行政部门应当在 7 日内及时作出处理决定，期限届满后应当解除证据登记保存措施。

在证据登记保存期内，当事人或者有关人员不得销毁或者转移证据；劳动保障监察机构及劳动保障监察员可以随时调取证据。

第二十九条 劳动保障行政部门在实施劳动保障监察中涉及异地调查取证的，可以委托当地劳动保障行政部门协助调查。受委托方的协助调查应在双方商定的时间内完成。

第三十条 劳动保障行政部门对违反劳动保障法律的行为的调查，应当自立案之日起 60 个工作日内完成；情况复杂的，经劳动保障行政部门负责人批准，可以延长 30 个工作日。

第五章 案件处理

第三十一条 对用人单位存在的违反劳动保障法律的行为事实确凿并有法定处罚（处理）依据的，可以当场作出限期整改指令或依法当场作出行政处罚决定。

当场作出限期整改指令或行政处罚决定的，劳动保障监察员应当填写预定格式、编有号码的限期整改指令书或行政处罚决定书，当场交付当事人。

第三十二条 当场处以警告或罚款处罚的，应当按照下列程序进行：

（一）口头告知当事人违法行为的基本事实、拟作出的行政处罚、依据及其依法享有的权利；

（二）听取当事人的陈述和申辩；

（三）填写预定格式的处罚决定书；

（四）当场处罚决定书应当由劳动保障监察员签名或者盖章；

（五）将处罚决定书当场交付当事人，由当事人签收。

劳动保障监察员应当在两日内将当场限期整改指令和行政处罚决定书存档联交所属劳动保障行政部门存档。

第三十三条 对不能当场作出处理的违法案件，劳动保障监察员经调查取证，应当提出初步处理建议，并填写案件处理报批表。

案件处理报批表应写明被处理单位名称、案由、违反劳动保障法律行为事实、被处理单位的陈述、处理依据、建议处理意见。

第三十四条 对违反劳动保障法律的行为作出行政处罚或者行政处理决定前，应当告知用人单位,听取其陈述和申辩;法律、法规规定应当依法听证的,应当告知用人单位有权依法要求举行听证;用人单位要求听证的,劳动保障行政部门应当组织听证。

第三十五条　劳动保障行政部门对违反劳动保障法律的行为,根据调查、检查的结果,作出以下处理:

（一）对依法应当受到行政处罚的,依法作出行政处罚决定;

（二）对应当改正未改正的,依法责令改正或者作出相应的行政处理决定;

（三）对情节轻微,且已改正的,撤销立案。

经调查、检查,劳动保障行政部门认定违法事实不能成立的,也应当撤销立案。

发现违法案件不属于劳动保障监察事项的,应当及时移送有关部门处理;涉嫌犯罪的,应当依法移送司法机关。

第三十六条　劳动保障监察行政处罚（处理）决定书应载明下列事项:

（一）被处罚（处理）单位名称、法定代表人、单位地址;

（二）劳动保障行政部门认定的违法事实和主要证据;

（三）劳动保障行政处罚（处理）的种类和依据;

（四）处罚（处理）决定的履行方式和期限;

（五）不服行政处罚（处理）决定,申请行政复议或者提起行政诉讼的途径和期限;

（六）作出处罚（处理）决定的行政机关名称和作出处罚（处理）决定的日期。

劳动保障行政处罚（处理）决定书应当加盖劳动保障行政部门印章。

第三十七条　劳动保障行政部门立案调查完成,应在15个工作日内作出行政处罚（行政处理或者责令改正）或者撤销立案决定;特殊情况,经劳动保障行政部门负责人批准可以延长。

第三十八条　劳动保障监察限期整改指令书、劳动保障行政处理决定书、劳动保障行政处罚决定书应当在宣告后当场交付当事人;当事人不在场的,劳动保障行政部门应当在7日内依照《中华人民共和国民事诉讼法》的有关规定,将劳动保障监察限期整改指令书、劳动保障行政处理决定书、劳动保障行政处罚决定书送达当事人。

第三十九条　作出行政处罚、行政处理决定的劳动保障行政部门发现决定不适当的,应当予以纠正并及时告知当事人。

第四十条　劳动保障监察案件结案后应建立档案。档案资料应当至少保存3年。

第四十一条　劳动保障行政处理或处罚决定依法作出后,当事人应当在决定规定的期限内予以履行。

第四十二条　当事人对劳动保障行政处理或行政处罚决定不服申请行政复议或者提起行政诉讼的,行政处理或行政处罚决定不停止执行。法律另有规定的除外。

第四十三条 当事人确有经济困难,需要延期或者分期缴纳罚款的,经当事人申请和劳动保障行政部门批准,可以暂缓或者分期缴纳。

第四十四条 当事人对劳动保障行政部门作出的行政处罚决定、责令支付劳动者工资报酬、赔偿金或者征缴社会保险费等行政处理决定逾期不履行的,劳动保障行政部门可以申请人民法院强制执行,或者依法强制执行。

第四十五条 除依法当场收缴的罚款外,作出罚款决定的劳动保障行政部门及其劳动保障监察员不得自行收缴罚款。当事人应当自收到行政处罚决定书之日起15日内,到指定银行缴纳罚款。

第四十六条 地方各级劳动保障行政部门应当按照劳动保障部有关规定对承办的案件进行统计并填表上报。

地方各级劳动保障行政部门制作的行政处罚决定书,应当在10个工作日内报送上一级劳动保障行政部门备案。

第六章 附 则

第四十七条 对无营业执照或者已被依法吊销营业执照,有劳动用工行为的,由劳动保障行政部门依照本规定实施劳动保障监察。

第四十八条 本规定自2005年2月1日起施行。原《劳动监察规定》(劳部发〔1993〕167号)、《劳动监察程序规定》(劳部发〔1995〕457号)、《处理举报劳动违法行为规定》(劳动部令第5号,1996年12月17日)同时废止。

七、劳动争议处理

1. 调　　解

中华人民共和国人民调解法

1. 2010 年 8 月 28 日第十一届全国人民代表大会常务委员会第十六次会议通过
2. 2010 年 8 月 28 日中华人民共和国主席令第 34 号公布
3. 自 2011 年 1 月 1 日起施行

目　　录

第一章　总　　则
第二章　人民调解委员会
第三章　人民调解员
第四章　调解程序
第五章　调解协议
第六章　附　　则

第一章　总　　则

第一条　【立法目的】为了完善人民调解制度，规范人民调解活动，及时解决民间纠纷，维护社会和谐稳定，根据宪法，制定本法。

第二条　【人民调解的内涵】本法所称人民调解，是指人民调解委员会通过说服、疏导等方法，促使当事人在平等协商基础上自愿达成调解协议，解决民间纠纷的活动。

第三条　【人民调解的原则】人民调解委员会调解民间纠纷，应当遵循下列原则：
　　（一）在当事人自愿、平等的基础上进行调解；
　　（二）不违背法律、法规和国家政策；
　　（三）尊重当事人的权利，不得因调解而阻止当事人依法通过仲裁、行政、司法等途径维护自己的权利。

第四条　【调解不收费原则】人民调解委员会调解民间纠纷，不收取任何费用。

第五条 【对人民调解工作的指导】国务院司法行政部门负责指导全国的人民调解工作,县级以上地方人民政府司法行政部门负责指导本行政区域的人民调解工作。

基层人民法院对人民调解委员会调解民间纠纷进行业务指导。

第六条 【国家对人民调解工作的支持和保障】国家鼓励和支持人民调解工作。县级以上地方人民政府对人民调解工作所需经费应当给予必要的支持和保障,对有突出贡献的人民调解委员会和人民调解员按照国家规定给予表彰奖励。

第二章 人民调解委员会

第七条 【人民调解委员会的性质和法律地位】人民调解委员会是依法设立的调解民间纠纷的群众性组织。

第八条 【人民调解委员会的组成】村民委员会、居民委员会设立人民调解委员会。企业事业单位根据需要设立人民调解委员会。

人民调解委员会由委员三至九人组成,设主任一人,必要时,可以设副主任若干人。

人民调解委员会应当有妇女成员,多民族居住的地区应当有人数较少民族的成员。

第九条 【人民调解委员会委员的产生和任期】村民委员会、居民委员会的人民调解委员会委员由村民会议或者村民代表会议、居民会议推选产生;企业事业单位设立的人民调解委员会委员由职工大会、职工代表大会或者工会组织推选产生。

人民调解委员会委员每届任期三年,可以连选连任。

第十条 【人民调解委员会的设立情况统计】县级人民政府司法行政部门应当对本行政区域内人民调解委员会的设立情况进行统计,并且将人民调解委员会以及人员组成和调整情况及时通报所在地基层人民法院。

第十一条 【人民调解委员会工作制度的建立健全和监督】人民调解委员会应当建立健全各项调解工作制度,听取群众意见,接受群众监督。

第十二条 【人民调解委员会的工作保障】村民委员会、居民委员会和企业事业单位应当为人民调解委员会开展工作提供办公条件和必要的工作经费。

第三章 人民调解员

第十三条 【人民调解员的产生】人民调解员由人民调解委员会委员和人民调解委员会聘任的人员担任。

第十四条 【人民调解员的个人素质及其培训】人民调解员应当由公道正派、热心人民调解工作,并具有一定文化水平、政策水平和法律知识的成年公民担任。

县级人民政府司法行政部门应当定期对人民调解员进行业务培训。

第十五条 【对不良调解员的处理】人民调解员在调解工作中有下列行为之一的,由其所在的人民调解委员会给予批评教育、责令改正,情节严重的,由推选或者聘任单位予以罢免或者解聘：
（一）偏袒一方当事人的；
（二）侮辱当事人的；
（三）索取、收受财物或者牟取其他不正当利益的；
（四）泄露当事人的个人隐私、商业秘密的。

第十六条 【对人民调解员的生活、医疗保障及其家属的救助】人民调解员从事调解工作，应当给予适当的误工补贴；因从事调解工作致伤致残，生活发生困难的，当地人民政府应当提供必要的医疗、生活救助；在人民调解工作岗位上牺牲的人民调解员，其配偶、子女按照国家规定享受抚恤和优待。

第四章 调 解 程 序

第十七条 【调解程序的启动】当事人可以向人民调解委员会申请调解；人民调解委员会也可以主动调解。当事人一方明确拒绝调解的，不得调解。

第十八条 【人民调解与行政调解、诉讼调解三种方式的衔接】基层人民法院、公安机关对适宜通过人民调解方式解决的纠纷，可以在受理前告知当事人向人民调解委员会申请调解。

第十九条 【人民调解员的选择】人民调解委员会根据调解纠纷的需要，可以指定一名或者数名人民调解员进行调解，也可以由当事人选择一名或者数名人民调解员进行调解。

第二十条 【调解活动的参与】人民调解员根据调解纠纷的需要，在征得当事人的同意后，可以邀请当事人的亲属、邻里、同事等参与调解，也可以邀请具有专门知识、特定经验的人员或者有关社会组织的人员参与调解。

人民调解委员会支持当地公道正派、热心调解、群众认可的社会人士参与调解。

第二十一条 【调解公正与调解及时原则】人民调解员调解民间纠纷，应当坚持原则，明法析理，主持公道。

调解民间纠纷，应当及时、就地进行，防止矛盾激化。

第二十二条 【调解的灵活性原则】人民调解员根据纠纷的不同情况，可以采取多种方式调解民间纠纷，充分听取当事人的陈述，讲解有关法律、法规和国家政策，耐心疏导，在当事人平等协商、互谅互让的基础上提出纠纷解决方案，帮助当事人自愿达成调解协议。

第二十三条 【当事人的权利】当事人在人民调解活动中享有下列权利：
（一）选择或者接受人民调解员；
（二）接受调解、拒绝调解或者要求终止调解；
（三）要求调解公开进行或者不公开进行；
（四）自主表达意愿、自愿达成调解协议。

第二十四条　【当事人的义务】当事人在人民调解活动中履行下列义务：
　　（一）如实陈述纠纷事实；
　　（二）遵守调解现场秩序，尊重人民调解员；
　　（三）尊重对方当事人行使权利。

第二十五条　【人民调解员的能动性】人民调解员在调解纠纷过程中，发现纠纷有可能激化的，应当采取有针对性的预防措施；对有可能引起治安案件、刑事案件的纠纷，应当及时向当地公安机关或者其他有关部门报告。

第二十六条　【调解不成的处理】人民调解员调解纠纷，调解不成的，应当终止调解，并依据有关法律、法规的规定，告知当事人可以依法通过仲裁、行政、司法等途径维护自己的权利。

第二十七条　【调解案件的立档、归档问题】人民调解员应当记录调解情况。人民调解委员会应当建立调解工作档案，将调解登记、调解工作记录、调解协议书等材料立卷归档。

第五章　调 解 协 议

第二十八条　【调解协议的达成】经人民调解委员会调解达成调解协议的，可以制作调解协议书。当事人认为无需制作调解协议书的，可以采取口头协议方式，人民调解员应当记录协议内容。

第二十九条　【调解协议书的内容】调解协议书可以载明下列事项：
　　（一）当事人的基本情况；
　　（二）纠纷的主要事实、争议事项以及各方当事人的责任；
　　（三）当事人达成调解协议的内容，履行的方式、期限。
　　调解协议书自各方当事人签名、盖章或者按指印，人民调解员签名并加盖人民调解委员会印章之日起生效。调解协议书由当事人各执一份，人民调解委员会留存一份。

第三十条　【口头调解协议的生效日期】口头调解协议自各方当事人达成协议之日起生效。

第三十一条　【调解协议书的效力】经人民调解委员会调解达成的调解协议，具有法律约束力，当事人应当按照约定履行。
　　人民调解委员会应当对调解协议的履行情况进行监督，督促当事人履行约定的义务。

第三十二条　【调解协议达成后的司法救济】经人民调解委员会调解达成调解协议后，当事人之间就调解协议的履行或者调解协议的内容发生争议的，一方当事人可以向人民法院提起诉讼。

第三十三条　【人民调解协议的司法确认】经人民调解委员会调解达成调解协议后，双方当事人认为有必要的，可以自调解协议生效之日起三十日内共同向人民法院申请司法确认,人民法院应当及时对调解协议进行审查,依法确认调解协议的效力。

人民法院依法确认调解协议有效,一方当事人拒绝履行或者未全部履行的,对方当事人可以向人民法院申请强制执行。

人民法院依法确认调解协议无效的,当事人可以通过人民调解方式变更原调解协议或者达成新的调解协议,也可以向人民法院提起诉讼。

第六章 附 则

第三十四条 【人民调解委员会的参照设立】乡镇、街道以及社会团体或者其他组织根据需要可以参照本法有关规定设立人民调解委员会,调解民间纠纷。

第三十五条 【施行日期】本法自 2011 年 1 月 1 日起施行。

企业劳动争议协商调解规定

1. 2011 年 11 月 30 日人力资源和社会保障部令第 17 号公布
2. 自 2012 年 1 月 1 日起施行

第一章 总 则

第一条 为规范企业劳动争议协商、调解行为,促进劳动关系和谐稳定,根据《中华人民共和国劳动争议调解仲裁法》,制定本规定。

第二条 企业劳动争议协商、调解,适用本规定。

第三条 企业应当依法执行职工大会、职工代表大会、厂务公开等民主管理制度,建立集体协商、集体合同制度,维护劳动关系和谐稳定。

第四条 企业应当建立劳资双方沟通对话机制,畅通劳动者利益诉求表达渠道。

劳动者认为企业在履行劳动合同、集体合同,执行劳动保障法律、法规和企业劳动规章制度等方面存在问题的,可以向企业劳动争议调解委员会(以下简称调解委员会)提出。调解委员会应当及时核实情况,协调企业进行整改或者向劳动者做出说明。

劳动者也可以通过调解委员会向企业提出其他合理诉求。调解委员会应当及时向企业转达,并向劳动者反馈情况。

第五条 企业应当加强对劳动者的人文关怀,关心劳动者的诉求,关注劳动者的心理健康,引导劳动者理性维权,预防劳动争议发生。

第六条 协商、调解劳动争议,应当根据事实和有关法律法规的规定,遵循平等、自愿、合法、公正、及时的原则。

第七条 人力资源和社会保障行政部门应当指导企业开展劳动争议预防调解工作,

具体履行下列职责：

（一）指导企业遵守劳动保障法律、法规和政策；

（二）督促企业建立劳动争议预防预警机制；

（三）协调工会、企业代表组织建立企业重大集体性劳动争议应急调解协调机制，共同推动企业劳动争议预防调解工作；

（四）检查辖区内调解委员会的组织建设、制度建设和队伍建设情况。

第二章 协 商

第八条 发生劳动争议，一方当事人可以通过与另一方当事人约见、面谈等方式协商解决。

第九条 劳动者可以要求所在企业工会参与或者协助其与企业进行协商。工会也可以主动参与劳动争议的协商处理，维护劳动者合法权益。

劳动者可以委托其他组织或者个人作为其代表进行协商。

第十条 一方当事人提出协商要求后，另一方当事人应当积极做出口头或者书面回应。5日内不做出回应的，视为不愿协商。

协商的期限由当事人书面约定，在约定的期限内没有达成一致的，视为协商不成。当事人可以书面约定延长期限。

第十一条 协商达成一致，应当签订书面和解协议。和解协议对双方当事人具有约束力，当事人应当履行。

经仲裁庭审查，和解协议程序和内容合法有效的，仲裁庭可以将其作为证据使用。但是，当事人为达成和解的目的作出妥协所涉及的对争议事实的认可，不得在其后的仲裁中作为对其不利的证据。

第十二条 发生劳动争议，当事人不愿协商、协商不成或者达成和解协议后，一方当事人在约定的期限内不履行和解协议的，可以依法向调解委员会或者乡镇、街道劳动就业社会保障服务所（中心）等其他依法设立的调解组织申请调解，也可以依法向劳动人事争议仲裁委员会（以下简称仲裁委员会）申请仲裁。

第三章 调 解

第十三条 大中型企业应当依法设立调解委员会，并配备专职或者兼职工作人员。

有分公司、分店、分厂的企业，可以根据需要在分支机构设立调解委员会。总部调解委员会指导分支机构调解委员会开展劳动争议预防调解工作。

调解委员会可以根据需要在车间、工段、班组设立调解小组。

第十四条 小微型企业可以设立调解委员会，也可以由劳动者和企业共同推举人员，开展调解工作。

第十五条 调解委员会由劳动者代表和企业代表组成，人数由双方协商确定，双方人数应当对等。劳动者代表由工会委员会成员担任或者由全体劳动者推举产生，企业代表由企业负责人指定。调解委员会主任由工会委员会成员或者双方推举的人员担任。

第十六条　调解委员会履行下列职责：

（一）宣传劳动保障法律、法规和政策；

（二）对本企业发生的劳动争议进行调解；

（三）监督和解协议、调解协议的履行；

（四）聘任、解聘和管理调解员；

（五）参与协调履行劳动合同、集体合同、执行企业劳动规章制度等方面出现的问题；

（六）参与研究涉及劳动者切身利益的重大方案；

（七）协助企业建立劳动争议预防预警机制。

第十七条　调解员履行下列职责：

（一）关注本企业劳动关系状况，及时向调解委员会报告；

（二）接受调解委员会指派，调解劳动争议案件；

（三）监督和解协议、调解协议的履行；

（四）完成调解委员会交办的其他工作。

第十八条　调解员应当公道正派、联系群众、热心调解工作，具有一定劳动保障法律政策知识和沟通协调能力。调解员由调解委员会聘任的本企业工作人员担任，调解委员会成员均为调解员。

第十九条　调解员的聘期至少为1年，可以续聘。调解员不能履行调解职责时，调解委员会应当及时调整。

第二十条　调解员依法履行调解职责，需要占用生产或者工作时间的，企业应当予以支持，并按照正常出勤对待。

第二十一条　发生劳动争议，当事人可以口头或者书面形式向调解委员会提出调解申请。

申请内容应当包括申请人基本情况、调解请求、事实与理由。

口头申请的，调解委员会应当当场记录。

第二十二条　调解委员会接到调解申请后，对属于劳动争议受理范围且双方当事人同意调解的，应当在3个工作日内受理。对不属于劳动争议受理范围或者一方当事人不同意调解的，应当做好记录，并书面通知申请人。

第二十三条　发生劳动争议，当事人没有提出调解申请，调解委员会可以在征得双方当事人同意后主动调解。

第二十四条　调解委员会调解劳动争议一般不公开进行。但是，双方当事人要求公开调解的除外。

第二十五条　调解委员会根据案件情况指定调解员或者调解小组进行调解，在征得当事人同意后，也可以邀请有关单位和个人协助调解。

调解员应当全面听取双方当事人的陈述，采取灵活多样的方式方法，开展耐心、细致的说服疏导工作,帮助当事人自愿达成调解协议。

第二十六条 经调解达成调解协议的,由调解委员会制作调解协议书。调解协议书应当写明双方当事人基本情况、调解请求事项、调解的结果和协议履行期限、履行方式等。

调解协议书由双方当事人签名或者盖章,经调解员签名并加盖调解委员会印章后生效。

调解协议书一式三份,双方当事人和调解委员会各执一份。

第二十七条 生效的调解协议对双方当事人具有约束力,当事人应当履行。

双方当事人可以自调解协议生效之日起 15 日内共同向仲裁委员会提出仲裁审查申请。仲裁委员会受理后,应当对调解协议进行审查,并根据《劳动人事争议仲裁办案规则》第五十四条规定,对程序和内容合法有效的调解协议,出具调解书。

第二十八条 双方当事人未按前条规定提出仲裁审查申请,一方当事人在约定的期限内不履行调解协议的,另一方当事人可以依法申请仲裁。

仲裁委员会受理仲裁申请后,应当对调解协议进行审查,调解协议合法有效且不损害公共利益或者第三人合法利益的,在没有新证据出现的情况下,仲裁委员会可以依据调解协议作出仲裁裁决。

第二十九条 调解委员会调解劳动争议,应当自受理调解申请之日起 15 日内结束。但是,双方当事人同意延期的可以延长。

在前款规定期限内未达成调解协议的,视为调解不成。

第三十条 当事人不愿调解、调解不成或者达成调解协议后,一方当事人在约定的期限内不履行调解协议的,调解委员会应当做好记录,由双方当事人签名或者盖章,并书面告知当事人可以向仲裁委员会申请仲裁。

第三十一条 有下列情形之一的,按照《劳动人事争议仲裁办案规则》第十条的规定属于仲裁时效中断,从中断时起,仲裁时效期间重新计算:

(一)一方当事人提出协商要求后,另一方当事人不同意协商或者在 5 日内不做出回应的;

(二)在约定的协商期限内,一方或者双方当事人不同意继续协商的;

(三)在约定的协商期限内未达成一致的;

(四)达成和解协议后,一方或者双方当事人在约定的期限内不履行和解协议的;

(五)一方当事人提出调解申请后,另一方当事人不同意调解的;

(六)调解委员会受理调解申请后,在第二十九条规定的期限内一方或者双方当事人不同意调解的;

(七)在第二十九条规定的期限内未达成调解协议的;

(八)达成调解协议后,一方当事人在约定期限内不履行调解协议的。

第三十二条　调解委员会应当建立健全调解登记、调解记录、督促履行、档案管理、业务培训、统计报告、工作考评等制度。

第三十三条　企业应当支持调解委员会开展调解工作,提供办公场所,保障工作经费。

第三十四条　企业未按照本规定成立调解委员会,劳动争议或者群体性事件频发,影响劳动关系和谐,造成重大社会影响的,由县级以上人力资源和社会保障行政部门予以通报;违反法律法规规定的,依法予以处理。

第三十五条　调解员在调解过程中存在严重失职或者违法违纪行为,侵害当事人合法权益的,调解委员会应当予以解聘。

第四章　附　则

第三十六条　民办非企业单位、社会团体开展劳动争议协商、调解工作参照本规定执行。

第三十七条　本规定自 2012 年 1 月 1 日起施行。

2. 仲　裁

中华人民共和国劳动争议调解仲裁法

1. 2007 年 12 月 29 日第十届全国人民代表大会常务委员会第三十一次会议通过
2. 2007 年 12 月 29 日中华人民共和国主席令第 80 号公布
3. 自 2008 年 5 月 1 日起施行

目　录

第一章　总　则
第二章　调　解
第三章　仲　裁
　第一节　一般规定
　第二节　申请和受理
　第三节　开庭和裁决
第四章　附　则

第一章　总　则

第一条　【立法目的】为了公正及时解决劳动争议,保护当事人合法权益,促进劳动关系和谐稳定,制定本法。

第二条 【调整范围】中华人民共和国境内的用人单位与劳动者发生的下列劳动争议,适用本法:
  (一)因确认劳动关系发生的争议;
  (二)因订立、履行、变更、解除和终止劳动合同发生的争议;
  (三)因除名、辞退和辞职、离职发生的争议;
  (四)因工作时间、休息休假、社会保险、福利、培训以及劳动保护发生的争议;
  (五)因劳动报酬、工伤医疗费、经济补偿或者赔偿金等发生的争议;
  (六)法律、法规规定的其他劳动争议。

第三条 【劳动争议处理的原则】解决劳动争议,应当根据事实,遵循合法、公正、及时、着重调解的原则,依法保护当事人的合法权益。

第四条 【劳动争议当事人的协商和解】发生劳动争议,劳动者可以与用人单位协商,也可以请工会或者第三方共同与用人单位协商,达成和解协议。

第五条 【劳动争议处理的基本程序】发生劳动争议,当事人不愿协商、协商不成或者达成和解协议后不履行的,可以向调解组织申请调解;不愿调解、调解不成或者达成调解协议后不履行的,可以向劳动争议仲裁委员会申请仲裁;对仲裁裁决不服的,除本法另有规定的外,可以向人民法院提起诉讼。

第六条 【举证责任】发生劳动争议,当事人对自己提出的主张,有责任提供证据。与争议事项有关的证据属于用人单位掌握管理的,用人单位应当提供;用人单位不提供的,应当承担不利后果。

第七条 【劳动争议处理的代表人制度】发生劳动争议的劳动者一方在十人以上,并有共同请求的,可以推举代表参加调解、仲裁或者诉讼活动。

第八条 【劳动争议处理的协调劳动关系三方机制】县级以上人民政府劳动行政部门会同工会和企业方面代表建立协调劳动关系三方机制,共同研究解决劳动争议的重大问题。

第九条 【劳动监察】用人单位违反国家规定,拖欠或者未足额支付劳动报酬,或者拖欠工伤医疗费、经济补偿或者赔偿金的,劳动者可以向劳动行政部门投诉,劳动行政部门应当依法处理。

第二章 调 解

第十条 【调解组织】发生劳动争议,当事人可以到下列调解组织申请调解:
  (一)企业劳动争议调解委员会;
  (二)依法设立的基层人民调解组织;
  (三)在乡镇、街道设立的具有劳动争议调解职能的组织。
  企业劳动争议调解委员会由职工代表和企业代表组成。职工代表由工会成员担任或者由全体职工推举产生,企业代表由企业负责人指定。企业劳动争议调解委员会主任由工会成员或者双方推举的人员担任。

第十一条 【担任调解员的条件】劳动争议调解组织的调解员应当由公道正派、联系群众、热心调解工作,并具有一定法律知识、政策水平和文化水平的成年公民担任。

第十二条 【调解申请】当事人申请劳动争议调解可以书面申请,也可以口头申请。口头申请的,调解组织应当当场记录申请人基本情况、申请调解的争议事项、理由和时间。

第十三条 【调解方式】调解劳动争议,应当充分听取双方当事人对事实和理由的陈述,耐心疏导,帮助其达成协议。

第十四条 【调解协议】经调解达成协议的,应当制作调解协议书。

调解协议书由双方当事人签名或者盖章,经调解员签名并加盖调解组织印章后生效,对双方当事人具有约束力,当事人应当履行。

自劳动争议调解组织收到调解申请之日起十五日内未达成调解协议的,当事人可以依法申请仲裁。

第十五条 【申请仲裁】达成调解协议后,一方当事人在协议约定期限内不履行调解协议的,另一方当事人可以依法申请仲裁。

第十六条 【支付令】因支付拖欠劳动报酬、工伤医疗费、经济补偿或者赔偿金事项达成调解协议,用人单位在协议约定期限内不履行的,劳动者可以持调解协议书依法向人民法院申请支付令。人民法院应当依法发出支付令。

第三章 仲 裁

第一节 一 般 规 定

第十七条 【劳动争议仲裁委员会设立】劳动争议仲裁委员会按照统筹规划、合理布局和适应实际需要的原则设立。省、自治区人民政府可以决定在市、县设立;直辖市人民政府可以决定在区、县设立。直辖市、设区的市也可以设立一个或者若干个劳动争议仲裁委员会。劳动争议仲裁委员会不按行政区划层层设立。

第十八条 【制定仲裁规则及指导劳动争议仲裁工作】国务院劳动行政部门依照本法有关规定制定仲裁规则。省、自治区、直辖市人民政府劳动行政部门对本行政区域的劳动争议仲裁工作进行指导。

第十九条 【劳动争议仲裁委员会组成及职责】劳动争议仲裁委员会由劳动行政部门代表、工会代表和企业方面代表组成。劳动争议仲裁委员会组成人员应当是单数。

劳动争议仲裁委员会依法履行下列职责:

(一)聘任、解聘专职或者兼职仲裁员;

(二)受理劳动争议案件;

（三）讨论重大或者疑难的劳动争议案件；

（四）对仲裁活动进行监督。

劳动争议仲裁委员会下设办事机构，负责办理劳动争议仲裁委员会的日常工作。

第二十条　【仲裁员资格条件】劳动争议仲裁委员会应当设仲裁员名册。

仲裁员应当公道正派并符合下列条件之一：

（一）曾任审判员的；

（二）从事法律研究、教学工作并具有中级以上职称的；

（三）具有法律知识、从事人力资源管理或者工会等专业工作满五年的；

（四）律师执业满三年的。

第二十一条　【仲裁管辖】劳动争议仲裁委员会负责管辖本区域内发生的劳动争议。

劳动争议由劳动合同履行地或者用人单位所在地的劳动争议仲裁委员会管辖。双方当事人分别向劳动合同履行地和用人单位所在地的劳动争议仲裁委员会申请仲裁的，由劳动合同履行地的劳动争议仲裁委员会管辖。

第二十二条　【仲裁案件当事人】发生劳动争议的劳动者和用人单位为劳动争议仲裁案件的双方当事人。

劳务派遣单位或者用工单位与劳动者发生劳动争议的，劳务派遣单位和用工单位为共同当事人。

第二十三条　【仲裁案件第三人】与劳动争议案件的处理结果有利害关系的第三人，可以申请参加仲裁活动或者由劳动争议仲裁委员会通知其参加仲裁活动。

第二十四条　【委托代理】当事人可以委托代理人参加仲裁活动。委托他人参加仲裁活动，应当向劳动争议仲裁委员会提交有委托人签名或者盖章的委托书，委托书应当载明委托事项和权限。

第二十五条　【法定代理和指定代理】丧失或者部分丧失民事行为能力的劳动者，由其法定代理人代为参加仲裁活动；无法定代理人的，由劳动争议仲裁委员会为其指定代理人。劳动者死亡的，由其近亲属或者代理人参加仲裁活动。

第二十六条　【仲裁公开】劳动争议仲裁公开进行，但当事人协议不公开进行或者涉及国家秘密、商业秘密和个人隐私的除外。

第二节　申请和受理

第二十七条　【仲裁时效】劳动争议申请仲裁的时效期间为一年。仲裁时效期间从当事人知道或者应当知道其权利被侵害之日起计算。

前款规定的仲裁时效，因当事人一方向对方当事人主张权利，或者向有关部门请求权利救济，或者对方当事人同意履行义务而中断。从中断时起，仲裁时效期间重新计算。

因不可抗力或者有其他正当理由,当事人不能在本条第一款规定的仲裁时效期间申请仲裁的,仲裁时效中止。从中止时效的原因消除之日起,仲裁时效期间继续计算。

劳动关系存续期间因拖欠劳动报酬发生争议的,劳动者申请仲裁不受本条第一款规定的仲裁时效期间的限制;但是,劳动关系终止的,应当自劳动关系终止之日起一年内提出。

第二十八条 【仲裁申请】申请人申请仲裁应当提交书面仲裁申请,并按照被申请人人数提交副本。

仲裁申请书应当载明下列事项:

(一)劳动者的姓名、性别、年龄、职业、工作单位和住所,用人单位的名称、住所和法定代表人或者主要负责人的姓名、职务;

(二)仲裁请求和所根据的事实、理由;

(三)证据和证据来源、证人姓名和住所。

书写仲裁申请确有困难的,可以口头申请,由劳动争议仲裁委员会记入笔录,并告知对方当事人。

第二十九条 【仲裁申请的受理和不予受理】劳动争议仲裁委员会收到仲裁申请之日起五日内,认为符合受理条件的,应当受理,并通知申请人;认为不符合受理条件的,应当书面通知申请人不予受理,并说明理由。对劳动争议仲裁委员会不予受理或者逾期未作出决定的,申请人可以就该劳动争议事项向人民法院提起诉讼。

第三十条 【仲裁申请送达与仲裁答辩书的提供】劳动争议仲裁委员会受理仲裁申请后,应当在五日内将仲裁申请书副本送达被申请人。

被申请人收到仲裁申请书副本后,应当在十日内向劳动争议仲裁委员会提交答辩书。劳动争议仲裁委员会收到答辩书后,应当在五日内将答辩书副本送达申请人。被申请人未提交答辩书的,不影响仲裁程序的进行。

第三节 开庭和裁决

第三十一条 【仲裁庭组成】劳动争议仲裁委员会裁决劳动争议案件实行仲裁庭制。仲裁庭由三名仲裁员组成,设首席仲裁员。简单劳动争议案件可以由一名仲裁员独任仲裁。

第三十二条 【书面通知仲裁庭组成情况】劳动争议仲裁委员会应当在受理仲裁申请之日起五日内将仲裁庭的组成情况书面通知当事人。

第三十三条 【仲裁员回避】仲裁员有下列情形之一,应当回避,当事人也有权以口头或者书面方式提出回避申请:

(一)是本案当事人或者当事人、代理人的近亲属的;

(二)与本案有利害关系的;

(三)与本案当事人、代理人有其他关系,可能影响公正裁决的;

(四)私自会见当事人、代理人,或者接受当事人、代理人的请客送礼的。

劳动争议仲裁委员会对回避申请应当及时作出决定,并以口头或者书面方式通知当事人。

第三十四条 【仲裁员的法律责任】仲裁员有本法第三十三条第四项规定情形,或者有索贿受贿、徇私舞弊、枉法裁决行为的,应当依法承担法律责任。劳动争议仲裁委员会应当将其解聘。

第三十五条 【开庭通知与延期开庭】仲裁庭应当在开庭五日前,将开庭日期、地点书面通知双方当事人。当事人有正当理由的,可以在开庭三日前请求延期开庭。是否延期,由劳动争议仲裁委员会决定。

第三十六条 【视为撤回仲裁申请和缺席裁决】申请人收到书面通知,无正当理由拒不到庭或者未经仲裁庭同意中途退庭的,可以视为撤回仲裁申请。

被申请人收到书面通知,无正当理由拒不到庭或者未经仲裁庭同意中途退庭的,可以缺席裁决。

第三十七条 【鉴定】仲裁庭对专门性问题认为需要鉴定的,可以交由当事人约定的鉴定机构鉴定;当事人没有约定或者无法达成约定的,由仲裁庭指定的鉴定机构鉴定。

根据当事人的请求或者仲裁庭的要求,鉴定机构应当派鉴定人参加开庭。当事人经仲裁庭许可,可以向鉴定人提问。

第三十八条 【质证、辩论、陈述最后意见】当事人在仲裁过程中有权进行质证和辩论。质证和辩论终结时,首席仲裁员或者独任仲裁员应当征询当事人的最后意见。

第三十九条 【证据及举证责任】当事人提供的证据经查证属实的,仲裁庭应当将其作为认定事实的根据。

劳动者无法提供由用人单位掌握管理的与仲裁请求有关的证据,仲裁庭可以要求用人单位在指定期限内提供。用人单位在指定期限内不提供的,应当承担不利后果。

第四十条 【仲裁庭审笔录】仲裁庭应当将开庭情况记入笔录。当事人和其他仲裁参加人认为对自己陈述的记录有遗漏或者差错的,有权申请补正。如果不予补正,应当记录该申请。

笔录由仲裁员、记录人员、当事人和其他仲裁参加人签名或者盖章。

第四十一条 【当事人自行和解】当事人申请劳动争议仲裁后,可以自行和解。达成和解协议的,可以撤回仲裁申请。

第四十二条 【仲裁庭调解】仲裁庭在作出裁决前,应当先行调解。

调解达成协议的,仲裁庭应当制作调解书。

调解书应当写明仲裁请求和当事人协议的结果。调解书由仲裁员签名,加盖劳动争议仲裁委员会印章,送达双方当事人。调解书经双方当事人签收后,发生法律效力。

调解不成或者调解书送达前,一方当事人反悔的,仲裁庭应当及时作出裁决。

第四十三条 【仲裁审理时限及先行裁决】仲裁庭裁决劳动争议案件,应当自劳动争议仲裁委员会受理仲裁申请之日起四十五日内结束。案情复杂需要延期的,经劳动争议仲裁委员会主任批准,可以延期并书面通知当事人,但是延长期限不得超过十五日。逾期未作出仲裁裁决的,当事人可以就该劳动争议事项向人民法院提起诉讼。

仲裁庭裁决劳动争议案件时,其中一部分事实已经清楚,可以就该部分先行裁决。

第四十四条 【先予执行】仲裁庭对追索劳动报酬、工伤医疗费、经济补偿或者赔偿金的案件,根据当事人的申请,可以裁决先予执行,移送人民法院执行。

仲裁庭裁决先予执行的,应当符合下列条件:

(一)当事人之间权利义务关系明确;

(二)不先予执行将严重影响申请人的生活。

劳动者申请先予执行的,可以不提供担保。

第四十五条 【作出裁决】裁决应当按照多数仲裁员的意见作出,少数仲裁员的不同意见应当记入笔录。仲裁庭不能形成多数意见时,裁决应当按照首席仲裁员的意见作出。

第四十六条 【裁决书】裁决书应当载明仲裁请求、争议事实、裁决理由、裁决结果和裁决日期。裁决书由仲裁员签名,加盖劳动争议仲裁委员会印章。对裁决持不同意见的仲裁员,可以签名,也可以不签名。

第四十七条 【终局裁决】下列劳动争议,除本法另有规定的外,仲裁裁决为终局裁决,裁决书自作出之日起发生法律效力:

(一)追索劳动报酬、工伤医疗费、经济补偿或者赔偿金,不超过当地月最低工资标准十二个月金额的争议;

(二)因执行国家的劳动标准在工作时间、休息休假、社会保险等方面发生的争议。

第四十八条 【劳动者提起诉讼】劳动者对本法第四十七条规定的仲裁裁决不服的,可以自收到仲裁裁决书之日起十五日内向人民法院提起诉讼。

第四十九条 【用人单位申请撤销终局裁决】用人单位有证据证明本法第四十七条规定的仲裁裁决有下列情形之一,可以自收到仲裁裁决书之日起三十日内向劳动争议仲裁委员会所在地的中级人民法院申请撤销裁决:

(一)适用法律、法规确有错误的;

(二)劳动争议仲裁委员会无管辖权的;

(三)违反法定程序的;

（四）裁决所根据的证据是伪造的；

（五）对方当事人隐瞒了足以影响公正裁决的证据的；

（六）仲裁员在仲裁该案时有索贿受贿、徇私舞弊、枉法裁决行为的。

人民法院经组成合议庭审查核实裁决有前款规定情形之一的，应当裁定撤销。

仲裁裁决被人民法院裁定撤销的，当事人可以自收到裁定书之日起十五日内就该劳动争议事项向人民法院提起诉讼。

第五十条 【不服仲裁裁决提起诉讼】当事人对本法第四十七条规定以外的其他劳动争议案件的仲裁裁决不服的，可以自收到仲裁裁决书之日起十五日内向人民法院提起诉讼；期满不起诉的，裁决书发生法律效力。

第五十一条 【生效调解书、裁决书的执行】当事人对发生法律效力的调解书、裁决书，应当依照规定的期限履行。一方当事人逾期不履行的，另一方当事人可以依照民事诉讼法的有关规定向人民法院申请执行。受理申请的人民法院应当依法执行。

第四章 附 则

第五十二条 【事业单位劳动争议的处理】事业单位实行聘用制的工作人员与本单位发生劳动争议的，依照本法执行；法律、行政法规或者国务院另有规定的，依照其规定。

第五十三条 【仲裁不收费】劳动争议仲裁不收费。劳动争议仲裁委员会的经费由财政予以保障。

第五十四条 【施行日期】本法自 2008 年 5 月 1 日起施行。

劳动人事争议仲裁办案规则

1. 2017 年 5 月 8 日人力资源和社会保障部令第 33 号公布
2. 自 2017 年 7 月 1 日起施行

第一章 总 则

第一条 为公正及时处理劳动人事争议（以下简称争议），规范仲裁办案程序，根据《中华人民共和国劳动争议调解仲裁法》（以下简称调解仲裁法）以及《中华人民共和国公务员法》（以下简称公务员法）、《事业单位人事管理条例》、《中国人民解放军文职人员条例》等有关法律、法规、国务院有关规定，制定本规则。

第二条 本规则适用下列争议的仲裁：

（一）企业、个体经济组织、民办非企业单位等组织与劳动者之间，以及机关、事业单位、社会团体与其建立劳动关系的劳动者之间,因确认劳动关系,订立、履行、变更、解除和终止劳动合同,工作时间、休息休假、社会保险、福利、培训以及劳动保护,劳动报酬、工伤医疗费、经济补偿或者赔偿金等发生的争议;

（二）实施公务员法的机关与聘任制公务员之间、参照公务员法管理的机关（单位）与聘任工作人员之间因履行聘任合同发生的争议;

（三）事业单位与其建立人事关系的工作人员之间因终止人事关系以及履行聘用合同发生的争议;

（四）社会团体与其建立人事关系的工作人员之间因终止人事关系以及履行聘用合同发生的争议;

（五）军队文职人员用人单位与聘用制文职人员之间因履行聘用合同发生的争议;

（六）法律、法规规定由劳动人事争议仲裁委员会（以下简称仲裁委员会）处理的其他争议。

第三条　仲裁委员会处理争议案件,应当遵循合法、公正的原则,先行调解,及时裁决。

第四条　仲裁委员会下设实体化的办事机构,称为劳动人事争议仲裁院（以下简称仲裁院）。

第五条　劳动者一方在十人以上并有共同请求的争议,或者因履行集体合同发生的劳动争议,仲裁委员会应当优先立案,优先审理。

第二章　一般规定

第六条　发生争议的用人单位未办理营业执照、被吊销营业执照、营业执照到期继续经营、被责令关闭、被撤销以及用人单位解散、歇业,不能承担相关责任的,应当将用人单位和其出资人、开办单位或者主管部门作为共同当事人。

第七条　劳动者与个人承包经营者发生争议,依法向仲裁委员会申请仲裁的,应当将发包的组织和个人承包经营者作为共同当事人。

第八条　劳动合同履行地为劳动者实际工作场所地,用人单位所在地为用人单位注册、登记地或者主要办事机构所在地。用人单位未经注册、登记的,其出资人、开办单位或者主管部门所在地为用人单位所在地。

　　双方当事人分别向劳动合同履行地和用人单位所在地的仲裁委员会申请仲裁的,由劳动合同履行地的仲裁委员会管辖。有多个劳动合同履行地的,由最先受理的仲裁委员会管辖。劳动合同履行地不明确的,由用人单位所在地的仲裁委员会管辖。

　　案件受理后,劳动合同履行地或者用人单位所在地发生变化的,不改变争议仲裁的管辖。

第九条　仲裁委员会发现已受理案件不属于其管辖范围的,应当移送至有管辖权的仲裁委员会,并书面通知当事人。

对上述移送案件,受移送的仲裁委员会应当依法受理。受移送的仲裁委员会认为移送的案件按照规定不属于其管辖,或者仲裁委员会之间因管辖争议协商不成的,应当报请共同的上一级仲裁委员会主管部门指定管辖。

第十条　当事人提出管辖异议的,应当在答辩期满前书面提出。仲裁委员会应当审查当事人提出的管辖异议,异议成立的,将案件移送至有管辖权的仲裁委员会并书面通知当事人;异议不成立的,应当书面决定驳回。

当事人逾期提出的,不影响仲裁程序的进行。

第十一条　当事人申请回避,应当在案件开庭审理前提出,并说明理由。回避事由在案件开庭审理后知晓的,也可以在庭审辩论终结前提出。

当事人在庭审辩论终结后提出回避申请的,不影响仲裁程序的进行。

仲裁委员会应当在回避申请提出的三日内,以口头或者书面形式作出决定。以口头形式作出的,应当记入笔录。

第十二条　仲裁员、记录人员是否回避,由仲裁委员会主任或者其委托的仲裁院负责人决定。仲裁委员会主任担任案件仲裁员是否回避,由仲裁委员会决定。

在回避决定作出前,被申请回避的人员应当暂停参与该案处理,但因案件需要采取紧急措施的除外。

第十三条　当事人对自己提出的主张有责任提供证据。与争议事项有关的证据属于用人单位掌握管理的,用人单位应当提供;用人单位不提供的,应当承担不利后果。

第十四条　法律没有具体规定、按照本规则第十三条规定无法确定举证责任承担的,仲裁庭可以根据公平原则和诚实信用原则,综合当事人举证能力等因素确定举证责任的承担。

第十五条　承担举证责任的当事人应当在仲裁委员会指定的期限内提供有关证据。当事人在该期限内提供证据确有困难的,可以向仲裁委员会申请延长期限,仲裁委员会根据当事人的申请适当延长。当事人逾期提供证据的,仲裁委员会应当责令其说明理由;拒不说明理由或者理由不成立的,仲裁委员会可以根据不同情形不予采纳该证据,或者采纳该证据但予以训诫。

第十六条　当事人因客观原因不能自行收集的证据,仲裁委员会可以根据当事人的申请,参照民事诉讼有关规定予以收集;仲裁委员会认为有必要的,也可以决定参照民事诉讼有关规定予以收集。

第十七条　仲裁委员会依法调查取证时,有关单位和个人应当协助配合。

仲裁委员会调查取证时,不得少于两人,并应当向被调查对象出示工作证件和仲裁委员会出具的介绍信。

第十八条　争议处理中涉及证据形式、证据提交、证据交换、证据质证、证据认定等事项,本规则未规定的,可以参照民事诉讼证据规则的有关规定执行。

第十九条　仲裁期间包括法定期间和仲裁委员会指定期间。
　　仲裁期间的计算,本规则未规定的,仲裁委员会可以参照民事诉讼关于期间计算的有关规定执行。
第二十条　仲裁委员会送达仲裁文书必须有送达回证,由受送达人在送达回证上记明收到日期,并签名或者盖章。受送达人在送达回证上的签收日期为送达日期。
　　因企业停业等原因导致无法送达且劳动者一方在十人以上的,或者受送达人拒绝签收仲裁文书的,通过在受送达人住所留置、张贴仲裁文书,并采用拍照、录像等方式记录的,自留置、张贴之日起经过三日即视为送达,不受本条第一款的限制。
　　仲裁文书的送达方式,本规则未规定的,仲裁委员会可以参照民事诉讼关于送达方式的有关规定执行。
第二十一条　案件处理终结后,仲裁委员会应当将处理过程中形成的全部材料立卷归档。
第二十二条　仲裁案卷分正卷和副卷装订。
　　正卷包括:仲裁申请书、受理(不予受理)通知书、答辩书、当事人及其他仲裁参加人的身份证明材料、授权委托书、调查证据、勘验笔录、当事人提供的证据材料、委托鉴定材料、开庭通知、庭审笔录、延期通知书、撤回仲裁申请书、调解书、裁决书、决定书、案件移送函、送达回证等。
　　副卷包括:立案审批表、延期审理审批表、中止审理审批表、调查提纲、阅卷笔录、会议笔录、评议记录、结案审批表等。
第二十三条　仲裁委员会应当建立案卷查阅制度。对案卷正卷材料,应当允许当事人及其代理人依法查阅、复制。
第二十四条　仲裁裁决结案的案卷,保存期不少于十年;仲裁调解和其他方式结案的案卷,保存期不少于五年;国家另有规定的,从其规定。
　　保存期满后的案卷,应当按照国家有关档案管理的规定处理。
第二十五条　在仲裁活动中涉及国家秘密或者军事秘密的,按照国家或者军队有关保密规定执行。
　　当事人协议不公开或者涉及商业秘密和个人隐私的,经相关当事人书面申请,仲裁委员会应当不公开审理。

第三章　仲　裁　程　序
第一节　申请和受理

第二十六条　本规则第二条第(一)、(三)、(四)、(五)项规定的争议,申请仲裁的时效期间为一年。仲裁时效期间从当事人知道或者应当知道其权利被侵害之日起计算。
　　本规则第二条第(二)项规定的争议,申请仲裁的时效期间适用公务员法有关规定。

劳动人事关系存续期间因拖欠劳动报酬发生争议的,劳动者申请仲裁不受本条第一款规定的仲裁时效期间的限制;但是,劳动人事关系终止的,应当自劳动人事关系终止之日起一年内提出。

第二十七条　在申请仲裁的时效期间内,有下列情形之一的,仲裁时效中断:

(一)一方当事人通过协商、申请调解等方式向对方当事人主张权利的;

(二)一方当事人通过向有关部门投诉,向仲裁委员会申请仲裁,向人民法院起诉或者申请支付令等方式请求权利救济的;

(三)对方当事人同意履行义务的。

从中断时起,仲裁时效期间重新计算。

第二十八条　因不可抗力,或者有无民事行为能力或者限制民事行为能力劳动者的法定代理人未确定等其他正当理由,当事人不能在规定的仲裁时效期间申请仲裁的,仲裁时效中止。从中止时效的原因消除之日起,仲裁时效期间继续计算。

第二十九条　申请人申请仲裁应当提交书面仲裁申请,并按照被申请人人数提交副本。

仲裁申请书应当载明下列事项:

(一)劳动者的姓名、性别、出生日期、身份证件号码、住所、通讯地址和联系电话,用人单位的名称、住所、通讯地址、联系电话和法定代表人或者主要负责人的姓名、职务;

(二)仲裁请求和所根据的事实、理由;

(三)证据和证据来源,证人姓名和住所。

书写仲裁申请确有困难的,可以口头申请,由仲裁委员会记入笔录,经申请人签名、盖章或者捺印确认。

对于仲裁申请书不规范或者材料不齐备的,仲裁委员会应当当场或者在五日内一次性告知申请人需要补正的全部材料。

仲裁委员会收取当事人提交的材料应当出具收件回执。

第三十条　仲裁委员会对符合下列条件的仲裁申请应当予以受理,并在收到仲裁申请之日起五日内向申请人出具受理通知书:

(一)属于本规则第二条规定的争议范围;

(二)有明确的仲裁请求和事实理由;

(三)申请人是与本案有直接利害关系的自然人、法人或者其他组织,有明确的被申请人;

(四)属于本仲裁委员会管辖范围。

第三十一条　对不符合本规则第三十条第(一)、(二)、(三)项规定之一的仲裁申请,仲裁委员会会不予受理,并在收到仲裁申请之日起五日内向申请人出具不予受理通知书;对不符合本规则第三十条第(四)项规定的仲裁申请,仲裁委员会应当在收到仲裁申请之日起五日内,向申请人作出书面说明并告知申请人向有管辖权的仲裁委员会申请仲裁。

对仲裁委员会逾期未作出决定或者决定不予受理的,申请人可以就该争议事项向人民法院提起诉讼。

第三十二条　仲裁委员会受理案件后,发现不应当受理的,除本规则第九条规定外,应当撤销案件,并自决定撤销案件后五日内,以决定书的形式通知当事人。

第三十三条　仲裁委员会受理仲裁申请后,应当在五日内将仲裁申请书副本送达被申请人。

被申请人收到仲裁申请书副本后,应当在十日内向仲裁委员会提交答辩书。仲裁委员会收到答辩书后,应当在五日内将答辩书副本送达申请人。被申请人逾期未提交答辩书的,不影响仲裁程序的进行。

第三十四条　符合下列情形之一,申请人基于同一事实、理由和仲裁请求又申请仲裁的,仲裁委员会不予受理:

（一）仲裁委员会已经依法出具不予受理通知书的;

（二）案件已在仲裁、诉讼过程中或者调解书、裁决书、判决书已经发生法律效力的。

第三十五条　仲裁处理结果作出前,申请人可以自行撤回仲裁申请。申请人再次申请仲裁的,仲裁委员会应当受理。

第三十六条　被申请人可以在答辩期间提出反申请,仲裁委员会应当自收到被申请人反申请之日起五日内决定是否受理并通知被申请人。

决定受理的,仲裁委员会可以将反申请和申请合并处理。

反申请应当另行申请仲裁的,仲裁委员会应当书面告知被申请人另行申请仲裁;反申请不属于本规则规定应当受理的,仲裁委员会应当向被申请人出具不予受理通知书。

被申请人答辩期满后对申请人提出反申请的,应当另行申请仲裁。

第二节　开庭和裁决

第三十七条　仲裁委员会应当在受理仲裁申请之日起五日内组成仲裁庭并将仲裁庭的组成情况书面通知当事人。

第三十八条　仲裁庭应当在开庭五日前,将开庭日期、地点书面通知双方当事人。当事人有正当理由的,可以在开庭三日前请求延期开庭。是否延期,由仲裁委员会根据实际情况决定。

第三十九条　申请人收到书面开庭通知,无正当理由拒不到庭或者未经仲裁庭同意中途退庭的,可以按撤回仲裁申请处理;申请人重新申请仲裁的,仲裁委员会不予受理。被申请人收到书面开庭通知,无正当理由拒不到庭或者未经仲裁庭同意中途退庭的,仲裁庭可以继续开庭审理,并缺席裁决。

第四十条 当事人申请鉴定的,鉴定费由申请鉴定方先行垫付,案件处理终结后,由鉴定结果对其不利方负担。鉴定结果不明确的,由申请鉴定方负担。

第四十一条 开庭审理前,记录人员应当查明当事人和其他仲裁参与人是否到庭,宣布仲裁庭纪律。

开庭审理时,由仲裁员宣布开庭、案由和仲裁员、记录人员名单,核对当事人,告知当事人有关的权利义务,询问当事人是否提出回避申请。

开庭审理中,仲裁员应当听取申请人的陈述和被申请人的答辩,主持庭审调查、质证和辩论、征询当事人最后意见,并进行调解。

第四十二条 仲裁庭应当将开庭情况记入笔录。当事人或者其他仲裁参与人认为对自己陈述的记录有遗漏或者差错的,有权当庭申请补正。仲裁庭认为申请无理由或者无必要的,可以不予补正,但是应当记录该申请。

仲裁员、记录人员、当事人和其他仲裁参与人应当在庭审笔录上签名或者盖章。当事人或者其他仲裁参与人拒绝在庭审笔录上签名或者盖章的,仲裁庭应当记明情况附卷。

第四十三条 仲裁参与人和其他人应当遵守仲裁庭纪律,不得有下列行为:

(一)未经准许进行录音、录像、摄影;

(二)未经准许以移动通信等方式现场传播庭审活动;

(三)其他扰乱仲裁庭秩序、妨害审理活动进行的行为。

仲裁参与人或者其他人有前款规定的情形之一的,仲裁庭可以训诫、责令退出仲裁庭,也可以暂扣进行录音、录像、摄影、传播庭审活动的器材,并责令其删除有关内容。拒不删除的,可以采取必要手段强制删除,并将上述事实记入庭审笔录。

第四十四条 申请人在举证期限届满前可以提出增加或者变更仲裁请求;仲裁庭对申请人增加或者变更的仲裁请求审查后认为应当受理的,应当通知被申请人并给予答辩期,被申请人明确表示放弃答辩期的除外。

申请人在举证期限届满后提出增加或者变更仲裁请求的,应当另行申请仲裁。

第四十五条 仲裁庭裁决案件,应当自仲裁委员会受理仲裁申请之日起四十五日内结束。案情复杂需要延期的,经仲裁委员会主任或者其委托的仲裁院负责人书面批准,可以延期并书面通知当事人,但延长期限不得超过十五日。

第四十六条 有下列情形的,仲裁期限按照下列规定计算:

(一)仲裁庭追加当事人或者第三人的,仲裁期限从决定追加之日起重新计算;

(二)申请人需要补正材料的,仲裁委员会收到仲裁申请的时间从材料补正之日起重新计算;

(三)增加、变更仲裁请求的,仲裁期限从受理增加、变更仲裁请求之日起重新计算；

（四）仲裁申请和反申请合并处理的，仲裁期限从受理反申请之日起重新计算；

（五）案件移送管辖的，仲裁期限从接受移送之日起重新计算；

（六）中止审理期间、公告送达期间不计入仲裁期限内；

（七）法律、法规规定应当另行计算的其他情形。

第四十七条 有下列情形之一的，经仲裁委员会主任或者其委托的仲裁院负责人批准，可以中止案件审理，并书面通知当事人：

（一）劳动者一方当事人死亡，需要等待继承人表明是否参加仲裁的；

（二）劳动者一方当事人丧失民事行为能力，尚未确定法定代理人参加仲裁的；

（三）用人单位终止，尚未确定权利义务承继者的；

（四）一方当事人因不可抗拒的事由，不能参加仲裁的；

（五）案件审理需要以其他案件的审理结果为依据，且其他案件尚未审结的；

（六）案件处理需要等待工伤认定、伤残等级鉴定以及其他鉴定结论的；

（七）其他应当中止仲裁审理的情形。

中止审理的情形消除后，仲裁庭应当恢复审理。

第四十八条 当事人因仲裁庭逾期未作出仲裁裁决而向人民法院提起诉讼并立案受理的，仲裁委员会应当决定该案件终止审理；当事人未就该争议事项向人民法院提起诉讼的，仲裁委员会应当继续处理。

第四十九条 仲裁庭裁决案件时，其中一部分事实已经清楚的，可以就该部分先行裁决。当事人对先行裁决不服的，可以按照调解仲裁法有关规定处理。

第五十条 仲裁庭裁决案件时，申请人根据调解仲裁法第四十七条第（一）项规定，追索劳动报酬、工伤医疗费、经济补偿或者赔偿金，如果仲裁裁决涉及数项，对单项裁决数额不超过当地月最低工资标准十二个月金额的事项，应当适用终局裁决。

前款经济补偿包括《中华人民共和国劳动合同法》（以下简称劳动合同法）规定的竞业限制期限内给予的经济补偿、解除或者终止劳动合同的经济补偿等；赔偿金包括劳动合同法规定的未签订书面劳动合同第二倍工资、违法约定试用期的赔偿金、违法解除或者终止劳动合同的赔偿金等。

根据调解仲裁法第四十七条第（二）项的规定，因执行国家的劳动标准在工作时间、休息休假、社会保险等方面发生的争议，应当适用终局裁决。

仲裁庭裁决案件时，裁决内容同时涉及终局裁决和非终局裁决的，应当分别制作裁决书，并告知当事人相应的救济权利。

第五十一条 仲裁庭对追索劳动报酬、工伤医疗费、经济补偿或者赔偿金的案件，根据当事人的申请，可以裁决先予执行，移送人民法院执行。

仲裁庭裁决先予执行的,应当符合下列条件:
(一)当事人之间权利义务关系明确;
(二)不先予执行将严重影响申请人的生活。
劳动者申请先予执行的,可以不提供担保。

第五十二条 裁决应当按照多数仲裁员的意见作出,少数仲裁员的不同意见应当记入笔录。仲裁庭不能形成多数意见时,裁决应当按照首席仲裁员的意见作出。

第五十三条 裁决书应当载明仲裁请求、争议事实、裁决理由、裁决结果、当事人权利和裁决日期。裁决书由仲裁员签名,加盖仲裁委员会印章。对裁决持不同意见的仲裁员,可以签名,也可以不签名。

第五十四条 对裁决书中的文字、计算错误或者仲裁庭已经裁决但在裁决书中遗漏的事项,仲裁庭应当及时制作决定书予以补正并送达当事人。

第五十五条 当事人对裁决不服向人民法院提起诉讼的,按照调解仲裁法有关规定处理。

第三节 简 易 处 理

第五十六条 争议案件符合下列情形之一的,可以简易处理:
(一)事实清楚、权利义务关系明确、争议不大的;
(二)标的额不超过本省、自治区、直辖市上年度职工年平均工资的;
(三)双方当事人同意简易处理的。

仲裁委员会决定简易处理的,可以指定一名仲裁员独任仲裁,并应当告知当事人。

第五十七条 争议案件有下列情形之一的,不得简易处理:
(一)涉及国家利益、社会公共利益的;
(二)有重大社会影响的;
(三)被申请人下落不明的;
(四)仲裁委员会认为不宜简易处理的。

第五十八条 简易处理的案件,经与被申请人协商同意,仲裁庭可以缩短或者取消答辩期。

第五十九条 简易处理的案件,仲裁庭可以用电话、短信、传真、电子邮件等简便方式送达仲裁文书,但送达调解书、裁决书除外。

以简便方式送达的开庭通知,未经当事人确认或者没有其他证据证明当事人已经收到的,仲裁庭不得按撤回仲裁申请处理或者缺席裁决。

第六十条 简易处理的案件,仲裁庭可以根据案件情况确定举证期限、开庭日期、审理程序、文书制作等事项,但应当保障当事人陈述意见的权利。

第六十一条 仲裁庭在审理过程中,发现案件不宜简易处理的,应当在仲裁期限届满前决定转为按照一般程序处理,并告知当事人。

案件转为按照一般程序处理的,仲裁期限自仲裁委员会受理仲裁申请之日起计算,双方当事人已经确认的事实,可以不再进行举证、质证。

第四节 集体劳动人事争议处理

第六十二条 处理劳动者一方在十人以上并有共同请求的争议案件,或者因履行集体合同发生的劳动争议案件,适用本节规定。

符合本规则第五十六条第一款规定情形之一的集体劳动人事争议案件,可以简易处理,不受本节规定的限制。

第六十三条 发生劳动者一方在十人以上并有共同请求的争议的,劳动者可以推举三至五名代表参加仲裁活动。代表人参加仲裁的行为对其所代表的当事人发生效力,但代表人变更、放弃仲裁请求或者承认对方当事人的仲裁请求,进行和解,必须经被代表的当事人同意。

因履行集体合同发生的劳动争议,经协商解决不成的,工会可以依法申请仲裁;尚未建立工会的,由上级工会指导劳动者推举产生的代表依法申请仲裁。

第六十四条 仲裁委员会应当自收到当事人集体劳动人事争议仲裁申请之日起五日内作出受理或者不予受理的决定。决定受理的,应当自受理之日起五日内将仲裁庭组成人员、答辩期限、举证期限、开庭日期和地点等事项一次性通知当事人。

第六十五条 仲裁委员会处理集体劳动人事争议案件,应当由三名仲裁员组成仲裁庭,设首席仲裁员。

仲裁委员会处理因履行集体合同发生的劳动争议,应当按照三方原则组成仲裁庭处理。

第六十六条 仲裁庭处理集体劳动人事争议,开庭前应当引导当事人自行协商,或者先行调解。

仲裁庭处理集体劳动人事争议案件,可以邀请法律工作者、律师、专家学者等第三方共同参与调解。

协商或者调解未能达成协议的,仲裁庭应当及时裁决。

第六十七条 仲裁庭开庭场所可以设在发生争议的用人单位或者其他便于及时处理争议的地点。

第四章 调解程序
第一节 仲裁调解

第六十八条 仲裁委员会处理争议案件,应当坚持调解优先,引导当事人通过协商、调解方式解决争议,给予必要的法律释明以及风险提示。

第六十九条 对未经调解、当事人直接申请仲裁的争议,仲裁委员会可以向当事人发出调解建议书,引导其到调解组织进行调解。当事人同意先行调解的,应当暂缓受理;当事人不同意先行调解的,应当依法受理。

第七十条 开庭之前,经双方当事人同意,仲裁庭可以委托调解组织或者其他具有调解能力的组织、个人进行调解。

自当事人同意之日起十日内未达成调解协议的,应当开庭审理。

第七十一条 仲裁庭审理争议案件时,应当进行调解。必要时可以邀请有关单位、组织或者个人参与调解。

第七十二条 仲裁调解达成协议的,仲裁庭应当制作调解书。

调解书应当写明仲裁请求和当事人协议的结果。调解书由仲裁员签名,加盖仲裁委员会印章,送达双方当事人。调解书经双方当事人签收后,发生法律效力。

调解不成或者调解书送达前,一方当事人反悔的,仲裁庭应当及时作出裁决。

第七十三条 当事人就部分仲裁请求达成调解协议的,仲裁庭可以就该部分先行出具调解书。

第二节 调解协议的仲裁审查

第七十四条 经调解组织调解达成调解协议的,双方当事人可以自调解协议生效之日起十五日内,共同向有管辖权的仲裁委员会提出仲裁审查申请。

当事人申请审查调解协议,应当向仲裁委员会提交仲裁审查申请书、调解协议和身份证明、资格证明以及其他与调解协议相关的证明材料,并提供双方当事人的送达地址、电话号码等联系方式。

第七十五条 仲裁委员会收到当事人仲裁审查申请,应当及时决定是否受理。决定受理的,应当出具受理通知书。

有下列情形之一的,仲裁委员会不予受理:

(一)不属于仲裁委员会受理争议范围的;

(二)不属于本仲裁委员会管辖的;

(三)超出规定的仲裁审查申请期间的;

(四)确认劳动关系的;

(五)调解协议已经人民法院司法确认的。

第七十六条 仲裁委员会审查调解协议,应当自受理仲裁审查申请之日起五日内结束。因特殊情况需要延期的,经仲裁委员会主任或者其委托的仲裁院负责人批准,可以延长五日。

调解书送达前,一方或者双方当事人撤回仲裁审查申请的,仲裁委员会应当准许。

第七十七条 仲裁委员会受理仲裁审查申请后,应当指定仲裁员对调解协议进行审查。

仲裁委员会经审查认为调解协议的形式和内容合法有效的,应当制作调解书。调解书的内容应当与调解协议的内容相一致。调解书经双方当事人签收后,发生法律效力。

第七十八条 调解协议具有下列情形之一的,仲裁委员会不予制作调解书:

（一）违反法律、行政法规强制性规定的；
（二）损害国家利益、社会公共利益或者公民、法人、其他组织合法权益的；
（三）当事人提供证据材料有弄虚作假嫌疑的；
（四）违反自愿原则的；
（五）内容不明确的；
（六）其他不能制作调解书的情形。

仲裁委员会决定不予制作调解书的，应当书面通知当事人。

第七十九条 当事人撤回仲裁审查申请或者仲裁委员会决定不予制作调解书的，应当终止仲裁审查。

第五章 附 则

第八十条 本规则规定的"三日"、"五日"、"十日"指工作日，"十五日"、"四十五日"指自然日。

第八十一条 本规则自2017年7月1日起施行。2009年1月1日人力资源社会保障部公布的《劳动人事争议仲裁办案规则》（人力资源和社会保障部令第2号）同时废止。

劳动人事争议仲裁组织规则

1. 2017年5月8日人力资源和社会保障部令第34号公布
2. 自2017年7月1日起施行

第一章 总 则

第一条 为公正及时处理劳动人事争议（以下简称争议），根据《中华人民共和国劳动争议调解仲裁法》（以下简称调解仲裁法）和《中华人民共和国公务员法》、《事业单位人事管理条例》、《中国人民解放军文职人员条例》等有关法律、法规，制定本规则。

第二条 劳动人事争议仲裁委员会（以下简称仲裁委员会）由人民政府依法设立，专门处理争议案件。

第三条 人力资源社会保障行政部门负责指导本行政区域的争议调解仲裁工作，组织协调处理跨地区、有影响的重大争议，负责仲裁员的管理、培训等工作。

第二章 仲裁委员会及其办事机构

第四条 仲裁委员会按照统筹规划、合理布局和适应实际需要的原则设立，由省、自治区、直辖市人民政府依法决定。

第五条 仲裁委员会由干部主管部门代表、人力资源社会保障等相关行政部门代表、军队文职人员工作管理部门代表、工会代表和用人单位方面代表等组成。

仲裁委员会组成人员应当是单数。

第六条　仲裁委员会设主任一名,副主任和委员若干名。

仲裁委员会主任由政府负责人或者人力资源社会保障行政部门主要负责人担任。

第七条　仲裁委员会依法履行下列职责:

(一)聘任、解聘专职或者兼职仲裁员;

(二)受理争议案件;

(三)讨论重大或者疑难的争议案件;

(四)监督本仲裁委员会的仲裁活动;

(五)制定本仲裁委员会的工作规则;

(六)其他依法应当履行的职责。

第八条　仲裁委员会应当每年至少召开两次全体会议,研究本仲裁委员会职责履行情况和重要工作事项。

仲裁委员会主任或者三分之一以上的仲裁委员会组成人员提议召开仲裁委员会会议的,应当召开。

仲裁委员会的决定实行少数服从多数原则。

第九条　仲裁委员会下设实体化的办事机构,具体承担争议调解仲裁等日常工作。办事机构称为劳动人事争议仲裁院(以下简称仲裁院),设在人力资源社会保障行政部门。

仲裁院对仲裁委员会负责并报告工作。

第十条　仲裁委员会的经费依法由财政予以保障。仲裁经费包括人员经费、公用经费、仲裁专项经费等。

仲裁院可以通过政府购买服务等方式聘用记录人员、安保人员等办案辅助人员。

第十一条　仲裁委员会组成单位可以派兼职仲裁员常驻仲裁院,参与争议调解仲裁活动。

第三章　仲　裁　庭

第十二条　仲裁委员会处理争议案件实行仲裁庭制度,实行一案一庭制。

仲裁委员会可以根据案件处理实际需要设立派驻仲裁庭、巡回仲裁庭、流动仲裁庭,就近就地处理争议案件。

第十三条　处理下列争议案件应当由三名仲裁员组成仲裁庭,设首席仲裁员:

(一)十人以上并有共同请求的争议案件;

(二)履行集体合同发生的争议案件;

(三)有重大影响或者疑难复杂的争议案件;

(四)仲裁委员会认为应当由三名仲裁员组庭处理的其他争议案件。

简单争议案件可以由一名仲裁员独任仲裁。

第十四条 记录人员负责案件庭审记录等相关工作。

记录人员不得由本庭仲裁员兼任。

第十五条 仲裁庭组成不符合规定的,仲裁委员会应当予以撤销并重新组庭。

第十六条 仲裁委员会应当有专门的仲裁场所。仲裁场所应当悬挂仲裁徽章,张贴仲裁纪律及注意事项等,并配备仲裁庭专业设备、档案储存设备、安全监控设备和安检设施等。

第十七条 仲裁工作人员在仲裁活动中应当统一着装,佩戴仲裁徽章。

第四章 仲 裁 员

第十八条 仲裁员是由仲裁委员会聘任、依法调解和仲裁争议案件的专业工作人员。

仲裁员分为专职仲裁员和兼职仲裁员。专职仲裁员和兼职仲裁员在调解仲裁活动中享有同等权利,履行同等义务。

兼职仲裁员进行仲裁活动,所在单位应当予以支持。

第十九条 仲裁委员会应当依法聘任一定数量的专职仲裁员,也可以根据办案工作需要,依法从干部主管部门、人力资源社会保障行政部门、军队文职人员工作管理部门、工会、企业组织等相关机构的人员以及专家学者、律师中聘任兼职仲裁员。

第二十条 仲裁员享有以下权利:

(一)履行职责应当具有的职权和工作条件;

(二)处理争议案件不受干涉;

(三)人身、财产安全受到保护;

(四)参加聘前培训和在职培训;

(五)法律、法规规定的其他权利。

第二十一条 仲裁员应当履行以下义务:

(一)依法处理争议案件;

(二)维护国家利益和公共利益,保护当事人合法权益;

(三)严格执行廉政规定,恪守职业道德;

(四)自觉接受监督;

(五)法律、法规规定的其他义务。

第二十二条 仲裁委员会聘任仲裁员时,应当从符合调解仲裁法第二十条规定的仲裁员条件的人员中选聘。

仲裁委员会应当根据工作需要,合理配备专职仲裁员和办案辅助人员。专职仲裁员数量不得少于三名,办案辅助人员不得少于一名。

第二十三条 仲裁委员会应当设仲裁员名册,并予以公告。

省、自治区、直辖市人力资源社会保障行政部门应当将本行政区域内仲裁委员会聘任的仲裁员名单报送人力资源社会保障部备案。

第二十四条　仲裁员聘期一般为五年。仲裁委员会负责仲裁员考核，考核结果作为解聘和续聘仲裁员的依据。

第二十五条　仲裁委员会应当制定仲裁员工作绩效考核标准，重点考核办案质量和效率、工作作风、遵纪守法情况等。考核结果分为优秀、合格、不合格。

第二十六条　仲裁员有下列情形之一的，仲裁委员会应当予以解聘：
（一）聘期届满不再续聘的；
（二）在聘期内因工作岗位变动或者其他原因不再履行仲裁员职责的；
（三）年度考核不合格的；
（四）因违纪、违法犯罪不能继续履行仲裁员职责的；
（五）其他应当解聘的情形。

第二十七条　人力资源社会保障行政部门负责对拟聘任的仲裁员进行聘前培训。

拟聘为省、自治区、直辖市仲裁委员会仲裁员及副省级市仲裁委员会仲裁员的，参加人力资源社会保障部组织的聘前培训；拟聘为地（市）、县（区）仲裁委员会仲裁员的，参加省、自治区、直辖市人力资源社会保障行政部门组织的仲裁员聘前培训。

第二十八条　人力资源社会保障行政部门负责每年对本行政区域内的仲裁员进行政治思想、职业道德、业务能力和作风建设培训。

仲裁员每年脱产培训的时间累计不少于四十学时。

第二十九条　仲裁委员会应当加强仲裁员作风建设，培育和弘扬具有行业特色的仲裁文化。

第三十条　人力资源社会保障部负责组织制定仲裁员培训大纲，开发培训教材，建立师资库和考试题库。

第三十一条　建立仲裁员职业保障机制，拓展仲裁员职业发展空间。

第五章　仲　裁　监　督

第三十二条　仲裁委员会应当建立仲裁监督制度，对申请受理、办案程序、处理结果、仲裁工作人员行为等进行监督。

第三十三条　仲裁员不得有下列行为：
（一）徇私枉法，偏袒一方当事人；
（二）滥用职权，侵犯当事人合法权益；
（三）利用职权为自己或者他人谋取私利；
（四）隐瞒证据或者伪造证据；
（五）私自会见当事人及其代理人，接受当事人及其代理人的请客送礼；
（六）故意拖延办案、玩忽职守；

（七）泄露案件涉及的国家秘密、商业秘密和个人隐私或者擅自透露案件处理情况；

　　（八）在受聘期间担任所在仲裁委员会受理案件的代理人；

　　（九）其他违法违纪的行为。

第三十四条　仲裁员有本规则第三十三条规定情形的，仲裁委员会视情节轻重，给予批评教育、解聘等处理；被解聘的，五年内不得再次被聘为仲裁员。仲裁员所在单位根据国家有关规定对其给予处分；构成犯罪的，依法追究刑事责任。

第三十五条　记录人员等办案辅助人员应当认真履行职责，严守工作纪律，不得有玩忽职守、偏袒一方当事人、泄露案件涉及的国家秘密、商业秘密和个人隐私或者擅自透露案件处理情况等行为。

　　办案辅助人员违反前款规定的，应当按照有关法律法规和本规则第三十四条的规定处理。

第六章　附　　则

第三十六条　被聘任为仲裁员的，由人力资源社会保障部统一免费发放仲裁员证和仲裁徽章。

第三十七条　仲裁委员会对被解聘、辞职以及其他原因不再聘任的仲裁员，应当及时收回仲裁员证和仲裁徽章，并予以公告。

第三十八条　本规则自 2017 年 7 月 1 日起施行。2010 年 1 月 20 日人力资源社会保障部公布的《劳动人事争议仲裁组织规则》（人力资源和社会保障部令第 5 号）同时废止。

3. 诉　　讼

最高人民法院关于审理劳动争议案件适用法律问题的解释（一）

1. 2020 年 12 月 25 日最高人民法院审判委员会第 1825 次会议通过
2. 2020 年 12 月 29 日公布
3. 法释〔2020〕26 号
4. 自 2021 年 1 月 1 日起施行

　　为正确审理劳动争议案件，根据《中华人民共和国民法典》《中华人民共和国劳动法》《中华人民共和国劳动合同法》《中华人民共和国劳动争议调解仲裁法》

七、劳动争议处理

《中华人民共和国民事诉讼法》等相关法律规定,结合审判实践,制定本解释。

第一条 劳动者与用人单位之间发生的下列纠纷,属于劳动争议,当事人不服劳动争议仲裁机构作出的裁决,依法提起诉讼的,人民法院应予受理:

(一)劳动者与用人单位在履行劳动合同过程中发生的纠纷;

(二)劳动者与用人单位之间没有订立书面劳动合同,但已形成劳动关系后发生的纠纷;

(三)劳动者与用人单位因劳动关系是否已经解除或者终止,以及应否支付解除或者终止劳动关系经济补偿金发生的纠纷;

(四)劳动者与用人单位解除或者终止劳动关系后,请求用人单位返还其收取的劳动合同定金、保证金、抵押金、抵押物发生的纠纷,或者办理劳动者的人事档案、社会保险关系等移转手续发生的纠纷;

(五)劳动者以用人单位未为其办理社会保险手续,且社会保险经办机构不能补办导致其无法享受社会保险待遇为由,要求用人单位赔偿损失发生的纠纷;

(六)劳动者退休后,与尚未参加社会保险统筹的原用人单位因追索养老金、医疗费、工伤保险待遇和其他社会保险待遇而发生的纠纷;

(七)劳动者因为工伤、职业病,请求用人单位依法给予工伤保险待遇发生的纠纷;

(八)劳动者依据劳动合同法第八十五条规定,要求用人单位支付加付赔偿金发生的纠纷;

(九)因企业自主进行改制发生的纠纷。

第二条 下列纠纷不属于劳动争议:

(一)劳动者请求社会保险经办机构发放社会保险金的纠纷;

(二)劳动者与用人单位因住房制度改革产生的公有住房转让纠纷;

(三)劳动者对劳动能力鉴定委员会的伤残等级鉴定结论或者对职业病诊断鉴定委员会的职业病诊断鉴定结论的异议纠纷;

(四)家庭或者个人与家政服务人员之间的纠纷;

(五)个体工匠与帮工、学徒之间的纠纷;

(六)农村承包经营户与受雇人之间的纠纷。

第三条 劳动争议案件由用人单位所在地或者劳动合同履行地的基层人民法院管辖。

劳动合同履行地不明确的,由用人单位所在地的基层人民法院管辖。

法律另有规定的,依照其规定。

第四条 劳动者与用人单位均不服劳动争议仲裁机构的同一裁决,向同一人民法院起诉的,人民法院应当并案审理,双方当事人互为原告和被告,对双方的诉讼请求,人民法院应当一并作出裁决。在诉讼过程中,一方当事人撤诉的,人民法院应当根据另一方当事人的诉讼请求继续审理。双方当事人就同一仲裁裁决分别向有管辖权的人民法院起诉的,后受理的人民法院应当将案件移送给先受理的人民法院。

第五条 劳动争议仲裁机构以无管辖权为由对劳动争议案件不予受理,当事人提起诉讼的,人民法院按照以下情形分别处理:

(一)经审查认为该劳动争议仲裁机构对案件确无管辖权的,应当告知当事人向有管辖权的劳动争议仲裁机构申请仲裁;

(二)经审查认为该劳动争议仲裁机构有管辖权的,应当告知当事人申请仲裁,并将审查意见书面通知该劳动争议仲裁机构;劳动争议仲裁机构仍不受理,当事人就该劳动争议事项提起诉讼的,人民法院应予受理。

第六条 劳动争议仲裁机构以当事人申请仲裁的事项不属于劳动争议为由,作出不予受理的书面裁决、决定或者通知,当事人不服依法提起诉讼的,人民法院应当分别情况予以处理:

(一)属于劳动争议案件的,应当受理;

(二)虽不属于劳动争议案件,但属于人民法院主管的其他案件,应当依法受理。

第七条 劳动争议仲裁机构以申请仲裁的主体不适格为由,作出不予受理的书面裁决、决定或者通知,当事人不服依法提起诉讼,经审查确属主体不适格的,人民法院不予受理;已经受理的,裁定驳回起诉。

第八条 劳动争议仲裁机构为纠正原仲裁裁决错误重新作出裁决,当事人不服依法提起诉讼的,人民法院应当受理。

第九条 劳动争议仲裁机构仲裁的事项不属于人民法院受理的案件范围,当事人不服依法提起诉讼的,人民法院不予受理;已经受理的,裁定驳回起诉。

第十条 当事人不服劳动争议仲裁机构作出的预先支付劳动者劳动报酬、工伤医疗费、经济补偿或者赔偿金的裁决,依法提起诉讼的,人民法院不予受理。

用人单位不履行上述裁决中的给付义务,劳动者依法申请强制执行的,人民法院应予受理。

第十一条 劳动争议仲裁机构作出的调解书已经发生法律效力,一方当事人反悔提起诉讼的,人民法院不予受理;已经受理的,裁定驳回起诉。

第十二条 劳动争议仲裁机构逾期未作出受理决定或仲裁裁决,当事人直接提起诉讼的,人民法院应予受理,但申请仲裁的案件存在下列事由的除外:

(一)移送管辖的;

(二)正在送达或者送达延误的;

(三)等待另案诉讼结果、评残结论的;

(四)正在等待劳动争议仲裁机构开庭的;

(五)启动鉴定程序或者委托其他部门调查取证的;

(六)其他正当事由。

当事人以劳动争议仲裁机构逾期未作出仲裁裁决为由提起诉讼的,应当提交该仲裁机构出具的受理通知书或者其他已接受仲裁申请的凭证、证明。

第十三条 劳动者依据劳动合同法第三十条第二款和调解仲裁法第十六条规定向人民法院申请支付令,符合民事诉讼法第十七章督促程序规定的,人民法院应予受理。

依据劳动合同法第三十条第二款规定申请支付令被人民法院裁定终结督促程序后,劳动者就劳动争议事项直接提起诉讼的,人民法院应当告知其先向劳动争议仲裁机构申请仲裁。

依据调解仲裁法第十六条规定申请支付令被人民法院裁定终结督促程序后,劳动者依据调解协议直接提起诉讼的,人民法院应予受理。

第十四条 人民法院受理劳动争议案件后,当事人增加诉讼请求的,如该诉讼请求与讼争的劳动争议具有不可分性,应当合并审理;如属独立的劳动争议,应当告知当事人向劳动争议仲裁机构申请仲裁。

第十五条 劳动者以用人单位的工资欠条为证据直接提起诉讼,诉讼请求不涉及劳动关系其他争议的,视为拖欠劳动报酬争议,人民法院按照普通民事纠纷受理。

第十六条 劳动争议仲裁机构作出仲裁裁决后,当事人对裁决中的部分事项不服,依法提起诉讼的,劳动争议仲裁裁决不发生法律效力。

第十七条 劳动争议仲裁机构对多个劳动者的劳动争议作出仲裁裁决后,部分劳动者对仲裁裁决不服,依法提起诉讼的,仲裁裁决对提起诉讼的劳动者不发生法律效力;对未提起诉讼的部分劳动者,发生法律效力,如其申请执行的,人民法院应当受理。

第十八条 仲裁裁决的类型以仲裁裁决书确定为准。仲裁裁决书未载明该裁决为终局裁决或者非终局裁决,用人单位不服该仲裁裁决向基层人民法院提起诉讼的,应当按照以下情形分别处理:

(一)经审查认为该仲裁裁决为非终局裁决的,基层人民法院应予受理;

(二)经审查认为该仲裁裁决为终局裁决的,基层人民法院不予受理,但应告知用人单位可以自收到不予受理裁定书之日起三十日内向劳动争议仲裁机构所在地的中级人民法院申请撤销该仲裁裁决;已经受理的,裁定驳回起诉。

第十九条 仲裁裁决书未载明该裁决为终局裁决或者非终局裁决,劳动者依据调解仲裁法第四十七条第一项规定,追索劳动报酬、工伤医疗费、经济补偿或者赔偿金,如果仲裁裁决涉及数项,每项确定的数额均不超过当地月最低工资标准十二个月金额的,应当按照终局裁决处理。

第二十条 劳动争议仲裁机构作出的同一仲裁裁决同时包含终局裁决事项和非终局裁决事项,当事人不服该仲裁裁决向人民法院提起诉讼的,应当按照非终局裁决处理。

第二十一条 劳动者依据调解仲裁法第四十八条规定向基层人民法院提起诉讼,用人单位依据调解仲裁法第四十九条规定向劳动争议仲裁机构所在地的中级人民法院申请撤销仲裁裁决的,中级人民法院应当不予受理;已经受理的,应当裁定驳回申请。

被人民法院驳回起诉或者劳动者撤诉的,用人单位可以自收到裁定书之日起三十日内,向劳动争议仲裁机构所在地的中级人民法院申请撤销仲裁裁决。

第二十二条　用人单位依据调解仲裁法第四十九条规定向中级人民法院申请撤销仲裁裁决,中级人民法院作出的驳回申请或者撤销仲裁裁决的裁定为终审裁定。

第二十三条　中级人民法院审理用人单位申请撤销终局裁决的案件,应当组成合议庭开庭审理。经过阅卷、调查和询问当事人,对没有新的事实、证据或者理由,合议庭认为不需要开庭审理的,可以不开庭审理。

中级人民法院可以组织双方当事人调解。达成调解协议的,可以制作调解书。一方当事人逾期不履行调解协议的,另一方可以申请人民法院强制执行。

第二十四条　当事人申请人民法院执行劳动争议仲裁机构作出的发生法律效力的裁决书、调解书,被申请人提出证据证明劳动争议仲裁裁决书、调解书有下列情形之一,并经审查核实的,人民法院可以根据民事诉讼法第二百三十七条规定,裁定不予执行:

（一）裁决的事项不属于劳动争议仲裁范围,或者劳动争议仲裁机构无权仲裁的;

（二）适用法律、法规确有错误的;

（三）违反法定程序的;

（四）裁决所根据的证据是伪造的;

（五）对方当事人隐瞒了足以影响公正裁决的证据的;

（六）仲裁员在仲裁该案时有索贿受贿、徇私舞弊、枉法裁决行为的;

（七）人民法院认定执行该劳动争议仲裁裁决违背社会公共利益的。

人民法院在不予执行的裁定书中,应当告知当事人在收到裁定书之次日起三十日内,可以就该劳动争议事项向人民法院提起诉讼。

第二十五条　劳动争议仲裁机构作出终局裁决,劳动者向人民法院申请执行,用人单位向劳动争议仲裁机构所在地的中级人民法院申请撤销的,人民法院应当裁定中止执行。

用人单位撤回撤销终局裁决申请或者其申请被驳回的,人民法院应当裁定恢复执行。仲裁裁决被撤销的,人民法院应当裁定终结执行。

用人单位向人民法院申请撤销仲裁裁决被驳回后,又在执行程序中以相同理由提出不予执行抗辩的,人民法院不予支持。

第二十六条　用人单位与其它单位合并的,合并前发生的劳动争议,由合并后的单位为当事人;用人单位分立为若干单位的,其分立前发生的劳动争议,由分立后的实际用人单位为当事人。

用人单位分立为若干单位后，具体承受劳动权利义务的单位不明确的，分立后的单位均为当事人。

第二十七条 用人单位招用尚未解除劳动合同的劳动者，原用人单位与劳动者发生的劳动争议，可以列新的用人单位为第三人。

原用人单位以新的用人单位侵权为由提起诉讼的，可以列劳动者为第三人。

原用人单位以新的用人单位和劳动者共同侵权为由提起诉讼的，新的用人单位和劳动者列为共同被告。

第二十八条 劳动者在用人单位与其他平等主体之间的承包经营期间，与发包方和承包方双方或者一方发生劳动争议，依法提起诉讼的，应当将承包方和发包方作为当事人。

第二十九条 劳动者与未办理营业执照、营业执照被吊销或者营业期限届满仍继续经营的用人单位发生争议的，应当将用人单位或者其出资人列为当事人。

第三十条 未办理营业执照、营业执照被吊销或者营业期限届满仍继续经营的用人单位，以挂靠等方式借用他人营业执照经营的，应当将用人单位和营业执照出借方列为当事人。

第三十一条 当事人不服劳动争议仲裁机构作出的仲裁裁决，依法提起诉讼，人民法院审查认为仲裁裁决遗漏了必须共同参加仲裁的当事人的，应当依法追加遗漏的人为诉讼当事人。

被追加的当事人应当承担责任的，人民法院应当一并处理。

第三十二条 用人单位与其招用的已经依法享受养老保险待遇或者领取退休金的人员发生用工争议而提起诉讼的，人民法院应当按劳务关系处理。

企业停薪留职人员、未达到法定退休年龄的内退人员、下岗待岗人员以及企业经营性停产放长假人员，因与新的用人单位发生用工争议而提起诉讼的，人民法院应当按劳动关系处理。

第三十三条 外国人、无国籍人未依法取得就业证件即与中华人民共和国境内的用人单位签订劳动合同，当事人请求确认与用人单位存在劳动关系的，人民法院不予支持。

持有《外国专家证》并取得《外国人来华工作许可证》的外国人，与中华人民共和国境内的用人单位建立用工关系的，可以认定为劳动关系。

第三十四条 劳动合同期满后，劳动者仍在原用人单位工作，原用人单位未表示异议的，视为双方同意以原条件继续履行劳动合同。一方提出终止劳动关系的，人民法院应予支持。

根据劳动合同法第十四条规定，用人单位应当与劳动者签订无固定期限劳动合同而未签订的，人民法院可以视为双方之间存在无固定期限劳动合同关系，并以原劳动合同确定双方的权利义务关系。

第三十五条 劳动者与用人单位就解除或者终止劳动合同办理相关手续、支付工资报酬、加班费、经济补偿或者赔偿金等达成的协议,不违反法律、行政法规的强制性规定,且不存在欺诈、胁迫或者乘人之危情形的,应当认定有效。

前款协议存在重大误解或者显失公平情形,当事人请求撤销的,人民法院应予支持。

第三十六条 当事人在劳动合同或者保密协议中约定了竞业限制,但未约定解除或者终止劳动合同后给予劳动者经济补偿,劳动者履行了竞业限制义务,要求用人单位按照劳动者在劳动合同解除或者终止前十二个月平均工资的30%按月支付经济补偿的,人民法院应予支持。

前款规定的月平均工资的30%低于劳动合同履行地最低工资标准的,按照劳动合同履行地最低工资标准支付。

第三十七条 当事人在劳动合同或者保密协议中约定了竞业限制和经济补偿,当事人解除劳动合同时,除另有约定外,用人单位要求劳动者履行竞业限制义务,或者劳动者履行了竞业限制义务后要求用人单位支付经济补偿的,人民法院应予支持。

第三十八条 当事人在劳动合同或者保密协议中约定了竞业限制和经济补偿,劳动合同解除或者终止后,因用人单位的原因导致三个月未支付经济补偿,劳动者请求解除竞业限制约定的,人民法院应予支持。

第三十九条 在竞业限制期限内,用人单位请求解除竞业限制协议的,人民法院应予支持。

在解除竞业限制协议时,劳动者请求用人单位额外支付劳动者三个月的竞业限制经济补偿的,人民法院应予支持。

第四十条 劳动者违反竞业限制约定,向用人单位支付违约金后,用人单位要求劳动者按照约定继续履行竞业限制义务的,人民法院应予支持。

第四十一条 劳动合同被确认为无效,劳动者已付出劳动的,用人单位应当按照劳动合同法第二十八条、第四十六条、第四十七条的规定向劳动者支付劳动报酬和经济补偿。

由于用人单位原因订立无效劳动合同,给劳动者造成损害的,用人单位应当赔偿劳动者因合同无效所造成的经济损失。

第四十二条 劳动者主张加班费的,应当就加班事实的存在承担举证责任。但劳动者有证据证明用人单位掌握加班事实存在的证据,用人单位不提供的,由用人单位承担不利后果。

第四十三条 用人单位与劳动者协商一致变更劳动合同,虽未采用书面形式,但已经实际履行了口头变更的劳动合同超过一个月,变更后的劳动合同内容不违反法律、行政法规且不违背公序良俗,当事人以未采用书面形式为由主张劳动合同变更无效的,人民法院不予支持。

第四十四条 因用人单位作出的开除、除名、辞退、解除劳动合同、减少劳动报酬、计算劳动者工作年限等决定而发生的劳动争议,用人单位负举证责任。

第四十五条 用人单位有下列情形之一,迫使劳动者提出解除劳动合同的,用人单位应当支付劳动者的劳动报酬和经济补偿,并可支付赔偿金:
　　(一)以暴力、威胁或者非法限制人身自由的手段强迫劳动的;
　　(二)未按照劳动合同约定支付劳动报酬或者提供劳动条件的;
　　(三)克扣或者无故拖欠劳动者工资的;
　　(四)拒不支付劳动者延长工作时间工资报酬的;
　　(五)低于当地最低工资标准支付劳动者工资的。

第四十六条 劳动者非因本人原因从原用人单位被安排到新用人单位工作,原用人单位未支付经济补偿,劳动者依据劳动合同法第三十八条规定与新用人单位解除劳动合同,或者新用人单位向劳动者提出解除、终止劳动合同,在计算支付经济补偿或赔偿金的工作年限时,劳动者请求把在原用人单位的工作年限合并计算为新用人单位工作年限的,人民法院应予支持。
　　用人单位符合下列情形之一的,应当认定属于"劳动者非因本人原因从原用人单位被安排到新用人单位工作":
　　(一)劳动者仍在原工作场所、工作岗位工作,劳动合同主体由原用人单位变更为新用人单位;
　　(二)用人单位以组织委派或任命形式对劳动者进行工作调动;
　　(三)因用人单位合并、分立等原因导致劳动者工作调动;
　　(四)用人单位及其关联企业与劳动者轮流订立劳动合同;
　　(五)其他合理情形。

第四十七条 建立了工会组织的用人单位解除劳动合同符合劳动合同法第三十九条、第四十条规定,但未按照劳动合同法第四十三条规定事先通知工会,劳动者以用人单位违法解除劳动合同为由请求用人单位支付赔偿金的,人民法院应予支持,但起诉前用人单位已经补正有关程序的除外。

第四十八条 劳动合同法施行后,因用人单位经营期限届满不再继续经营导致劳动合同不能继续履行,劳动者请求用人单位支付经济补偿的,人民法院应予支持。

第四十九条 在诉讼过程中,劳动者向人民法院申请采取财产保全措施,人民法院经审查认为申请人经济确有困难,或者有证据证明用人单位存在欠薪逃匿可能的,应当减轻或者免除劳动者提供担保的义务,及时采取保全措施。
　　人民法院作出的财产保全裁定中,应当告知当事人在劳动争议仲裁机构的裁决书或者在人民法院的裁判文书生效后三个月内申请强制执行。逾期不申请的,人民法院应当裁定解除保全措施。

第五十条 用人单位根据劳动合同法第四条规定,通过民主程序制定的规章制度,不违反国家法律、行政法规及政策规定,并已向劳动者公示的,可以作为确定双方权利义务的依据。

用人单位制定的内部规章制度与集体合同或者劳动合同约定的内容不一致，劳动者请求优先适用合同约定的，人民法院应予支持。

第五十一条 当事人在调解仲裁法第十条规定的调解组织主持下达成的具有劳动权利义务内容的调解协议，具有劳动合同的约束力，可以作为人民法院裁判的根据。

当事人在调解仲裁法第十条规定的调解组织主持下仅就劳动报酬争议达成调解协议，用人单位不履行调解协议确定的给付义务，劳动者直接提起诉讼的，人民法院可以按照普通民事纠纷受理。

第五十二条 当事人在人民调解委员会主持下仅就给付义务达成的调解协议，双方认为有必要的，可以共同向人民调解委员会所在地的基层人民法院申请司法确认。

第五十三条 用人单位对劳动者作出的开除、除名、辞退等处理，或者因其他原因解除劳动合同确有错误的，人民法院可以依法判决予以撤销。

对于追索劳动报酬、养老金、医疗费以及工伤保险待遇、经济补偿金、培训费及其他相关费用等案件，给付数额不当的，人民法院可以予以变更。

第五十四条 本解释自 2021 年 1 月 1 日起施行。

八、事业单位劳动人事

事业单位人事管理条例

1. 2014年4月25日国务院令第652号公布
2. 自2014年7月1日起施行

第一章 总 则

第一条 为了规范事业单位的人事管理,保障事业单位工作人员的合法权益,建设高素质的事业单位工作人员队伍,促进公共服务发展,制定本条例。

第二条 事业单位人事管理,坚持党管干部、党管人才原则,全面准确贯彻民主、公开、竞争、择优方针。

国家对事业单位工作人员实行分级分类管理。

第三条 中央事业单位人事综合管理部门负责全国事业单位人事综合管理工作。

县级以上地方各级事业单位人事综合管理部门负责本辖区事业单位人事综合管理工作。

事业单位主管部门具体负责所属事业单位人事管理工作。

第四条 事业单位应当建立健全人事管理制度。

事业单位制定或者修改人事管理制度,应当通过职工代表大会或者其他形式听取工作人员意见。

第二章 岗位设置

第五条 国家建立事业单位岗位管理制度,明确岗位类别和等级。

第六条 事业单位根据职责任务和工作需要,按照国家有关规定设置岗位。

岗位应当具有明确的名称、职责任务、工作标准和任职条件。

第七条 事业单位拟订岗位设置方案,应当报人事综合管理部门备案。

第三章 公开招聘和竞聘上岗

第八条 事业单位新聘用工作人员,应当面向社会公开招聘。但是,国家政策性安置、按照人事管理权限由上级任命、涉密岗位等人员除外。

第九条 事业单位公开招聘工作人员按照下列程序进行:

(一)制定公开招聘方案;

(二)公布招聘岗位、资格条件等招聘信息;

（三）审查应聘人员资格条件；
　　（四）考试、考察；
　　（五）体检；
　　（六）公示拟聘人员名单；
　　（七）订立聘用合同，办理聘用手续。
第十条　事业单位内部产生岗位人选，需要竞聘上岗的，按照下列程序进行：
　　（一）制定竞聘上岗方案；
　　（二）在本单位公布竞聘岗位、资格条件、聘期等信息；
　　（三）审查竞聘人员资格条件；
　　（四）考评；
　　（五）在本单位公示拟聘人员名单；
　　（六）办理聘任手续。
第十一条　事业单位工作人员可以按照国家有关规定进行交流。

第四章　聘用合同

第十二条　事业单位与工作人员订立的聘用合同，期限一般不低于3年。

第十三条　初次就业的工作人员与事业单位订立的聘用合同期限3年以上的，试用期为12个月。

第十四条　事业单位工作人员在本单位连续工作满10年且距法定退休年龄不足10年，提出订立聘用至退休的合同的，事业单位应当与其订立聘用至退休的合同。

第十五条　事业单位工作人员连续旷工超过15个工作日，或者1年内累计旷工超过30个工作日的，事业单位可以解除聘用合同。

第十六条　事业单位工作人员年度考核不合格且不同意调整工作岗位，或者连续两年年度考核不合格的，事业单位提前30日书面通知，可以解除聘用合同。

第十七条　事业单位工作人员提前30日书面通知事业单位，可以解除聘用合同。但是，双方对解除聘用合同另有约定的除外。

第十八条　事业单位工作人员受到开除处分的，解除聘用合同。

第十九条　自聘用合同依法解除、终止之日起，事业单位与被解除、终止聘用合同人员的人事关系终止。

第五章　考核和培训

第二十条　事业单位应当根据聘用合同规定的岗位职责任务，全面考核工作人员的表现，重点考核工作绩效。考核应当听取服务对象的意见和评价。

第二十一条　考核分为平时考核、年度考核和聘期考核。
　　年度考核的结果可以分为优秀、合格、基本合格和不合格等档次，聘期考核的结果可以分为合格和不合格等档次。

第二十二条　考核结果作为调整事业单位工作人员岗位、工资以及续订聘用合同的依据。

第二十三条　事业单位应当根据不同岗位的要求,编制工作人员培训计划,对工作人员进行分级分类培训。

工作人员应当按照所在单位的要求,参加岗前培训、在岗培训、转岗培训和为完成特定任务的专项培训。

第二十四条　培训经费按照国家有关规定列支。

第六章　奖励和处分

第二十五条　事业单位工作人员或者集体有下列情形之一的,给予奖励:
(一)长期服务基层,爱岗敬业,表现突出的;
(二)在执行国家重要任务、应对重大突发事件中表现突出的;
(三)在工作中有重大发明创造、技术革新的;
(四)在培养人才、传播先进文化中作出突出贡献的;
(五)有其他突出贡献的。

第二十六条　奖励坚持精神奖励与物质奖励相结合、以精神奖励为主的原则。

第二十七条　奖励分为嘉奖、记功、记大功、授予荣誉称号。

第二十八条　事业单位工作人员有下列行为之一的,给予处分:
(一)损害国家声誉和利益的;
(二)失职渎职的;
(三)利用工作之便谋取不正当利益的;
(四)挥霍、浪费国家资财的;
(五)严重违反职业道德、社会公德的;
(六)其他严重违反纪律的。

第二十九条　处分分为警告、记过、降低岗位等级或者撤职、开除。

受处分的期间为:警告,6个月;记过,12个月;降低岗位等级或者撤职,24个月。

第三十条　给予工作人员处分,应当事实清楚、证据确凿、定性准确、处理恰当、程序合法、手续完备。

第三十一条　工作人员受开除以外的处分,在受处分期间没有再发生违纪行为的,处分期满后,由处分决定单位解除处分并以书面形式通知本人。

第七章　工资福利和社会保险

第三十二条　国家建立激励与约束相结合的事业单位工资制度。

事业单位工作人员工资包括基本工资、绩效工资和津贴补贴。

事业单位工资分配应当结合不同行业事业单位特点,体现岗位职责、工作业绩、实际贡献等因素。

第三十三条　国家建立事业单位工作人员工资的正常增长机制。

事业单位工作人员的工资水平应当与国民经济发展相协调、与社会进步相适应。

第三十四条　事业单位工作人员享受国家规定的福利待遇。

事业单位执行国家规定的工时制度和休假制度。

第三十五条　事业单位及其工作人员依法参加社会保险,工作人员依法享受社会保险待遇。

第三十六条　事业单位工作人员符合国家规定退休条件的,应当退休。

第八章　人事争议处理

第三十七条　事业单位工作人员与所在单位发生人事争议的,依照《中华人民共和国劳动争议调解仲裁法》等有关规定处理。

第三十八条　事业单位工作人员对涉及本人的考核结果、处分决定等不服的,可以按照国家有关规定申请复核、提出申诉。

第三十九条　负有事业单位聘用、考核、奖励、处分、人事争议处理等职责的人员履行职责,有下列情形之一的,应当回避:

（一）与本人有利害关系的;

（二）与本人近亲属有利害关系的;

（三）其他可能影响公正履行职责的。

第四十条　对事业单位人事管理工作中的违法违纪行为,任何单位或者个人可以向事业单位人事综合管理部门、主管部门或者监察机关投诉、举报,有关部门和机关应当及时调查处理。

第九章　法律责任

第四十一条　事业单位违反本条例规定的,由县级以上事业单位人事综合管理部门或者主管部门责令限期改正;逾期不改正的,对直接负责的主管人员和其他直接责任人员依法给予处分。

第四十二条　对事业单位工作人员的人事处理违反本条例规定给当事人造成名誉损害的,应当赔礼道歉、恢复名誉、消除影响;造成经济损失的,依法给予赔偿。

第四十三条　事业单位人事综合管理部门和主管部门的工作人员在事业单位人事管理工作中滥用职权、玩忽职守、徇私舞弊的,依法给予处分;构成犯罪的,依法追究刑事责任。

第十章　附　则

第四十四条　本条例自2014年7月1日起施行。

事业单位工作人员考核规定

1. 2023年1月12日中共中央组织部、人力资源社会保障部发布
2. 人社部发〔2023〕6号

第一章 总　　则

第一条　为了准确评价事业单位工作人员的德才表现和工作实绩，规范事业单位工作人员考核工作，推动建设堪当民族复兴重任、忠诚干净担当的高素质专业化事业单位工作人员队伍，把新时代好干部标准落到实处，根据《事业单位人事管理条例》和有关法律法规，制定本规定。

第二条　事业单位工作人员考核，是指事业单位或者主管机关（部门）按照干部人事管理权限及规定的标准和程序，对事业单位工作人员的政治素质、履职能力、工作实绩、作风表现等进行的了解、核实和评价。

　　对事业单位领导人员的考核，按照有关规定执行。

第三条　事业单位工作人员考核工作，坚持以习近平新时代中国特色社会主义思想为指导，贯彻新时代党的组织路线和干部工作方针政策，着眼于充分调动事业单位工作人员积极性主动性创造性、促进新时代公益事业高质量发展，坚持尊重劳动、尊重知识、尊重人才、尊重创造，全面准确评价事业单位工作人员，鲜明树立新时代选人用人导向，推动形成能者上、优者奖、庸者下、劣者汰的良好局面。工作中，应当坚持下列原则：

　　（一）党管干部、党管人才；

　　（二）德才兼备、以德为先；

　　（三）事业为上、公道正派；

　　（四）注重实绩、群众公认；

　　（五）分级分类、简便有效；

　　（六）考用结合、奖惩分明。

第四条　事业单位工作人员考核的方式主要是年度考核和聘期考核，根据工作实际开展平时考核、专项考核。

第二章　考　核　内　容

第五条　对事业单位工作人员的考核，以岗位职责和所承担的工作任务为基本依据，全面考核德、能、勤、绩、廉，突出对德和绩的考核。

　　（一）德。坚持将政治标准放在首位，全面考核政治品质和道德品行，重点了解学习贯彻习近平新时代中国特色社会主义思想，坚定拥护"两个确立"，增强

"四个意识"、坚定"四个自信"、做到"两个维护",坚定理想信念,坚守初心使命,忠于宪法、忠于国家、忠于人民的情况;做到坚持原则、敢于斗争、善于斗争的情况;模范践行社会主义核心价值观,胸怀祖国、服务人民,恪守职业道德,遵守社会公德、家庭美德和个人品德等情况。

（二）能。全面考核适应新时代要求履行岗位职责的政治能力、工作能力、专业素养和技术技能水平,重点了解政治判断力、政治领悟力、政治执行力和学习调研能力、依法办事能力、群众工作能力、沟通协调能力、贯彻执行能力、改革创新能力、应急处突能力等情况。

（三）勤。全面考核精神状态和工作作风,重点了解爱岗敬业、勤勉尽责、担当作为、锐意进取、勇于创造、甘于奉献等情况。

（四）绩。全面考核践行以人民为中心的发展思想,依法依规履行岗位职责、承担急难险重任务、为群众职工办实事等情况,重点了解完成工作的数量、质量、时效、成本,产生的社会效益和经济效益,服务对象满意度等情况。

（五）廉。全面考核廉洁从业情况,重点了解落实中央八项规定及其实施细则精神,执行本系统、本行业、本单位行风建设相关规章制度,遵规守纪、廉洁自律等情况。

第六条 对事业单位工作人员实行分级分类考核,考核内容应当细化明确考核要素和具体指标,体现不同行业、不同类型、不同层次、不同岗位工作人员的特点和具体要求,增强针对性、有效性。

第七条 对面向社会提供公益服务的事业单位工作人员的考核,突出公益服务职责,加强服务质量、行为规范、技术技能、行风建设等考核。宣传思想文化、教育、科技、卫生健康等重点行业领域事业单位要按照分类推进人才评价机制改革有关要求,分别确定工作人员考核内容的核心要素,合理设置指标权重,实行以行业属性为基础的差别化考核。

对主要为机关提供支持保障的事业单位工作人员的考核,突出履行支持保障职责情况考核。根据实际情况,可以与主管机关（部门）工作人员考核统筹。

第八条 对事业单位专业技术人员的考核,应当结合专业技术工作特点,以创新价值、能力、贡献为导向,注重公共服务意识、专业理论知识、专业能力水平、创新服务及成果等。

对事业单位管理人员的考核,应当结合管理工作特点,注重管理水平、组织协调能力、工作规范性、廉政勤政情况等。

对事业单位工勤技能人员的考核,应当结合工勤技能工作特点,注重技能水平、服务态度、质量、效率等。

第三章 年度考核

第九条 年度考核是以年度为周期对事业单位工作人员总体表现所进行的综合性

考核,一般每年年末或者次年年初进行。

第十条　年度考核的结果一般分为优秀、合格、基本合格和不合格四个档次。

第十一条　年度考核确定为优秀档次应当具备下列条件:

(一)思想政治素质高,理想信念坚定,贯彻落实党中央决策部署坚决有力,模范遵守法律法规,恪守职业道德,具有良好社会公德、家庭美德和个人品德;

(二)履行岗位职责能力强,精通本职业务,与岗位要求相应的专业技术技能或者管理水平高;

(三)公共服务意识和工作责任心强,勤勉敬业奉献,改革创新意识强,工作作风好;

(四)全面履行岗位职责,高质量地完成各项工作任务,工作实绩突出,对社会或者单位有贡献,服务对象满意度高;

(五)廉洁从业且在遵守廉洁纪律方面具有模范带头作用。

第十二条　年度考核确定为合格档次应当具备下列条件:

(一)思想政治素质较高,能够贯彻落实党中央决策部署,自觉遵守法律法规和职业道德,具有较好社会公德、家庭美德和个人品德;

(二)履行岗位职责能力较强,熟悉本职业务,与岗位要求相应的专业技术技能或者管理水平较高;

(三)公共服务意识和工作责任心较强,工作认真负责,工作作风较好;

(四)能够履行岗位职责,较好地完成工作任务,服务对象满意度较高;

(五)廉洁从业。

第十三条　事业单位工作人员有下列情形之一的,年度考核应当确定为基本合格档次:

(一)思想政治素质一般,在贯彻落实党中央决策部署以及遵守职业道德、社会公德、家庭美德、个人品德等方面存在明显不足;

(二)履行岗位职责能力较弱,与岗位要求相应的专业技术技能或者管理水平较低;

(三)公共服务意识和工作责任心一般,工作纪律性不强,工作消极,或者工作作风方面存在明显不足;

(四)能够基本履行岗位职责、完成工作任务,但完成工作的数量不足、质量和效率不高,或者在工作中有一定的失误,或者服务对象满意度较低;

(五)能够基本做到廉洁从业,但某些方面存在不足。

第十四条　事业单位工作人员有下列情形之一的,年度考核应当确定为不合格档次:

(一)思想政治素质较差,在贯彻落实党中央决策部署以及职业道德、社会公德、家庭美德、个人品德等方面存在严重问题;

(二)业务素质和工作能力不能适应岗位要求;

（三）公共服务意识和工作责任心缺失，工作不担当、不作为，或者工作作风差；

（四）不履行岗位职责、未能完成工作任务，或者在工作中因严重失职失误造成重大损失或者恶劣社会影响；

（五）在廉洁从业方面存在问题，且情形较为严重。

第十五条 事业单位工作人员年度考核优秀档次人数，一般不超过本单位应参加年度考核的工作人员总人数的 20%。优秀档次名额应当向一线岗位、艰苦岗位以及获得表彰奖励的人员倾斜。

事业单位在相应考核年度内有下列情形之一的，经主管机关（部门）或者同级事业单位人事综合管理部门审核同意，工作人员年度考核优秀档次的比例可以适当提高，一般掌握在 25%：

（一）单位获得集体记功以上奖励的；

（二）单位取得重大工作创新或者作出突出贡献，取得有关机关（部门）认定的；

（三）单位绩效考核获得优秀档次的。

对单位绩效考核为不合格档次的，以及问题较多、被问责的事业单位，主管机关（部门）或者同级事业单位人事综合管理部门应当降低其年度考核优秀档次比例，一般不超过 15%。

第十六条 对事业单位工作人员开展年度考核，可以成立考核委员会或者考核工作领导小组，负责考核工作的组织实施，相应的组织人事部门承担具体工作。考核委员会或者考核工作领导小组由本单位成立的，一般由单位主要负责人担任主任（组长），成员由单位其他领导人员、组织人事部门和纪检监察机构有关人员、职工代表等组成；由主管机关（部门）成立的，一般由主管机关（部门）组织人事部门负责人担任主任（组长），成员由主管机关（部门）组织人事部门有关人员以及事业单位有关领导人员、从事组织人事和纪检监察工作的有关人员、职工代表等组成。

第十七条 年度考核一般按照下列程序进行：

（一）制定方案。考核委员会或者考核工作领导小组制定事业单位年度考核工作方案，通过职工代表大会或者其他形式听取工作人员意见后，面向全单位发布。

（二）总结述职。事业单位工作人员按照岗位职责任务、考核内容以及有关要求进行总结，填写年度考核表，必要时可以在一定范围内述职。

（三）测评、核实与评价。考核委员会或者考核工作领导小组可以采取民主测评、绩效评价、听取主管领导意见以及单位内部评议、服务对象满意度调查、第三方评价等符合岗位特点的方法，对考核对象进行综合评价，提出考核档次建议。

（四）确定档次。事业单位领导班子或者主管机关（部门）组织人事部门集体研究审定考核档次。拟确定为优秀档次的须在本单位范围进行公示,公示期一般不少于5个工作日。考核结果以书面形式告知被考核人员,由本人签署意见。

第四章 聘期考核

第十八条 聘期考核是对事业单位工作人员在一个完整聘期内总体表现所进行的全方位考核,以聘用(任)合同为依据,以聘期内年度考核结果为基础,一般在聘用(任)合同期满前一个月内完成。

聘期考核侧重考核聘期任务目标完成情况。

第十九条 聘期考核的结果一般分为合格和不合格等档次。

第二十条 事业单位工作人员完成聘期目标任务,且聘期内年度考核均在合格及以上档次的,聘期考核应当确定为合格档次。

第二十一条 事业单位工作人员无正当理由,未完成聘期目标任务的,聘期考核应当确定为不合格档次。

第二十二条 事业单位工作人员聘期考核一般应当按照总结述职、测评、核实与评价、实绩分析、确定档次等程序进行,结合实际也可以与年度考核统筹进行。

第五章 平时考核和专项考核

第二十三条 平时考核是对事业单位工作人员日常工作和一贯表现所进行的经常性考核。

第二十四条 对事业单位工作人员开展平时考核,主要结合日常管理工作进行,根据行业和单位特点,可以采取工作检查、考勤记录、谈心谈话、听取意见等方法,具体操作办法由事业单位结合实际确定。

事业单位可以根据自身实际,探索建立平时考核记录,形成考核结果。平时考核结果可以采用考核报告、评语、档次或者鉴定等形式确定。

第二十五条 专项考核是对事业单位工作人员在完成重要专项工作、承担急难险重任务、应对和处置突发事件中的工作态度、担当精神、作用发挥、实际成效等情况所进行的针对性考核。

根据平时掌握情况,对表现突出或者问题反映较多的工作人员,可以进行专项考核。

第二十六条 对事业单位工作人员开展专项考核,可以按照了解核实、综合研判、结果反馈等程序进行,或者结合推进专项工作灵活安排。

专项考核结果可以采用考核报告、评语、档次或者鉴定等形式确定。

第六章 考核结果运用

第二十七条 坚持考用结合,将考核结果与选拔任用、培养教育、管理监督、激励约束、问责追责等结合起来,作为事业单位工作人员调整岗位、职务、职员等级、工资和评定职称、奖励,以及变更、续订、解除、终止聘用(任)合同等的依据。

第二十八条　事业单位工作人员年度考核被确定为合格以上档次的,按照下列规定办理:

(一)增加一级薪级工资;

(二)按照有关规定发放绩效工资;

(三)本考核年度计算为现聘岗位(职员)等级的任职年限。

其中,年度考核被确定为优秀档次的,在绩效工资分配时,同等条件下应当予以倾斜;在岗位晋升、职称评聘时,同等条件下应当予以优先考虑。

第二十九条　事业单位工作人员年度考核被确定为基本合格档次的,按照下列规定办理:

(一)责令作出书面检查,限期改进;

(二)不得增加薪级工资;

(三)相应核减绩效工资;

(四)本考核年度不计算为现聘岗位(职员)等级的任职年限,下一考核年度内不得晋升岗位(职员)等级;

(五)连续两年被确定为基本合格档次的,予以组织调整或者组织处理。

第三十条　事业单位工作人员年度考核被确定为不合格档次的,按照下列规定办理:

(一)不得增加薪级工资;

(二)相应核减绩效工资;

(三)向低一级岗位(职员)等级调整;

(四)本考核年度不计算为现聘岗位(职员)等级的任职年限;

(五)被确定为不合格档次且不同意调整工作岗位,或者连续两年被确定为不合格档次的,可以按规定解除聘用(任)合同。

其中,受处理、处分时已按规定降低岗位(职员)等级且当年年度考核被确定为不合格档次的,为避免重复处罚,不再向低一级岗位(职员)等级调整。

第三十一条　事业单位工作人员年度考核不确定档次的,按照下列规定办理:

(一)不得增加薪级工资;

(二)相应核减绩效工资;

(三)本考核年度不计算为现聘岗位(职员)等级的任职年限,连续两年不确定档次的,视情况调整工作岗位。

第三十二条　事业单位工作人员聘期考核被确定为合格档次且所聘岗位存续的,经本人、单位协商一致,可以续订聘用(任)合同。

聘期考核被确定为不合格档次的,合同期满一般不再续聘;特殊情况确需续订聘用(任)合同的,应当报经主管机关(部门)审核同意。

第三十三条　事业单位工作人员考核形成的结论性材料,应当存入本人干部人事档案。

第三十四条 平时考核、专项考核结果作为年度考核、聘期考核的重要参考。

运用平时考核、专项考核结果,有针对性地加强激励约束、培养教育,鼓励先进、鞭策落后。

第三十五条 考核中发现事业单位工作人员存在问题的,根据问题性质和情节轻重,依规依纪依法给予处理、处分;对涉嫌犯罪的,依法追究刑事责任。

第三十六条 事业单位工作人员对考核确定为基本合格或者不合格档次不服的,可以按照有关规定申请复核、提出申诉。

第七章 相关事宜

第三十七条 对初次就业的事业单位工作人员,在本单位工作不满考核年度半年的(含试用期),参加年度考核,只写评语,不确定档次。

对非初次就业的工作人员,当年在其他单位工作时间与本单位工作时间合并计算,不满考核年度半年的(含试用期),参加年度考核,只写评语,不确定档次;满考核年度半年的(含试用期),由其现所在事业单位进行年度考核并确定档次,原工作单位提供有关情况。

前款所称其他单位工作时间,可以根据干部人事档案有关记载、劳动合同、社会保险缴费证明等综合认定。

第三十八条 对事业单位外派的工作人员进行年度考核,按照下列规定办理:

(一)挂职、援派、驻外的工作人员,在外派期间一般由工作时间超过考核年度半年的单位进行考核并以适当的方式听取派出单位或者接收单位的意见。

(二)单位派出学习培训、执行任务的工作人员,经批准以兼职创新、在职创办企业或者选派到企业工作、参与项目合作等方式进行创新创业的专业技术人员,由人事关系所在单位进行考核,主要根据学习培训、执行任务、创新创业的表现确定档次,由相关单位提供在外表现情况。

第三十九条 对同时在事业单位管理岗位和专业技术岗位两类岗位任职人员的考核,应当以两类岗位的职责任务为依据,实行双岗位双考核。

第四十条 对高校、科研院所等事业单位的科研人员,立足其工作特点,探索完善考核方法,合理确定考核周期和频次,促进科研人员潜心研究、创造科研成果。

第四十一条 病假、事假、非单位派出外出学习培训累计超过考核年度半年的事业单位工作人员,参加年度考核,不确定档次。

女职工按规定休产假超过考核年度半年的,参加年度考核,确定档次。

第四十二条 事业单位工作人员涉嫌违纪违法被立案审查调查尚未结案的,参加年度考核,不写评语,不确定档次。结案后未受处分或者给予警告处分的,按规定补定档次。

第四十三条 受党纪政务处分或者组织处理、诫勉的事业单位工作人员参加年度考核,按照有关规定办理。

同时受党纪政务处分和组织处理的，按照对其年度考核结果影响较重的处理、处分确定年度考核结果。

第四十四条 对无正当理由不参加考核的事业单位工作人员，经教育后仍拒绝参加的，直接确定其考核档次为不合格。

第四十五条 事业单位或者主管机关（部门）应当加强考核工作统筹，优化工作流程，注意运用互联网技术和信息化手段，简便高效开展考核工作，提高考核质量和效率。

第四十六条 各级事业单位人事综合管理部门和主管机关（部门），应当加强对事业单位工作人员考核工作的指导监督。

对在考核过程中有徇私舞弊、打击报复、弄虚作假等行为的，按照有关规定予以严肃处理。

第八章 附 则

第四十七条 机关工勤人员的考核，参照本规定执行。

第四十八条 各地区各部门可以根据本规定，结合实际制定事业单位工作人员考核具体办法或者细则。

第四十九条 本规定由中共中央组织部、人力资源社会保障部负责解释。

第五十条 本规定自发布之日起施行。

事业单位工作人员处分规定

1. 2023年11月6日中共中央组织部、人力资源社会保障部发布
2. 人社部发〔2023〕58号

第一章 总 则

第一条 为严明事业单位纪律规矩，规范事业单位工作人员行为，保证事业单位及其工作人员依法履职，根据《中华人民共和国公职人员政务处分法》和《事业单位人事管理条例》，制定本规定。

第二条 事业单位工作人员违规违纪违法，应当承担纪律责任的，依照本规定给予处分。

任免机关、事业单位对事业单位中从事管理的人员给予处分，适用《中华人民共和国公职人员政务处分法》第二章、第三章规定。处分的程序、申诉等适用本规定。

第三条 给予事业单位工作人员处分，应当坚持党管干部、党管人才原则；坚持公正、公平；坚持惩治与教育相结合。

给予事业单位工作人员处分,应当与其违规违纪违法行为的性质、情节、危害程度相适应。

给予事业单位工作人员处分,应当事实清楚、证据确凿、定性准确、处理恰当、程序合法、手续完备。

第二章 处分的种类和适用

第四条 事业单位工作人员处分的种类为:

(一)警告;

(二)记过;

(三)降低岗位等级;

(四)开除。

第五条 事业单位工作人员受处分的期间为:

(一)警告,六个月;

(二)记过,十二个月;

(三)降低岗位等级,二十四个月。

处分决定自作出之日起生效,处分期自处分决定生效之日起计算。

第六条 事业单位工作人员受到警告处分的,在作出处分决定的当年,参加年度考核,不能确定为优秀档次;受到记过处分的当年,受到降低岗位等级处分的当年及第二年,参加年度考核,只写评语,不确定档次。

事业单位工作人员受到降低岗位等级处分的,自处分决定生效之日起降低一个以上岗位和职员等级聘用,按照事业单位收入分配有关规定确定其工资待遇;对同时在管理和专业技术两类岗位任职的事业单位工作人员发生违规违纪违法行为的,给予降低岗位等级处分时,应当同时降低两类岗位的等级,并根据违规违纪违法的情形与岗位性质的关联度确定降低岗位类别的主次。

事业单位工作人员在受处分期间,不得聘用到高于现聘岗位和职员等级。受到开除处分的,自处分决定生效之日起,终止其与事业单位的人事关系。

第七条 事业单位工作人员受到记过以上处分的,在受处分期间不得参加专业技术职称评审或者工勤技能人员职业技能等级认定。

第八条 事业单位工作人员同时有两种以上需要给予处分的行为的,应当分别确定其处分。应当给予的处分种类不同的,执行其中最重的处分;应当给予开除以外多个相同种类处分的,执行该处分,处分期应当按照一个处分期以上、多个处分期之和以下确定,但是最长不得超过四十八个月。

事业单位工作人员在受处分期间受到新的处分的,其处分期为原处分期尚未执行的期限与新处分期限之和,但是最长不得超过四十八个月。

第九条 事业单位工作人员二人以上共同违规违纪违法,需要给予处分的,按照各自应当承担的责任,分别给予相应的处分。

第十条　有下列情形之一的,应当从重处分:
（一）在处分期内再次故意违规违纪违法,应当受到处分的;
（二）在二人以上的共同违规违纪违法行为中起主要作用的;
（三）隐匿、伪造、销毁证据的;
（四）串供或者阻止他人揭发检举、提供证据材料的;
（五）包庇同案人员的;
（六）胁迫、唆使他人实施违规违纪违法行为的;
（七）拒不上交或者退赔违规违纪违法所得的;
（八）法律、法规、规章规定的其他从重情节。

第十一条　有下列情形之一的,可以从轻或者减轻给予处分:
（一）主动交代本人应当受到处分的违规违纪违法行为的;
（二）配合调查,如实说明本人违规违纪违法事实的;
（三）主动采取措施,有效避免、挽回损失或者消除不良影响的;
（四）检举他人违规违纪违法行为,情况属实的;
（五）在共同违规违纪违法行为中起次要或者辅助作用的;
（六）主动上交或者退赔违规违纪违法所得的;
（七）其他从轻或者减轻情节。

第十二条　违规违纪违法行为情节轻微,且具有本规定第十一条的情形之一的,可以对其进行谈话提醒、批评教育、责令检查或者予以诫勉,免予或者不予处分。
事业单位工作人员因不明真相被裹挟或者被胁迫参与违规违纪违法活动,经批评教育后确有悔改表现的,可以减轻、免予或者不予处分。

第十三条　事业单位工作人员违规违纪违法取得的财物和用于违规违纪违法的财物,除依法应当由其他机关没收、追缴或者责令退赔的,由处分决定单位没收、追缴或者责令退赔;应当退还原所有人或者原持有人的,依法予以退还;属于国家财产或者不应当退还以及无法退还的,上缴国库。

第十四条　已经退休的事业单位工作人员退休前或者退休后有违规违纪违法行为应当受到处分的,不再作出处分决定,但是可以对其立案调查;依规依纪依法应当给予降低岗位等级以上处分的,应当按照规定相应调整其享受的待遇。

第十五条　事业单位有违规违纪违法行为,应当追究纪律责任的,依规依纪依法对负有责任的领导人员和直接责任人员给予处分。

第三章　违规违纪违法行为及其适用的处分

第十六条　有下列行为之一的,给予记过处分;情节较重的,给予降低岗位等级处分;情节严重的,给予开除处分:
（一）散布有损宪法权威、中国共产党领导和国家声誉的言论的;
（二）参加旨在反对宪法、中国共产党领导和国家的集会、游行、示威等活

动的;

(三)拒不执行或者变相不执行中国共产党和国家的路线方针政策、重大决策部署的;

(四)参加非法组织、非法活动的;

(五)利用宗教活动破坏民族团结和社会稳定的;挑拨、破坏民族关系,或者参加民族分裂活动的;

(六)在对外交往中损害国家荣誉和利益的;

(七)携带含有依法禁止内容的书刊、音像制品、电子出版物进入境内的;

(八)其他违反政治纪律的行为。

有前款第二项、第四项、第五项行为之一的,对策划者、组织者和骨干分子,给予开除处分。

公开发表反对宪法确立的国家指导思想,反对中国共产党领导,反对社会主义制度,反对改革开放的文章、演讲、宣言、声明等的,给予开除处分。

第十七条 有下列行为之一的,给予警告或者记过处分;情节较重的,给予降低岗位等级处分;情节严重的,给予开除处分:

(一)采取不正当手段为本人或者他人谋取岗位;

(二)在事业单位选拔任用、公开招聘、考核、培训、回避、奖励、申诉、职称评审等人事管理工作中有违反组织人事纪律行为的;

(三)其他违反组织人事纪律的行为。

篡改、伪造本人档案资料的,给予记过处分;情节严重的,给予降低岗位等级处分。

违反规定出境或者办理因私出境证件的,给予记过处分;情节严重的,给予降低岗位等级处分。

违反规定取得外国国籍或者获取境外永久居留资格、长期居留许可的,给予降低岗位等级以上处分。

第十八条 有下列行为之一的,给予警告或者记过处分;情节较重的,给予降低岗位等级处分;情节严重的,给予开除处分:

(一)在执行国家重要任务、应对公共突发事件中,不服从指挥、调遣或者消极对抗的;

(二)破坏正常工作秩序,给国家或者公共利益造成损失的;

(三)违章指挥、违规操作,致使人民生命财产遭受损失的;

(四)发生重大事故、灾害、事件,擅离职守或者不按规定报告、不采取措施处置或者处置不力的;

(五)在项目评估评审、产品认证、设备检测检验等工作中徇私舞弊,或者违反规定造成不良影响的;

(六)泄露国家秘密,或者泄露因工作掌握的内幕信息、个人隐私,造成不良后果的；

(七)其他违反工作纪律失职渎职的行为。

第十九条 有下列行为之一的,给予警告或者记过处分;情节较重的,给予降低岗位等级处分;情节严重的,给予开除处分：

(一)贪污、索贿、受贿、行贿、介绍贿赂、挪用公款的；

(二)利用工作之便为本人或者他人谋取不正当利益的；

(三)在公务活动或者工作中接受礼品、礼金、各种有价证券、支付凭证的；

(四)利用知悉或者掌握的内幕信息谋取利益的；

(五)用公款旅游或者变相用公款旅游的；

(六)违反国家规定,从事、参与营利性活动或者兼任职务领取报酬的；

(七)其他违反廉洁从业纪律的行为。

第二十条 有下列行为之一的,给予警告或者记过处分;情节较重的,给予降低岗位等级处分;情节严重的,给予开除处分：

(一)违反国家财政收入上缴有关规定的；

(二)违反规定使用、骗取财政资金或者违反规定使用、骗取、隐匿、转移、侵占、挪用社会保险基金的；

(三)擅自设定收费项目或者擅自改变收费项目的范围、标准和对象的；

(四)挥霍、浪费国家资财或者造成国有资产流失的；

(五)违反国有资产管理规定,擅自占有、使用、处置国有资产的；

(六)在招标投标和物资采购工作中违反有关规定,造成不良影响或者损失的；

(七)其他违反财经纪律的行为。

第二十一条 有下列行为之一的,给予警告或者记过处分;情节较重的,给予降低岗位等级处分;情节严重的,给予开除处分：

(一)利用专业技术或者技能实施违规违纪违法行为的；

(二)有抄袭、剽窃、侵吞他人学术成果,伪造、篡改数据文献,或者捏造事实等学术不端行为的；

(三)利用职业身份进行利诱、威胁或者误导,损害他人合法权益的；

(四)利用权威、地位或者掌控的资源,压制不同观点,限制学术自由,造成重大损失或者不良影响的；

(五)在申报岗位、项目、荣誉等过程中弄虚作假的；

(六)工作态度恶劣,造成不良社会影响的；

(七)其他严重违反职业道德的行为。

有前款第一项规定行为的,给予记过以上处分。

第二十二条 有下列行为之一的,给予警告或者记过处分;情节较重的,给予降低岗位等级处分;情节严重的,给予开除处分：

（一）违背社会公序良俗，在公共场所有不当行为，造成不良影响的；
（二）制造、传播违法违禁物品及信息的；
（三）参与赌博活动的；
（四）有实施家庭暴力、虐待、遗弃家庭成员，或者拒不承担赡养、抚养、扶养义务等的；
（五）其他严重违反公共秩序、社会公德的行为。

吸食、注射毒品，组织赌博，组织、支持、参与卖淫、嫖娼、色情淫乱活动的，给予降低岗位等级以上处分。

第二十三条 事业单位工作人员犯罪，有下列情形之一的，给予开除处分：
（一）因故意犯罪被判处管制、拘役或者有期徒刑以上刑罚（含宣告缓刑）的；
（二）因过失犯罪被判处有期徒刑，刑期超过三年的；
（三）因犯罪被单处或者并处剥夺政治权利的。

因过失犯罪被判处管制、拘役或者三年以下有期徒刑的，一般应当给予开除处分；案件情况特殊，给予降低岗位等级处分更为适当的，可以不予开除，但是应当报请事业单位主管部门批准，并报同级事业单位人事综合管理部门备案。

事业单位工作人员因犯罪被单处罚金，或者犯罪情节轻微，人民检察院依法作出不起诉决定或者人民法院依法免予刑事处罚的，给予降低岗位等级处分；造成不良影响的，给予开除处分。

第四章 处分的权限和程序

第二十四条 对事业单位工作人员的处分，按照干部人事管理权限，由事业单位或者事业单位主管部门决定。

开除处分由事业单位主管部门决定，并报同级事业单位人事综合管理部门备案。

对中央和地方直属事业单位工作人员的处分，按照干部人事管理权限，由本单位或者有关部门决定；其中，由本单位作出开除处分决定的，报同级事业单位人事综合管理部门备案。

第二十五条 对事业单位工作人员的处分，按照以下程序办理：
（一）对事业单位工作人员违规违纪违法行为初步调查后，需要进一步查证的，应当按照干部人事管理权限，经事业单位负责人批准或者有关部门同意后立案；
（二）对被调查的事业单位工作人员的违规违纪违法行为作进一步调查，收集、查证有关证据材料，并形成书面调查报告；
（三）将调查认定的事实及拟给予处分的依据告知被调查的事业单位工作人员，听取其陈述和申辩，并对其所提出的事实、理由和证据进行复核，记录在案。被调查的事业单位工作人员提出的事实、理由和证据成立的，应予采信；

(四)按照处分决定权限,作出对该事业单位工作人员给予处分、免予不予处分或者撤销案件的决定;

(五)处分决定单位印发处分决定;

(六)将处分决定以书面形式通知受处分事业单位工作人员本人和有关单位,并在一定范围内宣布;

(七)将处分决定存入受处分事业单位工作人员的档案。

第二十六条 事业单位工作人员已经被立案调查,不宜继续履职的,可以按照干部人事管理权限,由事业单位或者有关部门暂停其职责。

被调查的事业单位工作人员在案件立案调查期间,不得解除聘用合同、出境,所在单位不得对其交流、晋升、奖励或者办理退休手续。

第二十七条 对事业单位工作人员案件进行调查,应当由二名以上办案人员进行;接受调查的单位和个人应当如实提供情况。

以暴力、威胁、引诱、欺骗等非法方式收集的证据不得作为定案的根据。

在调查中发现事业单位工作人员受到不实检举、控告或者诬告陷害,造成不良影响的,应当按照规定及时澄清事实,恢复名誉,消除不良影响。

第二十八条 参与事业单位工作人员案件调查、处理的人员应当回避的,执行《事业单位人事管理回避规定》等有关规定。

第二十九条 给予事业单位工作人员处分,应当自批准立案之日起六个月内作出决定;案情复杂或者遇有其他特殊情形的可以延长,但是办案期限最长不得超过十二个月。

第三十条 处分决定应当包括下列内容:

(一)受处分事业单位工作人员的姓名、工作单位、原所聘岗位(所任职务)名称及等级、职员等级等基本情况;

(二)经查证的违规违纪违法事实;

(三)处分的种类、受处分的期间和依据;

(四)不服处分决定的申诉途径和期限;

(五)处分决定单位的名称、印章和作出决定的日期。

第三十一条 事业单位工作人员受到处分,应当办理岗位、职员等级、工资及其他有关待遇等的变更手续的,由人事部门按照管理权限在作出处分决定后一个月内办理;特殊情况下,经批准可以适当延长办理期限,但是最长不得超过六个月。

第三十二条 事业单位工作人员受开除以外的处分,在受处分期间有悔改表现,并且没有再出现违规违纪违法情形的,处分期满后自动解除处分。

处分解除后,考核及晋升岗位和职员等级、职称、工资待遇按照国家有关规定执行,不再受原处分的影响。但是,受到降低岗位等级处分的,不恢复受处分前的岗位、职员等级、工资待遇;无岗位、职员等级可降而降低薪级工资的,处分解除后,不恢复受处分前的薪级工资。

第三十三条　事业单位工作人员受到开除处分后,事业单位应当及时办理档案和社会保险关系转移手续,具体办法按照有关规定执行。

第五章　复核和申诉

第三十四条　受到处分的事业单位工作人员对处分决定不服的,可以自知道或者应当知道该处分决定之日起三十日内向原处分决定单位申请复核。对复核结果不服的,可以自接到复核决定之日起三十日内,按照《事业单位工作人员申诉规定》等有关规定向原处分决定单位的主管部门或者同级事业单位人事综合管理部门提出申诉。

受到处分的中央和地方直属事业单位工作人员的申诉,按照干部人事管理权限,由同级事业单位人事综合管理部门受理。

第三十五条　原处分决定单位应当自接到复核申请后的三十日内作出复核决定。受理申诉的单位应当自受理之日起六十日内作出处理决定;案情复杂的,可以适当延长,但是延长期限最多不超过三十日。

复核、申诉期间不停止处分的执行。

事业单位工作人员不因提出复核、申诉而被加重处分。

第三十六条　有下列情形之一的,受理处分复核、申诉的单位应当撤销处分决定,重新作出决定或者责令原处分决定单位重新作出决定:

(一)处分所依据的事实不清、证据不足的;

(二)违反规定程序,影响案件公正处理的;

(三)超越职权或者滥用职权作出处分决定的。

第三十七条　有下列情形之一的,受理复核、申诉的单位应当变更处分决定或者责令原处分决定单位变更处分决定:

(一)适用法律、法规、规章错误的;

(二)对违规违纪违法行为的情节认定有误的;

(三)处分不当的。

第三十八条　事业单位工作人员的处分决定被变更,需要调整该工作人员的岗位、职员等级或者工资待遇的,应当按照规定予以调整;事业单位工作人员的处分决定被撤销的,需要恢复该工作人员的岗位、职员等级、工资待遇的,按照原岗位、职员等级安排相应的岗位、职员等级,恢复相应的工资待遇,并在原处分决定公布范围内为其恢复名誉。

被撤销处分或者被减轻处分的事业单位工作人员工资待遇受到损失的,应当予以补偿。没收、追缴财物错误的,应当依规依纪依法予以返还、赔偿。

第六章　附　　则

第三十九条　对事业单位工作人员处分工作中有滥用职权、玩忽职守、徇私舞弊、收受贿赂等违规违纪违法行为的工作人员,按照有关规定给予处分;涉嫌犯罪的,依法追究刑事责任。
第四十条 对机关工勤人员给予处分,参照本规定执行。
第四十一条 教育、科研、文化、医疗卫生、体育等部门,可以依据本规定,结合自身工作的实际情况,与中央事业单位人事综合管理部门联合制定具体办法。
第四十二条 本规定实施前,已经结案的案件如果需要复核、申诉,适用当时的规定。尚未结案的案件,如果行为发生时的规定不认为是违规违纪违法的,适用当时的规定;如果行为发生时的规定认定是违规违纪违法的,依照当时的规定处理,但是如果本规定不认为是违规违纪违法的或者根据本规定处理较轻的,适用本规定。
第四十三条 本规定所称以上、以下,包括本数。
第四十四条 本规定由中共中央组织部、人力资源社会保障部负责解释。
第四十五条 本规定自发布之日起施行。

下篇　社会保障法规政策

一、社会保险(综合)

1. 总　类

中华人民共和国社会保险法

1. 2010年10月28日第十一届全国人民代表大会常务委员会第十七次会议通过
2. 根据2018年12月29日第十三届全国人民代表大会常务委员会第七次会议《关于修改〈中华人民共和国社会保险法〉的决定》修正

目　录

第一章　总　则
第二章　基本养老保险
第三章　基本医疗保险
第四章　工伤保险
第五章　失业保险
第六章　生育保险
第七章　社会保险费征缴
第八章　社会保险基金
第九章　社会保险经办
第十章　社会保险监督
第十一章　法律责任
第十二章　附　则

第一章　总　则

第一条　【立法目的】为了规范社会保险关系,维护公民参加社会保险和享受社会保险待遇的合法权益,使公民共享发展成果,促进社会和谐稳定,根据宪法,制定本法。

第二条 【社会保险制度与权利】国家建立基本养老保险、基本医疗保险、工伤保险、失业保险、生育保险等社会保险制度，保障公民在年老、疾病、工伤、失业、生育等情况下依法从国家和社会获得物质帮助的权利。

第三条 【制度方针】社会保险制度坚持广覆盖、保基本、多层次、可持续的方针，社会保险水平应当与经济社会发展水平相适应。

第四条 【权利和义务】中华人民共和国境内的用人单位和个人依法缴纳社会保险费，有权查询缴费记录、个人权益记录，要求社会保险经办机构提供社会保险咨询等相关服务。

个人依法享受社会保险待遇，有权监督本单位为其缴费情况。

第五条 【财政保障】县级以上人民政府将社会保险事业纳入国民经济和社会发展规划。

国家多渠道筹集社会保险资金。县级以上人民政府对社会保险事业给予必要的经费支持。

国家通过税收优惠政策支持社会保险事业。

第六条 【社保基金监督管理】国家对社会保险基金实行严格监管。

国务院和省、自治区、直辖市人民政府建立健全社会保险基金监督管理制度，保障社会保险基金安全、有效运行。

县级以上人民政府采取措施，鼓励和支持社会各方面参与社会保险基金的监督。

第七条 【职责分工】国务院社会保险行政部门负责全国的社会保险管理工作，国务院其他有关部门在各自的职责范围内负责有关的社会保险工作。

县级以上地方人民政府社会保险行政部门负责本行政区域的社会保险管理工作，县级以上地方人民政府其他有关部门在各自的职责范围内负责有关的社会保险工作。

第八条 【经办机构职责】社会保险经办机构提供社会保险服务，负责社会保险登记、个人权益记录、社会保险待遇支付等工作。

第九条 【工会职责】工会依法维护职工的合法权益，有权参与社会保险重大事项的研究，参加社会保险监督委员会，对与职工社会保险权益有关的事项进行监督。

第二章　基本养老保险

第十条 【参保范围和缴费主体】职工应当参加基本养老保险，由用人单位和职工共同缴纳基本养老保险费。

无雇工的个体工商户、未在用人单位参加基本养老保险的非全日制从业人员以及其他灵活就业人员可以参加基本养老保险，由个人缴纳基本养老保险费。

公务员和参照公务员法管理的工作人员养老保险的办法由国务院规定。

第十一条 【制度模式和筹资方式】基本养老保险实行社会统筹与个人账户相

结合。

基本养老保险基金由用人单位和个人缴费以及政府补贴等组成。

第十二条　【缴费基数和比例】用人单位应当按照国家规定的本单位职工工资总额的比例缴纳基本养老保险费,记入基本养老保险统筹基金。

职工应当按照国家规定的本人工资的比例缴纳基本养老保险费,记入个人账户。

无雇工的个体工商户、未在用人单位参加基本养老保险的非全日制从业人员以及其他灵活就业人员参加基本养老保险的,应当按照国家规定缴纳基本养老保险费,分别记入基本养老保险统筹基金和个人账户。

第十三条　【财政责任】国有企业、事业单位职工参加基本养老保险前,视同缴费年限期间应当缴纳的基本养老保险费由政府承担。

基本养老保险基金出现支付不足时,政府给予补贴。

第十四条　【个人账户养老金】个人账户不得提前支取,记账利率不得低于银行定期存款利率,免征利息税。个人死亡的,个人账户余额可以继承。

第十五条　【基本养老金的构成及确定因素】基本养老金由统筹养老金和个人账户养老金组成。

基本养老金根据个人累计缴费年限、缴费工资、当地职工平均工资、个人账户金额、城镇人口平均预期寿命等因素确定。

第十六条　【最低缴费年限和制度接转】参加基本养老保险的个人,达到法定退休年龄时累计缴费满十五年的,按月领取基本养老金。

参加基本养老保险的个人,达到法定退休年龄时累计缴费不足十五年的,可以缴费至满十五年,按月领取基本养老金;也可以转入新型农村社会养老保险或者城镇居民社会养老保险,按照国务院规定享受相应的养老保险待遇。

第十七条　【因病或者非因工致残的待遇】参加基本养老保险的个人,因病或者非因工死亡的,其遗属可以领取丧葬补助金和抚恤金;在未达到法定退休年龄时因病或者非因工致残完全丧失劳动能力的,可以领取病残津贴。所需资金从基本养老保险基金中支付。

第十八条　【养老金调整机制】国家建立基本养老金正常调整机制。根据职工平均工资增长、物价上涨情况,适时提高基本养老保险待遇水平。

第十九条　【转移接续制度】个人跨统筹地区就业的,其基本养老保险关系随本人转移,缴费年限累计计算。个人达到法定退休年龄时,基本养老金分段计算、统一支付。具体办法由国务院规定。

第二十条　【农村社会养老保险制度】国家建立和完善新型农村社会养老保险制度。

新型农村社会养老保险实行个人缴费、集体补助和政府补贴相结合。

第二十一条　【农村社会养老保险待遇】新型农村社会养老保险待遇由基础养老金

和个人账户养老金组成。

参加新型农村社会养老保险的农村居民,符合国家规定条件的,按月领取新型农村社会养老保险待遇。

第二十二条　【城镇居民社会养老保险】国家建立和完善城镇居民社会养老保险制度。

省、自治区、直辖市人民政府根据实际情况,可以将城镇居民社会养老保险和新型农村社会养老保险合并实施。

第三章　基本医疗保险

第二十三条　【参保范围和缴费主体】职工应当参加职工基本医疗保险,由用人单位和职工按照国家规定共同缴纳基本医疗保险费。

无雇工的个体工商户、未在用人单位参加职工基本医疗保险的非全日制从业人员以及其他灵活就业人员可以参加职工基本医疗保险,由个人按照国家规定缴纳基本医疗保险费。

第二十四条　【新型农村合作医疗】国家建立和完善新型农村合作医疗制度。

新型农村合作医疗的管理办法,由国务院规定。

第二十五条　【城镇居民基本医疗保险】国家建立和完善城镇居民基本医疗保险制度。

城镇居民基本医疗保险实行个人缴费和政府补贴相结合。

享受最低生活保障的人、丧失劳动能力的残疾人、低收入家庭六十周岁以上的老年人和未成年人等所需个人缴费部分,由政府给予补贴。

第二十六条　【待遇标准】职工基本医疗保险、新型农村合作医疗和城镇居民基本医疗保险的待遇标准按照国家规定执行。

第二十七条　【退休后医疗保险待遇】参加职工基本医疗保险的个人,达到法定退休年龄时累计缴费达到国家规定年限的,退休后不再缴纳基本医疗保险费,按照国家规定享受基本医疗保险待遇;未达到国家规定年限的,可以缴费至国家规定年限。

第二十八条　【支付范围】符合基本医疗保险药品目录、诊疗项目、医疗服务设施标准以及急诊、抢救的医疗费用,按照国家规定从基本医疗保险基金中支付。

第二十九条　【医疗费用的直接结算】参保人员医疗费用中应当由基本医疗保险基金支付的部分,由社会保险经办机构与医疗机构、药品经营单位直接结算。

社会保险行政部门和卫生行政部门应当建立异地就医医疗费用结算制度,方便参保人员享受基本医疗保险待遇。

第三十条　【不纳入支付范围】下列医疗费用不纳入基本医疗保险基金支付范围:

(一)应当从工伤保险基金中支付的;

(二)应当由第三人负担的;

(三)应当由公共卫生负担的;

(四)在境外就医的。

医疗费用依法应当由第三人负担,第三人不支付或者无法确定第三人的,由基本医疗保险基金先行支付。基本医疗保险基金先行支付后,有权向第三人追偿。

第三十一条 【服务协议】社会保险经办机构根据管理服务的需要,可以与医疗机构、药品经营单位签订服务协议,规范医疗服务行为。

医疗机构应当为参保人员提供合理、必要的医疗服务。

第三十二条 【转移接续】个人跨统筹地区就业的,其基本医疗保险关系随本人转移,缴费年限累计计算。

第四章 工 伤 保 险

第三十三条 【参保范围和缴费主体】职工应当参加工伤保险,由用人单位缴纳工伤保险费,职工不缴纳工伤保险费。

第三十四条 【费率确定】国家根据不同行业的工伤风险程度确定行业的差别费率,并根据使用工伤保险基金、工伤发生率等情况在每个行业内确定费率档次。行业差别费率和行业内费率档次由国务院社会保险行政部门制定,报国务院批准后公布施行。

社会保险经办机构根据用人单位使用工伤保险基金、工伤发生率和所属行业费率档次等情况,确定用人单位缴费费率。

第三十五条 【工伤保险费缴纳数额】用人单位应当按照本单位职工工资总额,根据社会保险经办机构确定的费率缴纳工伤保险费。

第三十六条 【享受工伤保险待遇的条件】职工因工作原因受到事故伤害或者患职业病,且经工伤认定的,享受工伤保险待遇;其中,经劳动能力鉴定丧失劳动能力的,享受伤残待遇。

工伤认定和劳动能力鉴定应当简捷、方便。

第三十七条 【不认定为工伤的情形】职工因下列情形之一导致本人在工作中伤亡的,不认定为工伤:

(一)故意犯罪;

(二)醉酒或者吸毒;

(三)自残或者自杀;

(四)法律、行政法规规定的其他情形。

第三十八条 【工伤保险基金支付的待遇】因工伤发生的下列费用,按照国家规定从工伤保险基金中支付:

(一)治疗工伤的医疗费用和康复费用;

(二)住院伙食补助费;

(三)到统筹地区以外就医的交通食宿费;

(四)安装配置伤残辅助器具所需费用;

(五)生活不能自理的,经劳动能力鉴定委员会确认的生活护理费;

(六)一次性伤残补助金和一至四级伤残职工按月领取的伤残津贴;

(七)终止或者解除劳动合同时,应当享受的一次性医疗补助金;

(八)因工死亡的,其遗属领取的丧葬补助金、供养亲属抚恤金和因工死亡补助金;

(九)劳动能力鉴定费。

第三十九条 【用人单位支付的待遇】因工伤发生的下列费用,按照国家规定由用人单位支付:

(一)治疗工伤期间的工资福利;

(二)五级、六级伤残职工按月领取的伤残津贴;

(三)终止或者解除劳动合同时,应当享受的一次性伤残就业补助金。

第四十条 【与职工基本养老保险的衔接】工伤职工符合领取基本养老金条件的,停发伤残津贴,享受基本养老保险待遇。基本养老保险待遇低于伤残津贴的,从工伤保险基金中补足差额。

第四十一条 【单位未缴费的工伤处理】职工所在用人单位未依法缴纳工伤保险费,发生工伤事故的,由用人单位支付工伤保险待遇。用人单位不支付的,从工伤保险基金中先行支付。

从工伤保险基金中先行支付的工伤保险待遇应当由用人单位偿还。用人单位不偿还的,社会保险经办机构可以依照本法第六十三条的规定追偿。

第四十二条 【第三人造成工伤的处理】由于第三人的原因造成工伤,第三人不支付工伤医疗费用或者无法确定第三人的,由工伤保险基金先行支付。工伤保险基金先行支付后,有权向第三人追偿。

第四十三条 【停止享受待遇的情形】工伤职工有下列情形之一的,停止享受工伤保险待遇:

(一)丧失享受待遇条件的;

(二)拒不接受劳动能力鉴定的;

(三)拒绝治疗的。

第五章 失业保险

第四十四条 【参保范围和缴费主体】职工应当参加失业保险,由用人单位和职工按照国家规定共同缴纳失业保险费。

第四十五条 【领取待遇的条件】失业人员符合下列条件的,从失业保险基金中领取失业保险金:

(一)失业前用人单位和本人已经缴纳失业保险费满一年的;

(二)非因本人意愿中断就业的;
(三)已经进行失业登记,并有求职要求的。

第四十六条　【领取待遇的期限】失业人员失业前用人单位和本人累计缴费满一年不足五年的,领取失业保险金的期限最长为十二个月;累计缴费满五年不足十年的,领取失业保险金的期限最长为十八个月;累计缴费十年以上的,领取失业保险金的期限最长为二十四个月。重新就业后,再次失业的,缴费时间重新计算,领取失业保险金的期限与前次失业应当领取而尚未领取的失业保险金的期限合并计算,最长不超过二十四个月。

第四十七条　【失业保险金标准】失业保险金的标准,由省、自治区、直辖市人民政府确定,不得低于城市居民最低生活保障标准。

第四十八条　【失业期间的医疗保险】失业人员在领取失业保险金期间,参加职工基本医疗保险,享受基本医疗保险待遇。

失业人员应当缴纳的基本医疗保险费从失业保险基金中支付,个人不缴纳基本医疗保险费。

第四十九条　【失业期间的丧葬补助金和抚恤金】失业人员在领取失业保险金期间死亡的,参照当地对在职职工死亡的规定,向其遗属发给一次性丧葬补助金和抚恤金。所需资金从失业保险基金中支付。

个人死亡同时符合领取基本养老保险丧葬补助金、工伤保险丧葬补助金和失业保险丧葬补助金条件的,其遗属只能选择领取其中的一项。

第五十条　【待遇领取程序】用人单位应当及时为失业人员出具终止或者解除劳动关系的证明,并将失业人员的名单自终止或者解除劳动关系之日起十五日内告知社会保险经办机构。

失业人员应当持本单位为其出具的终止或者解除劳动关系的证明,及时到指定的公共就业服务机构办理失业登记。

失业人员凭失业登记证明和个人身份证明,到社会保险经办机构办理领取失业保险金的手续。失业保险金领取期限自办理失业登记之日起计算。

第五十一条　【停止领取待遇的情形】失业人员在领取失业保险金期间有下列情形之一的,停止领取失业保险金,并同时停止享受其他失业保险待遇:
(一)重新就业的;
(二)应征服兵役的;
(三)移居境外的;
(四)享受基本养老保险待遇的;
(五)无正当理由,拒不接受当地人民政府指定部门或者机构介绍的适当工作或者提供的培训的。

第五十二条　【失业保险关系的转移接续】职工跨统筹地区就业的,其失业保险关系随本人转移,缴费年限累计计算。

第六章　生育保险

第五十三条　【参保范围和缴费主体】职工应当参加生育保险,由用人单位按照国家规定缴纳生育保险费,职工不缴纳生育保险费。

第五十四条　【生育保险待遇】用人单位已经缴纳生育保险费的,其职工享受生育保险待遇;职工未就业配偶按照国家规定享受生育医疗费用待遇。所需资金从生育保险基金中支付。

生育保险待遇包括生育医疗费用和生育津贴。

第五十五条　【生育医疗费用】生育医疗费用包括下列各项:

(一)生育的医疗费用;

(二)计划生育的医疗费用;

(三)法律、法规规定的其他项目费用。

第五十六条　【生育津贴】职工有下列情形之一的,可以按照国家规定享受生育津贴:

(一)女职工生育享受产假;

(二)享受计划生育手术休假;

(三)法律、法规规定的其他情形。

生育津贴按照职工所在用人单位上年度职工月平均工资计发。

第七章　社会保险费征缴

第五十七条　【社会保险登记要求】用人单位应当自成立之日起三十日内凭营业执照、登记证书或者单位印章,向当地社会保险经办机构申请办理社会保险登记。社会保险经办机构应当自收到申请之日起十五日内予以审核,发给社会保险登记证件。

用人单位的社会保险登记事项发生变更或者用人单位依法终止的,应当自变更或者终止之日起三十日内,到社会保险经办机构办理变更或者注销社会保险登记。

市场监督管理部门、民政部门和机构编制管理机关应当及时向社会保险经办机构通报用人单位的成立、终止情况,公安机关应当及时向社会保险经办机构通报个人的出生、死亡以及户口登记、迁移、注销等情况。

第五十八条　【办理社会保险登记的不同情形】用人单位应当自用工之日起三十日内为其职工向社会保险经办机构申请办理社会保险登记。未办社会保险登记的,由社会保险经办机构核定其应当缴纳的社会保险费。

自愿参加社会保险的无雇工的个体工商户、未在用人单位参加社会保险的非全日制从业人员以及其他灵活就业人员,应当向社会保险经办机构申请办理社会保险登记。

国家建立全国统一的个人社会保障号码。个人社会保障号码为公民身份号码。

第五十九条　【社会保险费征收】县级以上人民政府加强社会保险费的征收工作。

社会保险费实行统一征收,实施步骤和具体办法由国务院规定。

第六十条　【社会保险费的缴纳】用人单位应当自行申报、按时足额缴纳社会保险费,非因不可抗力等法定事由不得缓缴、减免。职工应当缴纳的社会保险费由用人单位代扣代缴,用人单位应当按月将缴纳社会保险费的明细情况告知本人。

无雇工的个体工商户、未在用人单位参加社会保险的非全日制从业人员以及其他灵活就业人员,可以直接向社会保险费征收机构缴纳社会保险费。

第六十一条　【按时足额征收】社会保险费征收机构应当依法按时足额征收社会保险费,并将缴费情况定期告知用人单位和个人。

第六十二条　【社会保险费的核定】用人单位未按规定申报应当缴纳的社会保险费数额的,按照该单位上月缴费额的百分之一百一十确定应当缴纳数额;缴费单位补办申报手续后,由社会保险费征收机构按照规定结算。

第六十三条　【未按时足额缴纳的行政处理】用人单位未按时足额缴纳社会保险费的,由社会保险费征收机构责令其限期缴纳或者补足。

用人单位逾期仍未缴纳或者补足社会保险费的,社会保险费征收机构可以向银行和其他金融机构查询其存款账户;并可以申请县级以上有关行政部门作出划拨社会保险费的决定,书面通知其开户银行或者其他金融机构划拨社会保险费。用人单位账户余额少于应当缴纳的社会保险费的,社会保险费征收机构可以要求该用人单位提供担保,签订延期缴费协议。

用人单位未足额缴纳社会保险费且未提供担保的,社会保险费征收机构可以申请人民法院扣押、查封、拍卖其价值相当于应当缴纳社会保险费的财产,以拍卖所得抵缴社会保险费。

第八章　社会保险基金

第六十四条　【基金财务管理和统筹层次】社会保险基金包括基本养老保险基金、基本医疗保险基金、工伤保险基金、失业保险基金和生育保险基金。除基本医疗保险基金与生育保险基金合并建账及核算外,其他各项社会保险基金按照社会保险险种分别建账,分账核算。社会保险基金执行国家统一的会计制度。

社会保险基金专款专用,任何组织和个人不得侵占或者挪用。

基本养老保险基金逐步实行全国统筹,其他社会保险基金逐步实行省级统筹,具体时间、步骤由国务院规定。

第六十五条　【基金的收支平衡和政府责任】社会保险基金通过预算实现收支平衡。

县级以上人民政府在社会保险基金出现支付不足时,给予补贴。

第六十六条　【基金预算】社会保险基金按照统筹层次设立预算。除基本医疗保基金与生育保险基金预算合并编制外,其他社会保险基金预算按照社会保险项目分别编制。

第六十七条 【基金预算、决算程序】社会保险基金预算、决算草案的编制、审核和批准,依照法律和国务院规定执行。

第六十八条 【基金存入财政专户】社会保险基金存入财政专户,具体管理办法由国务院规定。

第六十九条 【基金的保值增值】社会保险基金在保证安全的前提下,按照国务院规定投资运营实现保值增值。

社会保险基金不得违规投资运营,不得用于平衡其他政府预算,不得用于兴建、改建办公场所和支付人员经费、运行费用、管理费用,或者违反法律、行政法规规定挪作其他用途。

第七十条 【基金信息公开】社会保险经办机构应当定期向社会公布参加社会保险情况以及社会保险基金的收入、支出、结余和收益情况。

第七十一条 【全国社会保障基金】国家设立全国社会保障基金,由中央财政预算拨款以及国务院批准的其他方式筹集的资金构成,用于社会保障支出的补充、调剂。全国社会保障基金由全国社会保障基金管理运营机构负责管理运营,在保证安全的前提下实现保值增值。

全国社会保障基金应当定期向社会公布收支、管理和投资运营的情况。国务院财政部门、社会保险行政部门、审计机关对全国社会保障基金的收支、管理和投资运营情况实施监督。

第九章 社会保险经办

第七十二条 【经办机构的设立和经费保障】统筹地区设立社会保险经办机构。社会保险经办机构根据工作需要,经所在地的社会保险行政部门和机构编制管理机关批准,可以在本统筹地区设立分支机构和服务网点。

社会保险经办机构的人员经费和经办社会保险发生的基本运行费用、管理费用,由同级财政按照国家规定予以保障。

第七十三条 【经办机构的管理制度和职责】社会保险经办机构应当建立健全业务、财务、安全和风险管理制度。

社会保险经办机构应当按时足额支付社会保险待遇。

第七十四条 【经办机构权利义务】社会保险经办机构通过业务经办、统计、调查获取社会保险工作所需的数据,有关单位和个人应当及时、如实提供。

社会保险经办机构应当及时为用人单位建立档案,完整、准确地记录参加社会保险的人员、缴费等社会保险数据,妥善保管登记、申报的原始凭证和支付结算的会计凭证。

社会保险经办机构应当及时、完整、准确地记录参加社会保险的个人缴费和用人单位为其缴费,以及享受社会保险待遇等个人权益记录,定期将个人权益记录单免费寄送本人。

用人单位和个人可以免费向社会保险经办机构查询、核对其缴费和享受社会保险待遇记录,要求社会保险经办机构提供社会保险咨询等相关服务。

第七十五条 【信息系统建设】全国社会保险信息系统按照国家统一规划,由县级以上人民政府按照分级负责的原则共同建设。

第十章 社会保险监督

第七十六条 【人大常委会监督】各级人民代表大会常务委员会听取和审议本级人民政府对社会保险基金的收支、管理、投资运营以及监督检查情况的专项工作报告,组织对本法实施情况的执法检查等,依法行使监督职权。

第七十七条 【社会保险行政部门监督】县级以上人民政府社会保险行政部门应当加强对用人单位和个人遵守社会保险法律、法规情况的监督检查。

社会保险行政部门实施监督检查时,被检查的用人单位和个人应当如实提供与社会保险有关的资料,不得拒绝检查或者谎报、瞒报。

第七十八条 【财政部门、审计机关的监督】财政部门、审计机关按照各自职责,对社会保险基金的收支、管理和投资运营情况实施监督。

第七十九条 【社会保险行政部门的职责】社会保险行政部门对社会保险基金的收支、管理和投资运营情况进行监督检查,发现存在问题的,应当提出整改建议,依法作出处理决定或者向有关行政部门提出处理建议。社会保险基金检查结果应当定期向社会公布。

社会保险行政部门对社会保险基金实施监督检查,有权采取下列措施:

(一)查阅、记录、复制与社会保险基金收支、管理和投资运营相关的资料,对可能被转移、隐匿或者灭失的资料予以封存;

(二)询问与调查事项有关的单位和个人,要求其对与调查事项有关的问题作出说明、提供有关证明材料;

(三)对隐匿、转移、侵占、挪用社会保险基金的行为予以制止并责令改正。

第八十条 【社会保险监督委员会的监督】统筹地区人民政府成立由用人单位代表、参保人员代表,以及工会代表、专家等组成的社会保险监督委员会,掌握、分析社会保险基金的收支、管理和投资运营情况,对社会保险工作提出咨询意见和建议,实施社会监督。

社会保险经办机构应当定期向社会保险监督委员会汇报社会保险基金的收支、管理和投资运营情况。社会保险监督委员会可以聘请会计师事务所对社会保险基金的收支、管理和投资运营情况进行年度审计和专项审计。审计结果应当向社会公开。

社会保险监督委员会发现社会保险基金收支、管理和投资运营中存在问题的,有权提出改正建议;对社会保险经办机构及其工作人员的违法行为,有权向有关部门提出依法处理建议。

第八十一条 【信息保密责任】社会保险行政部门和其他有关行政部门、社会保险经办机构、社会保险费征收机构及其工作人员,应当依法为用人单位和个人的信息保密,不得以任何形式泄露。

第八十二条 【对违法行为的举报、投诉】任何组织或者个人有权对违反社会保险法律、法规的行为进行举报、投诉。

社会保险行政部门、卫生行政部门、社会保险经办机构、社会保险费征收机构和财政部门、审计机关对属于本部门、本机构职责范围的举报、投诉,应当依法处理;对不属于本部门、本机构职责范围的,应当书面通知并移交有权处理的部门、机构处理。有权处理的部门、机构应当及时处理,不得推诿。

第八十三条 【救济途径】用人单位或者个人认为社会保险费征收机构的行为侵害自己合法权益的,可以依法申请行政复议或者提起行政诉讼。

用人单位或者个人对社会保险经办机构不依法办理社会保险登记、核定社会保险费、支付社会保险待遇、办理社会保险转移接续手续或者侵害其他社会保险权益的行为,可以依法申请行政复议或者提起行政诉讼。

个人与所在用人单位发生社会保险争议的,可以依法申请调解、仲裁,提起诉讼。用人单位侵害个人社会保险权益的,个人也可以要求社会保险行政部门或者社会保险费征收机构依法处理。

第十一章 法 律 责 任

第八十四条 【不办理登记的责任】用人单位不办理社会保险登记的,由社会保险行政部门责令限期改正;逾期不改正的,对用人单位处应缴社会保险费数额一倍以上三倍以下的罚款,对其直接负责的主管人员和其他直接责任人员处五百元以上三千元以下的罚款。

第八十五条 【不出具证明的责任】用人单位拒不出具终止或者解除劳动关系证明的,依照《中华人民共和国劳动合同法》的规定处理。

第八十六条 【未按时足额缴费的责任】用人单位未按时足额缴纳社会保险费的,由社会保险费征收机构责令限期缴纳或者补足,并自欠缴之日起,按日加收万分之五的滞纳金;逾期仍不缴纳的,由有关行政部门处欠缴数额一倍以上三倍以下的罚款。

第八十七条 【骗取基金支出的责任】社会保险经办机构以及医疗机构、药品经营单位等社会保险服务机构以欺诈、伪造证明材料或者其他手段骗取社会保险基金支出的,由社会保险行政部门责令退回骗取的社会保险金,处骗取金额二倍以上五倍以下的罚款;属于社会保险服务机构的,解除服务协议;直接负责的主管人员和其他直接责任人员有执业资格的,依法吊销其执业资格。

第八十八条 【骗取保险待遇的责任】以欺诈、伪造证明材料或者其他手段骗取社会保险待遇的,由社会保险行政部门责令退回骗取的社会保险金,处骗取金额二倍以上五倍以下的罚款。

第八十九条 【经办机构的责任】社会保险经办机构及其工作人员有下列行为之一的,由社会保险行政部门责令改正;给社会保险基金、用人单位或者个人造成损失的,依法承担赔偿责任;对直接负责的主管人员和其他直接责任人员依法给予处分:

（一）未履行社会保险法定职责的;

（二）未将社会保险基金存入财政专户的;

（三）克扣或者拒不按时支付社会保险待遇的;

（四）丢失或者篡改缴费记录、享受社会保险待遇记录等社会保险数据、个人权益记录的;

（五）有违反社会保险法律、法规的其他行为的。

第九十条 【社会保险费征收机构的责任】社会保险费征收机构擅自更改社会保险费缴费基数、费率,导致少收或者多收社会保险费的,由有关行政部门责令其追缴应当缴纳的社会保险费或者退还不应当缴纳的社会保险费;对直接负责的主管人员和其他直接责任人员依法给予处分。

第九十一条 【侵占、挪用基金的责任】违反本法规定,隐匿、转移、侵占、挪用社会保险基金或者违规投资运营的,由社会保险行政部门、财政部门、审计机关责令追回;有违法所得的,没收违法所得;对直接负责的主管人员和其他直接责任人员依法给予处分。

第九十二条 【泄露信息的责任】社会保险行政部门和其他有关行政部门、社会保险经办机构、社会保险费征收机构及其工作人员泄露用人单位和个人信息的,对直接负责的主管人员和其他直接责任人员依法给予处分;给用人单位或者个人造成损失的,应当承担赔偿责任。

第九十三条 【国家工作人员的行政处分责任】国家工作人员在社会保险管理、监督工作中滥用职权、玩忽职守、徇私舞弊的,依法给予处分。

第九十四条 【刑事责任】违反本法规定,构成犯罪的,依法追究刑事责任。

第十二章 附 则

第九十五条 【进城务工农村居民的社会保险】进城务工的农村居民依照本法规定参加社会保险。

第九十六条 【被征地农民的社会保险】征收农村集体所有的土地,应当足额安排被征地农民的社会保险费,按照国务院规定将被征地农民纳入相应的社会保险制度。

第九十七条 【外国人参加社会保险】外国人在中国境内就业的,参照本法规定参加社会保险。

第九十八条　【施行日期】本法自 2011 年 7 月 1 日起施行。

社会保险经办条例

1. 2023 年 8 月 16 日国务院令第 765 号公布
2. 自 2023 年 12 月 1 日起施行

第一章　总　则

第一条　为了规范社会保险经办，优化社会保险服务，保障社会保险基金安全，维护用人单位和个人的合法权益，促进社会公平，根据《中华人民共和国社会保险法》，制定本条例。

第二条　经办基本养老保险、基本医疗保险、工伤保险、失业保险、生育保险等国家规定的社会保险，适用本条例。

第三条　社会保险经办工作坚持中国共产党的领导，坚持以人民为中心，遵循合法、便民、及时、公开、安全的原则。

第四条　国务院人力资源社会保障行政部门主管全国基本养老保险、工伤保险、失业保险等社会保险经办工作。国务院医疗保障行政部门主管全国基本医疗保险、生育保险等社会保险经办工作。

县级以上地方人民政府人力资源社会保障行政部门按照统筹层次主管基本养老保险、工伤保险、失业保险等社会保险经办工作。县级以上地方人民政府医疗保障行政部门按照统筹层次主管基本医疗保险、生育保险等社会保险经办工作。

第五条　国务院人力资源社会保障行政部门、医疗保障行政部门以及其他有关部门按照各自职责，密切配合、相互协作，共同做好社会保险经办工作。

县级以上地方人民政府应当加强对本行政区域社会保险经办工作的领导，加强社会保险经办能力建设，为社会保险经办工作提供保障。

第二章　社会保险登记和关系转移

第六条　用人单位在登记管理机关办理登记时同步办理社会保险登记。

个人申请办理社会保险登记，以公民身份号码作为社会保障号码，取得社会保障卡和医保电子凭证。社会保险经办机构应当自收到申请之日起 10 个工作日内办理完毕。

第七条　社会保障卡是个人参加基本养老保险、基本医疗保险、工伤保险、失业保险、生育保险等社会保险和享受各项社会保险待遇的凭证，包括实体社会保障卡和电子社会保障卡。

医保电子凭证是个人参加基本医疗保险、生育保险等社会保险和享受基本医疗保险、生育保险等社会保险待遇的凭证。

第八条　登记管理机关应当将用人单位设立、变更、注销登记的信息与社会保险经办机构共享，公安、民政、卫生健康、司法行政等部门应当将个人的出生、死亡以及户口登记、迁移、注销等信息与社会保险经办机构共享。

第九条　用人单位的性质、银行账户、用工等参保信息发生变化，以及个人参保信息发生变化的，用人单位和个人应当及时告知社会保险经办机构。社会保险经办机构应当对用人单位和个人提供的参保信息与共享信息进行比对核实。

第十条　用人单位和个人申请变更、注销社会保险登记，社会保险经办机构应当自收到申请之日起10个工作日内办理完毕。用人单位注销社会保险登记的，应当先结清欠缴的社会保险费、滞纳金、罚款。

第十一条　社会保险经办机构应当及时、完整、准确记录下列信息：

（一）社会保险登记情况；

（二）社会保险费缴纳情况；

（三）社会保险待遇享受情况；

（四）个人账户情况；

（五）与社会保险经办相关的其他情况。

第十二条　参加职工基本养老保险的个人跨统筹地区就业，其职工基本养老保险关系随同转移。

参加职工基本养老保险的个人在机关事业单位与企业等不同性质用人单位之间流动就业，其职工基本养老保险关系随同转移。

参加城乡居民基本养老保险且未享受待遇的个人跨统筹地区迁移户籍，其城乡居民基本养老保险关系可以随同转移。

第十三条　参加职工基本医疗保险的个人跨统筹地区就业，其职工基本医疗保险关系随同转移。

参加城乡居民基本医疗保险的个人跨统筹地区迁移户籍或者变动经常居住地，其城乡居民基本医疗保险关系可以按照规定随同转移。

职工基本医疗保险与城乡居民基本医疗保险之间的关系转移，按照规定执行。

第十四条　参加失业保险的个人跨统筹地区就业，其失业保险关系随同转移。

第十五条　参加工伤保险、生育保险的个人跨统筹地区就业，在新就业地参加工伤保险、生育保险。

第十六条　用人单位和个人办理社会保险关系转移接续手续的，社会保险经办机构应当在规定时限内办理完毕，并将结果告知用人单位和个人，或者提供办理情况查询服务。

第十七条 军事机关和社会保险经办机构,按照各自职责办理军人保险与社会保险关系转移接续手续。

社会保险经办机构应当为军人保险与社会保险关系转移接续手续办理优先提供服务。

第三章 社会保险待遇核定和支付

第十八条 用人单位和个人应当按照国家规定,向社会保险经办机构提出领取基本养老金的申请。社会保险经办机构应当自收到申请之日起20个工作日内办理完毕。

第十九条 参加职工基本养老保险的个人死亡或者失业人员在领取失业保险金期间死亡,其遗属可以依法向社会保险经办机构申领丧葬补助金和抚恤金。社会保险经办机构应当及时核实有关情况,按照规定核定并发放丧葬补助金和抚恤金。

第二十条 个人医疗费用、生育医疗费用中应当由基本医疗保险(含生育保险)基金支付的部分,由社会保险经办机构审核后与医疗机构、药品经营单位直接结算。

因特殊情况个人申请手工报销,应当向社会保险经办机构提供医疗机构、药品经营单位的收费票据、费用清单、诊断证明、病历资料。社会保险经办机构应当对收费票据、费用清单、诊断证明、病历资料进行审核,并自收到申请之日起30个工作日内办理完毕。

参加生育保险的个人申领生育津贴,应当向社会保险经办机构提供病历资料。社会保险经办机构应当对病历资料进行审核,并自收到申请之日起10个工作日内办理完毕。

第二十一条 工伤职工及其用人单位依法申请劳动能力鉴定、辅助器具配置确认、停工留薪期延长确认、工伤旧伤复发确认,应当向社会保险经办机构提供诊断证明、病历资料。

第二十二条 个人治疗工伤的医疗费用、康复费用、安装配置辅助器具费用中应当由工伤保险基金支付的部分,由社会保险经办机构审核后与医疗机构、辅助器具配置机构直接结算。

因特殊情况用人单位或者个人申请手工报销,应当向社会保险经办机构提供医疗机构、辅助器具配置机构的收费票据、费用清单、诊断证明、病历资料。社会保险经办机构应当对收费票据、费用清单、诊断证明、病历资料进行审核,并自收到申请之日起20个工作日内办理完毕。

第二十三条 人力资源社会保障行政部门、医疗保障行政部门应当按照各自职责建立健全异地就医医疗费用结算制度。社会保险经办机构应当做好异地就医医疗费用结算工作。

第二十四条 个人申领失业保险金,社会保险经办机构应当自收到申请之日起10个工作日内办理完毕。

个人在领取失业保险金期间,社会保险经办机构应当从失业保险基金中支付其应当缴纳的基本医疗保险(含生育保险)费。

个人申领职业培训等补贴,应当提供职业资格证书或者职业技能等级证书。社会保险经办机构应当对职业资格证书或者职业技能等级证书进行审核,并自收到申请之日起10个工作日内办理完毕。

第二十五条 个人出现国家规定的停止享受社会保险待遇的情形,用人单位、待遇享受人员或者其亲属应当自相关情形发生之日起20个工作日内告知社会保险经办机构。社会保险经办机构核实后应当停止发放相应的社会保险待遇。

第二十六条 社会保险经办机构应当通过信息比对、自助认证等方式,核验社会保险待遇享受资格。通过信息比对、自助认证等方式无法确认社会保险待遇享受资格的,社会保险经办机构可以委托用人单位或者第三方机构进行核实。

对涉嫌丧失社会保险待遇享受资格后继续享受待遇的,社会保险经办机构应当调查核实。经调查确认不符合社会保险待遇享受资格的,停止发放待遇。

第四章 社会保险经办服务和管理

第二十七条 社会保险经办机构应当依托社会保险公共服务平台、医疗保障信息平台等实现跨部门、跨统筹地区社会保险经办。

第二十八条 社会保险经办机构应当推动社会保险经办事项与相关政务服务事项协同办理。社会保险经办窗口应当进驻政务服务中心,为用人单位和个人提供一站式服务。

人力资源社会保障行政部门、医疗保障行政部门应当强化社会保险经办服务能力,实现省、市、县、乡镇(街道)、村(社区)全覆盖。

第二十九条 用人单位和个人办理社会保险事务,可以通过政府网站、移动终端、自助终端等服务渠道办理,也可以到社会保险经办窗口现场办理。

第三十条 社会保险经办机构应当加强无障碍环境建设,提供无障碍信息交流,完善无障碍服务设施设备,采用授权代办、上门服务等方式,为老年人、残疾人等特殊群体提供便利。

第三十一条 用人单位和个人办理社会保险事务,社会保险经办机构要求其提供身份证件以外的其他证明材料的,应当有法律、法规和国务院决定依据。

第三十二条 社会保险经办机构免费向用人单位和个人提供查询核对社会保险缴费和享受社会保险待遇记录、社会保险咨询等相关服务。

第三十三条 社会保险经办机构应当根据经办工作需要,与符合条件的机构协商签订服务协议,规范社会保险服务行为。人力资源社会保障行政部门、医疗保障行政部门应当加强对服务协议订立、履行等情况的监督。

第三十四条 医疗保障行政部门所属的社会保险经办机构应当改进基金支付和结算服务,加强服务协议管理,建立健全集体协商谈判机制。

第三十五条 社会保险经办机构应当妥善保管社会保险经办信息,确保信息完整、准确和安全。

第三十六条 社会保险经办机构应当建立健全业务、财务、安全和风险管理等内部控制制度。

社会保险经办机构应当定期对内部控制制度的制定、执行情况进行检查、评估,对发现的问题进行整改。

第三十七条 社会保险经办机构应当明确岗位权责,对重点业务、高风险业务分级审核。

第三十八条 社会保险经办机构应当加强信息系统应用管理,健全信息核验机制,记录业务经办过程。

第三十九条 社会保险经办机构具体编制下一年度社会保险基金预算草案,报本级人力资源社会保障行政部门、医疗保障行政部门审核汇总。社会保险基金收入预算草案由社会保险经办机构会同社会保险费征收机构具体编制。

第四十条 社会保险经办机构设立社会保险基金支出户,用于接受财政专户拨入基金、支付基金支出款项、上解上级经办机构基金、下拨下级经办机构基金等。

第四十一条 社会保险经办机构应当按照国家统一的会计制度对社会保险基金进行会计核算、对账。

第四十二条 社会保险经办机构应当核查下列事项:

(一)社会保险登记和待遇享受等情况;

(二)社会保险服务机构履行服务协议、执行费用结算项目和标准情况;

(三)法律、法规规定的其他事项。

第四十三条 社会保险经办机构发现社会保险服务机构违反服务协议的,可以督促其履行服务协议,按照服务协议约定暂停或者不予拨付费用、追回违规费用、中止相关责任人员或者所在部门涉及社会保险基金使用的社会保险服务,直至解除服务协议;社会保险服务机构及其相关责任人员有权进行陈述、申辩。

第四十四条 社会保险经办机构发现用人单位、个人、社会保险服务机构违反社会保险法律、法规、规章的,应当责令改正。对拒不改正或者依法应当由人力资源社会保障行政部门、医疗保障行政部门处理的,及时移交人力资源社会保障行政部门、医疗保障行政部门处理。

第四十五条 国务院人力资源社会保障行政部门、医疗保障行政部门会同有关部门建立社会保险信用管理制度,明确社会保险领域严重失信主体名单认定标准。

社会保险经办机构应当如实记录用人单位、个人和社会保险服务机构及其工作人员违反社会保险法律、法规行为等失信行为。

第四十六条 个人多享受社会保险待遇的,由社会保险经办机构责令退回;难以一次性退回的,可以签订还款协议分期退回,也可以从其后续享受的社会保险待遇或者个人账户余额中抵扣。

第五章　社会保险经办监督

第四十七条　人力资源社会保障行政部门、医疗保障行政部门按照各自职责对社会保险经办机构下列事项进行监督检查：

（一）社会保险法律、法规、规章执行情况；

（二）社会保险登记、待遇支付等经办情况；

（三）社会保险基金管理情况；

（四）与社会保险服务机构签订服务协议和服务协议履行情况；

（五）法律、法规规定的其他事项。

财政部门、审计机关按照各自职责，依法对社会保险经办机构的相关工作实施监督。

第四十八条　人力资源社会保障行政部门、医疗保障行政部门应当按照各自职责加强对社会保险服务机构、用人单位和个人遵守社会保险法律、法规、规章情况的监督检查。社会保险服务机构、用人单位和个人应当配合，如实提供与社会保险有关的资料，不得拒绝检查或者谎报、瞒报。

人力资源社会保障行政部门、医疗保障行政部门发现社会保险服务机构、用人单位违反社会保险法律、法规、规章的，应当按照各自职责提出处理意见，督促整改，并可以约谈相关负责人。

第四十九条　人力资源社会保障行政部门、医疗保障行政部门、社会保险经办机构及其工作人员依法保护用人单位和个人的信息，不得以任何形式泄露。

第五十条　人力资源社会保障行政部门、医疗保障行政部门应当畅通监督渠道，鼓励和支持社会各方面对社会保险经办进行监督。

社会保险经办机构应当定期向社会公布参加社会保险情况以及社会保险基金的收入、支出、结余和收益情况，听取用人单位和个人的意见建议，接受社会监督。

工会、企业代表组织应当及时反映用人单位和个人对社会保险经办的意见建议。

第五十一条　任何组织和个人有权对违反社会保险法律、法规、规章的行为进行举报、投诉。

人力资源社会保障行政部门、医疗保障行政部门对收到的有关社会保险的举报、投诉，应当依法进行处理。

第五十二条　用人单位和个人认为社会保险经办机构在社会保险经办工作中侵害其社会保险权益的，可以依法申请行政复议或者提起行政诉讼。

第六章　法　律　责　任

第五十三条　社会保险经办机构及其工作人员有下列行为之一的，由人力资源社会保障行政部门、医疗保障行政部门按照各自职责责令改正；给社会保险基金、用人

单位或者个人造成损失的,依法承担赔偿责任;对负有责任的领导人员和直接责任人员依法给予处分:

(一)未履行社会保险法定职责的;

(二)违反规定要求提供证明材料的;

(三)克扣或者拒不按时支付社会保险待遇的;

(四)丢失或者篡改缴费记录、享受社会保险待遇记录等社会保险数据、个人权益记录的;

(五)违反社会保险经办内部控制制度的。

第五十四条 人力资源社会保障行政部门、医疗保障行政部门、社会保险经办机构及其工作人员泄露用人单位和个人信息的,对负有责任的领导人员和直接责任人员依法给予处分;给用人单位或者个人造成损失的,依法承担赔偿责任。

第五十五条 以欺诈、伪造证明材料或者其他手段骗取社会保险基金支出的,由人力资源社会保障行政部门、医疗保障行政部门按照各自职责责令退回,处骗取金额2倍以上5倍以下的罚款;属于定点医药机构的,责令其暂停相关责任部门6个月以上1年以下涉及社会保险基金使用的社会保险服务,直至由社会保险经办机构解除服务协议;属于其他社会保险服务机构的,由社会保险经办机构解除服务协议。对负有责任的领导人员和直接责任人员,有执业资格的,由有关主管部门依法吊销其执业资格。

第五十六条 隐匿、转移、侵占、挪用社会保险基金或者违规投资运营的,由人力资源社会保障行政部门、医疗保障行政部门、财政部门、审计机关按照各自职责责令追回;有违法所得的,没收违法所得;对负有责任的领导人员和直接责任人员依法给予处分。

第五十七条 社会保险服务机构拒绝人力资源社会保障行政部门、医疗保障行政部门监督检查或者谎报、瞒报有关情况的,由人力资源社会保障行政部门、医疗保障行政部门按照各自职责责令改正,并可以约谈有关负责人;拒不改正的,处1万元以上5万元以下的罚款。

第五十八条 公职人员在社会保险经办工作中滥用职权、玩忽职守、徇私舞弊的,依法给予处分。

第五十九条 违反本条例规定,构成违反治安管理行为的,依法给予治安管理处罚;构成犯罪的,依法追究刑事责任。

第七章 附 则

第六十条 本条例所称社会保险经办机构,是指人力资源社会保障行政部门所属的经办基本养老保险、工伤保险、失业保险等社会保险的机构和医疗保障行政部门所属的经办基本医疗保险、生育保险等社会保险的机构。

第六十一条 本条例所称社会保险服务机构,是指与社会保险经办机构签订服务协议,提供社会保险服务的医疗机构、药品经营单位、辅助器具配置机构、失业保险委托培训机构等机构。

第六十二条 社会保障卡加载金融功能,有条件的地方可以扩大社会保障卡的应用范围,提升民生服务效能。医保电子凭证可以根据需要,加载相关服务功能。

第六十三条 本条例自2023年12月1日起施行。

2. 缴　　费

社会保险费征缴暂行条例

1. 1999年1月22日国务院令第259号发布
2. 根据2019年3月24日国务院令第710号《关于修改部分行政法规的决定》修订

第一章　总　　则

第一条 为了加强和规范社会保险费征缴工作,保障社会保险金的发放,制定本条例。

第二条 基本养老保险费、基本医疗保险费、失业保险费(以下统称社会保险费)的征收、缴纳,适用本条例。

本条例所称缴费单位、缴费个人,是指依照有关法律、行政法规和国务院的规定,应当缴纳社会保险费的单位和个人。

第三条 基本养老保险费的征缴范围:国有企业、城镇集体企业、外商投资企业、城镇私营企业和其他城镇企业及其职工,实行企业化管理的事业单位及其职工。

基本医疗保险费的征缴范围:国有企业、城镇集体企业、外商投资企业、城镇私营企业和其他城镇企业及其职工,国家机关及其工作人员,事业单位及其职工,民办非企业单位及其职工,社会团体及其专职人员。

失业保险费的征缴范围:国有企业、城镇集体企业、外商投资企业、城镇私营企业和其他城镇企业及其职工,事业单位及其职工。

省、自治区、直辖市人民政府根据当地实际情况,可以规定将城镇个体工商户纳入基本养老保险、基本医疗保险的范围,并可以规定将社会团体及其专职人员、民办非企业单位及其职工以及有雇工的城镇个体工商户及其雇工纳入失业保险的范围。

社会保险费的费基、费率依照有关法律、行政法规和国务院的规定执行。

第四条 缴费单位、缴费个人应当按时足额缴纳社会保险费。

征缴的社会保险费纳入社会保险基金,专款专用,任何单位和个人不得挪用。

第五条 国务院劳动保障行政部门负责全国的社会保险费征缴管理和监督检查工作。县级以上地方各级人民政府劳动保障行政部门负责本行政区域内的社会保险费征缴管理和监督检查工作。

第六条 社会保险费实行三项社会保险费集中、统一征收。社会保险费的征收机构由省、自治区、直辖市人民政府规定,可以由税务机关征收,也可以由劳动保障行政部门按照国务院规定设立的社会保险经办机构(以下简称社会保险经办机构)征收。

第二章 征缴管理

第七条 缴费单位必须向当地社会保险经办机构办理社会保险登记,参加社会保险。

登记事项包括:单位名称、住所、经营地点、单位类型、法定代表人或者负责人、开户银行账号以及国务院劳动保障行政部门规定的其他事项。

第八条 企业在办理登记注册时,同步办理社会保险登记。

前款规定以外的缴费单位应当自成立之日起30日内,向当地社会保险经办机构申请办理社会保险登记。

第九条 缴费单位的社会保险登记事项发生变更或者缴费单位依法终止的,应当自变更或者终止之日起30日内,到社会保险经办机构办理变更或者注销社会保险登记手续。

第十条 缴费单位必须按月向社会保险经办机构申报应缴纳的社会保险费数额,经社会保险经办机构核定后,在规定的期限内缴纳社会保险费。

缴费单位不按规定申报应缴纳的社会保险费数额的,由社会保险经办机构暂按该单位上月缴费数额的110%确定应缴数额;没有上月缴费数额的,由社会保险经办机构暂按该单位的经营状况、职工人数等有关情况确定应缴数额。缴费单位补办申报手续并按核定数额缴纳社会保险费后,由社会保险经办机构按照规定结算。

第十一条 省、自治区、直辖市人民政府规定由税务机关征收社会保险费的,社会保险经办机构应当及时向税务机关提供缴费单位社会保险登记、变更登记、注销登记以及缴费申报的情况。

第十二条 缴费单位和缴费个人应当以货币形式全额缴纳社会保险费。

缴费个人应当缴纳的社会保险费,由所在单位从其本人工资中代扣代缴。

社会保险费不得减免。

第十三条 缴费单位未按规定缴纳和代扣代缴社会保险费的,由劳动保障行政部门或者税务机关责令限期缴纳;逾期仍不缴纳的,除补缴欠缴数额外,从欠缴之日起,按日加收2‰的滞纳金。滞纳金并入社会保险基金。

第十四条 征收的社会保险费存入财政部门在国有商业银行开设的社会保障基金财政专户。

社会保险基金按照不同险种的统筹范围,分别建立基本养老保险基金、基本医疗保险基金、失业保险基金。各项社会保险基金分别单独核算。

社会保险基金不计征税、费。

第十五条 省、自治区、直辖市人民政府规定由税务机关征收社会保险费的,税务机关应当及时向社会保险经办机构提供缴费单位和缴费个人的缴费情况;社会保险经办机构应当将有关情况汇总,报劳动保障行政部门。

第十六条 社会保险经办机构应当建立缴费记录,其中基本养老保险、基本医疗保险并应当按照规定记录个人账户。社会保险经办机构负责保存缴费记录,并保证其完整、安全。社会保险经办机构应当至少每年向缴费个人发送一次基本养老保险、基本医疗保险个人账户通知单。

缴费单位、缴费个人有权按照规定查询缴费记录。

第三章 监督检查

第十七条 缴费单位应当每年向本单位职工公布本单位全年社会保险费缴纳情况,接受职工监督。

社会保险经办机构应当定期向社会公告社会保险费征收情况,接受社会监督。

第十八条 按照省、自治区、直辖市人民政府关于社会保险费征缴机构的规定,劳动保障行政部门或者税务机关依法对单位缴费情况进行检查时,被检查的单位应当提供与缴纳社会保险费有关的用人情况、工资表、财务报表等资料,如实反映情况,不得拒绝检查,不得谎报、瞒报。劳动保障行政部门或者税务机关可以记录、录音、录像、照相和复制有关资料;但是,应当为缴费单位保密。

劳动保障行政部门、税务机关的工作人员在行使前款所列职权时,应当出示执行公务证件。

第十九条 劳动保障行政部门或者税务机关调查社会保险费征缴违法案件时,有关部门、单位应当给予支持、协助。

第二十条 社会保险经办机构受劳动保障行政部门的委托,可以进行与社会保险费征缴有关的检查、调查工作。

第二十一条 任何组织和个人对有关社会保险费征缴的违法行为,有权举报。劳动保障行政部门或者税务机关对举报应当及时调查,按照规定处理,并为举报人保密。

第二十二条 社会保险基金实行收支两条线管理,由财政部门依法进行监督。

审计部门依法对社会保险基金的收支情况进行监督。

第四章 罚 则

第二十三条 缴费单位未按照规定办理社会保险登记、变更登记或者注销登记,或者未按照规定申报应缴纳的社会保险费数额的,由劳动保障行政部门责令限期改正;情节严重的,对直接负责的主管人员和其他直接责任人员可以处 1000 元以上 5000 元以下的罚款;情节特别严重的,对直接负责的主管人员和其他直接责任人员可以处 5000 元以上 10000 元以下的罚款。

第二十四条　缴费单位违反有关财务、会计、统计的法律、行政法规和国家有关规定,伪造、变造、故意毁灭有关账册、材料,或者不设账册,致使社会保险费缴费基数无法确定的,除依照有关法律、行政法规的规定给予行政处罚、纪律处分、刑事处罚外,依照本条例第十条的规定征缴;迟延缴纳的,由劳动保障行政部门或者税务机关依照本条例第十三条的规定决定加收滞纳金,并对直接负责的主管人员和其他直接责任人员处 5000 元以上 20000 元以下的罚款。

第二十五条　缴费单位和缴费个人对劳动保障行政部门或者税务机关的处罚决定不服的,可以依法申请复议;对复议决定不服的,可以依法提起诉讼。

第二十六条　缴费单位逾期拒不缴纳社会保险费、滞纳金的,由劳动保障行政部门或者税务机关申请人民法院依法强制征缴。

第二十七条　劳动保障行政部门、社会保险经办机构或者税务机关的工作人员滥用职权、徇私舞弊、玩忽职守,致使社会保险费流失的,由劳动保障行政部门或者税务机关追回流失的社会保险费;构成犯罪的,依法追究刑事责任;尚不构成犯罪的,依法给予行政处分。

第二十八条　任何单位、个人挪用社会保险基金的,追回被挪用的社会保险基金;有违法所得的,没收违法所得,并入社会保险基金;构成犯罪的,依法追究刑事责任;尚不构成犯罪的,对直接负责的主管人员和其他直接责任人员依法给予行政处分。

第五章　附　　则

第二十九条　省、自治区、直辖市人民政府根据本地实际情况,可以决定本条例适用于本行政区域内工伤保险费和生育保险费的征收、缴纳。

第三十条　税务机关、社会保险经办机构征收社会保险费,不得从社会保险基金中提取任何费用,所需经费列入预算,由财政拨付。

第三十一条　本条例自发布之日起施行。

二、养老保险

1. 职工基本养老保险

国务院关于建立统一的企业职工基本养老保险制度的决定

1. 1997年7月16日
2. 国发〔1997〕26号

各省、自治区、直辖市人民政府,国务院各部委、各直属机构:

近年来,各地区和有关部门按照《国务院关于深化企业职工养老保险制度改革的通知》(国发〔1995〕6号)要求,制定了社会统筹与个人账户相结合的养老保险制度改革方案,建立了职工基本养老保险个人账户,促进了养老保险新机制的形成,保障了离退休人员的基本生活,企业职工养老保险制度改革取得了新的进展。但是,由于这项改革仍处在试点阶段,目前还存在基本养老保险制度不统一、企业负担重、统筹层次低、管理制度不健全等问题,必须按照党中央、国务院确定的目标和原则,进一步加快改革步伐,建立统一的企业职工基本养老保险制度,促进经济与社会健康发展。为此,国务院在总结近几年改革试点经验的基础上作出如下决定:

一、到本世纪末,要基本建立起适应社会主义市场经济体制要求,适用城镇各类企业职工和个体劳动者,资金来源多渠道、保障方式多层次、社会统筹与个人账户相结合、权利与义务相对应、管理服务社会化的养老保险体系。企业职工养老保险要贯彻社会互济与自我保障相结合、公平与效率相结合、行政管理与基金管理分开等原则,保障水平要与我国社会生产力发展水平及各方面的承受能力相适应。

二、各级人民政府要把社会保险事业纳入本地区国民经济与社会发展计划,贯彻基本养老保险只能保障退休人员基本生活的原则,把改革企业职工养老保险制度与建立多层次的社会保障体系紧密结合起来,确保离退休人员基本养老金和失业人员失业救济金的发放,积极推行城市居民最低生活保障制度。为使离退休人员的生活随着经济与社会发展不断得到改善,体现按劳分配原则和地区发展水平及企业经济效益的差异,各地区和有关部门要在国家政策指导下大力发展企业补充养老保险,同时发挥商业保险的补充作用。

三、企业缴纳基本养老保险费(以下简称企业缴费)的比例,一般不得超过企业工资总额的20%(包括划入个人账户的部分),具体比例由省、自治区、直辖市人民政府确定。少数省、自治区、直辖市因离退休人数较多、养老保险负担过重,确需超过企业工资总额20%的,应报劳动部、财政部审批。个人缴纳基本养老保险费(以下简称个人缴费)的比例,1997年不得低于本人缴费工资的4%,1998年起每两年提高1个百分点,最终达到本人缴费工资的8%。有条件的地区和工资增长较快的年份,个人缴费比例提高的速度应适当加快。

四、按本人缴费工资11%的数额为职工建立基本养老保险个人账户,个人缴费全部记入个人账户,其余部分从企业缴费中划入。随着个人缴费比例的提高,企业划入的部分要逐步降至3%。个人账户储存额,每年参考银行同期存款利率计算利息。个人账户储存额只用于职工养老,不得提前支取。职工调动时,个人账户全部随同转移。职工或退休人员死亡,个人账户中的个人缴费部分可以继承。

五、本决定实施后参加工作的职工,个人缴费年限累计满15年的,退休后按月发给基本养老金。基本养老金由基础养老金和个人账户养老金组成。退休时的基础养老金月标准为省、自治区、直辖市或地(市)上年度职工月平均工资的20%,个人账户养老金月标准为本人账户储存额除以120。个人缴费年限累计不满15年的,退休后不享受基础养老金待遇,其个人账户储存额一次支付给本人。

本决定实施前已经离退休的人员,仍按国家原来的规定发给养老金,同时执行养老金调整办法。各地区和有关部门要按照国家规定进一步完善基本养老金正常调整机制,认真抓好落实。

本决定实施前参加工作、实施后退休且个人缴费和视同缴费年限累计满15年的人员,按照新老办法平稳衔接、待遇水平基本平衡等原则,在发给基础养老金和个人账户养老金的基础上再确定过渡性养老金,过渡性养老金从养老保险基金中解决。具体办法,由劳动部会同有关部门制订并指导实施。

六、进一步扩大养老保险的覆盖范围,基本养老保险制度要逐步扩大到城镇所有企业及其职工。城镇个体劳动者也要逐步实行基本养老保险制度,其缴费比例和待遇水平由省、自治区、直辖市人民政府参照本决定精神确定。

七、抓紧制定企业职工养老保险基金管理条例,加强对养老保险基金的管理。基本养老保险基金实行收支两条线管理,要保证专款专用,全部用于职工养老保险,严禁挤占挪用和挥霍浪费。基金结余额,除预留相当于2个月的支付费用外,应全部购买国家债券和存入专户,严格禁止投入其他金融和经营性事业。要建立健全社会保险基金监督机构,财政、审计部门要依法加强监督,确保基金的安全。

八、为有利于提高基本养老保险基金的统筹层次和加强宏观调控,要逐步由县级统筹向省或省授权的地区统筹过渡。待全国基本实现省级统筹后,原经国务院批准由有关部门和单位组织统筹的企业,参加所在地区的社会统筹。

九、提高社会保险管理服务的社会化水平,尽快将目前由企业发放养老金改为社会化发放,积极创造条件将离退休人员的管理服务工作逐步由企业转向社会,减轻企业的社会事务负担。各级社会保险机构要进一步加强基础建设,改进和完善服务与管理工作,不断提高工作效率和服务质量,促进养老保险制度的改革。

十、实行企业化管理的事业单位,原则上按照企业养老保险制度执行。

建立统一的企业职工基本养老保险制度是深化社会保险制度改革的重要步骤,关系改革、发展和稳定的全局。各地区和有关部门要予以高度重视,切实加强领导,精心组织实施。劳动部要会同国家体改委等有关部门加强工作指导和监督检查,及时研究解决工作中遇到的问题,确保本决定的贯彻实施。

国务院关于完善企业职工基本养老保险制度的决定

1. 2005 年 12 月 3 日
2. 国发〔2005〕38 号

各省、自治区、直辖市人民政府,国务院各部委、各直属机构:

近年来,各地区和有关部门按照党中央、国务院关于完善企业职工基本养老保险制度的部署和要求,以确保企业离退休人员基本养老金按时足额发放为中心,努力扩大基本养老保险覆盖范围,切实加强基本养老保险基金征缴,积极推进企业退休人员社会化管理服务,各项工作取得明显成效,为促进改革、发展和维护社会稳定发挥了重要作用。但是,随着人口老龄化、就业方式多样化和城市化的发展,现行企业职工基本养老保险制度还存在个人账户没有做实、计发办法不尽合理、覆盖范围不够广泛等不适应的问题,需要加以改革和完善。为此,在充分调查研究和总结东北三省完善城镇社会保障体系试点经验的基础上,国务院对完善企业职工基本养老保险制度作出如下决定:

一、完善企业职工基本养老保险制度的指导思想和主要任务。以邓小平理论和"三个代表"重要思想为指导,认真贯彻党的十六大和十六届三中、四中、五中全会精神,按照落实科学发展观和构建社会主义和谐社会的要求,统筹考虑当前和长远的关系,坚持覆盖广泛、水平适当、结构合理、基金平衡的原则,完善政策,健全机制,加强管理,建立起适合我国国情、实现可持续发展的基本养老保险制度。主要任务是:确保基本养老金按时足额发放,保障离退休人员基本生活;逐步做实个人账户,完善社会统筹与个人账户相结合的基本制度;统一城镇个体工商户和灵活就业人员参保缴费政策,扩大覆盖范围;改革基本养老金计发办法,建立参保缴费的激励约束机制;根据经济发展水平和各方面承受能力,合理确定基本养老金水平;建立多层次养老保险体系,划清中央与地方、政府与企业及个人的责任;加强基本养老保险基金征缴和监管,完善多渠道筹资机制;进一步做好退休人员社会化管理工作,提高服务水平。

二、确保基本养老金按时足额发放。要继续把确保企业离退休人员基本养老金按时足额发放作为首要任务,进一步完善各项政策和工作机制,确保离退休人员基本养老金按时足额发放,不得发生新的基本养老金拖欠,切实保障离退休人员的合法权益。对过去拖欠的基本养老金,各地要根据《中共中央办公厅 国务院办公厅关于进一步做好补发拖欠基本养老金和企业调整工资工作的通知》要求,认真加以解决。

三、扩大基本养老保险覆盖范围。城镇各类企业职工、个体工商户和灵活就业人员都要参加企业职工基本养老保险。当前及今后一个时期,要以非公有制企业、城镇个体工商户和灵活就业人员参保工作为重点,扩大基本养老保险覆盖范围。要进一步落实国家有关社会保险补贴政策,帮助就业困难人员参保缴费。城镇个体工商户和灵活就业人员参加基本养老保险的缴费基数为当地上年度在岗职工平均工资,缴费比例为20%,其中8%记入个人账户,退休后按企业职工基本养老金计发办法计发基本养老金。

四、逐步做实个人账户。做实个人账户,积累基本养老保险基金,是应对人口老龄化的重要举措,也是实现企业职工基本养老保险制度可持续发展的重要保证。要继续抓好东北三省做实个人账户试点工作,抓紧研究制订其他地区扩大做实个人账户试点的具体方案,报国务院批准后实施。国家制订个人账户基金管理和投资运营办法,实现保值增值。

五、加强基本养老保险基金征缴与监管。要全面落实《社会保险费征缴暂行条例》的各项规定,严格执行社会保险登记和缴费申报制度,强化社会保险稽核和劳动保障监察执法工作,努力提高征缴率。凡是参加企业职工基本养老保险的单位和个人,都必须按时足额缴纳基本养老保险费;对拒缴、瞒报少缴基本养老保险费的,要依法处理;对欠缴基本养老保险费的,要采取各种措施,加大追缴力度,确保基本养老保险基金应收尽收。各地要按照建立公共财政的要求,积极调整财政支出结构,加大对社会保障的资金投入。

基本养老保险基金要纳入财政专户,实行收支两条线管理,严禁挤占挪用。要制定和完善社会保险基金监督管理的法律法规,实现依法监督。各省、自治区、直辖市人民政府要完善工作机制,保证基金监管制度的顺利实施。要继续发挥审计监督、社会监督和舆论监督的作用,共同维护基金安全。

六、改革基本养老金计发办法。为与做实个人账户相衔接,从2006年1月1日起,个人账户的规模统一由本人缴费工资的11%调整为8%,全部由个人缴费形成,单位缴费不再划入个人账户。同时,进一步完善鼓励职工参保缴费的激励约束机制,相应调整基本养老金计发办法。

《国务院关于建立统一的企业职工基本养老保险制度的决定》(国发〔1997〕26号)实施后参加工作、缴费年限(含视同缴费年限,下同)累计满15年的人员,退休后按月发给基本养老金。基本养老金由基础养老金和个人账户养老金组成。退休时的基础养老金月标准以当地上年度在岗职工月平均工资和本人指数化月平均缴费工资的平均值为基数,缴费每满1年发给1%。个人账户养老金月标准为个人账户储存额除以计发月数,计发月数根据职工退休时城镇人口平均预期寿命、本人退休年龄、利息等因素确定。

国发〔1997〕26号文件实施前参加工作,本决定实施后退休且缴费年限累计满15年的人员,在发给基础养老金和个人账户养老金的基础上,再发给过渡性养老金。各省、自治区、直辖市人民政府要按照待遇水平合理衔接、新老政策平稳过渡的原则,在认真测算的基础上,制订具体的过渡办法,并报劳动保障部、财政部备案。

本决定实施后到达退休年龄但缴费年限累计不满15年的人员,不发给基础养老金;个人账户储存额一次性支付给本人,终止基本养老保险关系。

本决定实施前已经离退休的人员,仍按国家原来的规定发给基本养老金,同时执行基本养老金调整办法。

七、建立基本养老金正常调整机制。根据职工工资和物价变动等情况,国务院适时调整企业退休人员基本养老金水平,调整幅度为省、自治区、直辖市当地企业在岗职工平均工资年增长率的一定比例。各地根据本地实际情况提出具体调整方案,报劳动保障部、财政部审批后实施。

八、加快提高统筹层次。进一步加强省级基金预算管理,明确省、市、县各级人民政府的责任,建立健全省级基金调剂制度,加大基金调剂力度。在完善市级统筹的基础上,尽快提高统筹层次,实现省级统筹,为构建全国统一的劳动力市场和促进人员合理流动创造条件。

九、发展企业年金。为建立多层次的养老保险体系,增强企业的人才竞争能力,更好地保障企业职工退休后的生活,具备条件的企业可为职工建立企业年金。企业年金基金实行完全积累,采取市场化的方式进行管理和运营。要切实做好企业年金基金监管工作,实现规范运作,切实维护企业和职工的利益。

十、做好退休人员社会化管理服务工作。要按照建立独立于企业事业单位之外社会保障体系的要求,继续做好企业退休人员社会化管理工作。要加强街道、社区劳动保障工作平台建设,加快公共老年服务设施和服务网络建设,条件具备的地方,可开展老年护理服务,兴建退休人员公寓,为退休人员提供更多更好的服务,不断提高退休人员的生活质量。

十一、不断提高社会保险管理服务水平。要高度重视社会保险经办能力建设,加快社会保障信息服务网络建设步伐，建立高效运转的经办管理服务体系，把社会保险的政策落到实处。各级社会保险经办机构要完善管理制度，制定技术标准，规范业务流程，实现规范化、信息化和专业化管理。同时，要加强人员培训，提高政治和业务素质，不断提高工作效率和服务质量。

完善企业职工基本养老保险制度是构建社会主义和谐社会的重要内容，事关改革发展稳定的大局。各地区和有关部门要高度重视，加强领导，精心组织实施，研究制订具体的实施意见和办法，并报劳动保障部备案。劳动保障部要会同有关部门加强指导和监督检查，及时研究解决工作中遇到的问题，确保本决定的贯彻实施。

本决定自发布之日起实施，已有规定与本决定不一致的，按本决定执行。

企业职工基本养老保险病残津贴暂行办法

1. 2024年9月27日人力资源社会保障部、财政部公布
2. 人社部发〔2024〕72号
3. 自2025年1月1日起实施

第一条 为对因病或者非因工致残完全丧失劳动能力（以下简称完全丧失劳动能力）的企业职工基本养老保险（以下简称基本养老保险）参保人员（以下简称参保人员）给予适当帮助，根据《中华人民共和国社会保险法》，制定本办法。

第二条 参保人员达到法定退休年龄前因病或者非因工致残经鉴定为完全丧失劳动能力的，可以申请按月领取病残津贴。

第三条 参保人员申请病残津贴时，累计缴费年限（含视同缴费年限，下同）满领取基本养老金最低缴费年限且距离法定退休年龄5年（含）以内的，病残津贴月标准执行参保人员待遇领取地退休人员基本养老金计发办法，并在国家统一调整基本养老金水平时按待遇领取地退休人员政策同步调整。

领取病残津贴人员达到法定退休年龄时，应办理退休手续，基本养老金不再重新计算。符合弹性提前退休条件的，可申请弹性提前退休。

第四条 参保人员申请病残津贴时，累计缴费年限满领取基本养老金最低缴费年限且距离法定退休年龄5年以上的，病残津贴月标准执行参保人员待遇领取地退休人员基础养老金计发办法，并在国家统一调整基本养老金水平时按照基本养老金全国总体调整比例同步调整。

参保人员距离法定退休年龄5年时，病残津贴重新核算，按第三条规定执行。

第五条 参保人员申请病残津贴时，累计缴费年限不满领取基本养老金最低缴费年

限的,病残津贴月标准执行参保人员待遇领取地退休人员基础养老金计发办法,并在国家统一调整基本养老金水平时按照基本养老金全国总体调整比例同步调整。参保人员累计缴费年限不足 5 年的,支付 12 个月的病残津贴;累计缴费年限满 5 年以上的,每多缴费 1 年(不满 1 年按 1 年计算),增加 3 个月的病残津贴。

第六条 病残津贴所需资金由基本养老保险基金支付。

第七条 参保人员申请领取病残津贴的,按国家基本养老保险有关规定确定待遇领取地,并将基本养老保险关系归集至待遇领取地,应在待遇领取地申请领取病残津贴。

第八条 参保人员领取病残津贴期间,不再缴纳基本养老保险费。继续就业并按国家规定缴费的,自恢复缴费次月起,停发病残津贴。

第九条 参保人员领取病残津贴期间死亡的,其遗属待遇按在职人员标准执行。

第十条 申请领取病残津贴人员应持有待遇领取地或最后参保地地级(设区市)以上劳动能力鉴定机构作出的完全丧失劳动能力鉴定结论。完全丧失劳动能力鉴定结论一年内有效。劳动能力鉴定标准和流程按照国家现行鉴定标准和政策执行。因不符合完全丧失劳动能力而不能领取病残津贴的,再次申请劳动能力鉴定应自上次劳动能力鉴定结论作出之日起一年后。劳动能力鉴定所需经费列入同级人力资源社会保障行政部门预算。

第十一条 建立病残津贴领取人员劳动能力复查鉴定制度,由省级人力资源社会保障行政部门负责组织实施。劳动能力鉴定机构提供技术支持,所需经费列入同级人力资源社会保障行政部门预算。经复查鉴定不符合完全丧失劳动能力的,自做出复查鉴定结论的次月起停发病残津贴。对于无正当理由不按时参加复查鉴定的病残津贴领取人员,自告知应复查鉴定的 60 日后暂停发放病残津贴,经复查鉴定为完全丧失劳动能力的,恢复其病残津贴,自暂停发放之日起补发。具体办法另行制定。

第十二条 省级人力资源社会保障行政部门负责病残津贴领取资格审核确定,可委托地市级人力资源社会保障行政部门进行初审。审核通过后符合领取条件的人员,从本人申请的次月发放病残津贴,通过参保人员社会保障卡银行账户发放。在做出正式审核决定前,需经过参保人员本人工作或生活场所及人力资源社会保障部门政府网站进行不少于 5 个工作日的公示,并告知本人相关政策及权益。

第十三条 以欺诈、伪造证明材料或者其他手段骗取病残津贴的,由人力资源社会保障行政部门责令退回,并按照有关法律规定追究相关人员责任。

第十四条 本办法自 2025 年 1 月 1 日起实施。各地区企业职工因病或非因工完全丧失劳动能力退休和退职政策从本办法实施之日起停止执行。本办法实施前,参保人员已按规定领取病退、退职待遇,本办法实施后原则上继续领取相关待遇。

人力资源社会保障部、财政部、国家税务总局关于大龄领取失业保险金人员参加企业职工基本养老保险有关问题的通知

1. 2024年10月26日公布
2. 人社部发〔2024〕76号

各省、自治区、直辖市及新疆生产建设兵团人力资源社会保障厅(局)、财政厅(局),国家税务总局各省、自治区、直辖市和计划单列市税务局：

为加强大龄失业人员保障,支持大龄领取失业保险金人员参加企业职工基本养老保险,现就有关问题通知如下：

一、关于人员范围。本通知所称大龄领取失业保险金人员(以下简称大龄领金人员)是指领取失业保险金且距离法定退休年龄不足1年的失业人员,含领取失业保险金期满仍未就业且距离法定退休年龄不足1年而继续发放失业保险金至法定退休年龄的失业人员。

二、关于支付标准。大龄领金人员在失业保险金领取地以个人身份参加企业职工基本养老保险并缴费,其中按当地灵活就业人员最低缴费标准的部分由失业保险基金支付,从"失业保险待遇支出"科目列支。

三、加强主动告知。对符合条件的大龄领金人员,失业保险经办机构(以下简称经办机构)要及时告知相关政策。

四、优化经办服务。符合条件的大龄领金人员自行参加企业职工基本养老保险并缴费后,可以到当地经办机构申请领取由失业保险基金承担的费用,经办机构审核后及时发放至本人社会保障卡银行账户。

五、关于停缴情形。大龄领金人员达到法定退休年龄时,或出现法定停止领取失业保险金情形的,停止享受由失业保险基金缴纳企业职工基本养老保险费。

六、强化风险防控。各地要密切关注失业保险基金运行情况,加强监测分析预警,做好资金测算,确保基金安全运行平稳可持续。要根据政策调整完善风控规则,通过数据比对核查,加强苗头性、倾向性问题研判和防范,加强对短期参保骗领待遇、减员不离岗套保等情形的甄别,落实风控规则嵌入系统。对于存在欺诈风险的,要加强核查,严格审核,对冒领、骗领行为,要依法追究责任。

各地人力资源社会保障、财政、税务部门要高度重视,精心组织,结合本地实际,细化实化各项措施,明确申领程序及办理流程,切实提升服务质效,加快政策落地见效。

本通知自2025年1月1日起开始施行,执行至2039年12月31日。

2. 企 业 年 金

企业年金办法

1. 2017年12月18日人力资源和社会保障部、财政部令第36号公布
2. 自2018年2月1日起施行

第一章 总 则

第一条 为建立多层次的养老保险制度,推动企业年金发展,更好地保障职工退休后的生活,根据《中华人民共和国劳动法》《中华人民共和国劳动合同法》《中华人民共和国社会保险法》《中华人民共和国信托法》和国务院有关规定,制定本办法。

第二条 本办法所称企业年金,是指企业及其职工在依法参加基本养老保险的基础上,自主建立的补充养老保险制度。国家鼓励企业建立企业年金。建立企业年金,应当按照本办法执行。

第三条 企业年金所需费用由企业和职工个人共同缴纳。企业年金基金实行完全积累,为每个参加企业年金的职工建立个人账户,按照国家有关规定投资运营。企业年金基金投资运营收益并入企业年金基金。

第四条 企业年金有关税收和财务管理,按照国家有关规定执行。

第五条 企业和职工建立企业年金,应当确定企业年金受托人,由企业代表委托人与受托人签订受托管理合同。受托人可以是符合国家规定的法人受托机构,也可以是企业按照国家有关规定成立的企业年金理事会。

第二章 企业年金方案的订立、变更和终止

第六条 企业和职工建立企业年金,应当依法参加基本养老保险并履行缴费义务,企业具有相应的经济负担能力。

第七条 建立企业年金,企业应当与职工一方通过集体协商确定,并制定企业年金方案。企业年金方案应当提交职工代表大会或者全体职工讨论通过。

第八条 企业年金方案应当包括以下内容:

(一)参加人员;

(二)资金筹集与分配的比例和办法;

(三)账户管理;

(四)权益归属;

（五）基金管理；

（六）待遇计发和支付方式；

（七）方案的变更和终止；

（八）组织管理和监督方式；

（九）双方约定的其他事项。

企业年金方案适用于企业试用期满的职工。

第九条 企业应当将企业年金方案报送所在地县级以上人民政府人力资源社会保障行政部门。

中央所属企业的企业年金方案报送人力资源社会保障部。

跨省企业的企业年金方案报送其总部所在地省级人民政府人力资源社会保障行政部门。

省内跨地区企业的企业年金方案报送其总部所在地设区的市级以上人民政府人力资源社会保障行政部门。

第十条 人力资源社会保障行政部门自收到企业年金方案文本之日起15日内未提出异议的，企业年金方案即行生效。

第十一条 企业与职工一方可以根据本企业情况，按照国家政策规定，经协商一致，变更企业年金方案。变更后的企业年金方案应当经职工代表大会或者全体职工讨论通过，并重新报送人力资源社会保障行政部门。

第十二条 有下列情形之一的，企业年金方案终止：

（一）企业因依法解散、被依法撤销或者被依法宣告破产等原因，致使企业年金方案无法履行的；

（二）因不可抗力等原因致使企业年金方案无法履行的；

（三）企业年金方案约定的其他终止条件出现的。

第十三条 企业应当在企业年金方案变更或者终止后10日内报告人力资源社会保障行政部门，并通知受托人。企业应当在企业年金方案终止后，按国家有关规定对企业年金基金进行清算，并按照本办法第四章相关规定处理。

第三章 企业年金基金筹集

第十四条 企业年金基金由下列各项组成：

（一）企业缴费；

（二）职工个人缴费；

（三）企业年金基金投资运营收益。

第十五条 企业缴费每年不超过本企业职工工资总额的8%。企业和职工个人缴费合计不超过本企业职工工资总额的12%。具体所需费用，由企业和职工一方协商确定。

职工个人缴费由企业从职工个人工资中代扣代缴。

第十六条　实行企业年金后,企业如遇到经营亏损、重组并购等当期不能继续缴费的情况,经与职工一方协商,可以中止缴费。不能继续缴费的情况消失后,企业和职工恢复缴费,并可以根据本企业实际情况,按照中止缴费时的企业年金方案予以补缴。补缴的年限和金额不得超过实际中止缴费的年限和金额。

第四章　账户管理

第十七条　企业缴费应当按照企业年金方案确定的比例和办法计入职工企业年金个人账户,职工个人缴费计入本人企业年金个人账户。

第十八条　企业应当合理确定本单位当期缴费计入职工企业年金个人账户的最高额与平均额的差距。企业当期缴费计入职工企业年金个人账户的最高额与平均额不得超过5倍。

第十九条　职工企业年金个人账户中个人缴费及其投资收益自始归属于职工个人。

职工企业年金个人账户中企业缴费及其投资收益,企业可以与职工一方约定其自始归属于职工个人,也可以约定随着职工在本企业工作年限的增加逐步归属于职工个人,完全归属于职工个人的期限最长不超过8年。

第二十条　有下列情形之一的,职工企业年金个人账户中企业缴费及其投资收益完全归属于职工个人:

(一)职工达到法定退休年龄、完全丧失劳动能力或者死亡的;

(二)有本办法第十二条规定的企业年金方案终止情形之一的;

(三)非因职工过错企业解除劳动合同的,或者因企业违反法律规定职工解除劳动合同的;

(四)劳动合同期满,由于企业原因不再续订劳动合同的;

(五)企业年金方案约定的其他情形。

第二十一条　企业年金暂时未分配至职工企业年金个人账户的企业缴费及其投资收益,以及职工企业年金个人账户中未归属于职工个人的企业缴费及其投资收益,计入企业年金企业账户。

企业年金企业账户中的企业缴费及其投资收益应当按照企业年金方案确定的比例和办法计入职工企业年金个人账户。

第二十二条　职工变动工作单位时,新就业单位已经建立企业年金或者职业年金的,原企业年金个人账户权益应当随同转入新就业单位企业年金或者职业年金。

职工新就业单位没有建立企业年金或者职业年金的,或者职工升学、参军、失业期间,原企业年金个人账户可以暂时由原管理机构继续管理,也可以由法人受托机构发起的集合计划设置的保留账户暂时管理;原受托人是企业年金理事会的,由企业与职工协商选择法人受托机构管理。

第二十三条　企业年金方案终止后,职工原企业年金个人账户由法人受托机构发起的集合计划设置的保留账户暂时管理;原受托人是企业年金理事会的,由企业与职工一方协商选择法人受托机构管理。

第五章 企业年金待遇

第二十四条 符合下列条件之一的,可以领取企业年金:

(一)职工在达到国家规定的退休年龄或者完全丧失劳动能力时,可以从本人企业年金个人账户中按月、分次或者一次性领取企业年金,也可以将本人企业年金个人账户资金全部或者部分购买商业养老保险产品,依据保险合同领取待遇并享受相应的继承权;

(二)出国(境)定居人员的企业年金个人账户资金,可以根据本人要求一次性支付给本人;

(三)职工或者退休人员死亡后,其企业年金个人账户余额可以继承。

第二十五条 未达到上述企业年金领取条件之一的,不得从企业年金个人账户中提前提取资金。

第六章 管理监督

第二十六条 企业成立企业年金理事会作为受托人的,企业年金理事会应当由企业和职工代表组成,也可以聘请企业以外的专业人员参加,其中职工代表应不少于三分之一。

企业年金理事会除管理本企业的企业年金事务之外,不得从事其他任何形式的营业性活动。

第二十七条 受托人应当委托具有企业年金管理资格的账户管理人、投资管理人和托管人,负责企业年金基金的账户管理、投资运营和托管。

第二十八条 企业年金基金应当与委托人、受托人、账户管理人、投资管理人、托管人和其他为企业年金基金管理提供服务的自然人、法人或者其他组织的自有资产或其他资产分开管理,不得挪作其他用途。

企业年金基金管理应当执行国家有关规定。

第二十九条 县级以上人民政府人力资源社会保障行政部门负责对本办法的执行情况进行监督检查。对违反本办法的,由人力资源社会保障行政部门予以警告,责令改正。

第三十条 因订立或者履行企业年金方案发生争议的,按照国家有关集体合同的规定执行。

因履行企业年金基金管理合同发生争议的,当事人可以依法申请仲裁或者提起诉讼。

第七章 附则

第三十一条 参加企业职工基本养老保险的其他用人单位及其职工建立补充养老保险的,参照本办法执行。

第三十二条　本办法自2018年2月1日起施行。原劳动和社会保障部2004年1月6日发布的《企业年金试行办法》同时废止。

本办法施行之日已经生效的企业年金方案，与本办法规定不一致的，应当在本办法施行之日起1年内变更。

企业年金基金管理运作流程

1. 2004年12月31日劳动和社会保障部发布
2. 劳社部发〔2004〕32号

一、为加强企业年金基金管理，规范企业年金基金运作程序，根据《企业年金试行办法》、《企业年金基金管理试行办法》和有关法律法规，制定本流程。

二、本流程适用于企业年金计划的委托人及从事企业年金基金管理的受托人、账户管理人、托管人和投资管理人。

本流程所称受托管理合同是指委托人与受托人签订的合同，账户管理合同是指受托人与账户管理人签订的合同，托管合同是指受托人与托管人签订的合同，投资管理合同是指受托人与投资管理人签订的合同。

三、委托人应按受托管理合同规定，将企业年金计划信息、企业账户信息和个人账户信息提交受托人，受托人确认后提交账户管理人。

委托人也可按受托管理合同规定，将企业账户信息和个人账户信息提交受托人委托的账户管理人，账户管理人对提交信息的真实性、合法性和完整性进行审核，审核无误后通知受托人。

四、账户管理人应为企业年金基金建立独立的企业账户和个人账户，并及时记录企业年金计划信息、企业账户信息和个人账户信息。

五、企业年金计划信息、企业账户信息或个人账户信息变更时，委托人应按受托管理合同规定，将变更信息提交受托人，受托人确认后提交账户管理人。

企业账户信息或个人账户信息变更时，委托人也可按受托管理合同规定，将变更信息提交受托人委托的账户管理人，账户管理人对变更信息的真实性、合法性和完整性进行审核，审核无误后通知受托人。

账户管理人应按变更信息调整账户记录。

六、账户管理人应按账户管理合同规定，在企业年金计划规定缴费日前，根据企业年金计划及委托人提供的缴费信息，生成缴费账单，提交委托人和受托人确认。

受托人应向托管人发送缴费收账通知。

七、托管人应为托管的每个企业年金计划分别开设受托财产托管账户，用于企业年金基金的归集和支付。

委托人应在计划规定缴费日,将企业缴费和个人缴费划入托管人开设的受托财产托管账户,并通知受托人和账户管理人。

八、托管人应按缴费收账通知核对实收缴费金额。核对一致时,托管人将缴费资金到账情况通知受托人和账户管理人,账户管理人将缴费信息记入企业账户和个人账户。核对不一致,实收缴费金额多于缴费收账通知的应收缴费时,托管人应通知受托人,根据受托人指令进行超额缴费处理,并将处理结果通知受托人和账户管理人;实收缴费金额少于缴费收账通知的应收缴费时,托管人应通知受托人,受托人通知委托人补缴。

九、托管人应为托管的企业年金基金分别开设资金账户和证券账户,并负责所托管企业年金基金的资金清算与交收。

托管人应为所托管企业年金基金的投资管理人分别开设投资管理风险准备金账户,专项用于弥补企业年金基金的投资亏损。

十、受托人、托管人和投资管理人应就指令下达、确认和执行等程序达成一致。受托人和投资管理人应将发送指令的人员和权限通知托管人。

十一、受托人应将企业年金基金的投资分配指令通知托管人和投资管理人。

托管人应对受托人投资分配指令的真实性、合法性和完整性进行审核,及时将受托财产托管账户资金划入相应投资组合的资金账户,并将资金到账情况通知受托人和投资管理人。

十二、受托人调整投资管理人的投资额度时,应提前将调整方案通知托管人和投资管理人。

托管人接到受托人划款指令后,应对指令的真实性、合法性和完整性进行审核,审核无误后及时划拨资金,并将资金划拨情况通知受托人和投资管理人。

十三、托管人和投资管理人应分别及时从证券交易所和中国证券登记结算公司等机构获得企业年金基金证券交易结算数据。托管人和投资管理人核对无误后,托管人及时与中国证券登记结算公司办理企业年金基金的资金清算与交收。

托管人和投资管理人按照全国银行间债券市场有关规定,办理企业年金基金投资银行间债券市场的债券买卖、回购业务和资金清算等事宜。

十四、托管人和投资管理人应分别为企业年金基金投资组合独立建账、独立核算,并参照《证券投资基金会计核算办法》等规定,分别完成企业年金基金投资组合的会计核算与估值。托管人应复核、审查投资管理人计算的投资组合净值。

托管人负责企业年金基金的会计核算,每个工作日对企业年金基金进行估值,并按托管合同规定,及时将企业年金基金财产净值、净值增长率或份额净值等会计核算结果发送受托人和账户管理人。

十五、托管人和投资管理人应分别及时编制和核对企业年金基金投资组合的资产负债表、损益表、净值变动表及附注等会计报表,并由托管人报送受托人。

托管人应及时编制企业年金基金财产的资产负债表、损益表、净值变动表及附注等会计报表,并报送受托人。

投资管理人应定期出具企业年金基金投资组合的投资业绩和风险评估等投资管理报告,并报送受托人。

十六、托管人应按照《企业年金基金管理试行办法》、托管合同及有关法律法规,对企业年金基金投资范围、投资比例、会计核算与估值、费用计提与支付以及收益分配等事项进行监督。

因证券市场波动、上市公司合并等客观因素造成的投资管理不符合《企业年金基金管理试行办法》规定比例或投资管理合同约定比例的,托管人应及时通知投资管理人并报告受托人,投资管理人应在合理期限内进行调整。

十七、账户管理人应按《企业年金基金管理试行办法》及账户管理合同的规定,分配企业年金基金的投资收益。

采取金额计量方式时,账户管理人应按托管人提供的收益分配日的企业年金基金财产净值和净值增长率及企业账户与个人账户期初余额,计算本期投资收益,并足额记入企业账户和个人账户。

采取份额计量方式时,账户管理人应记录托管人提供的收益分配日的企业年金基金份额净值。

十八、托管人接到受托人下达的费用支付指令、投资管理人下达的交易指令后,应对指令的真实性、合法性和完整性进行审核,审核无误后予以执行。

十九、职工退休、死亡、出境定居需要支付企业年金待遇时,委托人应向受托人提交申请,受托人通知账户管理人。账户管理人计算个人账户权益,生成个人账户权益支付表,发送委托人和受托人确认。

受托人确认后向托管人下达待遇支付指令,并通知账户管理人。托管人按待遇支付指令办理资金划转手续,并将资金划转结果通知受托人和账户管理人。账户管理人应扣减个人账户权益,当个人账户权益余额为零时,办理个人账户销户手续并通知受托人。

受托人将资金划转结果通知委托人。

二十、职工离开本企业转入新的企业年金计划时,委托人根据有关合同规定应向受托人提交个人账户转移申请,受托人确认后通知账户管理人。账户管理人计算个人账户权益,生成个人账户转移报告,发送委托人和受托人确认。

受托人确认后向托管人下达资金转移指令,并通知账户管理人。托管人按资金转移指令办理资金划转手续,并将资金划转结果通知受托人和账户管理人。账户管理人应办理个人账户转移手续,并通知受托人。

受托人将资金划转结果通知委托人。

二十一、职工离开本企业,不能转入新企业年金计划的,账户管理人可将其转入保留账户并进行单独管理。

企业年金基金管理办法

1. 2011年2月12日人力资源和社会保障部、中国银行业监督管理委员会、中国证券监督管理委员会、中国保险监督管理委员会令第11号公布
2. 根据2015年4月30日人力资源和社会保障部令第24号《关于修改部分规章的决定》修订

第一章 总 则

第一条 为维护企业年金各方当事人的合法权益，规范企业年金基金管理，根据劳动法、信托法、合同法、证券投资基金法等法律和国务院有关规定，制定本办法。

第二条 企业年金基金的受托管理、账户管理、托管、投资管理以及监督管理适用本办法。

本办法所称企业年金基金，是指根据依法制定的企业年金计划筹集的资金及其投资运营收益形成的企业补充养老保险基金。

第三条 建立企业年金计划的企业及其职工作为委托人，与企业年金理事会或者法人受托机构（以下简称受托人）签订受托管理合同。

受托人与企业年金基金账户管理机构（以下简称账户管理人）、企业年金基金托管机构（以下简称托管人）和企业年金基金投资管理机构（以下简称投资管理人）分别签订委托管理合同。

第四条 受托人应当将受托管理合同和委托管理合同报人力资源社会保障行政部门备案。

第五条 一个企业年金计划应当仅有一个受托人、一个账户管理人和一个托管人，可以根据资产规模大小选择适量的投资管理人。

第六条 同一企业年金计划中，受托人与托管人、托管人与投资管理人不得为同一人；建立企业年金计划的企业成立企业年金理事会作为受托人的，该企业与托管人不得为同一人；受托人与托管人、托管人与投资管理人、投资管理人与其他投资管理人的总经理和企业年金从业人员，不得相互兼任。

同一企业年金计划中，法人受托机构具备账户管理或者投资管理业务资格的，可以兼任账户管理人或者投资管理人。

第七条 法人受托机构兼任投资管理人时，应当建立风险控制制度，确保各项业务管理之间的独立性；设立独立的受托业务和投资业务部门，办公区域、运营管理流程和业务制度应当严格分离；直接负责的高级管理人员、受托业务和投资业务部门的工作人员不得相互兼任。

同一企业年金计划中，法人受托机构对待各投资管理人应当执行统一的标准

和流程,体现公开、公平、公正原则。

第八条 企业年金基金缴费必须归集到受托财产托管账户,并在 45 日内划入投资资产托管账户。企业年金基金财产独立于委托人、受托人、账户管理人、托管人、投资管理人和其他为企业年金基金管理提供服务的自然人、法人或者其他组织的固有财产及其管理的其他财产。

企业年金基金财产的管理、运用或者其他情形取得的财产和收益,应当归入基金财产。

第九条 委托人、受托人、账户管理人、托管人、投资管理人和其他为企业年金基金管理提供服务的自然人、法人或者其他组织,因依法解散、被依法撤销或者被依法宣告破产等原因进行终止清算的,企业年金基金财产不属于其清算财产。

第十条 企业年金基金财产的债权,不得与委托人、受托人、账户管理人、托管人、投资管理人和其他为企业年金基金管理提供服务的自然人、法人或者其他组织固有财产的债务相互抵销。不同企业年金计划的企业年金基金的债权债务,不得相互抵销。

第十一条 非因企业年金基金财产本身承担的债务,不得对基金财产强制执行。

第十二条 受托人、账户管理人、托管人、投资管理人和其他为企业年金基金管理提供服务的自然人、法人或者其他组织必须恪尽职守,履行诚实、信用、谨慎、勤勉的义务。

第十三条 人力资源社会保障部负责制定企业年金基金管理的有关政策。人力资源社会保障行政部门对企业年金基金管理进行监管。

第二章 受 托 人

第十四条 本办法所称受托人,是指受托管理企业年金基金的符合国家规定的养老金管理公司等法人受托机构(以下简称法人受托机构)或者企业年金理事会。

第十五条 建立企业年金计划的企业,应当通过职工大会或者职工代表大会讨论确定,选择法人受托机构作为受托人,或者成立企业年金理事会作为受托人。

第十六条 企业年金理事会由企业代表和职工代表等人员组成,也可以聘请企业以外的专业人员参加,其中职工代表不少于三分之一。理事会应当配备一定数量的专职工作人员。

第十七条 企业年金理事会中的职工代表和企业以外的专业人员由职工大会、职工代表大会或者其他形式民主选举产生。企业代表由企业方聘任。

理事任期由企业年金理事会章程规定,但每届任期不得超过三年。理事任期届满,连选可以连任。

第十八条 企业年金理事会理事应当具备下列条件:

(一)具有完全民事行为能力;

(二)诚实守信,无犯罪记录;

(三)具有从事法律、金融、会计、社会保障或者其他履行企业年金理事会理事职责所必需的专业知识;

(四)具有决策能力;

(五)无个人所负数额较大的债务到期未清偿情形。

第十九条　企业年金理事会依法独立管理本企业的企业年金基金事务,不受企业方的干预,不得从事任何形式的营业性活动,不得从企业年金基金财产中提取管理费用。

第二十条　企业年金理事会会议,应当由理事本人出席;理事因故不能出席,可以书面委托其他理事代为出席,委托书中应当载明授权范围。

理事会作出决议,应当经全体理事三分之二以上通过。理事会应当对会议所议事项的决定形成会议记录,出席会议的理事应当在会议记录上签名。

第二十一条　理事应当对企业年金理事会的决议承担责任。理事会的决议违反法律、行政法规、本办法规定或者理事会章程,致使企业年金基金财产遭受损失的,理事应当承担赔偿责任。但经证明在表决时曾表明异议并记载于会议记录的,该理事可以免除责任。

企业年金理事会对外签订合同,应当由全体理事签字。

第二十二条　法人受托机构应当具备下列条件:

(一)经国家金融监管部门批准,在中国境内注册的独立法人;

(二)具有完善的法人治理结构;

(三)取得企业年金基金从业资格的专职人员达到规定人数;

(四)具有符合要求的营业场所、安全防范设施和与企业年金基金受托管理业务有关的其他设施;

(五)具有完善的内部稽核监控制度和风险控制制度;

(六)近3年没有重大违法违规行为;

(七)国家规定的其他条件。

第二十三条　受托人应当履行下列职责:

(一)选择、监督、更换账户管理人、托管人、投资管理人;

(二)制定企业年金基金战略资产配置策略;

(三)根据合同对企业年金基金管理进行监督;

(四)根据合同收取企业和职工缴费,向受益人支付企业年金待遇,并在合同中约定具体的履行方式;

(五)接受委托人查询,定期向委托人提交企业年金基金管理和财务会计报告。发生重大事件时,及时向委托人和有关监管部门报告;定期向有关监管部门提交开展企业年金基金受托管理业务情况的报告;

(六)按照国家规定保存与企业年金基金管理有关的记录自合同终止之日起至少15年;

（七）国家规定和合同约定的其他职责。

第二十四条　本办法所称受益人，是指参加企业年金计划并享有受益权的企业职工。

第二十五条　有下列情形之一的，法人受托机构职责终止：
（一）违反与委托人合同约定的；
（二）利用企业年金基金财产为其谋取利益，或者为他人谋取不正当利益的；
（三）依法解散、被依法撤销、被依法宣告破产或者被依法接管的；
（四）被依法取消企业年金基金受托管理业务资格的；
（五）委托人有证据认为更换受托人符合受益人利益的；
（六）有关监管部门有充分理由和依据认为更换受托人符合受益人利益的；
（七）国家规定和合同约定的其他情形。

企业年金理事会有前款第（二）项规定情形的，企业年金理事会职责终止，由委托人选择法人受托机构担任受托人。企业年金理事会有第（一）、（三）至（七）项规定情形之一的，应当按照国家规定重新组成，或者由委托人选择法人受托机构担任受托人。

第二十六条　受托人职责终止的，委托人应当在45日内委任新的受托人。

受托人职责终止的，应当妥善保管企业年金基金受托管理资料，在45日内办理完毕受托管理业务移交手续，新受托人应当接收并行使相应职责。

第三章　账户管理人

第二十七条　本办法所称账户管理人，是指接受受托人委托管理企业年金基金账户的专业机构。

第二十八条　账户管理人应当具备下列条件：
（一）经国家有关部门批准，在中国境内注册的独立法人；
（二）具有完善的法人治理结构；
（三）取得企业年金基金从业资格的专职人员达到规定人数；
（四）具有相应的企业年金基金账户信息管理系统；
（五）具有符合要求的营业场所、安全防范设施和与企业年金基金账户管理业务有关的其他设施；
（六）具有完善的内部稽核监控制度和风险控制制度；
（七）近3年没有重大违法违规行为；
（八）国家规定的其他条件。

第二十九条　账户管理人应当履行下列职责：
（一）建立企业年金基金企业账户和个人账户；
（二）记录企业、职工缴费以及企业年金基金投资收益；
（三）定期与托管人核对缴费数据以及企业年金基金账户财产变化状况，及时将核对结果提交受托人；

（四）计算企业年金待遇；

（五）向企业和受益人提供企业年金基金企业账户和个人账户信息查询服务；向受益人提供年度权益报告；

（六）定期向受托人提交账户管理数据等信息以及企业年金基金账户管理报告；定期向有关监管部门提交开展企业年金基金账户管理业务情况的报告；

（七）按照国家规定保存企业年金基金账户管理档案自合同终止之日起至少15年；

（八）国家规定和合同约定的其他职责。

第三十条 有下列情形之一的,账户管理人职责终止：

（一）违反与受托人合同约定的；

（二）利用企业年金基金财产为其谋取利益,或者为他人谋取不正当利益的；

（三）依法解散、被依法撤销、被依法宣告破产或者被依法接管的；

（四）被依法取消企业年金基金账户管理业务资格的；

（五）受托人有证据认为更换账户管理人符合受益人利益的；

（六）有关监管部门有充分理由和依据认为更换账户管理人符合受益人利益的；

（七）国家规定和合同约定的其他情形。

第三十一条 账户管理人职责终止的,受托人应当在45日内确定新的账户管理人。

账户管理人职责终止的,应当妥善保管企业年金基金账户管理资料,在45日内办理完毕账户管理业务移交手续,新账户管理人应当接收并行使相应职责。

第四章 托　管　人

第三十二条 本办法所称托管人,是指接受受托人委托保管企业年金基金财产的商业银行。

第三十三条 托管人应当具备下列条件：

（一）经国家金融监管部门批准,在中国境内注册的独立法人；

（二）具有完善的法人治理结构；

（三）设有专门的资产托管部门；

（四）取得企业年金基金从业资格的专职人员达到规定人数；

（五）具有保管企业年金基金财产的条件；

（六）具有安全高效的清算、交割系统；

（七）具有符合要求的营业场所、安全防范设施和与企业年金基金托管业务有关的其他设施；

（八）具有完善的内部稽核监控制度和风险控制制度；

（九）近3年没有重大违法违规行为；

(十)国家规定的其他条件。

第三十四条 托管人应当履行下列职责：

(一)安全保管企业年金基金财产；

(二)以企业年金基金名义开设基金财产的资金账户和证券账户等；

(三)对所托管的不同企业年金基金财产分别设置账户,确保基金财产的完整和独立；

(四)根据受托人指令,向投资管理人分配企业年金基金财产；

(五)及时办理清算、交割事宜；

(六)负责企业年金基金会计核算和估值,复核、审查和确认投资管理人计算的基金财产净值；

(七)根据受托人指令,向受益人发放企业年金待遇；

(八)定期与账户管理人、投资管理人核对有关数据；

(九)按照规定监督投资管理人的投资运作,并定期向受托人报告投资监督情况；

(十)定期向受托人提交企业年金基金托管和财务会计报告；定期向有关监管部门提交开展企业年金基金托管业务情况的报告；

(十一)按照国家规定保存企业年金基金托管业务活动记录、账册、报表和其他相关资料自合同终止之日起至少15年；

(十二)国家规定和合同约定的其他职责。

第三十五条 托管人发现投资管理人依据交易程序尚未成立的投资指令违反法律、行政法规、其他有关规定或者合同约定的,应当拒绝执行,立即通知投资管理人,并及时向受托人和有关监管部门报告。

托管人发现投资管理人依据交易程序已经成立的投资指令违反法律、行政法规、其他有关规定或者合同约定的,应当立即通知投资管理人,并及时向受托人和有关监管部门报告。

第三十六条 有下列情形之一的,托管人职责终止：

(一)违反与受托人合同约定的；

(二)利用企业年金基金财产为其谋取利益,或者为他人谋取不正当利益的；

(三)依法解散、被依法撤销、被依法宣告破产或者被依法接管的；

(四)被依法取消企业年金基金托管业务资格的；

(五)受托人有证据认为更换托管人符合受益人利益的；

(六)有关监管部门有充分理由和依据认为更换托管人符合受益人利益的；

(七)国家规定和合同约定的其他情形。

第三十七条 托管人职责终止的,受托人应当在45日内确定新的托管人。

托管人职责终止的,应当妥善保管企业年金基金托管资料,在45日内办理完毕托管业务移交手续,新托管人应当接收并行使相应职责。

第三十八条　禁止托管人有下列行为：
（一）托管的企业年金基金财产与其固有财产混合管理；
（二）托管的企业年金基金财产与托管的其他财产混合管理；
（三）托管的不同企业年金计划、不同企业年金投资组合的企业年金基金财产混合管理；
（四）侵占、挪用托管的企业年金基金财产；
（五）国家规定和合同约定禁止的其他行为。

第五章　投资管理人

第三十九条　本办法所称投资管理人，是指接受受托人委托投资管理企业年金基金财产的专业机构。

第四十条　投资管理人应当具备下列条件：
（一）经国家金融监管部门批准，在中国境内注册，具有受托投资管理、基金管理或者资产管理资格的独立法人；
（二）具有完善的法人治理结构；
（三）取得企业年金基金从业资格的专职人员达到规定人数；
（四）具有符合要求的营业场所、安全防范设施和与企业年金基金投资管理业务有关的其他设施；
（五）具有完善的内部稽核监控制度和风险控制制度；
（六）近3年没有重大违法违规行为；
（七）国家规定的其他条件。

第四十一条　投资管理人应当履行下列职责：
（一）对企业年金基金财产进行投资；
（二）及时与托管人核对企业年金基金会计核算和估值结果；
（三）建立企业年金基金投资管理风险准备金；
（四）定期向受托人提交企业年金基金投资管理报告；定期向有关监管部门提交开展企业年金基金投资管理业务情况的报告；
（五）根据国家规定保存企业年金基金财产会计凭证、会计账簿、年度财务会计报告和投资记录自合同终止之日起至少15年；
（六）国家规定和合同约定的其他职责。

第四十二条　有下列情形之一的，投资管理人应当及时向受托人报告：
（一）企业年金基金单位净值大幅度波动的；
（二）可能使企业年金基金财产受到重大影响的有关事项；
（三）国家规定和合同约定的其他情形。

第四十三条　有下列情形之一的，投资管理人职责终止：
（一）违反与受托人合同约定的；

（二）利用企业年金基金财产为其谋取利益，或者为他人谋取不正当利益的；

（三）依法解散、被依法撤销、被依法宣告破产或者被依法接管的；

（四）被依法取消企业年金基金投资管理业务资格的；

（五）受托人有证据认为更换投资管理人符合受益人利益的；

（六）有关监管部门有充分理由和依据认为更换投资管理人符合受益人利益的；

（七）国家规定和合同约定的其他情形。

第四十四条　投资管理人职责终止的，受托人应当在45日内确定新的投资管理人。

投资管理人职责终止的，应当妥善保管企业年金基金投资管理资料，在45日内办理完毕投资管理业务移交手续，新投资管理人应当接收并行使相应职责。

第四十五条　禁止投资管理人有下列行为：

（一）将其固有财产或者他人财产混同于企业年金基金财产；

（二）不公平对待企业年金基金财产与其管理的其他财产；

（三）不公平对待其管理的不同企业年金基金财产；

（四）侵占、挪用企业年金基金财产；

（五）承诺、变相承诺保本或者保证收益；

（六）利用所管理的其他资产为企业年金计划委托人、受益人或者相关管理人谋取不正当利益；

（七）国家规定和合同约定禁止的其他行为。

第六章　基　金　投　资

第四十六条　企业年金基金投资管理应当遵循谨慎、分散风险的原则，充分考虑企业年金基金财产的安全性、收益性和流动性，实行专业化管理。

第四十七条　企业年金基金财产限于境内投资，投资范围包括银行存款、国债、中央银行票据、债券回购、万能保险产品、投资连结保险产品、证券投资基金、股票，以及信用等级在投资级以上的金融债、企业（公司）债、可转换债（含分离交易可转换债）、短期融资券和中期票据等金融产品。

第四十八条　每个投资组合的企业年金基金财产应当由一个投资管理人管理，企业年金基金财产以投资组合为单位按照公允价值计算应当符合下列规定：

（一）投资银行活期存款、中央银行票据、债券回购等流动性产品以及货币市场基金的比例，不得低于投资组合企业年金基金财产净值的5%；清算备付金、证券清算款以及一级市场证券申购资金视为流动性资产；投资债券正回购的比例不得高于投资组合企业年金基金财产净值的40%。

（二）投资银行定期存款、协议存款、国债、金融债、企业（公司）债、短期融资券、中期票据、万能保险产品等固定收益类产品以及可转换债（含分离交易可转换债)、债券基金、投资连结保险产品(股票投资比例不高于30%)的比例,不得高于投资组合企业年金基金财产净值的95%。

(三)投资股票等权益类产品以及股票基金、混合基金、投资连结保险产品(股票投资比例高于或者等于30%)的比例,不得高于投资组合企业年金基金财产净值的30%。其中,企业年金基金不得直接投资于权证,但因投资股票、分离交易可转换债等投资品种而衍生获得的权证,应当在权证上市交易之日起10个交易日内卖出。

第四十九条 根据金融市场变化和投资运作情况,人力资源社会保障部会同中国银监会、中国证监会和中国保监会,适时对投资范围和比例进行调整。

第五十条 单个投资组合的企业年金基金财产,投资于一家企业所发行的股票,单期发行的同一品种短期融资券、中期票据、金融债、企业(公司)债、可转换债(含分离交易可转换债),单只证券投资基金,单个万能保险产品或者投资连结保险产品,分别不得超过该企业上述证券发行量、该基金份额或者该保险产品资产管理规模的5%;按照公允价值计算,也不得超过该投资组合企业年金基金财产净值的10%。

单个投资组合的企业年金基金财产,投资于经备案的符合第四十八条投资比例规定的单只养老金产品,不得超过该投资组合企业年金基金财产净值的30%,不受上述10%规定的限制。

第五十一条 投资管理人管理的企业年金基金财产投资于自己管理的金融产品须经受托人同意。

第五十二条 因证券市场波动、上市公司合并、基金规模变动等投资管理人之外的因素致使企业年金基金投资不符合本办法第四十八条、第五十条规定的比例或者合同约定的投资比例的,投资管理人应当在可上市交易之日起10个交易日内调整完毕。

第五十三条 企业年金基金证券交易以现货和国务院规定的其他方式进行,不得用于向他人贷款和提供担保。

投资管理人不得从事使企业年金基金财产承担无限责任的投资。

第七章 收益分配及费用

第五十四条 账户管理人应当采用份额计量方式进行账户管理,根据企业年金基金单位净值,按周或者按日足额记入企业年金基金企业账户和个人账户。

第五十五条 受托人年度提取的管理费不高于受托管理企业年金基金财产净值的0.2%。

第五十六条 账户管理人的管理费按照每户每月不超过5元人民币的限额,由建立企业年金计划的企业另行缴纳。

保留账户和退休人员账户的账户管理费可以按照合同约定由受益人自行承

担,从受益人个人账户中扣除。

第五十七条 托管人年度提取的管理费不高于托管企业年金基金财产净值的0.2%。

第五十八条 投资管理人年度提取的管理费不高于投资管理企业年金基金财产净值的1.2%。

第五十九条 根据企业年金基金管理情况,人力资源社会保障部会同中国银监会、中国证监会和中国保监会,适时对有关管理费进行调整。

第六十条 投资管理人从当期收取的管理费中,提取20%作为企业年金基金投资管理风险准备金,专项用于弥补合同终止时所管理投资组合的企业年金基金当期委托投资资产的投资亏损。

第六十一条 当合同终止时,如所管理投资组合的企业年金基金财产净值低于当期委托投资资产的,投资管理人应当用风险准备金弥补该时点的当期委托投资资产亏损,直至该投资组合风险准备金弥补完毕;如所管理投资组合的企业年金基金当期委托投资资产没有发生投资亏损或者风险准备金弥补后有剩余的,风险准备金划归投资管理人所有。

第六十二条 企业年金基金投资管理风险准备金应当存放于投资管理人在托管人处开立的专用存款账户,余额达到投资管理人所管理投资组合基金财产净值的10%时可以不再提取。托管人不得对投资管理风险准备金账户收取费用。

第六十三条 风险准备金由投资管理人进行管理,可以投资于银行存款、国债等高流动性、低风险金融产品。风险准备金产生的投资收益,应当纳入风险准备金管理。

第八章 计划管理和信息披露

第六十四条 企业年金单一计划指受托人将单个委托人交付的企业年金基金,单独进行受托管理的企业年金计划。

企业年金集合计划指同一受托人将多个委托人交付的企业年金基金,集中进行受托管理的企业年金计划。

第六十五条 法人受托机构设立集合计划,应当制定集合计划受托管理合同,为每个集合计划确定账户管理人、托管人各一名,投资管理人至少三名;并分别与其签订委托管理合同。

集合计划受托人应当将制定的集合计划受托管理合同、签订的委托管理合同以及该集合计划的投资组合说明书报人力资源社会保障部备案。

第六十六条 一个企业年金方案的委托人只能建立一个企业年金单一计划或者参加一个企业年金集合计划。委托人加入集合计划满3年后,方可根据受托管理合同规定选择退出集合计划。

第六十七条 发生下列情形之一的,企业年金单一计划变更:

(一)企业年金计划受托人、账户管理人、托管人或者投资管理人变更；
(二)企业年金基金管理合同主要内容变更；
(三)企业年金计划名称变更；
(四)国家规定的其他情形。
发生前款规定情形时，受托人应当将相关企业年金基金管理合同重新报人力资源社会保障行政部门备案。

第六十八条 企业年金单一计划终止时，受托人应当组织清算组对企业年金基金财产进行清算。清算费用从企业年金基金财产中扣除。

清算组由企业代表、职工代表、受托人、账户管理人、托管人、投资管理人以及由受托人聘请的会计师事务所、律师事务所等组成。

清算组应当自清算工作完成后3个月内，向人力资源社会保障行政部门和受益人提交经会计师事务所审计以及律师事务所出具法律意见书的清算报告。

人力资源社会保障行政部门应当注销该企业年金计划。

第六十九条 受益人工作单位发生变化，新工作单位已经建立企业年金计划的，其企业年金个人账户权益应当转入新工作单位的企业年金计划管理。新工作单位没有建立企业年金计划的，其企业年金个人账户权益可以在原法人受托机构发起的集合计划设置的保留账户统一管理；原受托人是企业年金理事会的，由企业与职工协商选择法人受托机构管理。

第七十条 企业年金单一计划终止时，受益人企业年金个人账户权益应当转入原法人受托机构发起的集合计划设置的保留账户统一管理；原受托人是企业年金理事会的，由企业与职工协商选择法人受托机构管理。

第七十一条 发生以下情形之一的，受托人应当聘请会计师事务所对企业年金计划进行审计。审计费用从企业年金基金财产中扣除。

(一)企业年金计划连续运作满三个会计年度时；
(二)企业年金计划管理人职责终止时；
(三)国家规定的其他情形。

账户管理人、托管人、投资管理人应当自上述情况发生之日起配合会计师事务所对企业年金计划进行审计。受托人应当自上述情况发生之日起的50日内向委托人以及人力资源社会保障行政部门提交审计报告。

第七十二条 受托人应当在每季度结束后30日内向委托人提交企业年金基金管理季度报告；并应当在年度结束后60日内向委托人提交企业年金基金管理和财务会计年度报告。

第七十三条 账户管理人应当在每季度结束后15日内向受托人提交企业年金基金账户管理季度报告；并应当在年度结束后45日内向受托人提交企业年金基金账户管理年度报告。

第七十四条 托管人应当在每季度结束后15日内向受托人提交企业年金基金托管

和财务会计季度报告;并应当在年度结束后45日内向受托人提交企业年金基金托管和财务会计年度报告。

第七十五条　投资管理人应当在每季度结束后15日内向受托人提交经托管人确认财务管理数据的企业年金基金投资组合季度报告;并应当在年度结束后45日内向受托人提交经托管人确认财务管理数据的企业年金基金投资管理年度报告。

第七十六条　法人受托机构、账户管理人、托管人和投资管理人发生下列情形之一的,应当及时向人力资源社会保障部报告;账户管理人、托管人和投资管理人应当同时抄报受托人。

（一）减资、合并、分立、依法解散、被依法撤销、决定申请破产或者被申请破产的;

（二）涉及重大诉讼或者仲裁的;

（三）董事长、总经理、直接负责企业年金业务的高级管理人员发生变动的;

（四）国家规定的其他情形。

第七十七条　受托人、账户管理人、托管人和投资管理人应当按照规定报告企业年金基金管理情况,并对所报告内容的真实性、完整性负责。

第九章　监督检查

第七十八条　法人受托机构、账户管理人、托管人、投资管理人开展企业年金基金管理相关业务,应当向人力资源社会保障部提出申请。法人受托机构、账户管理人、投资管理人向人力资源社会保障部提出申请前应当先经其业务监管部门同意,托管人向人力资源社会保障部提出申请前应当先向其业务监管部门备案。

第七十九条　人力资源社会保障部收到法人受托机构、账户管理人、托管人、投资管理人的申请后,应当组织专家评审委员会,按照规定进行审慎评审。经评审符合条件的,由人力资源社会保障部会同有关部门确认公告;经评审不符合条件的,应当书面通知申请人。

专家评审委员会由有关部门代表和社会专业人士组成。每次参加评审的专家应当从专家评审委员会中随机抽取产生。

第八十条　受托人、账户管理人、托管人、投资管理人开展企业年金基金管理相关业务,应当接受人力资源社会保障行政部门的监管。

法人受托机构、账户管理人、托管人和投资管理人的业务监管部门按照各自职责对其经营活动进行监督。

第八十一条　人力资源社会保障部依法履行监督管理职责,可以采取以下措施:

（一）查询、记录、复制与被调查事项有关的企业年金基金管理合同、财务会计报告等资料;

（二）询问与调查事项有关的单位和个人,要求其对有关问题做出说明、提供有关证明材料；

(三)国家规定的其他措施。

委托人、受托人、账户管理人、托管人、投资管理人和其他为企业年金基金管理提供服务的自然人、法人或者其他组织，应当积极配合检查，如实提供有关资料，不得拒绝、阻挠或者逃避检查，不得谎报、隐匿或者销毁相关证据材料。

第八十二条 人力资源社会保障部依法进行调查或者检查时，应当至少由两人共同进行，并出示证件，承担下列义务：

(一)依法履行职责，秉公执法，不得利用职务之便谋取私利；

(二)保守在调查或者检查时知悉的商业秘密；

(三)为举报人员保密。

第八十三条 法人受托机构、中央企业集团公司成立的企业年金理事会、账户管理人、托管人、投资管理人违反本办法规定或者企业年金基金管理费、信息披露相关规定的，由人力资源社会保障部责令改正。其他企业(包括中央企业子公司)成立的企业年金理事会，违反本办法规定或者企业年金基金管理费、信息披露相关规定的，由管理合同备案所在地的省、自治区、直辖市或者计划单列市人力资源社会保障行政部门责令改正。

第八十四条 受托人、账户管理人、托管人、投资管理人发生违法违规行为可能影响企业年金基金财产安全的，或者经责令改正而不改正的，由人力资源社会保障部暂停其接收新的企业年金基金管理业务。给企业年金基金财产或者受益人利益造成损害的，依法承担赔偿责任；构成犯罪的，依法追究刑事责任。

第八十五条 人力资源社会保障部将法人受托机构、账户管理人、托管人、投资管理人违法行为、处理结果以及改正情况予以记录，同时抄送业务监管部门。在企业年金基金管理资格有效期内，有三次以上违法记录或者一次以上经责令改正而不改正的，在其资格到期之后 5 年内，不再受理其开展企业年金基金管理业务的申请。

第八十六条 会计师事务所和律师事务所提供企业年金中介服务应当严格遵守相关职业准则和行业规范。

第十章 附 则

第八十七条 企业年金基金管理，国务院另有规定的，从其规定。

第八十八条 本办法自 2011 年 5 月 1 日起施行。劳动和社会保障部、中国银行业监督管理委员会、中国证券监督管理委员会、中国保险监督管理委员会于 2004 年 2 月 23 日发布的《企业年金基金管理试行办法》(劳动保障部令第 23 号)同时废止。

3. 居民基本养老保险

城乡养老保险制度衔接暂行办法

1. 2014年2月24日人力资源和社会保障部、财政部发布
2. 人社部发〔2014〕17号
3. 自2014年7月1日起施行

第一条 为了解决城乡养老保险制度衔接问题，维护参保人员的养老保险权益，依据《中华人民共和国社会保险法》和《实施〈中华人民共和国社会保险法〉若干规定》（人力资源和社会保障部令第13号）的规定，制定本办法。

第二条 本办法适用于参加城镇职工基本养老保险（以下简称城镇职工养老保险）、城乡居民基本养老保险（以下简称城乡居民养老保险）两种制度需要办理衔接手续的人员。已经按照国家规定领取养老保险待遇的人员，不再办理城乡养老保险制度衔接手续。

第三条 参加城镇职工养老保险和城乡居民养老保险人员，达到城镇职工养老保险法定退休年龄后，城镇职工养老保险缴费年限满15年（含延长缴费至15年）的，可以申请从城乡居民养老保险转入城镇职工养老保险，按照城镇职工养老保险办法计发相应待遇；城镇职工养老保险缴费年限不足15年的，可以申请从城镇职工养老保险转入城乡居民养老保险，待达到城乡居民养老保险规定的领取条件时，按照城乡居民养老保险办法计发相应待遇。

第四条 参保人员需办理城镇职工养老保险和城乡居民养老保险制度衔接手续的，先按城镇职工养老保险有关规定确定待遇领取地，并将城镇职工养老保险的养老保险关系归集至待遇领取地，再办理制度衔接手续。

参保人员申请办理制度衔接手续时，从城乡居民养老保险转入城镇职工养老保险的，在城镇职工养老保险待遇领取地提出申请办理；从城镇职工养老保险转入城乡居民养老保险的，在转入城乡居民养老保险待遇领取地提出申请办理。

第五条 参保人员从城乡居民养老保险转入城镇职工养老保险的，城乡居民养老保险个人账户全部储存额并入城镇职工养老保险个人账户，城乡居民养老保险缴费年限不合并计算或折算为城镇职工养老保险缴费年限。

第六条 参保人员从城镇职工养老保险转入城乡居民养老保险的，城镇职工养老

险个人账户全部储存额并入城乡居民养老保险个人账户,参加城镇职工养老保险的缴费年限合并计算为城乡居民养老保险的缴费年限。

第七条 参保人员若在同一年度内同时参加城镇职工养老保险和城乡居民养老保险的,其重复缴费时段(按月计算,下同)只计算城镇职工养老保险缴费年限,并将城乡居民养老保险重复缴费时段相应个人缴费和集体补助退还本人。

第八条 参保人员不得同时领取城镇职工养老保险和城乡居民养老保险待遇。对于同时领取城镇职工养老保险和城乡居民养老保险待遇的,终止并解除城乡居民养老保险关系,除政府补贴外的个人账户余额退还本人,已领取的城乡居民养老保险基础养老金应予以退还;本人不予退还的,由社会保险经办机构负责从城乡居民养老保险个人账户余额或者城镇职工养老保险基本养老金中抵扣。

第九条 参保人员办理城乡养老保险制度衔接手续时,按下列程序办理:

(一)由参保人员本人向待遇领取地社会保险经办机构提出养老保险制度衔接的书面申请。

(二)待遇领取地社会保险经办机构受理并审核参保人员书面申请,对符合本办法规定条件的,在15个工作日内,向参保人员原城镇职工养老保险、城乡居民养老保险关系所在地社会保险经办机构发出联系函,并提供相关信息;对不符合本办法规定条件的,向申请人作出说明。

(三)参保人员原城镇职工养老保险、城乡居民养老保险关系所在地社会保险经办机构在接到联系函的15个工作日内,完成制度衔接的参保缴费信息传递和基金划转手续。

(四)待遇领取地社会保险经办机构收到参保人员原城镇职工养老保险、城乡居民养老保险关系所在地社会保险经办机构转移的资金后,应在15个工作日内办结有关手续,并将情况及时通知申请人。

第十条 健全完善全国县级以上社会保险经办机构联系方式信息库,并向社会公布,方便参保人员办理城乡养老保险制度衔接手续。建立全国统一的基本养老保险参保缴费信息查询服务系统,进一步完善全国社会保险关系转移系统,加快普及全国通用的社会保障卡,为参保人员查询参保缴费信息、办理城乡养老保险制度衔接提供便捷有效的技术服务。

第十一条 本办法从2014年7月1日起施行。各地已出台政策与本办法不符的,以本办法规定为准。

城乡居民基本养老保险经办规程

1. 2019年8月13日人力资源社会保障部修订发布
2. 人社部发〔2019〕84号

第一章 总 则

第一条 按照党中央、国务院深入推进"放管服"改革精神,根据《国务院关于建立统一的城乡居民基本养老保险制度的意见》(国发〔2014〕8号,以下简称《意见》),为确保城乡居民基本养老保险(以下简称城乡居民养老保险)经办管理服务工作顺利实施,实现业务操作规范、方便、快捷,制定本规程。

第二条 城乡居民养老保险经办包括参保登记、保险费收缴衔接、基金申请和划拨、个人账户管理、待遇支付、保险关系注销、保险关系转移接续、基金管理、档案管理、统计管理、待遇领取资格确认、内控稽核、宣传咨询、举报受理等。

社会保险经办机构(以下简称社保机构)、乡镇(街道)事务所(中心、站)(以下简称乡镇(街道)事务所)、行政村(社区)村(居)民委员会协办人员(以下简称村(居)协办员)办理城乡居民养老保险事务适用本规程。

第三条 城乡居民养老保险实行属地化管理,社保机构、乡镇(街道)事务所具体经办,村(居)协办员协助办理。

第四条 省、自治区、直辖市及新疆生产建设兵团(以下简称省)和地市社保机构负责组织指导和监督考核本地区城乡居民养老保险经办管理服务工作,配合财政部门做好财政补助资金的结算和划拨工作;依据本规程制定本地区城乡居民养老保险业务经办管理办法;依据工作需要和制度规定参与制定本地区城乡居民养老保险基金财务管理办法和基金会计核算办法实施细则;制定本地区城乡居民养老保险内部控制和稽核制度,组织开展内部控制和稽核工作;规范、督导城乡居民养老保险待遇发放和社会化管理服务工作;编制、汇总、上报本级城乡居民养老保险基金预算和决算、财务和统计报表;推进建设统一的城乡居民养老保险经办管理信息系统(以下简称信息系统),负责城乡居民养老保险个人权益记录管理和数据应用分析工作;组织开展人员培训;负责个人账户结余基金归集和上解等工作。

县(市、区、旗,以下简称县)社保机构负责城乡居民养老保险的参保登记、保险费收缴衔接、基金申请与划拨、基金管理、个人账户建立与管理、待遇核定与支付、保险关系注销、保险关系转移接续、待遇领取资格确认、内控管理、档案管理、个人权益记录管理、数据应用分析以及咨询、查询和举报受理,编制、上报本级城乡居民养老保险基金预算和决算、财务和统计报表,并对乡镇(街道)事务所的业务经办工作进行指导和监督考核,组织开展人员培训等工作(地市社保机构直接经办城乡居民养老保险业务的参照执行,下同)。

乡镇(街道)事务所负责参保资源的调查和管理,对参保人员的参保资格、基本信息、待遇领取资格及关系转移资格等进行初审,将有关信息录入信息系统,并负责受理咨询、查询和举报、政策宣传、情况公示等工作。

村(居)协办员具体负责城乡居民养老保险参保登记、待遇领取、保险关系注销、保险关系转移接续等业务环节所需材料的收集与上报,负责向参保人员发放有关材料,通知参保人员办理补缴和待遇领取手续,并协助做好政策宣传与解释、待遇领取资格确认、摸底调查、居民基本信息采集和情况公示等工作。

第五条　城乡居民养老保险基金单独记账,独立核算,存入社会保障基金财政专户,专款专用,任何单位和个人不得挤占、挪用基金,基金结余按国家有关规定实现保值增值。

第六条　社保机构、乡镇(街道)事务所与村(居)协办员应提供方便快捷的城乡居民养老保险经办服务,包括互联网网上经办服务、自助服务和人工经办服务。互联网网上服务应进行实名验证。对行动不便的参保人员,社保机构、乡镇(街道)事务所与村(居)协办员应为其提供上门服务。

社保机构应当主动与公安、民政、卫生健康、残联、税务等部门共享数据,定期与以上部门的数据系统以及全民参保库等信息库进行数据比对(以下简称数据比对)。凡是能通过数据比对掌握的信息以及法律法规未规定由城乡居民提供的材料,社保机构不得要求城乡居民提供。

第二章　参　保　登　记

第七条　社保机构、乡镇(街道)事务所与村(居)协办员应提供以下两种方式供城乡居民任意选择其一申请参加城乡居民养老保险:

(一)通过登录网站、自助终端、移动应用等互联网服务渠道(以下简称互联网服务渠道),上传有效身份证件、户口簿首页和本人页,填写《城乡居民基本养老保险参保登记表》(以下简称《登记表》)。

(二)携带有效身份证件和户口簿,通过户籍所在地的村(居)协办员或乡镇(街道)事务所或县社保机构等线下服务渠道(以下简称线下服务渠道)现场办理,乡镇(街道)事务所工作人员或村(居)协办员拍照上传相关信息或按规定时限将相关材料逐级上报。

第八条　县社保机构应通过数据比对等方式,对参保申请进行审核,并自收到参保申请之日起3个工作日内告知申请人审核结果。

审核通过的,县社保机构应同时在信息系统中进行确认,留存《登记表》、有效身份证件、户口簿信息资料。

第九条　参保人员的性别、民族、居住地址、联系电话等参保登记信息发生变更时,县社保机构应允许参保人员本人通过互联网服务渠道或线下服务渠道直接填报最新信息进行变更,无需审核。

参保人员的姓名、出生日期、有效身份证件号码变更时,县社保机构应允许参保人员本人通过互联网服务渠道提出申请,填写新的《登记表》,上传变更后的有效身份证件办理变更或携带变更后的有效身份证件通过线下服务渠道现场办理变更。

第十条 县社保机构应通过数据比对等方式,对变更申请进行审核,并自收到变更申请之日起3个工作日内告知参保人员审核结果。审核通过的,应同时在信息系统中进行确认,留存新的《登记表》、有效身份证件信息资料。

第三章 保险费收缴衔接

第十一条 城乡居民养老保险费按年度缴纳,参保人员可自主选择缴费档次,确定缴费金额。

第十二条 社保机构应依据《国家税务总局办公厅 人力资源社会保障部办公厅关于印发〈社会保险费信息共享平台建设方案〉的通知》(税总办发〔2018〕123号)制定适应满足城乡居民养老保险费征收业务和数据交互需求的数据标准、业务和技术规范,开展人社部门信息共享平台的开发、部署及联调、运维等工作,并对共享平台的城乡居民养老保险数据质量管理、交换过程监控,保障参保登记信息的唯一性和有效性,保障数据交换的及时性、准确性、完整性。

第十三条 社保机构应在规定时限内向税务部门传递城乡居民养老保险参保登记数据、退费核验信息、退费信息、特殊缴费业务核定等信息,实现城乡居民养老保险费征收相关数据的省级集中交互。

第十四条 社保机构应在规定时限内接收税务部门传递的城乡居民养老保险费缴费明细数据、对账数据、特殊缴费业务入库反馈、退费申请等信息。

第十五条 社保机构应在涉及城乡居民养老保险费征收的业务稽核、统计分析、公共服务等方面,开展信息共享和业务协同。

第四章 个人账户管理

第十六条 县社保机构应为每位参保人员建立个人账户。

个人账户用于记录个人缴费、补助、资助、补贴及利息。

第十七条 县社保机构应依据税务部门传递的缴费详细数据,及时将个人缴费额和政府对个人缴费的补贴计入个人账户。

个人缴费、补助、资助按缴入国库时间记账,从次月开始计息。

第十八条 城乡居民养老保险个人账户的结息年度为每年的1月1日至12月31日。社保机构应于一个结息年度结束后对上年度的个人账户储存额进行结息。

第十九条 社保机构应当每年至少一次将参保人员的《城乡居民基本养老保险个人账户对账单》(以下简称《对账单》)通过政府网站或手机短信等多种方式告知

本人，同时应提供互联网服务渠道或线下服务渠道供参保人员查询打印《对账单》。

第二十条 参保人员对个人账户记录有异议的，社保机构应允许参保人员通过线下服务渠道提供证据，提出核查申请。接到申请后，县社保机构应立即根据参保人员提供的证据开展核查，并及时告知参保人员处理结果。

第二十一条 个人账户储存额只能用于个人账户养老金支付，除出现本规程第三十七条有关情况外，不得提前支取或挪作他用。

第五章 待遇支付

第二十二条 县社保机构应定期查询即将达到待遇领取年龄的参保人员，通过数据比对生存状态、参保状态和缴费状态，调取权益记录，生成《城乡居民基本养老保险待遇领取告知书》（以下简称《告知书》），通过互联网服务渠道或线下服务渠道通知参保人员。

《告知书》应包括参保人员参保缴费情况、预估权益及待遇申领手续等信息。

第二十三条 县社保机构应允许达到待遇领取年龄的参保人员通过互联网服务渠道上传有效身份证件，提出待遇领取申请，或参保人员本人携带有效身份证件，通过线下服务渠道现场办理。

第二十四条 县社保机构应及时受理参保人员待遇领取申请，通过数据比对等方式，核实其领取城乡居民养老保险待遇资格。

对符合待遇领取条件的，县社保机构应自收到待遇领取申请之日起5个工作日内核定城乡居民养老保险待遇，生成《城乡居民基本养老保险待遇核定表》，供参保人员确认待遇计发标准。对不符合待遇领取条件的，应自收到待遇领取申请之日起5个工作日内告知原因。

第二十五条 参保人员对待遇计发标准有异议的，社保机构应允许参保人员通过线下服务渠道提供证据，提出核查申请。接到申请后，县社保机构应立即根据参保人员提供的证据开展核查。待遇计发标准有误的，县社保机构应及时重新核定待遇计发标准，并将核定结果反馈给参保人员，经参保人员确认后按新待遇标准发放待遇，并补（扣）发相应的历史待遇；待遇计发标准无误的，县社保机构应及时向参保人员说明核查结果。

第二十六条 社保机构应从参保人员符合待遇领取条件的次月开始发放城乡居民养老保险待遇。

第二十七条 县社保机构应根据待遇领取人员的待遇标准核定应发放的城乡居民养老保险待遇，按月通过信息系统生成《城乡居民基本养老保险待遇支付审批表》，送财政部门申请资金。

第二十八条 城乡居民养老保险待遇实行社会化发放。县社保机构应在待遇发放前2个工作日内将发放资金从支出户划拨至城乡居民养老保险待遇社会化发放协议服务金融机构(以下简称金融机构),并将待遇支付明细通过社银联网接口传输给金融机构。金融机构应在规定时间内将支付金额划入待遇领取人员社会保障卡银行账户,并通过社银联网接口实时传输资金支付明细给县社保机构。

第二十九条 县社保机构应对金融机构反馈的资金支付明细和支付回执凭证进行核对,核对无误后,在信息系统中进行支付确认处理,打印《城乡居民基本养老保险基金支付汇总表》(两联),并与金融机构当月出具的所有支付回执凭证进行核对,确保准确无误。对发放不成功的,社保机构应会同金融机构及时解决,并进行再次发放。

第三十条 待遇领取人员在领取待遇期间服刑的,县社保机构应参照《劳动和社会保障部办公厅关于退休人员被判刑后有关养老保险待遇问题的复函》(劳社厅函〔2001〕44号)和《关于对劳社厅函〔2001〕44号补充说明的函》(劳社厅函〔2003〕315号)相关规定进行处理。

第三十一条 社保机构应严格按照《人力资源社会保障部办公厅关于印发〈领取社会保险待遇资格确认经办规程(暂行)〉的通知》(人社厅发〔2018〕107号)的要求,及时开展参保人员领取城乡居民养老保险待遇资格确认工作。

第三十二条 村(居)协办员应于每月初将本村(居)上月死亡人员名单(含姓名、有效身份证件号码、死亡日期等基本信息)上报乡镇(街道)事务所,乡镇(街道)事务所汇总后上报县社保机构。

第三十三条 对通过第三十一条和第三十二条发现的疑似丧失城乡居民养老保险待遇领取资格人员,社保机构应当暂停待遇发放,并调查核实。对调查核实后确定仍然具备待遇领取资格的人员,社保机构应当立即恢复发放,并补发停发期间的城乡居民养老保险待遇。

第三十四条 待遇领取人员出现本规程第三十七条有关情况的,社保机构应从其出现情况的次月起停止发放城乡居民养老保险待遇。

第三十五条 对待遇领取人员死亡后被冒领的城乡居民养老保险待遇,县社保机构应按照规定责令有关人员退还。拒不退还的,县社保机构应将详细信息移交给有关部门依法处理。

第三十六条 对因未及时办理注销登记而多领取的城乡居民养老保险待遇,县社保机构直接从被注销人员的个人账户余额和丧葬补助金中抵扣;不足抵扣的,应责令有关人员予以退还;拒不退还的,县社保机构应将详细信息移交给有关部门依法处理。

第六章 注 销 登 记

第三十七条 出现以下情形之一的应当进行注销登记,终止其城乡居民养老保险关系:参保人员死亡、丧失国籍或已享受其他基本养老保障待遇。

第三十八条 社保机构办理注销登记时,应遵循告知承诺制,不得要求参保人员、指定受益人或法定继承人提供死亡证明或关系证明等材料。

参保人员死亡的,社保机构应允许其指定受益人或法定继承人通过互联网服务渠道,上传指定受益人或法定继承人的有效身份证件,填写《城乡居民基本养老保险注销登记表》(以下简称《注销表》)作出承诺,办理注销登记,或携带其指定受益人或法定继承人本人有效身份证件,通过线下服务渠道,填写《注销表》作出承诺,现场办理。

丧失国籍或已享受其他基本养老保障待遇的,社保机构应允许参保人员通过互联网服务渠道,上传本人的有效身份证件,填写《注销表》作出承诺,办理注销登记,或参保人员携带本人有效身份证件,通过线下服务渠道,填写《注销表》作出承诺,现场办理。

第三十九条　县社保机构应通过数据比对等方式,对注销登记信息进行审核,并自收到注销登记申请的5个工作日内告知审核结果。审核通过的,应同时在信息系统中进行确认,留存《注销表》、有效身份证件信息资料和申请材料,结算被注销人员的个人账户余额和丧葬补助金额。

第七章　关系转续

第四十条　参保人员已经按规定领取城乡居民养老保险待遇的,无论户籍是否迁移,其养老保险关系不转移,继续在原参保地领取待遇,待遇领取资格确认工作按照有关规定执行。

在本县范围内迁移户籍的参保人员,不转移城乡居民养老保险关系,直接办理户籍地址变更登记手续。

第四十一条　在缴费期间,参保人员跨省、市、县转移的,转入地社保机构应允许参保人员通过互联网服务渠道,上传本人居民身份证,填写《城乡居民基本养老保险关系转入申请表》(以下简称《转入申请表》),向转入地提出关系转入申请,或参保人员携带居民身份证和变更后的户口簿通过转入地线下服务渠道,填写《转入申请表》现场办理。

第四十二条　转入地县社保机构受理转入申请后,应通过数据比对核实相关信息,并自收到转入申请的5个工作日内告知审核结果。

第四十三条　转入申请审核通过后,转入地县社保机构应在规定时限内通过社会保险关系转移系统(以下简称转移系统)向转出地县社保机构发出《城乡居民基本养老保险关系转入接收函》(以下简称《接收函》)。

转出地县社保机构通过转移系统下载《接收函》后,应及时对申请转移的参保人员相关信息进行核实,在业务系统为参保人员进行结息处理,生成《城乡居民基本养老保险关系转出审批表》(以下简称《审批表》),通过转移系统传送给转入地县社保机构,并按照第二十七至二十九条有关规定,于次月通过金融机构将参保人员个人账户储存额一次性划拨到转入地县社保机构指定的银行账户,终止申请转移人员的城乡居民养老保险关系,并按照规定保留原有记录备查。

转入地县社保机构通过转移系统下载《审批表》,确认转入的个人账户储存额足额到账后,应及时进行实收处理,通过转移系统做办结反馈处理,将参保、转移信息录入业务系统,为转入人员建立及记录个人账户,并告知转入人员个人账户记录信息。

第四十四条 参保人员对转入的个人账户记录有异议的,社保机构应允许参保人员通过线下服务渠道提供证据材料,提出核查申请。接到申请后,转入地县社保机构应及时联系转出地县社保机构进行处理,并告知参保人员处理结果。

第四十五条 转移过程中,参保人员可通过转入地的互联网服务渠道查询业务办理进度。

第八章 基金管理

第四十六条 社保机构应按照《财政部 人力资源社会保障部 国家卫生计生委关于印发〈社会保险基金财务制度〉的通知》(财社〔2017〕144号)《财政部关于印发〈社会保险基金会计制度〉的通知》(财会〔2017〕28号)和《财政部关于印发〈新旧社会保障基金会计制度有关衔接问题的处理规定〉的通知》(财会〔2017〕29号)的规定,与税务、财政部门共同加强城乡居民养老保险基金管理。

第四十七条 社保机构应内设财务管理部门或相应专业工作岗位,分别配备专职会计和出纳。

第四十八条 城乡居民养老保险基金收入户、支出户、财政专户应在县人力资源社会保障部门、财政部门共同认定的金融机构开设。收入户用于归集城乡居民养老保险基金,暂存该账户的利息收入、转移收入及其他收入,除向财政专户划转基金、向上级经办机构缴拨基金、原渠道退回保险费收入外,不得发生其他支付业务,原则上月末无余额。支出户用于支付和转出城乡居民养老保险基金,除接收财政专户拨入的基金、上级经办机构拨付基金、暂存该账户利息收入、原渠道退回支付资金外,不得发生其他收入业务。支出户应预留1到2个月的周转资金,确保城乡居民养老保险待遇按时足额发放。

第四十九条 年度终了前,统筹地区社保机构应会同税务部门,按照规定表式、时间和编制要求,综合考虑本年预算执行情况、下一年度经济社会发展水平以及社会保险工作计划等因素,编制下一年度城乡居民养老保险基金预算草案,报同级社会保险行政部门审核汇总。

各级社保机构应严格按照批复预算执行,定期向同级财政部门和社会保险行政部门报告预算执行情况,并主动接受监督检查。

第五十条 社保机构应按照《财政部关于印发中央对地方专项转移支付管理办法的通知》(财预〔2015〕230号)的有关规定结算和申请财政补助资金。

第五十一条 年度终了,统筹地区社保机构应按照规定编制年度社会保险基金决算草案，报同级社会保险行政部门审核汇总。

第九章 统 计 管 理

第五十二条 社保机构应设置统计工作岗位，明确工作人员职责，开展常规统计和专项统计调查等工作，按规定上报统计信息，及时准确地提供统计信息服务。

第五十三条 社保机构应按照统计报表制度，完成统计数据的采集和报表的编制、审核、汇总、上报等工作。统计报表应内容完整、数据准确、上报及时。

第五十四条 社保机构应定期整理各类业务数据，建立统计台账，实现数据来源的可追溯查询。

第五十五条 统计工作人员应做好城乡居民养老保险统计数据定期和专项分析工作，用于经办管理服务的评估与决策。

第十章 档 案 管 理

第五十六条 城乡居民养老保险业务档案管理应按《社会保险业务档案管理规定（试行）》进行收集、整理、归档，确保业务档案有效保管、安全完整。

第五十七条 县社保机构负责保管业务档案，应配备专门的管理人员和必要的设施、场所，确保业务档案的安全，并根据需要配备适应档案现代化管理要求的技术设备。

第五十八条 县社保机构应按《社会保险业务档案管理规定（试行）》，对城乡居民养老保险业务档案进行档案利用、鉴定和销毁，对永久和长期保管的业务档案，应定期向同级档案管理部门移交。

第五十九条 经办过程中产生的电子档案，社保机构应按照《国务院关于在线政务服务的若干规定》进行规范管理，按照档案管理要求及时以电子形式归档。电子档案可不再以纸质形式归档和移交。

第十一章 稽 核 内 控

第六十条 社保机构应按照《社会保险稽核办法》，建立健全城乡居民养老保险稽核制度。稽核部门应对各项业务的办理和基金管理、使用情况进行日常检查，督促各个岗位人员严格履行经办程序，准确、完整记录各类信息，并按照档案管理的要求进行归档。

第六十一条 社保机构应重点稽核城乡居民养老保险的参保资格、待遇领取资格、财政补助资金到位、重复享受待遇等情况，认真核查虚报、冒领养老金情况和欺诈行为。

第六十二条 社保机构应根据《社会保险经办机构内部控制暂行办法》，健全内部控制制度，防范各类经办风险。社保机构应合理设置工作岗位，明确岗位职责，岗位之间、业务环节之间应相互监督、相互制衡，做到业务、财务分离，经办、复核等不相容岗位相互分离。社保机构还应建立责任追究制度。

第六十三条　上级社保机构要对下级社保机构的各项业务经办活动、基金收支行为等内部管理制度的执行情况进行有效监督,并对其执行制度的情况进行考评。

第十二章　宣传、咨询及举报受理

第六十四条　社保机构应通过新闻媒体及印发宣传手册等手段,采取各种通俗易懂、灵活多样的方式,有针对性地向城乡居民宣传城乡居民养老保险政策及业务办理流程。

第六十五条　社保机构和乡镇(街道)事务所应积极开展城乡居民养老保险政策咨询服务活动。实行首问负责制,及时受理咨询。

第六十六条　各级社保机构应公布举报电话和监督电话,及时受理举报,并对举报情况及时进行处理。

社保机构应建立举报奖励制度,所需资金列入同级财政预算。

第十三章　附　　则

第六十七条　本规程所称有效身份证件,包括居民身份证、社会保障卡、港澳台居民居住证、外国人居留证、外国人护照等有效身份证件。

第六十八条　城乡居民养老保险与其他基本养老保险制度衔接的业务经办工作,参照《城乡养老保险制度衔接经办规程(试行)》(人社厅发〔2014〕25号)执行。

第六十九条　本规程由人力资源社会保障部负责解释。

第七十条　本规程从印发之日起实施。《人力资源社会保障部关于印发城乡居民基本养老保险经办规程的通知》(人社部发〔2014〕23号)同时废止。

附件:(略)

4.事业单位基本养老保险

国务院关于机关事业单位工作人员养老保险制度改革的决定

1. 2015年1月3日
2. 国发〔2015〕2号

各省、自治区、直辖市人民政府,国务院各部委、各直属机构:

按照党的十八大和十八届三中、四中全会精神,根据《中华人民共和国社会保险法》等相关规定,为统筹城乡社会保障体系建设,建立更加公平、可持续的养老保险制度,国务院决定改革机关事业单位工作人员养老保险制度。
一、改革的目标和基本原则。以邓小平理论、"三个代表"重要思想、科学发展观为指导,深入贯彻党的十八大、十八届三中、四中全会精神和党中央、国务院决策部署,坚持全覆盖、保基本、多层次、可持续方针,以增强公平性、适应流动性、保证可持续性为重点,改革现行机关事业单位工作人员退休保障制度,逐步建立独立于机关事业单位之外、资金来源多渠道、保障方式多层次、管理服务社会化的养老保险体系。改革应遵循以下基本原则:

(一)公平与效率相结合。既体现国民收入再分配更加注重公平的要求,又体现工作人员之间贡献大小差别,建立待遇与缴费挂钩机制,多缴多得、长缴多得,提高单位和职工参保缴费的积极性。

(二)权利与义务相对应。机关事业单位工作人员要按照国家规定切实履行缴费义务,享受相应的养老保险待遇,形成责任共担、统筹互济的养老保险筹资和分配机制。

(三)保障水平与经济发展水平相适应。立足社会主义初级阶段基本国情,合理确定基本养老保险筹资和待遇水平,切实保障退休人员基本生活,促进基本养老保险制度可持续发展。

(四)改革前与改革后待遇水平相衔接。立足增量改革,实现平稳过渡。对改革前已退休人员,保持现有待遇并参加今后的待遇调整;对改革后参加工作的人员,通过建立新机制,实现待遇的合理衔接;对改革前参加工作、改革后退休的人员,通过实行过渡性措施,保持待遇水平不降低。

(五)解决突出矛盾与保证可持续发展相促进。统筹规划、合理安排、量力而行,准确把握改革的节奏和力度,先行解决目前城镇职工基本养老保险制度不统一的突出矛盾,再结合养老保险顶层设计,坚持精算平衡,逐步完善相关制度和政策。

二、改革的范围。本决定适用于按照公务员法管理的单位、参照公务员法管理的机关(单位)、事业单位及其编制内的工作人员。

三、实行社会统筹与个人账户相结合的基本养老保险制度。基本养老保险费由单位和个人共同负担。单位缴纳基本养老保险费(以下简称单位缴费)的比例为本单位工资总额的20%,个人缴纳基本养老保险费(以下简称个人缴费)的比例为本人缴费工资的8%,由单位代扣。按本人缴费工资8%的数额建立基本养老保险个人账户,全部由个人缴费形成。个人工资超过当地上年度在岗职工平均工资300%以上的部分,不计入个人缴费工资基数;低于当地上年度在岗职工平均工资60%的,按当地在岗职工平均工资的60%计算个人缴费工资基数。

个人账户储存额只用于工作人员养老,不得提前支取,每年按照国家统一公布的记账利率计算利息,免征利息税。参保人员死亡的,个人账户余额可以依法继承。

四、改革基本养老金计发办法。本决定实施后参加工作、个人缴费年限累计满15年的人员,退休后按月发给基本养老金。基本养老金由基础养老金和个人账户养老金组成。退休时的基础养老金月标准以当地上年度在岗职工月平均工资和本人指数化月平均缴费工资的平均值为基数,缴费每满 1 年发给 1%。个人账户养老金月标准为个人账户储存额除以计发月数,计发月数根据本人退休时城镇人口平均预期寿命、本人退休年龄、利息等因素确定(详见附件)。

本决定实施前参加工作、实施后退休且缴费年限(含视同缴费年限,下同)累计满 15 年的人员,按照合理衔接、平稳过渡的原则,在发给基础养老金和个人账户养老金的基础上,再依据视同缴费年限长短发给过渡性养老金。具体办法由人力资源社会保障部会同有关部门制定并指导实施。

本决定实施后达到退休年龄但个人缴费年限累计不满 15 年的人员,其基本养老保险关系处理和基本养老金计发比照《实施〈中华人民共和国社会保险法〉若干规定》(人力资源社会保障部令第 13 号)执行。

本决定实施前已经退休的人员,继续按照国家规定的原待遇标准发放基本养老金,同时执行基本养老金调整办法。

机关事业单位离休人员仍按照国家统一规定发给离休费,并调整相关待遇。

五、建立基本养老金正常调整机制。根据职工工资增长和物价变动等情况,统筹安排机关事业单位和企业退休人员的基本养老金调整,逐步建立兼顾各类人员的养老保险待遇正常调整机制,分享经济社会发展成果,保障退休人员基本生活。

六、加强基金管理和监督。建立健全基本养老保险基金省级统筹;暂不具备条件的,可先实行省级基金调剂制度,明确各级人民政府征收、管理和支付的责任。机关事业单位基本养老保险基金单独建账,与企业职工基本养老保险基金分别管理使用。基金实行严格的预算管理,纳入社会保障基金财政专户,实行收支两条线管理,专款专用。依法加强基金监管,确保基金安全。

七、做好养老保险关系转移接续工作。参保人员在同一统筹范围内的机关事业单位之间流动,只转移养老保险关系,不转移基金。参保人员跨统筹范围流动或在机关事业单位与企业之间流动,在转移养老保险关系的同时,基本养老保险个人账户储存额随同转移,并以本人改革后各年度实际缴费工资为基数,按 12% 的总和转移基金,参保缴费不足 1 年的,按实际缴费月数计算转移基金。转移后基本养老保险缴费年限(含视同缴费年限)、个人账户储存额累计计算。

八、建立职业年金制度。机关事业单位在参加基本养老保险的基础上,应当为其工作人员建立职业年金。单位按本单位工资总额的 8% 缴费,个人按本人缴费工资的 4% 缴费。工作人员退休后,按月领取职业年金待遇。职业年金的具体办法由人力资源社会保障部、财政部制定。

九、建立健全确保养老金发放的筹资机制。机关事业单位及其工作人员应按规定及时足额缴纳养老保险费。各级社会保险征缴机构应切实加强基金征缴,做到应收尽收。各级政府应积极调整和优化财政支出结构,加大社会保障资金投入,确保基本养老金按时足额发放,同时为建立职业年金制度提供相应的经费保障,确保机关事业单位养老保险制度改革平稳推进。

十、逐步实行社会化管理服务。提高机关事业单位社会保险社会化管理服务水平，普遍发放全国统一的社会保障卡，实行基本养老金社会化发放。加强街道、社区人力资源社会保障工作平台建设，加快老年服务设施和服务网络建设，为退休人员提供方便快捷的服务。

十一、提高社会保险经办管理水平。各地要根据机关事业单位工作人员养老保险制度改革的实际需要，加强社会保险经办机构能力建设，适当充实工作人员，提供必要的经费和服务设施。人力资源社会保障部负责在京中央国家机关及所属事业单位基本养老保险的管理工作，同时集中受托管理其职业年金基金。中央国家机关所属京外单位的基本养老保险实行属地化管理。社会保险经办机构应做好机关事业单位养老保险参保登记、缴费申报、关系转移、待遇核定和支付等工作。要按照国家统一制定的业务经办流程和信息管理系统建设要求，建立健全管理制度，由省级统一集中管理数据资源，实现规范化、信息化和专业化管理，不断提高工作效率和服务质量。

十二、加强组织领导。改革机关事业单位工作人员养老保险制度，直接关系广大机关事业单位工作人员的切身利益，是一项涉及面广、政策性强的工作。各地区、各部门要充分认识改革工作的重大意义，切实加强领导，精心组织实施，向机关事业单位工作人员和社会各界准确解读改革的目标和政策，正确引导舆论，确保此项改革顺利进行。各地区、各部门要按照本决定制定具体的实施意见和办法，报人力资源社会保障部、财政部备案后实施。人力资源社会保障部要会同有关部门制定贯彻本决定的实施意见，加强对改革工作的协调和指导，及时研究解决改革中遇到的问题，确保本决定的贯彻实施。

本决定自2014年10月1日起实施，已有规定与本决定不一致的，按照本决定执行。

附件：个人账户养老金计发月数表（略）

机关事业单位工作人员基本养老保险经办规程

1. 2015年3月25日人力资源和社会保障部发布
2. 人社部发〔2015〕32号
3. 自2014年10月1日起施行

第一章 总 则

第一条 为做好机关事业单位基本养老保险经办管理服务工作，根据《国务院关于机关事业单位工作人员养老保险制度改革的决定》(国发〔2015〕2号,以下简称《决定》)和《人力资源社会保障部财政部关于贯彻落实〈国务院关于机关事业单位工作人员养老保险制度改革的决定〉的通知》(人社部发〔2015〕28号,以下简称《通知》),制定本规程。

第二条 本规程适用于经办机关事业单位基本养老保险的各级社会保险经办机构(以下简称社保经办机构)。

第三条 机关事业单位基本养老保险业务实行属地化管理,由县级及以上社保经办机构负责办理。在京中央国家机关事业单位基本养老保险业务由人力资源社会保障部社会保险事业管理中心负责经办,京外的中央国家机关事业单位基本养老保险业务由属地社保经办机构负责经办。

第四条 各省(自治区、直辖市)、新疆生产建设兵团(以下简称省级)社保经办机构应依据本规程制定本地区机关事业单位基本养老保险业务经办管理办法、内控和稽核制度;会同财政部门制定本地区机关事业单位基本养老保险基金财务管理办法和会计核算办法实施细则;负责组织实施机关事业单位基本养老保险省级统筹工作;实行省级基金调剂制度的,编制机关事业单位基本养老保险基金调剂计划;参与机关事业单位基本养老保险信息系统建设和管理。省级和地(市、州,以下简称地级)社保经办机构负责组织指导和监督考核本地区各级社保经办机构开展机关事业单位基本养老保险经办管理服务工作;做好基金管理、财政补助资金的结算和划拨;编制、汇总、上报本地区机关事业单位基本养老保险基金预决算、财务和统计报表;负责机关事业单位基本养老保险个人权益记录管理和数据应用分析;组织开展宣传和人员培训等工作。

　　县(市、区、旗,以下简称县级)社保经办机构负责机关事业单位基本养老保险参保登记、申报核定、保险费征收、个人账户管理、关系转移、待遇核定与支付、基金管理;编制上报本级基金预、决算,财务和统计报表;数据应用分析;领取待遇资格认证;个人权益记录管理;审计稽核与内控管理;档案管理;咨询、查询和举报受理等工作。(地级及以上社保经办机构直接经办机关事业单位基本养老保险业务的参照执行。下同)

第五条 机关事业单位基本养老保险基金实行省级统筹,暂不具备条件的可先实行省级基金调剂制度。

　　每年的1月1日至12月31日为一个业务核算年度,按年核定缴费基数,按月缴费。核算以人民币为记账本位币,"元"为金额单位,元以下记至角分。核算期间的起讫日期采用公历日期。

第六条 机关事业单位基本养老保险管理信息系统(以下简称信息系统)纳入金保工程,由人力资源社会保障部组织开发,全国统一使用。数据信息实行省级集中管理。

第七条 机关事业单位基本养老保险关系转移接续经办规程另行制定。

第二章 参保登记

第八条 用人单位应当自成立之日起30日内向社保经办机构申请办理参保登记，填报《社会保险登记表》（附件1），并提供以下证件和资料：

（一）有关职能部门批准单位成立的文件；

（二）《组织机构代码证》（副本）；

（三）事业单位还需提供《事业单位法人登记证书》（副本）；参照《公务员法》管理的单位还需提供参照《公务员法》管理相关文件；

（四）单位法定代表人（负责人）的任职文件和身份证；

（五）省级社保经办机构规定的其他证件、资料。

社保经办机构审核用人单位报送的参保登记资料，对符合条件的，在15日内为用人单位办理参保登记手续，确定社会保险登记编号，建立社会保险登记档案资料，登记用人单位基本信息，向用人单位核发《社会保险登记证》（具体样式详见《社会保险登记管理暂行办法》原劳动和社会保障部1号令附件3）；对资料不全或不符合规定的，应一次性告知用人单位需要补充和更正的资料或不予受理的理由。

第九条 参保单位名称、地址、法定代表人（负责人）、机构类型、组织机构代码、主管部门、隶属关系、开户银行账号、参加险种以及法律法规规定的社会保险其他登记事项发生变更时，应当在登记事项变更之日起30日内，向社保经办机构申请办理变更登记，填报《机关事业单位基本养老保险参保单位信息变更申报表》（附件2），并提供以下证件和资料：

（一）与变更登记事项对应的相关资料；

（二）《社会保险登记证》；

（三）省级社保经办机构规定的其他证件、资料。

社保经办机构审核参保单位报送的变更登记申请资料，对符合条件的，在15日内为参保单位办理变更登记手续。变更内容涉及《社会保险登记证》登记事项的，收回参保单位原《社会保险登记证》，按变更后的内容重新核发《社会保险登记证》；对资料不全或不符合规定的，应一次性告知参保单位需要补充和更正的资料或不予受理的理由。

第十条 参保单位因发生撤销、解散、合并、改制、成建制转出等情形，依法终止社会保险缴费义务的，应自有关部门批准之日起30日内，向社保经办机构申请办理注销社会保险登记，填报《机关事业单位基本养老保险参保单位信息变更申报表》，并提供以下证件和资料：

（一）注销社会保险登记申请；

（二）《社会保险登记证》；

（三）批准撤销、解散、合并、改制的法律文书或文件或有关职能部门批准成建制转出的文件；

(四)省级社保经办机构规定的其他证件、资料。

社保经办机构审核参保单位报送的注销登记申请资料,参保单位有欠缴社会保险费的,社保经办机构应告知参保单位缴清应缴纳的社会保险费、利息、滞纳金等后,对符合条件的,在15日内为参保单位办理注销登记手续,收回《社会保险登记证》;对资料不全或不符合规定的,应一次性告知参保单位需要补充和更正的资料或不予受理的理由。

第十一条　社保经办机构对已核发的《社会保险登记证》实行定期验证和换证制度。参保单位应按年填报《社会保险登记证验证表》(附件3),并提供以下证件和资料:

(一)《社会保险登记证》;

(二)《组织机构代码证》(副本);

(三)事业单位还需提供《事业单位法人登记证书》(副本);

(四)省级社保经办机构规定的其他证件、资料。

社保经办机构审核参保单位报送的验证登记申请资料,核查社会保险登记事项、社会保险费缴纳情况等内容。对符合条件的,及时为参保单位办理验证手续,在《社会保险登记证》和《社会保险登记证验证表》上加盖"社会保险登记证审核专用章";对资料不全的,应一次性告知参保单位需要补充的资料。

《社会保险登记证》有效期4年。有效期满,社保经办机构应为参保单位更换。

第十二条　参保单位遗失《社会保险登记证》的,应及时向社保经办机构申请补办,填报《机关事业单位基本养老保险参保单位信息变更申报表》,并提供以下证件和资料:

(一)《组织机构代码证》(副本);

(二)事业单位还需提供《事业单位法人登记证书》(副本);

(三)省级社保经办机构规定的其他证件、资料。

社保经办机构审核参保单位报送的补证登记申请资料,对符合条件的,应在15日内为参保单位办理补证手续,重新核发《社会保险登记证》;对资料不全或不符合规定的,应一次性告知参保单位需要补充和更正的资料或不予受理的理由。

第十三条　社保经办机构为参保单位核发《社会保险登记证》后,参保单位向社保经办机构申报办理人员参保登记手续,填报《机关事业单位工作人员基本信息表》(附件4),并提供以下证件和资料:

(一)工作人员有效身份证件(复印件);

(二)县级及以上党委组织部门、人力资源和社会保障行政部门正式录用通知书、调令、任职文件或事业单位聘用合同等;

(三)省级社保经办机构规定的其他证件、资料。

社保经办机构审核参保单位报送的人员参保登记资料,对符合条件的,录入人员参保登记信息,建立全国统一的个人社会保障号码(即公民身份号码),进行人员参保登记处理并为其建立个人账户,对资料不全或不符合规定的,应一次性告知参保单位需要补充和更正的资料或不予受理的理由。属于涉及国家安全、保密等特殊人群的,可采用专门方式采集相关信息,并作特殊标记。

第十四条　参保人员登记信息发生变化时,参保单位应当在30日内,向社保经办机构申请办理参保人员信息变更登记业务,填报《机关事业单位基本养老保险参保人员信息变更表》(附件5),并提供以下证件和资料:

(一)参保人员有效身份证件或社会保障卡;

(二)变更姓名、公民身份号码等关键基础信息的,需提供公安部门证明;变更出生日期、参加工作时间、视同缴费年限等特殊信息的,需提供本人档案及相关部门审批认定手续;

(三)省级社保经办机构规定的其他证件、资料。

社保经办机构审核参保单位报送的参保人员信息变更申请资料,对符合条件的,进行参保人员信息变更;对资料不全或不符合规定的,应一次性告知参保单位需要补充和更正的资料或不予受理的理由。

第十五条　对参保人员死亡、达到法定退休年龄前丧失中华人民共和国国籍等原因终止养老保险关系的,参保单位向社保经办机构申请办理参保人员养老保险关系终止业务,填报《机关事业单位基本养老保险参保人员业务申报表》(附件6),并提供以下证件和资料:

(一)参保人员死亡的,需提供社会保障卡、居民死亡医学证明书或其他死亡证明材料;

(二)丧失中华人民共和国国籍的,需提供定居国护照等相关资料;

(三)省级社保经办机构规定的其他证件、资料。

社保经办机构审核参保单位报送的参保人员终止登记申请资料,对符合条件的,录入参保人员终止登记信息,进行人员参保终止处理。

第三章　申报核定

第十六条　参保单位应每年统计上年度本单位及参保人员的工资总额,向社保经办机构申报《机关事业单位基本养老保险工资总额申报表》(附件7)。新设立的单位及新进工作人员的单位,应在办理社会保险登记或申报人员变更的同时,一并申报工作人员起薪当月的工资。

第十七条　参保单位按规定申报工资总额后,社保经办机构应及时进行审核,对审核合格的,建立参保单位及参保人员缴费申报档案资料及数据信息,生成参保单位及参保人员缴费基数核定数据;对资料不全或不符合规定的,应一次性告知参保单位需要补充和更正的资料或重新申报。

社保经办机构审核时,参保人员月缴费基数按照本人上年度月平均工资核定;新设立单位和参保单位新增的工作人员按照本人起薪当月的月工资核定。本人上年度月平均工资或起薪当月的月工资低于上年度全省在岗职工月平均工资60%的,按60%核定;超过300%的,按300%核定。单位月缴费基数为参保人员月缴费基数之和。

在上年度全省在岗职工月平均工资公布前,参保人员缴费基数暂按上年度月缴费基数执行。待上年度全省在岗职工月平均工资公布后,据实重新核定月缴费基数,并结算差额。

参保单位未按规定申报的,社保经办机构暂按上年度核定缴费基数的110%核定,参保单位补办申报手续后,重新核定并结算差额。在一个缴费年度内,参保单位初次申报后,其余月份应申报人员增减、缴费基数变更等规定事项的变动情况;无变动的,可以不申报。

第十八条　参保单位因新招录、调入、单位合并等原因增加人员或因工作调动、辞职、死亡等原因减少人员,应从起薪或停薪之月办理人员增加或减少。参保单位应及时填报《机关事业单位基本养老保险参保人员业务申报表》,并提供以下证件和资料:

(一)有关部门出具的相关手续;

(二)省级社保机构规定的其他证件、资料。

社保经办机构审核参保单位报送的人员增减资料,对符合条件的,办理人员增减手续,调整缴费基数并记录社会保险档案资料和数据信息;对资料不全或不符合规定的,应一次性告知参保单位需要补充更正的资料或不予受理的理由。

第十九条　因参保单位申报或根据人民法院、人事仲裁、社保稽核等部门的相关文书和意见,需变更缴费基数或缴费月数的,参保单位向社保经办机构申报办理,填报《机关事业单位基本养老保险参保人员业务申报表》,并提供以下资料:

(一)变更人员对应的工资记录;

(二)相关部门出具的文书和意见;

(三)省级社保经办机构规定的其他证件、资料。

社保经办机构审核参保单位报送的申请资料,对符合条件的,为其办理基本养老保险费补收手续,并记录相关信息,打印补缴通知;对资料不全或不符合规定的,应一次告知参保单位需要补充和更正的资料或不予受理的理由。

第二十条　因参保单位多缴、误缴基本养老保险费需退还的,参保单位向社保经办机构申报办理,填报《机关事业单位基本养老保险参保人员业务申报表》,并提供以下证件和资料:

(一)缴费凭证等相关资料;

(二)省级社保机构规定的其他证件、资料。

社保经办机构审核参保单位报送的申请资料,对符合条件的,为其办理基本养老保险费退还手续,并记录相关信息,打印退费凭证;对资料不全或不符合规定的,应一次告知参保单位需要补充和更正的资料或不予受理的理由。

第四章 基金征缴

第二十一条 社保经办机构负责征收基本养老保险费。社保经办机构应与参保单位和银行签订委托扣款协议,采取银行代扣方式进行征收;参保单位也可按照政策规定的其他方式缴纳。

第二十二条 社保经办机构根据参保单位申报的人员增减变化情况,及时办理基本养老保险关系建立、中断、恢复、转移、终止、缴费基数调整等业务,按月生成《机关事业单位基本养老保险费征缴通知单》(附件8),交参保单位;同时生成基本养老保险费征缴明细。实行银行代扣方式征收的,征缴明细按照社保经办机构与银行协商一致的格式传递给银行办理养老保险费征收业务。

第二十三条 参保单位和参保人员应按时足额缴纳基本养老保险费;参保人员个人应缴纳的基本养老保险费,由所在单位代扣代缴。

第二十四条 社保经办机构对银行反馈的基本养老保险费当月到账明细进行核对,无误后进行财务到账处理;及时据实登记应缴、实缴、当期欠费等,生成征收台账。

第二十五条 参保单位因不可抗力无力缴纳养老保险费的,应提出书面申请,经省级社会保险行政部门批准后,可以暂缓缴纳一定期限的养老保险费,期限不超过1年,暂缓缴费期间免收滞纳金。到期后,参保单位必须全额补缴欠缴的养老保险费。

第二十六条 参保单位欠缴养老保险费的,应按照《社会保险法》和《社会保险费申报缴纳管理规定》(人社部第20号令)有关规定缴清欠费。

第五章 个人账户管理

第二十七条 社保经办机构应为参保人员建立个人账户,用于记录个人缴费及利息等社会保险权益。个人账户包括个人基本信息、缴费信息和支付信息、转移接续信息、终止注销信息等内容。

《决定》实施时在机关事业单位工作的人员,个人账户建立时间从《决定》实施之月开始,之后参加工作的人员,从其参加工作之月起建立个人账户。

第二十八条 参保人员存在两个及以上个人账户的,其原个人账户储存额部分,应与现个人账户合并计算。存在重复缴费的,由现参保地社保经办机构与本人协商确定保留其中一个基本养老保险关系和个人账户,同时其他关系予以清理,个人账户储存额退还本人,相应的个人缴费年限不重复计算。

第二十九条 参保单位和参保人员按时足额缴费的,社保经办机构按月记入个人账户。参保单位或参保人员未按时足额缴费,视为欠缴,暂不记入个人账户,待参保单位补齐欠缴本息后,按补缴时段补记入个人账户。

第三十条 对按月领取基本养老金的退休人员,根据本人退休时个人账户养老金,按月冲减个人账户储存额。待遇调整增加的基本养老金,按本人退休时月个人账户养老金占月基本养老金的比例计算个人账户应支付金额,按月冲减个人账户储存额。

第三十一条 每年的1月1日至12月31日为一个结息年度,社保经办机构应于一个结息年度结束后根据上年度个人账户记账额及个人账户储存额,计算个人账户利息,并记入个人账户。记账利率由国家确定并公布。

参保人员办理退休或一次性领取个人账户储存额时,社保经办机构应对其个人账户储存额进行即时计息结转,以后每年按规定对退休人员个人账户支付养老金后的余额部分进行计息结转。办理跨统筹区、跨制度转移手续的参保人员,转出地社保经办机构在关系转出当年不计息结转;转入地社保经办机构从关系转入当年起计息。

当年个人记账利率公布前,发生待遇支付的,个人账户储存额按照公布的上一年度记账利率计算利息,当年个人账户记账利率公布后,不再重新核定。

第三十二条 社保经办机构对中断缴费的个人账户应进行封存,中断缴费期间按规定计息。社保经办机构对恢复缴费的参保人员个人账户记录进行恢复,中断缴费前后个人账户储存额合并计算。

第三十三条 办理参保人员终止登记手续后,参保单位可代参保人员或继承人向社保经办机构申领个人账户储存额(退休人员为个人账户余额)。社保经办机构完成支付手续后,终止参保人员基本养老保险关系。

第三十四条 参保人员养老保险关系发生跨统筹、跨制度范围转移时,转出地社保经办机构在基金转出后,终止参保人员个人账户;转入地社保经办机构在转入基金到账后,为转入人员记录个人账户。

第三十五条 参保人员对个人账户记录的信息有异议时,参保单位可凭相关资料向社保经办机构申请核查。社保经办机构核实后,对确需调整的,按规定程序审批后予以修改,保留调整前的记录,记录调查信息,将调整结果通知参保单位。

第六章 待遇管理

第三十六条 待遇核定主要包括参保人员退休待遇申报核定、待遇调整核定、遗属待遇支付核定、病残津贴支付核定、个人账户一次性支付核定等内容。

第三十七条 参保人员符合退休条件的,参保单位向社保经办机构申报办理退休人员待遇核定,填报《机关事业单位基本养老保险参保人员养老保险待遇申领表》(附件9),并提供以下证件和资料:

(一)参保人员有效身份证件或社会保障卡;

(二)按现行人事管理权限审批的退休相关材料;

(三)省级社保经办机构规定的其他证件、资料。

社保经办机构应及时对申报资料进行审核,对符合条件的,根据退休审批认定的参保人员出生时间、参加工作时间、视同缴费年限、退休类别以及实际缴费情况等计算退休人员的基本养老金,在过渡期内,应按《通知》的规定进行新老待遇计发办法对比,确定养老保险待遇水平,及时记录退休人员信息,打印《机关事业单位基本养老保险参保人员基本养老金计发表》(附件10),交参保单位。对资料不全或不符合规定的,应一次告知参保单位需要补充和更正的资料或不予受理的理由。参保单位应当将核定结果告知参保人员。

第三十八条 社保经办机构应依据国家政策规定和统一部署,按照本地区机关事业单位退休人员基本养老金调整的规定,对机关事业单位退休人员养老保险待遇进行调整。具体操作规程由省级社保经办机构制定。

第三十九条 参保单位应在参保人员符合国家政策规定的病残津贴领取条件时向社保经办机构申报办理病残津贴领取手续,填报《机关事业单位基本养老保险参保人员养老保险待遇申领表》,并提供以下证件和资料:

(一)参保人员有效身份证件或社会保障卡;

(二)按现行人事管理权限审批的相关材料;

(三)省级社保经办机构规定的其他证件、资料。

社保经办机构应及时对申报资料进行审核,对符合领取病残津贴条件的,计算申报人员的病残津贴,核定金额,并及时记录数据信息,打印机关事业单位工作人员病残津贴计发表单,交参保单位。对资料不全或不符合规定的,应一次性告知参保单位需要补充和更正的资料或不予受理的理由。参保单位应当将核定结果告知参保人员。

第四十条 参保人员因病或非因工死亡后,参保单位向社保经办机构申请办理领取丧葬补助金、抚恤金手续,填报《机关事业单位基本养老保险参保人员一次性支付申报表》(附件11),并提供以下证件和资料:

(一)参保人员社会保障卡、居民死亡医学证明书或其他死亡证明材料;

(二)指定受益人或法定继承人有效身份证件、与参保人员关系证明;

(三)省级社保经办机构规定的其他证件、资料。

社保经办机构应及时对申报资料进行审核,对符合条件的,计算丧葬补助金、抚恤金,核定金额,打印《机关事业单位基本养老保险参保人员丧抚费核定表》(附件12),交参保单位。对资料不全或不符合规定的,应一次性告知参保单位需要补充和更正的资料或不予受理的理由。

第四十一条 办理参保人员终止登记手续后,参保单位向社保经办机构申请办理个人账户一次性支付手续,填报《机关事业单位基本养老保险参保人员一次性支付申报表》,并提供以下证件和资料:

(一)参保人员死亡的,需提供社会保障卡和居民死亡医学证明书或其他死亡证明材料;指定受益人或法定继承人有效身份证件;与参保人员关系证明;

(二)参保人员丧失中华人民共和国国籍的,需提供定居国护照等相关资料;

(三)省级社保机构规定的其他证件、资料。

社保经办机构应及时对申报资料进行审核。对符合条件的,计算并核定个人账户一次性支付金额,打印《机关事业单位基本养老保险个人账户一次性支付核定表》(附件13),交参保单位,并及时记录支付信息,终止基本养老保险关系。对资料不全或不符合规定的,应一次告知参保单位或参保人员本人(指定受益人或法定继承人)需要补充和更正的资料或不予受理的理由。参保单位应当将核定结果告知领取人。

第四十二条　参保单位或参保人员本人(或指定受益人、法定继承人)对社保经办机构核定的待遇支付标准有异议,可在60个工作日内向社保经办机构提出重新核定申请。社保经办机构应予以受理复核,并在15日内告知其复核结果;对复核后确需调整的,应重新核定并保留复核及修改记录。

第四十三条　社保经办机构每月根据上月待遇支付记录、当月退休人员增减变化及待遇数据维护等信息,进行支付月结算。

第四十四条　基本养老金、病残津贴等按月支付的待遇由社保经办机构委托银行实行社会化发放;个人账户一次性支付和丧葬补助金、抚恤金等一次性支付待遇可委托参保单位发放,或委托银行实行社会化发放。

第四十五条　社保经办机构对银行每月反馈的发放明细核对无误后及时进行账务处理,编制支付台账,进行支付确认处理。对发放不成功的,及时会同银行查找原因,及时解决,并再次发放。

第七章　领取待遇资格认证

第四十六条　社保经办机构每年对退休人员开展基本养老金领取资格认证工作。社保经办机构在核发待遇时,主动告知退休人员应每年参加资格认证。

第四十七条　社保经办机构要与公安、卫计、民政部门及殡葬管理机构、街道(乡镇)、社区(村)、退休人员原工作单位等建立工作联系机制,全面掌握退休人员待遇领取资格的变化情况。

第四十八条　退休人员领取养老金资格认证可通过社保经办机构直接组织,依托街道、社区劳动就业和社会保障平台以及原工作单位协助等方式进行。退休人员因年老体弱或患病,本人不能办理资格认证的,由本人或委托他人提出申请,社保经办机构可派人上门办理。

异地居住的退休人员由参保地社保经办机构委托居住地社保经办机构进行异地协助认证。出境定居的退休人员,通过我国驻该居住国的使领馆申办健在证明或领事认证,居住地尚未与我国建交的,由我国驻国有关机构或有关代管使领馆办理健在证明或领事认证。

第四十九条　社保经办机构应通过资格认证工作,不断完善退休人员信息管理,对发生变更的及时予以调整并根据资格认证结果进行如下处理:

(一)退休人员在规定期限内通过资格认证且符合养老保险待遇领取资格

的,继续发放养老保险待遇。

(二)退休人员在规定期限内未认证的,社保经办机构应暂停发放基本养老金。退休人员重新通过资格认证后,从次月恢复发放并补发暂停发放月份的基本养老金。

(三)退休人员失踪、被判刑、死亡等不符合领取资格的,社保经办机构应暂停或终止发放基本养老金,对多发的养老金应予以追回。

第八章 基金管理

第五十条 机关事业单位基本养老保险基金按照管理层级、单独建账、独立核算,纳入社会保障基金财政专户,实行收支两条线管理,专款专用,任何部门、单位和个人均不得挤占挪用。

第五十一条 机关事业单位基本养老保险基金按照社会保险财务、会计制度相关规定及管理层级设立收入户、支出户、财政专户。

第五十二条 社保经办机构定期将收入户资金缴存财政专户。实行省级基金调剂制度的,上解的省级调剂金由下级社保经办机构支出户上解至省级社保经办机构收入户。

第五十三条 社保经办机构根据批准的基金年度预算及执行进度,按月向财政部门提出用款申请。经核准后,由财政部门及时将资金拨付至支出户。实行省级基金调剂制度的,下拨的调剂金由省级社保经办机构支出户拨付到下级社保经办机构收入户。

第五十四条 社保经办机构应定期与开户银行对账,保证账账、账款、账实相符。暂收、暂付款项应定期清理,及时予以偿付或收回。

第五十五条 机关事业单位基本养老保险基金的会计核算采用收付实现制,会计记账使用借贷记账法。

第五十六条 会计处理方法前后各期一致,会计科目口径一致。确需变更的,应将变更情况、原因和对会计报表的影响在财务情况说明中予以说明。

第五十七条 基金收入包括养老保险费收入、利息收入、财政补贴收入、转移收入、上级补助收入、下级上解收入、其他收入等。

社保经办机构根据银行回单、社会保险基金专用收据、财政专户缴拨凭证等原始凭证,按照《社会保险基金会计制度》的规定,及时填制记账凭证,进行会计核算。

第五十八条 基金支出包括养老保险待遇支出、转移支出、补助下级支出、上解上级支出、其他支出等。

社保经办机构根据银行回单、支出汇总表、财政专户缴拨凭证等原始凭证,按照《社会保险基金会计制度》的规定,及时填制记账凭证,进行会计核算。

第五十九条 社保经办机构根据记账凭证登记银行存款日记账和明细分类账。按照科目汇总记账凭证,编制科目汇总表,登记总分类账。

第六十条 社保经办机构根据总分类账、明细分类账等,编制月、季、年会计报表。

第六十一条 社保经办机构编制下一年度基金预算草案。预算草案经省级人力资源社会保障部门审核汇总,财政部门审核后,列入省级人民政府预算,报省级人民代表大会审议。实行省级调剂金制度的,基金预算编制程序由各省自行制定。

由于客观因素造成执行与预算偏差较大的,社保经办机构要及时编制基金预算调整方案,并按预算编报的程序上报。

第六十二条 省级社保经办机构每年年终进行基金决算。核对各项收支情况,清理往来款项,同开户银行、财政专户对账,并进行年终结账。年度终了后,根据规定的表式、时间和要求,编制年度基金财务报告,包括资产负债表、收支表、有关附表以及财务情况说明。

决算报告经省级人力资源社会保障部门审核汇总,财政部门审核后,列入省级人民政府决算报告,报省级人民代表大会审议。实行省级基金调剂制度的,基金决算报告编制程序由各省自行制定。

社保经办机构进行基金年度报告。年度终了后,根据规定的表式、时间和要求,编制机关事业单位基本养老保险基金年度报告。年度报告包括资产负债表、收支表和暂收、暂付款明细表,以及年度基金运行分析等。

第九章 统 计 分 析

第六十三条 社保经办机构建立统计工作制度,完善统计指标体系,遵照全面、真实、科学、审慎和及时的原则开展统计工作。应用社会保险数据、社会经济数据,利用信息化手段和统计方法进行分析,结合联网数据,按季、年分主题开展精细化分析。根据制度改革和实际工作需要,开展必要的统计调查。

第六十四条 社保经办机构应根据统计指标、统计分组和精算基础数据采集要求,定期整理、加工各类业务数据,并汇总相关信息,建立台账,以此作为编制统计报表和撰写分析报告的主要依据,实现数据来源的可追溯查询。统计指标和精算基础数据采集指标应根据政策变化及时调整完善。

第六十五条 社保经办机构应按照《人力资源社会保障统计报表制度》和上级有关要求,做好定期统计和专项统计工作,认真收集统计数据,编制统计报表,做到内容完整,数据准确;严格审核,按程序汇总,及时上报。

第六十六条 加强数据比对分析,提高统计数据与基金数据、联网数据等同口径、同指标数据的一致性。

第六十七条 社保经办机构应定期或不定期进行统计、精算分析,根据实际工作需要进行专项分析和日常测算分析,形成分析报告,为政策决策、基金预算管理、收支计划管理、基金运行风险监测、政策和管理效率评估提供支持。

第六十八条 省级社保经办机构制定精算分析工作方案,采集并更新精算基础数据库、建立精算模型、确定参数假设、分析精算预测结果、撰写精算报告并及时报送。

第十章　稽核和内控

第六十九条　社保经办机构按照有关规定建立健全机关事业单位基本养老保险稽核制度和内控制度。县级及以上社保经办机构负责稽核、内控工作，依法对参保单位及其工作人员缴纳养老保险费情况、退休人员领取养老保险待遇情况进行核查；对社保经办机构内部职能部门、工作人员从事养老保险经办工作进行规范、监控和评价。

第七十条　社保经办机构应按照社会保险稽核办法及有关规定，开展养老保险费缴纳和待遇享受情况稽核。

第七十一条　社保经办机构核查发现未按时足额缴纳养老保险费或冒领养老保险待遇的，应责令补缴或退还被冒领待遇，不按规定补缴退还的，按照社会保险法等法律法规处理。

第七十二条　社保经办机构建立业务操作监控和内部监督机制。确定扫描时点或周期、监控范围、异常阈值、预警形式，对业务操作的合规性进行实时监控和内部监督。制定业务监控计划，对异常业务进行风险提示。制定内部监督计划，定期抽取或筛选业务复核检查，建立内部监督记录和台账。

第七十三条　社保经办机构应建立异常业务审查和处理机制。对疑似违规办理的业务，发出异常业务预警，进行核查处理。根据内部监督记录和有关证据提出整改意见，按程序报批后送相关环节执行，并跟踪监督。

第七十四条　社保经办机构应建立业务纠错机制。当发生业务经办错误，需要回退纠错时，对出错原因、错误类型、责任人等进行记录。相关经办人员填写回退纠错审批表，经负责人批准后，按照纠错时限要求，进行回退纠错业务处理。

第七十五条　社保经办机构根据业务风险程度实行分级管理，明确各项业务的经办权限和审批层级。

第十一章　档案管理

第七十六条　业务档案是指社保经办机构在办理业务过程中，直接形成的具有保存和利用价值的专业性文字材料、电子文档、图表、声像等不同载体的历史记录。

第七十七条　社保经办机构应按照《社会保险业务档案管理规定（试行）》（人社部令3号）的要求，对业务材料做好收集、整理、立卷、归档、保管、统计、利用、鉴定销毁、移交和数字化处理等工作，保证业务档案真实、完整、安全和有效。

第七十八条　业务材料收集遵循"谁经办谁收集"的原则。社保经办机构按照业务档案分类方案结合办结时间，按件收集办结的业务材料。一笔业务形成的业务表单和相关审核凭证为一件，每件业务材料按照"业务表单在前、审核凭证在后，重要凭证在前、次要凭证在后"的原则顺序排列；凭证排列顺序应与业务表单名册中人员顺序保持一致。电子业务材料的收集应与纸质业务材料同步。

第七十九条 社保经办机构应按照业务档案分类方案和档案整理要求,定期对应归档的业务材料进行收集、整理。整理后的业务材料应与业务经办系统中的经办明细进行核对,并打印业务经办明细目录。

第八十条 社保经办机构应对收集整理后的业务材料及时组卷,并通过信息系统进行编号和编目。组卷时视经办业务量大小可按月、季或年度组卷,但不能跨年组卷。案卷内材料应按照案卷封面、卷内文件目录(业务经办明细目录)、业务材料、卷内备考表的顺序依次排列。

第八十一条 业务档案立卷后应定期归集到档案管理部门集中保管。档案管理部门对归集的业务档案,通过业务经办明细核对归档业务材料数目并进行案卷质量审核。检验合格后,与业务部门办理归档交接手续,做到账物相符。

第八十二条 社保经办机构应按照相关规定对业务档案进行数字化处理。新生成业务材料应遵循"业务经办与档案数字化同步办结、同步收集、同步整理、同步归档"的原则,生成业务档案。

第八十三条 社保经办机构应定期对业务经办中初次采集、其他系统转入、业务系统转换产生的重要电子信息和系统元数据进行归档备份,并按照相关规定管理。

第八十四条 基金会计档案包括会计凭证、会计账簿和会计报表等资料。社保经办机构应按照《会计档案管理办法》的相关规定管理。

第八十五条 社保经办机构应设置专门的档案库房,指定专职档案管理人员进行管理。应按照档案管理"九防"要求,完善防护设备和管理措施,维护档案的完整安全。

第八十六条 档案管理部门应定期统计分析业务档案收集整理、归档移交、保管利用等情况。

第八十七条 社保经办机构应积极主动地依法依规就可开放的业务档案面向参保对象、行政管理等相关部门提供档案信息查询服务,并做好档案信息利用登记。在确保档案和信息安全的前提下,拓展业务档案利用渠道,提升利用效能。

第八十八条 应由相关负责人、档案管理人员和经办人员组成业务档案鉴定小组,负责业务档案鉴定。对达到或超过保管期限的业务档案定期组织销毁鉴定,提出销毁或延长保管期限的意见。对经过鉴定可以销毁的业务档案,应编制销毁清册,按规定销毁。

第十二章 个人权益记录管理

第八十九条 社保经办机构通过业务经办、统计、调查等方式获取参保人员相关社会保险个人权益信息,同时,应当与工商、民政、公安、机构编制等部门通报的情况进行核对。

第九十条　社保经办机构应当配备社会保险个人权益记录保管的场所和设施设备，安排专门工作人员对社会保险个人权益数据进行管理和日常维护，不得委托其他单位或者个人单独负责社会保险个人权益数据维护工作。社会保险个人权益信息的采集、保管和维护等环节涉及的书面材料应当存档备查。

第九十一条　社保经办机构每年应至少一次向参保人员寄送个人权益记录情况。

第九十二条　社保经办机构应向参保单位及参保人员开放社会保险个人权益记录查询程序，界定可供查询的内容，通过社保经办机构大厅、网点、自助终端、电话、网站、移动终端等方式提供公共服务。

第九十三条　参保人员持社会保障卡可以向社保经办机构查询个人权益信息、核对其缴费和享受社会保险待遇记录；领取养老保险待遇等。

第十三章　信　息　管　理

第九十四条　社保经办机构和信息机构应做好数据采集、审核、保管、维护、查询、使用、保密、安全、备份等管理工作。

第九十五条　信息系统采用省级集中部署模式，按照省级集中的要求，由省级人社部门负责建设实施，通过业务专网支持省内各级社保经办机构开展机关事业单位基本养老保险业务。

第九十六条　应做好信息系统分级授权管理，按照"最小授权、权限分离"的原则进行划分，各岗位间的权限保持相互独立、相互制约、相互监督。数据库管理按照数据库安全有关规定执行。

第九十七条　建立健全信息系统安全防护体系和安全管理制度，加强应急预案管理和灾难恢复演练。针对信息系统数据集中、应用分散的特点，采取访问控制、病毒防范、入侵检测等基础安全防护措施。

第九十八条　社保经办机构可向参保单位提供网上申报、缴费、查询、下载等经办服务。网上经办业务包括：单位网上申报、单位网上查询；个人网上查询；网上支付；业务办理预约服务；投诉、建议及解答；个人权益记录打印等。通过互联网经办业务的，应当采取安全措施，确保数据安全。

第十四章　附　则

第九十九条　本规程由人力资源社会保障部负责解释。

第一百条　本规程从2014年10月1日起实施。

　　附件：(略)

在京中央国家机关事业单位
工作人员养老保险制度改革实施办法

1. 2015年12月21日人力资源社会保障部、财政部发布
2. 人社部发〔2015〕112号
3. 自2014年10月1日起施行

　　根据《国务院关于机关事业单位工作人员养老保险制度改革的决定》(国发〔2015〕2号)、《国务院办公厅关于印发机关事业单位职业年金办法的通知》(国办发〔2015〕18号)和《人力资源社会保障部、财政部关于贯彻落实〈国务院关于机关事业单位工作人员养老保险制度改革的决定〉的通知》(人社部发〔2015〕28号)等规定,结合在京中央国家机关事业单位实际,制定本办法。

一、改革的目标和基本原则

　　(一)改革的目标。以邓小平理论、"三个代表"重要思想和科学发展观为指导,坚持全覆盖、保基本、多层次、可持续方针,以增强公平性、适应流动性、保证可持续性为重点,改革在京中央国家机关事业单位现行机关事业单位工作人员退休保障制度,逐步建立独立于机关事业单位之外、资金来源多渠道、保障方式多层次、管理服务社会化的养老保险体系。

　　(二)基本原则。在京中央国家机关事业单位实施机关事业单位养老保险制度改革应当坚持公平与效率相结合、权利与义务相对应、保障水平与经济发展水平相适应、改革前与改革后待遇水平相衔接、解决突出矛盾与保持可持续发展相促进的原则。

二、改革的范围

　　本办法适用于按照(参照)公务员法管理的在京中央国家机关(单位)、事业单位及其编制内的工作人员。具体是指法人注册地在北京,且执行在京中央国家机关规范津贴补贴和在京中央事业单位绩效工资政策的中央国家机关和事业单位编制内工作人员。

　　事业单位是指,根据《中共中央、国务院关于分类推进事业单位改革的指导意见》(中发〔2011〕5号)有关规定进行分类改革后的公益一类、二类事业单位。

　　对于目前划分为生产经营类,但尚未转企改制到位的事业单位,已参加北京市企业职工基本养老保险的仍继续参加;尚未参加的,暂参加在京中央国家机关事业单位基本养老保险,待其转企改制到位后,按有关规定纳入北京市企业职工基本养老保险范围。

对于目前尚未确定分类类型的事业单位,已参加北京市企业职工基本养老保险的仍继续参加;尚未参加的,暂参加在京中央国家机关事业单位基本养老保险,待其分类类型确定并改革到位后,纳入相应的养老保险制度。

要严格按照机关事业单位编制管理规定确定参保人员范围。编制外人员应依法参加企业职工基本养老保险。对于编制管理不规范的单位,要先按照有关规定进行清理规范,待明确工作人员身份后再纳入相应的养老保险制度。

三、基本养老保险基金筹集

实行社会统筹与个人账户相结合的基本养老保险制度。基本养老保险费由单位和个人共同负担。用人单位应当及时申报、按时足额缴纳养老保险费。单位缴纳基本养老保险费(以下简称单位缴费)的比例为本单位上年度工资总额的20%,计入社会统筹基金。个人缴纳基本养老保险费(以下简称个人缴费)的比例为本人上年度缴费工资的8%,由单位代扣。本单位工资总额为参加机关事业单位养老保险工作人员的个人缴费工资基数之和。

机关单位(含参公管理的单位)工作人员的个人缴费工资基数包括:本人上年度工资收入中的基本工资、国家统一的津贴补贴(警衔津贴、海关津贴等国家统一规定纳入原退休费计发基数的项目)、规范后的津贴补贴(地区附加津贴)、工改保留补贴、在京中央国家机关适当补贴、年终一次性奖金。

事业单位工作人员的个人缴费工资基数包括:本人上年度工资收入中的基本工资、国家统一的津贴补贴(国家统一规定纳入原退休费计发基数的项目)、工改保留补贴、绩效工资(限高线以下部分)。

其余项目暂不纳入个人缴费工资基数。

2014年10月1日至2014年12月31日的个人缴费基数按照2013年度本人工资收入中包含的个人缴费基数项目确定。2015年度及以后年度的个人缴费基数按上年度本人工资收入中包含的个人缴费基数项目确定。个人缴费工资基数超过北京市上年度职工平均工资300%以上的部分以及事业单位绩效工资超过限高线的部分,不计入个人缴费工资基数;低于北京市上年度职工平均工资60%的,按北京市上年度职工平均工资的60%计算个人缴费工资基数。

在京中央国家机关事业单位外派到国(境)外的工作人员,由原单位以其档案工资中包含的个人缴费基数项目并参照本单位同类人员的国内工资标准确定个人缴费基数。

四、基本养老保险个人账户

按本人缴费工资8%的数额建立基本养老保险个人账户,全部由个人缴费形成。个人账户储存额只用于工作人员养老,不得提前支取,每年按照国家统一公布的记账利率计算利息,免征利息税。参保人员死亡的,个人账户余额可以依法继承。

基本养老保险个人账户记账利率按照国家统一规定执行。

五、基本养老金计发办法

（一）本办法实施后参加工作、个人缴费年限累计满 15 年的人员，退休后按月发给基本养老金。基本养老金由基础养老金和个人账户养老金组成。退休时的基础养老金月标准以北京市上年度在岗职工月平均工资和本人指数化月平均缴费工资的平均值为基数，缴费每满 1 年发给 1%。个人账户养老金月标准为个人账户储存额除以计发月数，计发月数根据本人退休时城镇人口平均预期寿命、本人退休年龄、利息等因素确定（详见附件）。

（二）本办法实施前参加工作、实施后退休且缴费年限（含视同缴费年限，下同）累计满 15 年的人员（以下简称"中人"），按照合理衔接、平稳过渡的原则，在发给基础养老金和个人账户养老金的基础上，再依据视同缴费年限长短发给过渡性养老金。"中人"具体过渡办法另行制定。

（三）对于改革前曾参加企业职工基本养老保险、改革后参加机关事业单位基本养老保险的工作人员，其参加企业职工基本养老保险的实际缴费年限应予确认，不认定为视同缴费年限，并与参加机关事业单位基本养老保险的实际缴费年限合并计算。其他情形视同缴费年限的认定，按照国家有关规定执行。在本人退休时，根据其实际缴费年限、视同缴费年限及对应的视同缴费指数等因素计发基本养老金。

（四）本办法实施后达到退休年龄但个人缴费年限累计不满 15 年的人员，其基本养老保险关系处理和基本养老金计发比照《实施〈中华人民共和国社会保险法〉若干规定》（人力资源社会保障部令第 13 号）执行。

（五）本办法实施前为编制内工作人员且已经退休的，继续按照国家规定的原待遇标准发放基本养老金，其纳入在京中央国家机关事业单位养老保险基金支付的项目为国家规定的基本退休费、退休人员补贴和其他国家统一规定的补贴（在京中央国家机关适当补贴、工改保留补贴以及教龄津贴、护龄津贴、特级教师津贴等按原标准 100% 发给部分），同时执行基本养老金调整办法；其它项目（政府特殊津贴、提租补贴、取暖费、物业费等）仍从原渠道列支。本办法实施前为编制外工作人员且已经退休的，参加北京市企业职工养老保险并按规定领取养老待遇。

（六）机关事业单位离休人员按照国家统一规定发给离休费，并调整相关待遇。具体办法由人力资源社会保障部会同有关部门制定。

六、基本养老金调整

根据职工工资增长和物价变动等情况，国家统筹安排在京中央国家机关事业单位退休人员的基本养老金调整，逐步建立兼顾各类人员的养老保险待遇正常调整机制，分享经济社会发展成果，保障退休人员基本生活。

七、基金管理和监督

在京中央国家机关事业单位及其工作人员应按规定及时足额缴纳养老保险

费。养老保险基金单独统筹,实行收支两条线,纳入社会保障基金财政专户,专款专用。依法加强基金监管,确保基金安全。

在京中央国家机关事业单位执行统一的机关事业单位基本养老保险制度和政策,统一基本养老保险缴费比例和缴费基数项目,统一基本养老金计发办法、统筹项目和标准以及基本养老金调整办法,统一编制和实施基本养老保险基金预算。按照国家统一制定的业务经办流程和信息管理系统建设要求,统一基本养老保险业务经办规程和管理制度,统一建设信息管理系统,实现集中管理数据资源。机关事业单位基本养老保险基金财务管理办法另行制定。

八、养老保险关系转移接续

参保人员在京中央国家机关事业单位之间流动,只转移养老保险关系,不转移基金。参保人员跨统筹范围流动或在机关事业单位与企业之间流动,在转移养老保险关系的同时,基本养老保险个人账户储存额随同转移,并以本人改革后各年度实际缴费工资为基数,按12%的总和转移统筹基金,参保缴费不足1年的,按实际缴费月数计算转移基金。转移后基本养老保险缴费年限(含视同缴费年限)、个人账户储存额累计计算。

九、职业年金制度

在京中央国家机关事业单位在参加基本养老保险的基础上,应当为其工作人员建立职业年金。单位按本单位工资总额的8%缴费,个人按本人缴费工资基数的4%缴费。工作人员退休后,按月领取职业年金待遇。在京中央国家机关事业单位的职业年金基金由人力资源社会保障部负责集中受托管理;中央国家机关所属京外单位的职业年金实行属地化管理。具体办法按照国办发〔2015〕18号文件执行。

十、其他政策

(一)改革前已经参加北京市企业职工养老保险、事业单位分类后划分为公益一类或二类的在京中央国家机关所属事业单位及其编制内的工作人员,参加在京中央国家机关事业单位养老保险。其中,在职人员可按规定将其养老保险关系转续至机关事业单位养老保险,退休时按照有关规定计发待遇;改革前已经退休的人员,继续按原有待遇标准发放养老金,同时执行基本养老金调整办法。

(二)参加在京中央国家机关事业单位养老保险的单位中的编制内劳动合同制工人,按规定参加在京中央国家机关事业单位养老保险。其中,已参加北京市企业职工养老保险的,在职人员按规定将其养老保险关系转续至机关事业单位养老保险,退休时按照有关规定计发待遇;改革前已经退休的人员,继续按原有待遇标准发放养老金,同时执行机关事业单位基本养老金调整办法。

(三)驻外外交人员随任配偶属在京中央国家机关事业单位编制内人员的,参加在京中央国家机关事业单位养老保险,具体办法按《关于加强驻外外交人员随任配偶保障工作的通知》(外发〔2006〕35号)执行。

（四）改革后获得省部级以上劳模、有重大贡献的高级专家等荣誉称号的在京中央国家机关事业单位工作人员，在职时给予一次性奖励，退休时不再提高基本退休费计发比例，奖励所需资金不得从养老保险基金中列支。对于改革前已获得此类荣誉称号的工作人员，本人退休时给予一次性退休补贴并支付给本人，资金从原渠道列支。一次性退休补贴标准由人力资源社会保障部会同相关部门根据平衡衔接的原则予以确定。符合原有加发退休费情况的其他人员，按照上述办法处理。

（五）曾有企业工作经历的中央国家机关事业单位工作人员，在企业工作期间应缴未缴养老保险费的，应按企业职工养老保险有关规定补缴后将养老保险关系转续至机关事业单位养老保险；未按规定补缴的，应缴未缴的工作年限作为中断缴费年限。

（六）改革后，按照国家有关政策和干部管理权限，经批准可适当延长退休年龄的工作人员，继续参保缴费。其中少数人员年满70岁时仍继续工作的，个人可以选择继续缴费，也可以选择不再继续缴费。待正式办理退休手续时，按规定计发养老待遇。

十一、养老保险经办能力建设

人力资源社会保障部社会保险事业管理中心负责在京中央国家机关事业单位养老保险参保登记、申报核定、保险费征收、养老保险关系转移、待遇核定和支付、稽核与内控等工作。要优化业务经办流程，建立健全管理制度，实现规范化、信息化和专业化管理，逐步提高在京中央国家机关事业单位社会保险社会化管理服务水平，实行基本养老金社会化发放，不断提高工作效率和服务质量。

在京中央国家机关事业单位工作人员养老保险信息系统由人力资源社会保障部统一规划建设、集中部署实施，并与中央编办、财政部等部门和相关商业银行的系统相衔接，实现业务协同和信息共享。由北京市发放全国统一的社会保障卡，支持养老保险业务管理和服务。利用互联网、移动终端、自助一体机等渠道，建设一体化的公共服务系统，为机关事业单位及工作人员提供便捷、高效、安全的服务。

十二、组织实施工作要求

机关事业单位养老保险制度改革，涉及在京中央国家机关事业单位工作人员的切身利益，是一项涉及面广、政策性强的工作。各部门要制定贯彻国发〔2015〕2号文件的工作方案，明确工作任务、分工和要求，并报人力资源社会保障部、财政部备案。要切实加强领导，精心组织实施，采取宣传、培训等方式向机关事业单位工作人员准确解读改革的目标和政策，让他们关心和支持改革工作，保证改革顺利实施。要结合本部门实际，认真排查风险点，制定应对预案，把工作做实做细，保持社会稳定。人力资源社会保障部、财政部负责对本办法的执行情况进行监督检查。

本办法自 2014 年 10 月 1 日起实施,已有规定与本办法不一致的,按本办法执行。

本办法由人力资源社会保障部、财政部负责解释。

附件:个人账户养老金计发月数表(略,见国发〔2015〕2 号文件)

5. 职业年金

机关事业单位职业年金办法

1. 2015 年 3 月 27 日国务院办公厅发布
2. 国办发〔2015〕18 号
3. 自 2014 年 10 月 1 日起施行

第一条 为建立多层次养老保险体系,保障机关事业单位工作人员退休后的生活水平,促进人力资源合理流动,根据《国务院关于机关事业单位工作人员养老保险制度改革的决定》(国发〔2015〕2 号)等相关规定,制定本办法。

第二条 本办法所称职业年金,是指机关事业单位及其工作人员在参加机关事业单位基本养老保险的基础上,建立的补充养老保险制度。

第三条 本办法适用的单位和工作人员范围与参加机关事业单位基本养老保险的范围一致。

第四条 职业年金所需费用由单位和工作人员个人共同承担。单位缴纳职业年金费用的比例为本单位工资总额的 8%,个人缴费比例为本人缴费工资的 4%,由单位代扣。单位和个人缴费基数与机关事业单位工作人员基本养老保险缴费基数一致。

根据经济社会发展状况,国家适时调整单位和个人职业年金缴费的比例。

第五条 职业年金基金由下列各项组成:

(一)单位缴费;

(二)个人缴费;

(三)职业年金基金投资运营收益;

(四)国家规定的其他收入。

第六条 职业年金基金采用个人账户方式管理。个人缴费实行实账积累。对财政全额供款的单位,单位缴费根据单位提供的信息采取记账方式,每年按照国家统一公布的记账利率计算利息,工作人员退休前,本人职业年金账户的累计储存额由同级财政拨付资金记实;对非财政全额供款的单位,单位缴费实行实账积累。

实账积累形成的职业年金基金,实行市场化投资运营,按实际收益计息。

职业年金基金投资管理应当遵循谨慎、分散风险的原则,保证职业年金基金的安全性、收益性和流动性。职业年金基金的具体投资管理办法由人力资源社会保障部、财政部会同有关部门另行制定。

第七条 单位缴费按照个人缴费基数的8%计入本人职业年金个人账户;个人缴费直接计入本人职业年金个人账户。

职业年金基金投资运营收益,按规定计入职业年金个人账户。

第八条 工作人员变动工作单位时,职业年金个人账户资金可以随同转移。工作人员升学、参军、失业期间或新就业单位没有实行职业年金或企业年金制度的,其职业年金个人账户由原管理机构继续管理运营。新就业单位已建立职业年金或企业年金制度的,原职业年金个人账户资金随同转移。

第九条 符合下列条件之一的可以领取职业年金:

(一)工作人员在达到国家规定的退休条件并依法办理退休手续后,由本人选择按月领取职业年金待遇的方式。可一次性用于购买商业养老保险产品,依据保险契约领取待遇并享受相应的继承权;可选择按本人退休时对应的计发月数计发职业年金月待遇标准,发完为止,同时职业年金个人账户余额享有继承权。本人选择任一领取方式后不再更改。

(二)出国(境)定居人员的职业年金个人账户资金,可根据本人要求一次性支付给本人。

(三)工作人员在职期间死亡的,其职业年金个人账户余额可以继承。

未达到上述职业年金领取条件之一的,不得从个人账户中提前提取资金。

第十条 职业年金有关税收政策,按照国家有关法律法规和政策的相关规定执行。

第十一条 职业年金的经办管理工作,由各级社会保险经办机构负责。

第十二条 职业年金基金应当委托具有资格的投资运营机构作为投资管理人,负责职业年金基金的投资运营;应当选择具有资格的商业银行作为托管人,负责托管职业年金基金。委托关系确定后,应当签订书面合同。

第十三条 职业年金基金必须与投资管理人和托管人的自有资产或其他资产分开管理,保证职业年金财产独立性,不得挪作其他用途。

第十四条 县级以上各级人民政府人力资源社会保障行政部门、财政部门负责对本办法的执行情况进行监督检查。对违反本办法规定的,由人力资源社会保障行政部门和财政部门予以警告,责令改正。

第十五条 因执行本办法发生争议的,工作人员可按照国家有关法律、法规提请仲裁或者申诉。

第十六条 本办法自2014年10月1日起实施。已有规定与本办法不一致的,按照本办法执行。

第十七条 本办法由人力资源社会保障部、财政部负责解释。

职业年金基金管理暂行办法

1. 2016年9月28日人力资源社会保障部、财政部发布
2. 人社部发〔2016〕92号

第一章 总　则

第一条　为规范职业年金基金管理,维护各方当事人的合法权益,根据信托法、合同法、证券投资基金法、《国务院关于机关事业单位工作人员养老保险制度改革的决定》(国发〔2015〕2号)、《国务院办公厅关于印发机关事业单位职业年金办法的通知》(国办发〔2015〕18号)等法律及有关规定,制定本办法。

第二条　本办法所称职业年金基金,是指依法建立的职业年金计划筹集的资金及其投资运营收益形成的机关事业单位补充养老保险基金。职业年金基金的委托管理、账户管理、受托管理、托管、投资管理以及监督管理适用本办法。

第三条　本办法所称受益人是指参加职业年金计划的机关事业单位工作人员。委托人是指参加职业年金计划的机关事业单位及其工作人员。代理人是指代理委托人集中行使委托职责并负责职业年金基金账户管理业务的中央国家机关养老保险管理中心或省级社会保险经办机构。受托人是指受托管理职业年金基金财产的法人受托机构,托管人是指接受受托人委托保管职业年金基金财产的商业银行,投资管理人是指接受受托人委托投资管理职业年金基金财产的专业机构。

职业年金基金受托、托管和投资管理机构在具有相应企业年金基金管理资格的机构中选择。

第四条　职业年金基金采取集中委托投资运营的方式管理,其中,中央在京国家机关及所属事业单位职业年金基金由中央国家机关养老保险管理中心集中行使委托职责,各地机关事业单位职业年金基金由省级社会保险经办机构集中行使委托职责。代理人可以建立一个或多个职业年金计划,按计划估值和计算收益率,建立多个职业年金计划的,也可以实行统一收益率。一个职业年金计划应当只有一个受托人、一个托管人,可以根据资产规模大小选择适量的投资管理人。职业年金计划的基金财产,可以由投资管理人设立投资组合或由受托人直接投资养老金产品进行投资管理。

第五条　职业年金计划的代理人代理委托人与受托人签订职业年金计划受托管理合同,受托人与托管人、投资管理人分别签订职业年金计划委托管理合同。职业年金计划受托和委托管理合同由受托人报人力资源社会保障部或者省、自治区、直辖市人力资源社会保障行政部门备案,人力资源社会保障行政部门于收到符合

规定的备案材料之日起15个工作日内，出具职业年金计划确认函，给予职业年金计划登记号。职业年金计划名称、登记号及投资组合代码，按规定编制。

第六条 成立中央及省级职业年金基金管理机构评选委员会（以下简称评选委员会），负责通过招标形式选择、更换受托人。评选委员会人数为七人、九人或十一人，由人力资源社会保障部门、财政部门等方面人员组成，基金规模较大的机关事业单位和地区可派代表参加。评选委员会办公室设在中央国家机关养老保险管理中心及省级社会保险经办机构，承担相关事务工作。

评选委员会成员名单报人力资源社会保障部、财政部备案。

第七条 同一职业年金计划中，受托人与托管人、托管人与投资管理人不得为同一机构；受托人与托管人、托管人与投资管理人、投资管理人与其他投资管理人的高级管理人员和职业年金从业人员，不得相互兼任。

受托人兼任投资管理人时，应当建立风险控制制度，确保业务管理之间的独立性；设立独立的受托业务和投资业务部门，办公区域、运营管理流程和业务制度应当严格分离；直接负责的高级管理人员、受托业务和投资业务部门的从业人员不得相互兼任。同一职业年金计划中，受托人对待各投资管理人应当执行统一的标准和流程，体现公开、公平、公正原则。

第八条 职业年金基金财产独立于机关事业单位、各级社会保险经办机构、受托人、托管人、投资管理人和其他为职业年金基金管理提供服务的自然人、法人或者其他组织的固有财产及其管理的其他财产。

职业年金基金财产的管理、运用或者其他情形取得的财产和收益，应当归入基金财产。

第九条 机关事业单位、各级社会保险经办机构、受托人、托管人、投资管理人和其他为职业年金基金管理提供服务的法人或者其他组织，因机构调整、依法解散、被依法撤销或者被依法宣告破产等原因进行终止清算的，职业年金基金财产不属于其清算财产。

第十条 职业年金基金财产的债权，不得与机关事业单位、各级社会保险经办机构、受托人、托管人、投资管理人和其他为职业年金基金管理提供服务的自然人、法人或者其他组织固有财产的债务相互抵销。不同职业年金计划基金财产的债权债务，不得相互抵销。非因职业年金基金财产本身承担的债务，不得对基金财产强制执行。

第十一条 人力资源社会保障行政部门、财政部门对职业年金基金管理情况进行监管。

第二章 管理职责

第十二条 建立职业年金的机关事业单位应当履行下列职责：

（一）向管理其基本养老保险的社会保险经办机构申报职业年金缴费。

（二）机关事业单位职业年金缴费按期划入管理其基本养老保险的社会保险经办机构按有关规定设立的职业年金基金归集账户，省以下社会保险经办机构职业年金基金归集账户资金及时归集至省级社会保险经办机构职业年金基金归集账户，确保资金完整、安全和独立。职业年金基金归集账户设立和管理办法另行制定。

（三）根据有关规定，在本单位工作人员出现退休、出国（境）定居、死亡等情况时，向管理其基本养老保险的社会保险经办机构提出待遇支付申请，并协助发放职业年金待遇；在本单位工作人员变动工作单位时，向管理其基本养老保险的社会保险经办机构提出账户转移申请，并协助办理职业年金账户转移；在本单位工作人员出现上述情况或其他有关情况时，向同级财政提出拨付资金记实申请。

第十三条 代理人应当履行下列职责：

（一）代理委托人与受托人签订职业年金计划受托管理合同。

（二）设立独立的职业年金基金归集账户，归集职业年金缴费，账实匹配一致后按照职业年金计划受托管理合同约定及时将职业年金基金归集账户资金划入职业年金基金受托财产托管账户，确保资金完整、安全和独立。

（三）负责对归集账户进行会计核算。

（四）负责职业年金基金账户管理，记录单位和个人缴费以及基金投资收益等账户财产变化情况。

（五）计算职业年金待遇，办理账户转移等相关事宜。

（六）定期向受托人提供职业年金基金账户管理相关信息，向机关事业单位披露职业年金管理信息，向受益人提供个人账户信息查询服务。

（七）定期向有关监管部门提交职业年金计划管理报告和职业年金基金账户管理报告，发生重大事件时及时向建立职业年金的机关事业单位和有关监管部门报告。

（八）监督职业年金计划管理情况，建立职业年金计划风险控制机制。

（九）按照国家规定保存职业年金基金委托管理、账户管理等业务活动记录、账册、报表和其他相关资料。

（十）国家规定和合同约定的其他职责。

第十四条 代理人不得有下列行为：

（一）将职业年金基金财产混同于其他财产。

（二）侵占、挪用职业年金基金财产。

（三）利用所管理的职业年金基金财产为机关事业单位、受益人、代理人、受托人、托管人、投资管理人，以及归集账户开户银行和其他自然人、法人或者其他组织谋取不正当利益。

（四）国家规定和合同约定禁止的其他行为。

第十五条 受托人应当履行下列职责：

（一）选择、监督、更换职业年金计划托管人和投资管理人。

（二）与托管人和投资管理人签订职业年金计划委托管理合同。

（三）制定职业年金基金战略资产配置策略，提出大类资产投资比例和风险控制要求。

（四）基金财产到达受托财产托管账户25个工作日内划入投资资产托管账户。向投资管理人分配职业年金基金财产，也可根据职业年金计划受托管理合同约定将基金财产投资于一个或者多个养老金产品。

（五）及时与托管人核对受托财产托管账户的会计核算信息和职业年金基金资产净值等数据。

（六）根据代理人的通知，向托管人发出职业年金收账指令、待遇支付指令及其他相关信息。

（七）建立职业年金计划投资风险控制及定期考核评估制度，严格控制投资风险。

（八）接受代理人查询，定期向代理人提交基金资产净值等数据信息以及职业年金计划受托管理报告。

（九）定期向有关监管部门提交职业年金基金受托管理报告，发生重大事件时及时向代理人和有关监管部门报告。

（十）根据合同约定监督职业年金基金管理情况。

（十一）按照国家规定保存职业年金基金受托管理业务活动记录、账册、报表和其他相关资料。

（十二）国家规定和合同约定的其他职责。

第十六条 受托人不得有下列行为：

（一）将职业年金基金财产混同于其固有财产或者他人财产。

（二）不公平对待职业年金基金财产与其管理的其他财产。

（三）不公平对待其管理的不同职业年金基金财产。

（四）不公平对待各投资管理人。

（五）侵占、挪用职业年金基金财产。

（六）利用所管理的职业年金基金财产为机关事业单位、受益人、代理人、受托人、托管人、投资管理人，或者其他自然人、法人以及其他组织谋取不正当利益。

（七）国家规定和合同约定禁止的其他行为。

第十七条 托管人应当履行下列职责：

（一）安全保管职业年金基金财产。

（二）以职业年金基金名义开设基金财产的资金账户和证券账户等。

（三）对所托管的不同职业年金基金财产分别设置账户，确保基金财产的完整和独立。

（四）根据受托人指令，向投资管理人划拨职业年金基金财产，或者将职业年金基金财产划拨给一个或者多个养老金产品。

（五）及时办理清算、交割事宜。

（六）负责职业年金计划和各投资组合的基金会计核算和估值，复核、审查和确认基金资产净值，并按期向受托人提交基金资产净值、基金估值等必要的信息。

（七）根据受托人指令，向受益人发放职业年金待遇。

（八）定期与受托人、投资管理人核对有关数据。

（九）按照规定监督投资管理人的投资运作，并定期向受托人报告投资监督情况。

（十）定期向受托人提交职业年金计划托管报告，定期向有关监管部门提交职业年金基金托管报告，发生重大事件时及时向受托人和有关监管部门报告。

（十一）按照国家规定保存职业年金基金托管业务活动记录、账册、报表和其他相关资料。

（十二）国家规定和合同约定的其他职责。

第十八条　托管人发现投资管理人依据交易程序尚未成立的投资指令违反法律、行政法规、其他有关规定或者合同约定的，应当拒绝执行，立即通知投资管理人，并及时向受托人和有关监管部门报告。

托管人发现投资管理人依据交易程序已经成立的投资指令违反法律、行政法规、其他有关规定或者合同约定的，应当立即通知投资管理人，并及时向受托人和有关监管部门报告。

第十九条　托管人不得有下列行为：

（一）将托管的职业年金基金财产与其固有财产混合管理。

（二）将托管的职业年金基金财产与托管的其他财产混合管理。

（三）将托管的不同职业年金计划、不同职业年金投资组合的职业年金基金财产混合管理。

（四）侵占、挪用托管的职业年金基金财产。

（五）利用所管理的职业年金基金财产为机关事业单位、受益人、代理人、受托人、托管人、投资管理人，或者其他自然人、法人以及其他组织谋取不正当利益。

（六）国家规定和合同约定禁止的其他行为。

第二十条　投资管理人应当履行下列职责：

（一）对职业年金基金财产进行投资。

（二）及时与托管人核对投资管理的职业年金基金会计核算和估值数据。

（三）建立职业年金基金投资管理风险准备金。

（四）建立投资组合风险控制及定期评估制度，严格控制组合投资风险。

（五）定期向受托人提交职业年金计划投资组合管理报告，定期向有关监管部门提交职业年金基金投资管理报告，发生重大事件时及时向受托人和有关监管部门报告。

(六)按照国家规定保存职业年金基金投资管理业务活动记录、账册、报表和其他相关资料。

(七)国家规定和合同约定的其他职责。

第二十一条 有下列情形之一的,投资管理人应当及时向受托人报告:

(一)职业年金基金单位净值大幅度波动的。

(二)可能使职业年金基金财产受到重大影响的有关事项。

(三)国家规定和合同约定的其他情形。

第二十二条 投资管理人不得有下列行为:

(一)将职业年金基金财产混同于其固有财产或者他人财产。

(二)不公平对待职业年金基金财产与其管理的其他财产。

(三)不公平对待其管理的不同职业年金基金财产。

(四)侵占、挪用职业年金基金财产。

(五)承诺、变相承诺保本或者保证收益。

(六)利用所管理的职业年金基金财产为机关事业单位、受益人、代理人、受托人、托管人、投资管理人,或者其他自然人、法人以及其他组织谋取不正当利益。

(七)国家规定和合同约定禁止的其他行为。

第二十三条 有下列情形之一的,受托人、托管人或者投资管理人职责终止:

(一)严重违反职业年金计划受托或委托管理合同。

(二)利用职业年金基金财产为其谋取不正当利益,或者为他人谋取不正当利益。

(三)依法解散、被依法撤销、被依法宣告破产或者被依法接管。

(四)被依法取消企业年金基金管理资格。

(五)代理人有证据认为更换受托人符合受益人利益,并经评选委员会批准。

(六)受托人有证据认为更换托管人或者投资管理人符合受益人利益。

(七)有关监管部门有充分理由和依据认为更换受托人、托管人或者投资管理人符合受益人利益。

(八)国家规定和合同约定的其他情形。

受托人职责终止的,评选委员会应当及时选定新的受托人;托管人或者投资管理人职责终止的,受托人应当及时选定新的托管人或者投资管理人。原受托人、托管人、投资管理人应当妥善保管职业年金基金相关资料,并在受托人、托管人或者投资管理人变更生效之日起35个工作日内办理完毕业务移交手续,新受托人、托管人、投资管理人应当及时接收并履行相应职责。

第三章 基 金 投 资[①]

第二十四条 职业年金基金投资管理应当遵循谨慎、分散风险的原则,充分考虑职业年金基金财产的安全性、收益性和流动性,实行专业化管理。

第二十五条 职业年金基金财产限于境内投资,投资范围包括:银行存款,中央银行票据;国债,债券回购,信用等级在投资级以上的金融债、企业(公司)债、可转换债(含分离交易可转换债)、短期融资券和中期票据;商业银行理财产品,信托产品,基础设施债权投资计划,特定资产管理计划;证券投资基金,股票,股指期货,养老金产品等金融产品。

其中,投资商业银行理财产品、信托产品、基础设施债权投资计划、特定资产管理计划、股指期货及养老金产品,在国家有关部门另行规定之前,按照《关于扩大企业年金基金投资范围的通知》(人社部发〔2013〕23号)、《关于企业年金养老金产品有关问题的通知》(人社部发〔2013〕24号)等有关规定执行。

第二十六条 每个投资组合的职业年金基金财产应当由一个投资管理人管理,职业年金基金财产以投资组合为单位按照公允价值计算应当符合下列规定:

(一)投资银行活期存款、中央银行票据、一年期以内(含一年)的银行定期存款、债券回购、货币市场基金、货币型养老金产品的比例,合计不得低于投资组合委托投资资产净值的5%。清算备付金、证券清算款以及一级市场证券申购资金视为流动性资产。

(二)投资一年期以上的银行定期存款、协议存款、国债、金融债、企业(公司)债、可转换债(含分离交易可转换债)、短期融资券、中期票据、商业银行理财产品、信托产品、基础设施债权投资计划、特定资产管理计划、债券基金、固定收益型养老金产品、混合型养老金产品的比例,合计不得高于投资组合委托投资资产净值的135%。债券正回购的资金余额在每个交易日均不得高于投资组合基金资产净值的40%。

(三)投资股票、股票基金、混合基金、股票型养老金产品的比例,合计不得高于投资组合委托投资资产净值的30%。职业年金基金不得直接投资于权证,但因投资股票、分离交易可转换债等投资品种而衍生获得的权证,应当在权证上市交易之日起10个交易日内卖出。

(四)投资商业银行理财产品、信托产品、基础设施债权投资计划、特定资产管理计划,以及商业银行理财产品型、信托产品型、基础设施债权投资计划型、特定资产管理计划型养老金产品的比例,合计不得高于投资组合委托投资资产净值的30%。其中,投资信托产品以及信托产品型养老金产品的比例,合计不得高于投资组合委托投资资产净值的10%。

[①] 本章部分内容已被2016年《人力资源社会保障部关于调整年金基金投资范围的通知》调整,故本章内容与上述规定不一致的,以上述通知中的内容为准。

投资商业银行理财产品、信托产品、基础设施债权投资计划、特定资产管理计划或商业银行理财产品型、信托产品型、基础设施债权投资计划型、特定资产管理计划型养老金产品的专门投资组合，可以不受此30%和10%规定的限制。专门投资组合应当有80%以上的非现金资产投资于投资方向确定的内容。

第二十七条　单个投资组合的职业年金基金财产，按照公允价值计算应当符合下列规定：

（一）投资一家企业所发行的股票、单期发行的同一品种短期融资券、中期票据、金融债、企业（公司）债、可转换债（含分离交易可转换债），单只证券投资基金，分别不得超过上述证券发行量、该基金份额的5%，其中基金产品份额数以最近一次公告或者发行人正式说明为准，也不得超过该投资组合委托投资资产净值的10%。

（二）投资单期商业银行理财产品、信托产品、基础设施债权投资计划或者特定资产管理计划，分别不得超过该期商业银行理财产品、信托产品、基础设施债权投资计划或者特定资产管理计划资产管理规模的20%。投资商业银行理财产品、信托产品、基础设施债权投资计划或者特定资产管理计划的专门投资组合，可以不受此规定的限制。

第二十八条　单个计划的职业年金基金财产按照公允价值计算应当符合下列规定：

（一）投资股票型养老金产品的比例，不得高于职业年金基金资产净值的30%。

（二）投资商业银行理财产品、信托产品、基础设施债权投资计划、特定资产管理计划和商业银行理财产品型、信托产品型、基础设施债权投资计划型、特定资产管理计划型养老金产品的专门投资组合，以及商业银行理财产品型、信托产品型、基础设施债权投资计划型、特定资产管理计划型养老金产品的比例，合计不得高于职业年金基金资产净值的30%。其中，投资信托产品、信托产品型养老金产品的专门投资组合，以及信托型养老金产品的比例，合计不得高于职业年金基金资产净值的10%。

第二十九条　投资管理人管理的职业年金基金财产投资于自己管理的金融产品须经受托人同意。

第三十条　因证券市场波动、上市公司合并、基金规模变动等投资管理人之外的因素致使职业年金基金投资不符合本办法第二十六条、第二十七条、第二十八条规定的比例或者合同约定的投资比例的，投资管理人应当在可上市交易之日起10个交易日内调整完毕。

第三十一条　根据金融市场变化和投资运作情况，有关监管部门适时对投资范围和比例进行调整。

第三十二条　除股指期货交易外，职业年金基金证券交易以现货和国家规定的其他方式进行。

职业年金基金不得用于向他人贷款和提供担保。

投资管理人不得从事使职业年金基金财产承担无限责任的投资。

第四章 收益分配及费用

第三十三条 代理人应当采用份额计量方式进行账户管理,根据职业年金基金单位净值,按月足额记入受益人职业年金账户。

第三十四条 受托人年度提取的管理费不高于受托管理职业年金基金资产净值的0.2%;托管人年度提取的管理费不高于托管职业年金基金资产净值的0.2%;投资管理人年度提取的管理费综合考虑投资收益等情况确定,不高于投资管理职业年金基金资产净值的1.2%。

根据职业年金基金管理情况,有关监管部门适时对管理费进行调整。

第三十五条 投资管理人从当期收取的管理费中,提取20%作为职业年金基金投资管理风险准备金,专项用于弥补合同到期时所管理投资组合的职业年金基金当期委托投资资产的投资亏损。余额达到投资管理人所管理投资组合基金资产净值的10%时可以不再提取。

当合同到期时,如所管理投资组合的职业年金基金资产净值低于当期委托投资资产,投资管理人应当用风险准备金弥补该时点的当期委托投资资产亏损,直至该投资组合风险准备金弥补完毕;如所管理投资组合的职业年金基金当期委托投资资产没有发生投资亏损或者风险准备金弥补后有剩余,风险准备金划归投资管理人所有。

职业年金基金投资管理风险准备金应当存放于投资管理人在托管人处开立的专用存款账户。托管人不得对风险准备金账户收取费用。风险准备金由投资管理人进行管理,可以投资于银行存款、国债等高流动性、低风险金融产品。风险准备金产生的投资收益,归入风险准备金。

第五章 计划管理及信息披露

第三十六条 发生下列情形之一的,职业年金计划变更:

(一)职业年金计划受托人、托管人或者投资管理人变更。

(二)职业年金计划受托或委托管理合同主要内容变更。

(三)国家规定的其他情形。

发生前款规定情形时,受托人应当将相关职业年金计划受托或委托管理合同重新报人力资源社会保障行政部门备案。

职业年金计划变更,原计划登记号不变。

第三十七条 职业年金计划终止时,代理人与受托人应当共同组织清算组对职业年金基金财产进行清算。清算费用可从职业年金基金财产中列支。

清算组由代理人、受托人、托管人、投资管理人以及由代理人与受托人共同聘请的会计师事务所、律师事务所等组成。

二、养老保险 367

  清算组应当自计划终止后3个月内完成清算工作,并向有关监管部门提交经会计师事务所审计以及律师事务所出具法律意见书的清算报告。
  代理人与受托人、托管人、投资管理人应当继续履行管理职责至职业年金计划财产移交完成。
  人力资源社会保障行政部门在接到清算报告后,应当注销该职业年金计划。

第三十八条 发生下列情形之一的,代理人与受托人应当共同聘请具有证券期货相关业务资格的会计师事务所对职业年金计划进行审计。审计费用可从职业年金基金财产中列支。
  (一)职业年金计划连续运作满三个会计年度。
  (二)职业年金计划受托人、托管人或者投资管理人职责终止。
  (三)国家规定的其他情形。
  代理人、受托人、托管人、投资管理人应当配合会计师事务所对职业年金计划进行审计。受托人应当自上述情况发生之日起的50个工作日内向有关监管部门提交审计报告。

第三十九条 代理人应当在年度结束后45个工作日内,向机关事业单位披露职业年金管理信息,向受益人提供职业年金个人账户权益信息。
  代理人应当在季度结束后35个工作日内、年度结束后45个工作日内,向本级监管部门提交职业年金计划管理报告。
  代理人应当在季度结束后15个工作日内、年度结束后25个工作日内,向有关监管部门提交职业年金基金账户管理报告。

第四十条 受托人应当在季度结束后25个工作日内、年度结束后35个工作日内,向代理人提交职业年金计划受托管理报告。
  受托人应当在季度结束后15个工作日内、年度结束后25个工作日内,向有关监管部门提交职业年金基金受托管理报告。

第四十一条 托管人应当在季度结束后15个工作日内、年度结束后25个工作日内,向受托人提交职业年金计划托管报告。
  托管人应当在季度结束后15个工作日内、年度结束后25个工作日内,向有关监管部门提交职业年金基金托管报告。

第四十二条 投资管理人应当在季度结束后15个工作日内、年度结束后25个工作日内,向受托人提交经托管人确认财务管理数据的职业年金计划投资组合管理报告。
  投资管理人应当在季度结束后15个工作日内、年度结束后25个工作日内,向有关监管部门提交职业年金基金投资管理报告。

第四十三条 受托人、托管人和投资管理人发生下列情形之一的,应当及时向代理人和有关监管部门报告;托管人和投资管理人应当同时抄报受托人。
  (一)减资、合并、分立、依法解散、被依法撤销、决定申请破产或者被申请破产的。

（二）涉及重大诉讼或者仲裁的。

（三）董事长、总经理或直接负责职业年金业务的高级管理人员发生变动的。

（四）国家规定的其他情形。

第四十四条 代理人、受托人、托管人和投资管理人应当按照规定报告职业年金基金管理情况，并对所报告内容的真实性、准确性、完整性负责。

第六章 监督检查

第四十五条 有关监管部门依法履行监督管理职责，可以采取以下措施：

（一）查询、记录、复制与被调查事项有关的职业年金计划受托和委托管理合同、财务会计报告等资料。

（二）询问与被调查事项有关的单位和个人，要求其对有关问题做出说明、提供有关证明材料。

（三）国家规定的其他措施。

机关事业单位、各级社会保险经办机构、受托人、托管人、投资管理人，以及归集账户开户银行和其他为职业年金基金管理提供服务的自然人、法人或者其他组织，应当积极配合检查，如实提供有关资料，不得拒绝、阻挠或者逃避检查，不得谎报、隐匿或者销毁相关材料。

第四十六条 有关监管部门依法进行调查或者检查时，应当至少由两人共同进行，出示证件，并承担下列义务：

（一）依法履行职责，秉公执法，不得利用职务之便谋取私利。

（二）保守在调查或者检查时知悉的商业秘密。

（三）为举报人保密。

第四十七条 各级社会保险经办机构、受托人、托管人、投资管理人以及归集账户开户银行违反本办法规定的，由有关监管部门责令改正。

第四十八条 受托人、托管人、投资管理人发生违法违规行为可能影响职业年金基金财产安全的，或者经责令改正而不改正的，由人力资源社会保障部暂停其接收新的职业年金基金管理业务。各级社会保险经办机构、受托人、托管人、投资管理人以及归集账户开户银行发生违法违规行为给职业年金基金财产或者受益人利益造成损害的，依法承担赔偿责任，其中各级社会保险经办机构的赔偿责任由同级财政承担；构成犯罪的，依法追究刑事责任。

第四十九条 有关监管部门将受托人、托管人、投资管理人以及归集账户开户银行违法违规行为、处理结果以及改正情况予以记录，同时抄送业务主管部门。

第五十条 各省、自治区、直辖市人力资源社会保障行政部门、财政部门对本地区职业年金基金管理情况进行监督，发现违法违规问题报人力资源社会保障部、财政部。

第五十一条 会计师事务所和律师事务所提供职业年金中介服务应当严格遵守法

律法规和相关职业准则、行业规范。

第七章 附 则

第五十二条 本办法由人力资源社会保障部、财政部解释。

第五十三条 本办法自印发之日起施行。

职业年金基金归集账户管理暂行办法

1. 2017年8月22日人力资源和社会保障部办公厅、财政部办公厅发布
2. 人社厅发〔2017〕110号

第一条 为规范职业年金基金归集账户的设立和管理,保障职业年金基金财产安全,根据《国务院办公厅关于印发机关事业单位职业年金办法的通知》(国办发〔2015〕18号)、《人力资源社会保障部 财政部关于印发职业年金基金管理暂行办法的通知》(人社部发〔2016〕92号)等有关规定,制定本办法。

第二条 职业年金基金归集财产托管账户(以下简称归集账户)是指归集账户托管银行(以下简称托管银行)受社会保险经办机构(以下简称社保经办机构)委托,以职业年金基金归集财产名义开立的、专门用于归集和划转职业年金基金财产的专用存款账户。归集账户应单独开设,不得与社会保险基金收入户、支出户、财政专户、税务机关征收社会保险费账户和各级社保经办机构单位账户等其他任何账户共用。

归集账户财产属于职业年金基金财产,独立于机关事业单位、各级社保经办机构和托管银行的固有财产及其管理的其他财产。机关事业单位、各级社保经办机构和托管银行,因机构调整、依法解散、被依法撤销或者被依法宣告破产等原因进行终止清算的,归集账户财产不属于其清算财产。若有关部门对归集账户进行冻结或扣划,托管银行有义务出示证据证明归集账户财产及其账户性质,各级社保经办机构应予以协助,保全归集账户财产安全。

第三条 归集账户的主要用途是:暂存单位和个人缴费收入、转移收入、利息收入以及其他收入,划转归集账户财产。

单位和个人缴费收入是指机关事业单位和个人依据有关规定分别缴纳的职业年金缴费。

转移收入是指参保对象跨统筹地区和跨不同养老保险制度流动而划入的职业年金基金收入。

利息收入是指职业年金基金在归集账户中取得的银行存款利息。

其他收入是指以上收入之外的归集账户收入。

划转归集账户财产是指省级以下归集账户向省级归集账户划转、中央及省级归集账户向职业年金基金受托财产托管账户划转，以及出现短溢缴等情况的资金划转。

除归集账户银行存款外，任何地区、部门、单位和个人不得动用归集账户财产进行任何形式的直接或间接投资。

第四条 各级社保经办机构应按照公开、公平、公正的原则，从具有企业年金基金托管资格或证券投资基金托管资格的银行中选择、更换托管银行。社保经办机构应与托管银行签订《××(地区名)职业年金基金归集账户托管协议》(以下简称《托管协议》，范本附后)。

第五条 各级社保经办机构应当履行下列职责：

（一）根据《托管协议》，委托托管银行开立归集账户。

（二）向托管银行发送参保单位缴费信息。

（三）向托管银行下达资金划款指令。

（四）核对收款信息，并完成账务处理。

（五）及时、准确记录参保单位和个人的缴费信息。

（六）安全保管相关业务活动记录、账册、报表和其他资料。

（七）国家规定和《托管协议》约定的其他职责。

第六条 托管银行应当履行下列职责：

（一）安全保管归集账户财产。

（二）根据《托管协议》，受社保经办机构委托，开立归集账户。

（三）接收职业年金缴费。

（四）执行社保经办机构下达的符合《托管协议》约定的划款指令，对不符合约定的划款指令，托管银行应拒绝执行，并及时向同级人力资源社会保障行政部门报告。

（五）向社保经办机构反馈收款、划款等信息。

（六）定期向社保经办机构提供归集账户余额及明细信息等。

（七）安全保管相关业务活动记录、账册、报表和其他资料。

（八）国家规定和《托管协议》约定的其他职责。

第七条 建立一个职业年金计划或建立多个职业年金计划、实行统一收益率，各级社保经办机构委托托管银行分别开立一个归集账户，账户名称为"××(托管银行简称)××(地区名)职业年金基金归集财产"。

建立多个职业年金计划并按计划估值、不实行统一收益率的，各级社保经办机构委托托管银行按计划分别开立一个归集账户，账户名称为"××(托管银行简称)××(地区名)××计划职业年金基金归集财产"。

第八条 托管银行开立归集账户，应按照相关要求齐备下列文件：

（一）托管银行营业执照正本。

（二）托管银行基本存款账户开户许可证。
　　（三）托管银行"企业年金基金管理机构"或"证券投资基金管理机构"资格的证明文件。
　　（四）社保经办机构与托管银行签订的《托管协议》。
　　（五）社保经办机构委托托管银行开立职业年金基金归集账户的委托书。

第九条　归集账户名称等发生变化时，托管银行应根据社保经办机构委托，及时办理归集账户的变更和撤销。

第十条　中央国家机关养老保险管理中心选择或更换托管银行时，应将《托管协议》报人力资源社会保障部和财政部备案。
　　省级及省级以下社保经办机构选择或更换托管银行时，应将《托管协议》报同级人力资源社会保障行政部门和财政部门备案，同时抄报省级人力资源社会保障行政部门和财政部门。

第十一条　代理人每月按照受托管理合同约定，向托管银行下达指令，将账实匹配一致后的职业年金基金财产全额划入职业年金基金受托财产托管账户，匹配不一致的职业年金缴费原路径全额退回至参保单位。
　　省级以下社保经办机构应按月向托管银行下达指令，将账实匹配一致后的职业年金基金财产全额划入省级归集账户，匹配不一致的职业年金缴费原路径全额退回至参保单位。
　　各级归集账户不得发生与职业年金基金归集无关的其他支付业务，不得支取现金，不得购买和使用支票、汇票、本票等转账凭证。

第十二条　归集账户利息收入作为职业年金基金财产投资收益，每季度结息后划转。中央及省级归集账户利息，直接划入职业年金基金受托财产托管账户。省级以下归集账户利息，先划入省级归集账户，再划入职业年金基金受托财产托管账户。

第十三条　各级社保经办机构与托管银行应建立核对机制，按照《托管协议》约定，履行各自职责，确保归集账户记录完整、及时、准确。

第十四条　各级社保经办机构与托管银行应加强信息化建设，运用技术手段，提升管理效率。

第十五条　各级社保经办机构与托管银行应严格按照本办法规定管理归集账户，建立健全内部管理制度，接受相关部门的监督检查。未按照本办法开立归集账户的社保经办机构，应在2017年底前按本办法进行规范，并将已归集的职业年金基金财产转入归集账户。
　　人力资源社会保障行政部门和财政部门负责对归集账户的使用和管理情况进行监督检查，发现问题及时纠正，同时向上级人力资源社会保障行政部门和财政部门报告。

第十六条　本办法自印发之日起执行。
　　附件：职业年金基金归集账户托管协议（范本）（略）

6. 个人养老金

个人养老金实施办法

1. 2022年10月26日人力资源社会保障部、财政部、国家税务总局、银保监会、证监会发布
2. 人社部发〔2022〕70号

第一章 总 则

第一条 为贯彻落实《国务院办公厅关于推动个人养老金发展的意见》(国办发〔2022〕7号),加强个人养老金业务管理,规范个人养老金运作流程,制定本实施办法。

第二条 个人养老金是指政府政策支持、个人自愿参加、市场化运营、实现养老保险补充功能的制度。个人养老金实行个人账户制,缴费完全由参加人个人承担,自主选择购买符合规定的储蓄存款、理财产品、商业养老保险、公募基金等金融产品(以下统称个人养老金产品),实行完全积累,按照国家有关规定享受税收优惠政策。

第三条 本实施办法适用于个人养老金的参加人、人力资源社会保障部组织建设的个人养老金信息管理服务平台(以下简称信息平台)、金融行业平台、参与金融机构和相关政府部门等。

个人养老金的参加人应当是在中国境内参加城镇职工基本养老保险或者城乡居民基本养老保险的劳动者。金融行业平台为金融监管部门组织建设的业务信息平台。参与金融机构包括经中国银行保险监督管理委员会确定开办个人养老金资金账户业务的商业银行(以下简称商业银行),以及经金融监管部门确定的个人养老金产品发行机构和销售机构。

第四条 信息平台对接商业银行和金融行业平台,以及相关政府部门,为个人养老金实施、参与部门职责内监管和政府宏观指导提供支持。

信息平台通过国家社会保险公共服务平台、全国人力资源和社会保障政务服务平台、电子社保卡、掌上12333APP等全国统一线上服务入口或者商业银行等渠道,为参加人提供个人养老金服务,支持参加人开立个人养老金账户,查询个人养老金资金账户缴费额度、个人资产信息和个人养老金产品等信息,根据参加人需要提供涉税凭证。

第五条 各参与部门根据职责,对个人养老金的实施情况、参与金融机构和个人养

老金产品等进行监管。各地区要加强领导、周密部署、广泛宣传,稳妥有序推动个人养老金发展。

第二章 参 加 流 程

第六条 参加人参加个人养老金,应当通过全国统一线上服务入口或者商业银行渠道,在信息平台开立个人养老金账户;其他个人养老金产品销售机构可以通过商业银行渠道,协助参加人在信息平台在线开立个人养老金账户。

个人养老金账户用于登记和管理个人身份信息,并与基本养老保险关系关联,记录个人养老金缴费、投资、领取、抵扣和缴纳个人所得税等信息,是参加人参加个人养老金、享受税收优惠政策的基础。

第七条 参加人可以选择一家商业银行开立或者指定本人唯一的个人养老金资金账户,也可以通过其他符合规定的个人养老金产品销售机构指定。

个人养老金资金账户作为特殊专用资金账户,参照个人人民币银行结算账户项下Ⅱ类户进行管理。个人养老金资金账户与个人养老金账户绑定,为参加人提供资金缴存、缴费额度登记、个人养老金产品投资、个人养老金支付、个人所得税税款支付、资金与相关权益信息查询等服务。

第八条 参加人每年缴纳个人养老金额度上限为12000元,参加人每年缴费不得超过该缴费额度上限。人力资源社会保障部、财政部根据经济社会发展水平、多层次养老保险体系发展情况等因素适时调整缴费额度上限。

第九条 参加人可以按月、分次或者按年度缴费,缴费额度按自然年度累计,次年重新计算。

第十条 参加人自主决定个人养老金资金账户的投资计划,包括个人养老金产品的投资品种、投资金额等。

第十一条 参加人可以在不同商业银行之间变更其个人养老金资金账户。参加人办理个人养老金资金账户变更时,应向原商业银行提出,经信息平台确认后,在新商业银行开立新的个人养老金资金账户。

参加人在个人养老金资金账户变更后,信息平台向原商业银行提供新的个人养老金资金账户及开户行信息,向新商业银行提供参加人当年剩余缴费额度信息。参与金融机构按照参加人的要求和相关业务规则,为参加人办理原账户内资金划转及所持有个人养老金产品转移等手续。

第十二条 个人养老金资金账户封闭运行,参加人达到以下任一条件的,可以按月、分次或者一次性领取个人养老金。

(一)达到领取基本养老金年龄;

(二)完全丧失劳动能力;

(三)出国(境)定居;

(四)国家规定的其他情形。

第十三条 参加人已领取基本养老金的,可以向商业银行提出领取个人养老金。商业银行受理后,应通过信息平台核验参加人的领取资格,获取参加人本人社会保障卡银行账户,按照参加人选定的领取方式,完成个人所得税代扣后,将资金划转至参加人本人社会保障卡银行账户。

参加人符合完全丧失劳动能力、出国(境)定居或者国家规定的其他情形等领取个人养老金条件的,可以凭劳动能力鉴定结论书、出国(境)定居证明等向商业银行提出。商业银行审核并报送信息平台核验备案后,为参加人办理领取手续。

第十四条 鼓励参加人长期领取个人养老金。

参加人按月领取时,可以按照基本养老保险确定的计发月数逐月领取,也可以按照自己选定的领取月数逐月领取,领完为止;或者按照自己确定的固定额度逐月领取,领完为止。

参加人选取分次领取的,应选定领取期限,明确领取次数或方式,领完为止。

第十五条 参加人身故的,其个人养老金资金账户内的资产可以继承。

参加人出国(境)定居、身故等原因社会保障卡被注销的,商业银行将参加人个人养老金资金账户内的资金转至其本人或者继承人指定的资金账户。

第十六条 参加人完成个人养老金资金账户内资金(资产)转移,或者账户内的资金(资产)领取完毕的,商业银行注销该资金账户。

第三章 信息报送和管理

第十七条 信息平台对个人养老金账户及业务数据实施统一集中管理,与基本养老保险信息、社会保障卡信息关联,支持制度实施监控、决策支持等。

第十八条 商业银行应及时将个人养老金资金账户相关信息报送至信息平台。具体包括:

(一)个人基本信息。包括个人身份信息、个人养老金资金账户信息等;

(二)相关产品投资信息。包括产品交易信息、资产信息;

(三)资金信息。包括缴费信息、资金划转信息、相关资产转移信息、领取信息、缴纳个人所得税信息、资金余额信息等。

第十九条 商业银行根据业务流程和信息的时效性需要,按照实时核验、定时批量两类时效与信息平台进行交互,其中:

(一)商业银行在办理个人养老金资金账户开立、变更、注销和资金领取等业务时,实时核验参加人基本养老保险参保状态、个人养老金账户和资金账户唯一性,并报送有关信息;

(二)商业银行在办理完个人养老金资金账户开立、缴费、资金领取,以及提供与个人养老金产品交易相关的资金划转等服务后,定时批量报送相关信息。

第二十条 金融行业平台应及时将以下数据报送至信息平台。

(一)个人养老金产品发行机构、销售机构的基本信息;

(二) 个人养老金产品的基本信息;
(三) 参加人投资相关个人养老金产品的交易信息、资产信息数据等。

第二十一条 信息平台应当及时向商业银行和金融行业平台提供技术规范,确保对接顺畅。

推进信息平台与相关部门共享信息,为规范制度实施、实施业务监管、优化服务体验提供支持。

第四章 个人养老金资金账户管理

第二十二条 商业银行应完成与信息平台、金融行业平台的系统对接,经验收合格后办理个人养老金业务。

第二十三条 商业银行可以通过本机构柜面或者电子渠道,为参加人开立个人养老金资金账户。

商业银行为参加人开立个人养老金资金账户,应当通过信息平台完成个人养老金账户核验。

商业银行也可以核对参加人提供的由社会保险经办机构出具的基本养老保险参保证明或者个人权益记录单等相关材料,报经信息平台开立个人养老金账户后,为参加人开立个人养老金资金账户,并与个人养老金账户绑定。

第二十四条 参加人开立个人养老金资金账户时,应当按照金融监管部门要求向商业银行提供有效身份证件等材料。

商业银行为参加人开立个人养老金资金账户,应当严格遵守相关规定。

第二十五条 个人养老金资金账户应支持参加人通过商业银行结算账户、非银行支付机构、现金等途径缴费。商业银行应为参加人、个人养老金产品销售机构等提供与个人养老金产品交易相关的资金划转服务。

第二十六条 商业银行应实时登记个人养老金资金账户的缴费额度,对于超出当年缴费额度上限的,应予以提示,并不予受理。

第二十七条 商业银行应根据相关个人养老金产品交易结果,记录参加人交易产品信息。

第二十八条 商业银行应为参加人个人养老金资金账户提供变更服务,并协助做好新旧账户衔接和旧账户注销。原商业银行、新商业银行应通过信息平台完成账户核验、账户变更、资产转移、信息报送等工作。

第二十九条 商业银行应当区别处理转移资金,转移资金中的本年度缴费额度累计计算。

第三十条 个人养老金资金账户当日发生缴存业务的,商业银行不应为其办理账户变更手续。办理资金账户变更业务期间,原个人养老金资金账户不允许办理缴存、投资以及支取等业务。

第三十一条 商业银行开展个人养老金资金账户业务,应当公平对待符合规定的个人养老金产品发行机构和销售机构。

第三十二条 商业银行应保存个人养老金资金账户全部信息自账户注销日起至少十五年。

第五章 个人养老金机构与产品管理

第三十三条 个人养老金产品及其发行、销售机构由相关金融监管部门确定。个人养老金产品及其发行机构信息应当在信息平台和金融行业平台同日发布。

第三十四条 个人养老金产品应当具备运作安全、成熟稳定、标的规范、侧重长期保值等基本特征。

第三十五条 商业银行、个人养老金产品发行机构和销售机构应根据有关规定，建立健全业务管理制度，包括但不限于个人养老金资金账户服务、产品管理、销售管理、合作机构管理、信息披露等。商业银行发现个人养老金实施中存在违规行为、相关风险或者其他问题的，应及时向监管部门报告并依规采取措施。

第三十六条 个人养老金产品交易所涉及的资金往来，除另有规定外必须从个人养老金资金账户发起，并返回个人养老金资金账户。

第三十七条 个人养老金产品发行、销售机构应为参加人提供便利的购买、赎回等服务，在符合监管规则及产品合同的前提下，支持参加人进行产品转换。

第三十八条 个人养老金资金账户内未进行投资的资金按照商业银行与个人约定的存款利率及计息方式计算利息。

第三十九条 个人养老金产品销售机构要以"销售适当性"为原则，依法了解参加人的风险偏好、风险认知能力和风险承受能力，做好风险提示，不得主动向参加人推介超出其风险承受能力的个人养老金产品。

第六章 信息披露

第四十条 人力资源社会保障部、财政部汇总并披露个人养老金实施情况，包括但不限于参加人数、资金积累和领取、个人养老金产品的投资运作数据等情况。

第四十一条 信息披露应当以保护参加人利益为根本出发点，保证所披露信息的真实性、准确性、完整性，不得有虚假记载、误导性陈述和重大遗漏。

第七章 监督管理

第四十二条 人力资源社会保障部、财政部根据职责对个人养老金的账户设置、缴费额度、领取条件、税收优惠等制定具体政策并进行运行监管。税务部门依法对个人养老金实施税收征管。

第四十三条 人力资源社会保障部对信息平台的日常运行履行监管职责，规范信息平台与商业银行、金融行业平台、有关政府部门之间的信息交互流程。

第四十四条 人力资源社会保障部、财政部、税务部门在履行日常监管职责时，可依法采取以下措施：

（一）查询、记录、复制与被调查事项有关的个人养老金业务的各类合同等业务资料；

（二）询问与调查事项有关的机构和个人，要求其对有关问题做出说明、提供有关证明材料；

（三）其他法律法规和国家规定的措施。

第四十五条　中国银行保险监督管理委员会、中国证券监督管理委员会根据职责，分别制定配套政策，明确参与金融机构的名单、业务流程、个人养老金产品条件、监管信息报送等要求，规范银行保险机构个人养老金业务和个人养老金投资公募基金业务，对参与金融机构发行、销售个人养老金产品等经营活动依法履行监管职责，督促参与金融机构优化产品和服务，做好产品风险提示，加强投资者教育。

参与金融机构违反本实施办法的，中国银行保险监督管理委员会、中国证券监督管理委员会依法依规采取措施。

第四十六条　中国银行保险监督管理委员会、中国证券监督管理委员会对金融行业平台有关个人养老金业务的日常运营履行监管职责。

第四十七条　各参与部门要加强沟通，通过线上线下等多种途径，及时了解社会各方面对个人养老金的意见建议，处理个人养老金实施过程中的咨询投诉。

第四十八条　各参与机构应当积极配合检查，如实提供有关资料，不得拒绝、阻挠或者逃避检查，不得谎报、隐匿或者销毁相关证据材料。

第四十九条　参与机构违反本实施办法规定或者相关法律法规的，人力资源社会保障部、财政部、税务部门按照职责依法依规采取措施。

第八章　附　　则

第五十条　中国银行保险监督管理委员会、人力资源社会保障部会同相关部门做好个人税收递延型商业养老保险试点与个人养老金的衔接。

第五十一条　本实施办法自印发之日起施行。

第五十二条　人力资源社会保障部、财政部、国家税务总局、中国银行保险监督管理委员会、中国证券监督管理委员会根据职责负责本实施办法的解释。

三、医 疗 保 险

1. 职工基本医疗保险

国务院关于建立城镇职工基本医疗保险制度的决定

1. 1998 年 12 月 14 日
2. 国发〔1998〕44 号

各省、自治区、直辖市人民政府，国务院各部委、各直属机构：

加快医疗保险制度改革，保障职工基本医疗，是建立社会主义市场经济体制的客观要求和重要保障。在认真总结近年来各地医疗保险制度改革试点经验的基础上，国务院决定，在全国范围内进行城镇职工医疗保险制度改革。

一、改革的任务和原则

医疗保险制度改革的主要任务是建立城镇职工基本医疗保险制度，即适应社会主义市场经济体制，根据财政、企业和个人的承受能力，建立保障职工基本医疗需求的社会医疗保险制度。

建立城镇职工基本医疗保险制度的原则是：基本医疗保险的水平要与社会主义初级阶段生产力发展水平相适应；城镇所有用人单位及其职工都要参加基本医疗保险，实行属地管理；基本医疗保险费由用人单位和职工双方共同负担；基本医疗保险基金实行社会统筹和个人帐户相结合。

二、覆盖范围和缴费办法

城镇所有用人单位，包括企业（国有企业、集体企业、外商投资企业、私营企业等）、机关、事业单位、社会团体、民办非企业单位及其职工，都要参加基本医疗保险。乡镇企业及其职工、城镇个体经济组织业主及其从业人员是否参加基本医疗保险，由各省、自治区、直辖市人民政府决定。

基本医疗保险原则上以地级以上行政区（包括地、市、州、盟）为统筹单位，也可以县（市）为统筹单位，北京、天津、上海 3 个直辖市原则上在全市范围内实行统筹（以下简称统筹地区）。所有用人单位及其职工都要按照属地管理原则参加所在统筹地区的基本医疗保险，执行统一政策，实行基本医疗保险基金的统一筹集、使用和管理。铁路、电力、远洋运输等跨地区、生产流动性较大的企业及其职工，可以相对集中的方式异地参加统筹地区的基本医疗保险。

基本医疗保险费由用人单位和职工共同缴纳。用人单位缴费率应控制在职工工资总额的6%左右，职工缴费率一般为本人工资收入的2%。随着经济发展，用人单位和职工缴费率可作相应调整。

三、建立基本医疗保险统筹基金和个人账户

要建立基本医疗保险统筹基金和个人账户。基本医疗保险基金由统筹基金和个人账户构成。职工个人缴纳的基本医疗保险费，全部计入个人账户。用人单位缴纳的基本医疗保险费分为两部分，一部分用于建立统筹基金，一部分划入个人账户。划入个人账户的比例一般为用人单位缴费的30%左右，具体比例由统筹地区根据个人账户的支付范围和职工年龄等因素确定。

统筹基金和个人账户要划定各自的支付范围，分别核算，不得互相挤占。要确定统筹基金的起付标准和最高支付限额，起付标准原则上控制在当地职工年平均工资的10%左右，最高支付限额原则上控制在当地职工年平均工资的4倍左右。起付标准以下的医疗费用，从个人账户中支付或由个人自付。起付标准以上、最高支付限额以下的医疗费用，主要从统筹基金中支付，个人也要负担一定比例。超过最高支付限额的医疗费用，可以通过商业医疗保险等途径解决。统筹基金的具体起付标准、最高支付限额以及在起付标准以上和最高支付限额以下医疗费用的个人负担比例，由统筹地区根据以收定支、收支平衡的原则确定。

四、健全基本医疗保险基金的管理和监督机制

基本医疗保险基金纳入财政专户管理，专款专用，不得挤占挪用。

社会保险经办机构负责基本医疗保险基金的筹集、管理和支付，并要建立健全预决算制度、财务会计制度和内部审计制度。社会保险经办机构的事业经费不得从基金中提取，由各级财政预算解决。

基本医疗保险基金的银行计息办法：当年筹集的部分，按活期存款利率计息；上年结转的基金本息，按3个月期整存整取银行存款利率计息；存入社会保障财政专户的沉淀资金，比照3年期零存整取储蓄存款利率计息，并不低于该档次利率水平。个人账户的本金和利息归个人所有，可以结转使用和继承。

各级劳动保障和财政部门，要加强对基本医疗保险基金的监督管理。审计部门要定期对社会保险经办机构的基金收支情况和管理情况进行审计。统筹地区应设立由政府有关部门代表、用人单位代表、医疗机构代表、工会代表和有关专家参加的医疗保险基金监督组织，加强对基本医疗保险基金的社会监督。

五、加强医疗服务管理

要确定基本医疗保险的服务范围和标准。劳动保障部会同卫生部、财政部等有关部门制定基本医疗服务的范围、标准和医药费用结算办法，制定国家基本医疗保险药品目录、诊疗项目、医疗服务设施标准及相应的管理办法。各省、自治

区、直辖市劳动保障行政管理部门根据国家规定,会同有关部门制定本地区相应的实施标准和办法。

基本医疗保险实行定点医疗机构(包括中医医院)和定点药店管理。劳动保障部会同卫生部、财政部等有关部门制定定点医疗机构和定点药店的资格审定办法。社会保险经办机构要根据中西医并举,基层、专科和综合医疗机构兼顾,方便职工就医的原则,负责确定定点医疗机构和定点药店,并同定点医疗机构和定点药店签订合同,明确各自的责任、权利和义务。在确定定点医疗机构和定点药店时,要引进竞争机制,职工可选择若干定点医疗机构就医、购药,也可持处方在若干定点药店购药。国家药品监督管理局会同有关部门制定定点药店购药药事事故处理办法。

各地要认真贯彻《中共中央、国务院关于卫生改革与发展的决定》(中发〔1997〕3号)精神,积极推进医药卫生体制改革,以较少的经费投入,使人民群众得到良好的医疗服务,促进医药卫生事业的健康发展。要建立医药分开核算、分别管理的制度,形成医疗服务和药品流通的竞争机制,合理控制医药费用水平;要加强医疗机构和药店的内部管理,规范医药服务行为,减员增效,降低医药成本;要理顺医疗服务价格,在实行医药分开核算、分别管理,降低药品收入占医疗总收入比重的基础上,合理提高医疗技术劳务价格;要加强业务技术培训和职业道德教育,提高医药服务人员的素质和服务质量;要合理调整医疗机构布局,优化医疗卫生资源配置,积极发展社区卫生服务,将社区卫生服务中的基本医疗服务项目纳入基本医疗保险范围。卫生部会同有关部门制定医疗机构改革方案和发展社区卫生服务的有关政策。国家经贸委等部门要认真配合做好药品流通体制改革工作。

六、妥善解决有关人员的医疗待遇

离休人员、老红军的医疗待遇不变,医疗费用按原资金渠道解决,支付确有困难的,由同级人民政府帮助解决。离休人员、老红军的医疗管理办法由省、自治区、直辖市人民政府制定。

二等乙级以上革命伤残军人的医疗待遇不变,医疗费用按原资金渠道解决,由社会保险经办机构单独列账管理。医疗费支付不足部分,由当地人民政府帮助解决。

退休人员参加基本医疗保险,个人不缴纳基本医疗保险费。对退休人员个人账户的计入金额和个人负担医疗费的比例给予适当照顾。

国家公务员在参加基本医疗保险的基础上,享受医疗补助政策。具体办法另行制定。

为了不降低一些特定行业职工现有的医疗消费水平,在参加基本医疗保险的基础上,作为过渡措施,允许建立企业补充医疗保险。企业补充医疗保险费在工资总额4%以内的部分,从职工福利费中列支,福利费不足列支的部分,经同级财政部门核准后列入成本。

国有企业下岗职工的基本医疗保险费,包括单位缴费和个人缴费,均由再就业服务中心按照当地上年度职工平均工资的60%为基数缴纳。

七、加强组织领导

医疗保险制度改革政策性强,涉及广大职工的切身利益,关系到国民经济发展和社会稳定。各级人民政府要切实加强领导,统一思想,提高认识,做好宣传工作和政治思想工作,使广大职工和社会各方面都积极支持和参与这项改革。各地要按照建立城镇职工基本医疗保险制度的任务、原则和要求,结合本地实际,精心组织实施,保证新旧制度的平稳过渡。

建立城镇职工基本医疗保险制度工作从1999年初开始启动,1999年底基本完成。各省、自治区、直辖市人民政府要按照本决定的要求,制定医疗保险制度改革的总体规划,报劳动保障部备案。统筹地区要根据规划要求,制定基本医疗保险实施方案,报省、自治区、直辖市人民政府审批后执行。

劳动保障部要加强对建立城镇职工基本医疗保险制度工作的指导和检查,及时研究解决工作中出现的问题。财政、卫生、药品监督管理等有关部门要积极参与,密切配合,共同努力,确保城镇职工基本医疗保险制度改革工作的顺利进行。

城镇职工基本医疗保险业务管理规定

1. 2000年1月5日劳动和社会保障部发布
2. 劳社部函〔2000〕4号

为规范全国基本医疗保险业务管理工作,根据《国务院关于建立城镇职工基本医疗保险制度的决定》(国发〔1998〕44号)和其他有关规定,制定本规定。

一、登记与缴费核定

(一)受理缴费单位(或个人)填报的社会保险登记表及其所提供的证件和资料,并在自受理之日起的10个工作日内审核完毕。对符合规定者予以登记,并发给社会保险登记证。负责办理社会保险登记的变更、注销事宜。

(二)建立和调整统筹地区内缴费单位和个人参加城镇职工基本医疗保险的基础档案资料(缴费单位与缴费个人的基础档案资料主要项目见附件2与附件3)。

(三)根据上年度基本医疗保险缴费情况,以及统筹基金和个人帐户的支出情况,本着收支平衡的原则,制定本年度的基本医疗保险费征集计划。

(四)对缴费单位送达的申报表、代扣代缴明细表及其他有关资料进行审核,认真核定参保人数和缴费单位与个人的缴费工资基数、缴费金额等项目。向用人单位发放缴费核定通知单。

（五）对于按规定应参加而未参加基本医疗保险的单位（或个人），要及时发放《办理社会保险手续通知单》，督促其尽快补办参保手续。

（六）按规定为在统筹地区内流动的参保人员核转基本医疗保险关系。对跨统筹地区流动的，除按规定核转其基本医疗保险关系外，还应通知费用记录处理和待遇支付环节，对个人帐户进行结算，为其转移个人帐户余额，并出具转移情况表。

（七）定期稽核基本医疗保险缴费单位的职工人数、工资基数和财务状况，以确认其是否依法足额缴纳基本医疗保险费。

（八）由税务机关征收基本医疗保险费的地区，社会保险经办机构要逐月向税务机关提供缴费单位（或个人）的基本医疗保险登记情况及缴费核定情况。

二、费用征集

（一）根据基本医疗保险缴费单位和个人的基础档案资料，确认缴费单位（或个人）的开户银行、户名、帐号、基本医疗保险主管负责人及专管员的姓名、联系电话等情况，并与缴费单位建立固定业务联系。

（二）依据核定的基本医疗保险费数额，开具委托收款及其他结算凭证，通过基本医疗保险基金收入户征集基本医疗保险费，或者由社会保险经办机构直接征集。

（三）以支票或现金形式征集基本医疗保险费时，必须开具"社会保险费收款收据"。

（四）及时整理汇总基本医疗保险费收缴情况，对已办理申报手续但未及时、足额缴纳基本医疗保险费的单位（或个人），经办机构要及时向其发出《社会保险费催缴通知书》；对拒不执行者，将有关情况及时上报劳动保障行政部门，由其下达《劳动保障限期改正指令书》；逾期不缴纳者，除责其补缴欠缴数额外，从欠缴之日起，按日加收2‰的滞纳金。

（五）保费征集情况要及时通知待遇审核和费用记录处理环节。对欠缴基本医疗保险费的单位（或个人），从次月起暂停其享受社会统筹基金支付的待遇；欠缴期内暂停记载个人帐户资金，不计算参保人员缴费年限，待补齐欠费和滞纳金后，方可恢复其待遇享受资格，补记个人帐户。

（六）定期汇总、分析、上报基本医疗保险费征缴情况，提出加强基本医疗保险费征集工作的意见和建议。

三、费用记录处理

（一）根据缴费单位和个人的基础档案资料，及时建立基础档案库及个人帐户。

（二）根据费用征集环节提供的数据，对单位和个人的缴费情况进行记录，及时建立并记录个人帐户（个人帐户主要记录项见附件4）。个人缴纳的保险费计入个人帐户;单位缴纳的保险费按规定分别计入个人帐户和统筹基金。根据待遇支付环节提供的数据,对个人帐户及统筹基金的支出情况进行记录,以反映个人帐户和统筹基金的动态变更情况。

(三)由税务机关征收基本医疗保险费的地区,社会保险经办机构要根据税务机关提供的缴费单位(或个人)的缴费情况对个人帐户进行记录,同时将有关情况汇总,报劳动保障行政部门。

(四)按有关规定计算并登记缴费个人的个人帐户本息和缴费年限。

(五)负责向缴费单位和个人提供缴费情况及个人帐户记录情况的查询服务。对缴费记录中出现的差错,要及时向相关业务管理环节核实后予以纠正。

(六)根据登记与缴费核定环节提供的缴费单位和个人的变动情况,随时向登记与缴费核定环节及待遇支付环节提供变动单位和个人的基础资料及个人帐户的相关情况。

(七)对缴费单位、定点医疗机构、定点零售药店等报送的基本医疗保险统计报表,定期进行统计汇总与分析。按规定及时向上级社会保险经办机构报送。

(八)缴费年度初应向社会公布上一年度参保单位的缴费情况;每年至少向缴费单位或个人发送一次个人帐户通知单,内容包括个人帐户的划入、支出及结存等情况;每半年应向社会公布一次保险费征收情况和统筹基金支出情况,以接受社会监督。

四、待遇审核

(一)按照有关规定确定定点医疗机构和定点零售药店,并与之签订服务协议,发放定点标牌。

(二)向缴费单位和个人发放定点医疗机构选择登记表,并组织、指导其填报。根据参保人员的选择意向、定点医疗机构的服务能力及区域分布,进行统筹规划,为参保人员确定定点医疗机构。

(三)指导缴费单位的基本医疗保险专管员(或缴费个人)填写基本医疗保险待遇审批表,按规定进行审核,并向参保人员发放基本医疗保险证(卡),同时将相关信息及时提供给定点医疗机构和定点零售药店。

(四)及时掌握参保人员的缴费情况及医疗保险费用支出的相关信息。对欠缴基本医疗保险费的单位(或个人),从次月起暂停由社会统筹基金向参保人员支付待遇。

(五)接受定点医疗机构、定点零售药店的费用申报以及参保人员因急诊、经批准的转诊转院等特殊情况而发生的费用申报,按有关规定进行审核。核准后向待遇支付环节传送核准通知,对未被核准者发送拒付通知。

(六)负责建立参保人员的基本医疗保险档案,主要包括就医记录、个人帐户及统筹基金的使用情况等。

(七)按照有关政策规定,负责定期审核、调整参保人员所应享受的保险待遇。

（八）按照有关法规和协议，对定点医疗机构和定点零售药店进行监督检查，对查出的问题及时处理。

五、待遇支付

（一）确认缴费单位或个人享受基本医疗保险待遇的资料，编制人员名册与台帐或数据库。

（二）根据有关规定，研究确定基本医疗保险待遇的支付方式以及与定点医疗机构、定点零售药店的结算方式和结算时间。

（三）根据待遇审核环节提供的核准通知及申报资料，按协议规定的时间与定点医疗机构和定点零售药店进行结算，及时拨付结算款。

根据有关规定，核退个人垫付的应由基本医疗保险统筹基金支付的款项；为跨统筹地区流动的参保人员转移个人帐户余额；向参保人员继承人支付个人帐户结余款。

（四）对个人帐户和统筹基金的支出情况及时进行登记，并将有关支出数据提供给费用记录处理环节。

（五）与银行、缴费单位、定点医疗机构和定点零售药店等建立经常性的业务联系，以便于相互协调配合。

六、基金会计核算与财务管理

（一）根据国家有关规定，在国有商业银行设立基金收入户和支出户。收入户只能向财政专户划转基金，不得发生其他支付业务；支出户只接受财政专户拨付的基金及该帐户的利息收入，不得发生其他收入业务。

（二）根据审核后的原始凭证及时编制基本医疗保险费收入和支出记帐凭证，同时按规定对基本医疗保险费的实际收支进行审核。

（三）根据原始凭证、汇总凭证或记帐凭证，登记基本医疗保险明细分类帐或现金日记帐、收入户存款日记帐、支出户存款日记帐、财政专户存款日记帐。定期汇总记帐凭证，填制记帐凭证科目汇总表，试算平衡后登记总帐，并将明细帐金额分别与总帐进行核对，无误后进行结帐。

（四）每月与开户银行对帐，确保帐帐、帐款相符；编制银行存款余额调节表，及时调整未达帐项；对因银行退票等原因造成的保险费欠收，要及时通知费用征集环节，查明原因、采取措施，确保保险费收缴到位。按照有关规定，与财政部门（税务部门）定期对帐。

（五）按期计算、提取保险费用，并编制凭证。保险基金当年入不敷出时，按《社会保险基金财务制度》有关条款的规定执行。

（六）根据保险基金的实际结存情况，在满足周转需要的前提下，按照有关规定，及时办理基金存储或购买国债的手续；建立银行定期存款和各种有价证券备查帐，掌握银行存款及有价证券的存储时间与金额，按时办理银行存款及有价证券的转存、兑付及保管工作。

（七）指导和监督费用征集、费用记录处理和待遇支付等工作，建立应缴未缴、应付未付保险基金备查簿，以及各种业务台帐，定期进行核对、清理，加强对各种暂付款、借入款、暂收款等的管理。

（八）按要求定期编报会计报表，正确反映基金的收支结存情况，并提供基金筹集、使用、管理等情况的分析报告。

（九）年度终了前，根据本年度基金预算执行情况和下年度基金收支预测，编制次年的基金预算草案。基金预算草案由劳动保障部门审核后报财政部门审核，经同级人民政府批准后执行。在预算执行中，遇有特殊情况需调整预算时，应编制预算调整方案，并按上述报批程序执行。定期向同级劳动保障行政部门和财政部门报告预算执行情况。

（十）年度终了后，编制年度基金财务报告。年度基金财务报告经劳动保障部门核准后报同级财政部门审核，经同级人民政府批准形成基金决算，并逐级上报。

（十一）制定、完善内部的财务管理制度，充分发挥会计的反映、监督职能。

（十二）建立和完善保险基金预警制度，定期组织有关人员对基金收支情况进行分析、预测。计算机管理系统要具备较为完善的基金监控、分析、评价、预测功能。

附件：1. 城镇职工基本医疗保险业务管理图（略）
    2. 缴费单位基础档案资料主要项目（略）
    3. 缴费个人基础档案资料主要项目（略）
    4. 个人帐户主要记录项目（略）

2. 居民基本医疗保险

国务院关于整合城乡居民基本医疗保险制度的意见

1. 2016 年 1 月 3 日
2. 国发〔2016〕3 号

各省、自治区、直辖市人民政府，国务院各部委、各直属机构：

整合城镇居民基本医疗保险（以下简称城镇居民医保）和新型农村合作医疗（以下简称新农合）两项制度，建立统一的城乡居民基本医疗保险（以下简称城乡居民医保)制度,是推进医药卫生体制改革、实现城乡居民公平享有基本医疗保险权益、促进社会公平正义、增进人民福祉的重大举措,对促进城乡经济社会协调发展、全面建成小康社会具有重要意义。在总结城镇居民医保和新农合运行情况以及地方探索实践经验的基础上,现就整合建立城乡居民医保制度提出如下意见。

一、总体要求与基本原则

(一)总体要求。

以邓小平理论、"三个代表"重要思想、科学发展观为指导,认真贯彻党的十八大、十八届二中、三中、四中、五中全会和习近平总书记系列重要讲话精神,落实党中央、国务院关于深化医药卫生体制改革的要求,按照全覆盖、保基本、多层次、可持续的方针,加强统筹协调与顶层设计,遵循先易后难、循序渐进的原则,从完善政策入手,推进城镇居民医保和新农合制度整合,逐步在全国范围内建立起统一的城乡居民医保制度,推动保障更加公平、管理服务更加规范、医疗资源利用更加有效,促进全民医保体系持续健康发展。

(二)基本原则。

1.统筹规划、协调发展。要把城乡居民医保制度整合纳入全民医保体系发展和深化医改全局,统筹安排,合理规划,突出医保、医疗、医药三医联动,加强基本医保、大病保险、医疗救助、疾病应急救助、商业健康保险等衔接,强化制度的系统性、整体性、协同性。

2.立足基本、保障公平。要准确定位,科学设计,立足经济社会发展水平、城乡居民负担和基金承受能力,充分考虑并逐步缩小城乡差距、地区差异,保障城乡居民公平享有基本医保待遇,实现城乡居民医保制度可持续发展。

3.因地制宜、有序推进。要结合实际,全面分析研判,周密制订实施方案,加强整合前后的衔接,确保工作顺畅接续、有序过渡,确保群众基本医保待遇不受影响,确保医保基金安全和制度运行平稳。

4.创新机制、提升效能。要坚持管办分开,落实政府责任,完善管理运行机制,深入推进支付方式改革,提升医保资金使用效率和经办管理服务效能。充分发挥市场机制作用,调动社会力量参与基本医保经办服务。

二、整合基本制度政策

(一)统一覆盖范围。

城乡居民医保制度覆盖范围包括现有城镇居民医保和新农合所有应参保(合)人员,即覆盖除职工基本医疗保险应参保人员以外的其他所有城乡居民。农民工和灵活就业人员依法参加职工基本医疗保险,有困难的可按照当地规定参加城乡居民医保。各地要完善参保方式,促进应保尽保,避免重复参保。

(二)统一筹资政策。

坚持多渠道筹资,继续实行个人缴费与政府补助相结合为主的筹资方式,鼓励集体、单位或其他社会经济组织给予扶持或资助。各地要统筹考虑城乡居民医保与大病保险保障需求,按照基金收支平衡的原则,合理确定城乡统一的筹资标准。现有城镇居民医保和新农合个人缴费标准差距较大的地区,可采取差别缴费的办法,利用2—3年时间逐步过渡。整合后的实际人均筹资和个人缴费不得低于现有水平。

完善筹资动态调整机制。在精算平衡的基础上,逐步建立与经济社会发展水平、各方承受能力相适应的稳定筹资机制。逐步建立个人缴费标准与城乡居民人均可支配收入相衔接的机制。合理划分政府与个人的筹资责任,在提高政府补助标准的同时,适当提高个人缴费比重。

(三)统一保障待遇。

遵循保障适度、收支平衡的原则,均衡城乡保障待遇,逐步统一保障范围和支付标准,为参保人员提供公平的基本医疗保障。妥善处理整合前的特殊保障政策,做好过渡与衔接。

城乡居民医保基金主要用于支付参保人员发生的住院和门诊医药费用。稳定住院保障水平,政策范围内住院费用支付比例保持在75%左右。进一步完善门诊统筹,逐步提高门诊保障水平。逐步缩小政策范围内支付比例与实际支付比例间的差距。

(四)统一医保目录。

统一城乡居民医保药品目录和医疗服务项目目录,明确药品和医疗服务支付范围。各省(区、市)要按照国家基本医保用药管理和基本药物制度有关规定,遵循临床必需、安全有效、价格合理、技术适宜、基金可承受的原则,在现有城镇居民医保和新农合目录的基础上,适当考虑参保人员需求变化进行调整,有增有减、有控有扩,做到种类基本齐全、结构总体合理。完善医保目录管理办法,实行分级管理、动态调整。

(五)统一定点管理。

统一城乡居民医保定点机构管理办法,强化定点服务协议管理,建立健全考核评价机制和动态的准入退出机制。对非公立医疗机构与公立医疗机构实行同等的定点管理政策。原则上由统筹地区管理机构负责定点机构的准入、退出和监管,省级管理机构负责制订定点机构的准入原则和管理办法,并重点加强对统筹区域外的省、市级定点医疗机构的指导与监督。

(六)统一基金管理。

城乡居民医保执行国家统一的基金财务制度、会计制度和基金预决算管理制度。城乡居民医保基金纳入财政专户,实行"收支两条线"管理。基金独立核算、专户管理,任何单位和个人不得挤占挪用。

结合基金预算管理全面推进付费总额控制。基金使用遵循以收定支、收支平衡、略有结余的原则,确保应支付费用及时足额拨付,合理控制基金当年结余率和累计结余率。建立健全基金运行风险预警机制,防范基金风险,提高使用效率。

强化基金内部审计和外部监督,坚持基金收支运行情况信息公开和参保人员就医结算信息公示制度,加强社会监督、民主监督和舆论监督。

三、理顺管理体制

(一)整合经办机构。

鼓励有条件的地区理顺医保管理体制,统一基本医保行政管理职能。充分利用现有城镇居民医保、新农合经办资源,整合城乡居民医保经办机构、人员和信息系统,规范经办流程,提供一体化的经办服务。完善经办机构内外部监督制约机制,加强培训和绩效考核。

(二)创新经办管理。

完善管理运行机制,改进服务手段和管理办法,优化经办流程,提高管理效率和服务水平。鼓励有条件的地区创新经办服务模式,推进管办分开,引入竞争机制,在确保基金安全和有效监管的前提下,以政府购买服务的方式委托具有资质的商业保险机构等社会力量参与基本医保的经办服务,激发经办活力。

四、提升服务效能

(一)提高统筹层次。

城乡居民医保制度原则上实行市(地)级统筹,各地要围绕统一待遇政策、基金管理、信息系统和就医结算等重点,稳步推进市(地)级统筹。做好医保关系转移接续和异地就医结算服务。根据统筹地区内各县(市、区)的经济发展和医疗服务水平,加强基金的分级管理,充分调动县级政府、经办管理机构基金管理的积极性和主动性。鼓励有条件的地区实行省级统筹。

(二)完善信息系统。

整合现有信息系统,支撑城乡居民医保制度运行和功能拓展。推动城乡居民医保信息系统与定点机构信息系统、医疗救助信息系统的业务协同和信息共享,做好城乡居民医保信息系统与参与经办服务的商业保险机构信息系统必要的信息交换和数据共享。强化信息安全和患者信息隐私保护。

(三)完善支付方式。

系统推进按人头付费、按病种付费、按床日付费、总额预付等多种付费方式相结合的复合支付方式改革,建立健全医保经办机构与医疗机构及药品供应商的谈判协商机制和风险分担机制,推动形成合理的医保支付标准,引导定点医疗机构规范服务行为,控制医疗费用不合理增长。

通过支持参保居民与基层医疗机构及全科医师开展签约服务、制定差别化的支付政策等措施,推进分级诊疗制度建设,逐步形成基层首诊、双向转诊、急慢分治、上下联动的就医新秩序。

(四)加强医疗服务监管。

完善城乡居民医保服务监管办法,充分运用协议管理,强化对医疗服务的监控作用。各级医保经办机构要利用信息化手段,推进医保智能审核和实时监控,促进合理诊疗、合理用药。卫生计生行政部门要加强医疗服务监管，规范医疗服务行为。

五、精心组织实施，确保整合工作平稳推进

（一）加强组织领导。

整合城乡居民医保制度是深化医改的一项重点任务，关系城乡居民切身利益，涉及面广、政策性强。各地各有关部门要按照全面深化改革的战略布局要求，充分认识这项工作的重要意义，加强领导，精心组织，确保整合工作平稳有序推进。各省级医改领导小组要加强统筹协调，及时研究解决整合过程中的问题。

（二）明确工作进度和责任分工。

各省（区、市）要于2016年6月底前对整合城乡居民医保工作作出规划和部署，明确时间表、路线图，健全工作推进和考核评价机制，严格落实责任制，确保各项政策措施落实到位。各统筹地区要于2016年12月底前出台具体实施方案。综合医改试点省要将整合城乡居民医保作为重点改革内容，加强与医改其他工作的统筹协调，加快推进。

各地人力资源社会保障、卫生计生部门要完善相关政策措施，加强城乡居民医保制度整合前后的衔接；财政部门要完善基金财务会计制度，会同相关部门做好基金监管工作；保险监管部门要加强对参与经办服务的商业保险机构的从业资格审查、服务质量和市场行为监管；发展改革部门要将城乡居民医保制度整合纳入国民经济和社会发展规划；编制管理部门要在经办资源和管理体制整合工作中发挥职能作用；医改办要协调相关部门做好跟踪评价、经验总结和推广工作。

（三）做好宣传工作。

要加强正面宣传和舆论引导，及时准确解读政策，宣传各地经验亮点，妥善回应公众关切，合理引导社会预期，努力营造城乡居民医保制度整合的良好氛围。

3. 关系转移接续

流动就业人员基本医疗保障关系转移接续暂行办法

1. 2009年12月31日人力资源和社会保障部、卫生部、财政部发布
2. 人社部发〔2009〕191号
3. 自2010年7月1日起施行

第一条 为保证城镇职工基本医疗保险、城镇居民基本医疗保险和新型农村合作医

疗参保(合)人员流动就业时能够连续参保,基本医疗保障关系能够顺畅接续,保障参保(合)人员的合法权益,根据《中共中央 国务院关于深化医药卫生体制改革的意见》(中发〔2009〕6号)的要求,制定本办法。

第二条 城乡各类流动就业人员按照现行规定相应参加城镇职工基本医疗保险、城镇居民基本医疗保险或新型农村合作医疗,不得同时参加和重复享受待遇。各地不得以户籍等原因设置参加障碍。

第三条 农村户籍人员在城镇单位就业并有稳定劳动关系的,由用人单位按照《社会保险登记管理暂行办法》的规定办理登记手续,参加就业地城镇职工基本医疗保险。其他流动就业的,可自愿选择参加户籍所在地新型农村合作医疗或就业地城镇基本医疗保险,并按照有关规定到户籍所在地新型农村合作医疗经办机构或就业地社会(医疗)保险经办机构办理登记手续。

第四条 新型农村合作医疗参合人员参加城镇基本医疗保险后,由就业地社会(医疗)保险经办机构通知户籍所在地新型农村合作医疗经办机构办理转移手续,按当地规定退出新型农村合作医疗,不再享受新型农村合作医疗待遇。

第五条 由于劳动关系终止或其他原因中止城镇基本医疗保险关系的农村户籍人员,可凭就业地社会(医疗)保险经办机构出具的参保凭证,向户籍所在地新型农村合作医疗经办机构申请,按当地规定参加新型农村合作医疗。

第六条 城镇基本医疗保险参保人员跨统筹地区流动就业,新就业地有接收单位的,由单位按照《社会保险登记管理暂行办法》的规定办理登记手续,参加新就业地城镇职工基本医疗保险;无接收单位的,个人应在中止原基本医疗保险关系后的3个月内到新就业地社会(医疗)保险经办机构办理登记手续,按当地规定参加城镇职工基本医疗保险或城镇居民基本医疗保险。

第七条 城镇基本医疗保险参保人员跨统筹地区流动就业并参加新就业地城镇基本医疗保险的,由新就业地社会(医疗)保险经办机构通知原就业地社会(医疗)保险经办机构办理转移手续,不再享受原就业地城镇基本医疗保险待遇。建立个人账户的,个人账户原则上随其医疗保险关系转移划转,个人账户余额(包括个人缴费部分和单位缴费划入部分)通过社会(医疗)保险经办机构转移。

第八条 参保(合)人员跨制度或跨统筹地区转移基本医疗保障关系的,原户籍所在地或原就业地社会(医疗)保险或新型农村合作医疗经办机构应在其办理中止参保(合)手续时为其出具参保(合)凭证(样式见附件),并保留其参保(合)信息,以备核查。新就业地要做好流入人员的参保(合)信息核查以及登记等工作。

第九条 参保(合)凭证由人力资源社会保障部会同卫生部统一设计,由各地社会(医疗)保险及新型农村合作医疗经办机构统一印制。参保(合)凭证信息原则上通过社会(医疗)保险及新型农村合作医疗经办机构之间传递,因特殊原因无法传递的,由参保(合)人员自行办理有关手续。

第十条 社会(医疗)保险和新型农村合作医疗经办机构要指定窗口或专人,办理流动就业人员的基本医疗保障登记和关系接续等业务。要逐步将身份证号码作为各类人员参加城镇职工基本医疗保险、城镇居民基本医疗保险和新型农村合作医疗的唯一识别码，加强信息系统建设，及时记录更新流动人员参保(合)缴费的信息，保证参保(合)记录的完整性和连续性。

第十一条　社会(医疗)保险和新型农村合作医疗经办机构要加强沟通和协作，共同做好基本医疗保障关系转移接续管理服务工作，简化手续，规范流程，共享数据，方便参保(合)人员接续基本医疗保障关系和享受待遇。

第十二条　各省、自治区、直辖市要按照本办法，并结合当地实际制定流动就业人员基本医疗保障登记管理和转移接续的具体实施办法。

第十三条　本办法自 2010 年 7 月 1 日起实施。

关于做好进城落户农民参加基本医疗保险和关系转移接续工作的办法

1. 2015 年 8 月 27 日人力资源和社会保障部、国家发展和改革委员会、财政部、国家卫生和计划生育委员会发布
2. 人社部发〔2015〕80 号
3. 自 2016 年 1 月 1 日起施行

　　健全进城落户农民参加基本医疗保险和关系转移接续政策，是落实中央全面深化改革任务的重要举措，有利于推动和统筹城乡发展，促进社会正义和谐；有利于全面提升城镇化质量，促进城镇化健康发展；有利于深入健全全民医保，促进基本医疗保障公平可及。为进一步做好进城落户农民参加基本医疗保险和流动就业人员等基本医疗保险关系转移接续工作，切实维护各类参保人员合法权益，依据《中华人民共和国社会保险法》和基本医疗保险制度有关规定，制定本办法。

一、做好进城落户农民参保工作

　　进城落户农民是指按照户籍管理制度规定，已将户口由农村迁入城镇的农业转移人口。各级人力资源社会保障部门要积极配合和支持相关部门，做好农业转移人口落户工作，把进城落户农民纳入城镇基本医疗保险制度体系，在农村参加的基本医疗保险规范接入城镇基本医疗保险，确保基本医保待遇连续享受。

　　进城落户农民根据自身实际参加相应的城镇基本医疗保险。在城镇单位就业并有稳定劳动关系的，按规定随所在单位参加职工基本医疗保险(以下简称职工医保)；以非全日制、临时性工作等灵活形式就业的，可以灵活就业人员身份按规定参加就业地职工医保，也可以选择参加户籍所在地城镇(城乡)居民基本医

疗保险(以下简称居民医保)。其他进城落户农民可按规定在落户地参加居民医保,执行当地统一政策。对参加居民医保的进城落户农民按规定给予参保补助,个人按规定缴费。

已参加新型农村合作医疗(以下简称新农合)或居民医保的进城落户农民,实现就业并参加职工医保的,不再享受原参保地新农合或居民医保待遇。要进一步完善相关政策衔接措施,引导进城落户农民及时参保,同时避免重复参保。

二、规范医保关系转移接续手续

进城落户农民和流动就业人员等参加转入地基本医疗保险后,转入地社会(医疗)保险经办机构应依据参保人申请,通知转出地经办机构办理医保关系转移手续,确保管理服务顺畅衔接,避免待遇重复享受。

转出地社会(医疗)保险或新农合经办机构应在参保人办理中止参保(合)手续时为其开具参保(合)凭证。参保(合)凭证是参保人员的重要权益记录,由参保人妥善保管,用于转入地受理医保关系转移申请时,核实参保人身份和转出地社会(医疗)保险经办机构记录的相关信息。

三、妥善处理医保关系转移接续中的有关权益

进城落户农民和流动就业人员等办理基本医疗保险关系转移接续前后,基本医疗保险参保缴费中断不超过3个月且补缴中断期间医疗保险费的,不受待遇享受等待期限制,按参保地规定继续参保缴费并享受相应的待遇。

进城落户农民在农村参加新农合等基本医疗保险的参保缴费和权益享受信息等连续记入新参保地业务档案,保证参保记录的完整性和连续性。流动就业人员参加职工医保的缴费年限各地互认,参保人在转出地职工医保记录的缴费年限累计计入转入地职工医保缴费年限记录。

参保人转移基本医疗保险关系时,建立个人账户的,个人账户随本人基本医疗保险关系一同转移。个人账户资金原则上通过经办机构进行划转。

四、做好医保关系转移接续管理服务工作

进一步规范医保关系转移接续业务经办程序。逐步统一各类人员参加基本医疗保险的标识。积极探索推行网上经办、自助服务、手机查询等经办服务模式,引导和帮助用人单位和个人依规主动更新参保信息。加强经办服务管理平台建设,完善和推广社会保险(医疗保险)关系转移接续信息系统,推进标准化建设和数据信息跨地区、跨部门共享,确保跨地区、跨制度参保信息互认和顺畅传递。

社会(医疗)保险经办机构和新农合经办机构要加强沟通协作,进一步做好基本医疗保险关系转移接续管理服务工作。

五、落实组织实施工作

各地人力资源社会保障部门要结合本地区实际,以进城落户农民为重点,做好参保和关系转移接续工作,细化完善政策措施,优化管理服务流程。卫生计生部门要做好进城落户农民医保关系转移接续经办服务工作。财政部门要继续做

好居民医保和新农合财政补助工作,确保资金及时足额到位。发展改革部门要积极支持配合相关部门,将进城落户农民在农村参加的社会保险规范接入城镇社保体系,支持社保经办平台建设。各相关部门加强统筹协调,做好政策衔接,确保基本医疗保险参保人跨制度、跨地区流动时能够连续参保。

本办法从2016年1月1日起执行。《流动就业人员基本医疗保障关系转移接续暂行办法》(人社部发〔2009〕191号)与本办法不符的,按本办法执行。

附件:基本医疗保障参保(合)凭证样式(略)

流动就业人员基本医疗保险关系转移接续业务经办规程

1. 2016年6月22日人力资源和社会保障部办公厅发布
2. 人社厅发〔2016〕94号
3. 自2016年9月1日起施行

第一条 为统一规范流动就业人员基本医疗保险关系转移接续业务办理流程,根据《流动就业人员基本医疗保障关系转移接续暂行办法》(人社部发〔2009〕191号)和《关于做好进城落户农民参加基本医疗保险和关系转移接续工作的办法》(人社部发〔2015〕80号),制定本规程。

第二条 本规程适用于职工基本医疗保险和城镇(城乡)居民基本医疗保险参保人员(以下简称参保人员)流动就业时跨制度、跨统筹地区转移接续基本医疗保险关系的业务经办。

第三条 本规程所称经办机构是指社会(医疗)保险经办机构。本规程所称参保(合)凭证是各统筹地区经办机构按照人力资源社会保障部、国家卫生计生委监制要求填写和打印的凭证(附件1)。

第四条 参保人员跨统筹地区流动前,参保人员或其所在用人单位到基本医疗保险关系所在地(以下简称"转出地")经办机构办理中止参保手续,并按规定提供居民身份证等相关证明材料,申请开具参保(合)凭证。

转出地经办机构应核实参保人在本地的缴费年限和缴费情况,核算个人账户资金,生成并出具参保(合)凭证;对有欠费的参保人员,告知欠费情况并提醒其及时补缴。

转出地经办机构应保留其参保信息,以备核查。参保人遗失参保(合)凭证,转出地经办机构应予补办。

第五条 参保人员跨统筹地区流动就业后,按规定参加转入地基本医疗保险。参保人员或其新就业的用人单位向转入地经办机构提出转移申请并提供参保（合）凭证，填写《基本医疗保险关系转移接续申请表》（附件2，以下简称《申请表》），并按规定提供居民身份证等相关证明材料。

转入地经办机构受理申请后，对符合当地转移接续条件的，应在受理之日起15个工作日内与转出地经办机构联系，生成并发出《基本医疗保险关系转移接续联系函》（附件3，以下简称《联系函》）。

第六条 转出地经办机构在收到《联系函》之日起的15个工作日内完成以下转移手续：

1. 终止参保人员在本地的基本医疗保险关系。
2. 按规定处理个人账户，需办理个人账户余额划转手续的，划转时需标明转移人员姓名和社会保障号。
3. 生成并核对《参保人员基本医疗保险类型变更信息表》（附件4，以下简称《信息表》），并提供给转入地经办机构。
4. 转出地经办机构将参保人员有关信息转出后，仍需将该信息保留备份。

《联系函》信息不全或有误的，应及时联系转入地经办机构，转入地经办机构应予以配合更正或说明情况。不符合转移条件的，转出地经办机构应通知转入地经办机构。

第七条 转入地经办机构在收到《信息表》和个人账户余额后的15个工作日内办结以下接续手续：

1. 核对《信息表》列具的信息及转移的个人账户金额。
2. 将转移的个人账户金额计入参保人员的个人账户。
3. 根据《信息表》及用人单位或参保人员提供的材料，补充完善相关信息。
4. 将办结情况通知用人单位或参保人员。
5. 《信息表》按照社保档案管理规定存档备案。

参保（合）凭证、《信息表》或个人账户金额有误的，转入地经办机构应及时联系转出地经办机构，转出地经办机构应予以配合更正或说明情况。

第八条 人力资源社会保障部制定《基本医疗保障参保（合）凭证样张、标准格式和填写要求》（附件1），并将凭证样张公布在部网站上，各地经办机构按照标准打印。

第九条 各统筹地区经办人员可以登录人力资源社会保障部网址（http://www.mohrss.gov.cn）查询全国县级以上经办机构的邮寄地址、联系电话和传真号码，下载各地行政区划代码。经办机构联系方式发生变化，要及时通过系统变更或直报人力资源社会保障部社会保险事业管理中心，确保部网站上公布的县级以上经办机构信息的准确性。

第十条 关系转移接续函、表等材料应以纸质方式通过信函邮寄。为便于及时办理手续，经办机构间尚未实现信息系统互联的，可先通过传真方式传送相关材料；已经实现信息系统互联的,可先通过信息系统交换参保人员基本医疗保险关系转移接续的有关信息。

第十一条　进城落户农民和流动就业人员参加新农合或城镇(城乡)居民等基本医疗保险的信息应连续计入新参保地业务档案,保证参保记录的完整性和连续性。

第十二条　本规程从2016年9月1日起实施。原《流动就业人员基本医疗保险关系转移接续业务经办规程(试行)》(人社险中心函〔2010〕58号)同时废止。

附件:1. 基本医疗保障参保(合)凭证样张、标准格式和填写要求(略)
　　　2. 基本医疗保险关系转移接续申请表(略)
　　　3. 基本医疗保险关系转移接续联系函(略)
　　　4. 参保人员基本医疗保险类型变更信息表(略)

4. 异地就医与结算

国家医保局、财政部关于进一步加强异地就医直接结算管理服务的通知

1. 2024年9月5日公布
2. 医保发〔2024〕21号

各省、自治区、直辖市及新疆生产建设兵团医保局、财政厅(局):

为贯彻落实党的二十大决策部署和二十届三中全会改革决定,完善异地就医结算,加强异地就医直接结算管理服务,切实维护医保基金安全,现就有关事项通知如下:

一、加强异地就医备案管理

(一)完善异地就医备案办理流程。跨省异地长期居住或跨省临时外出就医的参保人员办理异地就医备案后可以享受跨省异地就医直接结算服务。地方各级医保部门要严格执行《全国医疗保障经办政务服务事项清单(2023年版)》,规范异地就医备案材料,做到省内与跨省、线上与线下、地方渠道与国家统一渠道保持一致。规范线上备案告知书,应明确不同类型备案人员备案材料、备案时效、变更时限、补办政策,注明各统筹地区经办服务电话等。对于省本级和省会城市均开通就医地服务的,参保地要做好就医地医保区划编码关联,确保参保人备案到省本级或省会城市时,均可按规定享受跨省异地就医直接结算服务。

（二）强化异地就医备案管理。地方各级医保部门要严格执行跨省异地就医备案政策，原则上"先备案，后结算"。参保地允许异地就医备案告知承诺和容缺受理的，要明确承诺的具体内容、要求以及违反承诺相应的处理办法，细化办事承诺方式，完善容缺受理服务关键要素，做好事中事后校验核实工作。京津冀、长三角等地区已探索视同备案或示范区内免备案的，做好政策解读和基金运行评估，及时完善相关政策。各省异地就医备案政策有重大调整的，省级医保部门应及时向国家医保局请示报告。

二、合理确定异地就医结算报销政策

各统筹地区根据经济社会发展水平、人民健康需求、医保基金支撑能力和分级诊疗要求，依据就医类型合理确定跨省异地就医差异化结算报销政策。基金累计结余可支付月数少于 6 个月、参保人异地就医需求多的地区应加强医保基金运行风险防范，及时完善异地就医结算报销政策，跨省临时外出就医人员报销水平应与参保地同级别医疗机构报销水平保持合理差异，原则上，跨省异地转诊人员和异地急诊抢救人员支付比例降幅在 10 个百分点左右，非急诊且未转诊的其他跨省临时外出就医人员支付比例的降幅在 20 个百分点左右，相关政策调整须提前报省级医保、财政部门备案同意后执行。

三、强化就医地管理

（一）加强就医地日常审核。就医地经办机构应将异地就医人员纳入本地同质化管理，相关异地就医医疗费用纳入本地智能审核和核查检查范围，加强日常审核，规范定点医疗机构诊疗行为。就医地省级医保部门要强化监督指导，压实就医地管理责任，及时跟踪监测跨省异地就医费用审核扣款情况。就医地审核扣款情况纳入中央财政医疗服务与保障能力提升补助资金（医疗保障服务能力建设部分）绩效评价指标体系，对跨省异地就医直接结算审核扣款率明显低于本地就医平均审核扣款率的地区，降低绩效评价得分。

（二）完善费用协查工作机制。就医地经办机构要按照《国家医保局 财政部关于进一步做好基本医疗保险跨省异地就医直接结算工作的通知》（医保发〔2022〕22 号）要求做好 3 万元以上跨省住院疑似违规费用的协查工作。参保地确需就医地协查的其他费用，可依托国家跨省异地就医管理子系统业务协同管理模块等多种渠道发起问题协同，就医地经办机构应按要求做好问题响应和处理。

（三）推动将异地就医费用纳入 DRG/DIP 管理。加快启动省内异地就医实行 DRG/DIP 付费，可参照就医地的付费方式和标准进行管理，压实就医地医保部门属地管理职责，规范异地患者医疗服务行为，促进合理诊疗、因病施治。先行先试省份要做好实际付费地区医保基金运行监测，充分总结经验、分析问题、完善规程、优化系统，提高结算清算效率。鼓励有条件的省份探索跨省异地就医按 DRG/DIP 付费改革举措。

四、优化异地就医直接结算经办服务

各地要加强宣传培训，做到政策平稳落地，引导参保群众有序就医。要加强异地就医业务协同管理，健全工作机制，明确责任分工，在问题协同、业务审核、信息共享等方面加快提升各级经办业务协同能力。要建立健全每日报错治理机制、系统运维报告机制、系统应急处置机制，切实强化异地就医直接结算信息系统支撑保障作用。各省要加强资金清算调度，强化省级医保部门与财政部门协作配合，完善信息交互和资金拨付流程。

五、加强异地就医直接结算监测工作

各地要做好住院费用明细和结算清单上传工作，加强日常监测，定期开展省级、统筹地区异地就医结算运行分析，深度挖掘数据，及时发现基金使用异常情况，加强异地就医结算对医保基金运行影响监测，有效识别并防范基金安全隐患。

六、完善异地就医基金监管机制

压实就医地监管责任，将跨省异地就医基金使用无差别统一纳入本地监管。推动建立高效迅速、衔接流畅的跨区域协同监管机制，鼓励有条件的地区推进区域监管联动，实现协同监管、联合检查、联合惩戒。加强跨部门协作和信息共享，充分利用大数据手段，精准快速锁定欺诈骗保、违反定点协议的可疑线索，提升精准打击能力。异地就医集中地区的医保部门经费保障应适当向异地就医监管工作倾斜。完善跨省异地就医追回资金退回工作机制。

人力资源社会保障部、财政部、国家卫生健康委关于开展工伤保险跨省异地就医直接结算试点工作的通知

1. 2024年1月12日公布
2. 人社部发〔2024〕11号

各省、自治区、直辖市及新疆生产建设兵团人力资源社会保障厅（局）、财政厅（局）、卫生健康委：

为加快推进工伤保险跨省异地就医直接结算工作，更好保障工伤职工权益，不断提升工伤保险管理服务便捷度和工伤职工获得感，根据《国务院办公厅关于加快推进政务服务"跨省通办"的指导意见》（国办发〔2020〕35号）和《人力资源社会保障部关于印发〈人力资源社会保障信息化便民服务创新提升行动方案〉的通知》（人社部发〔2020〕83号）要求，开展工伤保险跨省异地就医直接结算试点工作。现就有关工作通知如下：

一、试点目标

2024年4月1日，由各省（自治区、直辖市）和新疆生产建设兵团（以下简称省）人力资源社会保障厅（局）选择部分地市启动工伤保险跨省异地就医直接结算试点工作，依托全国工伤保险异地就医结算信息系统（以下简称工伤保险异地就医系统），实行试点地市人员持社会保障卡（含电子社保卡，以下统称社保卡）直接结算跨省异地就医住院工伤医疗费用、住院工伤康复费用和辅助器具配置费用。试点期限为一年。通过试点，实现试点地市跨省异地就医直接结算制度基本定型，机制运行较为顺畅，异地就医备案规范便捷，当地工伤职工的跨省异地就医直接结算需求得到初步满足。

二、基本原则

（一）统一管理。坚持就医地统一管理，将异地就医纳入就医地协议管理、费用监控、医疗服务质量监督等各项管理服务范围。

（二）结算便捷。坚持为工伤职工提供方便快捷的结算服务，工伤保险基金支付部分由就医地经办机构与就医地协议医疗（康复）、辅助器具配置机构（以下简称协议机构）按协议约定审核后支付。

（三）循序渐进。坚持住院费用先纳入，先期以异地长期居住（工作）和异地转诊转院人员起步，优先联通异地就医集中地区，协议机构信息系统联通一家上线一家，稳步有序推进直接结算工作。

（四）联动共促。坚持参保地与就医地异地就医工作分工明确与责任共担相结合，建立科学有效协同机制，提升管理服务质量，确保工伤职工获得高质、便捷跨省异地就医直接结算服务。

（五）安全稳健。坚持工伤保险基金以支定收、收支平衡，严格规范管理，合理使用基金，切实防范风险，确保基金安全可持续运行和各项待遇支付。

三、明确异地就医人员范围

参加工伤保险并已完成工伤认定、工伤复发确认、工伤康复确认或辅助器具配置确认的异地长期居住、常驻异地工作和异地转诊转院等工伤职工，可以申请办理跨省异地就医住院工伤医疗费用、住院工伤康复费用和辅助器具配置费用直接结算。

（一）在参保省外居住（工作）半年（含）及以上，并符合参保地异地就医、康复、辅助器具配置要求的工伤职工。

（二）参保地医疗和康复、辅助器具配置协议机构限于医疗技术和设备不能诊治或配置，并符合参保地转诊转院要求的工伤职工。

四、明确异地就医政策

（一）严格备案管理。工伤职工跨省异地就医前，应向参保地经办机构进行备案并经审核同意。异地长期居住（工作）工伤职工和跨省转诊转院工伤职工备案有效期由参保地所在省（以下简称参保省）统一规定。参保省应引导异地长期居住(工作)工伤职工有序就医,可合理设置变更或取消备案的时限要求,原则上不超过6个月。

(二)明确结算范围。异地就医工伤职工在就医地发生的无第三方责任的住院工伤医疗费、住院工伤康复费和辅助器具配置费纳入跨省异地就医直接结算范围。住院伙食补助费和因异地转诊转院发生的到统筹区外就医所需的交通食宿费不纳入跨省异地就医直接结算范围,由参保地经办机构按照参保地政策审核报销。

(三)规范待遇政策。异地就医直接结算的住院工伤医疗费、住院工伤康复费,执行就医地工伤保险诊疗项目目录、工伤保险药品目录、工伤保险住院服务标准、工伤康复服务项目等有关规定;辅助器具配置执行参保地辅助器具配置目录有关规定。

跨省异地长期居住(工作)人员在备案有效期内异地就医的,在就医地享受工伤保险费用结算服务,执行就医地政策;确需回参保地并在当地就医的,可以在参保地享受工伤保险费用结算服务,执行参保地政策。跨省异地转诊转院工伤职工在备案有效期内,可在就医地多次就诊并享受跨省异地就医直接结算服务。

五、加强异地就医管理

(一)合理布局异地协议机构。各省应按照合理布局、分步纳入的原则,选择工伤职工就医需求较为集中,管理服务水平和信息化程度较高的地市开展试点。各省选择确定开展工伤医疗跨省异地就医直接结算试点的地市数量,控制在本省地市总数的40%以内。试点地市根据实际确定本市相应协议医疗机构,并根据试点工作推进情况逐步增加。试点期间,各省至少选择确定一家协议康复机构和一家辅助器具配置机构实现异地就医费用联网直接结算。

(二)实施就医地统一管理。就医地经办机构应将异地就医工伤职工纳入本地统一管理,为其提供和本地工伤职工相同的服务和管理,相关数据纳入本地统计分析事项。就医地经办机构应将异地就医工作纳入协议管理范围,并将相关内容在协议中予以明确。要加强基金支出管理,通过开展日常检查、专项检查、年度检查等方式,监督协议机构严格执行工伤保险各项目录、标准的有关规定,并将检查结果充分运用在协议续签、月度结算等环节中。

六、规范异地就医流程

(一)规范转出流程。工伤职工跨省异地就医前,可通过国家社会保险公共服务平台、人社政务服务平台、掌上12333APP、电子社保卡等全国统一服务入口(以下简称全国统一服务入口)或参保地经办机构窗口办理异地就医备案手续。参保地经办机构应将线下收到的备案信息及时上传至工伤保险异地就医系统,形成全国异地就医备案人员库,并进行动态管理,供就医地经办机构和协议机构及时获取。

(二)规范就医流程。工伤职工办理入院手续时,协议机构应核对工伤职工身份信息和备案信息,严格按照工伤保险政策有关规定提供医疗、康复和辅助器具配置服务,因伤施治,伤病分离管理,合理诊疗。对工伤职工治疗非工伤所发生的费用,就医中发生的超标准超目录范围和不符合诊疗常规的费用,及其他违反工伤保险有关规定的费用,工伤保险基金不予支付。

(三)规范结算流程。工伤职工异地就医结算实行持社保卡直接结算,工伤保险基金按项目付费。工伤保险异地就医系统提供接口和登录两种模式,支持各省完成费用结算。协议机构应及时传输工伤职工就医、结算及其他相关信息,确保信息真实、完整、准确,不得篡改作假。

七、强化异地就医资金管理

(一)明确资金管理方式。跨省异地就医费用工伤保险基金支付部分在各省间实行先预付后清算。预付金初始额度确认后按年调整,就医费用各省按季度全额清算。预付金初始额度为可支付半年资金,由各省根据往年跨省异地就医工伤保险基金支付金额及政策实施后释放效应预估后上报,部级经办机构审核确定。预付金初始额度最晚于本通知印发之日起三个月内拨付到位。

预付金来源于各统筹地区工伤保险基金。就医地所在省(以下简称就医省)可调剂使用各参保省的预付金,用于支付参保地异地就医工伤职工直接结算相关费用。

(二)建立跨省综合协调机制。跨省异地就医预付及清算资金由参保省与就医省进行划拨。各省级经办机构和财政部门应按照《工伤保险跨省异地就医直接结算经办规程》(见附件,以下简称经办规程)要求,协同做好资金划拨和收款工作。部级经办机构负责协调和督促各省按规定及时拨付资金。

试点期间,人力资源社会保障部、财政部将通报各省预付金和清算资金按时拨付情况。对拖欠预付金和清算资金的参保省,就医省可视情况向部级经办机构提出终止该参保省的直接结算业务。

(三)明确相关管理事项。划拨跨省异地就医资金过程中发生的银行手续费、银行票据工本费等不得在工伤保险基金中列支。预付金在就医省产生的利息归就医省所有。跨省异地就医费用结算和清算过程中形成的暂付款项和暂收款项按相关会计制度规定进行核算。

(四)加强风险防控。异地就医参保人员在各省工伤协议机构的就医、康复、辅助器具配置行为和相应费用纳入就医地工伤保险基金稽核、监管和审计。参保地应加强与就医地沟通协调,建立工伤医疗异地就医管理机制,以大额、高频次、备案期间备案地和参保地双向支出等为重点,实施费用数据稽核,科学有效开展相关异地就医管理工作。就医地要尽可能提供便利条件,积极配合参保地开展事后稽核监管工作。人力资源社会保障部根据异地就医工作进展,以异地就医大额费用或疑难案例为重点,适时组织开展联审互查,加大基金支出监管力度。

八、加快工伤保险异地就医信息系统建设

(一)建设全国信息系统。人力资源社会保障部依托金保工程业务专网,组

织建设工伤保险异地就医系统。实现各级工伤保险经办机构、协议机构协同办理工伤保险跨省异地就医业务,确保备案、结算等信息跨机构、跨层级传递,支持定期结算、清分工伤保险异地就医资金。

(二)加快信息系统联网接入。各省应结合本省工伤保险信息化情况,选择接口或登录模式接入工伤保险异地就医系统,同时应加快推进省内工伤医疗、工伤康复和辅助器具配置费用联网直接结算。已实现信息系统省级集中的省份,原则上均需选择接口模式接入,采取非人力资源社会保障部门结算通道方式的省份,根据工伤保险跨省异地就医结算总体要求,组织做好相关系统改造工作,实现工伤保险跨省异地就医结算信息协同共享。尚未实现信息系统省级集中的省份,应组织纳入跨省异地就医的协议机构及经办机构,通过登录工伤保险异地就医系统开展业务办理,在2024年底前完成向接口模式的过渡。

(三)推进社保卡应用。各省要将社保卡作为工伤职工异地就医身份识别和直接结算凭证,对有异地就医需求的人员优先发卡,并引导其签发电子社保卡,建立跨省用卡服务机制。要按照全国跨省用卡技术方案和统一接口规范,完成读卡、扫码终端和用卡环境改造,支持跨省用卡鉴权。

(四)提高公共服务可及性。人力资源社会保障部将依托全国统一服务入口,为工伤职工提供方便、快捷的工伤异地就医备案申请、就医结算明细查询等服务。各省也应借助本地线上、线下服务渠道,提高经办管理服务水平,为工伤职工提供便捷、优质、高效的服务。

九、工作要求

(一)加强组织领导。试点期间,各级人力资源社会保障部门要将跨省异地就医直接结算工作作为落实国务院"跨省通办"、人社信息化便民服务创新提升行动的重要任务,加强领导、统筹谋划、精心组织、协调推进、攻坚克难,纳入目标任务考核管理,确保按时完成任务。财政部门根据经办机构请款,按规定及时划拨跨省异地就医资金,合理安排工作经费,加强与经办机构对账管理,确保账账相符、账款相符。卫生健康部门要指导相关医疗机构积极配合落实跨省异地就医各项任务,提高服务能力,保障医疗质量和安全。各地各部门要认真总结试点期间工作经验成效,针对出现的问题及时研究解决措施,确保试点工作稳妥推进,为适时扩大直接结算人员范围和费用结算范围奠定坚实基础。

(二)加强队伍建设。要加强国家和省级异地就医工作队伍建设,特别是异地就医人数集中的地区,应根据管理服务的需要,加强机构、人员和办公条件保障,合理配置专业工作人员,并充分调动协议机构的积极性,保证服务质量,提高工作效率。

(三)做好宣传引导。充分利用现有12333咨询服务电话和各级人力资源社会保障部门门户网站,拓展多种信息化服务渠道,引导合理有序就医,提供就医地协议机构信息、参保地报销政策信息、跨省工伤保险业务经办指南、查询投诉等服务。

各省人力资源社会保障厅(局)要牵头认真总结试点工作情况,于试点结束前上报人力资源社会保障部。人力资源社会保障部适时牵头开展试点评估,加强运行分析,完善工作措施,提出下一步工作安排。工作推进过程中遇到重大问题,请及时报告人力资源社会保障部。

附件:工伤保险跨省异地就医直接结算经办规程

工伤保险跨省异地就医直接结算经办规程

第一章 总 则

第一条 为落实《国务院关于加快推进政务服务"跨省通办"的指导意见》(国办发〔2020〕35号)等文件有关要求,推进工伤保险跨省异地就医费用直接结算,规范异地就医管理,提高服务水平,制定本规程。

第二条 本规程适用于工伤保险跨省异地就医费用直接结算经办管理服务工作。

第三条 符合条件的工伤职工在参保省外的工伤保险协议医疗机构、康复机构和辅助器具配置机构(以下统称协议机构)发生的无第三方责任住院工伤医疗、住院工伤康复和辅助器具配置(含更换,下同)等合规跨省异地就医费用,可以按照本规程的规定直接结算。

第四条 参加工伤保险并已完成工伤认定、工伤复发确认、工伤康复确认或辅助器具配置确认的以下工伤职工,可以申请跨省异地就医费用直接结算:

(一)异地长期居住(工作)工伤职工:指在参保省外长期居住生活或被用人单位长期派驻至参保省外工作的工伤职工;

(二)异地转诊转院工伤职工:指因医疗条件所限需要转诊转院到参保省外就医的工伤职工。

第五条 各级社会保险经办机构、工伤保险协议机构,通过全国工伤保险异地就医结算信息系统(以下简称工伤保险异地就医系统),开展工伤保险跨省异地就医直接结算,实现结算信息电子化传递。工伤保险异地就医系统提供接口与登录两种接入模式。

第六条 跨省异地就医直接结算工作实行统一管理、分级负责。人力资源社会保障部负责统一组织、指导省际间异地就医管理服务工作,负责督促各省社会保险经办机构协调财政部门按规定及时拨付资金;省级人力资源社会保障部门(以下简称人社部门)负责完善省级异地就医结算管理功能,统一组织协调并实施跨省异地就医管理服务工作;省级以下人社部门按国家和本省要求做好跨省异地就医相关工作。

第七条 跨省异地就医费用工伤保险基金支付部分在各省间实行先预付后清算,预付资金来源于工伤职工所属统筹地区的工伤保险基金。

第八条 各地要优化经办流程,简化办事程序,畅通信息化渠道,提高服务质量,确保业务经办合法、便民、及时、公开、安全。

第二章 备案管理

第九条 工伤保险跨省异地就医直接结算实行备案管理制。参保地经办机构应当为工伤职工提供便捷的线上及线下备案渠道,及时办理工伤职工提出的备案申请并依法告知结果。

第十条 参保地经办机构应按规定为工伤职工办理备案手续,并分别收取以下材料:

(一)异地长期居住(工作)工伤职工:《工伤保险跨省异地就医(康复)直接结算备案表》(见附件1)、异地长期居住佐证材料或常驻异地工作佐证材料;

(二)异地转诊转院工伤职工:《工伤保险跨省异地就医(康复)直接结算备案表》、参保省规定的协议机构转诊转院意见;

(三)异地配置辅助器具工伤职工:《工伤保险跨省异地配置辅助器具直接结算备案表》(见附件2),并根据三种情形分别提供协议机构转诊转院意见、异地长期居住或常驻异地工作佐证材料。

第十一条 异地长期居住(工作)工伤职工和跨省转诊转院工伤职工备案有效期由参保省统一规定。参保省应引导异地长期居住(工作)工伤职工有序就医,可合理设置变更或取消备案的时限要求,原则上不超过6个月。

第十二条 参保地经办机构在为工伤职工办理备案时原则上直接备案到就医地市或直辖市。工伤职工完成备案后,可在就医地开通的所有跨省异地就医直接结算协议机构享受住院工伤医疗费用、住院工伤康复费用或辅助器具配置费用直接结算服务。

第十三条 工伤职工办理异地就医备案后,备案有效期内,可在就医地多次就诊并享受跨省异地就医直接结算服务。备案有效期内已办理入院手续的,不受备案有效期限制,可正常直接结算相关费用。

跨省异地长期居住(工作)人员在备案有效期内确需回参保地就医的,可以在参保地享受工伤保险费用结算服务,执行参保地政策。

第十四条 参保地经办机构应按规定及时办理工伤职工提出的备案申请,对于符合备案条件的,原则上应在5个工作日内办理完毕并告知申请人。对于备案材料不齐全的,应一次性告知需补正的材料;对于不符合备案条件的,应将备案结论告知申请人。

接收备案申请信息的经办机构应在办理完成后,及时将办理结果回传至工伤保险异地就医系统。

第十五条 已完成异地长期居住(工作)备案的工伤职工,居住(工作)地等信息发生变更,或结束异地长期居住(工作)的,应及时办理备案信息变更或取消备案。

接收备案变更申请的经办机构应在办理完成后,及时将办理结果上传至工伤保险异地就医系统。

第十六条 工伤职工未按规定完成备案登记或在就医地非跨省异地就医直接结算协议机构发生的医疗费用,不予直接结算。

第三章 就医管理

第十七条 试点期间,各省应按照合理布局、分步纳入的原则,选择40%以内的本省地市开展工伤医疗跨省异地就医直接结算试点。试点地市经办机构根据实际确定本市跨省异地就医直接结算协议医疗机构。各省至少要确定一家协议康复机构和一家辅助器具配置机构,各地可根据工作推进情况逐步增加。

第十八条 工伤保险异地就医系统建立全国跨省异地就医直接结算协议机构库,各省经办机构应将确定后的跨省异地就医直接结算协议机构名单及时上报工伤保险异地就医系统。工伤保险异地就医系统依托国家社会保险公共服务平台等全国统一服务入口,提供实时查询服务。

跨省异地就医直接结算协议机构库实行动态维护,协议机构发生新增、中止或终止协议、停业或歇业等情形的,省级经办机构应及时上报工伤保险异地就医系统并更新协议机构库。

第十九条 工伤职工在就医地跨省异地就医直接结算协议机构就医时,应主动表明身份,出示社保卡等有效身份凭证,遵守就医地就医流程和服务规范。

就医地协议机构应当为异地就医工伤职工提供与本地工伤职工同等的医疗、康复和辅助器具配置服务。就医地经办机构负责具体审核在本地区发生的异地就医住院工伤医疗、住院工伤康复和辅助器具配置费用。

第四章 预付金管理

第二十条 预付金是参保省预付给就医省用于支付参保省异地就医工伤职工就医费用的资金,资金专款专用,任何组织和个人不得侵占或者挪用。原则上根据上年度工伤保险跨省异地就医结算资金季度平均值的两倍核定年度预付金额度,按年调整。就医省可调剂使用各参保省的预付金。

第二十一条 预付金初始额度为可支付半年资金,由各省根据往年跨省异地就医工伤保险基金支付金额并结合政策实施后释放效应预估后上报,由部级经办机构核定生成《_____省(区、市)工伤保险跨省异地就医预付金付款通知书》(见附件3)、《_____省(区、市)工伤保险跨省异地就医预付金收款通知书》(见附件4),各省级经办机构在工伤保险异地就医系统下载后按规定通知同级财政部门付款和收款。

第二十二条 每年1月底前,部级经办机构根据上年结算资金季度平均值的两倍核定各省级经办机构本年度应付、应收预付金,生成《全国工伤保险跨省异地就医预付金额度调整明细表》(见附件5),出具《_____省(区、市)工伤保险跨省异地就医预付金额度调整付款通知书》(见附件6)、《_____省(区、市)工伤保险跨省异地就医预付金额度调整收款通知书》(见附件7),通过工伤保险异地就医系统进行发布。

第二十三条 年度调整时,就医省应收参保省预付金额度低于上年额度的,应返还参保省相应资金,返还资金列入本年度就医省跨省异地就医预付金额度调整付款通知书,并在对应参保省名称前加注"＊"。

参保省应收就医省返还的资金列入本年度参保省跨省异地就医预付金额度调整收款通知书,并在对应就医省名称前加注"＊"。

第二十四条 省级经办机构通过工伤保险异地就医系统接收预付金额度调整付款通知书,应于5个工作日内提交同级财政部门。参保地省级财政部门按规定对省级经办机构提交的付款通知书和用款申请计划审核后,在10个工作日内进行划款。省级财政部门按规定划拨预付金时,注明业务类型(预付金或清算资金),完成划拨后5个工作日内将划拨信息反馈到省级经办机构。

第二十五条 省级经办机构完成付款确认时,应在工伤保险异地就医系统内反馈付款银行类别、交易流水号和交易日期等信息,确保信息真实、准确,原则上各省应于每年2月底前完成年度预付金调整额度的收付款工作。

第二十六条 建立预付金预警和调增机制。预付金使用率为预警指标,是指异地就医季度清算资金占预付金的比例。当某一参保省的预付金使用率达到70%时,为黄色预警;预付金使用率达到80%及以上时,为红色预警,就医省可启动针对该参保省的预付金紧急调增流程。

第二十七条 当预付金使用率出现红色预警时,就医地省级经办机构可在当期清算签章之日起3个工作日内登录工伤保险异地就医系统向部级经办机构提出预付金额度调增申请。部级经办机构收到申请后,结合就医省与参保省本期及往期清算资金量,对就医地省级经办机构提出调增的额度进行审核确认,并向参保地和就医地省级经办机构分别下发《_____省(区、市)工伤保险跨省异地就医预付金额度紧急调增付款通知书》(见附件8)、《_____省(区、市)工伤保险跨省异地就医预付金额度紧急调增收款通知书》(见附件9)。

原则上就医省每季度最多提出1次紧急调增申请,每次申请最高额度为本季度待与协议机构月结金额的两倍。

第二十八条 参保地省级经办机构接到部级经办机构下发的预付金额度紧急调增通知书后,应于5个工作日内提交同级财政部门。省级财政部门按规定对省级经办机构提交的付款通知书和用款申请计划审核后,在10个工作日内完成预付金紧急调增资金的拨付。原则上预付金紧急调增额度应于下期清算前完成拨付。

第二十九条 省级财政部门按规定在完成预付金额度及调增资金的付款和收款后,5个工作日内将划拨及收款信息反馈到省级经办机构,省级经办机构同时向部级经办机构反馈到账信息。

第三十条　经办机构应当在"暂付款"科目下设置"异地就医预付金"明细科目,并在该明细科目下按照预付对方地区进行明细核算,核算参保地区向就医地区划拨的跨省异地就医预付资金。反映非省级经办机构向上级经办机构上解的本级跨省异地就医预付金,参保地区省级经办机构向就医地区省级经办机构拨付的省本级跨省异地就医预付金,以及参保地区各级经办机构收到退回的归属本级基金的跨省异地就医预付金。

经办机构应当在"暂收款"科目下设置"异地就医预付金""异地就医清算资金""异地就医资金"明细科目,其中,"异地就医预付金""异地就医清算资金"明细科目分别用于核算参保地区上级经办机构收到下级经办机构归集的异地就医预付金、清算资金,"异地就医资金"明细科目用于核算就医地区接收参保地区划拨的异地就医预付金和清算资金。

第三十一条　部级经办机构负责协调和督促各省按规定及时拨付资金。

第五章　就医费用结算

第三十二条　就医费用结算是指就医地经办机构与本地协议机构对异地就医费用审核和对账确认后,按协议或有关规定向协议机构支付费用的行为。就医费用对账是指就医地经办机构与协议机构就住院工伤医疗、住院工伤康复以及辅助器具配置费用确认工伤保险基金支付金额的行为。

第三十三条　异地就医工伤职工直接结算的住院工伤医疗费和住院工伤康复费,执行就医地工伤保险诊疗项目目录、工伤保险药品目录、工伤保险住院服务标准、工伤康复服务项目(以下简称就医地目录)等有关规定。辅助器具配置执行参保地辅助器具配置目录有关规定。

第三十四条　工伤职工到异地就医(康复)的,采用接口模式的省份,在办理入院登记时,协议机构经办人员应核对工伤职工身份信息和备案信息。职工出院时,再次核对身份信息和备案信息,通过本省信息系统完成联网结算后,在5个工作日内将职工基本信息、医疗机构信息、临床诊断、治疗明细和结算等信息通过省级系统上传至工伤保险异地就医系统。

采用登录模式的省份,在办理入院登记时,协议机构经办人员应核对工伤职工身份信息和备案信息。住院期间,协议机构经办人员按日将分割后的费用明细上传至工伤保险异地就医系统。出院时,再次核对身份信息和备案信息,属于工伤保险基金支付的费用,由就医地经办机构与协议机构按协议结算,工伤职工按照协议机构出具的《_____省(区、市)工伤保险跨省异地就医结算单》(见附件10)支付应由本人支付的费用。协议机构应在结算后5个工作日内将全部结算信息上传至工伤保险异地就医系统。

对于住院康复的工伤职工,原则上协议机构还应在出院结算前上传康复方案至工伤保险异地就医系统。

第三十五条 工伤职工到异地配置辅助器具的,采用接口模式的省份,协议机构经办人员应核对工伤职工身份信息、备案信息和配置费用核付通知单后提供配置服务。通过本省信息系统完成联网结算后,在5个工作日内将配置费用明细等结算信息通过省级系统上传至工伤保险异地就医系统。

采用登录模式的省份,协议机构经办人员应核对工伤职工身份信息、备案信息和配置费用核付通知单后提供配置服务。配置完成后,属于工伤保险基金支付的费用,由就医地经办机构与协议机构按协议结算,工伤职工按照协议机构出具的《_____省(区、市)工伤保险跨省异地就医结算单》支付超目录或者超出限额部分的费用。协议机构应在结算后5个工作日内将全部结算信息上传至工伤保险异地就医系统。

第三十六条 就医地经办机构应及时对各协议机构上月发生的跨省异地就医结算费用进行审核和对账确认,并与协议机构进行月度结算。

采用接口模式的省份,就医地经办机构通过省级系统完成费用审核和对账确认后,在每月20日前将月度结算信息及时上传至工伤保险异地就医系统。

采用登录模式的省份,就医地经办机构登录工伤保险异地就医系统进行费用审核和对账确认,工伤保险异地就医系统每月20日汇总上月跨省异地就医结算费用审核和对账确认情况,生成月度结算金额,就医地经办机构按协议约定,及时将应由工伤保险基金支付金额拨付给协议机构。

第三十七条 就医地对于工伤职工住院治疗(配置)过程跨自然年度的,应以出院结算日期为结算时点,按一笔费用整体结算。

第三十八条 跨省异地就医发生的住院工伤医疗、住院工伤康复费用和辅助器具配置费用由就医地经办机构按照规定进行审核,对治疗非工伤所发生的费用、就医中发生的超标准超目录范围和不符合诊疗常规的费用,及其他违反工伤保险有关规定的费用,按协议规定予以扣除,并上传至工伤保险异地就医系统。

第三十九条 工伤职工异地就医备案后,因结算网络系统、就医凭证等故障导致无法直接结算的,相关费用回参保地按参保地规定手工报销。参保地手工报销前,应切实履行审查职责,核实工伤职工是否已在就医地直接结算,杜绝重复报销。

第六章 费用清算

第四十条 跨省异地就医费用清算是指各省间确认有关跨省异地就医费用的应收或应付金额,据实划拨的过程。

第四十一条 工伤保险异地就医系统根据就医地经办机构与协议机构对账确认后的费用,于每季度次月21日自动生成《全国工伤保险跨省异地就医费用清算表》(见附件11)、《_____省(区、市)工伤保险跨省异地就医应付费用清算表》(见附件12)、《_____省(区、市)工伤保险跨省异地就医支付明细表》(见附件12-1)、《_____省(区、市)工伤保险跨省异地就医基金审核扣款明细表》(见附件12－2)、《_____省(区、市)工伤保险跨省异地就医应收费用清算表》(见附件13),各省级经办机构可通过工伤保险异地就医系统查询本省内各地区的上述清算信息,于每季度次月25日前确认上述内容。

第四十二条 部级经办机构于每季度次月底前根据确认后的《全国工伤保险跨省异地就医费用清算表》,生成《_____省(区、市)工伤保险跨省异地就医费用付款通知书》(见附件14)、《_____省(区、市)工伤保险跨省异地就医费用收款通知书》(见附件15),在工伤保险异地就医系统发布。

第四十三条 各省级经办机构通过工伤保险异地就医系统接收《_____省(区、市)工伤保险跨省异地就医费用付款通知书》《_____省(区、市)工伤保险跨省异地就医费用收款通知书》后,于5个工作日内提交同级财政部门,财政部门按规定对经办机构提交的付款通知书和用款申请计划审核后10个工作日内向就医地省级财政部门划拨资金。省级财政部门在完成清算资金拨付、收款后,在5个工作日内将划拨及收款信息反馈省级经办机构,省级经办机构向部级经办机构反馈到账信息。原则上,当期清算资金应于下期清算前完成拨付。

第四十四条 原则上,当季跨省异地就医直接结算费用应于下季度第二月月底前完成收、付款,收、付款延期最长不超过1个季度。当年跨省异地就医直接结算费用,最晚应于次年第一季度清算完毕。

第七章 信息管理

第四十五条 工伤保险异地就医系统由人力资源社会保障部组织建设。已实现信息系统省级集中的省份,原则上均需选择接口模式接入工伤保险异地就医系统;尚未实现信息系统省级集中的省份,通过登录工伤保险异地就医系统开展业务办理,加快推进工伤保险省级系统整合建设,建立与协议机构的联网结算通道,尽快向接口模式过渡。

第四十六条 社保卡是工伤职工跨省异地就医直接结算的身份凭证。协议机构应支持跨省异地就医工伤职工持社保卡直接结算住院工伤医疗费用、住院工伤康复费用和辅助器具配置费用。

第四十七条 人力资源社会保障部将依托国家社会保险公共服务平台、人社政务服务平台、掌上12333APP、电子社保卡等全国统一服务入口,面向参保人提供参保工伤职工跨省异地就医备案申请、协议机构查询、工伤保险跨省异地就医明细查询等公共服务。各级经办机构、工伤保险协议机构应及时向工伤保险异地就医系统上传有关信息,确保工伤保险异地就医系统信息及时、准确。

第八章 稽核监督

第四十八条 跨省异地就医医疗服务实行就医地管理。就医地经办机构要将异地就医工作纳入协议管理范围,在协议中明确相关内容,切实保障工伤职工的权益。要指导和督促协议机构按照要求提供服务,及时传输工伤职工就医、结算及其他相关信息,确保信息真实准确,不得篡改作假。

第四十九条 就医地经办机构应当建立异地就医工伤职工的投诉举报渠道,及时受理投诉举报并将结果告知投诉举报人。对查实的重大违法违规行为应按相关规定执行并上报。

第五十条 就医地经办机构发现异地就医工伤职工有严重违规行为的,应暂停其直接结算,同时逐级上报部级经办机构,部级经办机构协调参保地经办机构按照相关规定进行处理。

就医地经办机构应协助参保地经办机构进行医疗票据核查等工作,保证费用的真实性,防范和打击伪造票据等骗取工伤保险基金行为。

第五十一条 部级经办机构适时组织各省级经办机构以大额、高频次、备案期间备案地和参保地双向支出为重点,通过巡查检查、交叉互查、第三方评审等方式,开展跨省异地就医联审互查工作。部级经办机构负责协调处理因费用审核、资金拨付和违规处理等发生的争议及纠纷。

第五十二条 各级经办机构应加强跨省异地就医直接结算运行监控和费用审核,健全工伤保险基金运行风险评估预警机制,定期开展跨省异地就医直接结算运行分析。

第九章 附 则

第五十三条 异地就医业务档案由参保地经办机构和就医地经办机构按其办理的业务分别保管。

第五十四条 各省级工伤保险经办机构可根据本规程,制定本地区异地就医直接结算经办规程。

第五十五条 各级经办机构应按照服务便民工作原则,做好政策宣传和就医指引,依托公共服务网站、经办服务大厅等网站公布办事指南,供工伤职工跨省异地就医时使用。

第五十六条 《工伤保险经办规程》中关于异地就医的有关规定与本规程不一致的,按本规程执行。

附件1:工伤保险跨省异地就医(康复)直接结算备案表(略)

附件2:工伤保险跨省异地配置辅助器具直接结算备案表(略)

附件3:_____省(区、市)工伤保险跨省异地就医预付金付款通知书(略)

附件4:_____省(区、市)工伤保险跨省异地就医预付金收款通知书(略)

附件5:全国工伤保险跨省异地就医预付金额度调整明细表(略)

附件6:_____省(区、市)工伤保险跨省异地就医预付金额度调整付款通知书(略)

附件7:_____省(区、市)工伤保险跨省异地就医预付金(略)

附件8:_____省(区、市)工伤保险跨省异地就医预付金额度紧急调增付

款通知书(略)

  附件9:_____省(区、市)工伤保险跨省异地就医预付金额度紧急调增收款通知书(略)

  附件10:_____省(区、市)工伤保险跨省异地就医结算单(略)

  附件11:全国工伤保险跨省异地就医费用清算表(略)

  附件12:省(区、市)工伤保险跨省异地就医应付费用清算表(略)

  附件12-1:_____省(区、市)工伤保险跨省异地就医支付明细表(略)

  附件12-2:_____省(区、市)工伤保险跨省异地就医基金审核扣款明细表(略)

  附件13:_____省(区、市)工伤保险跨省异地就医应收费用清算表(略)

  附件14:_____省(区、市)工伤保险跨省异地就医费用(略)

  附件15:_____省(区、市)工伤保险跨省异地就医费用(略)

四、生育保险

企业职工生育保险试行办法

1. 1994年12月14日劳动部发布
2. 劳部发〔1994〕504号
3. 自1995年1月1日起施行

第一条 为了维护企业女职工的合法权益,保障她们在生育期间得到必要的经济补偿和医疗保健,均衡企业间生育保险费用的负担,根据有关法律、法规的规定,制定本办法。

第二条 本办法适用于城镇企业及其职工。

第三条 生育保险按属地原则组织。生育保险费用实行社会统筹。

第四条 生育保险根据"以支定收,收支基本平衡"的原则筹集资金,由企业按照其工资总额的一定比例向社会保险经办机构缴纳生育保险费,建立生育保险基金。生育保险费的提取比例由当地人民政府根据计划内生育人数和生育津贴、生育医疗费等项费用确定,并可根据费用支出情况适时调整,但最高不得超过工资总额的百分之一。企业缴纳的生育保险费作为期间费用处理,列入企业管理费用。

职工个人不缴纳生育保险费。

第五条 女职工生育按照法律、法规的规定享受产假。产假期间的生育津贴按照本企业上年度职工月平均工资计发,由生育保险基金支付。

第六条 女职工生育的检查费、接生费、手术费、住院费和药费由生育保险基金支付。超出规定的医疗服务费和药费(含自费药品和营养药品的药费)由职工个人负担。

女职工生育出院后,因生育引起疾病的医疗费,由生育保险基金支付;其他疾病的医疗费,按照医疗保险待遇的规定办理。女职工产假期满后,因病需要休息治疗的,按照有关病假待遇和医疗保险待遇规定办理。

第七条 女职工生育或流产后,由本人或所在企业持当地计划生育部门签发的计划生育证明,婴儿出生、死亡或流产证明,到当地社会保险经办机构办理手续,领取生育津贴和报销生育医疗费。

第八条 生育保险基金由劳动部门所属的社会保险经办机构负责收缴、支付和管理。

生育保险基金应存入社会保险经办机构在银行开设的生育保险基金专户。银行应按照城乡居民个人储蓄同期存款利率计息,所得利息转入生育保险基金。

第九条　社会保险经办机构可从生育保险基金中提取管理费,用于本机构经办生育保险工作所需的人员经费、办公费及其他业务经费。管理费标准,各地根据社会保险经办机构人员设置情况,由劳动部门提出,经财政部门核定后,报当地人民政府批准。管理费提取比例最高不得超过生育保险基金的百分之二。

生育保险基金及管理费不征税、费。

第十条　生育保险基金的筹集和使用,实行财务预、决算制度,由社会保险经办机构作出年度报告,并接受同级财政、审计监督。

第十一条　市(县)社会保险监督机构定期监督生育保险基金管理工作。

第十二条　企业必须按期缴纳生育保险费。对逾期不缴纳的,按日加收千分之二的滞纳金。滞纳金转入生育保险基金。滞纳金计入营业外支出,纳税时进行调整。

第十三条　企业虚报、冒领生育津贴或生育医疗费的,社会保险经办机构应追回全部虚报、冒领金额,并由劳动行政部门给予处罚。

企业欠付或拒付职工生育津贴、生育医疗费的,由劳动行政部门责令企业限期支付;对职工造成损害的,企业应承担赔偿责任。

第十四条　劳动行政部门或社会保险经办机构的工作人员滥用职权、玩忽职守、徇私舞弊,贪污、挪用生育保险基金,构成犯罪的,依法追究刑事责任;不构成犯罪的,给予行政处分。

第十五条　省、自治区、直辖市人民政府劳动行政部门可以按照本办法的规定,结合本地区实际情况制定实施办法。

第十六条　本办法自1995年1月1日起试行。

生育保险和职工基本医疗保险合并实施试点方案

1. 2017年1月19日国务院办公厅发布
2. 国办发〔2017〕6号

为贯彻落实党的十八届五中全会精神和《中华人民共和国国民经济和社会发展第十三个五年规划纲要》,根据《全国人民代表大会常务委员会关于授权国务院在河北省邯郸市等12个试点城市行政区域暂时调整适用〈中华人民共和国社会保险法〉有关规定的决定》,现就做好生育保险和职工基本医疗保险(以下统称两项保险)合并实施试点工作制定以下方案。

一、总体要求

（一）指导思想。全面贯彻党的十八大和十八届三中、四中、五中、六中全会精神，深入贯彻习近平总书记系列重要讲话精神和治国理政新理念新思想新战略，认真落实党中央、国务院决策部署，统筹推进"五位一体"总体布局和协调推进"四个全面"战略布局，牢固树立和贯彻落实创新、协调、绿色、开放、共享的发展理念，遵循保留险种、保障待遇、统一管理、降低成本的总体思路，推进两项保险合并实施，通过整合两项保险基金及管理资源，强化基金共济能力，提升管理综合效能，降低管理运行成本。

（二）主要目标。2017年6月底前启动试点，试点期限为一年左右。通过先行试点探索适应我国经济发展水平、优化保险管理资源、促进两项保险合并实施的制度体系和运行机制。

二、试点地区

根据实际情况和有关工作基础，在河北省邯郸市、山西省晋中市、辽宁省沈阳市、江苏省泰州市、安徽省合肥市、山东省威海市、河南省郑州市、湖南省岳阳市、广东省珠海市、重庆市、四川省内江市、云南省昆明市开展两项保险合并实施试点。未纳入试点地区不得自行开展试点工作。

三、试点内容

（一）统一参保登记。参加职工基本医疗保险的在职职工同步参加生育保险。实施过程中要完善参保范围，结合全民参保登记计划摸清底数，促进实现应保尽保。

（二）统一基金征缴和管理。生育保险基金并入职工基本医疗保险基金，统一征缴。试点期间，可按照用人单位参加生育保险和职工基本医疗保险的缴费比例之和确定新的用人单位职工基本医疗保险费率，个人不缴纳生育保险费。同时，根据职工基本医疗保险基金支出情况和生育待遇的需求，按照收支平衡的原则，建立职工基本医疗保险费率确定和调整机制。

职工基本医疗保险基金严格执行社会保险基金财务制度，两项保险合并实施的统筹地区，不再单列生育保险基金收入，在职工基本医疗保险统筹基金待遇支出中设置生育待遇支出项目。探索建立健全基金风险预警机制，坚持基金收支运行情况公开，加强内部控制，强化基金行政监督和社会监督，确保基金安全运行。

（三）统一医疗服务管理。两项保险合并实施后实行统一定点医疗服务管理。医疗保险经办机构与定点医疗机构签订相关医疗服务协议时，要将生育医疗服务有关要求和指标增加到协议内容中，并充分利用协议管理，强化对生育医疗服务的监控。执行职工基本医疗保险、工伤保险、生育保险药品目录以及基本医疗保险诊疗项目和医疗服务设施范围。生育医疗费用原则上实行医疗保险经办机构与定点医疗机构直接结算。

（四）统一经办和信息服务。两项保险合并实施后，要统一经办管理，规范经办流程。生育保险经办管理统一由职工基本医疗保险经办机构负责，工作经费列入同级财政预算。充分利用医疗保险信息系统平台，实行信息系统一体化运行。原有生育保险医疗费结算平台可暂时保留，待条件成熟后并入医疗保险结算平台。完善统计信息系统，确保及时准确反映生育待遇享受人员、基金运行、待遇支付等方面情况。

（五）职工生育期间的生育保险待遇不变。生育保险待遇包括《中华人民共和国社会保险法》规定的生育医疗费用和生育津贴，所需资金从职工基本医疗保险基金中支付。生育津贴支付期限按照《女职工劳动保护特别规定》等法律法规规定的产假期限执行。

四、保障措施

（一）加强组织领导。两项保险合并实施是党中央、国务院作出的一项重要部署，也是推动建立更加公平更可持续社会保障制度的重要内容。试点城市所在省份要高度重视，加强领导，密切配合，推动试点工作有序进行。人力资源社会保障部、财政部、国家卫生计生委要会同有关方面加强对试点地区的工作指导，及时研究解决试点中的困难和问题。试点省份和有关部门要加强沟通协调，共同推进相关工作。

（二）精心组织实施。试点城市要高度重视两项保险合并实施工作，按照本试点方案确定的主要目标、试点措施等要求，根据当地生育保险和职工基本医疗保险参保人群差异、基金支付能力、待遇保障水平等因素进行综合分析和研究，周密设计试点实施方案，确保参保人员相关待遇不降低、基金收支平衡，保证平稳过渡。2017年6月底前各试点城市要制定试点实施方案并组织实施。

（三）加强政策宣传。试点城市要坚持正确的舆论导向，准确解读相关政策，大力宣传两项保险合并实施的重要意义，让社会公众充分了解合并实施不会影响参保人员享受相关待遇，且有利于提高基金共济能力、减轻用人单位事务性负担、提高管理效率，为推动两项保险合并实施创造良好的社会氛围。

（四）做好总结评估。各试点城市要及时总结经验，试点过程中发现的重要问题和有效做法请及时报送人力资源社会保障部、财政部、国家卫生计生委，为全面推开两项保险合并实施工作奠定基础。人力资源社会保障部、财政部、国家卫生计生委要对试点期间各项改革措施执行情况、实施效果、群众满意程度等内容进行全面总结评估，并向国务院报告。

五、工伤保险

1. 综　　合

工伤保险条例

1. 2003年4月27日国务院令第375号公布
2. 根据2010年12月20日国务院令第586号《关于修改〈工伤保险条例〉的决定》修订

第一章　总　　则

第一条　【立法目的】为了保障因工作遭受事故伤害或者患职业病的职工获得医疗救治和经济补偿，促进工伤预防和职业康复，分散用人单位的工伤风险，制定本条例。

第二条　【适用范围】中华人民共和国境内的企业、事业单位、社会团体、民办非企业单位、基金会、律师事务所、会计师事务所等组织和有雇工的个体工商户（以下称用人单位）应当依照本条例规定参加工伤保险，为本单位全部职工或者雇工（以下称职工）缴纳工伤保险费。

中华人民共和国境内的企业、事业单位、社会团体、民办非企业单位、基金会、律师事务所、会计师事务所等组织的职工和个体工商户的雇工，均有依照本条例的规定享受工伤保险待遇的权利。

第三条　【保险费征缴的法律适用】工伤保险费的征缴按照《社会保险费征缴暂行条例》关于基本养老保险费、基本医疗保险费、失业保险费的征缴规定执行。

第四条　【用人单位基本义务】用人单位应当将参加工伤保险的有关情况在本单位内公示。

用人单位和职工应当遵守有关安全生产和职业病防治的法律法规，执行安全卫生规程和标准，预防工伤事故发生，避免和减少职业病危害。

职工发生工伤时，用人单位应当采取措施使工伤职工得到及时救治。

第五条　【工作管理与承办】国务院社会保险行政部门负责全国的工伤保险工作。

县级以上地方各级人民政府社会保险行政部门负责本行政区域内的工伤保险工作。

社会保险行政部门按照国务院有关规定设立的社会保险经办机构（以下称

经办机构）具体承办工伤保险事务。

第六条 【意见征求】社会保险行政部门等部门制定工伤保险的政策、标准,应当征求工会组织、用人单位代表的意见。

第二章 工伤保险基金

第七条 【基金构成】工伤保险基金由用人单位缴纳的工伤保险费、工伤保险基金的利息和依法纳入工伤保险基金的其他资金构成。

第八条 【费率的确定】工伤保险费根据以支定收、收支平衡的原则,确定费率。

国家根据不同行业的工伤风险程度确定行业的差别费率,并根据工伤保险费使用、工伤发生率等情况在每个行业内确定若干费率档次。行业差别费率及行业内费率档次由国务院社会保险行政部门制定,报国务院批准后公布施行。

统筹地区经办机构根据用人单位工伤保险费使用、工伤发生率等情况,适用所属行业内相应的费率档次确定单位缴费费率。

第九条 【费率的调整】国务院社会保险行政部门应当定期了解全国各统筹地区工伤保险基金收支情况,及时提出调整行业差别费率及行业内费率档次的方案,报国务院批准后公布施行。

第十条 【保险费的缴纳】用人单位应当按时缴纳工伤保险费。职工个人不缴纳工伤保险费。

用人单位缴纳工伤保险费的数额为本单位职工工资总额乘以单位缴费费率之积。

对难以按照工资总额缴纳工伤保险费的行业,其缴纳工伤保险费的具体方式,由国务院社会保险行政部门规定。

第十一条 【基金的统筹】工伤保险基金逐步实行省级统筹。

跨地区、生产流动性较大的行业,可以采取相对集中的方式异地参加统筹地区的工伤保险。具体办法由国务院社会保险行政部门会同有关行业的主管部门制定。

第十二条 【基金的提取和使用】工伤保险基金存入社会保障基金财政专户,用于本条例规定的工伤保险待遇,劳动能力鉴定,工伤预防的宣传、培训等费用,以及法律、法规规定的用于工伤保险的其他费用的支付。

工伤预防费用的提取比例、使用和管理的具体办法,由国务院社会保险行政部门会同国务院财政、卫生行政、安全生产监督管理等部门规定。

任何单位或者个人不得将工伤保险基金用于投资运营、兴建或者改建办公场所、发放奖金,或者挪作其他用途。

第十三条 【储备金】工伤保险基金应当留有一定比例的储备金,用于统筹地区重大事故的工伤保险待遇支付;储备金不足支付的,由统筹地区的人民政府垫付。储备金占基金总额的具体比例和储备金的使用办法,由省、自治区、直辖市人民政府规定。

第三章 工 伤 认 定

第十四条 【应当认定为工伤的情形】职工有下列情形之一的,应当认定为工伤:

(一)在工作时间和工作场所内,因工作原因受到事故伤害的;

(二)工作时间前后在工作场所内,从事与工作有关的预备性或者收尾性工作受到事故伤害的;

(三)在工作时间和工作场所内,因履行工作职责受到暴力等意外伤害的;

(四)患职业病的;

(五)因工外出期间,由于工作原因受到伤害或者发生事故下落不明的;

(六)在上下班途中,受到非本人主要责任的交通事故或者城市轨道交通、客运轮渡、火车事故伤害的;

(七)法律、行政法规规定应当认定为工伤的其他情形。

第十五条 【视同工伤的情形与待遇】职工有下列情形之一的,视同工伤:

(一)在工作时间和工作岗位,突发疾病死亡或者在48小时之内经抢救无效死亡的;

(二)在抢险救灾等维护国家利益、公共利益活动中受到伤害的;

(三)职工原在军队服役,因战、因公负伤致残,已取得革命伤残军人证,到用人单位后旧伤复发的。

职工有前款第(一)项、第(二)项情形的,按照本条例的有关规定享受工伤保险待遇;职工有前款第(三)项情形的,按照本条例的有关规定享受除一次性伤残补助金以外的工伤保险待遇。

第十六条 【不为工伤的情形】职工符合本条例第十四条、第十五条的规定,但是有下列情形之一的,不得认定为工伤或者视同工伤:

(一)故意犯罪的;

(二)醉酒或者吸毒的;

(三)自残或者自杀的。

第十七条 【工伤认定的申请】职工发生事故伤害或者按照职业病防治法规定被诊断、鉴定为职业病,所在单位应当自事故伤害发生之日或者被诊断、鉴定为职业病之日起30日内,向统筹地区社会保险行政部门提出工伤认定申请。遇有特殊情况,经报社会保险行政部门同意,申请时限可以适当延长。

用人单位未按前款规定提出工伤认定申请的,工伤职工或者其近亲属、工会组织在事故伤害发生之日或者被诊断、鉴定为职业病之日起1年内,可以直接向用人单位所在地统筹地区社会保险行政部门提出工伤认定申请。

按照本条第一款规定应当由省级社会保险行政部门进行工伤认定的事项,根据属地原则由用人单位所在地的设区的市级社会保险行政部门办理。

用人单位未在本条第一款规定的时限内提交工伤认定申请,在此期间发生符合本条例规定的工伤待遇等有关费用由该用人单位负担。

第十八条 【工伤认定申请材料】提出工伤认定申请应当提交下列材料:

(一)工伤认定申请表;

(二)与用人单位存在劳动关系(包括事实劳动关系)的证明材料;

(三)医疗诊断证明或者职业病诊断证明书(或者职业病诊断鉴定书)。

工伤认定申请表应当包括事故发生的时间、地点、原因以及职工伤害程度等基本情况。

工伤认定申请人提供材料不完整的,社会保险行政部门应当一次性书面告知工伤认定申请人需要补正的全部材料。申请人按照书面告知要求补正材料后,社会保险行政部门应当受理。

第十九条 【对工伤事故的调查核实】社会保险行政部门受理工伤认定申请后,根据审核需要可以对事故伤害进行调查核实,用人单位、职工、工会组织、医疗机构以及有关部门应当予以协助。职业病诊断和诊断争议的鉴定,依照职业病防治法的有关规定执行。对依法取得职业病诊断证明书或者职业病诊断鉴定书的,社会保险行政部门不再进行调查核实。

职工或者其近亲属认为是工伤,用人单位不认为是工伤的,由用人单位承担举证责任。

第二十条 【工伤认定决定的作出】社会保险行政部门应当自受理工伤认定申请之日起60日内作出工伤认定的决定,并书面通知申请工伤认定的职工或者其近亲属和该职工所在单位。

社会保险行政部门对受理的事实清楚、权利义务明确的工伤认定申请,应当在15日内作出工伤认定的决定。

作出工伤认定决定需要以司法机关或者有关行政主管部门的结论为依据的,在司法机关或者有关行政主管部门尚未作出结论期间,作出工伤认定决定的时限中止。

社会保险行政部门工作人员与工伤认定申请人有利害关系的,应当回避。

第四章 劳动能力鉴定

第二十一条 【进行鉴定的条件】职工发生工伤,经治疗伤情相对稳定后存在残疾、影响劳动能力的,应当进行劳动能力鉴定。

第二十二条 【鉴定的等级和标准】劳动能力鉴定是指劳动功能障碍程度和生活自理障碍程度的等级鉴定。

劳动功能障碍分为十个伤残等级,最重的为一级,最轻的为十级。

生活自理障碍分为三个等级:生活完全不能自理、生活大部分不能自理和生活部分不能自理。

劳动能力鉴定标准由国务院社会保险行政部门会同国务院卫生行政部门等部门制定。

第二十三条 【鉴定的申请】劳动能力鉴定由用人单位、工伤职工或者其近亲属向设区的市级劳动能力鉴定委员会提出申请，并提供工伤认定决定和职工工伤医疗的有关资料。

第二十四条 【鉴定委员会的组成】省、自治区、直辖市劳动能力鉴定委员会和设区的市级劳动能力鉴定委员会分别由省、自治区、直辖市和设区的市级社会保险行政部门、卫生行政部门、工会组织、经办机构代表以及用人单位代表组成。

劳动能力鉴定委员会建立医疗卫生专家库。列入专家库的医疗卫生专业技术人员应当具备下列条件：

（一）具有医疗卫生高级专业技术职务任职资格；

（二）掌握劳动能力鉴定的相关知识；

（三）具有良好的职业品德。

第二十五条 【鉴定结论的作出】设区的市级劳动能力鉴定委员会收到劳动能力鉴定申请后，应当从其建立的医疗卫生专家库中随机抽取3名或者5名相关专家组成专家组，由专家组提出鉴定意见。设区的市级劳动能力鉴定委员会根据专家组的鉴定意见作出工伤职工劳动能力鉴定结论；必要时，可以委托具备资格的医疗机构协助进行有关的诊断。

设区的市级劳动能力鉴定委员会应当自收到劳动能力鉴定申请之日起60日内作出劳动能力鉴定结论，必要时，作出劳动能力鉴定结论的期限可以延长30日。劳动能力鉴定结论应当及时送达申请鉴定的单位和个人。

第二十六条 【再次鉴定】申请鉴定的单位或者个人对设区的市级劳动能力鉴定委员会作出的鉴定结论不服，可以在收到该鉴定结论之日起15日内向省、自治区、直辖市劳动能力鉴定委员会提出再次鉴定申请。省、自治区、直辖市劳动能力鉴定委员会作出的劳动能力鉴定结论为最终结论。

第二十七条 【鉴定工作原则】劳动能力鉴定工作应当客观、公正。劳动能力鉴定委员会组成人员或者参加鉴定的专家与当事人有利害关系的，应当回避。

第二十八条 【复查鉴定】自劳动能力鉴定结论作出之日起1年后，工伤职工或者其近亲属、所在单位或者经办机构认为伤残情况发生变化的，可以申请劳动能力复查鉴定。

第二十九条 【再次鉴定与复查鉴定的期限】劳动能力鉴定委员会依照本条例第二十六条和第二十八条的规定进行再次鉴定和复查鉴定的期限，依照本条例第二十五条第二款的规定执行。

第五章 工伤保险待遇

第三十条 【工伤医疗待遇】职工因工作遭受事故伤害或者患职业病进行治疗，享受工伤医疗待遇。

职工治疗工伤应当在签订服务协议的医疗机构就医,情况紧急时可以先到就近的医疗机构急救。

治疗工伤所需费用符合工伤保险诊疗项目目录、工伤保险药品目录、工伤保险住院服务标准的,从工伤保险基金支付。工伤保险诊疗项目目录、工伤保险药品目录、工伤保险住院服务标准,由国务院社会保险行政部门会同国务院卫生行政部门、食品药品监督管理部门等部门规定。

职工住院治疗工伤的伙食补助费,以及经医疗机构出具证明,报经办机构同意,工伤职工到统筹地区以外就医所需的交通、食宿费用从工伤保险基金支付,基金支付的具体标准由统筹地区人民政府规定。

工伤职工治疗非工伤引发的疾病,不享受工伤医疗待遇,按照基本医疗保险办法处理。

工伤职工到签订服务协议的医疗机构进行工伤康复的费用,符合规定的,从工伤保险基金支付。

第三十一条 【复议与诉讼不停止支付医疗费用】社会保险行政部门作出认定为工伤的决定后发生行政复议、行政诉讼的,行政复议和行政诉讼期间不停止支付工伤职工治疗工伤的医疗费用。

第三十二条 【辅助器具的配置】工伤职工因日常生活或者就业需要,经劳动能力鉴定委员会确认,可以安装假肢、矫形器、假眼、假牙和配置轮椅等辅助器具,所需费用按照国家规定的标准从工伤保险基金支付。

第三十三条 【停工留薪期待遇】职工因工作遭受事故伤害或者患职业病需要暂停工作接受工伤医疗的,在停工留薪期内,原工资福利待遇不变,由所在单位按月支付。

停工留薪期一般不超过12个月。伤情严重或者情况特殊,经设区的市级劳动能力鉴定委员会确认,可以适当延长,但延长不得超过12个月。工伤职工评定伤残等级后,停发原待遇,按照本章的有关规定享受伤残待遇。工伤职工在停工留薪期满后仍需治疗的,继续享受工伤医疗待遇。

生活不能自理的工伤职工在停工留薪期需要护理的,由所在单位负责。

第三十四条 【伤残职工的生活护理费】工伤职工已经评定伤残等级并经劳动能力鉴定委员会确认需要生活护理的,从工伤保险基金按月支付生活护理费。

生活护理费按照生活完全不能自理、生活大部分不能自理或者生活部分不能自理3个不同等级支付,其标准分别为统筹地区上年度职工月平均工资的50%、40%或者30%。

第三十五条 【一至四级伤残待遇】职工因工致残被鉴定为一级至四级伤残的,保留劳动关系,退出工作岗位,享受以下待遇:

(一)从工伤保险基金按伤残等级支付一次性伤残补助金,标准为:一级伤残

为27个月的本人工资,二级伤残为25个月的本人工资,三级伤残为23个月的本人工资,四级伤残为21个月的本人工资;

(二)从工伤保险基金按月支付伤残津贴,标准为:一级伤残为本人工资的90%,二级伤残为本人工资的85%,三级伤残为本人工资的80%,四级伤残为本人工资的75%。伤残津贴实际金额低于当地最低工资标准的,由工伤保险基金补足差额;

(三)工伤职工达到退休年龄并办理退休手续后,停发伤残津贴,按照国家有关规定享受基本养老保险待遇。基本养老保险待遇低于伤残津贴的,由工伤保险基金补足差额。

职工因工致残被鉴定为一级至四级伤残的,由用人单位和职工个人以伤残津贴为基数,缴纳基本医疗保险费。

第三十六条 【五至六级伤残待遇】职工因工致残被鉴定为五级、六级伤残的,享受以下待遇:

(一)从工伤保险基金按伤残等级支付一次性伤残补助金,标准为:五级伤残为18个月的本人工资,六级伤残为16个月的本人工资;

(二)保留与用人单位的劳动关系,由用人单位安排适当工作。难以安排工作的,由用人单位按月发给伤残津贴,标准为:五级伤残为本人工资的70%,六级伤残为本人工资的60%,并由用人单位按照规定为其缴纳应缴纳的各项社会保险费。伤残津贴实际金额低于当地最低工资标准的,由用人单位补足差额。

经工伤职工本人提出,该职工可以与用人单位解除或者终止劳动关系,由工伤保险基金支付一次性工伤医疗补助金,由用人单位支付一次性伤残就业补助金。一次性工伤医疗补助金和一次性伤残就业补助金的具体标准由省、自治区、直辖市人民政府规定。

第三十七条 【七至十级伤残待遇】职工因工致残被鉴定为七级至十级伤残的,享受以下待遇:

(一)从工伤保险基金按伤残等级支付一次性伤残补助金,标准为:七级伤残为13个月的本人工资,八级伤残为11个月的本人工资,九级伤残为9个月的本人工资,十级伤残为7个月的本人工资;

(二)劳动、聘用合同期满终止,或者职工本人提出解除劳动、聘用合同的,由工伤保险基金支付一次性工伤医疗补助金,由用人单位支付一次性伤残就业补助金。一次性工伤医疗补助金和一次性伤残就业补助金的具体标准由省、自治区、直辖市人民政府规定。

第三十八条 【工伤复发的待遇】工伤职工工伤复发,确认需要治疗的,享受本条例第三十条、第三十二条和第三十三条规定的工伤待遇。

第三十九条 【因工死亡待遇】职工因工死亡,其近亲属按照下列规定从工伤保险基金领取丧葬补助金、供养亲属抚恤金和一次性工亡补助金:

（一）丧葬补助金为6个月的统筹地区上年度职工月平均工资；

（二）供养亲属抚恤金按照职工本人工资的一定比例发给由因工死亡职工生前提供主要生活来源、无劳动能力的亲属。标准为：配偶每月40%，其他亲属每人每月30%，孤寡老人或者孤儿每人每月在上述标准的基础上增加10%。核定的各供养亲属的抚恤金之和不应高于因工死亡职工生前的工资。供养亲属的具体范围由国务院社会保险行政部门规定；

（三）一次性工亡补助金标准为上一年度全国城镇居民人均可支配收入的20倍。

伤残职工在停工留薪期内因工伤导致死亡的，其近亲属享受本条第一款规定的待遇。

一级至四级伤残职工在停工留薪期满后死亡的，其近亲属可以享受本条第一款第（一）项、第（二）项规定的待遇。

第四十条 【待遇的调整】伤残津贴、供养亲属抚恤金、生活护理费由统筹地区社会保险行政部门根据职工平均工资和生活费用变化等情况适时调整。调整办法由省、自治区、直辖市人民政府规定。

第四十一条 【因工下落不明的待遇】职工因工外出期间发生事故或者在抢险救灾中下落不明的，从事故发生当月起3个月内照发工资，从第4个月起停发工资，由工伤保险基金向其供养亲属按月支付供养亲属抚恤金。生活有困难的，可以预支一次性工亡补助金的50%。职工被人民法院宣告死亡的，按照本条例第三十九条职工因工死亡的规定处理。

第四十二条 【停止享受待遇情形】工伤职工有下列情形之一的，停止享受工伤保险待遇：

（一）丧失享受待遇条件的；

（二）拒不接受劳动能力鉴定的；

（三）拒绝治疗的。

第四十三条 【用人单位变故与职工借调的工伤保险责任】用人单位分立、合并、转让的，承继单位应当承担原用人单位的工伤保险责任；原用人单位已经参加工伤保险的，承继单位应当到当地经办机构办理工伤保险变更登记。

用人单位实行承包经营的，工伤保险责任由职工劳动关系所在单位承担。

职工被借调期间受到工伤事故伤害的，由原用人单位承担工伤保险责任，但原用人单位与借调单位可以约定补偿办法。

企业破产的，在破产清算时依法拨付应当由单位支付的工伤保险待遇费用。

第四十四条 【出境工作的工伤保险处理】职工被派遣出境工作，依据前往国家或者地区的法律应当参加当地工伤保险的，参加当地工伤保险，其国内工伤保险关系中止；不能参加当地工伤保险的，其国内工伤保险关系不中止。

第四十五条 【再次工伤的待遇】职工再次发生工伤，根据规定应当享受伤残津贴的，按照新认定的伤残等级享受伤残津贴待遇。

第六章 监督管理

第四十六条 【经办机构的职责】经办机构具体承办工伤保险事务,履行下列职责:

(一)根据省、自治区、直辖市人民政府规定,征收工伤保险费;

(二)核查用人单位的工资总额和职工人数,办理工伤保险登记,并负责保存用人单位缴费和职工享受工伤保险待遇情况的记录;

(三)进行工伤保险的调查、统计;

(四)按照规定管理工伤保险基金的支出;

(五)按照规定核定工伤保险待遇;

(六)为工伤职工或者其近亲属免费提供咨询服务。

第四十七条 【服务协议】经办机构与医疗机构、辅助器具配置机构在平等协商的基础上签订服务协议,并公布签订服务协议的医疗机构、辅助器具配置机构的名单。具体办法由国务院社会保险行政部门分别会同国务院卫生行政部门、民政部门等部门制定。

第四十八条 【费用核查结算】经办机构按照协议和国家有关目录、标准对工伤职工医疗费用、康复费用、辅助器具费用的使用情况进行核查,并按时足额结算费用。

第四十九条 【公示与建议】经办机构应当定期公布工伤保险基金的收支情况,及时向社会保险行政部门提出调整费率的建议。

第五十条 【听取意见】社会保险行政部门、经办机构应当定期听取工伤职工、医疗机构、辅助器具配置机构以及社会各界对改进工伤保险工作的意见。

第五十一条 【行政监督】社会保险行政部门依法对工伤保险费的征缴和工伤保险基金的支付情况进行监督检查。

财政部门和审计机关依法对工伤保险基金的收支、管理情况进行监督。

第五十二条 【群众监督】任何组织和个人对有关工伤保险的违法行为,有权举报。社会保险行政部门对举报应当及时调查,按照规定处理,并为举报人保密。

第五十三条 【工会监督】工会组织依法维护工伤职工的合法权益,对用人单位的工伤保险工作实行监督。

第五十四条 【争议处理】职工与用人单位发生工伤待遇方面的争议,按照处理劳动争议的有关规定处理。

第五十五条 【行政复议与行政诉讼】有下列情形之一的,有关单位或者个人可以依法申请行政复议,也可以依法向人民法院提起行政诉讼:

(一)申请工伤认定的职工或者其近亲属、该职工所在单位对工伤认定申请不予受理的决定不服的;

(二)申请工伤认定的职工或者其近亲属、该职工所在单位对工伤认定结论不服的;

(三)用人单位对经办机构确定的单位缴费费率不服的;

（四）签订服务协议的医疗机构、辅助器具配置机构认为经办机构未履行有关协议或者规定的；

（五）工伤职工或者其近亲属对经办机构核定的工伤保险待遇有异议的。

第七章　法　律　责　任

第五十六条　**【挪用工伤保险基金的责任】**单位或者个人违反本条例第十二条规定挪用工伤保险基金，构成犯罪的，依法追究刑事责任；尚不构成犯罪的，依法给予处分或者纪律处分。被挪用的基金由社会保险行政部门追回，并入工伤保险基金；没收的违法所得依法上缴国库。

第五十七条　**【社会保险行政部门工作人员的责任】**社会保险行政部门工作人员有下列情形之一的，依法给予处分；情节严重，构成犯罪的，依法追究刑事责任：

（一）无正当理由不受理工伤认定申请，或者弄虚作假将不符合工伤条件的人员认定为工伤职工的；

（二）未妥善保管申请工伤认定的证据材料，致使有关证据灭失的；

（三）收受当事人财物的。

第五十八条　**【经办机构的责任】**经办机构有下列行为之一的，由社会保险行政部门责令改正，对直接负责的主管人员和其他责任人员依法给予纪律处分；情节严重，构成犯罪的，依法追究刑事责任；造成当事人经济损失的，由经办机构依法承担赔偿责任：

（一）未按规定保存用人单位缴费和职工享受工伤保险待遇情况记录的；

（二）不按规定核定工伤保险待遇的；

（三）收受当事人财物的。

第五十九条　**【不正当履行服务协议的责任】**医疗机构、辅助器具配置机构不按服务协议提供服务的，经办机构可以解除服务协议。

经办机构不按时足额结算费用的，由社会保险行政部门责令改正；医疗机构、辅助器具配置机构可以解除服务协议。

第六十条　**【骗取工伤保险待遇的责任】**用人单位、工伤职工或者其近亲属骗取工伤保险待遇，医疗机构、辅助器具配置机构骗取工伤保险基金支出的，由社会保险行政部门责令退还，处骗取金额 2 倍以上 5 倍以下的罚款；情节严重，构成犯罪的，依法追究刑事责任。

第六十一条　**【劳动能力鉴定违法的责任】**从事劳动能力鉴定的组织或者个人有下列情形之一的，由社会保险行政部门责令改正，处 2000 元以上 1 万元以下的罚款；情节严重，构成犯罪的，依法追究刑事责任：

（一）提供虚假鉴定意见的；

（二）提供虚假诊断证明的；

（三）收受当事人财物的。

第六十二条 【用人单位应参加而未参加工伤保险的责任】用人单位依照本条例规定应当参加工伤保险而未参加的,由社会保险行政部门责令限期参加,补缴应当缴纳的工伤保险费,并自欠缴之日起,按日加收万分之五的滞纳金;逾期仍不缴纳的,处欠缴数额1倍以上3倍以下的罚款。

依照本条例规定应当参加工伤保险而未参加工伤保险的用人单位职工发生工伤的,由该用人单位按照本条例规定的工伤保险待遇项目和标准支付费用。

用人单位参加工伤保险并补缴应当缴纳的工伤保险费、滞纳金后,由工伤保险基金和用人单位依照本条例的规定支付新发生的费用。

第六十三条 【用人单位不协助事故调查核实的责任】用人单位违反本条例第十九条的规定,拒不协助社会保险行政部门对事故进行调查核实的,由社会保险行政部门责令改正,处2000元以上2万元以下的罚款。

第八章 附 则

第六十四条 【术语解释】本条例所称工资总额,是指用人单位直接支付给本单位全部职工的劳动报酬总额。

本条例所称本人工资,是指工伤职工因工作遭受事故伤害或者患职业病前12个月平均月缴费工资。本人工资高于统筹地区职工平均工资300%的,按照统筹地区职工平均工资的300%计算;本人工资低于统筹地区职工平均工资60%的,按照统筹地区职工平均工资的60%计算。

第六十五条 【公务员和参公事业单位、社会团体的工伤保险】公务员和参照公务员法管理的事业单位、社会团体的工作人员因工作遭受事故伤害或者患职业病的,由所在单位支付费用。具体办法由国务院社会保险行政部门会同国务院财政部门规定。

第六十六条 【非法用工单位的一次性赔偿】无营业执照或者未经依法登记、备案的单位以及被依法吊销营业执照或者撤销登记、备案的单位的职工受到事故伤害或者患职业病的,由该单位向伤残职工或者死亡职工的近亲属给予一次性赔偿,赔偿标准不得低于本条例规定的工伤保险待遇;用人单位不得使用童工,用人单位使用童工造成童工伤残、死亡的,由该单位向童工或者童工的近亲属给予一次性赔偿,赔偿标准不得低于本条例规定的工伤保险待遇。具体办法由国务院社会保险行政部门规定。

前款规定的伤残职工或者死亡职工的近亲属就赔偿数额与单位发生争议的,以及前款规定的童工或者童工的近亲属就赔偿数额与单位发生争议的,按照处理劳动争议的有关规定处理。

第六十七条 【施行时间与溯及力】本条例自2004年1月1日起施行。本条例施行前已受到事故伤害或者患职业病的职工尚未完成工伤认定的,按照本条例的规定执行。

2. 缴费与参保

部分行业企业工伤保险费缴纳办法

1. 2010年12月31日人力资源和社会保障部令第10号公布
2. 自2011年1月1日起施行

第一条　根据《工伤保险条例》第十条第三款的授权,制定本办法。

第二条　本办法所称的部分行业企业是指建筑、服务、矿山等行业中难以直接按照工资总额计算缴纳工伤保险费的建筑施工企业、小型服务企业、小型矿山企业等。

前款所称小型服务企业、小型矿山企业的划分标准可以参照《中小企业标准暂行规定》(国经贸中小企〔2003〕143号)执行。

第三条　建筑施工企业可以实行以建筑施工项目为单位,按照项目工程总造价的一定比例,计算缴纳工伤保险费。

第四条　商贸、餐饮、住宿、美容美发、洗浴以及文体娱乐等小型服务业企业以及有雇工的个体工商户,可以按照营业面积的大小核定应参保人数,按照所在统筹地区上一年度职工月平均工资的一定比例和相应的费率,计算缴纳工伤保险费;也可以按照营业额的一定比例计算缴纳工伤保险费。

第五条　小型矿山企业可以按照总产量、吨矿工资含量和相应的费率计算缴纳工伤保险费。

第六条　本办法中所列部分行业企业工伤保险费缴纳的具体计算办法,由省级社会保险行政部门根据本地区实际情况确定。

第七条　本办法自2011年1月1日起施行。

人力资源社会保障部、财政部
关于调整工伤保险费率政策的通知

1. 2015年7月22日
2. 人社部发〔2015〕71号

各省、自治区、直辖市人力资源社会保障厅(局)、财政厅(局),新疆生产建设兵团人力资源社会保障局、财务局：

按照党的十八届三中全会提出的"适时适当降低社会保险费率"的精神,为更好贯彻社会保险法、《工伤保险条例》,使工伤保险费率政策更加科学、合理,适应经济社会发展的需要,经国务院批准,自2015年10月1日起,调整现行工伤保险费率政策。现将有关事项通知如下：

一、关于行业工伤风险类别划分

按照《国民经济行业分类》(GB/T 4754—2011)对行业的划分,根据不同行业的工伤风险程度,由低到高,依次将行业工伤风险类别划分为一类至八类(见附件)。

二、关于行业差别费率及其档次确定

不同工伤风险类别的行业执行不同的工伤保险行业基准费率。各行业工伤风险类别对应的全国工伤保险行业基准费率为,一类至八类分别控制在该行业用人单位职工工资总额的0.2%、0.4%、0.7%、0.9%、1.1%、1.3%、1.6%、1.9%左右。

通过费率浮动的办法确定每个行业内的费率档次。一类行业分为三个档次,即在基准费率的基础上,可向上浮动至120%、150%,二类至八类行业分为五个档次,即在基准费率的基础上,可分别向上浮动至120%、150%或向下浮动至80%、50%。

各统筹地区人力资源社会保障部门要会同财政部门,按照"以支定收、收支平衡"的原则,合理确定本地区工伤保险行业基准费率具体标准,并征求工会组织、用人单位代表的意见,报统筹地区人民政府批准后实施。基准费率的具体标准可根据统筹地区经济产业结构变动、工伤保险费使用等情况适时调整。

三、关于单位费率的确定与浮动

统筹地区社会保险经办机构根据用人单位工伤保险费使用、工伤发生率、职业病危害程度等因素,确定其工伤保险费率,并可依据上述因素变化情况,每一至三年确定其在所属行业不同费率档次间是否浮动。对符合浮动条件的用人单位,每次可上下浮动一档或两档。统筹地区工伤保险最低费率不低于本地区一类风险行业基准费率。费率浮动的具体办法由统筹地区人力资源社会保障部门商财政部门制定,并征求工会组织、用人单位代表的意见。

四、关于费率报备制度

各统筹地区确定的工伤保险行业基准费率具体标准、费率浮动具体办法,应报省级人力资源社会保障部门和财政部门备案并接受指导。省级人力资源社会保障部门、财政部门应每年将各统筹地区工伤保险行业基准费率标准确定和变化以及浮动费率实施情况汇总报人力资源社会保障部、财政部。

附件:工伤保险行业风险分类表

附件：

工伤保险行业风险分类表

行业类别	行 业 名 称
一	软件和信息技术服务业,货币金融服务,资本市场服务,保险业,其他金融业,科技推广和应用服务业,社会工作,广播、电视、电影和影视录音制作业,中国共产党机关,国家机构,人民政协、民主党派,社会保障,群众团体、社会团体和其他成员组织,基层群众自治组织,国际组织
二	批发业,零售业,仓储业,邮政业,住宿业,餐饮业,电信、广播电视和卫星传输服务,互联网和相关服务,房地产业,租赁业,商务服务业,研究和试验发展,专业技术服务业,居民服务业,其他服务业,教育,卫生,新闻和出版业,文化艺术业
三	农副食品加工业,食品制造业,酒、饮料和精制茶制造业,烟草制品业,纺织业,木材加工和木、竹、藤、棕、草制品业,文教、工美、体育和娱乐用品制造业,计算机、通信和其他电子设备制造业,仪器仪表制造业,其他制造业,水的生产和供应业,机动车、电子产品和日用产品修理业,水利管理业,生态保护和环境治理业,公共设施管理业,娱乐业
四	农业,畜牧业,农、林、牧、渔服务业,纺织服装、服饰业,皮革、毛皮、羽毛及其制品和制鞋业,印刷和记录媒介复制业,医药制造业,化学纤维制造业,橡胶和塑料制品业,金属制品业,通用设备制造业,专用设备制造业,汽车制造业,铁路、船舶、航空航天和其他运输设备制造业,电气机械和器材制造业,废弃资源综合利用业,金属制品、机械和设备修理业,电力、热力生产和供应业,燃气生产和供应业,铁路运输业,航空运输业,管道运输业,体育
五	林业,开采辅助活动,家具制造业,造纸和纸制品业,建筑安装业,建筑装饰和其他建筑业,道路运输业,水上运输业,装卸搬运和运输代理业
六	渔业,化学原料和化学制品制造业,非金属矿物制品业,黑色金属冶炼和压延加工业,有色金属冶炼和压延加工业,房屋建筑业,土木工程建筑业
七	石油和天然气开采业,其他采矿业,石油加工、炼焦和核燃料加工业
八	煤炭开采和洗选业,黑色金属矿采选业,有色金属矿采选业,非金属矿采选业

3. 工伤认定

工伤认定办法

1. 2010年12月31日人力资源和社会保障部令第8号公布
2. 自2011年1月1日起施行

第一条 为规范工伤认定程序,依法进行工伤认定,维护当事人的合法权益,根据《工伤保险条例》的有关规定,制定本办法。

第二条 社会保险行政部门进行工伤认定按照本办法执行。

第三条 工伤认定应当客观公正、简捷方便,认定程序应当向社会公开。

第四条 职工发生事故伤害或者按照职业病防治法规定被诊断、鉴定为职业病,所在单位应当自事故伤害发生之日或者被诊断、鉴定为职业病之日起30日内,向统筹地区社会保险行政部门提出工伤认定申请。遇有特殊情况,经报社会保险行政部门同意,申请时限可以适当延长。

按照前款规定应当向省级社会保险行政部门提出工伤认定申请的,根据属地原则应当向用人单位所在地设区的市级社会保险行政部门提出。

第五条 用人单位未在规定的时限内提出工伤认定申请的,受伤害职工或者其近亲属、工会组织在事故伤害发生之日或者被诊断、鉴定为职业病之日起1年内,可以直接按照本办法第四条规定提出工伤认定申请。

第六条 提出工伤认定申请应当填写《工伤认定申请表》,并提交下列材料:

(一)劳动、聘用合同文本复印件或者与用人单位存在劳动关系(包括事实劳动关系)、人事关系的其他证明材料;

(二)医疗机构出具的受伤后诊断证明书或者职业病诊断证明书(或者职业病诊断鉴定书)。

第七条 工伤认定申请人提交的申请材料符合要求,属于社会保险行政部门管辖范围且在受理时限内的,社会保险行政部门应当受理。

第八条 社会保险行政部门收到工伤认定申请后,应当在15日内对申请人提交的材料进行审核,材料完整的,作出受理或者不予受理的决定;材料不完整的,应当以书面形式一次性告知申请人需要补正的全部材料。社会保险行政部门收到申请人提交的全部补正材料后,应当在15日内作出受理或者不予受理的决定。

社会保险行政部门决定受理的,应当出具《工伤认定申请受理决定书》;决定不予受理的,应当出具《工伤认定申请不予受理决定书》。

第九条　社会保险行政部门受理工伤认定申请后,可以根据需要对申请人提供的证据进行调查核实。

第十条　社会保险行政部门进行调查核实,应当由两名以上工作人员共同进行,并出示执行公务的证件。

第十一条　社会保险行政部门工作人员在工伤认定中,可以进行以下调查核实工作:

（一）根据工作需要,进入有关单位和事故现场;

（二）依法查阅与工伤认定有关的资料,询问有关人员并作出调查笔录;

（三）记录、录音、录像和复制与工伤认定有关的资料。调查核实工作的证据收集参照行政诉讼证据收集的有关规定执行。

第十二条　社会保险行政部门工作人员进行调查核实时,有关单位和个人应当予以协助。用人单位、工会组织、医疗机构以及有关部门应当负责安排相关人员配合工作,据实提供情况和证明材料。

第十三条　社会保险行政部门在进行工伤认定时,对申请人提供的符合国家有关规定的职业病诊断证明书或者职业病诊断鉴定书,不再进行调查核实。职业病诊断证明书或者职业病诊断鉴定书不符合国家规定的要求和格式的,社会保险行政部门可以要求出具证据部门重新提供。

第十四条　社会保险行政部门受理工伤认定申请后,可以根据工作需要,委托其他统筹地区的社会保险行政部门或者相关部门进行调查核实。

第十五条　社会保险行政部门工作人员进行调查核实时,应当履行下列义务:

（一）保守有关单位商业秘密以及个人隐私;

（二）为提供情况的有关人员保密。

第十六条　社会保险行政部门工作人员与工伤认定申请人有利害关系的,应当回避。

第十七条　职工或者其近亲属认为是工伤,用人单位不认为是工伤的,由该用人单位承担举证责任。用人单位拒不举证的,社会保险行政部门可以根据受伤害职工提供的证据或者调查取得的证据,依法作出工伤认定决定。

第十八条　社会保险行政部门应当自受理工伤认定申请之日起60日内作出工伤认定决定,出具《认定工伤决定书》或者《不予认定工伤决定书》。

第十九条　《认定工伤决定书》应当载明下列事项:

（一）用人单位全称;

（二）职工的姓名、性别、年龄、职业、身份证号码;

（三）受伤害部位、事故时间和诊断时间或职业病名称、受伤害经过和核实情况、医疗救治的基本情况和诊断结论;

（四）认定工伤或者视同工伤的依据;

（五）不服认定决定申请行政复议或者提起行政诉讼的部门和时限；

（六）作出认定工伤或者视同工伤决定的时间。

《不予认定工伤决定书》应当载明下列事项：

（一）用人单位全称；

（二）职工的姓名、性别、年龄、职业、身份证号码；

（三）不予认定工伤或者不视同工伤的依据；

（四）不服认定决定申请行政复议或者提起行政诉讼的部门和时限；

（五）作出不予认定工伤或者不视同工伤决定的时间。

《认定工伤决定书》和《不予认定工伤决定书》应当加盖社会保险行政部门工伤认定专用印章。

第二十条　社会保险行政部门受理工伤认定申请后，作出工伤认定决定需要以司法机关或者有关行政主管部门的结论为依据的，在司法机关或者有关行政主管部门尚未作出结论期间，作出工伤认定决定的时限中止，并书面通知申请人。

第二十一条　社会保险行政部门对于事实清楚、权利义务明确的工伤认定申请，应当自受理工伤认定申请之日起15日内作出工伤认定决定。

第二十二条　社会保险行政部门应当自工伤认定决定作出之日起20日内，将《认定工伤决定书》或者《不予认定工伤决定书》送达受伤害职工（或者其近亲属）和用人单位，并抄送社会保险经办机构。

《认定工伤决定书》和《不予认定工伤决定书》的送达参照民事法律有关送达的规定执行。

第二十三条　职工或者其近亲属、用人单位对不予受理决定不服或者对工伤认定决定不服的，可以依法申请行政复议或者提起行政诉讼。

第二十四条　工伤认定结束后，社会保险行政部门应当将工伤认定的有关资料保存50年。

第二十五条　用人单位拒不协助社会保险行政部门对事故伤害进行调查核实的，由社会保险行政部门责令改正，处2000元以上2万元以下的罚款。

第二十六条　本办法中的《工伤认定申请表》、《工伤认定申请受理决定书》、《工伤认定申请不予受理决定书》、《认定工伤决定书》、《不予认定工伤决定书》的样式由国务院社会保险行政部门统一制定。

第二十七条　本办法自2011年1月1日起施行。劳动和社会保障部2003年9月23日颁布的《工伤认定办法》同时废止。

附件：（略）

最高人民法院关于审理工伤保险行政案件若干问题的规定

1. 2014 年 4 月 21 日最高人民法院审判委员会第 1613 次会议通过
2. 2014 年 6 月 18 日公布
3. 法释〔2014〕9 号
4. 自 2014 年 9 月 1 日起施行

　　为正确审理工伤保险行政案件,根据《中华人民共和国社会保险法》、《中华人民共和国劳动法》、《中华人民共和国行政诉讼法》、《工伤保险条例》及其他有关法律、行政法规规定,结合行政审判实际,制定本规定。

第一条　人民法院审理工伤认定行政案件,在认定是否存在《工伤保险条例》第十四条第(六)项"本人主要责任"、第十六条第(二)项"醉酒或者吸毒"和第十六条第(三)项"自残或者自杀"等情形时,应当以有权机构出具的事故责任认定书、结论性意见和人民法院生效裁判等法律文书为依据,但有相反证据足以推翻事故责任认定书和结论性意见的除外。

　　前述法律文书不存在或者内容不明确,社会保险行政部门就前款事实作出认定的,人民法院应当结合其提供的相关证据依法进行审查。

　　《工伤保险条例》第十六条第(一)项"故意犯罪"的认定,应当以刑事侦查机关、检察机关和审判机关的生效法律文书或者结论性意见为依据。

第二条　人民法院受理工伤认定行政案件后,发现原告或者第三人在提起行政诉讼前已经就是否存在劳动关系申请劳动仲裁或者提起民事诉讼的,应当中止行政案件的审理。

第三条　社会保险行政部门认定下列单位为承担工伤保险责任单位的,人民法院应予支持:

(一)职工与两个或两个以上单位建立劳动关系,工伤事故发生时,职工为之工作的单位为承担工伤保险责任的单位;

(二)劳务派遣单位派遣的职工在用工单位工作期间因工伤亡的,派遣单位为承担工伤保险责任的单位;

(三)单位指派到其他单位工作的职工因工伤亡的,指派单位为承担工伤保险责任的单位;

(四)用工单位违反法律、法规规定将承包业务转包给不具备用工主体资格的组织或者自然人,该组织或者自然人聘用的职工从事承包业务时因工伤亡的,

用工单位为承担工伤保险责任的单位;

（五）个人挂靠其他单位对外经营,其聘用的人员因工伤亡的,被挂靠单位为承担工伤保险责任的单位。

前款第（四）、（五）项明确的承担工伤保险责任的单位承担赔偿责任或者社会保险经办机构从工伤保险基金支付工伤保险待遇后,有权向相关组织、单位和个人追偿。

第四条 社会保险行政部门认定下列情形为工伤的,人民法院应予支持:

（一）职工在工作时间和工作场所内受到伤害,用人单位或者社会保险行政部门没有证据证明是非工作原因导致的;

（二）职工参加用人单位组织或者受用人单位指派参加其他单位组织的活动受到伤害的;

（三）在工作时间内,职工来往于多个与其工作职责相关的工作场所之间的合理区域因工受到伤害的;

（四）其他与履行工作职责相关,在工作时间及合理区域内受到伤害的。

第五条 社会保险行政部门认定下列情形为"因工外出期间"的,人民法院应予支持:

（一）职工受用人单位指派或者因工作需要在工作场所以外从事与工作职责有关的活动期间;

（二）职工受用人单位指派外出学习或者开会期间;

（三）职工因工作需要的其他外出活动期间。

职工因工外出期间从事与工作或者受用人单位指派外出学习、开会无关的个人活动受到伤害,社会保险行政部门不认定为工伤的,人民法院应予支持。

第六条 对社会保险行政部门认定下列情形为"上下班途中"的,人民法院应予支持:

（一）在合理时间内往返于工作地与住所地、经常居住地、单位宿舍的合理路线的上下班途中;

（二）在合理时间内往返于工作地与配偶、父母、子女居住地的合理路线的上下班途中;

（三）从事属于日常工作生活所需要的活动,且在合理时间和合理路线的上下班途中;

（四）在合理时间内其他合理路线的上下班途中。

第七条 由于不属于职工或者其近亲属自身原因超过工伤认定申请期限的,被耽误的时间不计算在工伤认定申请期限内。

有下列情形之一耽误申请时间的,应当认定为不属于职工或者其近亲属自身原因:

（一）不可抗力;

(二)人身自由受到限制;
(三)属于用人单位原因;
(四)社会保险行政部门登记制度不完善;
(五)当事人对是否存在劳动关系申请仲裁、提起民事诉讼。

第八条 职工因第三人的原因受到伤害,社会保险行政部门以职工或者其近亲属已经对第三人提起民事诉讼或者获得民事赔偿为由,作出不予受理工伤认定申请或者不予认定工伤决定的,人民法院不予支持。

职工因第三人的原因受到伤害,社会保险行政部门已经作出工伤认定,职工或者其近亲属未对第三人提起民事诉讼或者尚未获得民事赔偿,起诉要求社会保险经办机构支付工伤保险待遇的,人民法院应予支持。

职工因第三人的原因导致工伤,社会保险经办机构以职工或者其近亲属已经对第三人提起民事诉讼为由,拒绝支付工伤保险待遇的,人民法院不予支持,但第三人已经支付的医疗费用除外。

第九条 因工伤认定申请人或者用人单位隐瞒有关情况或者提供虚假材料,导致工伤认定错误的,社会保险行政部门可以在诉讼中依法予以更正。

工伤认定依法更正后,原告不申请撤诉,社会保险行政部门在作出原工伤认定时有过错的,人民法院应当判决确认违法;社会保险行政部门无过错的,人民法院可以驳回原告诉讼请求。

第十条 最高人民法院以前颁布的司法解释与本规定不一致的,以本规定为准。

4. 劳动能力鉴定

工伤职工劳动能力鉴定管理办法

1. 2014年2月20日人力资源和社会保障部、国家卫生和计划生育委员会令第21号公布
2. 根据2018年12月14日人力资源和社会保障部令第38号《关于修改部分规章的决定》修订

第一章 总 则

第一条 为了加强劳动能力鉴定管理,规范劳动能力鉴定程序,根据《中华人民共和国社会保险法》、《中华人民共和国职业病防治法》和《工伤保险条例》,制定本办法。

第二条 劳动能力鉴定委员会依据《劳动能力鉴定 职工工伤与职业病致残等级》国家标准,对工伤职工劳动功能障碍程度和生活自理障碍程度组织进行技术性等级鉴定,适用本办法。

第三条 省、自治区、直辖市劳动能力鉴定委员会和设区的市级(含直辖市的市辖区、县,下同)劳动能力鉴定委员会分别由省、自治区、直辖市和设区的市级人力资源社会保障行政部门、卫生计生行政部门、工会组织、用人单位代表以及社会保险经办机构代表组成。

承担劳动能力鉴定委员会日常工作的机构,其设置方式由各地根据实际情况决定。

第四条 劳动能力鉴定委员会履行下列职责:

(一)选聘医疗卫生专家,组建医疗卫生专家库,对专家进行培训和管理;

(二)组织劳动能力鉴定;

(三)根据专家组的鉴定意见作出劳动能力鉴定结论;

(四)建立完整的鉴定数据库,保管鉴定工作档案50年;

(五)法律、法规、规章规定的其他职责。

第五条 设区的市级劳动能力鉴定委员会负责本辖区内的劳动能力初次鉴定、复查鉴定。

省、自治区、直辖市劳动能力鉴定委员会负责对初次鉴定或者复查鉴定结论不服提出的再次鉴定。

第六条 劳动能力鉴定相关政策、工作制度和业务流程应当向社会公开。

第二章 鉴 定 程 序

第七条 职工发生工伤,经治疗伤情相对稳定后存在残疾、影响劳动能力的,或者停工留薪期满(含劳动能力鉴定委员会确认的延长期限),工伤职工或者其用人单位应当及时向设区的市级劳动能力鉴定委员会提出劳动能力鉴定申请。

第八条 申请劳动能力鉴定应当填写劳动能力鉴定申请表,并提交下列材料:

(一)有效的诊断证明,按照医疗机构病历管理有关规定复印或者复制的检查、检验报告等完整病历材料;

(二)工伤职工的居民身份证或者社会保障卡等其他有效身份证明原件。

第九条 劳动能力鉴定委员会收到劳动能力鉴定申请后,应当及时对申请人提交的材料进行审核;申请人提供材料不完整的,劳动能力鉴定委员会应当自收到劳动能力鉴定申请之日起5个工作日内一次性书面告知申请人需要补正的全部材料。

申请人提供材料完整的,劳动能力鉴定委员会应当及时组织鉴定,并在收到劳动能力鉴定申请之日起60日内作出劳动能力鉴定结论。伤情复杂、涉及医疗卫生专业较多的,作出劳动能力鉴定结论的期限可以延长30日。

第十条 劳动能力鉴定委员会应当视伤情程度等从医疗卫生专家库中随机抽取3

名或者5名与工伤职工伤情相关科别的专家组成专家组进行鉴定。

第十一条 劳动能力鉴定委员会应当提前通知工伤职工进行鉴定的时间、地点以及应当携带的材料。工伤职工应当按照通知的时间、地点参加现场鉴定。对行动不便的工伤职工,劳动能力鉴定委员会可以组织专家上门进行劳动能力鉴定。组织劳动能力鉴定的工作人员应当对工伤职工的身份进行核实。

工伤职工因故不能按时参加鉴定的,经劳动能力鉴定委员会同意,可以调整现场鉴定的时间,作出劳动能力鉴定结论的期限相应顺延。

第十二条 因鉴定工作需要,专家组提出应当进行有关检查和诊断的,劳动能力鉴定委员会可以委托具备资格的医疗机构协助进行有关的检查和诊断。

第十三条 专家组根据工伤职工伤情,结合医疗诊断情况,依据《劳动能力鉴定 职工工伤与职业病致残等级》国家标准提出鉴定意见。参加鉴定的专家都应当签署意见并签名。

专家意见不一致时,按照少数服从多数的原则确定专家组的鉴定意见。

第十四条 劳动能力鉴定委员会根据专家组的鉴定意见作出劳动能力鉴定结论。劳动能力鉴定结论书应当载明下列事项:

(一)工伤职工及其用人单位的基本信息;

(二)伤情介绍,包括伤残部位、器官功能障碍程度、诊断情况等;

(三)作出鉴定的依据;

(四)鉴定结论。

第十五条 劳动能力鉴定委员会应当自作出鉴定结论之日起20日内将劳动能力鉴定结论及时送达工伤职工及其用人单位,并抄送社会保险经办机构。

第十六条 工伤职工或者其用人单位对初次鉴定结论不服的,可以在收到该鉴定结论之日起15日内向省、自治区、直辖市劳动能力鉴定委员会申请再次鉴定。

申请再次鉴定,应当提供劳动能力鉴定申请表,以及工伤职工的居民身份证或者社会保障卡等有效身份证明原件。

省、自治区、直辖市劳动能力鉴定委员会作出的劳动能力鉴定结论为最终结论。

第十七条 自劳动能力鉴定结论作出之日起1年后,工伤职工、用人单位或者社会保险经办机构认为伤残情况发生变化的,可以向设区的市级劳动能力鉴定委员会申请劳动能力复查鉴定。

对复查鉴定结论不服的,可以按照本办法第十六条规定申请再次鉴定。

第十八条 工伤职工本人因身体等原因无法提出劳动能力初次鉴定、复查鉴定、再次鉴定申请的,可由其近亲属代为提出。

第十九条 再次鉴定和复查鉴定的程序、期限等按照本办法第九条至第十五条的规定执行。

第三章 监督管理

第二十条 劳动能力鉴定委员会应当每3年对专家库进行一次调整和补充,实行动态管理。确有需要的,可以根据实际情况适时调整。

第二十一条 劳动能力鉴定委员会选聘医疗卫生专家,聘期一般为3年,可以连续聘任。

聘任的专家应当具备下列条件:

(一)具有医疗卫生高级专业技术职务任职资格;

(二)掌握劳动能力鉴定的相关知识;

(三)具有良好的职业品德。

第二十二条 参加劳动能力鉴定的专家应当按照规定的时间、地点进行现场鉴定,严格执行劳动能力鉴定政策和标准,客观、公正地提出鉴定意见。

第二十三条 用人单位、工伤职工或者其近亲属应当如实提供鉴定需要的材料,遵守劳动能力鉴定相关规定,按照要求配合劳动能力鉴定工作。

工伤职工有下列情形之一的,当次鉴定终止:

(一)无正当理由不参加现场鉴定的;

(二)拒不参加劳动能力鉴定委员会安排的检查和诊断的。

第二十四条 医疗机构及其医务人员应当如实出具与劳动能力鉴定有关的各项诊断证明和病历材料。

第二十五条 劳动能力鉴定委员会组成人员、劳动能力鉴定工作人员以及参加鉴定的专家与当事人有利害关系的,应当回避。

第二十六条 任何组织或者个人有权对劳动能力鉴定中的违法行为进行举报、投诉。

第四章 法律责任

第二十七条 劳动能力鉴定委员会和承担劳动能力鉴定委员会日常工作的机构及其工作人员在从事或者组织劳动能力鉴定时,有下列行为之一的,由人力资源社会保障行政部门或者有关部门责令改正,对直接负责的主管人员和其他直接责任人员依法给予相应处分;构成犯罪的,依法追究刑事责任:

(一)未及时审核并书面告知申请人需要补正的全部材料的;

(二)未在规定期限内作出劳动能力鉴定结论的;

(三)未按照规定及时送达劳动能力鉴定结论的;

(四)未按照规定随机抽取相关科别专家进行鉴定的;

(五)擅自篡改劳动能力鉴定委员会作出的鉴定结论的;

(六)利用职务之便非法收受当事人财物的;

(七)有违反法律法规和本办法的其他行为的。

第二十八条 从事劳动能力鉴定的专家有下列行为之一的,劳动能力鉴定委员会应当予以解聘;情节严重的,由卫生计生行政部门依法处理:

(一)提供虚假鉴定意见的;
(二)利用职务之便非法收受当事人财物的;
(三)无正当理由不履行职责的;
(四)有违反法律法规和本办法的其他行为的。

第二十九条 参与工伤救治、检查、诊断等活动的医疗机构及其医务人员有下列情形之一的,由卫生计生行政部门依法处理:
(一)提供与病情不符的虚假诊断证明的;
(二)篡改、伪造、隐匿、销毁病历材料的;
(三)无正当理由不履行职责的。

第三十条 以欺诈、伪造证明材料或者其他手段骗取鉴定结论、领取工伤保险待遇的,按照《中华人民共和国社会保险法》第八十八条的规定,由人力资源社会保障行政部门责令退回骗取的社会保险金,处骗取金额2倍以上5倍以下的罚款。

第五章 附 则

第三十一条 未参加工伤保险的公务员和参照公务员法管理的事业单位、社会团体工作人员因工(公)致残的劳动能力鉴定,参照本办法执行。

第三十二条 本办法中的劳动能力鉴定申请表、初次(复查)鉴定结论书、再次鉴定结论书、劳动能力鉴定材料收讫补正告知书等文书基本样式由人力资源社会保障部制定。

第三十三条 本办法自2014年4月1日起施行。

附件:(略)

5. 工 伤 待 遇

因工死亡职工供养亲属范围规定

1. 2003年9月23日劳动和社会保障部令第18号公布
2. 自2004年1月1日起施行

第一条 为明确因工死亡职工供养亲属范围,根据《工伤保险条例》第三十七条第一款第二项的授权,制定本规定。

第二条 本规定所称因工死亡职工供养亲属,是指该职工的配偶、子女、父母、祖父母、外祖父母、孙子女、外孙子女、兄弟姐妹。

本规定所称子女,包括婚生子女、非婚生子女、养子女和有抚养关系的继子

女,其中,婚生子女、非婚生子女包括遗腹子女;

本规定所称父母,包括生父母、养父母和有抚养关系的继父母;

本规定所称兄弟姐妹,包括同父母的兄弟姐妹、同父异母或者同母异父的兄弟姐妹、养兄弟姐妹、有抚养关系的继兄弟姐妹。

第三条　上条规定的人员,依靠因工死亡职工生前提供主要生活来源,并有下列情形之一的,可按规定申请供养亲属抚恤金:

（一）完全丧失劳动能力的;

（二）工亡职工配偶男年满60周岁、女年满55周岁的;

（三）工亡职工父母男年满60周岁、女年满55周岁的;

（四）工亡职工子女未满18周岁的;

（五）工亡职工父母均已死亡,其祖父、外祖父年满60周岁,祖母、外祖母年满55周岁的;

（六）工亡职工子女已经死亡或完全丧失劳动能力,其孙子女、外孙子女未满18周岁的;

（七）工亡职工父母均已死亡或完全丧失劳动能力,其兄弟姐妹未满18周岁的。

第四条　领取抚恤金人员有下列情形之一的,停止享受抚恤金待遇:

（一）年满18周岁且未完全丧失劳动能力的;

（二）就业或参军的;

（三）工亡职工配偶再婚的;

（四）被他人或组织收养的;

（五）死亡的。

第五条　领取抚恤金的人员,在被判刑收监执行期间,停止享受抚恤金待遇。刑满释放仍符合领取抚恤金资格的,按规定的标准享受抚恤金。

第六条　因工死亡职工供养亲属享受抚恤金待遇的资格,由统筹地区社会保险经办机构核定。

因工死亡职工供养亲属的劳动能力鉴定,由因工死亡职工生前单位所在地设区的市级劳动能力鉴定委员会负责。

第七条　本办法自2004年1月1日起施行。

非法用工单位伤亡人员一次性赔偿办法

1. 2010年12月31日人力资源和社会保障部令第9号公布
2. 自2011年1月1日起施行

第一条　根据《工伤保险条例》第六十六条第一款的授权,制定本办法。

第二条　本办法所称非法用工单位伤亡人员,是指无营业执照或者未经依法登记、备案的单位以及被依法吊销营业执照或者撤销登记、备案的单位受到事故伤害或者患职业病的职工,或者用人单位使用童工造成的伤残、死亡童工。

前款所列单位必须按照本办法的规定向伤残职工或者死亡职工的近亲属、伤残童工或者死亡童工的近亲属给予一次性赔偿。

第三条　一次性赔偿包括受到事故伤害或者患职业病的职工或童工在治疗期间的费用和一次性赔偿金。一次性赔偿金数额应当在受到事故伤害或者患职业病的职工或童工死亡或者经劳动能力鉴定后确定。

劳动能力鉴定按照属地原则由单位所在地设区的市级劳动能力鉴定委员会办理。劳动能力鉴定费用由伤亡职工或童工所在单位支付。

第四条　职工或童工受到事故伤害或者患职业病,在劳动能力鉴定之前进行治疗期间的生活费按照统筹地区上年度职工月平均工资标准确定,医疗费、护理费、住院期间的伙食补助费以及所需的交通费等费用按照《工伤保险条例》规定的标准和范围确定,并全部由伤残职工或童工所在单位支付。

第五条　一次性赔偿金按照以下标准支付:

一级伤残的为赔偿基数的16倍,二级伤残的为赔偿基数的14倍,三级伤残的为赔偿基数的12倍,四级伤残的为赔偿基数的10倍,五级伤残的为赔偿基数的8倍,六级伤残的为赔偿基数的6倍,七级伤残的为赔偿基数的4倍,八级伤残的为赔偿基数的3倍,九级伤残的为赔偿基数的2倍,十级伤残的为赔偿基数的1倍。

前款所称赔偿基数,是指单位所在工伤保险统筹地区上年度职工年平均工资。

第六条　受到事故伤害或者患职业病造成死亡的,按照上一年度全国城镇居民人均可支配收入的20倍支付一次性赔偿金,并按照上一年度全国城镇居民人均可支配收入的10倍一次性支付丧葬补助等其他赔偿金。

第七条　单位拒不支付一次性赔偿的,伤残职工或者死亡职工的近亲属、伤残童工或者死亡童工的近亲属可以向人力资源和社会保障行政部门举报。经查证属实的,人力资源和社会保障行政部门应当责令该单位限期改正。

第八条　伤残职工或者死亡职工的近亲属、伤残童工或者死亡童工的近亲属就赔偿数额与单位发生争议的,按照劳动争议处理的有关规定处理。

第九条　本办法自2011年1月1日起施行。劳动和社会保障部2003年9月23日颁布的《非法用工单位伤亡人员一次性赔偿办法》同时废止。

社会保险基金先行支付暂行办法

1. 2011年6月29日人力资源和社会保障部令第15号公布
2. 根据2018年12月14日人力资源和社会保障部令第38号《关于修改部分规章的决定》修订

第一条 为了维护公民的社会保险合法权益,规范社会保险基金先行支付管理,根据《中华人民共和国社会保险法》(以下简称社会保险法)和《工伤保险条例》,制定本办法。

第二条 参加基本医疗保险的职工或者居民(以下简称个人)由于第三人的侵权行为造成伤病的,其医疗费用应当由第三人按照确定的责任大小依法承担。超过第三人责任部分的医疗费用,由基本医疗保险基金按照国家规定支付。

前款规定中应当由第三人支付的医疗费用,第三人不支付或者无法确定第三人的,在医疗费用结算时,个人可以向参保地社会保险经办机构书面申请基本医疗保险基金先行支付,并告知造成其伤病的原因和第三人不支付医疗费用或者无法确定第三人的情况。

第三条 社会保险经办机构接到个人根据第二条规定提出的申请后,经审核确定其参加基本医疗保险的,应当按照统筹地区基本医疗保险基金支付的规定先行支付相应部分的医疗费用。

第四条 个人由于第三人的侵权行为造成伤病被认定为工伤,第三人不支付工伤医疗费用或者无法确定第三人的,个人或者其近亲属可以向社会保险经办机构书面申请工伤保险基金先行支付,并告知第三人不支付或者无法确定第三人的情况。

第五条 社会保险经办机构接到个人根据第四条规定提出的申请后,应当审查个人获得基本医疗保险基金先行支付和其所在单位缴纳工伤保险费等情况,并按照下列情形分别处理:

(一)对于个人所在用人单位已经依法缴纳工伤保险费,且在认定工伤之前基本医疗保险基金有先行支付的,社会保险经办机构应当按照工伤保险有关规定,用工伤保险基金先行支付超出基本医疗保险基金先行支付部分的医疗费用,并向基本医疗保险基金退还先行支付的费用;

(二)对于个人所在用人单位已经依法缴纳工伤保险费,在认定工伤之前基本医疗保险基金无先行支付的,社会保险经办机构应当用工伤保险基金先行支付工伤医疗费用;

(三)对于个人所在用人单位未依法缴纳工伤保险费,且在认定工伤之前基本医疗保险基金有先行支付的,社会保险经办机构应当在3个工作日内向用人单位发出书面催告通知,要求用人单位在5个工作日内依法支付超出基本医疗保险基金先行支付部分的医疗费用,并向基本医疗保险基金偿还先行支付的医疗费用。用人单位在规定时间内不支付其余部分医疗费用的,社会保险经办机构应当用工伤保险基金先行支付;

(四)对于个人所在用人单位未依法缴纳工伤保险费,在认定工伤之前基本医疗保险基金无先行支付的,社会保险经办机构应当在3个工作日内用人单位发出书面催告通知,要求用人单位在5个工作日内依法支付全部工伤医疗费用;用人单位在规定时间内不支付的,社会保险经办机构应当用工伤保险基金先行支付。

第六条 职工所在用人单位未依法缴纳工伤保险费,发生工伤事故的,用人单位应当采取措施及时救治,并按照规定的工伤保险待遇项目和标准支付费用。

职工被认定为工伤后,有下列情形之一的,职工或者其近亲属可以持工伤认定决定书和有关材料向社会保险经办机构书面申请先行支付工伤保险待遇:

(一)用人单位被依法吊销营业执照或者撤销登记、备案的;

(二)用人单位拒绝支付全部或者部分费用的;

(三)依法经仲裁、诉讼后仍不能获得工伤保险待遇,法院出具中止执行文书的;

(四)职工认为用人单位不支付的其他情形。

第七条 社会保险经办机构收到职工或者其近亲属根据第六条规定提出的申请后,应当在3个工作日内向用人单位发出书面催告通知,要求其在5个工作日内予以核实并依法支付工伤保险待遇,告知其如在规定期限内不按时足额支付的,工伤保险基金在按照规定先行支付后,取得要求其偿还的权利。

第八条 用人单位未按照第七条规定按时足额支付的,社会保险经办机构应当按照社会保险法和《工伤保险条例》的规定,先行支付工伤保险待遇项目中应当由工伤保险基金支付的项目。

第九条 个人或者其近亲属提出先行支付医疗费用、工伤医疗费用或者工伤保险待遇申请,社会保险经办机构经审核不符合先行支付条件的,应当在收到申请后5个工作日内作出不予先行支付的决定,并书面通知申请人。

第十条 个人申请先行支付医疗费用、工伤医疗费用或者工伤保险待遇的,应当提交所有医疗诊断、鉴定等费用的原始票据等证据。社会保险经办机构应当保留所有原始票据等证据,要求申请人在先行支付凭据上签字确认,凭原始票据等证据先行支付医疗费用、工伤医疗费用或者工伤保险待遇。

个人因向第三人或者用人单位请求赔偿需要医疗费用、工伤医疗费用或者工伤保险待遇的原始票据等证据的,可以向社会保险经办机构索取复印件,并将第三人或者用人单位赔偿情况及时告知社会保险经办机构。

第十一条 个人已经从第三人或者用人单位处获得医疗费用、工伤医疗费用或者工伤保险待遇的,应当主动将先行支付金额中应当由第三人承担的部分或者工伤保险基金先行支付的工伤保险待遇退还给基本医疗保险基金或者工伤保险基金,社会保险经办机构不再向第三人或者用人单位追偿。

个人拒不退还的,社会保险经办机构可以从以后支付的相关待遇中扣减其应当退还的数额,或者向人民法院提起诉讼。

第十二条　社会保险经办机构按照本办法第三条规定先行支付医疗费用或者按照第五条第一项、第二项规定先行支付工伤医疗费用后,有关部门确定了第三人责任的,应当要求第三人按照确定的责任大小依法偿还先行支付数额中的相应部分。第三人逾期不偿还的,社会保险经办机构应当依法向人民法院提起诉讼。

第十三条　社会保险经办机构按照本办法第五条第三项、第四项和第六条、第七条、第八条的规定先行支付工伤保险待遇后,应当责令用人单位在 10 日内偿还。

用人单位逾期不偿还的,社会保险经办机构可以按照社会保险法第六十三条的规定,向银行和其他金融机构查询其存款账户,申请县级以上社会保险行政部门作出划拨应偿还款项的决定,并书面通知用人单位开户银行或者其他金融机构划拨其应当偿还的数额。

用人单位账户余额少于应当偿还数额的,社会保险经办机构可以要求其提供担保,签订延期还款协议。

用人单位未按时足额偿还且未提供担保的,社会保险经办机构可以申请人民法院扣押、查封、拍卖其价值相当于应当偿还数额的财产,以拍卖所得偿还所欠数额。

第十四条　社会保险经办机构向用人单位追偿工伤保险待遇发生的合理费用以及用人单位逾期偿还部分的利息损失等,应当由用人单位承担。

第十五条　用人单位不支付依法应当由其支付的工伤保险待遇项目的,职工可以依法申请仲裁、提起诉讼。

第十六条　个人隐瞒已经从第三人或者用人单位处获得医疗费用、工伤医疗费用或者工伤保险待遇,向社会保险经办机构申请并获得社会保险基金先行支付的,按照社会保险法第八十八条的规定处理。

第十七条　用人单位对社会保险经办机构作出先行支付的追偿决定不服或者对社会保险行政部门作出的划拨决定不服的,可以依法申请行政复议或者提起行政诉讼。

个人或者其近亲属对社会保险经办机构作出不予先行支付的决定不服或者对先行支付的数额不服的,可以依法申请行政复议或者提起行政诉讼。

第十八条　本办法自 2011 年 7 月 1 日起施行。

工伤保险辅助器具配置管理办法

1. 2016年2月16日人力资源社会保障部、民政部、国家卫生和计划生育委员会令第27号公布
2. 根据2018年12月14日人力资源社会保障部令第38号《关于修改部分规章的决定》修订

第一章 总　　则

第一条　为了规范工伤保险辅助器具配置管理，维护工伤职工的合法权益，根据《工伤保险条例》，制定本办法。

第二条　工伤职工因日常生活或者就业需要，经劳动能力鉴定委员会确认，配置假肢、矫形器、假眼、假牙和轮椅等辅助器具的，适用本办法。

第三条　人力资源社会保障行政部门负责工伤保险辅助器具配置的监督管理工作。民政、卫生计生等行政部门在各自职责范围内负责工伤保险辅助器具配置的有关监督管理工作。

　　社会保险经办机构（以下称经办机构）负责对申请承担工伤保险辅助器具配置服务的辅助器具装配机构和医疗机构（以下称工伤保险辅助器具配置机构）进行协议管理，并按照规定核付配置费用。

第四条　设区的市级（含直辖市的市辖区、县）劳动能力鉴定委员会（以下称劳动能力鉴定委员会）负责工伤保险辅助器具配置的确认工作。

第五条　省、自治区、直辖市人力资源社会保障行政部门负责制定工伤保险辅助器具配置机构评估确定办法。

　　经办机构按照评估确定办法，与工伤保险辅助器具配置机构签订服务协议，并向社会公布签订服务协议的工伤保险辅助器具配置机构（以下称协议机构）名单。

第六条　人力资源社会保障部根据社会经济发展水平、工伤职工日常生活和就业需要等，组织制定国家工伤保险辅助器具配置目录，确定配置项目、适用范围、最低使用年限等内容，并适时调整。

　　省、自治区、直辖市人力资源社会保障行政部门可以结合本地区实际，在国家目录确定的配置项目基础上，制定省级工伤保险辅助器具配置目录，适当增加辅助器具配置项目，并确定本地区辅助器具配置最高支付限额等具体标准。

第二章 确认与配置程序

第七条　工伤职工认为需要配置辅助器具的，可以向劳动能力鉴定委员会提出辅助

器具配置确认申请,并提交下列材料:

(一)居民身份证或者社会保障卡等有效身份证明原件;

(二)有效的诊断证明,按照医疗机构病历管理有关规定复印或者复制的检查、检验报告等完整病历材料。

工伤职工本人因身体等原因无法提出申请的,可由其近亲属或者用人单位代为申请。

第八条 劳动能力鉴定委员会收到辅助器具配置确认申请后,应当及时审核;材料不完整的,应当自收到申请之日起5个工作日内一次性书面告知申请人需要补正的全部材料;材料完整的,应当在收到申请之日起60日内作出确认结论。伤情复杂、涉及医疗卫生专业较多的,作出确认结论的期限可以延长30日。

第九条 劳动能力鉴定委员会专家库应当配备辅助器具配置专家,从事辅助器具配置确认工作。

劳动能力鉴定委员会应当根据配置确认申请材料,从专家库中随机抽取3名或者5名专家组成专家组,对工伤职工本人进行现场配置确认。专家组中至少包括1名辅助器具配置专家、2名与工伤职工伤情相关的专家。

第十条 专家组根据工伤职工伤情,依据工伤保险辅助器具配置目录有关规定,提出是否予以配置的确认意见。专家意见不一致时,按照少数服从多数的原则确定专家组的意见。

劳动能力鉴定委员会根据专家组确认意见作出配置辅助器具确认结论。其中,确认予以配置的,应当载明确认配置的理由、依据和辅助器具名称等信息;确认不予配置的,应当说明不予配置的理由。

第十一条 劳动能力鉴定委员会应当自作出确认结论之日起20日内将确认结论送达工伤职工及其用人单位,并抄送经办机构。

第十二条 工伤职工收到予以配置的确认结论后,及时向经办机构进行登记,经办机构向工伤职工出具配置费用核付通知单,并告知下列事项:

(一)工伤职工应当到协议机构进行配置;

(二)确认配置的辅助器具最高支付限额和最低使用年限;

(三)工伤职工配置辅助器具超目录或者超出限额部分的费用,工伤保险基金不予支付。

第十三条 工伤职工可以持配置费用核付通知单,选择协议机构配置辅助器具。

协议机构应当根据与经办机构签订的服务协议,为工伤职工提供配置服务,并如实记录工伤职工信息、配置器具产品信息、最高支付限额、最低使用年限以及实际配置费用等配置服务事项。

前款规定的配置服务记录经工伤职工签字后,分别由工伤职工和协议机构留存。

第十四条 协议机构或者工伤职工与经办机构结算配置费用时,应当出具配置服务记录。经办机构核查后,应当按照工伤保险辅助器具配置目录有关规定及时支付费用。

第十五条 工伤职工配置辅助器具的费用包括安装、维修、训练等费用，按照规定由工伤保险基金支付。

经经办机构同意，工伤职工到统筹地区以外的协议机构配置辅助器具发生的交通、食宿费用，可以按照统筹地区人力资源社会保障行政部门的规定，由工伤保险基金支付。

第十六条 辅助器具达到规定的最低使用年限的，工伤职工可以按照统筹地区人力资源社会保障行政部门的规定申请更换。

工伤职工因伤情发生变化，需要更换主要部件或者配置新的辅助器具的，经向劳动能力鉴定委员会重新提出确认申请并经确认后，由工伤保险基金支付配置费用。

第三章 管理与监督

第十七条 辅助器具配置专家应当具备下列条件之一：

（一）具有医疗卫生中高级专业技术职务任职资格；

（二）具有假肢师或者矫形器师职业资格；

（三）从事辅助器具配置专业技术工作5年以上。

辅助器具配置专家应当具有良好的职业品德。

第十八条 工伤保险辅助器具配置机构的具体条件，由省、自治区、直辖市人力资源社会保障行政部门会同民政、卫生计生行政部门规定。

第十九条 经办机构与工伤保险辅助器具配置机构签订的服务协议，应当包括下列内容：

（一）经办机构与协议机构名称、法定代表人或者主要负责人等基本信息；

（二）服务协议期限；

（三）配置服务内容；

（四）配置费用结算；

（五）配置管理要求；

（六）违约责任及争议处理；

（七）法律、法规规定应当纳入服务协议的其他事项。

第二十条 配置的辅助器具应当符合相关国家标准或者行业标准。统一规格的产品或者材料等辅助器具在装配前应当由国家授权的产品质量检测机构出具质量检测报告，标注生产厂家、产品品牌、型号、材料、功能、出品日期、使用期和保修期等事项。

第二十一条 协议机构应当建立工伤职工配置服务档案，并至少保存至服务期限结束之日起两年。经办机构可以对配置服务档案进行抽查，并作为结算配置费用的依据之一。

第二十二条 经办机构应当建立辅助器具配置工作回访制度,对辅助器具装配的质量和服务进行跟踪检查,并将检查结果作为对协议机构的评价依据。

第二十三条 工伤保险辅助器具配置机构违反国家规定的辅助器具配置管理服务标准,侵害工伤职工合法权益的,由民政、卫生计生行政部门在各自监管职责范围内依法处理。

第二十四条 有下列情形之一的,经办机构不予支付配置费用:

(一)未经劳动能力鉴定委员会确认,自行配置辅助器具的;

(二)在非协议机构配置辅助器具的;

(三)配置辅助器具超目录或者超出限额部分的;

(四)违反规定更换辅助器具的。

第二十五条 工伤职工或者其近亲属认为经办机构未依法支付辅助器具配置费用,或者协议机构认为经办机构未履行有关协议的,可以依法申请行政复议或者提起行政诉讼。

第四章 法律责任

第二十六条 经办机构在协议机构管理和核付配置费用过程中收受当事人财物的,由人力资源社会保障行政部门责令改正,对直接负责的主管人员和其他直接责任人员依法给予处分;情节严重,构成犯罪的,依法追究刑事责任。

第二十七条 从事工伤保险辅助器具配置确认工作的组织或者个人有下列情形之一的,由人力资源社会保障行政部门责令改正,处2000元以上1万元以下的罚款;情节严重,构成犯罪的,依法追究刑事责任:

(一)提供虚假确认意见的;

(二)提供虚假诊断证明或者病历的;

(三)收受当事人财物的。

第二十八条 协议机构不按照服务协议提供服务的,经办机构可以解除服务协议,并按照服务协议追究相应责任。

经办机构不按时足额结算配置费用的,由人力资源社会保障行政部门责令改正;协议机构可以解除服务协议。

第二十九条 用人单位、工伤职工或者其近亲属骗取工伤保险待遇,辅助器具装配机构、医疗机构骗取工伤保险基金支出的,按照《工伤保险条例》第六十条的规定,由人力资源社会保障行政部门责令退还,处骗取金额2倍以上5倍以下的罚款;情节严重,构成犯罪的,依法追究刑事责任。

第五章 附 则

第三十条 用人单位未依法参加工伤保险,工伤职工需要配置辅助器具的,按照本办法的相关规定执行,并由用人单位支付配置费用。

第三十一条 本办法自2016年4月1日起施行。

六、失业保险

失业保险条例

1999年1月22日国务院令第258号发布施行

第一章 总 则

第一条 为了保障失业人员失业期间的基本生活,促进其再就业,制定本条例。

第二条 城镇企业事业单位、城镇企业事业单位职工依照本条例的规定,缴纳失业保险费。

城镇企业事业单位失业人员依照本条例的规定,享受失业保险待遇。

本条所称城镇企业,是指国有企业、城镇集体企业、外商投资企业、城镇私营企业以及其他城镇企业。

第三条 国务院劳动保障行政部门主管全国的失业保险工作。县级以上地方各级人民政府劳动保障行政部门主管本行政区域内的失业保险工作。劳动保障行政部门按照国务院规定设立的经办失业保险业务的社会保险经办机构依照本条例的规定,具体承办失业保险工作。

第四条 失业保险费按照国家有关规定征缴。

第二章 失业保险基金

第五条 失业保险基金由下列各项构成:

(一)城镇企业事业单位、城镇企业事业单位职工缴纳的失业保险费;

(二)失业保险基金的利息;

(三)财政补贴;

(四)依法纳入失业保险基金的其他资金。

第六条 城镇企业事业单位按照本单位工资总额的百分之二缴纳失业保险费。城镇企业事业单位职工按照本人工资的百分之一缴纳失业保险费。城镇企业事业单位招用的农民合同制工人本人不缴纳失业保险费。

第七条 失业保险基金在直辖市和设区的市实行全市统筹;其他地区的统筹层次由省、自治区人民政府规定。

第八条 省、自治区可以建立失业保险调剂金。

失业保险调剂金以统筹地区依法应当征收的失业保险费为基数,按照省、自治区人民政府规定的比例筹集。

统筹地区的失业保险基金不敷使用时,由失业保险调剂金调剂、地方财政补贴。

失业保险调剂金的筹集、调剂使用以及地方财政补贴的具体办法,由省、自治区人民政府规定。

第九条 省、自治区、直辖市人民政府根据本行政区域失业人员数量和失业保险基金数额,报经国务院批准,可以适当调整本行政区域失业保险费的费率。

第十条 失业保险基金用于下列支出:

(一)失业保险金;

(二)领取失业保险金期间的医疗补助金;

(三)领取失业保险金期间死亡的失业人员的丧葬补助金和其供养的配偶、直系亲属的抚恤金;

(四)领取失业保险金期间接受职业培训、职业介绍的补贴,补贴的办法和标准由省、自治区、直辖市人民政府规定;

(五)国务院规定或者批准的与失业保险有关的其他费用。

第十一条 失业保险基金必须存入财政部门在国有商业银行开设的社会保障基金财政专户,实行收支两条线管理,由财政部门依法进行监督。

存入银行和按照国家规定购买国债的失业保险基金,分别按照城乡居民同期存款利率和国债利息计息。失业保险基金的利息并入失业保险基金。

失业保险基金专款专用,不得挪作他用,不得用于平衡财政收支。

第十二条 失业保险基金收支的预算、决算,由统筹地区社会保险经办机构编制,经同级劳动保障行政部门复核、同级财政部门审核,报同级人民政府审批。

第十三条 失业保险基金的财务制度和会计制度按照国家有关规定执行。

第三章 失业保险待遇

第十四条 具备下列条件的失业人员,可以领取失业保险金:

(一)按照规定参加失业保险,所在单位和本人已按照规定履行缴费义务满1年的;

(二)非因本人意愿中断就业的;

(三)已办理失业登记,并有求职要求的。

失业人员在领取失业保险金期间,按照规定同时享受其他失业保险待遇。

第十五条 失业人员在领取失业保险金期间有下列情形之一的,停止领取失业保险金,并同时停止享受其他失业保险待遇:

(一)重新就业的;

(二)应征服兵役的;

(三)移居境外的;

(四)享受基本养老保险待遇的;

（五）被判刑收监执行或者被劳动教养的；

（六）无正当理由，拒不接受当地人民政府指定的部门或者机构介绍的工作的；

（七）有法律、行政法规规定的其他情形的。

第十六条 城镇企业事业单位应当及时为失业人员出具终止或者解除劳动关系的证明，告知其按照规定享受失业保险待遇的权利，并将失业人员的名单自终止或者解除劳动关系之日起7日内报社会保险经办机构备案。

城镇企业事业单位职工失业后，应当持本单位为其出具的终止或者解除劳动关系的证明，及时到指定的社会保险经办机构办理失业登记。失业保险金自办理失业登记之日起计算。

失业保险金由社会保险经办机构按月发放。社会保险经办机构为失业人员开具领取失业保险金的单证，失业人员凭单证到指定银行领取失业保险金。

第十七条 失业人员失业前所在单位和本人按照规定累计缴费时间满1年不足5年的，领取失业保险金的期限最长为12个月；累计缴费时间满5年不足10年的，领取失业保险金的期限最长为18个月；累计缴费时间10年以上的，领取失业保险金的期限最长为24个月。重新就业后，再次失业的，缴费时间重新计算，领取失业保险金的期限可以与前次失业应领取而尚未领取的失业保险金的期限合并计算，但是最长不得超过24个月。

第十八条 失业保险金的标准，按照低于当地最低工资标准、高于城市居民最低生活保障标准的水平，由省、自治区、直辖市人民政府确定。

第十九条 失业人员在领取失业保险金期间患病就医的，可以按照规定向社会保险经办机构申请领取医疗补助金。医疗补助金的标准由省、自治区、直辖市人民政府规定。

第二十条 失业人员在领取失业保险金期间死亡的，参照当地对在职职工的规定，对其家属一次性发给丧葬补助金和抚恤金。

第二十一条 单位招用的农民合同制工人连续工作满1年，本单位并已缴纳失业保险费，劳动合同期满未续订或者提前解除劳动合同的，由社会保险经办机构根据其工作时间长短，对其支付一次性生活补助。补助的办法和标准由省、自治区、直辖市人民政府规定。

第二十二条 城镇企业事业单位成建制跨统筹地区转移，失业人员跨统筹地区流动的，失业保险关系随之转迁。

第二十三条 失业人员符合城市居民最低生活保障条件的，按照规定享受城市居民最低生活保障待遇。

第四章 管理和监督

第二十四条 劳动保障行政部门管理失业保险工作，履行下列职责：

(一)贯彻实施失业保险法律、法规；
(二)指导社会保险经办机构的工作；
(三)对失业保险费的征收和失业保险待遇的支付进行监督检查。

第二十五条 社会保险经办机构具体承办失业保险工作，履行下列职责：

(一)负责失业人员的登记、调查、统计；
(二)按照规定负责失业保险基金的管理；
(三)按照规定核定失业保险待遇,开具失业人员在指定银行领取失业保险金和其他补助金的单证；
(四)拨付失业人员职业培训、职业介绍补贴费用；
(五)为失业人员提供免费咨询服务；
(六)国家规定由其履行的其他职责。

第二十六条 财政部门和审计部门依法对失业保险基金的收支、管理情况进行监督。

第二十七条 社会保险经办机构所需经费列入预算,由财政拨付。

第五章 罚 则

第二十八条 不符合享受失业保险待遇条件,骗取失业保险金和其他失业保险待遇的,由社会保险经办机构责令退还;情节严重的,由劳动保障行政部门处骗取金额1倍以上3倍以下的罚款。

第二十九条 社会保险经办机构工作人员违反规定向失业人员开具领取失业保险金或者享受其他失业保险待遇单证,致使失业保险基金损失的,由劳动保障行政部门责令追回;情节严重的,依法给予行政处分。

第三十条 劳动保障行政部门和社会保险经办机构的工作人员滥用职权、徇私舞弊、玩忽职守,造成失业保险基金损失的,由劳动保障行政部门追回损失的失业保险基金;构成犯罪的,依法追究刑事责任;尚不构成犯罪的,依法给予行政处分。

第三十一条 任何单位、个人挪用失业保险基金的,追回挪用的失业保险基金;有违法所得的,没收违法所得,并入失业保险基金;构成犯罪的,依法追究刑事责任;尚不构成犯罪的,对直接负责的主管人员和其他直接责任人员依法给予行政处分。

第六章 附 则

第三十二条 省、自治区、直辖市人民政府根据当地实际情况,可以决定本条例适用于本行政区域内的社会团体及其专职人员、民办非企业单位及其职工、有雇工的城镇个体工商户及其雇工。

第三十三条 本条例自发布之日起施行。1993年4月12日国务院发布的《国有企业职工待业保险规定》同时废止。

失业保险金申领发放办法

1. 2000年10月26日劳动保障部令第8号公布
2. 根据2018年12月14日人力资源和社会保障部令第38号《关于修改部分规章的决定》第一次修订
3. 根据2019年12月9日人力资源和社会保障部令第42号《关于修改部分规章的决定》第二次修订
4. 根据2024年6月14日人力资源社会保障部令第53号《关于修改和废止部分规章的决定》第三次修订

第一章 总 则

第一条 为保证失业人员及时获得失业保险金及其他失业保险待遇,根据《失业保险条例》(以下简称《条例》),制定本办法。

第二条 参加失业保险的城镇企业事业单位职工以及按照省级人民政府规定参加失业保险的其他单位人员失业后(以下统称失业人员),申请领取失业保险金、享受其他失业保险待遇适用本办法;按照规定应参加而尚未参加失业保险的不适用本办法。

第三条 劳动保障行政部门设立的经办失业保险业务的社会保险经办机构(以下简称经办机构)按照本办法规定受理失业人员领取失业保险金的申请,审核确认领取资格,核定领取失业保险金、享受其他失业保险待遇的期限及标准,负责发放失业保险金并提供其他失业保险待遇。

第二章 失业保险金申领

第四条 失业人员符合《条例》第十四条规定条件的,可以申请领取失业保险金,享受其他失业保险待遇。其中,非因本人意愿中断就业的是指下列人员:

(一)终止劳动合同的;
(二)被用人单位解除劳动合同的;
(三)被用人单位开除、除名和辞退的;
(四)根据《中华人民共和国劳动法》第三十二条第二、三项与用人单位解除劳动合同的;
(五)法律、行政法规另有规定的。

第五条 失业人员失业前所在单位,应将失业人员的名单自终止或者解除劳动合同之日起7日内报受理其失业保险业务的经办机构备案,并按要求提供终止或解除劳动合同证明等有关材料。

第六条　失业人员应在终止或者解除劳动合同之日起60日内到受理其单位失业保险业务的经办机构申领失业保险金。

第七条　失业人员申领失业保险金应填写《失业保险金申领表》,并出示下列证明材料:

（一）本人身份证明;

（二）所在单位出具的终止或者解除劳动合同的证明;

（三）失业登记;

（四）省级劳动保障行政部门规定的其他材料。

第八条　失业人员领取失业保险金,应由本人按月到经办机构领取,同时应向经办机构如实说明求职和接受职业指导、职业培训情况。

第九条　失业人员在领取失业保险金期间患病就医的,可以按照规定向经办机构申请领取医疗补助金。

第十条　失业人员在领取失业保险金期间死亡的,其家属可持失业人员死亡证明、领取人身份证明、与失业人员的关系证明,按规定向经办机构领取一次性丧葬补助金和其供养配偶、直系亲属的抚恤金。失业人员当月尚未领取的失业保险金可由其家属一并领取。

第十一条　失业人员在领取失业保险金期间,应积极求职,接受职业指导和职业培训。失业人员在领取失业保险金期间求职时,可以按规定享受就业服务减免费用等优惠政策。

第十二条　失业人员在领取失业保险金期间或期满后,符合享受当地城市居民最低生活保障条件的,可以按照规定申请享受城市居民最低生活保障待遇。

第十三条　失业人员在领取失业保险金期间,发生《条例》第十五条规定情形之一的,不得继续领取失业保险金和享受其他失业保险待遇。

第三章　失业保险金发放

第十四条　经办机构自受理失业人员领取失业保险金申请之日起10日内,对申领者的资格进行审核认定,并将结果及有关事项告知本人。经审核合格者,从其办理失业登记之日起计发失业保险金。

第十五条　经办机构根据失业人员累计缴费时间核定其领取失业保险金的期限。失业人员累计缴费时间按照下列原则确定:

（一）实行个人缴纳失业保险费前,按国家规定计算的工龄视同缴费时间,与《条例》发布后缴纳失业保险费的时间合并计算。

（二）失业人员在领取失业保险金期间重新就业后再次失业的,缴费时间重新计算,其领取失业保险金的期限可以与前次失业应领取而尚未领取的失业保险金的期限合并计算,但是最长不得超过24个月。失业人员在领取失业保险金期间重新就业后不满一年再次失业的,可以继续申领其前次失业应领取而尚未领取的失业保险金。

第十六条 失业保险金以及医疗补助金、丧葬补助金、抚恤金、职业培训和职业介绍补贴等失业保险待遇的标准按照各省、自治区、直辖市人民政府的有关规定执行。

第十七条 失业保险金应按月发放,由经办机构开具单证,失业人员凭单证到指定银行领取。

第十八条 对领取失业保险金期限即将届满的失业人员,经办机构应提前一个月告知本人。

失业人员在领取失业保险金期间,发生《条例》第十五条规定情形之一的,经办机构有权即行停止其失业保险金发放,并同时停止其享受其他失业保险待遇。

第十九条 经办机构应当通过准备书面资料、开设服务窗口、设立咨询电话等方式,为失业人员、用人单位和社会公众提供咨询服务。

第二十条 经办机构应按规定负责失业保险金申领、发放的统计工作。

第四章 失业保险关系转迁

第二十一条 对失业人员失业前所在单位与本人户籍不在同一统筹地区的,其失业保险金的发放和其他失业保险待遇的提供由两地劳动保障行政部门进行协商,明确具体办法。协商未能取得一致的,由上一级劳动保障行政部门确定。

第二十二条 失业人员失业保险关系跨省、自治区、直辖市转迁的,失业保险费用应随失业保险关系相应划转。需划转的失业保险费用包括失业保险金、医疗补助金和职业培训、职业介绍补贴。其中,医疗补助金和职业培训、职业介绍补贴按失业人员应享受的失业保险金总额的一半计算。

第二十三条 失业人员失业保险关系在省、自治区范围内跨统筹地区转迁,失业保险费用的处理由省级劳动保障行政部门规定。

第二十四条 失业人员跨统筹地区转移的,凭失业保险关系迁出地经办机构出具的证明材料到迁入地经办机构领取失业保险金。

第五章 附 则

第二十五条 经办机构发现不符合条件,或以涂改、伪造有关材料等非法手段骗取失业保险金和其他失业保险待遇的,应责令其退还;对情节严重的,经办机构可以提请劳动保障行政部门对其进行处罚。

第二十六条 经办机构工作人员违反本办法规定的,由经办机构或主管该经办机构的劳动保障行政部门责令其改正;情节严重的,依法给予行政处分;给失业人员造成损失的,依法赔偿。

第二十七条 失业人员因享受失业保险待遇与经办机构发生争议的,可以依法申请行政复议或者提起行政诉讼。

第二十八条 符合《条例》规定的劳动合同期满未续订或者提前解除劳动合同的农民合同制工人申领一次性生活补助,按各省、自治区、直辖市办法执行。

第二十九条　《失业保险金申领表》的样式,由劳动和社会保障部统一制定。

第三十条　本办法自二〇〇一年一月一日起施行。

　　附件1　失业保险金申领登记表(略)

附件2

《中华人民共和国劳动法》第三十二条　有下列情形之一的,劳动者可以随时通知用人单位解除劳动合同:

　　(一)在试用期内的;

　　(二)用人单位以暴力、威胁或者非法限制人身自由的手段强迫劳动的;

　　(三)用人单位未按照劳动合同约定支付劳动报酬或者提供劳动条件的。

《失业保险条例》第十四条　具备下列条件的失业人员,可以领取失业保险金:

　　(一)按照规定参加失业保险,所在单位和本人已按照规定履行缴费义务满1年的;

　　(二)非因本人意愿中断就业的;

　　(三)已办理失业登记,并有求职要求的。

失业人员在领取失业保险金期间,按照规定同时享受其他失业保险待遇。

《失业保险条例》第十五条　失业人员在领取失业保险金期间有下列情形之一的,停止领取失业保险金,并同时停止享受其他失业保险待遇:

　　(一)重新就业的;

　　(二)应征服兵役的;

　　(三)移居境外的;

　　(四)享受基本养老保险待遇的;

　　(五)被判刑收监执行或者被劳动教养的;

　　(六)无正当理由,拒不接受当地人民政府指定的部门或者机构介绍的工作的;

　　(七)有法律、行政法规规定的其他情形的。

优化失业保险经办业务流程指南

1. 2006年9月11日劳动和社会保障部办公厅发布
2. 劳社厅发〔2006〕24号

第一章　总　　则

　　一、为加强失业保险业务管理,进一步优化失业保险经办业务流程,根据《失业保险条例》及有关法规规章,制定本指南。

二、劳动保障部门经办失业保险业务的机构(以下简称经办机构)适用本指南。

三、失业保险经办业务分为失业保险登记管理、失业保险费征收、缴费记录、待遇审核与支付、财务管理、稽核监督等。

第二章　失业保险登记管理

失业保险登记管理包括参保登记、变更登记、注销登记和登记证件管理等。

由税务机关征收失业保险费的地区,经办机构应当按月向税务机关提供参保单位失业保险参保登记、变更登记及注销登记情况。

第一节　参　保　登　记

一、经办机构为依法申报参加失业保险的单位办理参加失业保险登记手续,要求其填写《社会保险登记表》(表2-1),并出示以下证件和资料:

(一)营业执照、批准成立证件或其他核准执业证件;

(二)国家质量技术监督部门颁发的组织机构统一代码证书;

(三)经办机构规定的其他有关证件和资料。

已经参加养老、医疗等社会保险的,参保单位只提交社会保险登记证,填写《社会保险登记表》及《参加失业保险人员情况表》(表2-2)。

二、经办机构对参保单位填报的《社会保险登记表》、《参加失业保险人员情况表》及相关证件和资料即时受理,并在自受理之日起10个工作日内审核完毕。

审核通过的,经办机构应为参保单位及其职工个人建立基本信息,并将有关资料归档。已参加养老、医疗等社会保险的,在其社会保险登记证上标注失业保险项目。首次参加社会保险的,发给社会保险登记证。

未通过审核的,经办机构应向申报单位说明原因。

第二节　变　更　登　记

一、参保单位在以下社会保险登记事项之一发生变更时,应依法向原经办机构申请办理变更登记:

(一)单位名称;

(二)住所或地址;

(三)法定代表人或负责人;

(四)单位类型;

(五)组织机构统一代码;

(六)主管部门;

(七)隶属关系;

(八)开户银行账号;

(九)经办机构规定的其他事项。

二、申请变更登记单位应按规定提供以下相关证件和资料：
(一)变更社会保险登记申请书；
(二)工商变更登记表和工商执照或有关机关批准或宣布变更证明；
(三)社会保险登记证；
(四)经办机构规定的其他资料。
三、申请变更登记单位提交资料齐全的，经办机构发给《社会保险变更登记表》(表2-3)，并由申请变更登记单位依法如实填写，经办机构进行审核后，归入参保单位社会保险登记档案。

社会保险变更登记的内容涉及社会保险登记证件的内容需作变更的，经办机构收回原社会保险登记证，并按更改后的内容重新核发社会保险登记证。

第三节 注销登记

一、参保单位发生以下情形之一时，经办机构为其办理注销登记手续：
(一)参保单位发生解散、破产、撤销、合并以及其他情形，依法终止缴费义务；
(二)参保单位营业执照注销或被吊销；
(三)单位因住所变动或生产、经营地址变动而涉及改变登记机构；
(四)国家法律、法规规定的其他情形。

二、参保单位在办理注销社会保险登记前，应当结清应缴纳的失业保险费、滞纳金和罚款，并填写《社会保险注销登记表》(表2-4)，提交相关法律文书或其他有关注销文件。经办机构予以核准，办理社会保险注销登记手续，并缴销社会保险登记证件。

三、经办机构办理注销登记手续后，在信息系统内进行标注，并封存其参保信息及有关档案资料。

第四节 登记证件管理

经办机构对已核发的社会保险登记证件，实行定期验证和换证制度，按规定为参保单位办理验证或换证手续。

一、经办机构定期进行失业保险登记验证，参保单位应在规定时间内填报《社会保险验证登记表》(表2-5)，并提供以下证件和资料：
(一)社会保险登记证；
(二)营业执照、批准成立证件或其他核准执业证件；
(三)组织机构统一代码证书；
(四)经办机构规定的其他证件和资料。

二、经办机构对参保单位提供的证件和资料进行审核，审核的主要内容包括：
(一)办理社会保险登记、变更登记、上年度验证等情况；
(二)参保人数增减变化情况；
(三)申报缴费工资、缴纳失业保险费情况；
(四)经办机构规定的其他内容。

三、审核通过的，经办机构在信息系统内进行标注，并在社会保险登记证上加注核验标记或印章，期满时予以换证。社会保险登记证由参保单位保管。

四、参保单位如果遗失社会保险登记证件，应及时向原办理社会保险登记的经办机构报告，并按规定申请补办。经办机构应及时受理，并按相关规定程序补发社会保险登记证。

第三章　失业保险费征收

失业保险费征收包括缴费申报受理、缴费核定、费用征收与收缴欠费等。

失业保险费由税务机关征收的地区，经办机构应与税务机关建立信息沟通机制，并将税务机关提供的缴费信息及时记录。

第一节　申报受理

一、参保单位按规定定期办理缴费申报，经办机构予以受理。参保单位需填报《社会保险费申报表》(表3-1)，并提供失业保险费代扣代缴明细表、劳动工资统计月(年)报表及经办机构规定的其他相关资料。

二、参保单位人员发生变化时，应按规定及时到经办机构进行人员变动缴费申报，填报《参保单位职工人数增减情况申报表》(表3-2)，并提供相关证明和资料，办理缴费申报手续，经办机构予以受理。

三、实行社会保险费统一征收的地区，应当建立各项社会保险缴费申报的联动机制。经办机构在受理参保单位申报缴纳基本养老保险费、基本医疗保险费的同时，应当要求其必须申报缴纳失业保险费，并为其办理失业保险费缴费申报手续。

未实行社会保险费统一征收的地区，应积极创造条件，逐步实现统一征收，以提高工作效率，简化缴费申报手续，减少缴费申报环节。

第二节　缴费核定

一、经办机构审核参保单位填报的《社会保险费申报表》(表3-1)及有关资料，确定单位缴费金额和个人缴费金额。在审核缴费基数时，可根据参保单位性质与其申报基本养老保险、基本医疗保险的缴费基数相对照。审核通过后，在《社会保险费申报表》相应栏目内盖章，并由经办机构留存。

二、对未按规定申报的参保单位，经办机构暂按其上年(月)缴费数额的110%确定应缴数额；没有上年(月)缴费数额的，经办机构可暂按该单位的经营状况、职工人数等有关情况确定应缴数额。参保单位补办申报手续并按核定数额缴纳失业保险费后，经办机构再按规定进行结算。

三、办理参保人员增减变动缴费申报的，经办机构根据参保单位申报参保人员变动情况，核定其当期缴费基数和应征数额，同时办理其他相关手续，并为新增参保人员记录相关信息。

四、经办机构根据缴费核定结果,形成《失业保险缴费核定汇总表》(表3-3),并以此作为征收失业保险费的依据。

五、由税务机关征收失业保险费的地区,经办机构应将参保单位申报缴费的审核结果制成《失业保险费核定征收计划表》(表3-4)提供给税务机关。

第三节 费用征收

一、经办机构应以《失业保险缴费核定汇总表》作为征收失业保险费的依据。采取委托收款方式的,开具委托收款书,送"收入户存款"开户银行;采取其他方式征收的,以支票或其他方式实施收款。经办机构依据实际到账情况入账,开具基金专用收款凭证,并及时记录单位和个人缴费情况。

二、对中断或终止缴费的人员,经办机构应记录中断或终止缴费的日期、原因等信息,并办理相关手续。

三、由税务机关征收失业保险费的地区,经办机构要与税务机关建立信息沟通机制。经办机构按月向税务机关提供核定的参保单位和参保个人的应缴费数额及其他相关情况,并根据税务机关提供失业保险费的到账信息,做入账处理。

第四节 收缴欠费

一、参保单位办理申报后未及时缴纳失业保险费的,经办机构应向其发出《失业保险费催缴通知书》(表3-5),通知其在规定时间内补缴欠费。对拒不执行的,提请劳动保障行政部门要求参保单位限期改正;对逾期仍不缴纳的,除要求补缴欠缴数额外,从欠缴之日起,按规定加收滞纳金。收缴的滞纳金并入失业保险基金。

二、对因筹资困难,无法一次足额缴清欠费的企业,经办机构与其签定补缴协议。如欠费企业发生被兼并、分立等情况时,按下列方法签订补缴协议:

(一)欠费企业被兼并的,与兼并方签订补缴协议;

(二)欠费企业分立的,与分立各方分别签订补缴协议;

(三)欠费企业被拍卖、出售或实行租赁的,应在拍卖、出售、租赁协议或合同中明确补缴欠费的办法,并签订补缴协议。

三、破产的企业,其欠费按有关规定,在资产变现收入中予以清偿;无法完全清偿欠费的部分,经经办机构提出,劳动保障部门审核,财政部门复核,报当地人民政府批准后可以核销。

四、失业保险费由税务机关征收的地区,经办机构根据税务机关提供的参保单位失业保险费欠费变动情况,及时调整其欠费数据信息。

五、经办机构根据税务机关提供的补缴欠费到账信息和劳动保障行政部门提供的核销处理信息,编制参保单位缴费台账,调整参保单位或个人欠费信息。

第四章 缴费记录

缴费记录包括建立记录、转出记录、转入记录、停保和续保记录及缴费记录查询等。

第一节 建立记录

一、经办机构负责建立参保单位及其职工个人基本信息及缴费信息。实行社会保险费统一征收的地区,经办机构应对参保单位及其职工个人缴纳的社会保险费根据规定的各险种费率按比例进行分账,并根据失业保险费的缴纳情况进行详细、完整的记录。

二、失业保险费由税务机关征收的地区,经办机构根据税务机关提供的参保单位及其职工个人缴费信息为其建立缴费记录。经办机构应与税务机关建立定期对账制度。

三、缴费记录的主要内容

(一)参保单位记录的主要内容包括:单位编码、单位类型、单位名称、法定代表人或负责人、单位性质、组织机构统一代码、主管部门、所属行业、所属地区、开户银行账号、职工人数、工资总额、参保时间、缴费起始时间、缴费终止时间、单位应缴金额、个人应缴金额、单位实缴金额、个人实缴金额、单位欠费金额、单位欠费时间、个人欠费金额、个人欠费时间等。

(二)个人缴费记录的基本内容包括:单位编码、单位类型、单位名称、姓名、性别、出生年月、社会保障号码(或居民身份证号码)、民族、户口所在地、用工形式、参加失业保险时间、个人缴费起始时间、缴费终止时间、缴费年限(视同缴费年限、累计缴费年限)、个人应缴金额、个人实缴金额、个人欠费金额、个人欠费时间等。

第二节 转出记录

一、参保单位成建制跨统筹地区转移或职工个人在职期间跨统筹地区转换工作单位的,经办机构负责为其办理失业保险关系转迁手续。

二、参保单位成建制跨统筹地区转移的,转出地经办机构向转入地经办机构出具《参保单位失业保险关系转迁证明》(表4-1),并提供转迁参保单位及其职工个人的相关信息资料。

三、参保职工个人在职期间跨统筹地区转换工作单位的,转出地经办机构向转入地经办机构出具《参保人员失业保险关系转迁证明》(表4-2),并提供转迁职工个人相关信息资料。

第三节 转入记录

经办机构应及时为转入的参保单位及其职工个人接续失业保险关系。

一、转入地经办机构根据转入的参保单位的相关信息为该单位及其职工个人建立缴费记录。

二、城镇企业事业单位成建制跨统筹地区转移的,转入地经办机构根据转入单位提供的《参保单位失业保险关系转迁证明》、单位基本信息及缴费信息资料记录转入参保单位及其职工个人的基本信息和缴费情况。

三、参保职工个人在职期间跨统筹地区转换工作单位的,转入地经办机构根据转入职工个人提供的《参保人员失业保险关系转迁证明》、个人基本信息及缴费信息资料，记录转入职工个人的基本信息和缴费情况。

四、职工由机关进入企业或事业单位工作的，从工资发放之月起，所在参保单位应为其申报缴纳失业保险费。经办机构应按规定为职工个人核定视同缴费年限，建立缴费记录。

第四节 停保和续保记录

一、参保人员因出国(境)定居、退休、死亡等原因中断或终止缴费，经办机构根据变动信息，及时确认个人缴费记录，并将个人缴费记录予以注销或封存。

二、参保人员中断缴费后又续缴的，经办机构根据其所在单位提供的参保人员增加信息，并在确认以前其个人缴费记录信息后，继续进行个人缴费记录。

第五节 缴费记录查询

一、经办机构通过设立服务窗口、咨询电话等方式负责向参保单位及其职工个人提供缴费情况的查询服务。参保单位或职工个人对查询结果提出异议的，应根据参保单位和职工个人提供的有关资料予以复核，如需调整的，报经办机构负责人批准后予以修改，并保留调整前的记录。同时，将复核结果通知查询单位或职工个人。

二、经办机构应于缴费年度初向社会公布上一年度参保单位的缴费情况。经办机构应至少每年一次将个人缴费记录信息反馈给职工个人，以接受参保人员监督。

第五章 待遇审核与支付

待遇审核与支付包括失业保险金等待遇审核与支付、职业培训和职业介绍补贴审核与支付、农民合同制工人一次性生活补助审核与支付、失业人员失业保险关系转迁后的待遇审核与支付，以及待遇支付记录等。

第一节 失业保险金等待遇审核与支付

一、失业保险金审核与支付

(一)失业人员失业前所在单位，应将失业人员的名单自终止或解除劳动合同之日起7日内报经办机构备案，并按要求提供有关终止或解除劳动合同、参加失业保险及缴费情况等材料。

(二)失业人员应在终止或解除劳动合同之日起60日内到经办机构按规定办理申领失业保险金手续。失业人员申领失业保险金应填写《失业保险金申领表》(表5-1)，并出示以下证明材料：

1. 本人身份证明；
2. 所在单位出具的终止或解除劳动合同的证明；
3. 失业登记及求职证明；
4. 经办机构规定的其他材料。

(三)经办机构自受理失业人员领取失业保险金申请之日起10日内，对申领者的资格进行审核认定。对审核符合领取失业保险金条件的,按规定计算申领者领取失业保险金的数额和期限,在《失业保险金申领表》上填写审核意见和核定金额,并建立失业保险金领取台账,同时将审核结果告知失业人员,发给领取失业保险待遇证件。对审核不符合领取失业保险金条件的,也应告知失业人员,并说明原因。

(四)失业保险金应按月发放,由经办机构开具单证,失业人员凭单证到指定银行领取。

失业人员领取失业保险金,经办机构应要求本人按月办理领取手续,同时向经办机构如实说明求职和接受职业指导和职业培训情况。

对领取失业保险金期限即将届满的失业人员,经办机构应提前一个月告知本人。

失业人员在领取失业保险金期间,发生《失业保险条例》第十五条规定情形之一的,经办机构有权即行停止发放失业保险金、支付其他失业保险待遇。

二、医疗补助金审核与支付

失业人员在领取失业保险金期间,可以按照规定向经办机构申领医疗补助金。

经办机构对失业人员按规定提供的相关资料进行审核,确认享受医疗补助金的资格及医疗补助金数额,并按规定计发。

三、丧葬补助金和抚恤金审核与支付

(一)对失业人员在领取失业保险金期间死亡的,参照当地对在职职工的规定,对其家属发放一次性丧葬补助金和抚恤金。

(二)经办机构对死亡失业人员的家属提出享受丧葬补助金和抚恤金的申请予以办理,并要求其出示下列相关材料:

1. 失业人员死亡证明;
2. 失业人员身份证明;
3. 与失业人员的关系证明;
4. 经办机构规定的其他材料。

(三)经办机构对上述材料审核无误后按规定确定补助标准,并据此开具补助金和抚恤金单证,一次性计发。

第二节 职业培训和职业介绍补贴审核与支付

一、劳动保障部门认定的再就业培训或创业培训定点机构按相关规定对失业人员开展职业培训后,由培训机构提出申请,并提供培训方案、教学计划、失业证件复印件、培训合格失业人员花名册等相关材料。经办机构进行审核后,按规定向培训机构拨付职业培训补贴。

二、劳动保障部门认定的职业介绍机构按相关规定对失业人员开展免费职业介绍后,由职业介绍机构提出申请,并提供失业人员求职登记记录、失业证件复印件、用人单位劳动合同复印件、介绍就业人员花名册等相关材料。经办机构进行审核后,按规定向职业介绍机构拨付职业介绍补贴。

三、失业人员在领取失业保险金期间参加职业培训的,可以按规定申领职业培训补贴。失业人员应提供经经办机构批准的本人参加职业培训的申请报告、培训机构颁发的结(毕)业证明和本人支付培训费用的有效票据。经办机构进行审核后,按规定计算应予报销的数额,予以报销。

第三节 农民合同制工人一次性生活补助审核与支付

一、参保单位招用的农民合同制工人终止或解除劳动关系后申领一次性生活补助时,经办机构应要求其填写一次性生活补助金申领核定表,并提供以下证件和资料:

(一)本人居民身份证件;

(二)与参保单位签定的劳动合同;

(三)参保单位出具的终止或解除劳动合同证明;

(四)经办机构规定的其他证件和资料。

二、经办机构根据提供的资料,以及参保单位缴费情况记录进行审核。经确认后,按规定支付一次性生活补助。

第四节 失业人员失业保险关系转迁后的待遇审核与支付

一、领取失业保险金的失业人员跨统筹地区流动的,转出地经办机构审核通过后,应及时为其办理失业保险关系转迁手续,开具《失业人员失业保险关系转迁证明》(表5-2)及其他相关证明材料交失业人员本人。其中,失业人员跨省、自治区、直辖市流动的,转出地经办机构还应按规定将失业保险金、医疗补助金和职业培训、职业介绍补贴等失业保险费用随失业保险关系相应划转。失业人员失业保险关系在省、自治区范围内跨统筹地区流动的,失业保险费用的处理由省级劳动保障行政部门规定。

二、转入地经办机构对失业人员提供的《失业人员失业保险关系转迁证明》等其他相关证明材料进行审核,并按规定支付失业保险待遇。

第五节 待遇支付记录

经办机构在支付失业保险金、医疗补助金、丧葬补助金和抚恤金、职业培训和职业介绍补贴,以及一次性生活补助后,应将支付的相关信息作相应记录。

第六章 财务管理

失业保险基金实行收支两条线管理,会计核算采用收付实现制。财务管理包括收入、支出、会计核算、预算、决算等。

经办机构应定期与税务机关、财政部门和银行对账。对账有差异的,须逐笔查清原因,予以调节,做到账账、账款、账实相符。

第一节 收 入

一、经办机构对失业保险基金收入、上级补助收入、下级上解收入、转移收入等到账信息予以确认,并按规定进行相应记录。

二、经办机构应按规定将收入户存款于每月月末全部转入财政专户。

三、对参保单位或职工个人在本省(自治区、直辖市)范围内成建制跨统筹地区转移或转换工作单位、按规定需要转移失业保险费的,对失业人员在领取失业保险金期间跨省(自治区、直辖市)流动的,经办机构根据失业保险费(费用)到账情况进行相应记录。

第二节 支 出

一、经办机构根据失业保险基金支出计划,按月填写用款申请书,并注明支出项目,加盖本单位用款专用章,在规定时间内报送同级财政部门审核,并确认财政专户拨入支出户资金的到账情况。

二、经办机构对失业保险待遇支出核定汇总表等资料进行复核,复核无误后,将款项从支出户予以拨付。

三、参保单位或职工个人在本省(自治区、直辖市)范围内成建制跨统筹地区转移或转换工作单位、按规定需要转移失业保险费的,失业人员跨省(自治区、直辖市)流动的,经办机构根据《参保单位失业保险关系转迁证明》、《失业人员失业保险关系转迁证明》及相关材料,与转入地经办机构确认开户行、账号、机构名称后,从支出户支付有关失业保险费(费用)。

四、对转移支出、补助下级支出、上解上级支出等款项,经办机构根据有关规定或计划从支出户拨付。

第三节 会 计 核 算

一、经办机构根据基金收入情况,及时填制收入记账凭证。

(一)经办机构征收的失业保险费收入,根据银行出具的原始凭证、失业保险基金专用收款收据、《失业保险缴费核定汇总表》(表3-6)等,填制记账凭证。

税务机关征收的失业保险费收入,以财政部门出具的财政专户缴拨凭证或税务机关出具的税收通用缴款书或税收完税凭证等作为原始凭证,并根据税务机关提供的失业保险费实缴清单,填制记账凭证。

(二)"收入户存款"、"支出户存款"、"财政专户存款"、"债券投资"形成的利息,根据银行出具的原始凭证和财政部门出具的财政专户缴拨凭证及加盖专用印章的原始凭证复印件,填制记账凭证。

(三)划入财政专户的财政补贴收入,根据财政部门出具的财政专户缴拨凭证及加盖专用印章的原始凭证复印件,填制记账凭证。

(四)划入收入户或财政专户的转移收入,根据银行出具的原始凭证或财政部门出具的财政专户缴拨凭证等,填制记账凭证,同时登记备查。

(五)上级补助收入和下级上解收入,根据银行出具的原始凭证或财政部门出具的财政专户缴拨凭证等,填制记账凭证。

（六）滞纳金等其他收入，根据银行出具的原始凭证或财政部门出具的财政专户缴拨凭证等，填制记账凭证。

二、对发生的每笔基金支出，经办机构应按规定及时填制支出记账凭证。

（一）失业保险金、医疗补助金、丧葬抚恤补助、职业培训和职业介绍补贴、其他费用等项支出，根据转账支票存根和银行出具的原始凭证及相关发放资料等，填制记账凭证。基本生活保障补助支出，以财政部门出具的财政专户缴拨凭证填制记账凭证。

（二）转移支出，根据银行出具的原始凭证和《参保单位失业保险关系转迁证明》、《失业人员失业保险关系转迁证明》等，填制记账凭证。

（三）补助下级支出和上解上级支出，以银行出具的原始凭证或财政部门出具的财政专户缴拨凭证等，填制记账凭证。

（四）经财政部门核准开支的其他非失业保险待遇性质的支出（如临时借款利息等）在"其他支出"科目核算，从支出户或财政专户划转。经办机构以银行出具的原始凭证或财政部门出具的财政专户缴拨凭证等，填制记账凭证。

三、按规定用结余基金购买的国家债券或转存定期存款，经办机构以财政部门出具的财政专户缴拨凭证和加盖专用印章的原始凭证复印件填制记账凭证。

四、经办机构根据收付款凭证登记"现金日记账"、"收入户存款日记账"、"支出户存款日记账"和"财政专户存款日记账"。按科目分类汇总记账凭证，制作科目汇总表，登记总分类账。

五、经办机构应定期将"收入户存款日记账"、"支出户存款日记账"与"银行对账单"核对，将"财政专户存款日记账"与财政部门对账单核对。每月终了，收入户存款账面结余、支出户存款账面结余与银行对账单余额之间如有差额，财政专户失业保险基金存款账面结余与财政部门对账单余额之间如有差额，经办机构应按月编制银行收入户存款、银行支出户存款、财政专户存款余额调节表，调节相符。

六、经办机构根据总分类账、明细分类账等，定期编制会计报表。

第四节 预算

一、年度终了前，经办机构根据本年度基金预算执行情况和下年度基金收支预测，编制下年度基金预算草案，按程序报批。

二、经办机构根据批准的预算，填制预算报表，并根据基金收支情况，定期报告预算执行情况。

三、因特殊情况需要调整预算时，经办机构应编制预算调整方案，按程序报批。

第五节 决算

一、经办机构根据决算编制工作要求，于年度终了前核对各项收支，清理往来款项，同开户银行、财政专户、国库对账，并进行年终结账。

二、年度终了后，经办机构根据决算编制工作要求，编制资产负债表、基金收支表、有关附表以及财务情况说明书,对重要指标进行财务分析,形成年度基金财务报告,并按程序报批。

第七章 稽核监督
第一节 稽　核

一、经办机构按照年度工作计划采取以下方式确定被稽核单位：
（一）根据参保单位的参保缴费信息异常情况确定；
（二）根据对参保单位参保缴费情况的举报确定；
（三）从数据库中随机抽取；
（四）根据有关规定确定；
（五）根据其他有关情况确定。

二、经办机构向被稽核单位发出《社会保险稽核通知书》（表7-1），进行实地稽核或书面稽核。稽核内容包括：
（一）核查参保单位申报的缴费人数、缴费基数是否符合国家规定；
（二）核查参保单位及其职工个人是否按时足额缴纳失业保险费；
（三）核查欠缴失业保险费的参保单位及其职工个人是否足额补缴欠费；
（四）国家规定的或者劳动保障行政部门交办的其他稽核事项。

三、经办机构根据稽核情况填写《社会保险稽核工作记录表》（表7-2），全面记录稽核中发现的问题及所涉及的凭证等资料。

四、对于经稽核未发现违反法规行为的被稽核单位,经办机构应当在稽核结束后5个工作日内书面告知其稽核结果。

五、发现被稽核单位在参加失业保险、缴纳失业保险费方面,存在违反法规行为,经办机构要据实填写《社会保险稽核整改意见书》（表7-3），并在稽核结束后10个工作日内送达被稽核单位限期予以改正。

六、对被稽核单位在规定时间内不按照《社会保险稽核整改意见书》予以整改、也未提出复查申请的,经办机构下达《失业保险费催缴通知书》。对拒不执行的,填制《社会保险稽核提请行政处罚建议书》（表7-4），送请劳动保障行政部门予以处罚。

七、经办机构应当对失业人员享受失业保险待遇情况进行核查,发现失业人员丧失享受待遇资格后继续享受待遇或以其他形式骗取待遇的,经办机构应当立即停止待遇的支付并责令退还；拒不退还的,由劳动保障行政部门依法处理。

第二节 内部监督

一、稽核监督单位依据拟订的工作计划、群众举报等确定内审对象,按程序报批。

二、工作计划批准后组织实施。内审内容主要包括：
（一）抽查参保单位申报缴费的有关原始资料,验证对参保单位申报缴费人数、缴费基数的审核是否真实；

（二）抽查参保单位及个人缴费情况，验证是否按核定基数征收、个人缴费记录是否准确；

（三）抽查对失业人员享受失业保险待遇资格审核的有关材料，验证审核是否按规定办理；

（四）抽查失业人员享受失业保险待遇有关材料，验证是否按规定支付待遇；

（五）抽查失业保险基金收入、支出账目凭证，验证基金收入、支出是否符合规定；

（六）依据有关规定，需内部监督的其他内容。

三、经办机构对检查中发现的问题进行整改。

第八章 附 则

一、参保单位和个人填写的原始表格，需经办机构有关人员签字或签章，并注明经办日期；经办机构内部或相互之间传递信息的表格，在转出、转入时须认真复核，确保无误，有关人员均需签字盖章。

二、经办机构应按有关规定对档案资料进行分类整理，确定密级，妥善保管，并做好电子文档的备份工作。

三、经办机构要加强和规范票据管理，按照规定进行票据的印刷、填写、整理、保管、销毁等工作。

四、各地可参考本指南优化本地区业务流程。

失业保险经办业务用表目录

1. 社会保险登记表（表2-1）
2. 参加失业保险人员情况表（表2-2）
3. 社会保险变更登记表（表2-3）
4. 社会保险注销登记表（表2-4）
5. 社会保险验证登记表（表2-5）
6. 社会保险费申报表（表3-1）
7. 参保单位职工人数增减情况申报表（表3-2）
8. 失业保险缴费核定汇总表（表3-3）
9. 失业保险费核定征收计划表（表3-4）
10. 失业保险费催缴通知书（表3-5）
11. 参保单位失业保险关系转迁证明（表4-1）
12. 参保人员失业保险关系转迁证明（表4-2）
13. 失业保险金申领表（表5-1）

14. 失业人员失业保险关系转迁证明(表5-2)
15. 社会保险稽核通知书(表7-1)
16. 社会保险稽核工作记录表(表7-2)
17. 社会保险稽核整改意见书(表7-3)
18. 社会保险稽核提请行政处罚意见书(表7-4)
    (业务用表,略)

七、社会救济与社会福利

1.最低生活保障

城市居民最低生活保障条例

1. 1999年9月28日国务院令第271号公布
2. 自1999年10月1日起施行

第一条 为了规范城市居民最低生活保障制度,保障城市居民基本生活,制定本条例。

第二条 持有非农业户口的城市居民,凡共同生活的家庭成员人均收入低于当地城市居民最低生活保障标准的,均有从当地人民政府获得基本生活物质帮助的权利。

　　前款所称收入,是指共同生活的家庭成员的全部货币收入和实物收入,包括法定赡养人、扶养人或者抚养人应当给付的赡养费、扶养费或者抚养费,不包括优抚对象按照国家规定享受的抚恤金、补助金。

第三条 城市居民最低生活保障制度遵循保障城市居民基本生活的原则,坚持国家保障与社会帮扶相结合、鼓励劳动自救的方针。

第四条 城市居民最低生活保障制度实行地方各级人民政府负责制。县级以上地方各级人民政府民政部门具体负责本行政区域内城市居民最低生活保障的管理工作;财政部门按照规定落实城市居民最低生活保障资金;统计、物价、审计、劳动保障和人事等部门分工负责,在各自的职责范围内负责城市居民最低生活保障的有关工作。

　　县级人民政府民政部门以及街道办事处和镇人民政府(以下统称管理审批机关)负责城市居民最低生活保障的具体管理审批工作。

　　居民委员会根据管理审批机关的委托,可以承担城市居民最低生活保障的日常管理、服务工作。

　　国务院民政部门负责全国城市居民最低生活保障的管理工作。

第五条 城市居民最低生活保障所需资金,由地方人民政府列入财政预算,纳入社会救济专项资金支出项目,专项管理,专款专用。

国家鼓励社会组织和个人为城市居民最低生活保障提供捐赠、资助；所提供的捐赠资助，全部纳入当地城市居民最低生活保障资金。

第六条 城市居民最低生活保障标准，按照当地维持城市居民基本生活所必需的衣、食、住费用，并适当考虑水电燃煤（燃气）费用以及未成年人的义务教育费用确定。

直辖市、设区的市的城市居民最低生活保障标准，由市人民政府民政部门会同财政、统计、物价等部门制定，报本级人民政府批准并公布执行；县（县级市）的城市居民最低生活保障标准，由县（县级市）人民政府民政部门会同财政、统计、物价等部门制定，报本级人民政府批准并报上一级人民政府备案后公布执行。

城市居民最低生活保障标准需要提高时，依照前两款的规定重新核定。

第七条 申请享受城市居民最低生活保障待遇，由户主向户籍所在地的街道办事处或者镇人民政府提出书面申请，并出具有关证明材料，填写《城市居民最低生活保障待遇审批表》。城市居民最低生活保障待遇，由其所在地的街道办事处或者镇人民政府初审，并将有关材料和初审意见报送县级人民政府民政部门审批。

管理审批机关为审批城市居民最低生活保障待遇的需要，可以通过入户调查、邻里访问以及信函索证等方式对申请人的家庭经济状况和实际生活水平进行调查核实。申请人及有关单位、组织或者个人应当接受调查，如实提供有关情况。

第八条 县级人民政府民政部门经审查，对符合享受城市居民最低生活保障待遇条件的家庭，应当区分下列不同情况批准其享受城市居民最低生活保障待遇：

（一）对无生活来源、无劳动能力又无法定赡养人、扶养人或者抚养人的城市居民，批准其按照当地城市居民最低生活保障标准全额享受；

（二）对尚有一定收入的城市居民，批准其按照家庭人均收入低于当地城市居民最低生活保障标准的差额享受。

县级人民政府民政部门经审查，对不符合享受城市居民最低生活保障待遇条件的，应当书面通知申请人，并说明理由。

管理审批机关应当自接到申请人提出申请之日起的30日内办结审批手续。

城市居民最低生活保障待遇由管理审批机关以货币形式按月发放；必要时，也可以给付实物。

第九条 对经批准享受城市居民最低生活保障待遇的城市居民，由管理审批机关采取适当形式以户为单位予以公布，接受群众监督。任何人对不符合法定条件而享受城市居民最低生活保障待遇的，都有权向管理审批机关提出意见；管理审批机关经核查，对情况属实的，应当予以纠正。

第十条 享受城市居民最低生活保障待遇的城市居民家庭人均收入情况发生变化的，应当及时通过居民委员会告知管理审批机关，办理停发、减发或者增发城市居民最低生活保障待遇的手续。

管理审批机关应当对享受城市居民最低生活保障待遇的城市居民的家庭收

入情况定期进行核查。

在就业年龄内有劳动能力但尚未就业的城市居民,在享受城市居民最低生活保障待遇期间,应当参加其所在的居民委员会组织的公益性社区服务劳动。

第十一条 地方各级人民政府及其有关部门,应当对享受城市居民最低生活保障待遇的城市居民在就业、从事个体经营等方面给予必要的扶持和照顾。

第十二条 财政部门、审计部门依法监督城市居民最低生活保障资金的使用情况。

第十三条 从事城市居民最低生活保障管理审批工作的人员有下列行为之一的,给予批评教育,依法给予行政处分;构成犯罪的,依法追究刑事责任:

(一)对符合享受城市居民最低生活保障待遇条件的家庭拒不签署同意享受城市居民最低生活保障待遇意见的,或者对不符合享受城市居民最低生活保障待遇条件的家庭故意签署同意享受城市居民最低生活保障待遇意见的;

(二)玩忽职守、徇私舞弊,或者贪污、挪用、扣压、拖欠城市居民最低生活保障款物的。

第十四条 享受城市居民最低生活保障待遇的城市居民有下列行为之一的,由县级人民政府民政部门给予批评教育或者警告,追回其冒领的城市居民最低生活保障款物;情节恶劣的,处冒领金额1倍以上3倍以下的罚款:

(一)采取虚报、隐瞒、伪造等手段,骗取享受城市居民最低生活保障待遇的;

(二)在享受城市居民最低生活保障待遇期间家庭收入情况好转,不按规定告知管理审批机关,继续享受城市居民最低生活保障待遇的。

第十五条 城市居民对县级人民政府民政部门作出的不批准享受城市居民最低生活保障待遇或者减发、停发城市居民最低生活保障款物的决定或者给予的行政处罚不服的,可以依法申请行政复议;对复议决定仍不服的,可以依法提起行政诉讼。

第十六条 省、自治区、直辖市人民政府可以根据本条例,结合本行政区域城市居民最低生活保障工作的实际情况,规定实施的办法和步骤。

第十七条 本条例自1999年10月1日起施行。

最低生活保障审核确认办法

1. 2021年6月11日民政部发布
2. 民发〔2021〕57号
3. 自2021年7月1日起施行

第一章 总　　则

第一条 为规范最低生活保障审核确认工作,根据《社会救助暂行办法》、《中共中

央办公厅　国务院办公厅印发〈关于改革完善社会救助制度的意见〉的通知》及国家相关规定,制定本办法。

第二条　县级人民政府民政部门负责最低生活保障的审核确认工作,乡镇人民政府(街道办事处)负责最低生活保障的受理、初审工作。村(居)民委员会协助做好相关工作。

有条件的地方可按程序将最低生活保障审核确认权限下放至乡镇人民政府(街道办事处),县级民政部门加强监督指导。

第三条　县级以上地方人民政府民政部门应当加强本辖区内最低生活保障审核确认工作的规范管理和相关服务,促进最低生活保障工作公开、公平、公正。

第二章　申请和受理

第四条　申请最低生活保障以家庭为单位,由申请家庭确定一名共同生活的家庭成员作为申请人,向户籍所在地乡镇人民政府(街道办事处)提出书面申请;实施网上申请受理的地方,可以通过互联网提出申请。

第五条　共同生活的家庭成员户籍所在地不在同一省(自治区、直辖市)的,可以由其中一个户籍所在地与经常居住地一致的家庭成员向其户籍所在地提出申请;共同生活的家庭成员户籍所在地与经常居住地均不一致的,可由任一家庭成员向其户籍所在地提出申请。最低生活保障审核确认、资金发放等工作由申请受理地县级人民政府民政部门和乡镇人民政府(街道办事处)负责,其他有关县级人民政府民政部门和乡镇人民政府(街道办事处)应当配合做好相关工作。

共同生活的家庭成员户籍所在地在同一省(自治区、直辖市)但不在同一县(市、区、旗)的,最低生活保障的申请受理、审核确认等工作按照各省(自治区、直辖市)有关规定执行。

有条件的地区可以有序推进持有居住证人员在居住地申办最低生活保障。

第六条　共同生活的家庭成员申请有困难的,可以委托村(居)民委员会或者其他人代为提出申请。委托申请的,应当办理相应委托手续。

乡镇人民政府(街道办事处)、村(居)民委员会在工作中发现困难家庭可能符合条件,但是未申请最低生活保障的,应当主动告知其共同生活的家庭成员相关政策。

第七条　共同生活的家庭成员包括:

(一)配偶;

(二)未成年子女;

(三)已成年但不能独立生活的子女,包括在校接受全日制本科及以下学历教育的子女;

(四)其他具有法定赡养、扶养、抚养义务关系并长期共同居住的人员。

下列人员不计入共同生活的家庭成员:

（一）连续三年以上(含三年)脱离家庭独立生活的宗教教职人员；

（二）在监狱内服刑、在戒毒所强制隔离戒毒或者宣告失踪人员；

（三）省级人民政府民政部门根据本条原则和有关程序认定的其他人员。

第八条　符合下列情形之一的人员，可以单独提出申请：

（一）最低生活保障边缘家庭中持有中华人民共和国残疾人证的一级、二级重度残疾人和三级智力残疾人、三级精神残疾人；

（二）最低生活保障边缘家庭中患有当地有关部门认定的重特大疾病的人员；

（三）脱离家庭、在宗教场所居住三年以上(含三年)的生活困难的宗教教职人员；

（四）县级以上人民政府民政部门规定的其他特殊困难人员。

最低生活保障边缘家庭一般指不符合最低生活保障条件，家庭人均收入低于当地最低生活保障标准1.5倍，且财产状况符合相关规定的家庭。

第九条　申请最低生活保障，共同生活的家庭成员应当履行以下义务：

（一）按规定提交相关申请材料；

（二）承诺所提供的信息真实、完整；

（三）履行授权核对其家庭经济状况的相关手续；

（四）积极配合开展家庭经济状况调查。

第十条　乡镇人民政府(街道办事处)应当对提交的材料进行审查，材料齐备的，予以受理；材料不齐备的，应当一次性告知补齐所有规定材料；可以通过国家或地方政务服务平台查询获取的相关材料，不再要求重复提交。

第十一条　对于已经受理的最低生活保障家庭申请，共同生活家庭成员与最低生活保障经办人员或者村(居)民委员会成员有近亲属关系的，乡镇人民政府(街道办事处)应当单独登记备案。

第三章　家庭经济状况调查

第十二条　家庭经济状况指共同生活家庭成员拥有的全部家庭收入和家庭财产。

第十三条　家庭收入指共同生活的家庭成员在规定期限内获得的全部现金及实物收入。主要包括：

（一）工资性收入。工资性收入指就业人员通过各种途径得到的全部劳动报酬和各种福利并扣除必要的就业成本，包括因任职或者受雇而取得的工资、薪金、奖金、劳动分红、津贴、补贴以及与任职或者受雇有关的其他所得等。

（二）经营净收入。经营净收入指从事生产经营及有偿服务活动所获得全部经营收入扣除经营费用、生产性固定资产折旧和生产税之后得到的收入。包括从事种植、养殖、采集及加工等农林牧渔业的生产收入，从事工业、建筑业、手工业、交通运输业、批发和零售贸易业、餐饮业、文教卫生业和社会服务业等经营及有偿服务活动的收入等。

（三）财产净收入。财产净收入指出让动产和不动产，或将动产和不动产交由其他机构、单位或个人使用并扣除相关费用之后得到的收入，包括储蓄存款利息、有价证券红利、储蓄性保险投资以及其他股息和红利等收入，集体财产收入分红和其他动产收入，以及转租承包土地经营权、出租或者出让房产以及其他不动产收入等。

（四）转移净收入。转移净收入指转移性收入扣减转移性支出之后的收入。其中，转移性收入指国家、机关企事业单位、社会组织对居民的各种经常性转移支付和居民之间的经常性收入转移，包括赡养（抚养、扶养）费、离退休金、失业保险金、遗属补助金、赔偿收入、接受捐赠（赠送）收入等；转移性支出指居民对国家、企事业单位、社会组织、居民的经常性转移支出，包括缴纳的税款、各项社会保障支出、赡养支出以及其他经常性转移支出等。

（五）其他应当计入家庭收入的项目。

下列收入不计入家庭收入：

（一）国家规定的优待抚恤金、计划生育奖励与扶助金、奖学金、见义勇为等奖励性补助；

（二）政府发放的各类社会救助款物；

（三）"十四五"期间，中央确定的城乡居民基本养老保险基础养老金；

（四）设区的市级以上地方人民政府规定的其他收入。

对于共同生活的家庭成员因残疾、患重病等增加的刚性支出、必要的就业成本等，在核算家庭收入时可按规定适当扣减。

第十四条 家庭财产指共同生活的家庭成员拥有的全部动产和不动产。动产主要包括银行存款、证券、基金、商业保险、债权、互联网金融资产以及车辆等。不动产主要包括房屋、林木等定着物。对于维持家庭生产生活的必需财产，可以在认定家庭财产状况时予以豁免。

第十五条 乡镇人民政府（街道办事处）应当自受理最低生活保障申请之日起3个工作日内，启动家庭经济状况调查工作。调查可以通过入户调查、邻里访问、信函索证或者提请县级人民政府民政部门开展家庭经济状况信息核对等方式进行。

共同生活家庭成员经常居住地与户籍所在地不一致的，经常居住地县级人民政府民政部门和乡镇人民政府（街道办事处）应当配合开展家庭经济状况调查、动态管理等相关工作。

第十六条 乡镇人民政府（街道办事处）可以在村（居）民委员会协助下，通过下列方式对申请家庭的经济状况和实际生活情况予以调查核实。每组调查人员不得少于2人。

（一）入户调查。调查人员到申请家庭中了解家庭收入、财产情况和吃、穿、住、用等实际生活情况。入户调查结束后，调查人员应当填写入户调查表，并由调查人员和在场的共同生活家庭成员分别签字。

(二)邻里访问。调查人员到申请家庭所在村(居)民委员会和社区,走访了解其家庭收入、财产和实际生活状况。

(三)信函索证。调查人员以信函等方式向相关单位和部门索取有关佐证材料。

(四)其他调查方式。

发生重大突发事件时,前款规定的入户调查、邻里访问程序可以采取电话、视频等非接触方式进行。

第十七条　县级人民政府民政部门应当在收到乡镇人民政府(街道办事处)对家庭经济状况进行信息核对提请后3个工作日内,启动信息核对程序,根据工作需要,依法依规查询共同生活家庭成员的户籍、纳税记录、社会保险缴纳、不动产登记、市场主体登记、住房公积金缴纳、车船登记,以及银行存款、商业保险、证券、互联网金融资产等信息。

县级人民政府民政部门可以根据当地实际情况,通过家庭用水、用电、燃气、通讯等日常生活费用支出,以及是否存在高收费学校就读(含入托、出国留学)、出国旅游等情况,对家庭经济状况进行辅助评估。

第十八条　经家庭经济状况信息核对,不符合条件的最低生活保障申请,乡镇人民政府(街道办事处)应当及时告知申请人。

申请人有异议的,应当提供相关佐证材料;乡镇人民政府(街道办事处)应当组织开展复查。

第四章　审核确认

第十九条　乡镇人民政府(街道办事处)应当根据家庭经济状况调查核实情况,提出初审意见,并在申请家庭所在村、社区进行公示。公示期为7天。公示期满无异议的,乡镇人民政府(街道办事处)应当及时将申请材料、家庭经济状况调查核实结果、初审意见等相关材料报送县级人民政府民政部门。

公示有异议的,乡镇人民政府(街道办事处)应当对申请家庭的经济状况重新组织调查或者开展民主评议。调查或者民主评议结束后,乡镇人民政府(街道办事处)应当重新提出初审意见,连同申请材料、家庭经济状况调查核实结果等相关材料报送县级人民政府民政部门。

第二十条　县级人民政府民政部门应当自收到乡镇人民政府(街道办事处)上报的申请材料、家庭经济状况调查核实结果和初审意见等材料后10个工作日内,提出审核确认意见。

对单独登记备案或者在审核确认阶段接到投诉、举报的最低生活保障申请,县级人民政府民政部门应当入户调查。

第二十一条　县级人民政府民政部门经审核,对符合条件的申请予以确认同意,同时确定救助金额,发放最低生活保障证或确认通知书,并从作出确认同意决定之日下月起发放最低生活保障金。对不符合条件的申请不予确认同意,并应当在作出决定3个工作日内,通过乡镇人民政府(街道办事处)书面告知申请人并说明理由。

第二十二条 最低生活保障审核确认工作应当自受理之日起30个工作日之内完成;特殊情况下,可以延长至45个工作日。

第二十三条 最低生活保障金可以按照审核确定的申请家庭人均收入与当地最低生活保障标准的实际差额计算;也可以根据申请家庭困难程度和人员情况,采取分档方式计算。

第二十四条 县级人民政府民政部门应当在最低生活保障家庭所在村、社区公布最低生活保障申请人姓名、家庭成员数量、保障金额等信息。

信息公布应当依法保护个人隐私,不得公开无关信息。

第二十五条 最低生活保障金原则上实行社会化发放,通过银行、信用社等代理金融机构,按月支付到最低生活保障家庭的账户。

第二十六条 乡镇人民政府(街道办事处)或者村(居)民委会相关工作人员代为保管用于领取最低生活保障金的银行存折或银行卡的,应当与最低生活保障家庭成员签订书面协议并报县级人民政府民政部门备案。

第二十七条 对获得最低生活保障后生活仍有困难的老年人、未成年人、重度残疾人和重病患者,县级以上地方人民政府应当采取必要措施给予生活保障。

第二十八条 未经申请受理、家庭经济状况调查、审核确认等程序,不得将任何家庭或者个人直接纳入最低生活保障范围。

第五章 管理和监督

第二十九条 共同生活的家庭成员无正当理由拒不配合最低生活保障审核确认工作的,县级人民政府民政部门和乡镇人民政府(街道办事处)可以终止审核确认程序。

第三十条 最低生活保障家庭的人口状况、收入状况和财产状况发生变化的,应当及时告知乡镇人民政府(街道办事处)。

第三十一条 乡镇人民政府(街道办事处)应当对最低生活保障家庭的经济状况定期核查,并根据核查情况及时报县级人民政府民政部门办理最低生活保障金增发、减发、停发手续。

对短期内经济状况变化不大的最低生活保障家庭,乡镇人民政府(街道办事处)每年核查一次;对收入来源不固定、家庭成员有劳动能力的最低生活保障家庭,每半年核查一次。核查期内最低生活保障家庭的经济状况没有明显变化的,不再调整最低生活保障金额度。

发生重大突发事件时,前款规定的核查期限可以适当延长。

第三十二条 县级人民政府民政部门作出增发、减发、停发最低生活保障金决定,应当符合法定事由和规定程序;决定减发、停发最低生活保障金的,应当告知最低生活保障家庭成员并说明理由。

第三十三条 鼓励具备就业能力的最低生活保障家庭成员积极就业。对就业后家庭人均收入超过当地最低生活保障标准的最低生活保障家庭,县级人民政府民政部门可以给予一定时间的渐退期。

第三十四条 最低生活保障家庭中有就业能力但未就业的成员,应当接受人力资源社会保障等有关部门介绍的工作;无正当理由,连续3次拒绝接受介绍的与其健康状况、劳动能力等相适应的工作的,县级人民政府民政部门应当决定减发或者停发其本人的最低生活保障金。

第三十五条 县级以上人民政府民政部门应当加强对最低生活保障审核确认工作的监督检查,完善相关的监督检查制度。

第三十六条 县级以上地方人民政府民政部门和乡镇人民政府(街道办事处)应当公开社会救助服务热线,受理咨询、举报和投诉,接受社会和群众对最低生活保障审核确认工作的监督。

第三十七条 县级以上地方人民政府民政部门和乡镇人民政府(街道办事处)对接到的实名举报,应当逐一核查,并及时向举报人反馈核查处理结果。

第三十八条 申请或者已经获得最低生活保障的家庭成员对于民政部门作出的具体行政行为不服的,可以依法申请行政复议或者提起行政诉讼。

第三十九条 从事最低生活保障工作的人员存在滥用职权、玩忽职守、徇私舞弊、失职渎职等行为的,应当依法依规追究相关责任。对秉持公心、履职尽责但因客观原因出现失误偏差且能够及时纠正的,依法依规免于问责。

第六章 附 则

第四十条 省(自治区、直辖市)人民政府民政部门可以根据本办法,结合本地实际,制定实施细则,并报民政部备案。

第四十一条 本办法由民政部负责解释。

第四十二条 本办法自2021年7月1日起施行,2012年12月12日民政部印发的《最低生活保障审核审批办法(试行)》(民发〔2012〕220号)同时废止。

2. 农村五保供养

农村五保供养工作条例

1. 2006 年 1 月 21 日国务院令第 456 号公布
2. 自 2006 年 3 月 1 日起施行

第一章 总 则

第一条 为了做好农村五保供养工作,保障农村五保供养对象的正常生活,促进农村社会保障制度的发展,制定本条例。

第二条 本条例所称农村五保供养,是指依照本条例规定,在吃、穿、住、医、葬方面给予村民的生活照顾和物质帮助。

第三条 国务院民政部门主管全国的农村五保供养工作;县级以上地方各级人民政府民政部门主管本行政区域内的农村五保供养工作。

乡、民族乡、镇人民政府管理本行政区域内的农村五保供养工作。

村民委员会协助乡、民族乡、镇人民政府开展农村五保供养工作。

第四条 国家鼓励社会组织和个人为农村五保供养对象和农村五保供养工作提供捐助和服务。

第五条 国家对在农村五保供养工作中做出显著成绩的单位和个人,给予表彰和奖励。

第二章 供养对象

第六条 老年、残疾或者未满 16 周岁的村民,无劳动能力、无生活来源又无法定赡养、抚养、扶养义务人,或者其法定赡养、抚养、扶养义务人无赡养、抚养、扶养能力的,享受农村五保供养待遇。

第七条 享受农村五保供养待遇,应当由村民本人向村民委员会提出申请;因年幼或者智力残疾无法表达意愿的,由村民小组或者其他村民代为提出申请。经村民委员会民主评议,对符合本条例第六条规定条件的,在本村范围内公告;无重大异议的,由村民委员会将评议意见和有关材料报送乡、民族乡、镇人民政府审核。

乡、民族乡、镇人民政府应当自收到评议意见之日起 20 日内提出审核意见,并将审核意见和有关材料报送县级人民政府民政部门审批。县级人民政府民政部门应当自收到审核意见和有关材料之日起 20 日内作出审批决定。对批准给予农村五保供养待遇的,发给《农村五保供养证书》;对不符合条件不予批准的,应当书面说明理由。

乡、民族乡、镇人民政府应当对申请人的家庭状况和经济条件进行调查核实；必要时，县级人民政府民政部门可以进行复核。申请人、有关组织或者个人应当配合、接受调查，如实提供有关情况。

第八条 农村五保供养对象不再符合本条例第六条规定条件的，村民委员会或者敬老院等农村五保供养服务机构（以下简称农村五保供养服务机构）应当向乡、民族乡、镇人民政府报告，由乡、民族乡、镇人民政府审核并报县级人民政府民政部门核准后，核销其《农村五保供养证书》。

农村五保供养对象死亡，丧葬事宜办理完毕后，村民委员会或者农村五保供养服务机构应当向乡、民族乡、镇人民政府报告，由乡、民族乡、镇人民政府报县级人民政府民政部门核准后，核销其《农村五保供养证书》。

第三章　供　养　内　容

第九条 农村五保供养包括下列供养内容：

（一）供给粮油、副食品和生活用燃料；

（二）供给服装、被褥等生活用品和零用钱；

（三）提供符合基本居住条件的住房；

（四）提供疾病治疗，对生活不能自理的给予照料；

（五）办理丧葬事宜。

农村五保供养对象未满16周岁或者已满16周岁仍在接受义务教育的，应当保障他们依法接受义务教育所需费用。

农村五保供养对象的疾病治疗，应当与当地农村合作医疗和农村医疗救助制度相衔接。

第十条 农村五保供养标准不得低于当地村民的平均生活水平，并根据当地村民平均生活水平的提高适时调整。

农村五保供养标准，可以由省、自治区、直辖市人民政府制定，在本行政区域内公布执行，也可以由设区的市级或者县级人民政府制定，报所在的省、自治区、直辖市人民政府备案后公布执行。

国务院民政部门、国务院财政部门应当加强对农村五保供养标准制定工作的指导。

第十一条 农村五保供养资金，在地方人民政府财政预算中安排。有农村集体经营等收入的地方，可以从农村集体经营等收入中安排资金，用于补助和改善农村五保供养对象的生活。农村五保供养对象将承包土地交由他人代耕的，其收益归该农村五保供养对象所有。具体办法由省、自治区、直辖市人民政府规定。

中央财政对财政困难地区的农村五保供养，在资金上给予适当补助。

农村五保供养资金，应当专门用于农村五保供养对象的生活，任何组织或者个人不得贪污、挪用、截留或者私分。

第四章 供养形式

第十二条 农村五保供养对象可以在当地的农村五保供养服务机构集中供养,也可以在家分散供养。农村五保供养对象可以自行选择供养形式。

第十三条 集中供养的农村五保供养对象,由农村五保供养服务机构提供供养服务;分散供养的农村五保供养对象,可以由村民委员会提供照料,也可以由农村五保供养服务机构提供有关供养服务。

第十四条 各级人民政府应当把农村五保供养服务机构建设纳入经济社会发展规划。

县级人民政府和乡、民族乡、镇人民政府应当为农村五保供养服务机构提供必要的设备、管理资金,并配备必要的工作人员。

第十五条 农村五保供养服务机构应当建立健全内部民主管理和服务管理制度。

农村五保供养服务机构工作人员应当经过必要的培训。

第十六条 农村五保供养服务机构可以开展以改善农村五保供养对象生活条件为目的的农副业生产。地方各级人民政府及其有关部门应当对农村五保供养服务机构开展农副业生产给予必要的扶持。

第十七条 乡、民族乡、镇人民政府应当与村民委员会或者农村五保供养服务机构签订供养服务协议,保证农村五保供养对象享受符合要求的供养。

村民委员会可以委托村民对分散供养的农村五保供养对象提供照料。

第五章 监督管理

第十八条 县级以上人民政府应当依法加强对农村五保供养工作的监督管理。县级以上地方各级人民政府民政部门和乡、民族乡、镇人民政府应当制定农村五保供养工作的管理制度,并负责督促实施。

第十九条 财政部门应当按时足额拨付农村五保供养资金,确保资金到位,并加强对资金使用情况的监督管理。

审计机关应当依法加强对农村五保供养资金使用情况的审计。

第二十条 农村五保供养待遇的申请条件、程序、民主评议情况以及农村五保供养的标准和资金使用情况等,应当向社会公告,接受社会监督。

第二十一条 农村五保供养服务机构应当遵守治安、消防、卫生、财务会计等方面的法律、法规和国家有关规定,向农村五保供养对象提供符合要求的供养服务,并接受地方人民政府及其有关部门的监督管理。

第六章 法律责任

第二十二条 违反本条例规定,有关行政机关及其工作人员有下列行为之一的,对直接负责的主管人员以及其他直接责任人员依法给予行政处分;构成犯罪的,依法追究刑事责任：

（一）对符合农村五保供养条件的村民不予批准享受农村五保供养待遇的,或者对不符合农村五保供养条件的村民批准其享受农村五保供养待遇的；

（二）贪污、挪用、截留、私分农村五保供养款物的；

（三）有其他滥用职权、玩忽职守、徇私舞弊行为的。

第二十三条 违反本条例规定,村民委员会组成人员贪污、挪用、截留农村五保供养款物的,依法予以罢免；构成犯罪的,依法追究刑事责任。

违反本条例规定,农村五保供养服务机构工作人员私分、挪用、截留农村五保供养款物的,予以辞退；构成犯罪的,依法追究刑事责任。

第二十四条 违反本条例规定,村民委员会或者农村五保供养服务机构对农村五保供养对象提供的供养服务不符合要求的,由乡、民族乡、镇人民政府责令限期改正；逾期不改正的,乡、民族乡、镇人民政府有权终止供养服务协议；造成损失的,依法承担赔偿责任。

第七章 附 则

第二十五条 《农村五保供养证书》由国务院民政部门规定式样,由省、自治区、直辖市人民政府民政部门监制。

第二十六条 本条例自 2006 年 3 月 1 日起施行。1994 年 1 月 23 日国务院发布的《农村五保供养工作条例》同时废止。

3. 社 会 救 助

社会救助暂行办法

1. 2014 年 2 月 21 日国务院令第 649 号公布
2. 根据 2019 年 3 月 2 日国务院令第 709 号《关于修改部分行政法规的决定》修订

第一章 总 则

第一条 为了加强社会救助,保障公民的基本生活,促进社会公平,维护社会和谐稳定,根据宪法,制定本办法。

第二条 社会救助制度坚持托底线、救急难、可持续,与其他社会保障制度相衔接,社会救助水平与经济社会发展水平相适应。

社会救助工作应当遵循公开、公平、公正、及时的原则。

第三条 国务院民政部门统筹全国社会救助体系建设。国务院民政、应急管理、卫生健康、教育、住房城乡建设、人力资源社会保障、医疗保障等部门,按照各自职责负责相应的社会救助管理工作。

县级以上地方人民政府民政、应急管理、卫生健康、教育、住房城乡建设、人力资源社会保障、医疗保障等部门,按照各自职责负责本行政区域内相应的社会救助管理工作。

前两款所列行政部门统称社会救助管理部门。

第四条 乡镇人民政府、街道办事处负责有关社会救助的申请受理、调查审核,具体工作由社会救助经办机构或者经办人员承担。

村民委员会、居民委员会协助做好有关社会救助工作。

第五条 县级以上人民政府应当将社会救助纳入国民经济和社会发展规划,建立健全政府领导、民政部门牵头、有关部门配合、社会力量参与的社会救助工作协调机制,完善社会救助资金、物资保障机制,将政府安排的社会救助资金和社会救助工作经费纳入财政预算。

社会救助资金实行专项管理,分账核算,专款专用,任何单位或者个人不得挤占挪用。社会救助资金的支付,按照财政国库管理的有关规定执行。

第六条 县级以上人民政府应当按照国家统一规划建立社会救助管理信息系统,实现社会救助信息互联互通、资源共享。

第七条 国家鼓励、支持社会力量参与社会救助。

第八条 对在社会救助工作中作出显著成绩的单位、个人,按照国家有关规定给予表彰、奖励。

第二章 最低生活保障

第九条 国家对共同生活的家庭成员人均收入低于当地最低生活保障标准,且符合当地最低生活保障家庭财产状况规定的家庭,给予最低生活保障。

第十条 最低生活保障标准,由省、自治区、直辖市或者设区的市级人民政府按照当地居民生活必需的费用确定、公布,并根据当地经济社会发展水平和物价变动情况适时调整。

最低生活保障家庭收入状况、财产状况的认定办法,由省、自治区、直辖市或者设区的市级人民政府按照国家有关规定制定。

第十一条 申请最低生活保障,按照下列程序办理:

(一)由共同生活的家庭成员向户籍所在地的乡镇人民政府、街道办事处提出书面申请;家庭成员申请有困难的,可以委托村民委员会、居民委员会代为提出申请。

(二)乡镇人民政府、街道办事处应当通过入户调查、邻里访问、信函索证、群众评议、信息核查等方式,对申请人的家庭收入状况、财产状况进行调查核实,提出初审意见,在申请人所在村、社区公示后报县级人民政府民政部门审批。

(三)县级人民政府民政部门经审查,对符合条件的申请予以批准,并在申请人所在村、社区公布;对不符合条件的申请不予批准,并书面向申请人说明理由。

第十二条　对批准获得最低生活保障的家庭,县级人民政府民政部门按照共同生活的家庭成员人均收入低于当地最低生活保障标准的差额,按月发给最低生活保障金。

对获得最低生活保障后生活仍有困难的老年人、未成年人、重度残疾人和重病患者,县级以上地方人民政府应当采取必要措施给予生活保障。

第十三条　最低生活保障家庭的人口状况、收入状况、财产状况发生变化的,应当及时告知乡镇人民政府、街道办事处。

县级人民政府民政部门以及乡镇人民政府、街道办事处应当对获得最低生活保障家庭的人口状况、收入状况、财产状况定期核查。

最低生活保障家庭的人口状况、收入状况、财产状况发生变化的,县级人民政府民政部门应当及时决定增发、减发或者停发最低生活保障金;决定停发最低生活保障金的,应当书面说明理由。

第三章　特困人员供养

第十四条　国家对无劳动能力、无生活来源且无法定赡养、抚养、扶养义务人,或者其法定赡养、抚养、扶养义务人无赡养、抚养、扶养能力的老年人、残疾人以及未满16周岁的未成年人,给予特困人员供养。

第十五条　特困人员供养的内容包括:

(一)提供基本生活条件;

(二)对生活不能自理的给予照料;

(三)提供疾病治疗;

(四)办理丧葬事宜。

特困人员供养标准,由省、自治区、直辖市或者设区的市级人民政府确定、公布。

特困人员供养应当与城乡居民基本养老保险、基本医疗保障、最低生活保障、孤儿基本生活保障等制度相衔接。

第十六条　申请特困人员供养,由本人向户籍所在地的乡镇人民政府、街道办事处提出书面申请;本人申请有困难的,可以委托村民委员会、居民委员会代为提出申请。

特困人员供养的审批程序适用本办法第十一条规定。

第十七条　乡镇人民政府、街道办事处应当及时了解掌握居民的生活情况,发现符合特困供养条件的人员,应当主动为其依法办理供养。

第十八条　特困供养人员不再符合供养条件的,村民委员会、居民委员会或者供养服务机构应当告知乡镇人民政府、街道办事处,由乡镇人民政府、街道办事处审核并报县级人民政府民政部门核准后,终止供养并予以公示。

第十九条　特困供养人员可以在当地的供养服务机构集中供养,也可以在家分散供养。特困供养人员可以自行选择供养形式。

第四章　受灾人员救助

第二十条　国家建立健全自然灾害救助制度,对基本生活受到自然灾害严重影响的人员,提供生活救助。

自然灾害救助实行属地管理,分级负责。

第二十一条　设区的市级以上人民政府和自然灾害多发、易发地区的县级人民政府应当根据自然灾害特点、居民人口数量和分布等情况,设立自然灾害救助物资储备库,保障自然灾害发生后救助物资的紧急供应。

第二十二条　自然灾害发生后,县级以上人民政府或者人民政府的自然灾害救助应急综合协调机构应当根据情况紧急疏散、转移、安置受灾人员,及时为受灾人员提供必要的食品、饮用水、衣被、取暖、临时住所、医疗防疫等应急救助。

第二十三条　灾情稳定后,受灾地区县级以上人民政府应当评估、核定并发布自然灾害损失情况。

第二十四条　受灾地区人民政府应当在确保安全的前提下,对住房损毁严重的受灾人员进行过渡性安置。

第二十五条　自然灾害危险消除后,受灾地区人民政府应急管理等部门应当及时核实本行政区域内居民住房恢复重建补助对象,并给予资金、物资等救助。

第二十六条　自然灾害发生后,受灾地区人民政府应当为因当年冬寒或者次年春荒遇到生活困难的受灾人员提供基本生活救助。

第五章　医疗救助

第二十七条　国家建立健全医疗救助制度,保障医疗救助对象获得基本医疗卫生服务。

第二十八条　下列人员可以申请相关医疗救助:
（一）最低生活保障家庭成员;
（二）特困供养人员;
（三）县级以上人民政府规定的其他特殊困难人员。

第二十九条　医疗救助采取下列方式:
（一）对救助对象参加城镇居民基本医疗保险或者新型农村合作医疗的个人缴费部分,给予补贴;
（二）对救助对象经基本医疗保险、大病保险和其他补充医疗保险支付后,个人及其家庭难以承担的符合规定的基本医疗自负费用,给予补助。

医疗救助标准,由县级以上人民政府按照经济社会发展水平和医疗救助资金情况确定、公布。

第三十条　申请医疗救助的,应当向乡镇人民政府、街道办事处提出,经审核、公示后,由县级人民政府医疗保障部门审批。最低生活保障家庭成员和特困供养人员的医疗救助,由县级人民政府医疗保障部门直接办理。

第三十一条　县级以上人民政府应当建立健全医疗救助与基本医疗保险、大病保险相衔接的医疗费用结算机制,为医疗救助对象提供便捷服务。

第三十二条　国家建立疾病应急救助制度,对需要急救但身份不明或者无力支付急救费用的急重危伤病患者给予救助。符合规定的急救费用由疾病应急救助基金支付。

疾病应急救助制度应当与其他医疗保障制度相衔接。

第六章　教育救助

第三十三条　国家对在义务教育阶段就学的最低生活保障家庭成员、特困供养人员,给予教育救助。

对在高中教育(含中等职业教育)、普通高等教育阶段就学的最低生活保障家庭成员、特困供养人员,以及不能入学接受义务教育的残疾儿童,根据实际情况给予适当教育救助。

第三十四条　教育救助根据不同教育阶段需求,采取减免相关费用、发放助学金、给予生活补助、安排勤工助学等方式实施,保障教育救助对象基本学习、生活需求。

第三十五条　教育救助标准,由省、自治区、直辖市人民政府根据经济社会发展水平和教育救助对象的基本学习、生活需求确定、公布。

第三十六条　申请教育救助,应当按照国家有关规定向就读学校提出,按规定程序审核、确认后,由学校按照国家有关规定实施。

第七章　住房救助

第三十七条　国家对符合规定标准的住房困难的最低生活保障家庭、分散供养的特困人员,给予住房救助。

第三十八条　住房救助通过配租公共租赁住房、发放住房租赁补贴、农村危房改造等方式实施。

第三十九条　住房困难标准和救助标准,由县级以上地方人民政府根据本行政区域经济社会发展水平、住房价格水平等因素确定、公布。

第四十条　城镇家庭申请住房救助的,应当经由乡镇人民政府、街道办事处或者直接向县级人民政府住房保障部门提出,经县级人民政府民政部门审核家庭收入、财产状况和县级人民政府住房保障部门审核家庭住房状况并公示后,对符合申请条件的申请人,由县级人民政府住房保障部门优先给予保障。

农村家庭申请住房救助的,按照县级以上人民政府有关规定执行。

第四十一条　各级人民政府按照国家规定通过财政投入、用地供应等措施为实施住房救助提供保障。

第八章 就业救助

第四十二条 国家对最低生活保障家庭中有劳动能力并处于失业状态的成员,通过贷款贴息、社会保险补贴、岗位补贴、培训补贴、费用减免、公益性岗位安置等办法,给予就业救助。

第四十三条 最低生活保障家庭有劳动能力的成员均处于失业状态的,县级以上地方人民政府应当采取有针对性的措施,确保该家庭至少有一人就业。

第四十四条 申请就业救助的,应当向住所地街道、社区公共就业服务机构提出,公共就业服务机构核实后予以登记,并免费提供就业岗位信息、职业介绍、职业指导等就业服务。

第四十五条 最低生活保障家庭中有劳动能力但未就业的成员,应当接受人力资源社会保障等有关部门介绍的工作;无正当理由,连续3次拒绝接受介绍的与其健康状况、劳动能力等相适应的工作的,县级人民政府民政部门应当决定减发或者停发其本人的最低生活保障金。

第四十六条 吸纳就业救助对象的用人单位,按照国家有关规定享受社会保险补贴、税收优惠、小额担保贷款等就业扶持政策。

第九章 临时救助

第四十七条 国家对因火灾、交通事故等意外事件,家庭成员突发重大疾病等原因,导致基本生活暂时出现严重困难的家庭,或者因生活必需支出突然增加超出家庭承受能力,导致基本生活暂时出现严重困难的最低生活保障家庭,以及遭遇其他特殊困难的家庭,给予临时救助。

第四十八条 申请临时救助的,应当向乡镇人民政府、街道办事处提出,经审核、公示后,由县级人民政府民政部门审批;救助金额较小的,县级人民政府民政部门可以委托乡镇人民政府、街道办事处审批。情况紧急的,可以按照规定简化审批手续。

第四十九条 临时救助的具体事项、标准,由县级以上地方人民政府确定、公布。

第五十条 国家对生活无着的流浪、乞讨人员提供临时食宿、急病救治、协助返回等救助。

第五十一条 公安机关和其他有关行政机关的工作人员在执行公务时发现流浪、乞讨人员的,应当告知其向救助管理机构求助。对其中的残疾人、未成年人、老年人和行动不便的其他人员,应当引导、护送到救助管理机构;对突发急病人员,应当立即通知急救机构进行救治。

第十章 社会力量参与

第五十二条 国家鼓励单位和个人等社会力量通过捐赠、设立帮扶项目、创办服务机构、提供志愿服务等方式,参与社会救助。

第五十三条 社会力量参与社会救助,按国家有关规定享受财政补贴、税收优惠、费用减免等政策。

第五十四条 县级以上地方人民政府可以将社会救助中的具体服务事项通过委托、承包、采购等方式,向社会力量购买服务。

第五十五条 县级以上地方人民政府应当发挥社会工作服务机构和社会工作者作用,为社会救助对象提供社会融入、能力提升、心理疏导等专业服务。

第五十六条 社会救助管理部门及相关机构应当建立社会力量参与社会救助的机制和渠道,提供社会救助项目、需求信息,为社会力量参与社会救助创造条件、提供便利。

第十一章 监督管理

第五十七条 县级以上人民政府及其社会救助管理部门应当加强对社会救助工作的监督检查,完善相关监督管理制度。

第五十八条 申请或者已获得社会救助的家庭,应当按照规定如实申报家庭收入状况、财产状况。

县级以上人民政府民政部门根据申请或者已获得社会救助家庭的请求、委托,可以通过户籍管理、税务、社会保险、不动产登记、工商登记、住房公积金管理、车船管理等单位和银行、保险、证券等金融机构,代为查询、核对其家庭收入状况、财产状况;有关单位和金融机构应当予以配合。

县级以上人民政府民政部门应当建立申请和已获得社会救助家庭经济状况信息核对平台,为审核认定社会救助对象提供依据。

第五十九条 县级以上人民政府社会救助管理部门和乡镇人民政府、街道办事处在履行社会救助职责过程中,可以查阅、记录、复制与社会救助事项有关的资料,询问与社会救助事项有关的单位、个人,要求其对相关情况作出说明,提供相关证明材料。有关单位、个人应当如实提供。

第六十条 申请社会救助,应当按照本办法的规定提出;申请人难以确定社会救助管理部门的,可以先向社会救助经办机构或者县级人民政府民政部门求助。社会救助经办机构或者县级人民政府民政部门接到求助后,应当及时办理或者转交其他社会救助管理部门办理。

乡镇人民政府、街道办事处应当建立统一受理社会救助申请的窗口,及时受理、转办申请事项。

第六十一条 履行社会救助职责的工作人员对在社会救助工作中知悉的公民个人信息,除按照规定应当公示的信息外,应当予以保密。

第六十二条 县级以上人民政府及其社会救助管理部门应当通过报刊、广播、电视、互联网等媒体,宣传社会救助法律、法规和政策。

县级人民政府及其社会救助管理部门应当通过公共查阅室、资料索取点、信息公告栏等便于公众知晓的途径,及时公开社会救助资金、物资的管理和使用等情况,接受社会监督。

第六十三条 履行社会救助职责的工作人员行使职权,应当接受社会监督。

任何单位、个人有权对履行社会救助职责的工作人员在社会救助工作中的违法行为进行举报、投诉。受理举报、投诉的机关应当及时核实、处理。

第六十四条 县级以上人民政府财政部门、审计机关依法对社会救助资金、物资的筹集、分配、管理和使用实施监督。

第六十五条 申请或者已获得社会救助的家庭或者人员,对社会救助管理部门作出的具体行政行为不服,可以依法申请行政复议或者提起行政诉讼。

第十二章 法律责任

第六十六条 违反本办法规定,有下列情形之一的,由上级行政机关或者监察机关责令改正;对直接负责的主管人员和其他直接责任人员依法给予处分:

(一)对符合申请条件的救助申请不予受理的;

(二)对符合救助条件的救助申请不予批准的;

(三)对不符合救助条件的救助申请予以批准的;

(四)泄露在工作中知悉的公民个人信息,造成后果的;

(五)丢失、篡改接受社会救助款物、服务记录等数据的;

(六)不按照规定发放社会救助资金、物资或者提供相关服务的;

(七)在履行社会救助职责过程中有其他滥用职权、玩忽职守、徇私舞弊行为的。

第六十七条 违反本办法规定,截留、挤占、挪用、私分社会救助资金、物资的,由有关部门责令追回;有违法所得的,没收违法所得;对直接负责的主管人员和其他直接责任人员依法给予处分。

第六十八条 采取虚报、隐瞒、伪造等手段,骗取社会救助资金、物资或者服务的,由有关部门决定停止社会救助,责令退回非法获取的救助资金、物资,可以处非法获取的救助款额或者物资价值1倍以上3倍以下的罚款;构成违反治安管理行为的,依法给予治安管理处罚。

第六十九条 违反本办法规定,构成犯罪的,依法追究刑事责任。

第十三章 附 则

第七十条 本办法自2014年5月1日起施行。

4. 社 会 福 利

民政部关于社会福利基金筹集、管理与使用规定

1. 1999年3月16日民政部发布
2. 民福发〔1999〕9号

根据民政部"三定"方案和财政部、民政部发布的《社会福利基金使用管理暂行办法》(以下简称《暂行办法》),本着社会福利基金筹集、管理和使用分开的原则,现就民政部社会福利基金的筹集、管理与使用作如下规定。

一、社会福利基金的筹集和收缴 中国福利彩票发行中心负责中国福利彩票的发行和社会福利基金的筹集工作。包括:

(一)定期编制和报送中国福利彩票年度发行计划,并根据国务院批准的年度发行计划组织实施。

(二)根据《暂行办法》规定的中央级社会福利基金留成比例(彩票销售总额的5%),负责同各省、自治区、直辖市彩票发行机构具体办理中央级留成社会福利基金的收缴。收缴社会福利基金时,应向缴款单位出具财政部门统一印制或监制的票据。

(三)向民政部集中上缴所筹集的社会福利基金。根据财政部的有关规定,每季度末20日以前,通过银行直接汇入民政部预算外资金收入过渡账户或将转账支票送缴民政部财务和机关事务司。民政部财务和机关事务司收到汇缴款项后,出具财政部门统一印制或监制的票据。

二、社会福利基金的财政专户缴款和财务管理 民政部财务和机关事务司负责中央级社会福利基金的财政专户缴款和财务管理工作。包括:

(一)按照《暂行办法》的有关规定,负责向财政部报送《民政部本级社会福利基金收支计划》。

(二)向财政部预算外资金专户办理民政部本级社会福利基金收入的集中上缴。根据财政部的有关规定,每季度末25日以前,填制银行《进账单》(注明预算外资金收入项目、具体金额等);通过银行转账支票将社会福利基金从民政部过渡账户中一次全额上缴财政部中央预算外资金财政专户。

(三)按照民政部制定的《民政部本级社会福利基金收支计划》和资助项目的进度办理财务拨款手续。

（四）负责社会福利基金的日常财务工作,年终编制社会福利基金收支决算报财政部审批。

三、社会福利基金安排使用

民政部社会福利和社会事务司负责本级福利基金资助项目评审的日常工作。包括：

（一）根据《暂行办法》中社会福利基金使用范围的有关规定,按照中国福利彩票发行额度编制《民政部本级社会福利基金收支计划》。经财务和机关事务司审核,报送部评审委员会。

（二）负责接受和整理民政部本级社会福利基金资助项目的申请报告及有关资料,组织必要的考查评估,并提出评估意见。

（三）按照《暂行办法》中社会福利基金使用的有关规定和年度支出计划,按时编制民政部本级社会福利基金年度资助项目方案。经评审委员会审议后报部长办公会议审定。

（四）定期向社会公布民政部本级社会福利基金的使用情况。

（五）负责保管民政部本级社会福利基金资助项目的档案。

（六）负责筹备民政部评审委员会会议并承办其日常工作。

四、社会福利基金项目的评定审查

民政部社会福利基金项目评审委员会负责民政部本级福利基金资助项目的评定、审查。

民政部社会福利基金项目评审委员会由部领导、各有关司（局）和单位的负责人组成。

五、社会福利基金使用的监督检查审计、纪检和监察部门负责对民政部本级社会福利基金的使用进行监督检查。

养老机构管理办法

1. 2020年9月1日民政部令第66号公布
2. 自2020年11月1日起施行

第一章　总　　则

第一条　为了规范对养老机构的管理,促进养老服务健康发展,根据《中华人民共和国老年人权益保障法》和有关法律、行政法规,制定本办法。

第二条　本办法所称养老机构是指依法办理登记,为老年人提供全日集中住宿和照料护理服务,床位数在10张以上的机构。

养老机构包括营利性养老机构和非营利性养老机构。

第三条 县级以上人民政府民政部门负责养老机构的指导、监督和管理。其他有关部门依照职责分工对养老机构实施监督。

第四条 养老机构应当按照建筑、消防、食品安全、医疗卫生、特种设备等法律、法规和强制性标准开展服务活动。

养老机构及其工作人员应当依法保障收住老年人的人身权、财产权等合法权益。

第五条 入住养老机构的老年人及其代理人应当遵守养老机构的规章制度，维护养老机构正常服务秩序。

第六条 政府投资兴办的养老机构在满足特困人员集中供养需求的前提下，优先保障经济困难的孤寡、失能、高龄、计划生育特殊家庭等老年人的服务需求。

政府投资兴办的养老机构，可以采取委托管理、租赁经营等方式，交由社会力量运营管理。

第七条 民政部门应当会同有关部门采取措施，鼓励、支持企业事业单位、社会组织或者个人兴办、运营养老机构。

鼓励自然人、法人或者其他组织依法为养老机构提供捐赠和志愿服务。

第八条 鼓励养老机构加入养老服务行业组织，加强行业自律和诚信建设，促进行业规范有序发展。

第二章 备案办理

第九条 设立营利性养老机构，应当在市场监督管理部门办理登记。设立非营利性养老机构，应当依法办理相应的登记。

养老机构登记后即可开展服务活动。

第十条 营利性养老机构办理备案，应当在收住老年人后10个工作日以内向服务场所所在地的县级人民政府民政部门提出。非营利性养老机构办理备案，应当在收住老年人后10个工作日以内向登记管理机关同级的人民政府民政部门提出。

第十一条 养老机构办理备案，应当向民政部门提交备案申请书、养老机构登记证书、符合本办法第四条要求的承诺书等材料，并对真实性负责。

备案申请书应当包括下列内容：

（一）养老机构基本情况，包括名称、住所、法定代表人或者主要负责人信息等；

（二）服务场所权属；

（三）养老床位数量；

（四）服务设施面积；

（五）联系人和联系方式。

民政部门应当加强信息化建设，逐步实现网上备案。

第十二条 民政部门收到养老机构备案材料后,对材料齐全的,应当出具备案回执;材料不齐全的,应当指导养老机构补正。

第十三条 已经备案的养老机构变更名称、法定代表人或者主要负责人等登记事项,或者变更服务场所权属、养老床位数量、服务设施面积等事项的,应当及时向原备案民政部门办理变更备案。

养老机构在原备案机关辖区内变更服务场所的,应当及时向原备案民政部门办理变更备案。营利性养老机构跨原备案机关辖区变更服务场所的,应当及时向变更后的服务场所所在地县级人民政府民政部门办理备案。

第十四条 民政部门应当通过政府网站、政务新媒体、办事大厅公示栏、服务窗口等途径向社会公开备案事项及流程、材料清单等信息。

民政部门应当依托全国一体化在线政务服务平台,推进登记管理机关、备案机关信息系统互联互通、数据共享。

第三章 服 务 规 范

第十五条 养老机构应当建立入院评估制度,对老年人的身心状况进行评估,并根据评估结果确定照料护理等级。

老年人身心状况发生变化,需要变更照料护理等级的,养老机构应当重新进行评估。

养老机构确定或者变更老年人照料护理等级,应当经老年人或者其代理人同意。

第十六条 养老机构应当与老年人或者其代理人签订服务协议,明确当事人的权利和义务。

服务协议一般包括下列条款:

(一)养老机构的名称、住所、法定代表人或者主要负责人、联系方式;

(二)老年人或者其代理人和紧急联系人的姓名、住址、身份证明、联系方式;

(三)照料护理等级和服务内容、服务方式;

(四)收费标准和费用支付方式;

(五)服务期限和场所;

(六)协议变更、解除与终止的条件;

(七)暂停或者终止服务时老年人安置方式;

(八)违约责任和争议解决方式;

(九)当事人协商一致的其他内容。

第十七条 养老机构按照服务协议为老年人提供生活照料、康复护理、精神慰藉、文化娱乐等服务。

第十八条 养老机构应当为老年人提供饮食、起居、清洁、卫生等生活照料服务。

养老机构应当提供符合老年人住宿条件的居住用房,并配备适合老年人安全保护要求的设施、设备及用具,定期对老年人的活动场所和物品进行消毒和清洗。

养老机构提供的饮食应当符合食品安全要求、适宜老年人食用、有利于老年人营养平衡、符合民族风俗习惯。

第十九条　养老机构应当为老年人建立健康档案,开展日常保健知识宣传,做好疾病预防工作。养老机构在老年人突发危重疾病时,应当及时转送医疗机构救治并通知其紧急联系人。

养老机构可以通过设立医疗机构或者采取与周边医疗机构合作的方式,为老年人提供医疗服务。养老机构设立医疗机构的,应当按照医疗机构管理相关法律法规进行管理。

第二十条　养老机构发现老年人为传染病病人或者疑似传染病病人的,应当及时向附近的疾病预防控制机构或者医疗机构报告,配合实施卫生处理、隔离等预防控制措施。

养老机构发现老年人为疑似精神障碍患者的,应当依照精神卫生相关法律法规的规定处理。

第二十一条　养老机构应当根据需要为老年人提供情绪疏导、心理咨询、危机干预等精神慰藉服务。

第二十二条　养老机构应当开展适合老年人的文化、教育、体育、娱乐活动,丰富老年人的精神文化生活。

养老机构开展文化、教育、体育、娱乐活动时,应当为老年人提供必要的安全防护措施。

第二十三条　养老机构应当为老年人家庭成员看望或者问候老年人提供便利,为老年人联系家庭成员提供帮助。

第二十四条　鼓励养老机构运营社区养老服务设施,或者上门为居家老年人提供助餐、助浴、助洁等服务。

第四章　运营管理

第二十五条　养老机构应当按照国家有关规定建立健全安全、消防、食品、卫生、财务、档案管理等规章制度,制定服务标准和工作流程,并予以公开。

第二十六条　养老机构应当配备与服务和运营相适应的工作人员,并依法与其签订聘用合同或者劳动合同,定期开展职业道德教育和业务培训。

养老机构中从事医疗、康复、消防等服务的人员,应当具备相应的职业资格。

养老机构应当加强对养老护理人员的职业技能培训,建立健全体现职业技能等级等因素的薪酬制度。

第二十七条　养老机构应当依照其登记类型、经营性质、运营方式、设施设备条件、管理水平、服务质量、照料护理等级等因素合理确定服务项目的收费标准,并遵守国家和地方政府价格管理有关规定。

养老机构应当在醒目位置公示各类服务项目收费标准和收费依据,接受社会监督。

第二十八条 养老机构应当实行24小时值班,做好老年人安全保障工作。

养老机构应当在各出入口、接待大厅、值班室、楼道、食堂等公共场所安装视频监控设施,并妥善保管视频监控记录。

第二十九条 养老机构内设食堂的,应当取得市场监督管理部门颁发的食品经营许可证,严格遵守相关法律、法规和食品安全标准,执行原料控制、餐具饮具清洗消毒、食品留样等制度,并依法开展食堂食品安全自查。

养老机构从供餐单位订餐的,应当从取得食品生产经营许可的供餐单位订购,并按照要求对订购的食品进行查验。

第三十条 养老机构应当依法履行消防安全职责,健全消防安全管理制度,实行消防工作责任制,配置消防设施、器材并定期检测、维修,开展日常防火巡查、检查,定期组织灭火和应急疏散消防安全培训。

养老机构的法定代表人或者主要负责人对本单位消防安全工作全面负责,属于消防安全重点单位的养老机构应当确定消防安全管理人,负责组织实施本单位消防安全管理工作,并报告当地消防救援机构。

第三十一条 养老机构应当依法制定自然灾害、事故灾难、公共卫生事件、社会安全事件等突发事件应急预案,在场所内配备报警装置和必要的应急救援设备、设施,定期开展突发事件应急演练。

突发事件发生后,养老机构应当立即启动应急预案,采取防止危害扩大的必要处置措施,同时根据突发事件应对管理职责分工向有关部门和民政部门报告。

第三十二条 养老机构应当建立老年人信息档案,收集和妥善保管服务协议等相关资料。档案的保管期限不少于服务协议期满后五年。

养老机构及其工作人员应当保护老年人的个人信息和隐私。

第三十三条 养老机构应当按照国家有关规定接受、使用捐赠、资助。

鼓励养老机构为社会工作者、志愿者在机构内开展服务提供便利。

第三十四条 鼓励养老机构投保责任保险,降低机构运营风险。

第三十五条 养老机构因变更或者终止等原因暂停、终止服务的,应当在合理期限内提前书面通知老年人或者其代理人,并书面告知民政部门。

老年人需要安置的,养老机构应当根据服务协议约定与老年人或者其代理人协商确定安置事宜。民政部门应当为养老机构妥善安置老年人提供帮助。

养老机构终止服务后,应当依法清算并办理注销登记。

第五章 监督检查

第三十六条 民政部门应当加强对养老机构服务和运营的监督检查,发现违反本办法规定的,及时依法予以处理并向社会公布。

民政部门在监督检查中发现养老机构存在应当由其他部门查处的违法违规行为的,及时通报有关部门处理。

第三十七条　民政部门依法履行监督检查职责,可以采取以下措施:

(一)向养老机构和个人了解情况;

(二)进入涉嫌违法的养老机构进行现场检查;

(三)查阅或者复制有关合同、票据、账簿及其他有关资料;

(四)发现养老机构存在可能危及人身健康和生命财产安全风险的,责令限期改正,逾期不改正的,责令停业整顿。

民政部门实施监督检查时,监督检查人员不得少于2人,应当出示执法证件。

对民政部门依法进行的监督检查,养老机构应当配合,如实提供相关资料和信息,不得隐瞒、拒绝、阻碍。

第三十八条　对已经备案的养老机构,备案民政部门应当自备案之日起20个工作日以内进行现场检查,并核实备案信息;对未备案的养老机构,服务场所所在地的县级人民政府民政部门应当自发现其收住老年人之日起20个工作日以内进行现场检查,并督促及时备案。

民政部门应当每年对养老机构服务安全和质量进行不少于一次的现场检查。

第三十九条　民政部门应当采取随机抽取检查对象、随机选派检查人员的方式对养老机构实施监督检查。抽查情况及查处结果应当及时向社会公布。

民政部门应当结合养老机构的服务规模、信用记录、风险程度等情况,确定抽查比例和频次。对违法失信、风险高的养老机构,适当提高抽查比例和频次,依法依规实施严管和惩戒。

第四十条　民政部门应当加强对养老机构非法集资的防范、监测和预警工作,发现养老机构涉嫌非法集资的,按照有关规定及时移交相关部门。

第四十一条　民政部门应当充分利用信息技术手段,加强对养老机构的监督检查,提高监管能力和水平。

第四十二条　民政部门应当定期开展养老服务行业统计工作,养老机构应当及时准确报送相关信息。

第四十三条　养老机构应当听取老年人或者其代理人的意见和建议,发挥其对养老机构服务和运营的监督促进作用。

第四十四条　民政部门应当畅通对养老机构的举报投诉渠道,依法及时处理有关举报投诉。

第四十五条　民政部门发现个人或者组织未经登记以养老机构名义开展活动的,应当书面通报相关登记管理机关,并配合做好查处工作。

第六章　法律责任

第四十六条　养老机构有下列行为之一的,由民政部门责令改正,给予警告;情节严

重的,处以3万元以下的罚款:

(一)未建立入院评估制度或者未按照规定开展评估活动的;

(二)未与老年人或者其代理人签订服务协议,或者未按照协议约定提供服务的;

(三)未按照有关强制性国家标准提供服务的;

(四)工作人员的资格不符合规定的;

(五)利用养老机构的房屋、场地、设施开展与养老服务宗旨无关的活动的;

(六)未依照本办法规定预防和处置突发事件的;

(七)歧视、侮辱、虐待老年人以及其他侵害老年人人身和财产权益行为的;

(八)向负责监督检查的民政部门隐瞒有关情况、提供虚假材料或者拒绝提供反映其活动情况真实材料的;

(九)法律、法规、规章规定的其他违法行为。

养老机构及其工作人员违反本办法有关规定,构成违反治安管理行为的,依法给予治安管理处罚;构成犯罪的,依法追究刑事责任。

第四十七条　民政部门及其工作人员在监督管理工作中滥用职权、玩忽职守、徇私舞弊的,对直接负责的主管人员和其他责任人员依法依规给予处分;构成犯罪的,依法追究刑事责任。

第七章　附　　则

第四十八条　国家对农村五保供养服务机构的管理有特别规定的,依照其规定办理。

第四十九条　本办法自2020年11月1日起施行。2013年6月28日民政部发布的《养老机构管理办法》同时废止。

八、优抚安置

中华人民共和国军人地位和权益保障法

1. 2021年6月10日第十三届全国人民代表大会常务委员会第二十九次会议通过
2. 2021年6月10日中华人民共和国主席令第86号公布
3. 自2021年8月1日起施行

目 录

第一章 总 则
第二章 军人地位
第三章 荣誉维护
第四章 待遇保障
第五章 抚恤优待
第六章 法律责任
第七章 附 则

第一章 总 则

第一条　【立法目的】为了保障军人地位和合法权益，激励军人履行职责使命，让军人成为全社会尊崇的职业，促进国防和军队现代化建设，根据宪法，制定本法。

第二条　【适用范围】本法所称军人，是指在中国人民解放军服现役的军官、军士、义务兵等人员。

第三条　【军人职责和使命】军人肩负捍卫国家主权、安全、发展利益和保卫人民的和平劳动的神圣职责和崇高使命。

第四条　【军人的尊崇地位和社会对军人的责任】军人是全社会尊崇的职业。国家和社会尊重、优待军人，保障军人享有与其职业特点、担负职责使命和所做贡献相称的地位和权益，经常开展各种形式的拥军优属活动。

一切国家机关和武装力量、各政党和群团组织、企业事业单位、社会组织和其他组织都有依法保障军人地位和权益的责任，全体公民都应当依法维护军人合法权益。

第五条　【保障工作原则】军人地位和权益保障工作，坚持中国共产党的领导，以服务军队战斗力建设为根本目的，遵循权利与义务相统一、物质保障与精神激励相结合、保障水平与国民经济和社会发展相适应的原则。

第六条 【职责与分工】中央军事委员会政治工作部门、国务院退役军人工作主管部门以及中央和国家有关机关、中央军事委员会有关部门按照职责分工做好军人地位和权益保障工作。

县级以上地方各级人民政府负责本行政区域内有关军人地位和权益保障工作。军队团级以上单位政治工作部门负责本单位的军人地位和权益保障工作。

省军区(卫戍区、警备区)、军分区(警备区)和县、自治县、市、市辖区的人民武装部,负责所在行政区域人民政府与军队单位之间军人地位和权益保障方面的联系协调工作,并根据需要建立工作协调机制。

乡镇人民政府、街道办事处、基层群众性自治组织应当按照职责做好军人地位和权益保障工作。

第七条 【经费保障】军人地位和权益保障所需经费,由中央和地方按照事权和支出责任相适应的原则列入预算。

第八条 【考核评价】中央和国家有关机关、县级以上地方人民政府及其有关部门、军队各级机关,应当将军人地位和权益保障工作情况作为拥军优属、拥政爱民等工作评比和有关单位负责人以及工作人员考核评价的重要内容。

第九条 【社会力量支持】国家鼓励和引导群团组织、企业事业单位、社会组织、个人等社会力量依法通过捐赠、志愿服务等方式为军人权益保障提供支持,符合规定条件的,依法享受税收优惠等政策。

第十条 【建军节活动】每年8月1日为中国人民解放军建军节。各级人民政府和军队单位应当在建军节组织开展庆祝、纪念等活动。

第十一条 【表彰和奖励】对在军人地位和权益保障工作中做出突出贡献的单位和个人,按照国家有关规定给予表彰、奖励。

第二章 军 人 地 位

第十二条 【军人忠于国家忠于党的职责】军人是中国共产党领导的国家武装力量基本成员,必须忠于祖国,忠于中国共产党,听党指挥,坚决服从命令,认真履行巩固中国共产党的领导和社会主义制度的重要职责使命。

第十三条 【军人舍己为民的职责】军人是人民子弟兵,应当热爱人民,全心全意为人民服务,保卫人民生命财产安全,当遇到人民群众生命财产受到严重威胁时,挺身而出、积极救助。

第十四条 【军人保家卫国的职责】军人是捍卫国家主权、统一、领土完整的坚强力量,应当具备巩固国防、抵抗侵略、保卫祖国所需的战斗精神和能力素质,按照实战要求始终保持戒备状态,苦练杀敌本领,不怕牺牲,能打胜仗,坚决完成任务。

第十五条 【军人在国家建设中的职责】军人是中国特色社会主义现代化建设的重要力量,应当积极投身全面建设社会主义现代化国家的事业,依法参加突发事件的应急救援和处置工作。

第十六条　【军人的政治权利】军人享有宪法和法律规定的政治权利,依法参加国家权力机关组成人员选举,依法参加管理国家事务、管理经济和文化事业、管理社会事务。

第十七条　【官兵平等和军队民主】军队实行官兵一致,军人之间在政治和人格上一律平等,应当互相尊重、平等对待。

军队建立健全军人代表会议、军人委员会等民主制度,保障军人知情权、参与权、建议权和监督权。

第十八条　【军人守法义务】军人必须模范遵守宪法和法律,认真履行宪法和法律规定的公民义务,严格遵守军事法规、军队纪律,作风优良,带头践行社会主义核心价值观。

第十九条　【军人履职保障】国家为军人履行职责提供保障,军人依法履行职责的行为受法律保护。

军人因执行任务给公民、法人或者其他组织的合法权益造成损害的,按照有关规定由国家予以赔偿或者补偿。

公民、法人和其他组织应当为军人依法履行职责提供必要的支持和协助。

第二十条　【特定权益和义务】军人因履行职责享有的特定权益、承担的特定义务,由本法和有关法律法规规定。

第三章　荣誉维护

第二十一条　【军人荣誉】军人荣誉是国家、社会对军人献身国防和军队建设、社会主义现代化建设的褒扬和激励,是鼓舞军人士气、提升军队战斗力的精神力量。

国家维护军人荣誉,激励军人崇尚和珍惜荣誉。

第二十二条　【军队对军人的荣誉、信念教育】军队加强爱国主义、集体主义、革命英雄主义教育,强化军人的荣誉意识,培育有灵魂、有本事、有血性、有品德的新时代革命军人,锻造具有铁一般信仰、铁一般信念、铁一般纪律、铁一般担当的过硬部队。

第二十三条　【国家对军人的培育和激励】国家采取多种形式的宣传教育、奖励激励和保障措施,培育军人的职业使命感、自豪感和荣誉感,激发军人建功立业、报效国家的积极性、主动性、创造性。

第二十四条　【军史和军人英模事迹学习教育】全社会应当学习中国人民解放军光荣历史,宣传军人功绩和牺牲奉献精神,营造维护军人荣誉的良好氛围。

各级各类学校设置的国防教育课程中,应当包括中国人民解放军光荣历史、军人英雄模范事迹等内容。

第二十五条　【军人荣誉体系建设】国家建立健全军人荣誉体系,通过授予勋章、荣誉称号和记功、嘉奖、表彰、颁发纪念章等方式,对做出突出成绩和贡献的军人给予功勋荣誉表彰,褒扬军人为国家和人民做出的奉献和牺牲。

第二十六条　【军人接受本军队以外的荣誉授予】军人经军队单位批准可以接受地方人民政府、群团组织和社会组织等授予的荣誉,以及国际组织和其他国家、军队等授予的荣誉。

第二十七条　【军人功勋待遇】获得功勋荣誉表彰的军人享受相应礼遇和待遇。军人执行作战任务获得功勋荣誉表彰的,按照高于平时的原则享受礼遇和待遇。

获得功勋荣誉表彰和执行作战任务的军人的姓名和功绩,按照规定载入功勋簿、荣誉册、地方志等史志。

第二十八条　【媒体宣传】中央和国家有关机关、地方和军队各级有关机关,以及广播、电视、报刊、互联网等媒体,应当积极宣传军人的先进典型和英勇事迹。

第二十九条　【国家对牺牲军人的尊崇】国家和社会尊崇、铭记为国家、人民、民族牺牲的军人,尊敬、礼遇其遗属。

国家建立英雄烈士纪念设施供公众瞻仰,悼念缅怀英雄烈士,开展纪念和教育活动。

国家推进军人公墓建设。军人去世后,符合规定条件的可以安葬在军人公墓。

第三十条　【军人礼遇仪式制度】国家建立军人礼遇仪式制度。在公民入伍、军人退出现役等时机,应当举行相应仪式;在烈士和因公牺牲军人安葬等场合,应当举行悼念仪式。

各级人民政府应当在重大节日和纪念日组织开展走访慰问军队单位、军人家庭和烈士、因公牺牲军人、病故军人的遗属等活动,在举行重要庆典、纪念活动时邀请军人、军人家属和烈士、因公牺牲军人、病故军人的遗属代表参加。

第三十一条　【地方政府对军人荣誉的宣传责任】地方人民政府应当为军人和烈士、因公牺牲军人、病故军人的遗属的家庭悬挂光荣牌。军人获得功勋荣誉表彰,由当地人民政府有关部门和军事机关给其家庭送喜报,并组织做好宣传工作。

第三十二条　【军人的荣誉和名誉受法律保护】军人的荣誉和名誉受法律保护。

军人获得的荣誉由其终身享有,非因法定事由、非经法定程序不得撤销。

任何组织和个人不得以任何方式诋毁、贬损军人的荣誉,侮辱、诽谤军人的名誉,不得故意毁损、玷污军人的荣誉标识。

第四章　待 遇 保 障

第三十三条　【军人待遇保障制度】国家建立军人待遇保障制度,保证军人履行职责使命,保障军人及其家庭的生活水平。

对执行作战任务和重大非战争军事行动任务的军人,以及在艰苦边远地区、特殊岗位工作的军人,待遇保障从优。

第三十四条　【工资待遇】国家建立相对独立、特色鲜明、具有比较优势的军人工资待遇制度。军官和军士实行工资制度,义务兵实行供给制生活待遇制度。军人享受个人所得税优惠政策。

国家建立军人工资待遇正常增长机制。

军人工资待遇的结构、标准及其调整办法,由中央军事委员会规定。

第三十五条　【住房待遇】国家采取军队保障、政府保障与市场配置相结合,实物保障与货币补贴相结合的方式,保障军人住房待遇。

军人符合规定条件的,享受军队公寓住房或者安置住房保障。

国家建立健全军人住房公积金制度和住房补贴制度。军人符合规定条件购买住房的,国家给予优惠政策支持。

第三十六条　【医疗待遇】国家保障军人按照规定享受免费医疗和疾病预防、疗养、康复等待遇。

军人在地方医疗机构就医所需费用,符合规定条件的,由军队保障。

第三十七条　【保险制度】国家实行体现军人职业特点、与社会保险制度相衔接的军人保险制度,适时补充军人保险项目,保障军人的保险待遇。

国家鼓励和支持商业保险机构为军人及其家庭成员提供专属保险产品。

第三十八条　【休息休假权利】军人享有年休假、探亲假等休息休假的权利。对确因工作需要未休假或者未休满假的,给予经济补偿。

军人配偶、子女与军人两地分居的,可以前往军人所在部队探亲。军人配偶前往部队探亲的,其所在单位应当按照规定安排假期并保障相应的薪酬待遇,不得因其享受探亲假期而辞退、解聘或者解除劳动关系。符合规定条件的军人配偶、未成年子女和不能独立生活的成年子女的探亲路费,由军人所在部队保障。

第三十九条　【军人教育培训体系】国家建立健全军人教育培训体系,保障军人的受教育权利,组织和支持军人参加专业和文化学习培训,提高军人履行职责的能力和退出现役后的就业创业能力。

第四十条　【女军人的特殊保护】女军人的合法权益受法律保护。军队应当根据女军人的特点,合理安排女军人的工作任务和休息休假,在生育、健康等方面为女军人提供特别保护。

第四十一条　【军婚的特殊保护】国家对军人的婚姻给予特别保护,禁止任何破坏军人婚姻的行为。

第四十二条　【随军落户权和户籍变动权】军官和符合规定条件的军士,其配偶、未成年子女和不能独立生活的成年子女可以办理随军落户;符合规定条件的军人父母可以按照规定办理随子女落户。夫妻双方均为军人的,其子女可以选择父母中的一方随军落户。

军人服役所在地发生变动的,已随军的家属可以随迁落户,或者选择将户口迁至军人、军人配偶原户籍所在地或者军人父母、军人配偶父母户籍所在地。

地方人民政府有关部门、军队有关单位应当及时高效地为军人家属随军落户办理相关手续。

第四十三条 【国家对军人户籍的保障责任】国家保障军人、军人家属的户籍管理和相关权益。

公民入伍时保留户籍。

符合规定条件的军人，可以享受服现役所在地户籍人口在教育、养老、医疗、住房保障等方面的相关权益。

军人户籍管理和相关权益保障办法，由国务院和中央军事委员会规定。

第四十四条 【国家对退役军人的安置责任】国家对依法退出现役的军人，依照退役军人保障法律法规的有关规定，给予妥善安置和相应优待保障。

第五章 抚 恤 优 待

第四十五条 【国家对军人、军属的抚恤优待保障】国家和社会尊重军人、军人家庭为国防和军队建设做出的奉献和牺牲，优待军人、军人家属，抚恤优待烈士、因公牺牲军人、病故军人的遗属，保障残疾军人的生活。

国家建立抚恤优待保障体系，合理确定抚恤优待标准，逐步提高抚恤优待水平。

第四十六条 【军属的优待保障】军人家属凭有关部门制发的证件享受法律法规规定的优待保障。具体办法由国务院和中央军事委员会有关部门制定。

第四十七条 【抚恤优待对象的双重待遇】各级人民政府应当保障抚恤优待对象享受公民普惠待遇，同时享受相应的抚恤优待待遇。

第四十八条 【军人死亡抚恤制度】国家实行军人死亡抚恤制度。

军人死亡后被评定为烈士的，国家向烈士遗属颁发烈士证书，保障烈士遗属享受规定的烈士褒扬金、抚恤金和其他待遇。

军人因公牺牲、病故的，国家向其遗属颁发证书，保障其遗属享受规定的抚恤金和其他待遇。

第四十九条 【军人残疾抚恤制度】国家实行军人残疾抚恤制度。

军人因战、因公、因病致残的，按照国家有关规定评定残疾等级并颁发证件，享受残疾抚恤金和其他待遇，符合规定条件的以安排工作、供养、退休等方式妥善安置。

第五十条 【军属、军烈属的住房优待】国家对军人家属和烈士、因公牺牲军人、病故军人的遗属予以住房优待。

军人家属和烈士、因公牺牲军人、病故军人的遗属，符合规定条件申请保障性住房的，或者居住农村且住房困难的，由当地人民政府优先解决。

烈士、因公牺牲军人、病故军人的遗属符合前款规定情形的，当地人民政府给予优惠。

第五十一条 【军人、军属和军烈属的医疗优待】公立医疗机构应当为军人就医提供优待服务。军人家属和烈士、因公牺牲军人、病故军人的遗属,在军队医疗机构和公立医疗机构就医享受医疗优待。

国家鼓励民营医疗机构为军人、军人家属和烈士、因公牺牲军人、病故军人的遗属就医提供优待服务。

国家和社会对残疾军人的医疗依法给予特别保障。

第五十二条 【军人配偶的就业安置优待】国家依法保障军人配偶就业安置权益。机关、群团组织、企业事业单位、社会组织和其他组织,应当依法履行接收军人配偶就业安置的义务。

军人配偶随军前在机关或者事业单位工作的,由安置地人民政府按照有关规定安排到相应的工作单位;在其他单位工作或者无工作单位的,由安置地人民政府提供就业指导和就业培训,优先协助就业。烈士、因公牺牲军人的遗属和符合规定条件的军人配偶,当地人民政府应当优先安排就业。

第五十三条 【随军家属的就业优待】国家鼓励有用工需求的用人单位优先安排随军家属就业。国有企业在新招录职工时,应当按照用工需求的适当比例聘用随军家属;有条件的民营企业在新招录职工时,可以按照用工需求的适当比例聘用随军家属。

第五十四条 【军人配偶就业、创业优待】国家鼓励和扶持军人配偶自主就业、自主创业。军人配偶从事个体经营的,按照国家有关优惠政策给予支持。

第五十五条 【军人子女的教育优待】国家对军人子女予以教育优待。地方各级人民政府及其有关部门应当为军人子女提供当地优质教育资源,创造接受良好教育的条件。

军人子女入读公办义务教育阶段学校和普惠性幼儿园,可以在本人、父母、祖父母、外祖父母或者其他法定监护人户籍所在地,或者父母居住地、部队驻地入学,享受当地军人子女教育优待政策。

军人子女报考普通高中、中等职业学校,同等条件下优先录取;烈士、因公牺牲军人的子女和符合规定条件的军人子女,按照当地军人子女教育优待政策享受录取等方面的优待。

因公牺牲军人的子女和符合规定条件的军人子女报考高等学校,按照国家有关规定优先录取;烈士子女享受加分等优待。

烈士子女和符合规定条件的军人子女按照规定享受奖学金、助学金和有关费用免除等学生资助政策。

国家鼓励和扶持具备条件的民办学校,为军人子女和烈士、因公牺牲军人的子女提供教育优待。

第五十六条 【军属和遗属的养老优待】军人家属和烈士、因公牺牲军人、病故军人的遗属,符合规定条件申请在国家兴办的光荣院、优抚医院集中供养、住院治疗、短期疗养的,享受优先、优惠待遇;申请到公办养老机构养老的,同等条件下优先安排。

第五十七条 【军人、军属、遗属的参观游览及交通优待】军人、军人家属和烈士、因公牺牲军人、病故军人的遗属,享受参观游览公园、博物馆、纪念馆、展览馆、名胜古迹以及文化和旅游等方面的优先、优惠服务。

军人免费乘坐市内公共汽车、电车、轮渡和轨道交通工具。军人和烈士、因公牺牲军人、病故军人的遗属,以及与其随同出行的家属,乘坐境内运行的火车、轮船、长途公共汽车以及民航班机享受优先购票、优先乘车(船、机)等服务,残疾军人享受票价优惠。

第五十八条 【对困难军人家庭的救助】地方人民政府和军队单位对因自然灾害、意外事故、重大疾病等原因,基本生活出现严重困难的军人家庭,应当给予救助和慰问。

第五十九条 【对特殊遇困军人家庭的帮扶援助】地方人民政府和军队单位对在未成年子女入学入托、老年人养老等方面遇到困难的军人家庭,应当给予必要的帮扶。

国家鼓励和支持企业事业单位、社会组织和其他组织以及个人为困难军人家庭提供援助服务。

第六十条 【军人、军属、遗属的权利救济】军人、军人家属和烈士、因公牺牲军人、病故军人遗属的合法权益受到侵害的,有权向有关国家机关和军队单位提出申诉、控告。负责受理的国家机关和军队单位,应当依法及时处理,不得推诿、拖延。依法向人民法院提起诉讼的,人民法院应当优先立案、审理和执行,人民检察院可以支持起诉。

第六十一条 【法律援助】军人、军人家属和烈士、因公牺牲军人、病故军人的遗属维护合法权益遇到困难的,法律援助机构应当依法优先提供法律援助,司法机关应当依法优先提供司法救助。

第六十二条 【公益诉讼】侵害军人荣誉、名誉和其他相关合法权益,严重影响军人有效履行职责使命,致使社会公共利益受到损害的,人民检察院可以根据民事诉讼法、行政诉讼法的相关规定提起公益诉讼。

第六章 法 律 责 任

第六十三条 【渎职的法律责任】国家机关及其工作人员、军队单位及其工作人员违反本法规定,在军人地位和权益保障工作中滥用职权、玩忽职守、徇私舞弊的,由其所在单位、主管部门或者上级机关责令改正;对负有责任的领导人员和直接责任人员,依法给予处分。

第六十四条 【不履行优待义务的法律责任】群团组织、企业事业单位、社会组织和其他组织违反本法规定,不履行优待义务的,由有关部门责令改正;对直接负责的主管人员和其他直接责任人员,依法给予处分。

第六十五条 【损害军人荣誉、名誉的法律责任】违反本法规定,通过大众传播媒介或者其他方式,诋毁、贬损军人荣誉,侮辱、诽谤军人名誉,或者故意毁损、玷污军人的荣誉标识的,由公安、文化和旅游、新闻出版、电影、广播电视、网信或者其他有关主管部门依据各自的职权责令改正,并依法予以处理;造成精神损害的,受害人有权请求精神损害赔偿。

第六十六条 【骗取军人名誉、待遇的法律责任】冒领或者以欺诈、伪造证明材料等手段骗取本法规定的相关荣誉、待遇或者抚恤优待的,由有关部门予以取消,依法给予没收违法所得等行政处罚。

第六十七条 【民事、行政和刑事责任】违反本法规定,侵害军人的合法权益,造成财产损失或者其他损害的,依法承担民事责任。

违反本法规定,构成违反治安管理行为的,依法给予治安管理处罚;构成犯罪的,依法追究刑事责任。

第七章 附 则

第六十八条 【军属和遗属】本法所称军人家属,是指军人的配偶、父母(扶养人)、未成年子女、不能独立生活的成年子女。

本法所称烈士、因公牺牲军人、病故军人的遗属,是指烈士、因公牺牲军人、病故军人的配偶、父母(扶养人)、子女,以及由其承担抚养义务的兄弟姐妹。

第六十九条 【法律适用】中国人民武装警察部队服现役的警官、警士和义务兵等人员,适用本法。

第七十条 【立法委任】省、自治区、直辖市可以结合本地实际情况,根据本法制定保障军人地位和权益的具体办法。

第七十一条 【施行日期】本法自2021年8月1日起施行。

中华人民共和国退役军人保障法

1. 2020年11月11日第十三届全国人民代表大会常务委员会第二十三次会议通过
2. 2020年11月11日中华人民共和国主席令第63号公布
3. 自2021年1月1日起施行

目 录

第一章　总　　则
第二章　移交接收
第三章　退役安置

第四章　教育培训
第五章　就业创业
第六章　抚恤优待
第七章　褒扬激励
第八章　服务管理
第九章　法律责任
第十章　附　　则

第一章　总　　则

第一条　【立法目的和依据】为了加强退役军人保障工作,维护退役军人合法权益,让军人成为全社会尊崇的职业,根据宪法,制定本法。

第二条　【适用对象】本法所称退役军人,是指从中国人民解放军依法退出现役的军官、军士和义务兵等人员。

第三条　【退役军人的权益保障】退役军人为国防和军队建设做出了重要贡献,是社会主义现代化建设的重要力量。

尊重、关爱退役军人是全社会的共同责任。国家关心、优待退役军人,加强退役军人保障体系建设,保障退役军人依法享有相应的权益。

第四条　【方针原则】退役军人保障工作坚持中国共产党的领导,坚持为经济社会发展服务、为国防和军队建设服务的方针,遵循以人为本、分类保障、服务优先、依法管理的原则。

第五条　【退役军人保障安置原则、机制】退役军人保障应当与经济发展相协调,与社会进步相适应。

退役军人安置工作应当公开、公平、公正。

退役军人的政治、生活等待遇与其服现役期间所做贡献挂钩。

国家建立参战退役军人特别优待机制。

第六条　【退役军人的责任】退役军人应当继续发扬人民军队优良传统,模范遵守宪法和法律法规,保守军事秘密,践行社会主义核心价值观,积极参加社会主义现代化建设。

第七条　【主管部门】国务院退役军人工作主管部门负责全国的退役军人保障工作。县级以上地方人民政府退役军人工作主管部门负责本行政区域的退役军人保障工作。

中央和国家有关机关、中央军事委员会有关部门、地方各级有关机关应当在各自职责范围内做好退役军人保障工作。

军队各级负责退役军人有关工作的部门与县级以上人民政府退役军人工作主管部门应当密切配合,做好退役军人保障工作。

第八条　【加强信息化建设】国家加强退役军人保障工作信息化建设,为退役军人建档立卡,实现有关部门之间信息共享,为提高退役军人保障能力提供支持。

国务院退役军人工作主管部门应当与中央和国家有关机关、中央军事委员会有关部门密切配合,统筹做好信息数据系统的建设、维护、应用和信息安全管理等工作。

第九条 【经费】退役军人保障工作所需经费由中央和地方财政共同负担。退役安置、教育培训、抚恤优待资金主要由中央财政负担。

第十条 【支持和帮助】国家鼓励和引导企业、社会组织、个人等社会力量依法通过捐赠、设立基金、志愿服务等方式为退役军人提供支持和帮助。

第十一条 【表彰、奖励】对在退役军人保障工作中做出突出贡献的单位和个人,按照国家有关规定给予表彰、奖励。

第二章 移交接收

第十二条 【制定年度移交接收计划】国务院退役军人工作主管部门、中央军事委员会政治工作部门、中央和国家有关机关应当制定全国退役军人的年度移交接收计划。

第十三条 【退役军人的安置地】退役军人原所在部队应当将退役军人移交安置地人民政府退役军人工作主管部门,安置地人民政府退役军人工作主管部门负责接收退役军人。

退役军人的安置地,按照国家有关规定确定。

第十四条 【持证按时报到】退役军人应当在规定时间内,持军队出具的退役证明到安置地人民政府退役军人工作主管部门报到。

第十五条 【退役军人优待证】安置地人民政府退役军人工作主管部门在接收退役军人时,向退役军人发放退役军人优待证。

退役军人优待证全国统一制发、统一编号,管理使用办法由国务院退役军人工作主管部门会同有关部门制定。

第十六条 【人事档案管理】军人所在部队在军人退役时,应当及时将其人事档案移交安置地人民政府退役军人工作主管部门。

安置地人民政府退役军人工作主管部门应当按照国家人事档案管理有关规定,接收、保管并向有关单位移交退役军人人事档案。

第十七条 【户口登记】安置地人民政府公安机关应当按照国家有关规定,及时为退役军人办理户口登记,同级退役军人工作主管部门应当予以协助。

第十八条 【社会保险】退役军人原所在部队应当按照有关法律法规规定,及时将退役军人及随军未就业配偶的养老、医疗等社会保险关系和相应资金,转入安置地社会保险经办机构。

安置地人民政府退役军人工作主管部门应当与社会保险经办机构、军队有关部门密切配合,依法做好有关社会保险关系和相应资金转移接续工作。

第十九条 【移交接收问题处理】退役军人移交接收过程中,发生与其服现役有关的问题,由原所在部队负责处理;发生与其安置有关的问题,由安置地人民政府负责处理;发生其他移交接收方面问题的,由安置地人民政府负责处理,原所在部队予以配合。

退役军人原所在部队撤销或者转隶、合并的,由原所在部队的上级单位或者转隶、合并后的单位按照前款规定处理。

第三章 退役安置

第二十条 【退役军人安置】地方各级人民政府应当按照移交接收计划,做好退役军人安置工作,完成退役军人安置任务。

机关、群团组织、企业事业单位和社会组织应当依法接收安置退役军人,退役军人应当接受安置。

第二十一条 【军官退役安置方式】对退役的军官,国家采取退休、转业、逐月领取退役金、复员等方式妥善安置。

以退休方式移交人民政府安置的,由安置地人民政府按照国家保障与社会化服务相结合的方式,做好服务管理工作,保障其待遇。

以转业方式安置的,由安置地人民政府根据其德才条件以及服现役期间的职务、等级、所做贡献、专长等和工作需要安排工作岗位,确定相应的职务职级。

服现役满规定年限,以逐月领取退役金方式安置的,按照国家有关规定逐月领取退役金。

以复员方式安置的,按照国家有关规定领取复员费。

第二十二条 【军士退役安置方式】对退役的军士,国家采取逐月领取退役金、自主就业、安排工作、退休、供养等方式妥善安置。

服现役满规定年限,以逐月领取退役金方式安置的,按照国家有关规定逐月领取退役金。

服现役不满规定年限,以自主就业方式安置的,领取一次性退役金。

以安排工作方式安置的,由安置地人民政府根据其服现役期间所做贡献、专长等安排工作岗位。

以退休方式安置的,由安置地人民政府按照国家保障与社会化服务相结合的方式,做好服务管理工作,保障其待遇。

以供养方式安置的,由国家供养终身。

第二十三条 【义务兵退役安置方式】对退役的义务兵,国家采取自主就业、安排工作、供养等方式妥善安置。

以自主就业方式安置的,领取一次性退役金。

以安排工作方式安置的,由安置地人民政府根据其服现役期间所做贡献、专长等安排工作岗位。

以供养方式安置的,由国家供养终身。

第二十四条 【不同安置方式的适用条件】退休、转业、逐月领取退役金、复员、自主就业、安排工作、供养等安置方式的适用条件,按照相关法律法规执行。

第二十五条 【优先安置】转业军官、安排工作的军士和义务兵,由机关、群团组织、事业单位和国有企业接收安置。对下列退役军人,优先安置:
(一)参战退役军人;
(二)担任作战部队师、旅、团、营级单位主官的转业军官;
(三)属于烈士子女、功臣模范的退役军人;
(四)长期在艰苦边远地区或者特殊岗位服现役的退役军人。

第二十六条 【单位、企业接收安置转业军人的要求】机关、群团组织、事业单位接收安置转业军官、安排工作的军士和义务兵的,应当按照国家有关规定给予编制保障。

国有企业接收安置转业军官、安排工作的军士和义务兵的,应当按照国家规定与其签订劳动合同,保障相应待遇。

前两款规定的用人单位依法裁减人员时,应当优先留用接收安置的转业和安排工作的退役军人。

第二十七条 【停发退役金情形】以逐月领取退役金方式安置的退役军官和军士,被录用为公务员或者聘用为事业单位工作人员的,自被录用、聘用下月起停发退役金,其待遇按照公务员、事业单位工作人员管理相关法律法规执行。

第二十八条 【伤病残退役军人移交安置、收治休养制度】国家建立伤病残退役军人指令性移交安置、收治休养制度。军队有关部门应当及时将伤病残退役军人移交安置地人民政府安置。安置地人民政府应当妥善解决伤病残退役军人的住房、医疗、康复、护理和生活困难。

第二十九条 【拥军优属】各级人民政府加强拥军优属工作,为军人和家属排忧解难。

符合条件的军官和军士退出现役时,其配偶和子女可以按照国家有关规定随调随迁。

随调配偶在机关或者事业单位工作,符合有关法律法规规定的,安置地人民政府负责安排到相应的工作单位;随调配偶在其他单位工作或者无工作单位的,安置地人民政府应当提供就业指导,协助实现就业。

随迁子女需要转学、入学的,安置地人民政府教育行政部门应当予以及时办理。对下列退役军人的随迁子女,优先保障:
(一)参战退役军人;
(二)属于烈士子女、功臣模范的退役军人;
(三)长期在艰苦边远地区或者特殊岗位服现役的退役军人;
(四)其他符合条件的退役军人。

第三十条 【具体办法制定】军人退役安置的具体办法由国务院、中央军事委员会制定。

第四章 教育培训

第三十一条 【教育培训导向】退役军人的教育培训应当以提高就业质量为导向，紧密围绕社会需求，为退役军人提供有特色、精细化、针对性强的培训服务。

国家采取措施加强对退役军人的教育培训，帮助退役军人完善知识结构，提高思想政治水平、职业技能水平和综合职业素养，提升就业创业能力。

第三十二条 【学历教育和职业技能培训并行并举】国家建立学历教育和职业技能培训并行并举的退役军人教育培训体系，建立退役军人教育培训协调机制，统筹规划退役军人教育培训工作。

第三十三条 【军人退役前的培训和继续教育】军人退役前，所在部队在保证完成军事任务的前提下，可以根据部队特点和条件提供职业技能储备培训，组织参加高等教育自学考试和各类高等学校举办的高等学历继续教育，以及知识拓展、技能培训等非学历继续教育。

部队所在地县级以上地方人民政府退役军人工作主管部门应当为现役军人所在部队开展教育培训提供支持和协助。

第三十四条 【国家教育资助】退役军人在接受学历教育时，按照国家有关规定享受学费和助学金资助等国家教育资助政策。

高等学校根据国家统筹安排，可以通过单列计划、单独招生等方式招考退役军人。

第三十五条 【复学】现役军人入伍前已被普通高等学校录取或者是正在普通高等学校就学的学生，服现役期间保留入学资格或者学籍，退役后两年内允许入学或者复学，可以按照国家有关规定转入本校其他专业学习。达到报考研究生条件的，按照国家有关规定享受优惠政策。

第三十六条 【职业技能培训补贴等相应扶持政策】国家依托和支持普通高等学校、职业院校（含技工院校）、专业培训机构等教育资源，为退役军人提供职业技能培训。退役军人未达到法定退休年龄需要就业创业的，可以享受职业技能培训补贴等相应扶持政策。

军人退出现役，安置地人民政府应当根据就业需求组织其免费参加职业教育、技能培训，经考试考核合格的，发给相应的学历证书、职业资格证书或者职业技能等级证书并推荐就业。

第三十七条 【对培训质量的检查和考核】省级人民政府退役军人工作主管部门会同有关部门加强动态管理，定期对为退役军人提供职业技能培训的普通高等学校、职业院校（含技工院校）、专业培训机构的培训质量进行检查和考核，提高职业技能培训质量和水平。

第五章　就业创业

第三十八条　【鼓励扶持退役军人就业创业】国家采取政府推动、市场引导、社会支持相结合的方式，鼓励和扶持退役军人就业创业。

第三十九条　【对退役军人就业创业的指导和服务】各级人民政府应当加强对退役军人就业创业的指导和服务。

县级以上地方人民政府退役军人工作主管部门应当加强对退役军人就业创业的宣传、组织、协调等工作，会同有关部门采取退役军人专场招聘会等形式，开展就业推荐、职业指导，帮助退役军人就业。

第四十条　【残疾退役军人就业优惠政策】服现役期间因战、因公、因病致残被评定残疾等级和退役后补评或者重新评定残疾等级的残疾退役军人，有劳动能力和就业意愿的，优先享受国家规定的残疾人就业优惠政策。

第四十一条　【免费或优惠的就业创业服务】公共人力资源服务机构应当免费为退役军人提供职业介绍、创业指导等服务。

国家鼓励经营性人力资源服务机构和社会组织为退役军人就业创业提供免费或者优惠服务。

退役军人未能及时就业的，在人力资源和社会保障部门办理求职登记后，可以按照规定享受失业保险待遇。

第四十二条　【招录、招聘退役军人条件可以适当放宽】机关、群团组织、事业单位和国有企业在招录或者招聘人员时，对退役军人的年龄和学历条件可以适当放宽，同等条件下优先招录、招聘退役军人。退役的军士和义务兵服现役经历视为基层工作经历。

【复职复工】退役的军士和义务兵入伍前是机关、群团组织、事业单位或者国有企业人员的，退役后可以选择复职复工。

第四十三条　【面向退役军人招考的各种岗位】各地应当设置一定数量的基层公务员职位，面向服现役满五年的高校毕业生退役军人招考。

服现役满五年的高校毕业生退役军人可以报考面向服务基层项目人员定向考录的职位，同服务基层项目人员共享公务员定向考录计划。

各地应当注重从优秀退役军人中选聘党的基层组织、社区和村专职工作人员。

军队文职人员岗位、国防教育机构岗位等，应当优先选用符合条件的退役军人。

国家鼓励退役军人参加稳边固边等边疆建设工作。

第四十四条　【服役年限计算为工龄】退役军人服现役年限计算为工龄，退役后与所在单位工作年限累计计算。

第四十五条　【创业孵化基地和创业园区对退役军人创业的优惠服务】县级以上地方人民政府投资建设或者与社会共建的创业孵化基地和创业园区，应当优先为退役军人创业提供服务。有条件的地区可以建立退役军人创业孵化基地和创业园区,为退役军人提供经营场地、投资融资等方面的优惠服务。

第四十六条 【退役军人创业优待】退役军人创办小微企业,可以按照国家有关规定申请创业担保贷款,并享受贷款贴息等融资优惠政策。

退役军人从事个体经营,依法享受税收优惠政策。

第四十七条 【招用退役军人享受优惠政策】用人单位招用退役军人符合国家规定的,依法享受税收优惠等政策。

第六章 抚恤优待

第四十八条 【普惠与优待叠加原则】各级人民政府应当坚持普惠与优待叠加的原则,在保障退役军人享受普惠性政策和公共服务基础上,结合服现役期间所做贡献和各地实际情况给予优待。

对参战退役军人,应当提高优待标准。

第四十九条 【建立统筹平衡的抚恤优待量化标准体系】国家逐步消除退役军人抚恤优待制度城乡差异、缩小地区差异,建立统筹平衡的抚恤优待量化标准体系。

第五十条 【社会保险待遇】退役军人依法参加养老、医疗、工伤、失业、生育等社会保险,并享受相应待遇。

退役军人服现役年限与入伍前、退役后参加职工基本养老保险、职工基本医疗保险、失业保险的缴费年限依法合并计算。

第五十一条 【安置住房优待条件】退役军人符合安置住房优待条件的,实行市场购买与军地集中统建相结合,由安置地人民政府统筹规划、科学实施。

第五十二条 【就医优待】军队医疗机构、公立医疗机构应当为退役军人就医提供优待服务,并对参战退役军人、残疾退役军人给予优惠。

第五十三条 【公共交通、文化和旅游优待】退役军人凭退役军人优待证等有效证件享受公共交通、文化和旅游等优待,具体办法由省级人民政府制定。

第五十四条 【集中供养孤老、生活不能自理的退役军人】县级以上人民政府加强优抚医院、光荣院建设,充分利用现有医疗和养老服务资源,收治或者集中供养孤老、生活不能自理的退役军人。

各类社会福利机构应当优先接收老年退役军人和残疾退役军人。

第五十五条 【对生活困难的退役军人给予帮扶援助】国家建立退役军人帮扶援助机制,在养老、医疗、住房等方面,对生活困难的退役军人按照国家有关规定给予帮扶援助。

第五十六条 【抚恤】残疾退役军人依法享受抚恤。

残疾退役军人按照残疾等级享受残疾抚恤金,标准由国务院退役军人工作主管部门会同国务院财政部门综合考虑国家经济社会发展水平、消费物价水平、全国城镇单位就业人员工资水平、国家财力情况等因素确定。残疾抚恤金由县级人民政府退役军人工作主管部门发放。

第七章 褒扬激励

第五十七条 【荣誉激励机制】国家建立退役军人荣誉激励机制，对在社会主义现代化建设中做出突出贡献的退役军人予以表彰、奖励。退役军人服现役期间获得表彰、奖励的，退役后按照国家有关规定享受相应待遇。

第五十八条 【迎接仪式】退役军人安置地人民政府在接收退役军人时，应当举行迎接仪式。迎接仪式由安置地人民政府退役军人工作主管部门负责实施。

第五十九条 【光荣牌】地方人民政府应当为退役军人家庭悬挂光荣牌，定期开展走访慰问活动。

第六十条 【参加重大庆典活动】国家、地方和军队举行重大庆典活动时，应当邀请退役军人代表参加。

被邀请的退役军人参加重大庆典活动时，可以穿着退役时的制式服装，佩戴服现役期间和退役后荣获的勋章、奖章、纪念章等徽章。

第六十一条 【退役军人参与爱国主义教育和国防教育】国家注重发挥退役军人在爱国主义教育和国防教育活动中的积极作用。机关、群团组织、企业事业单位和社会组织可以邀请退役军人协助开展爱国主义教育和国防教育。县级以上人民政府教育行政部门可以邀请退役军人参加学校国防教育培训，学校可以聘请退役军人参与学生军事训练。

第六十二条 【退役军人先进事迹的宣传】县级以上人民政府退役军人工作主管部门应当加强对退役军人先进事迹的宣传，通过制作公益广告、创作主题文艺作品等方式，弘扬爱国主义精神、革命英雄主义精神和退役军人敬业奉献精神。

第六十三条 【录入地方志的退役军人的名录和事迹】县级以上地方人民政府负责地方志工作的机构应当将本行政区域内下列退役军人的名录和事迹，编辑录入地方志：

（一）参战退役军人；
（二）荣获二等功以上奖励的退役军人；
（三）获得省部级或者战区级以上表彰的退役军人；
（四）其他符合条件的退役军人。

第六十四条 【烈士纪念设施】国家统筹规划烈士纪念设施建设，通过组织开展英雄烈士祭扫纪念活动等多种形式，弘扬英雄烈士精神。退役军人工作主管部门负责烈士纪念设施的修缮、保护和管理。

国家推进军人公墓建设。符合条件的退役军人去世后，可以安葬在军人公墓。

第八章 服务管理

第六十五条 【建立健全退役军人服务体系】国家加强退役军人服务机构建设，建立健全退役军人服务体系。县级以上人民政府设立退役军人服务中心,乡镇、街道、农村和城市社区设立退役军人服务站点,提升退役军人服务保障能力。

第六十六条　【服务保障工作】退役军人服务中心、服务站点等退役军人服务机构应当加强与退役军人联系沟通,做好退役军人就业创业扶持、优抚帮扶、走访慰问、权益维护等服务保障工作。

第六十七条　【思想政治工作】县级以上人民政府退役军人工作主管部门应当加强退役军人思想政治教育工作,及时掌握退役军人的思想情况和工作生活状况,指导接收安置单位和其他组织做好退役军人的思想政治工作和有关保障工作。

接收安置单位和其他组织应当结合退役军人工作和生活状况,做好退役军人思想政治工作和有关保障工作。

第六十八条　【保密教育和管理】县级以上人民政府退役军人工作主管部门、接收安置单位和其他组织应当加强对退役军人的保密教育和管理。

第六十九条　【宣传与退役军人相关的法律法规和政策制度】县级以上人民政府退役军人工作主管部门应当通过广播、电视、报刊、网络等多种渠道宣传与退役军人相关的法律法规和政策制度。

第七十条　【建立健全退役军人权益保障机制】县级以上人民政府退役军人工作主管部门应当建立健全退役军人权益保障机制,畅通诉求表达渠道,为退役军人维护其合法权益提供支持和帮助。退役军人的合法权益受到侵害,应当依法解决。公共法律服务有关机构应当依法为退役军人提供法律援助等必要的帮助。

第七十一条　【指导、督促退役军人保障工作】县级以上人民政府退役军人工作主管部门应当依法指导、督促有关部门和单位做好退役安置、教育培训、就业创业、抚恤优待、褒扬激励、拥军优属等工作,监督检查退役军人保障相关法律法规和政策措施落实情况,推进解决退役军人保障工作中存在的问题。

第七十二条　【退役军人保障工作责任制和考核评价制度】国家实行退役军人保障工作责任制和考核评价制度。县级以上人民政府应当将退役军人保障工作完成情况,纳入对本级人民政府负责退役军人有关工作的部门及其负责人、下级人民政府及其负责人的考核评价内容。

对退役军人保障政策落实不到位、工作推进不力的地区和单位,由省级以上人民政府退役军人工作主管部门会同有关部门约谈该地区人民政府主要负责人或者该单位主要负责人。

第七十三条　【接受社会监督】退役军人工作主管部门及其工作人员履行职责,应当自觉接受社会监督。

第七十四条　【检举、控告】对退役军人保障工作中违反本法行为的检举、控告,有关机关和部门应当依法及时处理,并将处理结果告知检举人、控告人。

第九章　法　律　责　任

第七十五条　【对退役军人工作主管部门及其工作人员依法给予处分的情形】退役军人工作主管部门及其工作人员有下列行为之一的，由其上级主管部门责令改正，对直接负责的主管人员和其他直接责任人员依法给予处分：

（一）未按照规定确定退役军人安置待遇的；

（二）在退役军人安置工作中出具虚假文件的；

（三）为不符合条件的人员发放退役军人优待证的；

（四）挪用、截留、私分退役军人保障工作经费的；

（五）违反规定确定抚恤优待对象、标准、数额或者给予退役军人相关待遇的；

（六）在退役军人保障工作中利用职务之便为自己或者他人谋取私利的；

（七）在退役军人保障工作中失职渎职的；

（八）有其他违反法律法规行为的。

第七十六条　【其他负责退役军人有关工作的部门及其工作人员违法责任】其他负责退役军人有关工作的部门及其工作人员违反本法有关规定的，由其上级主管部门责令改正，对直接负责的主管人员和其他直接责任人员依法给予处分。

第七十七条　【拒绝或者无故拖延执行退役军人安置任务的法律责任】违反本法规定，拒绝或者无故拖延执行退役军人安置任务的，由安置地人民政府退役军人工作主管部门责令限期改正；逾期不改正的，予以通报批评。对该单位主要负责人和直接责任人员，由有关部门依法给予处分。

第七十八条　【退役军人弄虚作假骗取退役相关待遇的法律责任】退役军人弄虚作假骗取退役相关待遇的，由县级以上地方人民政府退役军人工作主管部门取消相关待遇，追缴非法所得，并由其所在单位或者有关部门依法给予处分。

第七十九条　【退役军人违法犯罪的法律责任】退役军人违法犯罪的，由省级人民政府退役军人工作主管部门按照国家有关规定中止、降低或者取消其退役相关待遇，报国务院退役军人工作主管部门备案。

退役军人对省级人民政府退役军人工作主管部门作出的中止、降低或者取消其退役相关待遇的决定不服的，可以依法申请行政复议或者提起行政诉讼。

第八十条　【治安管理处罚与刑事责任】违反本法规定，构成违反治安管理行为的，依法给予治安管理处罚；构成犯罪的，依法追究刑事责任。

第十章　附　　则

第八十一条　【武警部队人员的法律适用】中国人民武装警察部队依法退出现役的警官、警士和义务兵等人员，适用本法。

第八十二条　【文职干部与军队院校学员的法律适用】本法有关军官的规定适用于文职干部。

军队院校学员依法退出现役的，参照本法有关规定执行。

第八十三条 【**参战退役军人、参试退役军人相关规定**】参试退役军人参照本法有关参战退役军人的规定执行。

参战退役军人、参试退役军人的范围和认定标准、认定程序，由中央军事委员会有关部门会同国务院退役军人工作主管部门等部门规定。

第八十四条 【**其他安置管理**】军官离职休养和军级以上职务军官退休后，按照国务院和中央军事委员会的有关规定安置管理。

本法施行前已经按照自主择业方式安置的退役军人的待遇保障，按照国务院和中央军事委员会的有关规定执行。

第八十五条 【**施行日期**】本法自2021年1月1日起施行。

中华人民共和国军人保险法

1. 2012年4月27日第十一届全国人民代表大会常务委员会第二十六次会议通过
2. 2012年4月27日中华人民共和国主席令第56号公布
3. 自2012年7月1日起施行

目　录

第一章　总　则
第二章　军人伤亡保险
第三章　退役养老保险
第四章　退役医疗保险
第五章　随军未就业的军人配偶保险
第六章　军人保险基金
第七章　保险经办与监督
第八章　法律责任
第九章　附　则

第一章　总　则

第一条 【**立法目的**】为了规范军人保险关系，维护军人合法权益，促进国防和军队建设，制定本法。

第二条 【**法律适用**】国家建立军人保险制度。

军人伤亡保险、退役养老保险、退役医疗保险和随军未就业的军人配偶保险的建立、缴费和转移接续等适用本法。

第三条 【军人保险制度与社会保险制度相衔接】军人保险制度应当体现军人职业特点,与社会保险制度相衔接,与经济社会发展水平相适应。

国家根据社会保险制度的发展,适时补充完善军人保险制度。

第四条 【财政拨款和政策支持】国家促进军人保险事业的发展,为军人保险提供财政拨款和政策支持。

第五条 【主管部门】中国人民解放军军人保险主管部门负责全军的军人保险工作。国务院社会保险行政部门、财政部门和军队其他有关部门在各自职责范围内负责有关的军人保险工作。

军队后勤(联勤)机关财务部门负责承办军人保险登记、个人权益记录、军人保险待遇支付等工作。

军队后勤(联勤)机关财务部门和地方社会保险经办机构,按照各自职责办理军人保险与社会保险关系转移接续手续。

第六条 【军人参保待遇】军人依法参加军人保险并享受相应的保险待遇。

军人有权查询、核对个人缴费记录和个人权益记录,要求军队后勤(联勤)机关财务部门和地方社会保险经办机构依法办理养老、医疗等保险关系转移接续手续,提供军人保险和社会保险咨询等相关服务。

第二章 军人伤亡保险

第七条 【死亡保险金】军人因战、因公死亡的,按照认定的死亡性质和相应的保险金标准,给付军人死亡保险金。

第八条 【残疾保险金】军人因战、因公、因病致残的,按照评定的残疾等级和相应的保险金标准,给付军人残疾保险金。

第九条 【认定标准】军人死亡和残疾的性质认定、残疾等级评定和相应的保险金标准,按照国家和军队有关规定执行。

第十条 【不享受军人伤亡保险待遇的情况】军人因下列情形之一死亡或者致残的,不享受军人伤亡保险待遇:

(一)故意犯罪的;

(二)醉酒或者吸毒的;

(三)自残或者自杀的;

(四)法律、行政法规和军事法规规定的其他情形。

第十一条 【退役后旧伤复发军人的待遇】已经评定残疾等级的因战、因公致残的军人退出现役参加工作后旧伤复发的,依法享受相应的工伤待遇。

第十二条 【个人不缴保费】军人伤亡保险所需资金由国家承担,个人不缴纳保险费。

第三章 退役养老保险

第十三条 【退役养老保险补助】军人退出现役参加基本养老保险的,国家给予退役养老保险补助。

第十四条 【补助标准】军人退役养老保险补助标准,由中国人民解放军总后勤部会同国务院有关部门,按照国家规定的基本养老保险缴费标准、军人工资水平等因素拟订,报国务院、中央军事委员会批准。

第十五条 【基本养老保险关系转移接续】军人入伍前已经参加基本养老保险的,由地方社会保险经办机构和军队后勤(联勤)机关财务部门办理基本养老保险关系转移接续手续。

第十六条 【缴费年限合并】军人退出现役后参加职工基本养老保险的,由军队后勤(联勤)机关财务部门将军人退役养老保险关系和相应资金转入地方社会保险经办机构,地方社会保险经办机构办理相应的转移接续手续。

军人服现役年限与入伍前和退出现役后参加职工基本养老保险的缴费年限合并计算。

第十七条 【退役后参加社保的转移接续手续】军人退出现役后参加新型农村社会养老保险或者城镇居民社会养老保险的,按照国家有关规定办理转移接续手续。

第十八条 【退役后转公务员岗位的养老保险办法】军人退出现役到公务员岗位或者参照公务员法管理的工作人员岗位的,以及现役军官、文职干部退出现役自主择业的,其养老保险办法按照国家有关规定执行。

第十九条 【按退休方式安置的退役军人的养老保险办法】军人退出现役采取退休方式安置的,其养老办法按照国务院和中央军事委员会的有关规定执行。

第四章 退役医疗保险

第二十条 【退役医疗保险补助】参加军人退役医疗保险的军官、文职干部和士官应当缴纳军人退役医疗保险费,国家按照个人缴纳的军人退役医疗保险费的同等数额给予补助。

义务兵和供给制学员不缴纳军人退役医疗保险费,国家按照规定的标准给予军人退役医疗保险补助。

第二十一条 【退役医保缴费标准和补助标准】军人退役医疗保险个人缴费标准和国家补助标准,由中国人民解放军总后勤部会同国务院有关部门,按照国家规定的缴费比例、军人工资水平等因素确定。

第二十二条 【基本医保关系转移接续】军人入伍前已经参加基本医疗保险的,由地方社会保险经办机构和军队后勤(联勤)机关财务部门办理基本医疗保险关系转移接续手续。

第二十三条 【退役后参加医保的转移接续手续】军人退出现役后参加职工基本医疗保险的,由军队后勤(联勤)机关财务部门将军人退役医疗保险关系和相应资金转入地方社会保险经办机构,地方社会保险经办机构办理相应的转移接续手续。

军人服现役年限视同职工基本医疗保险缴费年限,与入伍前和退出现役后参加职工基本医疗保险的缴费年限合并计算。

第二十四条 【退役后参加医保的手续】军人退出现役后参加新型农村合作医疗或者城镇居民基本医疗保险的,按照国家有关规定办理。

第五章 随军未就业的军人配偶保险

第二十五条 【随军未就业的军人配偶保险缴费和补助】国家为随军未就业的军人配偶建立养老保险、医疗保险等。随军未就业的军人配偶参加保险,应当缴纳养老保险费和医疗保险费,国家给予相应的补助。

随军未就业的军人配偶保险个人缴费标准和国家补助标准,按照国家有关规定执行。

第二十六条 【随军前参加社保的转移接续手续】随军未就业的军人配偶随军前已经参加社会保险的,由地方社会保险经办机构和军队后勤(联勤)机关财务部门办理保险关系转移接续手续。

第二十七条 【配偶实现就业或军人退役时社保关系的转移】随军未就业的军人配偶实现就业或者军人退出现役时,由军队后勤(联勤)机关财务部门将其养老保险、医疗保险关系和相应资金转入地方社会保险经办机构,地方社会保险经办机构办理相应的转移接续手续。

军人配偶在随军未就业期间的养老保险、医疗保险缴费年限与其在地方参加职工基本养老保险、职工基本医疗保险的缴费年限合并计算。

第二十八条 【配偶达到退休年龄时社保关系的转移】随军未就业的军人配偶达到国家规定的退休年龄时,按照国家有关规定确定退休地,由军队后勤(联勤)机关财务部门将其养老保险关系和相应资金转入退休地社会保险经办机构,享受相应的基本养老保险待遇。

第二十九条 【地方政府与随军配偶就业、培训方面的相互协作】地方人民政府和有关部门应当为随军未就业的军人配偶提供就业指导、培训等方面的服务。

随军未就业的军人配偶无正当理由拒不接受当地人民政府就业安置,或者无正当理由拒不接受当地人民政府指定部门、机构介绍的适当工作、提供的就业培训的,停止给予保险缴费补助。

第六章 军人保险基金

第三十条 【军人保险基金的内容】军人保险基金包括军人伤亡保险基金、军人退役养老保险基金、军人退役医疗保险基金和随军未就业的军人配偶保险基金。各项军人保险基金按照军人保险险种分别建账,分账核算,执行军队的会计制度。

第三十一条 【军人保险基金的资金构成】军人保险基金由个人缴费、中央财政负担的军人保险资金以及利息收入等资金构成。

第三十二条 【保险费的缴纳】军人应当缴纳的保险费,由其所在单位代扣代缴。

随军未就业的军人配偶应当缴纳的保险费,由军人所在单位代扣代缴。

第三十三条 【纳入年度国防费预算】中央财政负担的军人保险资金,由国务院财政部门纳入年度国防费预算。

第三十四条 【预算、决算管理】军人保险基金按照国家和军队的预算管理制度,实行预算、决算管理。

第三十五条 【专户存储】军人保险基金实行专户存储,具体管理办法按照国家和军队有关规定执行。

第三十六条 【军人保险基金的管理机构】军人保险基金由中国人民解放军总后勤部军人保险基金管理机构集中管理。

军人保险基金管理机构应当严格管理军人保险基金,保证基金安全。

第三十七条 【专款专用】军人保险基金应当专款专用,按照规定的项目、范围和标准支出,任何单位和个人不得贪污、侵占、挪用,不得变更支出项目、扩大支出范围或者改变支出标准。

第七章 保险经办与监督

第三十八条 【军人保险经办管理制度】军队后勤(联勤)机关财务部门和地方社会保险经办机构应当建立健全军人保险经办管理制度。

军队后勤(联勤)机关财务部门应当按时足额支付军人保险金。

军队后勤(联勤)机关财务部门和地方社会保险经办机构应当及时办理军人保险和社会保险关系转移接续手续。

第三十九条 【建立保险档案及提供社保咨询服务】军队后勤(联勤)机关财务部门应当为军人及随军未就业的军人配偶建立保险档案,及时、完整、准确地记录其个人缴费和国家补助,以及享受军人保险待遇等个人权益记录,并定期将个人权益记录单送达本人。

军队后勤(联勤)机关财务部门和地方社会保险经办机构应当为军人及随军未就业的军人配偶提供军人保险和社会保险咨询等相关服务。

第四十条 【军人保险信息系统建设】军人保险信息系统由中国人民解放军总后勤部负责统一建设。

第四十一条 【对保险基金收支和管理情况的监督】中国人民解放军总后勤部财务部门和中国人民解放军审计机关按照各自职责,对军人保险基金的收支和管理情况实施监督。

第四十二条 【对单位和个人守法情况的监督】军队后勤(联勤)机关、地方社会保险行政部门,应当对单位和个人遵守本法的情况进行监督检查。

军队后勤(联勤)机关、地方社会保险行政部门实施监督检查时,被检查单位和个人应当如实提供与军人保险有关的资料,不得拒绝检查或者谎报、瞒报。

第四十三条 【信息保密】军队后勤(联勤)机关财务部门和地方社会保险经办机构

及其工作人员,应当依法为军队单位和军人的信息保密,不得以任何形式泄露。

第四十四条 【举报、投诉】任何单位或者个人有权对违反本法规定的行为进行举报、投诉。

军队和地方有关部门、机构对属于职责范围内的举报、投诉,应当依法处理;对不属于本部门、本机构职责范围的,应当书面通知并移交有权处理的部门、机构处理。有权处理的部门、机构应当及时处理,不得推诿。

第八章 法律责任

第四十五条 【军队后勤(联勤)机关财务部门、社保经办机构违法行为的处罚】军队后勤(联勤)机关财务部门、社会保险经办机构,有下列情形之一的,由军队后勤(联勤)机关或者社会保险行政部门责令改正;对直接负责的主管人员和其他直接责任人员依法给予处分;造成损失的,依法承担赔偿责任:

(一)不按照规定建立、转移接续军人保险关系的;

(二)不按照规定收缴、上缴个人缴纳的保险费的;

(三)不按照规定给付军人保险金的;

(四)篡改或者丢失个人缴费记录等军人保险档案资料的;

(五)泄露军队单位和军人的信息的;

(六)违反规定划拨、存储军人保险基金的;

(七)有违反法律、法规损害军人保险权益的其他行为的。

第四十六条 【贪污、侵占、挪用军人保险基金的处罚】贪污、侵占、挪用军人保险基金的,由军队后勤(联勤)机关责令限期退回,对直接负责的主管人员和其他直接责任人员依法给予处分。

第四十七条 【以欺诈等手段骗取军人保险待遇的处罚】以欺诈、伪造证明材料等手段骗取军人保险待遇的,由军队后勤(联勤)机关和社会保险行政部门责令限期退回,并依法给予处分。

第四十八条 【刑事责任】违反本法规定,构成犯罪的,依法追究刑事责任。

第九章 附 则

第四十九条 【失业保险缴费年限】军人退出现役后参加失业保险的,其服现役年限视同失业保险缴费年限,与入伍前和退出现役后参加失业保险的缴费年限合并计算。

第五十条 【相关规定的法律适用】本法关于军人保险权益和义务的规定,适用于人民武装警察;中国人民武装警察部队保险基金管理,按照中国人民武装警察部队资金管理体制执行。

第五十一条 【施行日期】本法自 2012 年 7 月 1 日起施行。

军人抚恤优待条例

1. 2004年8月1日中华人民共和国国务院、中华人民共和国中央军事委员会令第413号公布
2. 根据2011年7月29日国务院、中央军事委员会令第602号《关于修改〈军人抚恤优待条例〉的决定》第一次修订
3. 根据2019年3月2日国务院令第709号《关于修改部分行政法规的决定》第二次修订
4. 2024年8月5日国务院、中央军事委员会令第788号第三次修订

第一章 总 则

第一条 为了保障国家对军人的抚恤优待,激励军人保卫祖国、建设祖国的献身精神,加强国防和军队现代化建设,让军人成为全社会尊崇的职业,根据《中华人民共和国国防法》《中华人民共和国兵役法》《中华人民共和国军人地位和权益保障法》《中华人民共和国退役军人保障法》等有关法律,制定本条例。

第二条 本条例所称抚恤优待对象包括:
(一)军人;
(二)服现役和退出现役的残疾军人;
(三)烈士遗属、因公牺牲军人遗属、病故军人遗属;
(四)军人家属;
(五)退役军人。

第三条 军人抚恤优待工作坚持中国共产党的领导。

军人抚恤优待工作应当践行社会主义核心价值观,贯彻待遇与贡献匹配、精神与物质并重、关爱与服务结合的原则,分类保障,突出重点,逐步推进抚恤优待制度城乡统筹,健全抚恤优待标准动态调整机制,确保抚恤优待保障水平与经济社会发展水平、国防和军队建设需要相适应。

第四条 国家保障抚恤优待对象享受社会保障和基本公共服务等公民普惠待遇,同时享受相应的抚恤优待待遇。

在审核抚恤优待对象是否符合享受相应社会保障和基本公共服务等条件时,抚恤金、补助金和优待金不计入抚恤优待对象个人和家庭收入。

第五条 国务院退役军人工作主管部门负责全国的军人抚恤优待工作;县级以上地方人民政府退役军人工作主管部门负责本行政区域内的军人抚恤优待工作。

中央和国家有关机关、中央军事委员会有关部门、地方各级有关机关应当在各自职责范围内做好军人抚恤优待工作。

第六条 按照中央与地方财政事权和支出责任划分原则,军人抚恤优待所需经费主要由中央财政负担,适度加大省级财政投入力度,减轻基层财政压力。

县级以上地方人民政府应当对军人抚恤优待工作经费予以保障。

中央和地方财政安排的军人抚恤优待所需经费和工作经费,实施全过程预算绩效管理,并接受财政、审计部门的监督。

第七条 国家鼓励和引导群团组织、企业事业单位、社会组织、个人等社会力量依法通过捐赠、设立基金、志愿服务等方式为军人抚恤优待工作提供支持和帮助。

全社会应当关怀、尊重抚恤优待对象,开展各种形式的拥军优属活动,营造爱国拥军、尊崇军人浓厚氛围。

第八条 国家推进军人抚恤优待工作信息化,加强抚恤优待对象综合信息平台建设,加强部门协同配合、信息共享,实现对抚恤优待对象的精准识别,提升军人抚恤优待工作服务能力和水平。

国家建立享受定期抚恤补助对象年度确认制度和冒领待遇追责机制,确保抚恤优待资金准确发放。

第九条 对在军人抚恤优待工作中做出显著成绩的单位和个人,按照国家有关规定给予表彰和奖励。

第二章 军人死亡抚恤

第十条 烈士遗属享受烈士褒扬金、一次性抚恤金,并可以按照规定享受定期抚恤金、丧葬补助、一次性特别抚恤金等。

因公牺牲军人遗属、病故军人遗属享受一次性抚恤金,并可以按照规定享受定期抚恤金、丧葬补助、一次性特别抚恤金等。

第十一条 军人牺牲,符合下列情形之一的,评定为烈士:

(一)对敌作战牺牲,或者对敌作战负伤在医疗终结前因伤牺牲的;

(二)因执行任务遭敌人或者犯罪分子杀害,或者被俘、被捕后不屈遭敌人杀害或者被折磨牺牲的;

(三)为抢救和保护国家财产、集体财产、公民生命财产或者执行反恐怖任务和处置突发事件牺牲的;

(四)因执行军事演习、战备航行飞行、空降和导弹发射训练、试航试飞任务以及参加武器装备科研试验牺牲的;

(五)在执行外交任务或者国家派遣的对外援助、维持国际和平任务中牺牲的;

(六)其他牺牲情节特别突出,堪为楷模的。

军人在执行对敌作战、维持国际和平、边海防执勤或者抢险救灾等任务中失踪,被宣告死亡的,按照烈士对待。

评定烈士,属于因战牺牲的,由军队团级以上单位政治工作部门批准;属于非因战牺牲的,由军队军级以上单位政治工作部门批准;属于本条第一款第六项规定情形的,由中央军事委员会政治工作部批准。

第十二条 军人死亡,符合下列情形之一的,确认为因公牺牲:
(一)在执行任务中、工作岗位上或者在上下班途中,由于意外事件死亡的;
(二)被认定为因战、因公致残后因旧伤复发死亡的;
(三)因患职业病死亡的;
(四)在执行任务中或者在工作岗位上因病猝然死亡的;
(五)其他因公死亡的。

军人在执行对敌作战、维持国际和平、边海防执勤或者抢险救灾以外的其他任务中失踪,被宣告死亡的,按照因公牺牲对待。

军人因公牺牲,由军队团级以上单位政治工作部门确认;属于本条第一款第五项规定情形的,由军队军级以上单位政治工作部门确认。

第十三条 军人除本条例第十二条第一款第三项、第四项规定情形以外,因其他疾病死亡的,确认为病故。

军人非执行任务死亡,或者失踪被宣告死亡的,按照病故对待。

军人病故,由军队团级以上单位政治工作部门确认。

第十四条 军人牺牲被评定为烈士、确认为因公牺牲或者病故后,由军队有关部门或者单位向烈士遗属、因公牺牲军人遗属、病故军人遗属户籍所在地县级人民政府退役军人工作主管部门发送《烈士评定通知书》、《军人因公牺牲通知书》、《军人病故通知书》和《军人因公牺牲证明书》、《军人病故证明书》。烈士证书的颁发按照《烈士褒扬条例》的规定执行,《军人因公牺牲证明书》、《军人病故证明书》由本条规定的县级人民政府退役军人工作主管部门发给因公牺牲军人遗属、病故军人遗属。

遗属均为军人且无户籍的,军人单位所在地作为遗属户籍地。

第十五条 烈士褒扬金由领取烈士证书的烈士遗属户籍所在地县级人民政府退役军人工作主管部门,按照烈士牺牲时上一年度全国城镇居民人均可支配收入30倍的标准发给其遗属。战时,参战牺牲的烈士褒扬金标准可以适当提高。

军人死亡,根据其死亡性质和死亡时的月基本工资标准,由收到《烈士评定通知书》、《军人因公牺牲通知书》、《军人病故通知书》的县级人民政府退役军人工作主管部门,按照以下标准发给其遗属一次性抚恤金:烈士和因公牺牲的,为上一年度全国城镇居民人均可支配收入的20倍加本人40个月的基本工资;病故的,为上一年度全国城镇居民人均可支配收入的2倍加本人40个月的基本工资。月基本工资或者津贴低于少尉军官基本工资标准的,按照少尉军官基本工资标准计算。被追授军衔的,按照所追授的军衔等级以及相应待遇级别确定月基本工资标准。

第十六条 服现役期间获得功勋荣誉表彰的军人被评定为烈士、确认为因公牺牲或

者病故的,其遗属在应当享受的一次性抚恤金的基础上,由县级人民政府退役军人工作主管部门按照下列比例增发一次性抚恤金:

(一)获得勋章或者国家荣誉称号的,增发40%;

(二)获得党中央、国务院、中央军事委员会单独或者联合授予荣誉称号的,增发35%;

(三)立一等战功、获得一级表彰或者获得中央军事委员会授权的单位授予荣誉称号的,增发30%;

(四)立二等战功、一等功或者获得二级表彰并经批准的,增发25%;

(五)立三等战功或者二等功的,增发15%;

(六)立四等战功或者三等功的,增发5%。

军人死亡后被追授功勋荣誉表彰的,比照前款规定增发一次性抚恤金。

服现役期间多次获得功勋荣誉表彰的烈士、因公牺牲军人、病故军人,其遗属由县级人民政府退役军人工作主管部门按照其中最高的增发比例,增发一次性抚恤金。

第十七条　对生前作出特殊贡献的烈士、因公牺牲军人、病故军人,除按照本条例规定发给其遗属一次性抚恤金外,军队可以按照有关规定发给其遗属一次性特别抚恤金。

第十八条　烈士褒扬金发给烈士的父母(抚养人)、配偶、子女;没有父母(抚养人)、配偶、子女的,发给未满18周岁的兄弟姐妹和已满18周岁但无生活费来源且由该军人生前供养的兄弟姐妹。

一次性抚恤金发给烈士遗属、因公牺牲军人遗属、病故军人遗属,遗属的范围按照前款规定确定。

第十九条　对符合下列条件的烈士遗属、因公牺牲军人遗属、病故军人遗属,由其户籍所在地县级人民政府退役军人工作主管部门依据其申请,在审核确认其符合条件当月起发给定期抚恤金:

(一)父母(抚养人)、配偶无劳动能力、无生活费来源,或者收入水平低于当地居民平均生活水平的;

(二)子女未满18周岁或者已满18周岁但因上学或者残疾无生活费来源的;

(三)兄弟姐妹未满18周岁或者已满18周岁但因上学无生活费来源且由该军人生前供养的。

定期抚恤金标准应当参照上一年度全国居民人均可支配收入水平确定,具体标准及其调整办法,由国务院退役军人工作主管部门会同国务院财政部门规定。

第二十条　烈士、因公牺牲军人、病故军人生前的配偶再婚后继续赡养烈士、因公牺牲军人、病故军人父母(抚养人),继续抚养烈士、因公牺牲军人、病故军人生前供养的未满18周岁或者已满18周岁但无劳动能力且无生活费来源的兄弟姐妹的,由其户籍所在地县级人民政府退役军人工作主管部门继续发放定期抚恤金。

第二十一条　对领取定期抚恤金后生活仍有特殊困难的烈士遗属、因公牺牲军人遗属、病故军人遗属,县级以上地方人民政府可以增发抚恤金或者采取其他方式予以困难补助。

第二十二条　享受定期抚恤金的烈士遗属、因公牺牲军人遗属、病故军人遗属死亡的,继续发放6个月其原享受的定期抚恤金,作为丧葬补助。

第二十三条　军人失踪被宣告死亡的,在其被评定为烈士、确认为因公牺牲或者病故后,又经法定程序撤销对其死亡宣告的,由原评定或者确认机关取消其烈士、因公牺牲军人或者病故军人资格,并由发证机关收回有关证件,终止其家属原享受的抚恤待遇。

第三章　军人残疾抚恤

第二十四条　残疾军人享受残疾抚恤金,并可以按照规定享受供养待遇、护理费等。

第二十五条　军人残疾,符合下列情形之一的,认定为因战致残:

（一）对敌作战负伤致残的;

（二）因执行任务遭敌人或者犯罪分子伤害致残,或者被俘、被捕后不屈遭敌人伤害或者被折磨致残的;

（三）为抢救和保护国家财产、集体财产、公民生命财产或者执行反恐怖任务和处置突发事件致残的;

（四）因执行军事演习、战备航行飞行、空降和导弹发射训练、试航试飞任务以及参加武器装备科研试验致残的;

（五）在执行外交任务或者国家派遣的对外援助、维持国际和平任务中致残的;

（六）其他因战致残的。

军人残疾,符合下列情形之一的,认定为因公致残:

（一）在执行任务中、工作岗位上或者在上下班途中,由于意外事件致残的;

（二）因患职业病致残的;

（三）在执行任务中或者在工作岗位上突发疾病受伤致残的;

（四）其他因公致残的。

义务兵和初级军士除前款第二项、第三项规定情形以外,因其他疾病导致残疾的,认定为因病致残。

第二十六条　残疾的等级,根据劳动功能障碍程度和生活自理障碍程度确定,由重到轻分为一级至十级。

残疾等级的具体评定标准由国务院退役军人工作主管部门会同国务院人力资源社会保障部门、卫生健康部门和军队有关部门规定。

第二十七条　军人因战、因公致残经治疗伤情稳定后,符合评定残疾等级条件的,应当及时评定残疾等级。义务兵和初级军士因病致残经治疗病情稳定后,符合评定残疾等级条件的,本人(无民事行为能力人或者限制民事行为能力人由其监护人)或者所在单位应当及时提出申请,在服现役期间评定残疾等级。

因战、因公致残,残疾等级被评定为一级至十级的,享受抚恤;因病致残,残疾等级被评定为一级至六级的,享受抚恤。评定残疾等级的,从批准当月起发给残疾抚恤金。

第二十八条 因战、因公、因病致残性质的认定和残疾等级的评定权限是:

(一)义务兵和初级军士的残疾,由军队军级以上单位卫生部门会同相关部门认定和评定;

(二)军官、中级以上军士的残疾,由军队战区级以上单位卫生部门会同相关部门认定和评定;

(三)退出现役的军人和移交政府安置的军队离休退休干部、退休军士需要认定残疾性质和评定残疾等级的,由省级人民政府退役军人工作主管部门认定和评定。

评定残疾等级,应当依据医疗卫生专家小组出具的残疾等级医学鉴定意见。

残疾军人由认定残疾性质和评定残疾等级的机关发给《中华人民共和国残疾军人证》。

第二十九条 军人因战、因公致残,未及时评定残疾等级,退出现役后,本人(无民事行为能力人或者限制民事行为能力人由其监护人)应当及时申请补办评定残疾等级;凭原始档案记载及原始病历能够证明服现役期间的残情和伤残性质符合评定残疾等级条件的,可以评定残疾等级。

被诊断、鉴定为职业病或者因体内残留弹片致残,符合残疾等级评定条件的,可以补办评定残疾等级。

军人被评定残疾等级后,在服现役期间或者退出现役后原致残部位残疾情况发生明显变化,原定残疾等级与残疾情况明显不符,本人(无民事行为能力人或者限制民事行为能力人由其监护人)申请或者军队卫生部门、地方人民政府退役军人工作主管部门提出需要调整残疾等级的,可以重新评定残疾等级。申请调整残疾等级应当在上一次评定残疾等级1年后提出。

第三十条 退出现役的残疾军人或者向政府移交的残疾军人,应当自军队办理退役手续或者移交手续后60日内,向户籍迁入地县级人民政府退役军人工作主管部门申请转入抚恤关系,按照残疾性质和等级享受残疾抚恤金。其退役或者向政府移交当年的残疾抚恤金由所在部队发给,迁入地县级人民政府退役军人工作主管部门从下一年起按照当地的标准发给。

因工作需要继续服现役的残疾军人,经军队军级以上单位批准,由所在部队按照规定发给残疾抚恤金。

第三十一条 残疾军人的抚恤金标准应当参照上一年度全国城镇单位就业人员年平均工资水平确定。残疾抚恤金的标准以及一级至十级残疾军人享受残疾抚恤金的具体办法,由国务院退役军人工作主管部门会同国务院财政部门规定。

对领取残疾抚恤金后生活仍有特殊困难的残疾军人,县级以上地方人民政府可以增发抚恤金或者采取其他方式予以困难补助。

第三十二条 退出现役的因战、因公致残的残疾军人因旧伤复发死亡的,由县级人民政府退役军人工作主管部门按照因公牺牲军人的抚恤金标准发给其遗属一次性抚恤金,其遗属按照国家规定享受因公牺牲军人遗属定期抚恤金待遇。

退出现役的残疾军人因病死亡的,对其遗属继续发放12个月其原享受的残疾抚恤金,作为丧葬补助;其中,因战、因公致残的一级至四级残疾军人因病死亡的,其遗属按照国家规定享受病故军人遗属定期抚恤金待遇。

第三十三条 退出现役时为一级至四级的残疾军人,由国家供养终身;其中,对需要长年医疗或者独身一人不便分散供养的,经省级人民政府退役军人工作主管部门批准,可以集中供养。

第三十四条 对退出现役时分散供养的一级至四级、退出现役后补办或者调整为一级至四级、服现役期间因患精神障碍评定为五级至六级的残疾军人发给护理费,护理费的标准为:

(一)因战、因公一级和二级残疾的,为当地上一年度城镇单位就业人员月平均工资的50%;

(二)因战、因公三级和四级残疾的,为当地上一年度城镇单位就业人员月平均工资的40%;

(三)因病一级至四级残疾的,为当地上一年度城镇单位就业人员月平均工资的30%;

(四)因精神障碍五级至六级残疾的,为当地上一年度城镇单位就业人员月平均工资的25%。

退出现役并移交地方的残疾军人的护理费,由县级以上地方人民政府退役军人工作主管部门发给。未退出现役或者未移交地方的残疾军人的护理费,由所在部队按照军队有关规定发给。移交政府安置的离休退休残疾军人的护理费,按照国家和军队有关规定执行。

享受护理费的残疾军人在优抚医院集中收治期间,护理费由优抚医院统筹使用。享受护理费的残疾军人在部队期间,由单位从地方购买照护服务的,护理费按照规定由单位纳入购买社会服务费用统一管理使用。

第三十五条 残疾军人因残情需要配制假肢、轮椅、助听器等康复辅助器具,正在服现役的,由军队军级以上单位负责解决;退出现役的,由省级人民政府退役军人工作主管部门负责解决,所需经费由省级人民政府保障。

第四章 优　　待

第三十六条 抚恤优待对象依法享受家庭优待金、荣誉激励、关爱帮扶,以及教育、医疗、就业、住房、养老、交通、文化等方面的优待。

第三十七条 国家完善抚恤优待对象表彰、奖励办法,构建精神与物质并重的荣誉激励制度体系,建立抚恤优待对象荣誉激励机制,健全邀请参加重大庆典活动、开展典型宣传、悬挂光荣牌、制发优待证、送喜报、载入地方志、组织短期疗养等政策制度。

第三十八条 国家建立抚恤优待对象关爱帮扶机制,逐步完善抚恤优待对象生活状况信息档案登记制度,有条件的地方可以设立退役军人关爱基金,充分利用退役军人关爱基金等开展帮扶援助,加大对生活发生重大变故、遇到特殊困难的抚恤优待对象的关爱帮扶力度。

乡镇人民政府、街道办事处通过入户走访等方式,主动了解本行政区域抚恤优待对象的生活状况,及时发现生活困难的抚恤优待对象,提供协助申请、组织帮扶等服务。基层群众性自治组织应当协助做好抚恤优待对象的走访帮扶工作。鼓励发挥社会组织、社会工作者和志愿者作用,为抚恤优待对象提供心理疏导、精神抚慰、法律援助、人文关怀等服务。县级以上人民政府应当采取措施,为乡镇人民政府、街道办事处以及基层群众性自治组织开展相关工作提供条件和支持。

第三十九条 国家对烈士遗属逐步加大教育、医疗、就业、养老、住房、交通、文化等方面的优待力度。

国务院有关部门、军队有关部门和地方人民政府应当关心烈士遗属的生活情况,开展走访慰问,及时给予烈士遗属荣誉激励和精神抚慰。

烈士子女符合公务员、社区专职工作人员考录、聘用条件的,在同等条件下优先录用或者聘用。

第四十条 烈士、因公牺牲军人、病故军人的子女、兄弟姐妹以及军人子女,本人自愿应征并且符合征兵条件的,优先批准服现役;报考军队文职人员的,按照规定享受优待。

第四十一条 国家兴办优抚医院、光荣院,按照规定为抚恤优待对象提供优待服务。县级以上人民政府应当充分利用现有医疗和养老服务资源,因地制宜加强优抚医院、光荣院建设,收治或者集中供养孤老、生活不能自理的退役军人。

参战退役军人、烈士遗属、因公牺牲军人遗属、病故军人遗属和军人家属,符合规定条件申请在国家兴办的优抚医院、光荣院集中供养、住院治疗、短期疗养的,享受优先、优惠待遇。

各类社会福利机构应当优先接收抚恤优待对象。烈士遗属、因公牺牲军人遗属、病故军人遗属和军人家属,符合规定条件申请入住公办养老机构的,同等条件下优先安排。

第四十二条 国家建立中央和地方财政分级负担的义务兵家庭优待金制度,义务兵服现役期间,其家庭由批准入伍地县级人民政府发给优待金,同时按照规定享受其他优待。

义务兵和军士入伍前依法取得的农村土地承包经营权,服现役期间应当保留。

义务兵从部队发出的平信,免费邮递。

第四十三条 烈士子女报考普通高中、中等职业学校、高等学校,按照《烈士褒扬条例》等法律法规和国家有关规定享受优待。在公办幼儿园和公办学校就读的,按照国家有关规定享受各项学生资助等政策。

因公牺牲军人子女、一级至四级残疾军人子女报考普通高中、中等职业学校、高等学校,在录取时按照国家有关规定给予优待;接受学历教育的,按照国家有关规定享受各项学生资助等政策。

军人子女入读公办义务教育阶段学校和普惠性幼儿园,可以在本人、父母、祖父母、外祖父母或者其他法定监护人户籍所在地,或者父母居住地、部队驻地入学,享受当地军人子女教育优待政策;报考普通高中、中等职业学校、高等学校,按照国家有关规定优先录取;接受学历教育的,按照国家有关规定享受各项学生资助等政策。地方各级人民政府及其有关部门应当按照法律法规和国家有关规定为军人子女创造接受良好教育的条件。

残疾军人、义务兵和初级军士退出现役后,报考中等职业学校和高等学校,按照国家有关规定享受优待。优先安排残疾军人参加学习培训,按照规定享受国家资助政策。退役军人按照规定免费参加教育培训。符合条件的退役大学生士兵复学、转专业、攻读硕士研究生等,按照国家有关规定享受优待政策。

抚恤优待对象享受教育优待的具体办法由国务院退役军人工作主管部门会同国务院教育部门规定。

第四十四条 国家对一级至六级残疾军人的医疗费用按照规定予以保障,其中参加工伤保险的一级至六级残疾军人旧伤复发的医疗费用,由工伤保险基金支付。

七级至十级残疾军人旧伤复发的医疗费用,已经参加工伤保险的,由工伤保险基金支付;未参加工伤保险,有工作单位的由工作单位解决,没有工作单位的由当地县级以上地方人民政府负责解决。七级至十级残疾军人旧伤复发以外的医疗费用,未参加医疗保险且本人支付有困难的,由当地县级以上地方人民政府酌情给予补助。

抚恤优待对象在军队医疗卫生机构和政府举办的医疗卫生机构按照规定享受优待服务,国家鼓励社会力量举办的医疗卫生机构为抚恤优待对象就医提供优待服务。参战退役军人、残疾军人按照规定享受医疗优惠。

抚恤优待对象享受医疗优待和优惠的具体办法由国务院退役军人工作主管部门和中央军事委员会后勤保障部会同国务院财政、卫生健康、医疗保障等部门规定。

中央财政对地方给予适当补助,用于帮助解决抚恤优待对象的医疗费用困难问题。

第四十五条 义务兵和军士入伍前是机关、群团组织、事业单位或者国有企业工作人员，退出现役后以自主就业方式安置的，可以选择复职复工，其工资、福利待遇不得低于本单位同等条件工作人员的平均水平；服现役期间，其家属继续享受该单位工作人员家属的有关福利待遇。

残疾军人、义务兵和初级军士退出现役后，报考公务员的，按照国家有关规定享受优待。

第四十六条 国家依法保障军人配偶就业安置权益。机关、群团组织、企业事业单位、社会组织和其他组织，应当依法履行接收军人配偶就业安置的义务。经军队团级以上单位政治工作部门批准随军的军官家属、军士家属，由驻军所在地公安机关办理落户手续。

军人配偶随军前在机关或者事业单位工作的，由安置地人民政府及其主管部门按照国家有关规定，安排到相应的工作单位。其中，随军前是公务员的，采取转任等方式，在规定的编制限额和职数内，结合当地和随军家属本人实际情况，原则上安置到机关相应岗位；随军前是事业单位工作人员的，采取交流方式，在规定的编制限额和设置的岗位数内，结合当地和随军家属本人实际情况，原则上安置到事业单位相应岗位。经个人和接收单位双向选择，也可以按照规定安置到其他单位适宜岗位。

军人配偶随军前在其他单位工作或者无工作单位且有就业能力和就业意愿的，由安置地人民政府提供职业指导、职业介绍、职业培训等就业服务，按照规定落实相关扶持政策，帮助其实现就业。

烈士遗属、因公牺牲军人遗属和符合规定条件的军人配偶，当地人民政府应当优先安排就业。符合条件的军官和军士退出现役时，其配偶和子女可以按照国家有关规定随调随迁。

第四十七条 国家鼓励有用工需求的用人单位优先安排随军家属就业。国有企业在新招录职工时，应当按照用工需求的适当比例聘用随军家属；有条件的民营企业在新招录职工时，可以按照用工需求的适当比例聘用随军家属。

国家鼓励和扶持有条件、有意愿的军人配偶自主就业、自主创业，按照规定落实相关扶持政策。

第四十八条 驻边疆国境的县(市)、沙漠区、国家确定的边远地区中的三类地区和军队确定的特、一、二类岛屿部队的军官、军士，其符合随军条件无法随军的家属，可以选择在军人、军人配偶原户籍所在地或者军人父母、军人配偶父母户籍所在地自愿落户，所在地人民政府应当妥善安置。

第四十九条 随军的烈士遗属、因公牺牲军人遗属、病故军人遗属，移交地方人民政府安置的，享受本条例和当地人民政府规定的优待。

第五十条 退出现役后，在机关、群团组织、企业事业单位和社会组织工作的残疾军人，享受与所在单位工伤人员同等的生活福利和医疗待遇。所在单位不得因其残疾将其辞退、解除聘用合同或者劳动合同。

第五十一条 国家适应住房保障制度改革发展要求，逐步完善抚恤优待对象住房优待办法，适当加大对参战退役军人、烈士遗属、因公牺牲军人遗属、病故军人遗属的优待力度。符合当地住房保障条件的抚恤优待对象承租、购买保障性住房的，县级以上地方人民政府有关部门应当给予优先照顾。居住农村的符合条件的抚恤优待对象，同等条件下优先纳入国家或者地方实施的农村危房改造相关项目范围。

第五十二条 军人凭军官证、军士证、义务兵证、学员证等有效证件，残疾军人凭《中华人民共和国残疾军人证》，烈士遗属、因公牺牲军人遗属、病故军人遗属凭优待证，乘坐境内运行的铁路旅客列车、轮船、长途客运班车和民航班机，享受购票、安检、候乘、通行等优先服务，随同出行的家属可以一同享受优先服务；残疾军人享受减收国内运输经营者对外公布票价50%的优待。

军人、残疾军人凭证免费乘坐市内公共汽车、电车、轮渡和轨道交通工具。

第五十三条 抚恤优待对象参观游览图书馆、博物馆、美术馆、科技馆、纪念馆、体育场馆等公共文化设施和公园、展览馆、名胜古迹等按照规定享受优待及优惠服务。

第五十四条 军人依法享受个人所得税优惠政策。退役军人从事个体经营或者企业招用退役军人，符合条件的，依法享受税收优惠。

第五章 法律责任

第五十五条 军人抚恤优待管理单位及其工作人员挪用、截留、私分军人抚恤优待所需经费和工作经费，构成犯罪的，依法追究相关责任人员的刑事责任；尚不构成犯罪的，对相关责任人员依法给予处分。被挪用、截留、私分的军人抚恤优待所需经费和工作经费，由上一级人民政府退役军人工作主管部门、军队有关部门责令追回。

第五十六条 军人抚恤优待管理单位及其工作人员、参与军人抚恤优待工作的单位及其工作人员有下列行为之一的，由其上级主管部门责令改正；情节严重，构成犯罪的，依法追究相关责任人员的刑事责任；尚不构成犯罪的，对相关责任人员依法给予处分：

（一）违反规定审批军人抚恤待遇的；

（二）在审批军人抚恤待遇工作中出具虚假诊断、鉴定、证明的；

（三）不按照规定的标准、数额、对象审批或者发放抚恤金、补助金、优待金的；

（四）在军人抚恤优待工作中利用职权谋取私利的；

（五）有其他违反法律法规行为的。

第五十七条 负有军人优待义务的单位不履行优待义务的，由县级以上地方人民政府退役军人工作主管部门责令限期履行义务；逾期仍未履行的，处以2万元以上

5万元以下罚款；对直接负责的主管人员和其他直接责任人员，依法给予处分。因不履行优待义务使抚恤优待对象受到损失的，应当依法承担赔偿责任。

第五十八条 抚恤优待对象及其他人员有下列行为之一的，由县级以上地方人民政府退役军人工作主管部门、军队有关部门取消相关待遇、追缴违法所得，并由其所在单位或者有关部门依法给予处分；构成犯罪的，依法追究刑事责任：

（一）冒领抚恤金、补助金、优待金的；

（二）伪造残情、伤情、病情骗取医药费等费用或者相关抚恤优待待遇的；

（三）出具虚假证明、伪造证件、印章骗取抚恤金、补助金、优待金的；

（四）其他弄虚作假骗取抚恤优待待遇的。

第五十九条 抚恤优待对象被判处有期徒刑、剥夺政治权利或者被通缉期间，中止发放抚恤金、补助金；被判处死刑、无期徒刑以及被军队开除军籍的，取消其抚恤优待资格。

抚恤优待对象有前款规定情形的，由省级人民政府退役军人工作主管部门按照国家有关规定中止或者取消其抚恤优待相关待遇，报国务院退役军人工作主管部门备案。

第六章 附 则

第六十条 本条例适用于中国人民武装警察部队。

第六十一条 军队离休退休干部和退休军士的抚恤优待，按照本条例有关军人抚恤优待的规定执行。

参试退役军人参照本条例有关参战退役军人的规定执行。

因参战以及参加非战争军事行动、军事训练和执行军事勤务伤亡的预备役人员、民兵、民工、其他人员的抚恤，参照本条例的有关规定办理。

第六十二条 国家按照规定为符合条件的参战退役军人、带病回乡退役军人、年满60周岁农村籍退役士兵、1954年10月31日之前入伍后经批准退出现役的人员，以及居住在农村和城镇无工作单位且年满60周岁、在国家建立定期抚恤金制度时已满18周岁的烈士子女，发放定期生活补助。

享受国家定期生活补助的参战退役军人去世后，继续发放6个月其原享受的定期生活补助，作为丧葬补助。

第六十三条 深化国防和军队改革期间现役军人转改的文职人员，按照本条例有关军人抚恤优待的规定执行。

其他文职人员因在作战和有作战背景的军事行动中承担支援保障任务、参加非战争军事行动以及军级以上单位批准且列入军事训练计划的军事训练伤亡的抚恤优待，参照本条例的有关规定办理。

第六十四条 本条例自2024年10月1日起施行。

伤残抚恤管理办法

1. 2007年7月31日民政部令第34号公布
2. 根据2013年7月5日民政部令第50号《关于修改〈伤残抚恤管理办法〉的决定》第一次修订
3. 2019年12月16日退役军人事务部令第1号第二次修订

第一章 总 则

第一条 为了规范和加强退役军人事务部门管理的伤残抚恤工作,根据《军人抚恤优待条例》等法规,制定本办法。

第二条 本办法适用于符合下列情况的中国公民:

(一)在服役期间因战因公致残退出现役的军人,在服役期间因病评定了残疾等级退出现役的残疾军人;

(二)因战因公负伤时为行政编制的人民警察;

(三)因参战、参加军事演习、军事训练和执行军事勤务致残的预备役人员、民兵、民工以及其他人员;

(四)为维护社会治安同违法犯罪分子进行斗争致残的人员;

(五)为抢救和保护国家财产、人民生命财产致残的人员;

(六)法律、行政法规规定应当由退役军人事务部门负责伤残抚恤的其他人员。

前款所列第(三)、第(四)、第(五)项人员根据《工伤保险条例》应当认定视同工伤的,不再办理因战、因公伤残抚恤。

第三条 本办法第二条所列人员符合《军人抚恤优待条例》及有关政策中因战因公致残规定的,可以认定因战因公致残;个人对导致伤残的事件和行为负有过错责任的,以及其他不符合因战因公致残情形的,不得认定为因战因公致残。

第四条 伤残抚恤工作应当遵循公开、公平、公正的原则。县级人民政府退役军人事务部门应当公布有关评残程序和抚恤金标准。

第二章 残疾等级评定

第五条 评定残疾等级包括新办评定残疾等级、补办评定残疾等级、调整残疾等级。

新办评定残疾等级是指对本办法第二条第一款第(一)项以外的人员认定因战因公残疾性质,评定残疾等级。补办评定残疾等级是指对现役军人因战因公致残未能及时评定残疾等级,在退出现役后依据《军人抚恤优待条例》的规定,认定因战因公残疾性质、评定残疾等级。调整残疾等级是指对已经评定残疾等级,因原致残部位残疾情况变化与原评定的残疾等级明显不符的人员调整残疾等级级别，对达不到最低评残标准的可以取消其残疾等级。

属于新办评定残疾等级的，申请人应当在因战因公负伤或者被诊断、鉴定为职业病3年内提出申请；属于调整残疾等级的，应当在上一次评定残疾等级1年后提出申请。

第六条　申请人（精神病患者由其利害关系人帮助申请，下同）申请评定残疾等级，应当向所在单位提出书面申请。申请人所在单位应及时审查评定残疾等级申请，出具书面意见并加盖单位公章，连同相关材料一并报送户籍地县级人民政府退役军人事务部门审查。

没有工作单位的或者以原致残部位申请评定残疾等级的，可以直接向户籍地县级人民政府退役军人事务部门提出申请。

第七条　申请人申请评定残疾等级，应当提供以下真实确切材料：书面申请、身份证或者居民户口簿复印件、退役军人证（退役军人登记表）、人民警察证等证件复印件，本人近期二寸免冠彩色照片。

申请新办评定残疾等级，应当提交致残经过证明和医疗诊断证明。致残经过证明应包括相关职能部门提供的执行公务证明、交通事故责任认定书、调解协议书、民事判决书、医疗事故鉴定书等证明材料；抢救和保护国家财产、人民生命财产致残或者为维护社会治安同犯罪分子斗争致残证明；统一组织参战、参加军事演习、军事训练和执行军事勤务的证明材料。医疗诊断证明应包括加盖出具单位相关印章的门诊病历原件、住院病历复印件及相关检查报告。

申请补办评定残疾等级，应当提交因战因公致残档案记载或者原始医疗证明。档案记载是指本人档案中所在部队作出的涉及本人负伤原始情况、治疗情况及善后处理情况等确切书面记载。职业病致残需提供有直接从事该职业病相关工作经历的记载。医疗事故致残需提供军队后勤卫生机关出具的医疗事故鉴定结论。原始医疗证明是指原所在部队体系医院出具的能说明致残原因、残疾情况的病情诊断书、出院小结或者门诊病历原件、加盖出具单位相关印章的住院病历复印件。

申请调整残疾等级，应当提交近6个月内在二级甲等以上医院的就诊病历及医院检查报告、诊断结论等。

第八条　县级人民政府退役军人事务部门对报送的有关材料进行核对，对材料不全或者材料不符合法定形式的应当告知申请人补充材料。

县级人民政府退役军人事务部门经审查认为申请人符合因战因公负伤条件的，在报经设区的市级人民政府以上退役军人事务部门审核同意后，应当填写《残疾等级评定审批表》，并在受理之日起20个工作日内，签发《受理通知书》，通知本人到设区的市级人民政府以上退役军人事务部门指定的医疗卫生机构，对属于因战因公导致的残疾情况进行鉴定，由医疗卫生专家小组根据《军人残疾等级评定标准》,出具残疾等级医学鉴定意见。职业病的残疾情况鉴定由省级人民政府退役军人事务部门指定的承担职业病诊断的医疗卫生机构作出;精神病的残疾情况鉴定由省级人民政府退役军人事务部门指定的二级以上精神病专科医院作出。

县级人民政府退役军人事务部门依据医疗卫生专家小组出具的残疾等级医学鉴定意见对申请人拟定残疾等级,在《残疾等级评定审批表》上签署意见,加盖印章,连同其他申请材料,于收到医疗卫生专家小组签署意见之日起20个工作日内,一并报送设区的市级人民政府退役军人事务部门。

县级人民政府退役军人事务部门对本办法第二条第一款第(一)项人员,经审查认为不符合因战因公负伤条件的,或者经医疗卫生专家小组鉴定达不到补评或者调整残疾等级标准的,应当根据《军人抚恤优待条例》相关规定逐级上报省级人民政府退役军人事务部门。对本办法第二条第一款第(一)项以外的人员,经审查认为不符合因战因公负伤条件的,或者经医疗卫生专家小组鉴定达不到新评或者调整残疾等级标准的,应当填写《残疾等级评定结果告知书》,连同申请人提供的材料,退还申请人或者所在单位。

第九条 设区的市级人民政府退役军人事务部门对报送的材料审查后,在《残疾等级评定审批表》上签署意见,并加盖印章。

对符合条件的,于收到材料之日起20个工作日内,将上述材料报送省级人民政府退役军人事务部门。对不符合条件的,属于本办法第二条第一款第(一)项人员,根据《军人抚恤优待条例》相关规定上报省级人民政府退役军人事务部门;属于本办法第二条第一款第(一)项以外的人员,填写《残疾等级评定结果告知书》,连同申请人提供的材料,逐级退还申请人或者其所在单位。

第十条 省级人民政府退役军人事务部门对报送的材料初审后,认为符合条件的,逐级通知县级人民政府退役军人事务部门对申请人的评残情况进行公示。公示内容应当包括致残的时间、地点、原因、残疾情况(涉及隐私或者不宜公开的不公示)、拟定的残疾等级以及县级退役军人事务部门联系方式。公示应当在申请人工作单位所在地或者居住地进行,时间不少于7个工作日。县级人民政府退役军人事务部门应当对公示中反馈的意见进行核实并签署意见,逐级上报省级人民政府退役军人事务部门,对调整等级的应当将本人持有的伤残人员证一并上报。

省级人民政府退役军人事务部门应当对公示的意见进行审核,在《残疾等级评定审批表》上签署审批意见,加盖印章。对符合条件的,办理伤残人员证(调整等级的,在证件变更栏处填写新等级),于公示结束之日起60个工作日内逐级发给申请人或者其所在单位。对不符合条件的,填写《残疾等级评定结果告知书》,连同申请人提供的材料,于收到材料之日或者公示结束之日起60个工作日内逐级退还申请人或者其所在单位。

第十一条 申请人或者退役军人事务部门对医疗卫生专家小组作出的残疾等级医

学鉴定意见有异议的,可以到省级人民政府退役军人事务部门指定的医疗卫生机构重新进行鉴定。

省级人民政府退役军人事务部门可以成立医疗卫生专家小组,对残疾情况与应当评定的残疾等级提出评定意见。

第十二条 伤残人员以军人、人民警察或者其他人员不同身份多次致残的,退役军人事务部门按上述顺序只发给一种证件,并在伤残证件变更栏上注明再次致残的时间和性质,以及合并评残后的等级和性质。

致残部位不能合并评残的,可以先对各部位分别评残。等级不同的,以重者定级;两项(含)以上等级相同的,只能晋升一级。

多次致残的伤残性质不同的,以等级重者定性。等级相同的,按因战、因公、因病的顺序定性。

第三章 伤残证件和档案管理

第十三条 伤残证件的发放种类:

(一)退役军人在服役期间因战因公因病致残的,发给《中华人民共和国残疾军人证》;

(二)人民警察因战因公致残的,发给《中华人民共和国伤残人民警察证》;

(三)退出国家综合性消防救援队伍的人员在职期间因战因公因病致残的,发给《中华人民共和国残疾消防救援人员证》;

(四)因参战、参加军事演习、军事训练和执行军事勤务致残的预备役人员、民兵、民工以及其他人员,发给《中华人民共和国伤残预备役人员、伤残民兵民工证》;

(五)其他人员因公致残的,发给《中华人民共和国因公伤残人员证》。

第十四条 伤残证件由国务院退役军人事务部门统一制作。证件的有效期:15周岁以下为5年,16-25周岁为10年,26-45周岁为20年,46周岁以上为长期。

第十五条 伤残证件有效期满或者损毁、遗失的,证件持有人应当到县级人民政府退役军人事务部门申请换发证件或者补发证件。伤残证件遗失的须本人登报声明作废。

县级人民政府退役军人事务部门经审查认为符合条件的,填写《伤残人员换证补证审批表》,连同照片逐级上报省级人民政府退役军人事务部门。省级人民政府退役军人事务部门将新办理的伤残证件逐级通过县级人民政府退役军人事务部门发给申请人。各级退役军人事务部门应当在20个工作日内完成本级需要办理的事项。

第十六条 伤残人员前往我国香港特别行政区、澳门特别行政区、台湾地区定居或者其他国家和地区定居前,应当向户籍地(或者原户籍地)县级人民政府退役军人事务部门提出申请,由户籍地(或者原户籍地)县级人民政府退役军人事务部门在变更栏内注明变更内容。对需要换发新证的,"身份证号"处填写定居地的居住证件号码。"户籍地"为国内抚恤关系所在地。

第十七条 伤残人员死亡的,其家属或者利害关系人应及时告知伤残人员户籍地县级人民政府退役军人事务部门,县级人民政府退役军人事务部门应当注销其伤残证件,并逐级上报省级人民政府退役军人事务部门备案。

第十八条 退役军人事务部门对申报和审批的各种材料、伤残证件应当有登记手续。送达的材料或者证件,均须挂号邮寄或者由申请人签收。

第十九条 县级人民政府退役军人事务部门应当建立伤残人员资料档案,一人一档,长期保存。

第四章 伤残抚恤关系转移

第二十条 残疾军人退役或者向政府移交,必须自军队办理了退役手续或者移交手续后 60 日内,向户籍迁入地的县级人民政府退役军人事务部门申请转入抚恤关系。退役军人事务部门必须进行审查、登记、备案。审查的材料有:《户口登记簿》、《残疾军人证》、军队相关部门监制的《军人残疾等级评定表》、《换领〈中华人民共和国残疾军人证〉申报审批表》、退役证件或者移交政府安置的相关证明。

县级人民政府退役军人事务部门应当对残疾军人残疾情况及有关材料进行审查,必要时可以复查鉴定残疾情况。认为符合条件的,将《残疾军人证》及有关材料逐级报送省级人民政府退役军人事务部门。省级人民政府退役军人事务部门审查无误的,在《残疾军人证》变更栏内填写新的户籍地、重新编号,并加盖印章,将《残疾军人证》逐级通过县级人民政府退役军人事务部门发还申请人。各级退役军人事务部门应当在 20 个工作日内完成本级需要办理的事项。如复查、鉴定残疾情况的可以适当延长工作日。

《军人残疾等级评定表》或者《换领〈中华人民共和国残疾军人证〉申报审批表》记载的残疾情况与残疾等级明显不符的,县级退役军人事务部门应当暂缓登记,逐级上报省级人民政府退役军人事务部门通知原审批机关更正,或者按复查鉴定的残疾情况重新评定残疾等级。伪造、变造《残疾军人证》和评残材料的,县级人民政府退役军人事务部门收回《残疾军人证》不予登记,并移交当地公安机关处理。

第二十一条 伤残人员跨省迁移户籍时,应同步转移伤残抚恤关系,迁出地的县级人民政府退役军人事务部门根据伤残人员申请及其伤残证件和迁入地户口簿,将伤残档案、迁入地户口簿复印件以及《伤残人员关系转移证明》,发送迁入地县级人民政府退役军人事务部门,并同时将此信息逐级上报本省级人民政府退役军人事务部门。

迁入地县级人民政府退役军人事务部门在收到上述材料和申请人提供的伤残证件后,逐级上报省级人民政府退役军人事务部门。省级人民政府退役军人事务部门在向迁出地省级人民政府退役军人事务部门核实无误后,在伤残证件变更栏内填写新的户籍地、重新编号,并加盖印章,逐级通过县级人民政府退役军人事务部门发还申请人。各级退役军人事务部门应当在 20 个工作日内完成本级需要办理的事项。

迁出地退役军人事务部门邮寄伤残档案时,应当将伤残证件及其军队或者地方相关的评残审批表或者换证表复印备查。

第二十二条　伤残人员本省、自治区、直辖市范围内迁移的有关手续,由省、自治区、直辖市人民政府退役军人事务部门规定。

第五章　抚恤金发放

第二十三条　伤残人员从被批准残疾等级评定后的下一个月起,由户籍地县级人民政府退役军人事务部门按照规定予以抚恤。伤残人员抚恤关系转移的,其当年的抚恤金由部队或者迁出地的退役军人事务部门负责发给,从下一年起由迁入地退役军人事务部门按当地标准发给。由于申请人原因造成抚恤金断发的,不再补发。

第二十四条　在境内异地(指非户籍地)居住的伤残人员或者前往我国香港特别行政区、澳门特别行政区、台湾地区定居或者其他国家和地区定居的伤残人员,经向其户籍地(或者原户籍地)县级人民政府退役军人事务部门申请并办理相关手续后,其伤残抚恤金可以委托他人代领,也可以委托其户籍地(或者原户籍地)县级人民政府退役军人事务部门存入其指定的金融机构账户,所需费用由本人负担。

第二十五条　伤残人员本人(或者其家属)每年应当与其户籍地(或者原户籍地)的县级人民政府退役军人事务部门联系一次,通过见面、人脸识别等方式确认伤残人员领取待遇资格。当年未联系和确认的,县级人民政府退役军人事务部门应当经过公告或者通知本人或者其家属及时联系、确认;经过公告或者通知本人或者其家属后 60 日内仍未联系、确认的,从下一个月起停发伤残抚恤金和相关待遇。

伤残人员(或者其家属)与其户籍地(或者原户籍地)退役军人事务部门重新确认伤残人员领取待遇资格后,从下一个月起恢复发放伤残抚恤金和享受相关待遇,停发的抚恤金不予补发。

第二十六条　伤残人员变更国籍、被取消残疾等级或者死亡的,从变更国籍、被取消残疾等级或者死亡后的下一个月起停发伤残抚恤金和相关待遇,其伤残人员证件自然失效。

第二十七条　有下列行为之一的,由县级人民政府退役军人事务部门给予警告,停止其享受的抚恤、优待,追回非法所得;构成犯罪的,依法追究刑事责任:

(一)伪造残情的;

(二)冒领抚恤金的;

(三)骗取医药费等费用的;

(四)出具假证明,伪造证件、印章骗取抚恤金和相关待遇的。

第二十八条 县级人民政府退役军人事务部门依据人民法院生效的法律文书、公安机关发布的通缉令或者国家有关规定,对具有中止抚恤、优待情形的伤残人员,决定中止抚恤、优待,并通知本人或者其家属、利害关系人。

第二十九条 中止抚恤的伤残人员在刑满释放并恢复政治权利、取消通缉或者符合国家有关规定后,经本人(精神病患者由其利害关系人)申请,并经县级退役军人事务部门审查符合条件的,从审核确认的下一个月起恢复抚恤和相关待遇,原停发的抚恤金不予补发。办理恢复抚恤手续应当提供下列材料:本人申请、户口登记簿、司法机关的相关证明。需要重新办证的,按照证件丢失规定办理。

第六章 附 则

第三十条 本办法适用于中国人民武装警察部队。

第三十一条 因战因公致残的深化国防和军队改革期间部队现役干部转改的文职人员,因参加军事训练、非战争军事行动和作战支援保障任务致残的其他文职人员,因战因公致残消防救援人员、因病致残评定了残疾等级的消防救援人员,退出军队或国家综合性消防救援队伍后的伤残抚恤管理参照退出现役的残疾军人有关规定执行。

第三十二条 未列入行政编制的人民警察,参照本办法评定伤残等级,其伤残抚恤金由所在单位按规定发放。

第三十三条 省级人民政府退役军人事务部门可以根据本地实际情况,制定具体工作细则。

第三十四条 本办法自2007年8月1日起施行。

附件:(略)

军队转业干部安置暂行办法

1. 2001年1月19日中共中央、国务院、中央军委发布
2. 中发[2001]3号

第一章 总 则

第一条 为了做好军队转业干部安置工作,加强国防和军队建设,促进经济和社会发展,保持社会稳定,根据《中华人民共和国国防法》、《中华人民共和国兵役法》和其他有关法律法规的规定,制定本办法。

第二条 本办法所称军队转业干部,是指退出现役作转业安置的军官和文职干部。

第三条 军队转业干部是党和国家干部队伍的组成部分,是重要的人才资源,是社

会主义现代化建设的重要力量。

军队转业干部为国防事业、军队建设作出了牺牲和贡献,应当受到国家和社会的尊重、优待。

第四条　军队干部转业到地方工作,是国家和军队的一项重要制度。国家对军队转业干部实行计划分配和自主择业相结合的方式安置。

计划分配的军队转业干部由党委、政府负责安排工作和职务;自主择业的军队转业干部由政府协助就业、发给退役金。

第五条　军队转业干部安置工作,坚持为经济社会发展和军队建设服务的方针,贯彻妥善安置、合理使用、人尽其才、各得其所的原则。

第六条　国家设立军队转业干部安置工作机构,在中共中央、国务院、中央军事委员会领导下,负责全国军队转业干部安置工作。

省(自治区、直辖市)设立相应的军队转业干部安置工作机构,负责本行政区域的军队转业干部安置工作。市(地)可以根据实际情况设立军队转业干部安置工作机构。

第七条　解放军总政治部统一管理全军干部转业工作。

军队团级以上单位党委和政治机关负责本单位干部转业工作。

省军区(卫戍区、警备区)负责全军转业到所在省、自治区、直辖市干部的移交,并配合当地党委、政府做好军队转业干部安置工作。

第八条　接收、安置军队转业干部是一项重要的政治任务,是全社会的共同责任。党和国家机关、团体、企业事业单位,应当按照国家有关规定,按时完成军队转业干部安置任务。

第九条　军队转业干部应当保持和发扬人民军队的优良传统,适应国家经济和社会发展的需要,服从组织安排,努力学习,积极进取,为社会主义现代化建设贡献力量。

第十条　对在社会主义现代化建设中贡献突出的军队转业干部和在军队转业干部安置工作中做出显著成绩的单位、个人,国家和军队给予表彰奖励。

第二章　转业安置计划

第十一条　全国的军队转业干部安置计划,由国家军队转业干部安置工作主管部门会同解放军总政治部编制下达。

省(自治区、直辖市)的军队转业干部安置计划,由省(自治区、直辖市)军队转业干部安置工作主管部门编制下达。

中央和国家机关及其管理的在京企业事业单位军队转业干部安置计划,由国家军队转业干部安置工作主管部门编制下达。

中央和国家机关京外直属机构、企业事业单位的军队转业干部安置计划,由所在省(自治区、直辖市)军队转业干部安置工作主管部门编制下达。

第十二条 担任团级以下职务(含处级以下文职干部和享受相当待遇的专业技术干部,下同)的军队干部,有下列情形之一的,列入军队干部转业安置计划:
(一)达到平时服现役最高年龄的;
(二)受军队编制员额限制不能调整使用的;
(三)因身体状况不能坚持军队正常工作但能够适应地方工作的;
(四)其他原因需要退出现役作转业安置的。

第十三条 担任团级以下职务的军队干部,有下列情形之一的,不列入军队干部转业安置计划:
(一)年龄超过50周岁的;
(二)二等甲级以上伤残的;
(三)患有严重疾病,经驻军医院以上医院诊断确认,不能坚持正常工作的;
(四)受审查尚未作出结论或者留党察看期未满的;
(五)故意犯罪受刑事处罚的;
(六)被开除党籍或者受劳动教养丧失干部资格的;
(七)其他原因不宜作转业安置的。

第十四条 担任师级职务(含局级文职干部,下同)或高级专业技术职务的军队干部,年龄50周岁以下的,本人申请,经批准可以安排转业,列入军队干部转业安置计划。

担任师级职务或高级专业技术职务的军队干部,年龄超过50周岁、地方工作需要的,可以批准转业,另行办理。

第十五条 因军队体制、编制调整或者国家经济社会发展需要,成建制成批军队干部的转业安置,由解放军总政治部与国家军队转业干部安置工作主管部门协商办理。

中央和国家机关及其管理的在京企业事业单位计划外选调军队干部,经大军区级单位政治机关审核并报解放军总政治部批准转业后,由国家军队转业干部安置工作主管部门办理审批。

第三章 安 置 地 点

第十六条 军队转业干部一般由其原籍或者入伍时所在省(自治区、直辖市)安置,也可以到配偶随军前或者结婚时常住户口所在地安置。

第十七条 配偶已随军的军队转业干部,具备下列条件之一的,可以到配偶常住户口所在地安置:
(一)配偶取得北京市常住户口满4年的;
(二)配偶取得上海市常住户口满3年的;
(三)配偶取得天津市、重庆市和省会(自治区首府)城市、副省级城市常住户口满2年的;

(四)配偶取得其他城市常住户口的。

第十八条 父母身边无子女或者配偶为独生子女的军队转业干部,可以到其父母或者配偶父母常住户口所在地安置。未婚的军队转业干部可以到其父母常住户口所在地安置。

父母双方或者一方为军人且长期在边远艰苦地区工作的军队转业干部,可以到父母原籍、入伍地或者父母离退休安置地安置。

第十九条 军队转业干部具备下列条件之一的,可以到配偶常住户口所在地安置,也可以到其父母或者配偶父母、本人子女常住户口所在地安置:

(一)自主择业的;

(二)在边远艰苦地区或者从事飞行、舰艇工作满10年的;

(三)战时获三等功、平时获二等功以上奖励的;

(四)因战因公致残的。

第二十条 夫妇同为军队干部且同时转业的,可以到任何一方的原籍或者入伍地安置,也可以到符合配偶随军条件的一方所在地安置;一方转业,留队一方符合配偶随军条件的,转业一方可以到留队一方所在地安置。

第二十一条 因国家重点工程、重点建设项目、新建扩建单位以及其他工作需要的军队转业干部,经接收单位所在省(自治区、直辖市)军队转业干部安置工作主管部门批准,可以跨省(自治区、直辖市)安置。

符合安置地吸引人才特殊政策规定条件的军队转业干部,可以到该地区安置。

第四章 工作分配与就业

第二十二条 担任师级职务的军队转业干部或者担任营级以下职务(含科级以下文职干部和享受相当待遇的专业技术干部,下同)且军龄不满20年的军队转业干部,由党委、政府采取计划分配的方式安置。

担任团级职务的军队转业干部或者担任营级职务且军龄满20年的军队转业干部,可以选择计划分配或者自主择业的方式安置。

第二十三条 计划分配的军队转业干部,党委、政府应当根据其德才条件和在军队的职务等级、贡献、专长安排工作和职务。

担任师级领导职务或者担任团级领导职务且任职满最低年限的军队转业干部,一般安排相应的领导职务。接收师、团级职务军队转业干部人数较多、安排领导职务确有困难的地区,可以安排相应的非领导职务。

其他担任师、团级职务或者担任营级领导职务且任职满最低年限的军队转业干部,参照上述规定,合理安排。

第二十四条 各省、自治区、直辖市应当制定优惠的政策措施,鼓励军队转业干部到艰苦地区和基层单位工作。

对自愿到边远艰苦地区工作的军队转业干部,应当安排相应的领导职务,德才优秀的可以提职安排。

在西藏或者其他海拔3500米以上地区连续工作满5年的军队转业干部,应当安排相应的领导职务或者非领导职务,对正职领导干部安排正职确有困难的,可以安排同级副职。

第二十五条 各地区、各部门、各单位应当采取使用空出的领导职位、按规定增加非领导职数或者先进后出、带编分配等办法,安排好师、团级职务军队转业干部的工作和职务。

党和国家机关按照军队转业干部安置计划数的15%增加行政编制,所增加的编制主要用于安排师、团级职务军队转业干部。

各地区、各部门、各单位应当把师、团级职务军队转业干部的安排与领导班子建设通盘考虑,有计划地选调师、团级职务军队转业干部,安排到市(地)、县(市)级领导班子或者事业单位、国有大中型企业领导班子任职。

第二十六条 担任专业技术职务的军队转业干部,一般应当按照其在军队担任的专业技术职务或者国家承认的专业技术资格,聘任相应的专业技术职务;工作需要的可以安排行政职务。

担任行政职务并兼任专业技术职务的军队转业干部,根据地方工作需要和本人志愿,可以安排相应的行政职务或者聘任相应的专业技术职务。

第二十七条 国家下达的机关、团体、事业单位的年度增人计划,应当首先用于安置军队转业干部。编制满员的事业单位接收安置军队转业干部,按照实际接收人数相应增加编制,并据此增加人员工资总额计划。

第二十八条 党和国家机关接收计划分配的军队转业干部,按照干部管理权限,在主管部门的组织、指导下,对担任师、团级职务的,采取考核选调等办法安置;对担任营级以下职务的,采取考试考核和双向选择等办法安置。对有的岗位,也可以在军队转业干部中采取竞争上岗的办法安置。

第二十九条 对计划分配到事业单位的军队转业干部,参照其军队职务等级安排相应的管理或者专业技术工作岗位,并给予3年适应期。

企业接收军队转业干部,由军队转业干部安置工作主管部门编制计划,根据军队转业干部本人志愿进行分配,企业安排管理或者专业技术工作岗位,并给予2年适应期。

军队转业干部可以按照有关规定与用人单位签订无固定期限或者有固定期限劳动、聘用合同,用人单位不得违约解聘、辞退或者解除劳动、聘用合同。

第三十条 中央和国家机关京外直属机构、企业事业单位,应当按时完成所在地党委、政府下达的军队转业干部安置任务。需要增加编制、职数和工资总额的,其上级主管部门应当予以支持。

第三十一条 对自主择业的军队转业干部,安置地政府应当采取提供政策咨询、组织就业培训、拓宽就业渠道、向用人单位推荐、纳入人才市场等措施,为其就业创造条件。

第三十二条　党和国家机关、团体、企业事业单位在社会上招聘录用人员时,对适合军队转业干部工作的岗位,应当优先录用、聘用自主择业的军队转业干部。

第三十三条　对从事个体经营或者创办经济实体的自主择业的军队转业干部,安置地政府应当在政策上给予扶持,金融、工商、税务等部门,应当视情提供低息贷款,及时核发营业执照,按照社会再就业人员的有关规定减免营业税、所得税等税费。

第五章　待　　遇

第三十四条　计划分配到党和国家机关、团体、事业单位的军队转业干部,其工资待遇按照不低于接收安置单位与其军队职务等级相应或者同等条件人员的标准确定,津贴、补贴、奖金以及其他生活福利待遇,按照国家有关规定执行。

第三十五条　计划分配到党和国家机关、团体、事业单位的军队转业干部,退休时的职务等级低于转业时军队职务等级的,享受所在单位与其转业时军队职务等级相应或者同等条件人员的退休待遇。

本条规定不适用于到地方后受降级以上处分的军队转业干部。

第三十六条　计划分配到企业的军队转业干部,其工资和津贴、补贴、奖金以及其他生活福利待遇,按照国家和所在企业的有关规定执行。

第三十七条　军队转业干部的军龄,计算为接收安置单位的连续工龄(工作年限),享受相应的待遇。在军队从事护理、教学工作,转业后仍从事该职业的,其在军队的护龄、教龄应当连续计算,享受接收安置单位同类人员的待遇。

第三十八条　自主择业的军队转业干部,由安置地政府逐月发给退役金。团级职务和军龄满20年的营级职务军队转业干部的月退役金,按照本人转业时安置地同职务等级军队干部月职务、军衔(级别)工资和军队统一规定的津贴补贴为计发基数80%的数额与基础、军龄工资的全额之和计发。军龄满20年以上的,从第21年起,军龄每增加一年,增发月退役金计发基数的1%。

第三十九条　自主择业的军队转业干部,按照下列条件和标准增发退役金:

(一)荣立三等功、二等功、一等功或者被大军区级以上单位授予荣誉称号的,分别增发月退役金计发基数的5%、10%、15%。符合其中两项以上的,按照最高的一项标准增发。

(二)在边远艰苦地区或者从事飞行、舰艇工作满10年、15年、20年以上的,分别增发月退役金计发基数的5%、10%、15%。符合其中两项以上的,按照最高的一项标准增发。

本办法第三十八条和本条各项规定的标准合并计算后,月退役金数额不得超过本人转业时安置地同职务等级军队干部月职务、军衔、基础、军龄工资和军队统一规定的津贴补贴之和。

第四十条　自主择业的军队转业干部的退役金,根据移交地方安置的军队退休干部退休生活费调整的情况相应调整增加。

经济比较发达的地区,自主择业军队转业干部的月退役金低于安置地当年党和国家机关相应职务等级退休干部月退休生活费数额的,安置地政府可以发给差额补贴。

自主择业的军队转业干部的退役金,免征个人所得税。

自主择业的军队转业干部,被党和国家机关选用为正式工作人员的,停发退役金。其工资等各项待遇按照本办法第三十四条规定执行。

第四十一条　自主择业的军队转业干部去世后,从去世的下月起停发退役金。区别不同情况,一次发给本人生前10个月至40个月的退役金作为抚恤金和一定数额的退役金作为丧葬补助费。具体办法由有关部门另行制定。

自主择业的军队转业干部的遗属生活确有困难的,由安置地政府按照国家和当地的有关规定发给生活困难补助金。

第四十二条　计划分配的军队转业干部,享受所在单位与其军队职务等级相应或者同等条件人员的政治待遇;自主择业的军队转业干部,享受安置地相应职务等级退休干部的有关政治待遇。

第四十三条　军队转业干部在服现役期间被中央军委委员会授予荣誉称号的,比照全国劳动模范(先进工作者)享受相应待遇;被大军区级单位授予荣誉称号或者荣立一等功,以及被评为全国模范军队转业干部的,比照省部级劳动模范(先进工作者)享受相应待遇。

第六章　培　　训

第四十四条　军队转业干部的培训工作,是军队转业干部安置工作的重要组成部分,各级党委、政府和有关部门应当在政策和经费等方面提供必要保障。

第四十五条　对计划分配的军队转业干部应当进行适应性培训和专业培训,有条件的地区也可以在安置前组织适应性培训。培训工作贯彻"学用结合、按需施教、注重实效"和"培训、考核、使用相结合"的原则,增强针对性和实用性,提高培训质量。

军队转业干部培训的规划、组织协调和督促检查工作,由军队转业干部安置工作主管部门负责。

第四十六条　计划分配的军队转业干部的专业培训,由省(自治区、直辖市)按部门或者专业编班集中组织实施,培训时间不少于3个月。

军队转业干部参加培训期间享受接收安置单位在职人员的各项待遇。

第四十七条　自主择业的军队转业干部的就业培训,主要依托军队转业干部培训中心具体实施,也可以委托地方院校、职业培训机构承担具体工作。负责培训的部门应当根据社会人才需求合理设置专业课程,加强定向职业技能培训,以提高自主择业的军队转业干部就业竞争能力。

第四十八条 军队转业干部培训中心,主要承担计划分配的军队转业干部的适应性培训和部分专业培训,以及自主择业的军队转业干部的就业培训。

军队转业干部安置工作主管部门应当加强对军队转业干部培训中心的管理。军队转业干部培训中心从事社会服务的收益,主要用于补助培训经费的不足。

第四十九条 各级教育行政管理部门应当在师资、教学设施等方面,支持军队转业干部培训工作。对报考各类院校的军队转业干部,应适当放宽年龄条件,在与其他考生同等条件下,优先录取;对获二等功以上奖励的,应适当降低录取分数线投档。

第七章 社会保障

第五十条 军队转业干部的住房,由安置地政府按照统筹规划、优先安排、重点保障、合理负担的原则给予保障,主要采取购买经济适用住房、现有住房或者租住周转住房,以及修建自有住房等方式解决。

计划分配的军队转业干部,到地方单位工作后的住房补贴,由安置地政府或者接收安置单位按有关规定解决。自主择业的军队转业干部,到地方后未被党和国家机关、团体、企业事业单位录用聘用期间的住房补贴,按照安置地党和国家机关与其军队职务等级相应或者同等条件人员的住房补贴的规定执行。

军队转业干部因配偶无住房补贴,购买经济适用住房超过家庭合理负担的部分,个人支付确有困难的,安置地政府应当视情给予购房补助或者优先提供住房公积金贷款。

军队转业干部住房保障具体办法,按照国家有关规定执行。

第五十一条 军队转业干部的军龄视同社会保险缴费年限。其服现役期间的医疗等社会保险费,转入安置地社会保险经办机构。

第五十二条 计划分配到党和国家机关、团体、事业单位的军队转业干部,享受接收安置单位与其军队职务等级相应或者同等条件人员的医疗、养老、失业、工伤、生育等社会保险待遇;计划分配到企业的军队转业干部,按照国家有关规定参加社会保险,缴纳社会保险费,享受社会保险待遇。

第五十三条 自主择业的军队转业干部,到地方后未被党和国家机关、团体、企业事业单位录用聘用期间的医疗保障,按照安置地党和国家机关与其军队职务等级相应或者同等条件人员的有关规定执行。

第八章 家属安置

第五十四条 军队转业干部随调配偶的工作,安置地党委、政府应当参照本人职务等级和从事的职业合理安排,与军队转业干部同时接收安置,发出报到通知。调入调出单位相应增减工资总额。

对安排到实行合同制、聘任制企业事业单位的军队转业干部随调配偶,应当给予2年适应期。适应期内,非本人原因不得擅自违约解聘、辞退或者解除劳动、聘用合同。

第五十五条 军队转业干部随迁配偶、子女符合就业条件的,安置地政府应当提供就业指导和服务,帮助其实现就业;对从事个体经营或者创办经济实体的,应当在政策上给予扶持,并按照国家和安置地促进就业的有关规定减免税费。

第五十六条 军队转业干部配偶和未参加工作的子女可以随调随迁,各地公安部门凭军队转业干部安置工作主管部门的通知及时办理迁移、落户手续。随迁子女需要转学、入学的,由安置地教育行政管理部门负责安排;报考各类院校时,在与其他考生同等条件下优先录取。

军队转业干部身边无子女的,可以随调一名已经工作的子女及其配偶。

各地在办理军队转业干部及其随调随迁配偶、子女的工作安排、落户和转学、入学事宜时,不得收取国家政策规定以外的费用。

第五十七条 军队转业干部随调随迁配偶、子女,已经参加医疗、养老、失业、工伤、生育等社会保险的,其社会保险关系和社会保险基金,由社会保险经办机构按照国家有关规定一并转移或者继续支付。未参加社会保险的,按照国家和安置地有关规定,参加医疗、养老、失业、工伤、生育等社会保险。

第九章 安置经费

第五十八条 军队转业干部安置经费,分别列入中央财政、地方财政和军费预算,并根据经济社会发展,逐步加大投入。

军队转业干部安置工作涉及的行政事业费、培训费、转业生活补助费、安家补助费和服现役期间的住房补贴,按照现行的经费供应渠道予以保障。

军队转业干部培训经费的不足部分由地方财政补贴。安置业务经费由本级财政部门解决。

第五十九条 自主择业的军队转业干部的退役金,由中央财政专项安排;到地方后未被党和国家机关、团体、企业事业单位录用聘用期间的住房补贴和医疗保障所需经费,由安置地政府解决。

第六十条 军队转业干部安置经费应当专款专用,不得挪用、截留、克扣、侵占,有关职能部门对安置经费的使用情况应当进行监督检查。

第十章 管理与监督

第六十一条 各级党委、政府应当把军队转业干部安置工作纳入目标管理,建立健全领导责任制,作为考核领导班子、领导干部政绩的重要内容和评选双拥模范城(县)的重要条件。

第六十二条 军队转业干部安置工作主管部门主要负责军队转业干部的计划安置、就业指导、就业培训、经费管理和协调军队转业干部的社会保障等工作。

自主择业的军队转业干部,由军队转业干部安置工作主管部门管理,主要负责自主择业的军队转业干部的政策指导、就业培训、协助就业、退役金发放、档案接转与存放,并协调解决有关问题;其他日常管理服务工作,由户口所在街道、乡镇负责。

第六十三条 各级党委、政府应当加强对军队转业干部安置工作的监督检查,坚决制止和纠正违反法律、法规和政策的行为;对拒绝接收军队转业干部或者未完成安置任务的部门和单位,组织、人事、编制等部门可以视情暂缓办理其人员调动、录用和编制等审批事项。

第六十四条 军队转业干部到地方报到前发生的问题,由其原部队负责处理;到地方报到后发生的问题,由安置地政府负责处理,涉及原部队的,由原部队协助安置地政府处理。

对无正当理由经教育仍不到地方报到的军队转业干部,由原部队根据有关规定给予党纪、军纪处分或者其他处罚。

第六十五条 退出现役被确定转服军官预备役的军队转业干部,到地方接收安置单位报到时,应当到当地人民武装部进行预备役军官登记,履行其预备役军官的职责和义务。

第六十六条 凡违反本办法规定,对军队转业干部安置工作造成严重影响的单位和个人,视情节轻重给予批评教育或者处分、处罚;构成犯罪的,依法追究刑事责任。

第十一章 附 则

第六十七条 中国人民武装警察部队转业干部的安置工作,按照本办法执行。

第六十八条 各省、自治区、直辖市依据本办法制定实施细则。

第六十九条 本办法自发布之日起施行,适用于此后批准转业的军队干部。以往有关军队转业干部安置工作的规定,凡与本办法不一致的,以本办法为准。

第七十条 本办法由国家军队转业干部安置工作主管部门会同有关部门负责解释。

退役军人安置条例

1. 2024年7月29日国务院、中央军事委员会令第787号公布
2. 自2024年9月1日起施行

第一章 总 则

第一条 为了规范退役军人安置工作,妥善安置退役军人,维护退役军人合法权益,让军人成为全社会尊崇的职业,根据《中华人民共和国退役军人保障法》《中华人民共和国兵役法》《中华人民共和国军人地位和权益保障法》,制定本条例。

第二条 本条例所称退役军人,是指从中国人民解放军依法退出现役的军官、军士

和义务兵等人员。

第三条　退役军人为国防和军队建设做出了重要贡献,是社会主义现代化建设的重要力量。

国家关心、优待退役军人,保障退役军人依法享有相应的权益。

全社会应当尊重、优待退役军人,支持退役军人安置工作。

第四条　退役军人安置工作坚持中国共产党的领导,坚持为经济社会发展服务、为国防和军队建设服务的方针,贯彻妥善安置、合理使用、人尽其才、各得其所的原则。

退役军人安置工作应当公开、公平、公正,军地协同推进。

第五条　对退役的军官,国家采取退休、转业、逐月领取退役金、复员等方式妥善安置。

对退役的军士,国家采取逐月领取退役金、自主就业、安排工作、退休、供养等方式妥善安置。

对退役的义务兵,国家采取自主就业、安排工作、供养等方式妥善安置。

对参战退役军人,担任作战部队师、旅、团、营级单位主官的转业军官,属于烈士子女、功臣模范的退役军人,以及长期在艰苦边远地区或者飞行、舰艇、涉核等特殊岗位服现役的退役军人,依法优先安置。

第六条　中央退役军人事务工作领导机构负责退役军人安置工作顶层设计、统筹协调、整体推进、督促落实。地方各级退役军人事务工作领导机构负责本地区退役军人安置工作的组织领导和统筹实施。

第七条　国务院退役军人工作主管部门负责全国的退役军人安置工作。中央军事委员会政治工作部门负责组织指导全军军人退役工作。中央和国家有关机关、中央军事委员会机关有关部门应当在各自职责范围内做好退役军人安置工作。

县级以上地方人民政府退役军人工作主管部门负责本行政区域的退役军人安置工作。军队团级以上单位政治工作部门(含履行政治工作职责的部门,下同)负责本单位军人退役工作。地方各级有关机关应当在各自职责范围内做好退役军人安置工作。

省军区(卫戍区、警备区)负责全军到所在省、自治区、直辖市以转业、逐月领取退役金、复员方式安置的退役军官和逐月领取退役金的退役军士移交工作,配合安置地做好安置工作;配合做好退休军官、军士以及以安排工作、供养方式安置的退役军士和义务兵移交工作。

第八条　退役军人安置所需经费,按照中央与地方财政事权和支出责任划分原则,列入中央和地方预算,并根据经济社会发展水平适时调整。

第九条　机关、群团组织、企业事业单位和社会组织应当依法接收安置退役军人,退役军人应当接受安置。

退役军人应当模范遵守宪法和法律法规,保守军事秘密,保持发扬人民军队光荣传统和优良作风,积极投身全面建设社会主义现代化国家的事业。

第十条　县级以上地方人民政府应当把退役军人安置工作纳入年度重点工作计划,纳入目标管理,建立健全安置工作责任制和考核评价制度,将安置工作完成情况纳入对本级人民政府负责退役军人有关工作的部门及其负责人、下级人民政府及其负责人的考核评价内容,作为双拥模范城(县)考评重要内容。

第十一条　对在退役军人安置工作中做出突出贡献的单位和个人,按照国家有关规定给予表彰、奖励。

第二章　退役军官安置方式

第十二条　军官退出现役,符合规定条件的,可以作退休、转业或者逐月领取退役金安置。

军官退出现役,有规定情形的,作复员安置。

第十三条　对退休军官,安置地人民政府应当按照国家保障与社会化服务相结合的方式,做好服务管理工作,保障其待遇。

第十四条　安置地人民政府根据工作需要设置、调整退休军官服务管理机构,服务管理退休军官。

第十五条　转业军官由机关、群团组织、事业单位和国有企业接收安置。

安置地人民政府应当根据转业军官德才条件以及服现役期间的职务、等级、所作贡献、专长等和工作需要,结合实际统筹采取考核选调、赋分选岗、考试考核、双向选择、直通安置、指令性分配等办法,妥善安排其工作岗位,确定相应的职务职级。

第十六条　退役军官逐月领取退役金的具体办法由国务院退役军人工作主管部门会同有关部门制定。

第十七条　复员军官按照国务院退役军人工作主管部门、中央军事委员会政治工作部门制定的有关规定享受复员费以及其他待遇等。

第三章　退役军士和义务兵安置方式

第一节　逐月领取退役金

第十八条　军士退出现役,符合规定条件的,可以作逐月领取退役金安置。

第十九条　退役军士逐月领取退役金的具体办法由国务院退役军人工作主管部门会同有关部门制定。

第二节　自主就业

第二十条　退役军士不符合逐月领取退役金、安排工作、退休、供养条件的,退役义务兵不符合安排工作、供养条件的,以自主就业方式安置。

退役军士符合逐月领取退役金、安排工作条件的,退役义务兵符合安排工作条件的,可以选择以自主就业方式安置。

第二十一条 对自主就业的退役军士和义务兵,根据其服现役年限发放一次性退役金。

自主就业退役军士和义务兵的一次性退役金由中央财政专项安排,具体标准由国务院退役军人工作主管部门、中央军事委员会政治工作部门会同国务院财政部门,根据国民经济发展水平、国家财力情况、全国城镇单位就业人员平均工资和军人职业特殊性等因素确定,并适时调整。

第二十二条 自主就业的退役军士和义务兵服现役期间个人获得勋章、荣誉称号或者表彰奖励的,按照下列比例增发一次性退役金:

（一）获得勋章、荣誉称号的,增发25%；

（二）荣立一等战功或者获得一级表彰的,增发20%；

（三）荣立二等战功、一等功或者获得二级表彰并经批准享受相关待遇的,增发15%；

（四）荣立三等战功或者二等功的,增发10%；

（五）荣立四等战功或者三等功的,增发5%。

第二十三条 对自主就业的退役军士和义务兵,地方人民政府可以根据当地实际情况给予一次性经济补助,补助标准及发放办法由省、自治区、直辖市人民政府制定。

第二十四条 因患精神障碍被评定为5级至6级残疾等级的初级军士和义务兵退出现役后,需要住院治疗或者无直系亲属照顾的,可以由安置地人民政府退役军人工作主管部门安排到有关医院接受治疗,依法给予保障。

第三节 安 排 工 作

第二十五条 军士和义务兵退出现役,符合下列条件之一的,由安置地人民政府安排工作:

（一）军士服现役满12年的；

（二）服现役期间个人获得勋章、荣誉称号的；

（三）服现役期间个人荣获三等战功、二等功以上奖励的；

（四）服现役期间个人获得一级表彰的；

（五）因战致残被评定为5级至8级残疾等级的；

（六）是烈士子女的。

符合逐月领取退役金条件的军士,本人自愿放弃以逐月领取退役金方式安置的,可以选择以安排工作方式安置。

因战致残被评定为5级至6级残疾等级的中级以上军士,本人自愿放弃以退休方式安置的,可以选择以安排工作方式安置。

第二十六条 对安排工作的退役军士和义务兵,主要采取赋分选岗的办法安排到事业单位和国有企业；符合规定条件的,可以择优招录到基层党政机关公务员岗位。

安排工作的退役军士和义务兵服现役表现量化评分的具体办法由国务院退役军人工作主管部门会同中央军事委员会政治工作部门制定。

第二十七条　根据工作需要和基层政权建设要求，省级公务员主管部门应当确定一定数量的基层公务员录用计划，综合考虑服现役表现等因素，按照本条例第二十六条的规定择优招录具有本科以上学历的安排工作的退役军士和义务兵。招录岗位可以在省级行政区域内统筹安排。

参加招录的退役军士和义务兵是烈士子女的，或者在艰苦边远地区服现役满5年的，同等条件下优先录用。

艰苦边远地区和边疆民族地区在招录退役军士和义务兵时，可以根据本地实际适当放宽安置去向、年龄、学历等条件。

第二十八条　根据安置工作需要，省级以上人民政府可以指定一批专项岗位，按照规定接收安置安排工作的退役军士和义务兵。

第二十九条　对安排到事业单位的退役军士和义务兵，应当根据其服现役期间所作贡献、专长特长等，合理安排工作岗位。符合相应岗位条件的，可以安排到管理岗位或者专业技术岗位。

第三十条　机关、群团组织、事业单位接收安置安排工作的退役军士和义务兵的，应当按照国家有关规定给予编制保障。

国有企业应当按照本企业全系统新招录职工数量的规定比例核定年度接收计划，用于接收安置安排工作的退役军士和义务兵。

第三十一条　对接收安置安排工作的退役军士和义务兵任务较重的地方，上级人民政府可以在本行政区域内统筹调剂安排。

安置地人民政府应当在接收退役军士和义务兵的6个月内完成安排退役军士和义务兵工作的任务。

第三十二条　安排工作的退役军士和义务兵的安置岗位需要签订聘用合同或者劳动合同的，用人单位应当按照规定与其签订不少于3年的中长期聘用合同或者劳动合同。其中，企业接收军龄10年以上的退役军士的，应当与其签订无固定期限劳动合同。

第三十三条　对安排工作的残疾退役军士和义务兵，接收单位应当安排力所能及的工作。

安排工作的因战、因公致残退役军士和义务兵，除依法享受工伤保险待遇外，还享受与所在单位工伤人员同等的生活福利、医疗等其他待遇。

第三十四条　符合安排工作条件的退役军士和义务兵无正当理由拒不服从安置地人民政府安排工作的，视为放弃安排工作待遇；在待安排工作期间被依法追究刑事责任的，取消其安排工作待遇。

第三十五条　军士和义务兵退出现役，有下列情形之一的，不以安排工作方式安置：

（一）被开除中国共产党党籍的；

(二)受过刑事处罚的;
(三)法律法规规定的因被强制退役等原因不宜以安排工作方式安置的其他情形。

第四节 退休与供养

第三十六条 中级以上军士退出现役,符合下列条件之一的,作退休安置:
(一)退出现役时年满55周岁的;
(二)服现役满30年的;
(三)因战、因公致残被评定为1级至6级残疾等级的;
(四)患有严重疾病且经医学鉴定基本丧失工作能力的。

第三十七条 退休军士移交政府安置服务管理工作,参照退休军官的有关规定执行。

第三十八条 被评定为1级至4级残疾等级的初级军士和义务兵退出现役的,由国家供养终身。

因战、因公致残被评定为1级至4级残疾等级的中级以上军士,本人自愿放弃退休安置的,可以选择由国家供养终身。

国家供养分为集中供养和分散供养。

第四章 移交接收

第一节 安置计划

第三十九条 退役军人安置计划包括全国退役军人安置计划和地方退役军人安置计划,区分退役军官和退役军士、义务兵分类分批下达。

全国退役军人安置计划,由国务院退役军人工作主管部门会同中央军事委员会政治工作部门、中央和国家有关机关编制下达。

县级以上地方退役军人安置计划,由本级退役军人工作主管部门编制下达或者会同有关部门编制下达。

第四十条 伤病残退役军人安置计划可以纳入本条例第三十九条规定的计划一并编制下达,也可以专项编制下达。

退役军人随调随迁配偶和子女安置计划与退役军人安置计划一并下达。

第四十一条 中央和国家机关及其管理的企业事业单位接收退役军人的安置计划,按照国家有关规定编制下达。

第四十二条 因军队体制编制调整,军人整建制成批次退出现役的安置,由国务院退役军人工作主管部门、中央军事委员会政治工作部门会同中央和国家有关机关协商办理。

第二节 安置地

第四十三条 退役军人安置地按照服从工作需要、彰显服役贡献、有利于家庭生活的原则确定。

第四十四条 退役军官和以逐月领取退役金、退休方式安置的退役军士的安置地按照国家有关规定确定。

第四十五条 退役义务兵和以自主就业、安排工作、供养方式安置的退役军士的安置地为其入伍时户口所在地。但是,入伍时是普通高等学校在校学生,退出现役后不复学的,其安置地为入学前的户口所在地。

退役义务兵和以自主就业、安排工作、供养方式安置的退役军士有下列情形之一的,可以易地安置:

(一)服现役期间父母任何一方户口所在地变更的,可以在父母任何一方现户口所在地安置;

(二)退役军士已婚的,可以在配偶或者配偶父母任何一方户口所在地安置;

(三)退役军士的配偶为现役军人且符合随军规定的,可以在配偶部队驻地安置;双方同时退役的,可以在配偶的安置地安置;

(四)因其他特殊情况,由军队旅级以上单位政治工作部门出具证明,经省级以上人民政府退役军人工作主管部门批准,可以易地安置。

退役军士按照前款第二项、第三项规定在国务院确定的中等以上城市安置的,应当结婚满2年。

第四十六条 因国家重大改革、重点项目建设以及国防和军队改革需要等情况,退役军人经国务院退役军人工作主管部门批准,可以跨省、自治区、直辖市安置。

符合安置地吸引人才特殊政策规定条件的退役军人,由接收安置单位所在省级人民政府退役军人工作主管部门商同级人才工作主管部门同意,经国务院退役军人工作主管部门和中央军事委员会政治工作部门批准,可以跨省、自治区、直辖市安置。

第四十七条 对因战致残、服现役期间个人荣获三等战功或者二等功以上奖励、是烈士子女的退役军人,以及父母双亡的退役军士和义务兵,可以根据本人申请,由省级以上人民政府退役军人工作主管部门按照有利于其生活的原则确定安置地。

第四十八条 退役军人在国务院确定的超大城市安置的,除符合其安置方式对应的规定条件外,按照本人部队驻地安置的,还应当在驻该城市部队连续服役满规定年限;按照投靠方式安置的,还应当符合国家有关规定要求的其他资格条件。

第四十九条 退役军人服现役期间个人获得勋章、荣誉称号的,荣立一等战功或者获得一级表彰的,可以在全国范围内选择安置地。其中,退役军人选择在国务院确定的超大城市安置的,不受本条例第四十八条规定的限制。

退役军人服现役期间个人荣立二等战功或者一等功的,获得二级表彰并经批准享受相关待遇的,在西藏、新疆、军队确定的四类以上艰苦边远地区、军队确定的二类以上岛屿或者飞行、舰艇、涉核等特殊岗位服现役累计满15年的,可以在符合安置条件的省级行政区域内选择安置地。

退役军人在西藏、新疆、军队确定的四类以上艰苦边远地区、军队确定的二类以上岛屿或者飞行、舰艇、涉核等特殊岗位服现役累计满10年的,可以在符合安置条件的设区的市级行政区域内选择安置地。

第三节 交 接

第五十条 以转业、逐月领取退役金、复员方式安置的退役军官和以逐月领取退役金方式安置的退役军士的人事档案,由中央军事委员会机关部委、中央军事委员会直属机构、中央军事委员会联合作战指挥中心、战区、军兵种、中央军事委员会直属单位等单位的政治工作部门向安置地省军区(卫戍区、警备区)移交后,由安置地省军区(卫戍区、警备区)向省级人民政府退役军人工作主管部门进行移交。

安排工作的退役军士和义务兵的人事档案,由中央军事委员会机关部委、中央军事委员会直属机构、中央军事委员会联合作战指挥中心、战区、军兵种、中央军事委员会直属单位等单位的政治工作部门向安置地省级人民政府退役军人工作主管部门进行移交。

以自主就业、供养方式安置的退役军士和义务兵的人事档案,由军队师、旅、团级单位政治工作部门向安置地人民政府退役军人工作主管部门进行移交。

第五十一条 以转业、逐月领取退役金、复员方式安置的退役军官,由退役军人工作主管部门发出接收安置报到通知,所在部队应当及时为其办理相关手续,督促按时报到。

以逐月领取退役金、安排工作、供养方式安置的退役军士和以安排工作、供养方式安置的退役义务兵,应当按照规定时间到安置地人民政府退役军人工作主管部门报到;自主就业的退役军士和义务兵,应当自被批准退出现役之日起30日内,到安置地人民政府退役军人工作主管部门报到。无正当理由不按照规定时间报到且超过30日的,视为放弃安置待遇。

第五十二条 退休军官和军士的移交接收,由退休军官和军士所在部队团级以上单位政治工作部门和安置地人民政府退役军人工作主管部门组织办理。

第五十三条 退役军人报到后,退役军人工作主管部门应当及时为需要办理户口登记的退役军人开具户口登记介绍信,公安机关据此办理户口登记。

退役军人工作主管部门应当督促退役军人及时办理兵役登记信息变更。

实行组织移交的复员军官,由军队旅级以上单位政治工作部门会同安置地人民政府退役军人工作主管部门和公安机关办理移交落户等相关手续。

第五十四条 对符合移交条件的伤病残退役军人,军队有关单位和安置地人民政府退役军人工作主管部门应当及时移交接收,予以妥善安置。

第五十五条 对退役军人安置政策落实不到位、工作推进不力的地区和单位,由省级以上人民政府退役军人工作主管部门会同有关部门约谈该地区人民政府主要负责人或者该单位主要负责人;对拒绝接收安置退役军人或者未完成安置任务的部门和单位,组织、编制、人力资源社会保障等部门可以视情况暂缓办理其人员调动、录(聘)用和编制等审批事项。

第五章 家属安置

第五十六条 以转业、逐月领取退役金、复员方式安置的退役军官和以逐月领取退役金、安排工作方式安置且符合家属随军规定的退役军士,其配偶可以随调随迁,未成年子女可以随迁。

以转业、逐月领取退役金、复员方式安置的退役军官身边无子女的,可以随调一名已经工作的子女及其配偶。

第五十七条 退役军人随调配偶在机关或者事业单位工作,符合有关法律法规规定的,安置地人民政府负责安排到相应的工作单位。对在其他单位工作或者无工作单位的随调随迁配偶,安置地人民政府应当提供就业指导,协助实现就业。

对安排到企业事业单位的退役军人随调配偶,安置岗位需要签订聘用合同或者劳动合同的,用人单位应当与其签订不少于3年的中长期聘用合同或者劳动合同。

鼓励和支持退役军人随调随迁家属自主就业创业。对有自主就业创业意愿的随调配偶,可以采取发放一次性就业补助费等措施进行安置,并提供就业指导服务。一次性就业补助费标准及发放办法由省、自治区、直辖市人民政府制定。随调随迁家属按照规定享受就业创业扶持相关优惠政策。

退役军人随调配偶应当与退役军人同时接收安置,同时发出报到通知。

第五十八条 退役军人随调随迁家属户口的迁移、登记等手续,由安置地公安机关根据退役军人工作主管部门的通知及时办理。

退役军人随迁子女需要转学、入学的,安置地人民政府教育行政部门应当及时办理。

第五十九条 转业军官和安排工作的退役军士自愿到艰苦边远地区工作的,其随调随迁配偶和子女可以在原符合安置条件的地区安置。

第六十条 退休军官、军士随迁配偶和子女的落户、各项社会保险关系转移接续以及随迁子女转学、入学,按照国家有关规定执行。

第六章 教育培训

第六十一条 退役军人离队前,所在部队在保证完成军事任务的前提下,应当根据需要开展教育培训,介绍国家改革发展形势,宣讲退役军人安置政策,组织法律法规和保密纪律等方面的教育。县级以上地方人民政府退役军人工作主管部门应当给予支持配合。

第六十二条 军人退出现役后,退役军人工作主管部门和其他负责退役军人安置工作的部门应当区分不同安置方式的退役军人,组织适应性培训。

对符合条件的退役军人,县级以上人民政府退役军人工作主管部门可以组织专业培训。

第六十三条 符合条件的退役军人定岗后,安置地人民政府退役军人工作主管部门、接收安置单位可以根据岗位需要和本人实际,选派到高等学校或者相关教育培训机构进行专项学习培训。退役军人参加专项学习培训期间同等享受所在单位相关待遇。

第六十四条 退役军人依法享受教育优待政策。

退役军人在达到法定退休年龄前参加职业技能培训的,按照规定享受职业技能培训补贴等相应扶持政策。

第六十五条 退役军人教育培训的规划、组织协调、督促检查、补助发放工作,以及师资、教学设施等方面保障,由退役军人工作主管部门和教育培训行政主管部门按照分工负责。

第七章 就业创业扶持

第六十六条 国家采取政府推动、市场引导、社会支持相结合的方式,鼓励和扶持退役军人就业创业。以逐月领取退役金、自主就业、复员方式安置的退役军人,按照规定享受相应就业创业扶持政策。

第六十七条 各级人民政府应当加强对退役军人就业创业的指导和服务。县级以上地方人民政府每年应当组织开展退役军人专场招聘活动,帮助退役军人就业。

对符合当地就业困难人员认定条件的退役军人,安置地人民政府应当将其纳入就业援助范围。对其中确实难以通过市场实现就业的,依法纳入公益性岗位保障范围。

第六十八条 机关、群团组织、事业单位和国有企业在招录或者招聘人员时,对退役军人的年龄和学历条件可以适当放宽,同等条件下优先招录、招聘退役军人。退役军官在军队团和相当于团以下单位工作的经历,退役军士和义务兵服现役的经历,视为基层工作经历。

各地应当设置一定数量的基层公务员职位,面向服现役满5年的高校毕业生退役军人招考。

用人单位招用退役军人符合国家规定的,依法享受税收优惠等政策。

第六十九条 自主就业的退役军士和义务兵入伍前是机关、群团组织、事业单位或者国有企业人员的,退出现役后可以选择复职复工,其工资、福利待遇不得低于本单位同等条件人员的平均水平。

第七十条 自主就业的退役军士和义务兵入伍前通过家庭承包方式承包的农村土地,承包期内不得违法收回或者强迫、阻碍土地经营权流转;通过招标、拍卖、公开协商等非家庭承包方式承包的农村土地,承包期内其家庭成员可以继续承包;承包的农村土地被依法征收、征用或者占用的,与其他农村集体经济组织成员享有同等权利。

符合条件的复员军官、自主就业的退役军士和义务兵回入伍时户口所在地落户,属于农村集体经济组织成员但没有承包农村土地的,可以申请承包农村土地,农村集体经济组织或者村民委员会、村民小组应当优先解决。

第七十一条 服现役期间因战、因公、因病致残被评定残疾等级和退役后补评或者重新评定残疾等级的残疾退役军人,有劳动能力和就业意愿的,优先享受国家规定的残疾人就业优惠政策。退役军人所在单位不得因其残疾而辞退、解除聘用合同或者劳动合同。

第八章 待遇保障

第七十二条 退休军官的政治待遇按照安置地国家机关相应职务层次退休公务员有关规定执行。退休军官和军士的生活待遇按照军队统一的项目和标准执行。

第七十三条 转业军官的待遇保障按照国家有关规定执行。

安排工作的退役军士和义务兵的工资待遇按照国家有关规定确定,享受接收安置单位同等条件人员的其他相关待遇。

第七十四条 退役军人服现役年限计算为工龄,退役后与所在单位工作年限累计计算,享受国家和所在单位规定的与工龄有关的相应待遇。其中,安排工作的退役军士和义务兵的服现役年限以及符合本条例规定的待安排工作时间合并计算为工龄。

第七十五条 安排工作的退役军士和义务兵待安排工作期间,安置地人民政府应当按照当地月最低工资标准逐月发放生活补助。

接收安置单位应当在安排工作介绍信开具 30 日内,安排退役军士和义务兵上岗。非因退役军士和义务兵本人原因,接收安置单位未按照规定安排上岗的,应当从介绍信开具当月起,按照不低于本单位同等条件人员平均工资 80% 的标准,逐月发放生活费直至上岗为止。

第七十六条 军人服现役期间享受的残疾抚恤金、护理费等其他待遇,退出现役移交地方后按照地方有关规定执行。退休军官和军士享受的护理费等生活待遇按照军队有关规定执行。

第七十七条 符合条件的退役军人申请保障性住房和农村危房改造的,同等条件下予以优先安排。

退役军人符合安置住房优待条件的,实行市场购买与军地集中统建相结合的方式解决安置住房,由安置地人民政府统筹规划、科学实施。

第七十八条 分散供养的退役军士和义务兵购(建)房所需经费的标准,按照安置地县(市、区、旗)经济适用住房平均价格和 60 平方米的建筑面积确定;没有经济适用住房的地区按照普通商品住房价格确定。所购(建)房屋产权归分散供养的退役军士和义务兵所有,依法办理不动产登记。

分散供养的退役军士和义务兵自行解决住房的,按照前款规定的标准将购

(建)房费用发给本人。

第七十九条　军官和军士退出现役时,服现役期间的住房公积金按照规定一次性发给本人,也可以根据本人意愿转移接续到安置地,并按照当地规定缴存、使用住房公积金;服现役期间的住房补贴发放按照有关规定执行。

第八十条　退役军人服现役期间获得功勋荣誉表彰的,退出现役后依法享受相应待遇。

第九章　社 会 保 险

第八十一条　军人退出现役时,军队按照规定转移军人保险关系和相应资金,安置地社会保险经办机构应当及时办理相应的转移接续手续。

退役军人依法参加养老、医疗、工伤、失业、生育等社会保险,缴纳社会保险费,享受社会保险待遇。

退役军人服现役年限与入伍前、退役后参加社会保险的缴费年限依法合并计算。

第八十二条　安排工作的退役军士和义务兵在国家规定的待安排工作期间,按照规定参加安置地职工基本养老保险并享受相应待遇,所需费用由安置地人民政府同级财政资金安排。

第八十三条　安置到机关、群团组织、企业事业单位的退役军人,依法参加职工基本医疗保险并享受相应待遇。

安排工作的退役军士和义务兵在国家规定的待安排工作期间,依法参加安置地职工基本医疗保险并享受相应待遇,单位缴费部分由安置地人民政府缴纳,个人缴费部分由个人缴纳。

逐月领取退役金的退役军官和军士、复员军官、自主就业的退役军士和义务兵依法参加职工基本医疗保险或者城乡居民基本医疗保险并享受相应待遇。

第八十四条　退休军官和军士移交人民政府安置后,由安置地人民政府按照有关规定纳入医疗保险和相关医疗补助。

退休军官享受安置地国家机关相应职务层次退休公务员的医疗待遇,退休军士医疗待遇参照退休军官有关规定执行。

第八十五条　退役军人未及时就业的,可以依法向户口所在地人力资源社会保障部门申领失业保险待遇,服现役年限视同参保缴费年限,但是以退休、供养方式安置的退役军人除外。

第八十六条　退役军人随调随迁家属,已经参加社会保险的,其社会保险关系和相应资金转移接续由社会保险经办机构依法办理。

第十章　法 律 责 任

第八十七条　退役军人工作主管部门和其他负责退役军人安置工作的部门及其工作人员有下列行为之一的,由其上级主管部门责令改正,对负有责任的领导人员和直接责任人员依法给予处分：
（一）违反国家政策另设接收条件、提高安置门槛的；
（二）未按照规定确定退役军人安置待遇的；
（三）在退役军人安置工作中出具虚假文件的；
（四）挪用、截留、私分退役军人安置工作经费的；
（五）在退役军人安置工作中利用职务之便为自己或者他人谋取私利的；
（六）有其他违反退役军人安置法律法规行为的。

第八十八条 接收安置退役军人的单位及其工作人员有下列行为之一的，由当地人民政府退役军人工作主管部门责令限期改正；逾期不改正的，予以通报批评，并对负有责任的领导人员和直接责任人员依法给予处分：
（一）拒绝或者无故拖延执行退役军人安置计划的；
（二）在国家政策之外另设接收条件、提高安置门槛的；
（三）将接收安置退役军人编制截留、挪用的；
（四）未按照规定落实退役军人安置待遇的；
（五）未依法与退役军人签订聘用合同或者劳动合同的；
（六）违法与残疾退役军人解除聘用合同或者劳动合同的；
（七）有其他违反退役军人安置法律法规行为的。

对干扰退役军人安置工作、损害退役军人合法权益的其他单位和个人，依法追究责任。

第八十九条 退役军人弄虚作假骗取安置待遇的，由县级以上地方人民政府退役军人工作主管部门取消相关待遇，追缴非法所得，依法追究责任。

第九十条 违反本条例规定，构成违反治安管理行为的，依法给予治安管理处罚；构成犯罪的，依法追究刑事责任。

第十一章 附 则

第九十一条 中国人民武装警察部队依法退出现役的警官、警士和义务兵等人员的安置，适用本条例。

本条例有关军官的规定适用于军队文职干部。

士兵制度改革后未进行军衔转换士官的退役安置，参照本条例有关规定执行。

第九十二条 军官离职休养和少将以上军官退休后，按照国务院和中央军事委员会的有关规定安置管理。

军队院校学员依法退出现役的，按照国家有关规定执行。

已经按照自主择业方式安置的退役军人的待遇保障，按照国务院和中央军事委员会的有关规定执行。

第九十三条 本条例自 2024 年 9 月 1 日起施行。《退役士兵安置条例》同时废止。